L'IMAGINATION

ET LES

États Préternaturels

ÉTUDE PSYCHO-PHYSIOLOGIQUE ET MYSTIQUE

PAR

L'Abbé F. GOMBAULT

DOCTEUR EN PHILOSOPHIE

Prêtre du Diocèse de Blois

Ouvrage couronné par l'Institut Catholique de Paris

(Prix Hugues 1899)

BLOIS

TYPOGRAPHIE ET LITHOGRAPHIE C. MIGAULT ET Cⁱᵉ

14, rue Pierre-de-Blois, 14

1899

L'IMAGINATION

ET LES

ÉTATS PRÉTERNATURELS

Hoc opus in lucem edi posse declaramus.

† CAROLUS, Episc. Bles.

L'IMAGINATION

ET LES

États Piéternaturels

ÉTUDE PSYCHO-PHYSIOLOGIQUE ET MYSTIQUE

PAR

L'Abbé F. GOMBAULT

DOCTEUR EN PHILOSOPHIE

Prêtre du Diocèse de Blois

Ouvrage couronné par l'Institut Catholique de Paris

(Prix Hugues 1899)

BLOIS

TYPOGRAPHIE ET LITHOGRAPHIE C. MIGAULT ET Cⁱᵉ

14, rue Pierre-de-Blois, 14

1899

INTRODUCTION

Un reproche que l'on a souvent adressé aux vieilles écoles philosophiques, c'est de se rendre, par le choix des méthodes, étrangères aux données de la biologie, et partant réfractaires à tout progrès scientifique. Aussi la biologie ne saurait-elle rien donner à une science qui ne voulait rien lui devoir. — Le reproche est-il fondé ? Nous dirons plus loin ce qu'il faut en retenir.

Quoi qu'il en soit, une psychologie tout autre est née de nos jours. Elle a pris sa base dans la biologie, et multiplie avec elle, autant que possible, les points de contact. Elle n'aspire pas à guider cette science expérimentale ; elle la suit fidèlement et pas à pas, toute prête à changer ses conclusions, sur un signe des écoles physiologiques qui, en échange de ces bons procédés, considèrent volontiers la psychologie, ainsi convertie, comme une portion d'elles-mêmes. Les biologues l'avouent : cette soumission des psychologues a dissipé déjà les antipathies des expérimentaux ; ils se sont laissé toucher par cet esprit de conciliation et ont ouvert leur porte à cette psychologie qui cherche un appui dans l'observation, « dans la phylogénèse et l'ontogénèse des fonctions nerveuses ».

Certes, il est un sujet d'études où le contact entre la psychologie et la biologie est particulièrement intime : c'est celui qui a trait au système nerveux et à la structure de ses organes centraux. Les efforts des chercheurs se sont portés avec persévérance sur ce champ presque inexploré de la psycho-physiologie. Les laboratoires de physiologie expérimentale se sont multipliés, depuis vingt ans, surtout à l'étranger (1). Il faut regretter toutefois que dans la plupart de ces milieux scientifiques on soit exclusif et qu'on y affecte de ne vouloir relever que de l'expérience. Dans ces laboratoires, on se sert d'appareils pour « étudier la respiration, la circulation, la température, pour mesurer la force musculaire et la fatigue, le temps d'une association d'idées, l'intensité d'un stimulus capable de produire un minimum de sensation ou de douleur » ; toute cette expérimentation est louable, à coup sûr, mais encore ne faut-il point en exagérer la portée, et reléguer dans le domaine de l'inutile et de l'accessoire la psychologie *traditionnelle*, sous prétexte qu'elle se fabrique « loin de l'observation et de l'expérience ». Donnons une louange au psychologue moderne : il travaille « au milieu d'instruments qui affinent les sens et les contrôlent » ; il « a les yeux tournés vers les choses du dehors comme le physiologiste », mais ne soyons pas injustes envers le psychologue « de l'école ancienne qui se replie sur lui-même, et reste en tête à tête avec sa pensée (2) ». Les deux méthodes ont du bon, et leur tort serait de vivre complètement séparées. — La pensée est aussi un instrument de précision, et le matérialiste seul ose

---

(1) La France n'est pas en avance sur les autres nations.
(2) *Année biologique*, 1er vol. p. 505 et suiv.

trouver la solution du problème psychologique total dans les formules biologiques.

S'il est une psychologie qui ne mérite aucunement ces dédains, c'est bien celle de l'école scolastico-péripatéticienne.

L'école péripatéticienne inaugure avec Aristote, son chef, la véritable étude de la nature. Si le Stagyrite quitte les sentiers plus poétiques de la philosophie de Platon, c'est pour tracer les voies à l'étude de la nature, à la méthode d'observation. Ce que sa méthode a perdu en fruits d'imagination, elle le gagne en fruits de vérité, en clarté et en profondeur. Il est le fondateur des sciences d'observation. L'auteur des *Leçons de physique*, du *Ciel*, du *Monde*, de la *Météorologie*, du *Traité d'Acoustique*, et spécialement du *Traité des plantes*, de l'*Histoire des animaux*, des différents traités : *des Parties des animaux*, de la *Génération des animaux*, de la *Vie*, de la *Sensation*, de la *Jeunesse* et de la *Vieillesse*, de la *Vie et de la Mort*, de la *Respiration*, etc., etc., a bien quelque droit, ce nous semble, à la reconnaissance des expérimentateurs modernes. — Dans ces traités, il a été supérieur à son temps, et son influence nous fut bienfaisante. C'est à lui que l'on doit toujours remonter pour tracer l'histoire des sciences naturelles à travers les âges, et on trouve en lui la source de plus d'une indication que la science moderne utilise. Il a découvert les développements dont les sciences naturelles étaient susceptibles : anatomie comparée, physiologie, embryogénie ; étude des animaux au point de vue de leurs mœurs, de leur répartition géographique et des relations qui subsistent entre eux. Aristote fournit sur tous ces points divers des données précieuses ; il a sur toutes choses des aperçus ingénieux. La science n'a-t-elle pas admis son enseignement fondamental sur la génération des animaux? A-t-on disserté plus justement que lui sur la théorie de l'épigenèse? Il admet que l'embryon se forme par l'apparition successive des parties qui ne préexistaient pas en lui. — Il a professé la reproduction parthénogénétique des abeilles, l'existence simultanée des organes mâles et femelles chez certains poissons. — Tout cela à côté d'erreurs notables, nous le voulons bien. Mais depuis quand nos savants modernes sont-ils fixés sur ces points difficiles, et le sont-ils tous?

Les grandes classifications de ce profond naturaliste ont été conservées par la science sous une étiquette différente. Dans son livre *des Parties des animaux*, il découvre le principe de la corrélation des formes; Cuvier donnera le nom à cette découverte. Avant Milne-Edwards, il signale le principe de la division du travail physiologique. Dans l'ordre même de la vie sensible, il indique la multiplication par scissiparité. Abraham Trembley, expérimentant sur les polypes d'eau douce, et aussi Spallanzani, ne font que mettre en lumière les observations du naturaliste philosophe.

Il est plus que probable qu'Aristote a devancé les découvertes modernes sur la distinction des deux espèces de nerfs, sensibles et moteurs, due à Charles Bell, Magendie et Longet, puisque Rufus, auteur présumé de cette distinction anatomique, l'apprit d'Erasistrate (1). — Aristote a certainement indiqué la double fonction centripète et centrifuge des nerfs sensibles et moteurs (2).

Toutes ces découvertes ne sont-elles pas le « point de

(1) Cf. Barthél. St Hilaire, *Traité des Parties* (Préf.).
(2) *De motione animal.*, c. XI, § 5.

départ d'une évolution féconde pour la biologie ? » (1).
Plusieurs modernes y ont trouvé la gloire scientifique. —
Rendons aussi un hommage au créateur des sciences
d'observation.

Non, la philosophie d'un si profond expérimentateur
n'est pas née loin de l'observation et de l'analyse. Dans
le principe, la philosophie et l'étude expérimentale
furent unies comme les deux branches d'un même savoir.
— Ce fut encore la tradition de Théophraste, de Straton
de Lampsaque, qui négligea même la métaphysique pour
les sciences naturelles ; — de l'école de Zénon qui
formula si heureusement la doctrine aristotélique de la
sensation et de la connaissance (2).

C'était donc toujours l'influence d'Aristote qui se
faisait sentir dans les écoles qui ont marqué par quelque
endroit.

Galien, malgré ses erreurs, renouvelle avec éclat
l'accord de la philosophie et des sciences d'observation.
— Ptolémée est aussi philosophe qu'astronome : sa
théorie de la sensation, sa doctrine des facultés de
l'âme, sa psychologie, enfin, touche à la théorie classique ;
c'est un disciple d'Aristote. Partout, jusque dans l'école
arabe, ce sont les médecins et les mathématiciens qui
se mettent à la suite d'Aristote et renouvellent sa
doctrine : Al-Kendi, Al-Farabi, Avicenne, Aven-Pace,
Tofaïl, Averroès, écrivent sur la médecine, les mathématiques, la philosophie.

C'est encore un philosophe que le médecin Maimonide ;
Albert le Grand et St Thomas le citeront avec respect.

_____

(1) Papillon, *La Nature et la Vie*, p. 287.
(2) On attribue à Zénon le fameux principe : « Nihil est in intellectu quod non prius fuerit in sensu »

Au grand siècle scolastique, Albert le Grand et St-Thomas se livrent avec ardeur à l'étude des sciences d'observation.

En élevant, il y a trois ans, une statue à Cesalpini, c'est au philosophe que la biologie rend indirectement hommage. Encore que l'*Inscription* du monument propage une erreur en lui attribuant la découverte de la circulation générale du sang, il a certainement connu la circulation pulmonaire. Ce médecin-là a écrit les *Quæstiones peripateticæ*, et Haller l'appelle: « ..... *Magnus Aristotelis contra scholas defensor....* », ce qui n'empêche que le monument soit dédié : « ..... *solertissimo naturæ investigatori* ». Pour cette cause, M. Ch. Richet le proclame un homme de génie (1).

En donnant aux sciences expérimentales la place qui leur est due, les philosophes scolastiques ne font que reprendre les traditions primitives de l'école. Nos modernes ont tort de penser que les disciples d'Aristote et de St Thomas auront à changer de méthode pour consommer l'union projetée et désirée.

La métaphysique est donc maintenant admise à l'existence. Les psychologues biologistes déclarent n'en avoir pas tant horreur et se séparent des confrères exagérés. Ils admettent la réalité des problèmes de la psychologie pure ; seulement, ils écartent de leur étude les questions relatives à l'âme, comme ne pouvant les résoudre par l'observation et l'expérience. Ils en font abstraction dans leur psychologie. Etant donné qu'ils désignent par ce

---

1) Cf *Histoire de la circulation du sang*, par Flourens, du Dr Turner.

mot une psychologie restreinte aux études de laboratoires, nous n'avons pas à nous en froisser ; nous pouvons nous entendre avec eux. Eux-mêmes nous y convient :

« On ne se rappelle que pour mémoire, écrit M. Binet, les préfaces violentes écrites par Ribot (1). Il est resté, dans notre langue quelques expressions qui sont comme le souvenir de cette révolte... Ces sentiments étaient une position de combat (2) ». — Bref, la haine est dans les mots plus que dans les cœurs ; on commence à fraterniser.

Il faut bien dire, cependant, que la cause du conflit fut en grande partie imaginaire, afin d'écarter pour l'avenir toute confusion. Que veut-on entendre par psychologie nouvelle ? — Il importe de le dire. — Ecoutons les biologues.

« La psychologie nouvelle se définit autrement, non par ce qu'elle exclut, mais par ce qu'elle utilise, surtout par ses méthodes... La psychologie se propose l'étude d'un certain groupe de phénomènes qu'on désigne sous le nom de sensations, perceptions, images, concepts, mémoire, jugement, raisonnement, désir, état de plaisir et de peine, émotions, passions, mouvements, volitions, etc., etc... Parmi ces phénomènes, il en est quelques-uns dont l'étude appartient en propre à la psychologie, par exemple la douleur, les émotions ; il en est d'autres, au contraire, qui sont étudiés à la fois par la psychologie et les autres sciences de la nature, ce sont les sensations qui, érigées en objets par une opération de l'esprit (?), constituent l'ensemble du monde extérieur (??) ; sur ce

(1) Psychol. angl. et psychol. allemandes contemporaines.
(2) L'Année biologique, t. I, p. 595.

point il y a une rencontre et, semble-t-il, un conflit entre la psychologie et les autres sciences (1). »

Ce n'est point avec la philosophie scolastico-péripatéticienne qu'est le conflit. Cette constatation nous suffira pour un instant.

Appelons *introspection*, avec les psychologistes biologues, la science du moi *sentant* et *percevant* les sensations. — Convient-il de définir la psychologie « la science de l'introspection », pour rapprocher cette définition incomplète de la doctrine aristotélique ? Nullement, car cette définition n'exprime pas tout le travail psychologique.

Aristote, poursuit M. Binet, n'avait à son service que l'*introspection*, et son domaine fut restreint. « C'est dans cet état précaire que vécut, pendant de si longues années, depuis Aristote, la psychologie classique, et qu'elle continue de nos jours à vivre (2). » — Il y a là, on ne saurait trop le redire, une méconnaissance véritable de l'impulsion donnée par Aristote à toutes les sciences tributaires de la philosophie. Le seul mal fut que les disciples ne surent pas féconder l'entreprise du maître, et cessèrent d'être naturalistes autant que philosophes.

Ce qui distingue la psychologie moderne de l'ancienne, nous est-il enseigné, c'est que la première est une *introspection contrôlée ;* toute la différence est contenue dans cette épithète caractérisante. — Eh bien, la vérité est que ce contrôle, et surtout l'idée de ce contrôle, n'a pas manqué à la psychologie ancienne. Le contrôle s'exerce,

(1) *Année biologique*, 1er vol. p. 506.
(2) Loc. cit.

on nous l'apprend, par l'accord des observations variées
sur des sujets différents et nombreux. Or, c'est la
méthode inaugurée par Aristote.

Qui donc a dit à nos modernes que le philosophe
ancien, pour contrôler, n'aurait pas songé à faire porter
autour de lui son observation ?

« Un psychologue ancien, éprouvant une sensation,
n'aurait point cherché de point de comparaison... ; et
sans comparaison on ne saisit pas la signification des
choses ; puis il se serait hâté de construire une théorie
générale. Un moderne procède tout autrement ; il réunit
des témoignages, les dénombre, les pèse, publie les
tables, calcule les tant pour cent, et dégage les traits
communs ; il donne à sa recherche un caractère objectif,
il prouve ; on pourra critiquer ses conclusions, mais
si ses observations sont bien prises, elles restent comme
observations (1). »

Aucune philosophie ne s'arrange mieux que celle
d'Aristote de ces méthodes et de ces contrôles. Aucune
n'a plus à gagner aux perfectionnements modernes de
l'expérimentation.

C'est cette valeur intrinsèque que lui reconnaissait
hautement M. B. Saint-Hilaire, lorsqu'en pleine *Académie des sciences morales et politiques*, il se plaisait à dire
que « la plupart des théories d'Aristote et de St Thomas
sont reproduites et implicitement admises par la science
moderne (2) ». — Ailleurs, il déclare que Léon XIII a été
« admirablement inspiré quand, au début de son règne,
il a recommandé, avec toute l'autorité qui lui appartient,
la philosophie du docteur angélique ; c'est un service

---

(1) *Année biologique.* 1er vol. p. 598.
(2) 17 janvier 1891.

éminent qu'il a rendu à l'Eglise, et l'on doit ajouter, à l'esprit humain (1) ».

Saluons ici, sans crainte, cette philosophie contrôlée que le progrès scientifique nous prépare. Mais que le biologue prenne garde de tirer de ses observations des conclusions qui appartiennent au psychologue. Autrement, il en viendrait à croire, avec Auguste Comte, « qu'on pourrait recommencer la psychologie avec le seul secours de la physiologie cérébrale (2) ». A force d'approfondir par la seule biologie le mécanisme des processus psychiques, sur les traces honorées des Flechsig, des Cajal et des Exner, on finirait ainsi par confondre avec les concepts *abstraits* les simples « réactions motrices semblables provoquées par des excitations diverses, ayant entre elles quelques points de ressemblance ».

Donc, il est dangereux au philosophe et au biologue de vivre toujours séparés. L'accord est plus que désirable; il est nécessaire. — Seulement, la philosophie ne saurait accepter une place amoindrie, et devenir vassale quand elle est reine par destination et par valeur intrinsèque.

Le physiologiste, le médecin, puisqu'il faut préciser, n'aime pas entendre le philosophe parler biologie, et volontiers il se permet les plus audacieuses incursions sur le terrain philosophique. C'est un défaut qu'on rencontre chez les meilleurs. Cet exclusivisme est un peu outrancier, et ces prétentions trop grandes. Tout au moins, le philosophe peut bien être à la biologie, ce que le biologue est à la philosophie. Se taxer mutuellement, et de parti pris, d'incapacité aussi originelle que notoire, c'est accaparer indûment les premiers rôles.

---

(1) Lettre du 9 oct. 1885, à M. l'abbé Farges.
(2) Stuart Mill, *Aug. Comte et le positiv.*, p 67.

Un peu plus de support. Aidons-nous en vue de cette « introspection contrôlée » de plus en plus parfaite, comme le veut M. Binet.

En conséquence, supprimons les antiques anathèmes. « Maintenant que la révolution est accomplie, il est tout à fait inutile de faire des exclusions de ce genre. D'abord, remarquons-le bien : comme personne ne pourrait dire où la métaphysique commence, et où la science positive finit, et que cette question reste nécessairement dans le vague, proscrire la métaphysique, c'est faire une loi des suspects, entreprise aussi dangereuse dans les sciences qu'en politique (1). »

Nous retenons cette bonne parole.

Revendiquer pour la philosophie aristotélique le rang et la fonction qui lui appartiennent, c'est défendre aussi les droits scientifiques de la science sacrée, de la théologie, et surtout de la théologie mystique qui garde des points de contact si nombreux avec la psycho-physiologie. Ici, plus que jamais, le dernier mot doit appartenir à la science sacrée, car elle est indépendante dans ses principes supérieurs, et les conclusions sont exclusivement de son domaine.

Si de l'aveu des biologues les plus sages, la psychologie s'impose parce qu'elle porte plus loin que le microscope et le scalpel; parce que « l'étude la plus minutieuse de la cellule nerveuse au moyen des meilleurs objectifs à immersion ne peut nous apprendre ce que c'est qu'une sensation de plaisir ou de douleur, si notre conscience ne nous l'a pas déjà appris », à plus forte raison la théologie mystique a droit à l'existence et à la

_____

(1) Binet, *Année biolog.*, p. 595, 1er vol.

liberté d'action, elle qui a pour objet les phénomènes transcendants et surnaturels.

La science mystique, toutefois, loin de dédaigner le contrôle, aime à s'entourer de toutes les garanties scientifiques que suggère la prudence. C'est un fait que nous mettrons en lumière, pensons-nous, dans le cours de cette étude.

Pas plus que la philosophie, sur laquelle elle se base essentiellement, la théologie mystique ne redoute ce contrôle. Il n'y a que les esprits aveuglés par la passion antireligieuse à persister dans ce dédain *a priori*. Les penseurs de bonne foi peuvent redire cette fière réponse que M. Brunetière vient de faire aux rédacteurs du *Siècle :* « Quant aux raisons que j'ai eues de me ranger à côté des catholiques, je les ai dix fois données depuis trois ou quatre ans. Il y en a de politiques... Il y en a de métaphysiques, dont la principale est que, de toutes les philosophies, et après avoir longuement songé depuis vingt-cinq ans, je n'en ai pas trouvé de plus cohérente ni de plus logique, ni qui explique mieux la nature humaine, ni qui nous consolât mieux de la vie (1) .»

C'est donc en compagnie du physiologiste que le théologien devra explorer les régions encore si mystérieuses de la psycho-physiologie. Mais ne l'oublions pas, le rôle du physiologiste est en partie purement négatif.

Mise en face de certains faits inexplicables à la nature, la théologie demande à la science naturelle si elle en renferme le secret dans son sein, et la *Science* n'a qu'à répondre, comme l'abîme des Saints Livres : « *Abyssus dicit : non est in me* (2) .»

_____

(1) *Revue des Deux-Mondes*, nov. 1898.
(2) Job, XXVIII-14.

Nous diviserons ce travail en cinq parties :

I — *L'Imagination vue en elle-même. — Sa place dans la psycho-physiologie :* Existence et nécessité de l'Imagination (Ch. I) ; — Siége de l'Imagination, son activité (Ch. II) ; — Les sens externes et internes — Nature de l'image ; son intensité par rapport à la sensation (Ch. III).

II — *Parallèle entre certains troubles psycho-physiologiques dus à l'imagination et plusieurs phénomènes préternaturels :* Hallucination — Apparition (Ch. I) ; — Hallucination — Extase et vision subjective (Ch. II); — Névrose — Possession (Ch. III); — Névrose — Sainteté (Ch. IV).

III — *Certains phénomènes complémentaires de l'extase :* Auréole — Effluves (Ch. I) ; — Phénomène de Lévitation (Ch. II).

IV — *Les modifications corporelles et l'imagination :* La thérapeutique suggestive et le miracle (Ch. I) ; — Stigmatisation (Ch. II).

V — *L'action imaginative à distance :* Télépathie, Bilocation (Ch. I) ; — Lucidité (Ch. II). — *Conclusion.*

PREMIÈRE PARTIE

L'Imagination vue en elle-même
Sa place dans la psycho-physiologie

L'Imagination vue en elle-même
Sa place dans la psycho-physiologie

_____

CHAPITRE Ier

LES SENS EXTERNES ET INTERNES — EXISTENCE ET NÉCESSITÉ DE LA FACULTÉ IMAGINATIVE

L'animal communie au monde extérieur par les sens externes, et le choc premier du vivant sensitif avec les objets qui l'entourent se traduit par une sensation, consommée dans l'organe, en tant que perception initiale et directe de l'objet. C'est la réponse de la psychologie ancienne, et l'étude moderne des adaptations organiques lui donne pleinement raison. — Un paysage s'offre à mes yeux : tous ces arbres, toutes ces lumières et ces colorations, tout ce monde extérieur, avec ses mille bruits et ses frémissements, ses senteurs variées, ses ondulations d'air, viennent affecter tout mon être sensible, et pénétrent par tous les sens ouverts, comme par autant de portes mystérieuses où chaque chose se rend présente, non pas telle qu'elle est dans sa matérialité objective, mais dans sa réalité de similitude (1).

Pour la perception des sens, il faut, dans l'organe corporel, une modification d'un ordre supérieur à l'ordre physico-chimique. Saint Thomas appelle cette modification *spirituelle,* non pas dans le sens strict du mot, mais en ce sens qu'elle exige une certaine indépendance de la matière. Le premier effet du contact de l'objet sur le sujet sentant sera donc de reproduire en celui-ci son empreinte figurée, sa similitude dans l'organe animé. Sous l'action de l'objet, la faculté reçoit une *information,* ou espèce impresse, et réagit sous cette information (2) ; cette nouvelle intention est l'espèce expresse ; ces deux termes désignent les deux aspects d'un même phénomène.

Les sens perçoivent les objets ; ils ne perçoivent pas leurs propres sensations. Cette sorte de retour sur soi, par la conscience, excède la puissance de chaque sens particulier, précisément parce que chacun de ces sens ne peut rien percevoir qu'au moyen de la modification d'un organe matériel. La faculté organique ne peut

---

(1) « Quandoque vero forma recipitur in patiente secundum alium modum essendi quam sit in agente : quia dispositio materialis patientis ad recipiendum, non est similis dispositioni materiali, quæ est in agente. Et ideo forma recipitur in patiente sine materiâ... *Et per hunc modum sensus recipit formam sine materia, quia alterius modi esse habet forma in sensu et in re sensibili.* Nam in re sensibili habet esse naturale, in sensu autem habet esse *intentionale* et spirituale. Et ponitur conveniens exemplum de sigillo et cera... Assimilatur enim cera aureo sigillo quantum ad imaginem, sed non quantum ad dispositionem auri. Et similiter sensus patitur a sensibili habente calorem... aut saporem, aut sonum,.. sed non patitur a lapide colorato in quantum est lapis..., assimilatur enim sensus sensibili secundum formam, sed non secundum *dispositionem materiæ* ». (St Th., in secundum de Anima, lect. 24).

(2) « Ad operationem autem sensus, requiritur immutatio spiritualis per quam intentio formæ sensibilis fiat in organo sensus. » (1 p. q. 78, a. 3). — « Nullum sensibile movet potentiam nisi mediante similitudine, quæ egreditur ab objecto, sicut proles a parente, et hoc necesse est in omni sensu. » (St Bonavent. *de reduct. artium ad theolog.*).

donc se replier sur elle-même pour se percevoir agissante (1).

Pour que le sujet sentant ait conscience de sa sensation comme d'un acte qui lui est propre, il faut que le sens particulier, où elle a pris naissance, aille impressionner un sens central, chargé de percevoir les perceptions mêmes des autres sens. « Le sens propre, en effet, juge de son objet particulier, le discernant de toutes les autres impressions qui sont également de son domaine. Ainsi la vue distingue le blanc du noir, du vert, etc. Mais la vue et le goût ne peuvent ni l'un ni l'autre distinguer le blanc du doux, parce qu'il faut pour les distinguer un sens qui les connaisse l'un et l'autre. Ces objets ne peuvent donc être jugés que par le sens commun auquel les perceptions de tous les sens se rapportent comme à leur terme (2). »

Du sens central semble découler la vertu perceptive de tous les sens particuliers (3). Cette conscience sensitive est une sensation seconde appliquée à la sensation première élaborée par le sens particulier. « C'est le sens commun qui perçoit les actions que les sens exercent sur eux-mêmes, comme lorsque quelqu'un voit qu'il se voit. Cette double fonction ne peut être remplie par le sens propre, parce qu'il ne connaît que la forme de l'objet sensible qui l'impressionne. Cette impression produit la vision, et il résulte de cette action première une autre impression qui affecte le sens commun et lui fait percevoir la vision elle-

---

(1) « Non completur ejus reditio : quia sensus non cognoscit essentiam suam. Cujus hanc rationem Avicenna assignat, quia sensus nihil cognoscit nisi per organum corporale : Non est autem possibile quod organum medium cadat inter potentiam sensitivam et se ipsum. » (De verit. q. I, a. IX).

(2) 1 p. q. 78, a. 4, ad 2.

(3) « Sensus interior... sicut communis radix et principium exteriorum sensuum ». (1 p. q. 78, a. 4, ad 2).

même (1). » C'est, comme parle Leibnitz, une *apercep-tion* s'exerçant sur la *perception* (2).

Qui dira maintenant les secrets de ces filets nerveux qui relient les différents organes de la sensation complète ? Comment s'est fait ce voyage mystérieux de la sensation première jusqu'au siége de la conscience sensitive ? Laissons les physiologistes se disputer sur la question des localisations cérébrales, et sur les systèmes vibratoires.

Retenons seulement que « la conscience sensitive, qui vient d'une puissance organique, est unie, dans l'homme, à une conscience supérieure par laquelle il connaît ses actes intellectuels. Or, les actes intellectuels, dans notre vie normale, accompagnent de si près les actes sensitifs, que les deux facultés de conscience paraissent n'en être qu'une seule, d'autant plus que l'une et l'autre nous font connaître les opérations d'un seul et même être... Il convient cependant de les distinguer, aussi nettement que se distinguent entre elles la perception intellectuelle et la perception sensible (3) ».

Est-il vrai que les « découvertes physiologiques nous portent à croire, avec une vraisemblance qui touche de bien près à la certitude, que cet organe, ce *sensorium commune*, n'est autre que les hémisphères cérébraux », et qu'on pourrait même, « en précisant davantage,

---

(1) Loc. cit. (St Th.).
(2) *La Monadologie.* § XIV.
(3) Gardair, *Corps et Ame.* p. 103.

assigner peut-être ce rôle centralisateur au noyau central de ces hémisphères, aux couches optiques ? (1) ».

« Il existe, dit Luys, une observation typique faite par Hunter, dont lui-même nous a légué un dessin et qui confirme d'une façon manifeste ce que nous venons d'avancer (sur le rôle des couches optiques). Dans cette observation il rapporte la curieuse histoire d'une jeune femme qui, dans l'espace de trois ans, perdit successivement l'odorat, la vue, l'audition, la sensibilité, et qui s'éteignit peu à peu, demeurant étrangère à toutes les impressions extérieures. Lorsqu'on fit l'autopsie de son cerveau, on constata que les couches optiques de chaque hémisphère, et les couches optiques seules, étaient envahies par un fongus qui en avait progressivement détruit la substance (2). »

D'après le Dr Surbled, le rôle des couches optiques n'est nullement établi : on leur a déjà attribué bien des fonctions, et on discute encore sans avoir de faits précis et suffisants pour asseoir une opinion scientifique (3).

Ce qu'il faut du moins énergiquement rejeter, c'est toute hypothèse cartésienne qui ne voit dans le nerf qu'un conducteur d'impressions physiques que l'âme, logée dans un point du cerveau, doit traduire en sensations. On discutera longtemps sur le mécanisme général de la sensibilité, par exemple, sur le rôle des dendrites par rapport aux axones (4) ; nous n'avons pas à concilier les écoles.

Dans ce coup d'œil général sur la sensibilité, nous retiendrons encore que parmi les nerfs, les uns sentent et transmettent de la périphérie aux centres médullaires leurs impressions sensibles ; les autres, en sens inverse.

---

(1) Farges, *Le Cerveau*. p. 271.
(2) Dr Luys, *Anatomie du Cerveau*, ch. IV, couch. optiques.
(3) Surbled, *L'Imagination*, p. 18.
(4) *Année biolog.*, p. 583 et suiv.

transmettent les réactions motrices des centres aux muscles périphériques. La moelle épinière, à son tour, recueille les impressions venues des nerfs pour les porter au cerveau ; celui-ci les centralise, les coordonne par l'organe du *sensorium commune*, en prend conscience, les emmagasine dans la mémoire et remise les images dans l'imagination. La moelle épinière rapporte de l'encéphale aux nerfs les incitations motrices ordonnées par la volonté ; elle a aussi son action propre sur les organes, car elle est un centre nerveux (1) ; mais son rôle est secondaire, subordonné au cerveau.

Les sens externes et le sens commun ne suffisent pas. « La nature n'étant jamais en défaut, remarque saint Thomas, par rapport aux choses nécessaires, il doit y avoir dans l'âme sensitive autant d'actions qu'en requiert la vie de l'animal parfait (2). » Sentir, prendre connaissance de la sensation, c'est l'acte premier de la vie animale ; elle a d'autres exigences. L'animal a besoin pour vivre du sens *appréciatif*, de la *mémoire* et de l'*imagination*. Il n'est pas seulement nécessaire à l'animal de saisir l'objet présent ; il doit le percevoir absent, par une sorte de prolongement de la sensation. Autrement l'absence de l'objet rendrait l'animal inerte, indifférent : il éprouverait le besoin, sans chercher à y satisfaire ; il ne s'ingénierait pas à rencontrer la proie qui lui convient ; l'oiseau ne chercherait pas le duvet délicat qui doit tapisser son nid, ni le brin de mousse et la paille, matières premières de l'édicule aérien. Tous les animaux resteraient, par instants, comme frappés d'immobilité, et la nature serait obligée

----

(1) Béclard, *Traité de physiol.*, t. I, p. 358.
(2) « Cum natura non deficiat in necessariis, oportet esse tot actiones animae sensitivae, quot sufficiant ad vitam animalis « perfecti ». (1 p. q. 78, a. 4, c.).

de subvenir directement aux besoins de tous ces vivants. « Comme le mouvement de l'animal suit sa perception, l'animal ne se mettrait pas en mouvement pour tendre vers l'objet absent (1). »

Le sens *appréciatif* est le sens qui a le plus de ressemblance avec l'entendement. C'est lui qui fait souvent considérer les animaux comme intelligents; mais ce n'est là qu'un mouvement instinctif. « Il est à remarquer dit saint Thomas, que pour les formes sensibles il n'y a pas de différence entre l'homme et les autres animaux car ils sont impressionnés les uns et les autres de la même manière par les objets extérieurs, mais ils diffèrent par rapport aux intentions. Les animaux les perçoivent par leur seul instinct naturel, tandis que l'homme les perçoit par manière de comparaison. Cette faculté sensible, chez l'animal, reçoit le nom d'*estimative naturelle;* chez l'homme, on l'appelle *cogitative* (2). »

L'animal saisit instinctivement, dans les choses, certains caractères que les sens externes, le sens central, l'imagination, ne peuvent atteindre. C'est par l'interprétation instinctive de ses sensations qu'il connaît tel ou tel sujet individuel en qui résident les qualités perçues par ses sens externes. Cependant, remarquons-le bien, ce sujet individuel, l'animal ne le connaît point comme individu d'une espèce déterminée, mais uniquement comme terme ou principe de quelque action ou de quelque passion. « La brebis reconnaît son agneau en l'entendant bêler, ou en le voyant venir : mais si elle distingue cet agneau, ce n'est pas précisément en tant qu'il est agneau individuel, mais parce

---

(1) « Cum animalis motus et actio sequantur apprehensionem, non moveretur animal ad inquirendum aliquid absens.. ; movetur ad aliquid absens apprehensum ». (1 p. q. 78, a. 4, c.).

(2) St Th., loc. cit.

que c'est lui qu'elle est portée instinctivement à allaiter.
De même si la brebis fuit le loup qu'elle voit ou qu'elle
entend approcher, ce n'est point qu'elle le connaisse en
tant qu'animal de telle espèce, c'est parce que son
propre instinct l'avertit que le loup va la dévorer (1). »

C'est la doctrine de saint Thomas (2).

M. le Dr Surbled s'écarte à tort de cette doctrine
quand il écrit : « Il arrive que les images de même
espèce concordent dans leurs caractères communs, se
groupent, fusionnent, et constituent une image composée, une sorte d'*image générale*. Ainsi l'image de
l'avoine pour le cheval, ce n'est pas l'image de tel ou
tel grain d'avoine, c'est l'image *composée* des grains
d'avoine qui flattent son goût et assurent son alimentation (3). » Le docte médecin a raison de ne point voir
ici la source des idées générales et abstraites, comme
M. Binet le fait. Mais quand il parle d'image *générique*,
commune, que l'animal peut percevoir, il tombe dans
le même défaut que ses contradicteurs. Pas plus que la
brebis ne distingue le loup, en tant que tel, sous l'image
générique et commune du loup, le cheval ne distingue
l'avoine sous l'aspect générique et commun ; il ne voit
point le grain individuel de *telle espèce ;* il n'apprécie
que le grain individuel propre à son alimentation, tel
que le lui découvre, à chaque cas particulier, son instinct
aidé de la mémoire sensible. « *Æstimativa autem non
apprehendit aliquid individuum secundum quod est sub*

---

(1) Cf. Gardair, *Corps et Âme*, p. 134-135. « Sicut ovis videns lupum
venientem fugit, non propter indecentiam coloris.... sed quasi inimi-
cum naturæ : et similiter avis colligit paleam, non quia delectat
sensum, sed quia est utilis ad nidificandum ». (I. p. q. 78. a. 4. c.).

(2) « Sicut ovis cognovit hunc agnum, non in quantum est hic agnus
sed in quantum est ab eâ lactabilis, et hanc herbam in quantum est
ejus cibus. » (In II, de Animâ, lect. XIII).

(3) *L'Imagination*, p. 20.

naturâ communi, sed secundum quod est terminus aut principium alicujus actionis aut passionis (1). »

Le Dr Surbled semble attribuer à l'*estimative* des animaux ce qu'il faut seulement attribuer à l'*estimative* ou *raison particulière* de l'homme.

Dans l'homme, le sens appréciatif est plus perspicace : il doit ces clartés à une influence de l'intelligence. Ce n'est pas en vain que cette puissance est unie à cette flamme divine de l'intellect, dans la racine intime du même être. « Cette raison particulière perçoit les intentions individuelles et les compare, comme la raison intellective compare les intentions générales et universelles (2). »

« Ces deux raisons se tiennent de si près, dit fort bien un philosophe moderne, que, dans le raisonnement intellectuel, la raison supérieure pose les termes généraux et les propositions universelles, mais la raison inférieure pose les termes individuels et, sous la motion et la direction logique de la raison supérieure, les propositions individuelles (3). Elevé par son alliance avec l'entendement à un pouvoir qu'il n'aurait pas lui-même, le sens appréciatif de l'homme saisit l'individu comme existant avec une nature qui lui appartient individuellement : il connaît un arbre individuel comme étant *cet arbre*, un homme ou un autre comme étant *cet homme* ou *cet homme-là* (4). »

« Mais, ne l'oublions pas, le sens appréciatif de

---

(1) In II. de Animâ, lect. XIII.
(2) « Dicitur *ratio particularis*... Est enim collativa intentionum individualium, sicut ratio *intellectiva* est collativa intentionum universalium ». (I. p. q. 78, a. 4, c.)
(3) « Ipsa autem ratio particularis nata est moveri et dirigi in homine secundum rationem universalem : unde in syllogisticis ex universalibus propositionibus concluduntur conclusiones singulares. » (I. p. q. 81, a. 3).
(4) *Corps et Ame*, p. 137.

l'homme reste confiné dans le domaine de l'individuel :
il y reçoit des rayons de l'intelligence, qui lui donnent,
dans cette région, plus de clairvoyance que n'en a le
sens analogue de l'animal, mais pas plus que ce sens il
ne discerne l'universel en tant que réalisable par tout
individu de même nature (1). »

Une autre puissance sensible nécessaire à l'animal
parfait, c'est la *mémoire*. L'utilité du sens appréciatif
serait borné au présent, si l'animal ne conservait pas
le souvenir de ses sensations ; l'animal conserve le
souvenir des appréciations de son *estimative* en tant
qu'impressions liées à des objets qu'il se rappelle
comme ayant pu lui convenir ou lui nuire. Mais ce
ressouvenir, chez l'animal, n'est pas le fruit d'une
recherche ; il se fait par l'automatisme de l'instinct.

Chez l'homme, le sens de la mémoire participe,
comme le sens appréciatif, à l'influence élevante de
l'intellect : « *Illam eminentiam habet cogitativa et
memorativa in homine... per aliquam affinitatem et
propinquitatem ad rationem universalem, secundum
quamdam refluentiam* (2). »

La mémoire sensible de l'homme, par cela même
qu'elle a sa racine dans l'âme intellective, s'élève d'un
degré, et jusqu'à la faculté de *réminiscence*. Ce n'est
plus seulement, comme chez l'animal, un fait sensible
qui ramène le souvenir d'un autre, mais il y a recherche
délibérée, discursive ; d'une chose dont on a le souvenir, on se porte à la recherche de la chose oubliée ; il y
a la chasse au souvenir, *quasi reminiscendo vena-
mur* (3).

---

(1) Oper. cit., p. 137.
(2) « Et ideo non sunt aliæ vires, sed eaedem perfectiores quam sint
in aliis animalibus ». (I. p. q. 78. a. 4. ad. 5).
(3) St Thomas, in lib. de memor. et reminiscent., lect. 5.

Cette mémoire sensitive de l'homme est, comme la mémoire de l'animal, absolument impuissante à saisir des rapports universels ; dans ses comparaisons, ses rapprochements et ses distinctions, elle ne considère jamais que des caractères individuels. Tout ce qui, dans la mémoire humaine, a la marque de l'universalité, doit être attribué à quelque opération intellectuelle qui accompagne l'acte de la mémoire sensitive, et non point au sens mémoratif (1).

Il existe encore une mémoire intellectuelle (qui n'est pas réellement distincte de l'intellect), s'il est vrai que nous ne perdons pas le souvenir de nos idées (2). C'est elle qui relie le présent au passé, la pensée actuelle à la précédente. Si nos idées s'évanouissaient sans retour, à mesure qu'elles se forment, notre travail intellectuel serait sans profit ; la science ne naîtrait à chaque instant que pour s'évanouir. Aux yeux de saint Thomas, l'intellect est mieux fait que le sens pour retenir et conserver le souvenir de ses opérations propres (3).

Nous arrivons à la faculté imaginative dont le rôle est de retenir et de conserver les formes sensibles que les sens ont élaborées, et dont le sens commun a pris conscience. « Elle est comme le trésor où sont déposées les formes que les sens ont reçues. *Est enim phantasia sive imaginatio quasi thesaurus quidam formarum per sensum acceptarum* (4) ». L'imagination répond à l'acti-

---

(1) Cf. *Corps et Âme*, p. 140.
(2) « Memoria tamen ponitur a quibusdam in parte intellectiva, secundum quod hic per memoriam intelligitur omnis habitualis conservatio eorum, quae pertinent ad partem animae intellectivae ». (*In lib. de memor. et remin.* lect. 2).
(3) « Cum intellectus possibilis sit stabilioris naturae, quam sensus, oportet quod species in eo recepta stabilius recipiatur ; unde magis in eo possunt conservari species quam in parte sensitivâ ». (Quaest. disp. de Verit., q. 10, a. 2, c.).
(4) I, p. q. 78, a. 4, c.

vité des sens ; la mémoire répond à l'activité de la faculté *estimative*. L'estimative, nous l'avons dit, perçoit et discerne les raisons qui ne tombent pas sous les sens extérieurs, comme l'utilité ou la nocuité d'une chose ; cela fait rechercher instinctivement à l'animal ce qui lui convient et repousser ce qui lui est nuisible. La mémoire est le trésor de ces intentions : « *Ad apprehendendum autem intentiones quæ per sensum non accipiuntur, ordinatur vis æstimativa; ad conservandum autem eas vis « memorativa », quæ est thesaurus quidam hujusmodi intentionum* (1) ». — Le passé est précisément une de ces intentions qui font l'objet de la mémoire. *Ipsa ratio præteriti, quam attendit memoria inter hujus modi intentiones computatur.* A l'égard de ces intentions, la mémoire n'est pas seulement *retentive,* elle est *révocative ;* elle reconnaît les sensations et les reporte à leur place dans le passé.

Cinq sens externes et quatre sens internes permettent donc à l'animal parfait d'élaborer les actes de sa vie de relation.

Il est bien inutile de rechercher avec Avicenne une cinquième puissance qui tiendrait, chez l'homme, le milieu entre l'estimative et l'imagination, et dont la fonction serait de composer et de diviser les formes imaginées. Comme le remarque saint Thomas, cette faculté se confond avec l'imagination.

Inutile aussi de rechercher un sixième sens. Tout au plus se posera-t-on la question de savoir si on doit subdiviser le sens du toucher. Quelle ressemblance entre l'étendue résistante et figurée, objet fondamental du toucher, et la sensation de chaleur et de froid ? Les découvertes futures diront si des appareils différents

---

(1) Loc. cit.

pour les sensations de chaleur et d'étendue résistante se cachent sous l'épiderme.

Elle est tout au moins chimérique, l'hypothèse du sixième sens discutée par Locke, Balmès et Lamennais. Un sixième sens ne serait possible que s'il existait un sixième objet sensible à ajouter aux cinq déjà connus.

Les partisans du magnétisme, disons-le en passant, vont encore plus loin que Locke : ils soutiennent, non seulement la possibilité, mais l'existence même de nouveaux sens dans les phénomènes de l'hypnotisme. Nous trouvons très sages les réflexions suivantes : « Sans doute, dans ces états anormaux, le système nerveux acquiert une sensibilité exagérée, cause de phénomènes très surprenants; mais, alors même que, dans ces états morbides, la sensibilité s'exercerait d'une manière anormale, il ne s'ensuivrait nullement que le malade fût doué d'une sensibilité nouvelle et d'espèce différente. Jamais ce malade n'a pu découvrir une sixième qualité sensible, il n'a donc pas de sixième sens.

Et puis qu'il est invraisemblable que l'âme ait des facultés naturelles si capricieuses qu'elles ne puissent jamais s'exercer à l'état naturel et normal, mais uniquement dans les états morbides ! La maladie serait donc un complément et un perfectionnement de l'âme !

Il nous semble plus raisonnable de supposer que ces prétendues facultés nouvelles, apparaissant dans les cas pathologiques, ne sont que des troubles ou des exaltations des facultés normales, ou bien qu'elles ne sont pas du tout naturelles (1). »

Concluons que, par tous les sens que nous venons de lui reconnaître, l'animal parfait s'ouvre complètement à la vie de relation et satisfait à tous ses besoins sensibles, dans le présent; il utilise même le

(1) *Le Cerveau.* p. 267 (Farges).

passé (1), et cela dans une proportion qui parfois suscite notre étonnement et notre admiration, tant l'estimative, la mémoire, l'imagination agissent par un mécanisme merveilleux.

La nécessité de ces sens supérieurs apparaît matériellement au physiologiste. — Lorsqu'on enlève à l'animal l'organe de ces sens, il entre comme dans une sorte de sommeil. L'oiseau reste immobile, perché sur sa branche ; si on cherche à troubler son équilibre, il le reprend ; si on le provoque à voler, il fait usage de ses ailes. La grenouille jetée dans l'eau nage. Les mouvements subsistent, car il suffit des centres inférieurs pour élaborer ces actes automatiques ; mais la *direction* n'est plus là. L'animal ne sait plus se conduire ; il ne sait plus chercher sa nourriture ; si on la lui présente, il ne sait plus s'en emparer; il n'accorde plus ses actes. Claude Bernard devait ingurgiter la nourriture à ses pigeons.

En un mot, avec les hémisphères cérébraux, appareil de centralisation, organe de conscience sensible et de mémoire, la vie sensible parfaite a disparu.

Les expériences de Longet, de Milne Edwards, de Flourens, ont confirmé ainsi cette nécessité absolue des sens supérieurs, comme nous l'enseigne, depuis le commencement, la psycho-physiologie de l'école scolastique. — De fait, aucune école moderne n'a traité de la mémoire, de l'imagination, plus profondément que la philosophie péripatéticienne. C'est la juste remarque de M. Barthélemy Saint-Hilaire.

---

(1) « Per loca nota, sine errore jumenta pergunt, et cubilia sua bestiæ repetunt, et canes dominorum suorum corpora recognoscunt, et dormientes plerumque immurmurant, et in latratum aliquando erumpunt : quod nullo modo possent, nisi in eorum memoria visorum, vel certe per corpus utcumque sensarum rerum, versarentur imagines ». (St Aug. Cont. Epist. Fundamenti, c. 17).

CHAPITRE II

SIÈGE DE LA PUISSANCE IMAGINATIVE
ACTIVITÉ DE L'IMAGINATION

Il existe une faculté imaginative; c'est là un point bien établi. Cette puissance sensitive est différente des autres; différent aussi, conséquemment, est son organe. Ce n'est donc point dans l'organe où a lieu la sensation première que l'image sera restaurée, mais bien dans l'organe où l'image de l'objet perçu aura été comme emmagasinée, après la connaissance sensible qu'en aura prise le *sensorium commune*. Il est nécessaire, comme le reconnaît très justement le Dr Ferrand (1), que l'imagination it un siège distinct de celui de la sensation, la diversité des puissances exigeant la diversité des organes.

Où placer maintenant l'organe de cette faculté? Quelque part dans le cerveau; mais à quel endroit précis? L'étude des *localisations cérébrales* conduira peut-être un jour à une solution. L'essai infructueux de Gall a été sérieusement et utilement repris par les physiologistes. Les expériences faites au sujet de cer-

(1) *Les localisations cérébrales et les images sensibles.* Congrès scientif. intern., 1894.

tains troubles nerveux : aphémie, agraphie, surdité verbale, cécité verbale, etc., ont permis de déterminer la place de certains centres psycho-moteurs, et ce n'est point la psychologie scolastique qui s'inquiétera jamais de ces découvertes modernes. On est d'accord pour constater que les écoles spiritualistes ont plus gagné que les écoles matérialistes à ce travail de localisations. Les régions cérébrales sont, à l'heure actuelle, scientifiquement distribuées dans leur généralité ; il n'y a plus de place pour un prétendu organe des facultés intellectuelles.

Nous ignorons s'il convient de placer le siège de l'imagination ici plutôt que là. « Le siège cérébral de l'imagination, dit le Dr Surbled, n'est pas connu : et il est probable qu'on le cherchera longtemps encore, cette faculté étant en quelque sorte une faculté générale qui englobe les différents sens, se superpose au sens commun et sert de transition et de lien entre les organes nerveux centraux et les facultés spirituelles (1) . »

Le Dr Ferrand, plus audacieux, veut que le lieu de la sensation soit dans les ganglions de la base du cerveau ; le lieu des images sensibles serait plus loin, sur le trajet du processus nerveux, dans les circonvolutions superficielles du cerveau (2).

Il nous suffit de savoir que par le sens commun l'imagination s'approvisionne de formes sensibles qu'elle utilise pour ses productions automatiquement créées, ou élaborées sous le contrôle de la raison.

On peut distinguer, dans l'imagination, une phase passive : c'est celle de l'emmagasinement, par assimilation continue, des perceptions sensorielles reconnues par le sens intime.

---

(1) *L'Imagination*, p. 14.
(2) Annales de philos., Oct. 1895. *Le Sommeil et les Rêves*.

Après cela, vient la phase active, qui est automatiquement révocative ou se féconde par l'intelligence. Cette activité automatique est le partage de l'imagination des brutes, à son état parfait, car l'instinct remplace ici la raison. L'animal qui retrouve son chemin voit se développer automatiquement les images des lieux qu'il a parcourus; il associe le terme de son voyage, l'écurie ou l'étable, aux objets indicateurs qui dirigent sa marche.

L'imagination de l'homme, pendant le sommeil, ou quand la direction des facultés spirituelles est absente, est elle-même à la merci de cet automatisme. L'activité de l'imagination relève de la moindre excitation nerveuse, même de la plus légère incitation périphérique. Des images naissent au hasard, sans suite, dans un tout bizarre ou incohérent. « Il suffit, remarque le Dr Luys, qu'une certaine série de cellules cérébrales aient subi, dans le même temps, une suite d'impressions sensorielles pour qu'elles forment entre elles comme une association mystérieuse, réunies par les liens d'une *imprégnation contemporaine*. Vient-on alors à ressentir une incitation quelconque, l'appel de la première de la série fait surgir les autres, les souvenirs anciens reparaissent, et cela s'opère en dehors de toute participation de la volonté, tant ce mouvement communiqué est aveugle et fatal (1) .»

« Cette série de phénomènes se développent *motu proprio*, et en dehors de la personnalité consciente qui assiste à ce travail intime aussi impuissante à le susciter, lorsqu'il se ralentit, qu'à le refréner lorsqu'il se développe à l'excès (2) .»

A côté de cette loi de l'*imprégnation contemporaine*.

---

(1) Dr Luys, *Le Cerveau*, ch. III, p. 143.
(2) Dr Luys, loc. cit.

dont parle très heureusement le Dr Luys, il est utile de placer celle d'une certaine *affinité* des cellules entre elles, et qui se trahit parfois à la suite d'une excitation quelconque.

« A la suite d'un exercice trop prolongé, ou par le fait d'une impressionnabilité spéciale, il suffit qu'un certain nombre de ces cellules continuent à être en vibration pour devenir des centres d'appel pour d'autres agglomérations de cellules, avec lesquelles elles ont des affinités plus intimes. De là, une reviviscence d'impressions passées dont nous ne saisissons pas bien le sens; de là, une série d'idées imprévues et désordonnées qui se succèdent sous les formes les plus bizarres. Elles se développent en vertu des seules forces *automatiques* des cellules cérébrales abandonnées à leur initiative propre et affranchies de l'influence directrice des impressions sensorielles (1) .»

Dans une sphère plus noble et plus élevée de son activité, puisqu'il ne s'agit plus d'un *automatisme* livré au hasard d'une incitation quelconque, au choc d'un simple afflux de sang dans une cellule donnée, mais d'une spontanéité dirigée et provoquée par « l'influence directrice de l'impression sensorielle », l'imagination semble obéir à une loi d'association et de coordination des impressions partielles en vue de susciter une sensation totale déjà éprouvée, sensation qui s'impose parfois avec tant d'empire qu'elle donne naissance à l'hallucination.

« J'aurai, par exemple, écrit Bossuet, rencontré un lion en passant par les déserts de Lybie, et j'en aurai vu l'affreuse figure : mes oreilles auront été frappées de son rugissement terrible : j'aurai senti, si vous le

---

(1) *Le Cerveau*, ch. IV, p. 155.

voulez, quelque atteinte de ses griffes, dont une main secourable m'aura arraché. Il se fait dans mon cerveau, par ces trois sens divers, trois fortes impressions de ce que c'est qu'un lion ; mais parce que ces trois impressions qui viennent à peu près ensemble, ont porté au même endroit, *une seule remuera* le tout ; et ainsi il arrivera qu'au seul aspect du lion, à la seule ouïe de son cri, ce furieux animal reviendra tout entier à mon imagination. Et cela ne s'étend pas seulement à tout l'animal, mais encore au lieu où j'ai été frappé pour la première fois d'un objet si effroyable. Je ne reverrai jamais le vallon désert où j'en aurai fait la rencontre sans qu'il me prenne quelque émotion ou même quelque frayeur (1). »

Une dame, qui avait été témoin d'une exécution capitale, ne pouvait voir un homme décollété sans s'évanouir.

Bossuet a très justement observé ce principe d' « imprégnation contemporaine » dont parle Luys et cette coordination automatique des impressions se groupant autour d'une sensation ou d'une action quelconque.

« Ce qui fait qu'il y a pourtant quelque suite dans ces pensées, c'est que les marques des objets gardent un certain ordre dans le cerveau. Cette agitation fait que tous les objets dont notre cerveau retient les traces se représentent devant nous, de temps en temps, par une espèce de *circuit* (2). » — Bossuet voit même en cela une utilité, car, grâce à ces mouvements spontanés, les images repassant devant la mémoire, rafraîchissent la trace des sensations déjà éprouvées : l'âme pourra plus à son aise les utiliser à un moment donné.

---

(1) Bossuet, *Connaissance de Dieu et de soi-même*, chap. III. § X.
(2) Loc. cit.

L'imagination, chez l'homme, est capable d'une opération encore plus élevée : elle peut, non seulement conserver et associer, suivant leur enchaînement naturel, soit par un mouvement spontané, soit par le choc d'un objet donné, les images sensibles reçues antérieurement par les sens externes et reconnues par le sens central, mais elle peut former des images complexes, dont l'originalité est son œuvre. C'est ici que l'imagination est justement appelée créatrice. « L'animal ne pourra jamais, sans l'avoir perçu par ses sens, imaginer un cheval de marbre ou un homme de bronze, lors même qu'il a dans son imagination les représentations séparées, en formes individuelles et sensibles, du cheval et du marbre, du bronze et de l'homme. Les images de ce qu'il a vu, ouï, odoré, goûté, touché, s'associent en lui et s'appellent mutuellement comme elles ont été liées ensemble dans ses perceptions, mais il est incapable de les marier l'une à l'autre ou de les désunir suivant une fantaisie qui ne viennne que de lui-même, comme le fait l'homme (1). »

Saint Thomas ne reconnaît que dans l'homme cette imagination créatrice de formes composées, faites de sensations distinctes et disjointes dans l'acte de perception (2). C'est à l'influence de la raison *secundum quamdam refluentiam*, avons-nous dit, que cette puissance sensitive doit cette vertu supérieure.

« L'esprit s'appliquant aux images fournies par la mémoire les décompose, choisit entre les différents traits, et en forme des images nouvelles. Sans ce pou-

---

(1) *Corps et Ame*, p. 133.
(2) « ... Ex formâ imaginatâ auri et formâ imaginatâ montis componimus unam formam montis aurei, quam *nunquam vidimus*. Sed ista operatio non apparet in *aliis animalibus* ab homine ». (I p. q. 78, a. 4, c.).

voir, l'imagination serait captive dans le cercle de la mémoire (1). »

Gardons-nous, toutefois, d'exagérer ce pouvoir au point d'attribuer à l'imagination le jugement qui revient à la raison directrice et élevante.

M. Cousin nous paraît être tombé dans cette complaisance excessive à l'endroit de l'imagination :

« Le don d'être affecté fortement par les objets et de
« reproduire leurs images absentes ou évanouies, et la
« puissance de modifier ces images pour en composer
« de nouvelles, épuisent-ils ce que les hommes ap-
« pellent l'imagination ? Non, ou, du moins, si ce sont
« bien là les éléments propres de l'imagination, il faut
« que quelque autre chose s'y ajoute, à savoir le sen-
« timent du beau en tout genre. C'est à ce foyer que
« s'entretient et s'allume la grande imagination (2). »

Quelle que soit la dignité que l'imagination acquière de sa collaboration avec la faculté supérieure, il n'en reste pas moins que, dans son acte propre — et c'est sur cet acte propre qu'il faut baser sa vertu essentielle — elle n'a à sa disposition que des images individuelles : l'idée universelle est hors de sa portée. Elle ne peut se défaire de sa matérialité organique, et c'est par là qu'elle est réduite à ne recevoir que des représentations individuelles. Le sens appréciatif ressemble beaucoup plus à l'entendement, et cependant, lui aussi, il ne discerne et ne compare que les caractères individuels : « *Est enim collativa intentionum individualium* ».

L'imagination n'est donc point, à strictement parler, la *mère* des arts, mais elle est l'instrument par lequel la raison réalise l'art et l'exprime en images. — L'imagination n'est pas autrement la *mère* du progrès. C'est

---

(1) Cousin, *Du beau*, etc., p. 149.
(2) Oper. citat., Cousin.

par la raison que l'ingénieur conçoit sa machine, en
tant que proportionnée à une fin ; c'est par l'imagination qu'il se figure les leviers et les rouages nécessaires au mécanisme ; celle-ci imagine alors diverses
combinaisons de ces rouages sous la direction de l'idée.

C'est avec ces réserves qu'il faut lire ce texte du
Dr Surbled : « L'imagination *préside* encore aux progrès de la science et de la civilisation. Elle conduit les
industriels aux inventions les plus utiles. Elle suggère
aux savants mêmes d'heureuses hypothèses qui, fé-
condées par la réflexion, amènent de précieuses découvertes. C'est l'imagination créatrice qui a conduit
Claude Bernard et Pasteur à instituer leurs expériences
les plus ingénieuses et les plus mémorables (1). »

Non moins forcée est cette appréciation de Cousin :
« Il est impossible de borner l'imagination, comme le
mot parait l'exiger, aux images proprement dites et
aux idées qui se rapportent à des objets physiques (2). »

Serait-ce donc qu'avec Stuart Mill et Spencer on tient
à ne voir dans l'idée qu'une association d'images fixée
par l'*hérédité*?

La propriété vraiment créatrice de l'imagination est
toute d'emprunt; elle exige l'influence informante de
la raison, et non pas seulement son contrôle. Selon le
mot de M. Lomet de Vorges : « Les animaux subissent
l'imagination, l'homme, ou plutôt son esprit, s'en sert. »
Et il s'en sert pour réaliser l'idéal et le progrès.

---

(1) *L'Imagination*, p. 22.
(2) *Du beau*, etc., p. 150.

CHAPITRE III

NATURE ET INTENSITÉ DE L'IMAGE

PAR RAPPORT A LA SENSATION

L'image n'est-elle qu'une sensation rappelée et réveillée dans l'organe de la sensation ? — S'il en était
ainsi, on ne concevrait pas la nécessité d'un organe
différent ; la puissance sensitive serait la même et on
aurait raison de ne pas séparer les deux facultés. — Il
est évident que l'imagination se distingue de la sensation. Le sens commun ne regarde pas les sensations
absentes en se reportant en arrière ; il ne considère
que les impressions actuelles.

Si la puissance est différente, l'organe est différent ;
si l'organe est différent, il est ramené de la puissance
à l'acte par une forme accidentelle qui n'est pas identiquement la même que l'impression reçue par le sens
centralisateur des perceptions particulières. L'image
de la sensation est si peu la sensation elle-même, qu'il
arrive à l'imagination de produire des formes imagées
qui ne répondent pas toujours à la sensation légitime.
Quand l'hypnotisé boit une liqueur nauséabonde et
pense déguster de la chartreuse, le sens du goût a été
affecté défavorablement : le sens commun a perçu l'impression normale, mais l'imagination prévenue a réagi

sur le sens commun par l'image de l'impression com-
mandée : la conscience sensible, flottant entre la
réalité passée et l'image qui persiste à s'imposer, loin
du contrôle de la raison, abandonne les rênes de la
perception normale, et se prononce conformément au
rêve hallucinatoire.

L'image est faite sur le modèle de la sensation ; elle
n'est pas la sensation : l'imagination transcrit et im-
prime en caractères imagés tout le travail sensoriel.

Doit-on dire que l'image, ainsi décalquée, est l'état
faible de la sensation, son *écho affaibli,* une forme de
la connaissance *plus pâle* et *moins vive que l'original*
dont elle est la copie ?

Le Dr Surbled s'insurge contre ces données, et pose
en principe que l'image n'est pas plus un *état faible* que
la sensation n'est un *état fort.* Il s'en prend à tous les
philosophes et groupe ses reproches dans ce tableau
intéressant :

« Aristote (1) tout le premier ne voyait dans l'image
« qu'un faible écho, qu'un reflet atténué de la sensation.
« Et les modernes ne sont pas moins affirmatifs que les
« anciens. Pour Descartes, l'imagination n'a pour objet
« que de convertir la sensation en souvenir plus ou
« moins fidèle.

« Bossuet écrit sans hésiter : « L'imagination d'un
« objet est *toujours plus faible* que la sensation, parce
« que *l'image dégénère toujours de la vivacité de*
« *l'original ;* » et encore : « Il faut soigneusement ob-
« server qu'en imaginant nous n'ajoutons que la durée
« aux choses que les sens nous apportent ; pour le reste,
« l'imagination, au lieu d'y ajouter, le diminue, les
« images qui nous restent de la sensation *n'étant*
« *jamais aussi vives* que la sensation elle-même (2). »

(1) *Rhétorique,* III, II.
(2) *Connaissance de Dieu,* etc., chap. I, § 4.

« A l'époque contemporaine, ce ne sont plus seu-
« lement quelques esprits qui regardent l'image comme
« inférieure à la sensation, c'est presque toute la phi-
« losophie qui, avec une étrange unanimité, ne voit
« entre l'une et l'autre qu'une différence de degré. Les
« sensualistes sont d'accord avec les spiritualistes pour
« enlever à l'imagination son caractère propre et ina-
« liénable. Hume, répétant Locke et Condillac, écrit :
« Cette idée (lisez *image*) de rouge que nous formons
« dans les ténèbres et cette impression qui frappe nos
« yeux à la clarté du soleil, présentent une différence
« qui est de degré seulement et non de nature (1) ». Le
« positiviste anglais Herbert Spencer paraît du même
« avis : « Se rappeler, dit-il, la couleur rouge, c'est être
« à un *faible degré* dans cet état psychique que la pré-
« sentation de la couleur rouge produit ; se rappeler un
« mouvement fait avec le bras, c'est se sentir une répé-
« tition, à un *faible degré*, de ces états internes qui
« accompagnent le mouvement (2). »
  « M. Rabier, le grand maître de la philosophie uni-
« versitaire, donne la même note dans ses *Leçons de
« philosophie,* et M. Fonsegrive, un philosophe chrétien,
« se garde de le contredire (3). »
  « Les scolastiques résistent-ils à l'entraînement gé-
« néral ? Nullement ; et l'un d'eux, le P. Peillaube,
« n'hésite pas dans un livre récent à « reconnaître avec
« l'école sensationniste que l'*image*, sauf le cas de
« l'hallucination et de la folie, est ordinairement l'état
« faible de la sensation, c'est-à-dire sa reproduction af-
« faiblie et comme son écho (4). » — « La sensation,
« écrit-il, après avoir occupé la conscience avec des

(1) *Traité de la Nature humaine*, 1re partie, sect. I, p. 12.
(2) *Principes de psych.*, t. 1, 4e p. ch. VI.
(3) *Éléments de philosophie*, t. I, psych., 1890, p. 51.
(4) *Théorie des Concepts*, p. 115.

« caractères de *clarté et de vivacité* qui la distinguent
« de l'image, disparaît bientôt et s'évanouit. Mais la
« fibre ou cellule nerveuse, qui a été impressionnée
« sous l'influence d'un stimulant extérieur, garde en
« elle une trace et un résidu de cette forme de la con-
« naissance sensible. L'image est le *vestige* et le *résidu*
« de la sensation (1). »

Et le docteur finit par cette pensée triste :

« En somme tous les auteurs s'accordent, malgré
« leurs vues divergentes, à tenir l'image pour une ré-
« duction de la sensation ; et leur opinion *ne peut être*
« *attribuée qu'à notre tendance instinctive* à *matéria-*
« *liser* les choses, à *imaginer* ce qui est au-dessus de
« notre compréhension et dépasse notre science. Les
« anciens, nous l'avons vu, croyaient avoir tout dit en
« comparant l'impression sensible à la marque visible
« d'un cachet sur la cire (2). »

Voilà une jolie leçon de spiritualisme à l'adresse d'A-
ristote, de saint Thomas, de Bossuet, et des scolastiques,
en général, sans oublier les universitaires.

N'y aurait-il pas là, plutôt, une confusion regrettable
dans l'esprit du docteur.

« Les anciens, déclare le docte médecin, croyaient
« avoir tout dit en comparant l'impression sensible à
« la marque d'un cachet sur la cire... » Ce serait là un
scandale, au sens spiritualiste. — Auparavant, notre
auteur a rappelé avec satisfaction ces paroles de
Bossuet : « On dit sur cela que, le cerveau ayant tout
« ensemble assez de mollesse pour recevoir facilement
« les impressions, et assez de consistance pour les rete-
« nir, il peut y demeurer, *à peu près comme sur la cire,*
« des marques fixes et durables, qui servent à rappeler

---

(1) Oper. cit., p. 35.
(2) Surbled, *L'Imagination*, p. 7.

« les objets et donnent lieu au souvenir. Mais il ne faut
« qu'approfondir cette idée pour voir combien *elle* est
« *superficielle, téméraire, insuffisante*... (1) »

Ce qui n'empêche pas Bossuet de parler, en ce même
endroit, des *marques* et des *traces* que les objets
laissent dans le cerveau, et qui serviront au souvenir.

Le docteur n'a pas vu que le reproche de Bossuet s'a-
dresse aux seuls matérialistes qui professent que les
sensations sont matériellement fixées sur la pâte cérébrale, un peu comme les vibrations sonores sur le rou-
leau du phonographe ; ceux-là font de l'acte vital un
simple mouvement vibratoire. Aussi Bossuet conclut
très justement : « C'est une grossière imagination qui
ferait l'âme *corporelle* et la cire intelligente. » Il s'a-
gissait de l'acte vital de sensation.

Si nous revenons maintenant à l'acte vital de récep-
tion qui s'opère dans l'organe vivant au premier contact de l'objet, un peu d'attention fera comprendre au
docteur Surbled la pensée des scolastiques, qu'il semble
n'avoir aucunement saisie.

Oui, Aristote se sert de la comparaison du cachet et
de l'impression de l'image sur la cire. Pour expliquer
l'acte vital d'impression ressentie dans l'organe vivant ?
Nullement ! mais uniquement pour expliquer de quelle
manière le sens communie à l'objet matériel, en prend
la forme *sans* la matérialité. Ce n'est point l'objet matériel qui pénètre l'organe animé, mais la forme naturelle de l'objet. Les formes naturelles de l'objet, telles
que la chaleur dans l'eau, ne sont pas seulement reçues
par le contenant selon leurs *conditions matérielles*, par
exemple dans une extension et une figure déterminées,
mais encore selon leurs *dispositions matérielles ;* c'est-
à-dire que l'organe qui les reçoit est informé par elles

(1) *Connaiss. de D. et de soi-même*, ch. III, § 10.

4

d'après leur mode d'existence matérielle ; c'est ainsi que ma main recevra une forme de chaleur ; il n'y a aucun degré d'*immatérialité* dans ce mode d'information : nous ne parlons ici que de la main devenue chaude et nullement de la *sensation* de chaleur. Mais ce n'est pas toujours ainsi qu'opèrent les agents matériels. L'exemple du cachet sur la cire en est une preuve admirablement adaptée à la démonstration. Voici un cachet dont l'artiste a buriné l'image dans un métal d'or ou d'airain. Vous imprimez l'image sur la cire : la cire a été informée par l'image ; elle n'a rien emprunté au métal d'or et d'airain ; la cire ne reçoit pas les *dispositions matérielles* du cachet (1). Ainsi le sens reçoit les impressions des objets, selon leurs conditions matérielles, nullement selon les dispositions de la matière ; et cela, justement, parce que le sens n'a pas les mêmes dispositions que l'objet à recevoir ces éléments de grossière matérialité. C'est un principe que toute chose est reçue dans une autre selon le mode d'assimilation qui convient à sa nature (2). La cire ne pouvait recevoir la matérialité de l'or ; le sens ne peut recevoir dans son organe la matérialité de l'objet qui l'impressionne (3) ; il n'en reçoit que la forme extensive et figurée, dans le premier travail de l'espèce *impresse*.

---

(1) « Et ponitur conveniens exemplum de sigillo et cera. Non enim eadem dispositio est cerœ ad imaginem, quœ erat in ferro et auro. Et ideo subjungit (Aristoteles) quod cera accipit signum, id est imaginem sive figuram auream aut œneam, sed non in quantum est aurum aut aes. Assimilatur enim cera aureo sigillo quantum ad imaginem, sed non quantum ad dispositionem auri. *Et similiter sensus patitur a sensibili habente colorem aut humorem, saporem, aut sonum,... sed non patitur a lapide colorato in quantum lapis, neque a melle dulci, in quantum mel..., sed patitur ab eis in quantum coloratum, vel saporosum, etc., etc.* » (St Th., in II *de Anim.*, lect. 24.)

(2) « *Quodcum que enim recipitur in altero, secundum modum recipientis accipitur.* » (St Th., in II *de Animâ*, lect. 24.)

(3) « Sensus est susceptivus specierum *sine materia*, sicut cera recipit signum annuli *sine ferro et auro*... » (St Th., in II *de Anim.*, l. 24.)

Le sens ne reçoit donc que la forme *intentionnelle* de l'objet, comme parle l'école ; et c'est là du bon spiritualisme. Les scolastiques pardonneront cette confusion d'idiomes à l'éminent physiologiste, à titre de réciprocité. ,

Bien téméraire serait le matérialiste, bien égaré le spiritualiste, qui voudraient expliquer la sensation par le simple ébranlement des nerfs et déclarer ainsi l'acte vital essentiellement réductible à des mouvements vibratoires. Toutefois, ce n'est point tomber dans ces théories matérialistes, comme le pensent les partisans de l'animisme exagéré — qui retirent au composé. pour le profit de l'âme seule — que de supposer concomitant et excitateur, en quelque sorte. de l'acte vital d'imagination et de mémoire, pour certains cas, un mouvement physico-chimique de la cellule cérébrale. N'est-il pas évident qu'un simple afflux sanguin peut exagérer l'activité d'une cellule, et, dès lors, surexciter l'activité vitale, par le choc en retour, de l'organe animé, de la puissance organique ?

Nous trouvons digne d'attention et très acceptable cette théorie de M. Domet de Vorges : « Toute cellule « qui a fait un mouvement, déclare cet auteur, garde « quelque chose de ce mouvement, de même que tout « corps qui a subi une inflexion garde très longtemps « quelque chose de cette inflexion. Les molécules, « dérangées de leur position première, ne la reprennent « jamais complétement et restent disposées à se prêter « à la position déjà occupée. Pliez une feuille de papier. « elle conservera très longtemps la tendance à re- « former le même pli .. Ainsi la cellule, quand une « forme lui a été imposée fortement (il n'y a que les « impressions fortes ou répétées qui se conservent), si

« le cours du sang ou l'influx nerveux vient à la
« secouer, tendra naturellement à reprendre la forme
« déjà subie. Le retour de cette forme sollicite la puis-
« sance qui rappelle la même image déjà présentée (1). »

A notre avis, c'est encore ici de la bonne psycho-
physiologie.

« Mais la *physiologie* n'est pas la *physique !* » reprennent les spiritualistes trop soupçonneux. C'est
vrai ! mais la physique, non moins que la physico-
chimie, accompagne la physiologie ; la puissance organique s'arrange intimement de ces éléments ; elle en
dispose et elle peut, par un choc en retour, en recevoir
l'influence dans l'organe animé.

Demandons-nous maintenant si c'est abuser des mots
et amoindrir une vérité psychologique que d'appeler
les images sensibles, dont l'imagination est le trésor,
tantôt un *résidu* de la sensation, son état faible, tantôt
son *écho* et sa *copie*.

Certains spiritualistes s'en scandalisent très fort.
« Nous rêvons ainsi tout éveillés à nos joies ou à nos
douleurs ; et l'on voudrait appeler de telles évocations
des *résidus* de sensations, des *états faibles !* Mais ces
imaginations qui nous obsèdent parfois et nous acca-
parent toujours sont plus fortes que nos sensations
mêmes (2). »

L'école ancienne et moderne, avec une « étrange
unanimité », aurait soutenu cette doctrine.

C'est être quelque peu ingrat envers M. Cousin.
« Vous voyez, écrit ce philosophe, quelle est l'étendue
de l'imagination : elle n'a point de bornes, elle s'applique à tout. On la reconnaît à ce signe qu'elle produit, à

---

(1) Domet de Vorges, *La perception et la psychol. thomiste*, p. 76.
(2) *L'Imagination*, p. 13.

l'aide de ses représentations, la *même impression*, et même *une impression plus vive que la nature à l'aide des objets réels.* »

« Aux yeux de l'imagination, le monde réel languit auprès de ses fictions. » Il est certain que nous bâtissons des châteaux en Espagne.

M. Cousin, il est vrai, nous donne la solution du problème et remet tout au point en expliquant le pourquoi de cette supériorité représentative :

« Les fantômes de l'imagination ont un *vague, une indécision de formes qui émeut mille fois davantage que la netteté et la distinction des perceptions actuelles* (1). »

Le compliment devient ici l'explication. Il arrive à l'imagination de retoucher, de métamorphoser les impressions, de *farder* la perception réelle, noyant toutes choses dans un flou qui profite à la fiction, et ainsi de tromper sur les véritables proportions :

> Voilà les Apennins, et voici le Caucase !
> La moindre taupinée était mont à ses yeux.

La « fécondité de l'imagination est incomparable », nous le reconnaissons. N'est-ce pas fuir le problème que de mettre en jeu, en ce moment, cette propriété créatrice de l'imagination ? De quoi s'agit-il ? De comparer la sensation crue avec l'image composée, avec une *création* de la puissance imaginative ? Nullement ; il s'agit d'instituer un parallèle entre la sensation et l'image *dépouillée d'éléments étrangers*, qui lui doit correspondre dans la puissance imaginative. Laissons donc de côté le coloris mensonger que l'imagination ira emprunter aux éléments d'une autre sensation, pour *parer* l'image exacte, que l'acte parfait de la puissance imaginative devrait mettre en équation avec la percep-

---

(1) *Du vrai, du beau*, etc., p. 151.

tion sensorielle. Comparons l'image avec la sensation qu'elle est chargée de reproduire ; pour ce faire, elle n'a pas à se réclamer de la collaboration de l'intellect, puisque nous comparons, dans cette étude appréciative, la sensation et son image.

Quelle singulière louange donner à cette puissance que de dire : elle dépasse la sensation réelle ! Ainsi j'ai reçu, dans mon rêve, une sensation de piqûre, et voici que j'imagine un coup de poignard, reçu dans une attaque nocturne, au milieu d'un site effrayant de forêt jadis entrevue. Ou bien, je me retrace un épisode de ma vie, mais par suite de l'éloignement, de l'effacement de certains souvenirs, de mon état émotionnel actuel, je laisse dans l'ombre certains détails qui ramèneraient le souvenir à son légitime degré de vérité, et je mets dans un relief exagéré — à l'aide d'éléments nouveaux instinctivement amalgamés à la trame du fait réel — ce qui reste de la sensation passée. Et je regarderais cette image amoindrie en même temps que diminuée comme l'*état fort* de la sensation passée ? En réalité ce n'est là qu'un *résidu*, un *débris* de la sensation *vécue*. Un spectacle saisissant, fait de tout, lui a succédé. Ceci montre, il est vrai, la fécondité de la faculté imaginative, et nullement l'excellence de l'image que je lui réclame en vain telle qu'elle lui fut apportée du dehors.

Ce débris de sensation doit au *vague*, à l'*indécision*, comme parle M. Cousin, « d'émouvoir mille fois davantage que la netteté et la distinction des perceptions actuelles ». Cela est si vrai qu'il appartient à la raison de détruire la légende et de restaurer la vérité. C'est justement parce que le rêve échappe à ce contrôle que l'intensité de l'image est si prédominante. Et c'est le rêve, pourtant, qu'on nous apporte en exemple de cette admirable fécondité : « Elle est telle (cette intensité) dans le rêve que le dormeur confond ces images avec les sensations et a l'illusion de la réalité (1). » Oui, mais comment ? — « Le dormeur entend un grand bruit... Cette image prend dans sa pensée une forme d'autant plus saillante qu'elle y arrive seule sans aucune des sensations collatérales qui nous permettent, dans la veille, de juger de la force, de la durée, de la nature de ce bruit. L'imagination, mise en éveil, s'y applique *follement*, n'ayant aucune autre sensation capable de la distraire : elle en grossit l'intensité et en diversifie les qualités au point de l'altérer profondément. »

Et plus loin le Dr Ferrand remarque, après Egger, les erreurs de l'activité imaginative et donne la raison de l'intensité des images du rêveur. « Ce que comportent d'*erroné* ces appréciations, se comprend quand on réfléchit à quel état de dissociation se présentent les actes sensibles dans le rêve. J'ai dit plus haut comment les images évoquées dans l'imagination du rêveur, en raison de cet état de dissociation et d'isolement, cessent de *pouvoir être appréciées et mesurées comme elles le sont à l'état normal. C'est ce qui explique tout à la fois la vivacité de certaines images*, le vague dans lequel flottent souvent leurs contours, et surtout *les exagérations en trop ou en trop peu avec lesquelles elles se présentent au sensorium, erreurs constantes* dont s'accompagnent les mesures de temps et de durée (2)..»

Par contre, plus l'imagination est contrôlée par la raison, moins elle est *follement impressionnée*. Aussi, d'après saint Thomas, « l'imagination des brutes est plus impressionnable que celle de l'homme, parce que l'imagination de l'homme, surtout pendant la veille, est plutôt disposée conformément à la raison que selon les causes naturelles (3) ».

(1) *L'Imagination*, p. 14.
(2) Dr Ferrand, Annales de philos., Oct. 1895.
(3) 2, 2, q. 72, a. 1, ad 2.

On ne doit point mettre en parallèle une *image composée* avec une sensation simple, et dès lors une reproduction faite de plusieurs reproductions à une seule
impression sensorielle.

De fait, si on rapproche l'image crue de la sensation
crue dont elle est la représentation, on trouvera toujours que l'image la plus excellente n'est que l'excellente
copie de la sensation à laquelle elle correspond ; si elle
donne plus, elle le prend dans son propre fonds, elle
altère la sensation.

Encore une fois, l'imagination est transcendante, par
sa vertu d'élaborer les images composées d'après les
commandes de la raison. Mais cessons de faire tourner
certaines perturbations ou altérations à sa louange;
c'est par là qu'elle a été appelée la *folle* du logis.

Il reste que l'image parfaite est celle qui répond
parfaitement à la sensation, puisqu'il est bien impossible qu'elle dépasse la sensation sans être composée,
sans cesser d'être vraie, et adéquate à la perception.

Nous trouvons pleine de sens et d'observation cette
remarque de M. Fonsegrive : « Après la vive lumière
« de la conscience claire, où toutes les sensations *élé-*
« *mentaires* d'une sensation totale apparaissent avec
« clarté, vient un *état inférieur* où *manquent un grand*
« *nombre* de ces sensations élémentaires ; cet état in-
« férieur, qui a d'ailleurs lui-même une infinité de
« degrés, se nomme l'image (1). »

Presque toujours, sinon toujours, l'imagination,
quand elle ne surajoute pas à la sensation perçue les
sensations élémentaires d'une autre sensation, re-
tranche quelque chose de la perception générale d'une
sensation. Quand je vois un spectacle, une foule de détails m'affectent et m'impressionnent: j'ai l'enchan-

---

(1) *Éléments de philosophie*, t. I, psychol., p. 51.

tement du paysage, la vue des lointains comme du premier plan et des horizons s'effaçant graduellement ; si je ferme les yeux, il me faut un effort pour ressaisir l'image totale, et j'en perds nécessairement, infailliblement quelque chose. A la prochaine évocation, je rêverai déjà d'un paysage quelque peu altéré, quoique encore ressemblant ; mais j'ai remplacé les sensations *élémentaires* perdues par des retouches, où le vague et l'*indécision* réparent les vides du souvenir précis ; vous ne pouvez plus comparer l'émotion ressentie en présence de cette image, en partie composée, avec la sensation première ; c'est un état *inférieur dans l'ordre de la sensation vue*.

Et cela suffit pour affirmer en toute vérité que l'image crue est difficilement l'égale de la sensation crue. Toute la question est là.

De plus, serait-il vrai de dire que l'intensité de l'image composée dépasse à ce point la résultante des sensations qui approvisionnent séparément l'imagination de ces éléments de composition ? Nous croyons qu'il y a proportion entre les deux intensités, et que s'il y a prédominance, elle se trouve du côté de la sensation.

Je lis le récit émouvant d'un naufrage. Je vois la scène par la représentation imaginative. Si je n'ai jamais contemplé la mer, ni visité un navire, je me figure une tempête qui me produit une émotion modérée : l'intérêt romanesque que je porte aux héros du drame me fera seul dépasser l'émotion provoquée par le tableau imaginatif évoqué par le conteur. Si j'ai vu la mer sauvage dans un jour de grande tempête, si j'ai voyagé sur un paquebot et connu les émotions d'une mer démontée, le tableau imaginatif sera autrement saisissant ; mais tout cela n'est-il pas la résultante des

images séparées dont je compose cette scène de naufrage ? Et si j'avais été ce naufragé, croit-on que l'émotion du souvenir serait plus intense que l'émotion réelle
éprouvée à ce moment d'angoisse suprême ?

Sans doute, la reproduction imaginative de ce dé-
sastre nous paraîtra plus intense dans le cauchemar.
Est-ce parce que l'image est plus vive, ou parce qu'elle
occupe seule la conscience sensible ? Nous pensons que
c'est pour la seconde raison (1) ; et c'est là une supériorité fictive dont la raison signale vite l'inanité. Ajoutez
à cela que le rêve a presque infailliblement altéré les
détails, faisant croire, par exemple, au naufragé imaginaire que, cette fois, des êtres chers courent, à ses
côtés, le même danger de mort, et vous avez la raison
de cette émotion trompeuse et trompée ; mais ce n'est
plus l'image du naufrage éprouvé, c'est l'image d'un
naufrage fictif ; ne dites donc pas que l'image a dépassé
la sensation réelle en éclat et en lumière vraie.

L'image est normalement la copie, l'écho, ou, comme
parle le docteur Ferrand, une conséquence et un dé-
rivé de la sensation. Quand elle perd quelque élément
de la sensation totale, ou qu'elle y ajoute, elle est une
image altérée, en partie mensongère : ce n'est pas une
supériorité dans le même plan d'une sensation donnée.

---

(1) Annales de philos. Oct 1894 *Le Sommeil et les Rêves*.

DEUXIÈME PARTIE

Parallèle entre les troubles psycho-physiologiques
et certains phénomènes préternaturels

Parallèle entre les troubles psycho-physiologiques
et certains phénomènes préternaturels

CHAPITRE I

HALLUCINATIONS. — APPARITIONS : VISION ISOLÉE, VISION COLLECTIVE

Un psychologue de l'école ésotérique laissait récemment (1), dans une conférence à la Bodinière, tomber cette boutade : « Si la physique et l'astronomie ont eu leurs Newtons, la biologie n'a encore eu que son Copernic, et la psychologie, plus pauvre encore, mendiante presque, en est encore à attendre son Hipparque et son Ptolémée. » La vraie psychologie, celle qu'ignore le conférencier, a eu ses Newtons dans la personne d'Aristote, d'un saint Thomas, et de tant d'autres.

La psycho-physiologie moderne ne mérite pas davantage ces reproches, si on compare ses méthodes et les résultats déjà obtenus aux découvertes plus trou-

---

(1) Novembre, 1898. Conférence de Jules Bois.

blantes que réelles de la psychologie occulte, dont l'orateur est un chaud partisan.

Mais le mécanisme de certains troubles psycho-physiologiques pourra défier longtemps la perspicacité des expérimentateurs. Les illusions et les erreurs sensorielles sont parmi ces phénomènes difficilement explorés qui restent, dans leur raison intime, trop inconnus à la science avancée.

Rappelons que les sens nous ont été donnés pour entrer en communication immédiate avec l'extérieur; ce monde extérieur pénètre en nous par le contact intime de l'*agent* sur le *patient,* selon la profonde doctrine de l'école péripatéticienne. Parfois, ces agents qui exercent sur nous une action informante sont les corps eux-mêmes, comme il arrive pour le sens du toucher, quoique le corps n'impressionne pas l'organe du sens d'un contact *absolument* immédiat, puisque les pupilles nerveuses sont encore séparées de l'objet par un tissu supérieur, ou autrement; mais le sens, du moins, entre en contact à travers ce milieu qui atténue les frottements; l'objet frappe à la fois le sens et les milieux (1). Pour les autres sens, l'information nous arrive à travers les milieux interposés, air ou éther, auxquels les corps ont communiqué leurs vibrations lumineuses ou sonores (2). C'est quand même l'action de l'agent qui informe le sens sans intermédiaire, en passant par ces milieux, non sous forme d'accident numériquement dentique qui voyagerait d'un corps dans un autre, mais sous l'extérieur d'une information accidentelle successivement produite dans les corps par l'action vibratoire, sonore ou lumineuse.

(1) « Accidit utrumque percuti... » St Th., *de Animâ*, II, lect. 23.
(2) « In aliis sensibus immutatio medii est causa quod immutatur sensus, non autem in tactu. » St Th., *de Animâ*, lect. 23.

Le résultat, c'est qu'il y a union intime de l'agent avec le patient, du moteur avec le mobile, comme l'enseigne l'Ecole.

Nous professons donc la perception immédiate des sens externes. Rien n'est plus satisfaisant aussi, en physiologie, que de regarder les sens extérieurs comme autant de prolongements du *sens commun* qui serait ainsi la « racine et le principe des sens externes », dans l'unité physiologique du sensitif (1).

Cette théorie jette une vive lumière sur la genèse de l'hallucination et de son action sur les sens.

C'est l'organe central qui voit par la vue, entend par l'ouïe, touche par le tact, en ce sens que seul il prend conscience de l'objet vu, entendu, touché : la sensation totale, parfaite n'est que là. Chaque sens n'a perçu l'objet que sous un aspect propre et étroit. Si la vue voulait décider *seule* de la saveur d'un fruit parce qu'il paraît de belle couleur, elle ne me renseignerait pas sur son objet *direct,* et le *sens commun* pourrait s'égarer en ne contrôlant pas ses dires par la perception propre au sens du goût ; le danger serait le même si je ne voulais m'en rapporter qu'au toucher. Chaque sens particulier n'appréhende un objet *commun* que par la sensible propre qui est de son domaine particulier (2).

Le *sens commun* saura ainsi contrôler les erreurs sensorielles d'un sens, sur un objet commun, en consultant les autres sens, chacun dans son domaine, et sous la direction de la raison.

(1) « Vis sentiendi diffunditur in organa quinque sensuum ab aliquâ unâ radice communi, a quâ procedit vis sentiendi in omnia organa, ad quam etiam terminantur omnes immutationes singulorum organorum. » (*De Animâ,* II, lect. 3.)

(2) « Sicut sensibilia per accidens non apprehenduntur nisi in quantum sensibilia propria apprehenduntur, sic nec sensibilia communia apprehenduntur, nisi apprehendantur sensibilia propria : nunquam enim visus apprehendit magnitudinem aut figuram nisi inquantum apprehendit coloratum. »

Ainsi, sur l'*étendue solide immédiatement perçue*, il consultera spécialement le sens du *toucher ;* la vue ne serait pas dans son domaine propre, l'étendue n'étant son objet qu'*indirectement* et par *accident :* elle verra la lune, mais lui assignera un diamètre de quelques pieds, si elle ne subit pas une éducation préalable dans l'appréciation des distances. L'œil sera consulté sur les surfaces *colorées*, comme sur son objet *propre ;* ce n'est qu'*indirectement* et par *concomitance*, qu'il saisira la forme et l'étendue. L'oreille percevra *en propre* le *son ;* l'odorat, les *odeurs ;* la langue ou le palais, les *saveurs*. D'eux-mêmes, s'exerçant dans les *conditions normales*, les sens ne se trompent pas et atteignent sûrement leur objet *propre*. Ces *conditions normales* excluent, dès lors, tout *empêchement* venant de *l'organe* ou du *milieu :* les *conditions* sont changées si un *defectus* organique quelconque ou un *milieu trompeur* mettent le sens dans un état d'infériorité et d'impuissance. L'erreur est ici l'œuvre du désordre et de la corruption, et non de la nature (1).

Ceci soit dit à l'adresse de l'école subjectiviste qui réduit « les mouvements du dehors, comme les sensations du dedans, à de simples symboles d'une réalité cachée (2) ». A ce système philosophique qui ment audacieusement à la nature, nous préférons l'autre psychologie, celle dont M. Barthélemy Saint-Hilaire a pu dire fort justement qu'aucune « n'a apporté dans ses recherches plus de sagacité et de science (3) ».

Donc, nous communions au monde extérieur par les sens, et le *moi conscient* interprète et localise ces sen-

---

(1) « Nulla potentia cognoscitiva deficit a cognitione sui objecti, nisi propter aliquem defectum aut corruptionem. » (St Th., *Contra Gentes*. III, c. 107, ratio 8). Cf. 1, p. q. 17, a. 2. Quaest. disp. *De verit*. q. 1. a. 11 et 1. p. q. 78, a 3. ad. 2.

(2) Fouillée, *L'Avenir de la métaphysique*, p. 154.

(3) Préf. p. 117, *de Animà*.

sations avec vérité et justesse ; nous discernons, dans une sensation, la part du monde extérieur et la part qui revient à notre sensibilité. Si je touche la pointe acérée de l'aiguille, j'attribue la forme pointue à l'aiguille, et la douleur à mon organe, et cela, sans que la *direction de l'attention* vienne nécessairement faire le partage, comme opine M. Rabier (1), comme si, à l'origine, aucune de nos sensations n'était localisée, comme si toutes nos sensations nous apparaissaient tout d'abord à l'état de pures modifications spirituelles de notre âme. Sans l'éducation du sens visuel on se trompe sur la vérité des distances : on ne se trompe pas sur l'*extériorité* des objets.

Qu'on n'objecte pas, à l'encontre de la perception sensorielle, le *daltonisme*, et ce qu'on a appelé par analogie le daltonisme de l'ouïe. Ces confusions de couleurs, et ces fausses appréciations des sons, ont trait à des analyses incomplètes de l'impression objective, dues à des indispositions organiques que la science est en mesure de constater : la paralysie de certaines fibres, d'une part, la *fatigue* rétinienne de l'autre, ou la manière défectueuse avec laquelle les rayons sont réfléchis, mettent l'organe consulté en dehors des *conditions normales ;* cela nous suffit. A d'autres phénomènes d'illusions on peut assigner une raison objective : ainsi les brillantes couleurs de l'incolore gouttelette d'eau, suivant l'angle d'incidence de la lumière dont elle réfléchit les rayons.

L'organe très délicat de la vue est particulièrement sujet à des phénomènes que nous extériorisons par habitude. Ainsi l'ébranlement mécanique du nerf optique lui communique un mouvement semblable à l'action lumineuse, en ce sens que l'éther intra-organique, mis

(1) *Psychologie*, I, p. 431

en mouvement, affecterait le nerf où se produit ce mouvement, et un phénomène intérieur de phosphorescence serait ainsi perçu par l'organe.

Un savant raconte que lorsque, s'étant échauffé par une marche rapide, il entrait subitement dans une pièce obscure, il voyait s'agiter et flamboyer devant ses yeux une lumière mate, analogue aux lueurs d'un objet « frotté de phosphore ». Ces phénomènes appartiennent à la catégorie des *phosphènes*, et ne sont point des illusions ; il y a perception normale d'un phénomène intra-oculaire.

Au-dessus de ces reproductions lumineuses sans importance se place la catégorie des *images consécutives*. Lorsqu'on regarde un objet fortement éclairé, l'impression lumineuse produite sur la rétine subsiste quelque temps encore, puis décroît d'intensité, suivant des effacements que nous retrouverons dans les fantômes de l'hallucination. Ce n'est un secret pour personne que les impressions reçues par la rétine ne s'évanouissent pas instantanément ; ainsi le démontre expérimentalement le phénomène bien observé de la superposition des couleurs et de leur fusion en une couleur résultante ; il suffit de renvoyer à l'expérience du *phantasmoscope*.

Qu'on fixe un instant le disque du soleil couchant. Un simple battement des paupières, ébranlant sans doute les bâtonnets nerveux affectés, ranime une image réduite du globe lumineux, qui est projetée dans le vide, à quelques décimètres de distance. Au bout de quelques secondes, l'image, de teinte orangée, se transforme en un rond grisâtre, que l'on rend lumineux à nouveau en renouvelant le battement des paupières ; on lui conserve sa teinte orangée en la projetant sur un écran de couleur sombre. Le phénomène dure quelques minutes, si on le rappelle par l'excitation mécanique du frottement des paupières.

On remarque, avec Helmholtz (1), « que l'image consécutive, d'abord saisissante, s'affaiblit peu à peu avant de s'éteindre, et se modifie, sous diverses influences, de plusieurs manières ». Par exemple, l'image positive devient négative, si l'on fait réagir une lumière plus forte ; les carreaux blancs d'une fenêtre deviendront noirs et les montants obscurs deviendront lumineux.

L'image consécutive pourra s'effacer en passant par toutes les oscillations du phénomène de l'*alternance :* les teintes lumineuses deviennent grises, puis reviennent à l'état lumineux pour se transformer de nouveau, avec une intensité toujours décroissante et jusqu'à complet évanouissement de l'image (2). Ce phénomène est-il dû uniquement à la fatigue intermittente de la rétine, ou aussi à un « processus d'assimilation et de désassimilation de l'organe », comme le veulent plusieurs physiologistes, la chose nous importe peu. Nous avons seulement à enregistrer les intensités variées de l'image lumineuse, car il est clair que ce sera là un élément de connaissance dans le discernement du phénomène objectif de la *vision.*

.*.

Qu'est-ce donc que l'*hallucination ?* Nous devons répondre à cette première question par une définition courte et complète, comme il convient à une bonne définition.

Il importe de se demander, tout d'abord, ce que l'illusion est à l'hallucination. Ce serait une grande

---

(1) Helmholtz, *Optique*, II, 472 et suiv.
(2) Cf. Farges, *Objectivité de la percept. des sens ext.*

erreur que de confondre ces deux phénomènes; c'est
pour avoir donné lieu à cette confusion que certains
physiologistes ont si mal défini l'hallucination.

Nous avons parlé de l'analyse incomplète que le
nerf acoustique ou optique peut faire des impressions qui lui sont amenées de l'extérieur. Par suite
de cette analyse imparfaite, l'objet ne sera pas perçu
dans sa pleine réalité; mais l'erreur du sens sera cause
que la conscience sensible se fera *illusion* sur la valeur
réelle de l'impression. Avec l'*illusion*, il y a erreur
d'interprétation au sujet d'une action objective, c'est-à-
dire d'une impression causée par l'objet. Du moins la
perception objective n'est pas toute *mensongère*.

Il s'ensuit que l'*illusion* accompagne la sensation
normale, déterminée par l'objet perçu, mais elle altère
la perception et la *déforme*, soit en plus, soit en moins.

L'*hallucination*, au contraire, n'est pas simplement
l'erreur du sens mal disposé pour recevoir l'impression
du monde extérieur, par suite d'un defectus organique,
ou par l'imprudence d'un sens qui veut interpréter
sans appel un objet qui n'est pas de son domaine *propre*,
mais c'est l'erreur d'un sens qui crée, sur un point, un
monde extérieur fictif, et attribue à une cause sensible
l'impression qu'il a reçue.

En résumé, l'illusion ne va pas sans une sensation
partiellement vraie; l'hallucination ne requiert pas une
impression venue d'un objet, mais elle peut l'accompagner, non pas seulement en la déformant partiellement, par une analyse incomplète ou un jugement
incompétent, mais en *créant, à côté de la sensation
vraie, une sensation d'origine purement subjective
qu'elle extériorise au même titre que la première.*

Celui qui voit une arme sur une table et s'imagine
aussitôt une scène d'assassinat dont il est la victime,
ne déforme pas seulement une sensation vraie, mais il

brode sa fiction sur le thème d'une sensation normale.
— C'est ainsi que l'hallucination peut accompagner la
perception vraie sans qu'on puisse la confondre avec
l'illusion.

Donnons un exemple : « Une jeune mère s'approchant de son petit enfant, le crut changé en oie et se
disposait à le faire cuire. Le mari survint à temps pour
sauver l'innocente créature ». Les aliénistes désignent
ce phénomène sous le nom d'*illusion*. C'est une hallucination qui s'appuie sur une sensation vraie. Celle-ci
est comme la matière qui sert aux fausses constructions de celle-là.

L'illusion exige la présence de l'objet ; l'hallucination
en est indépendante ; elle le supprime, ou le déforme *entièrement* quant au point sur lequel porte l'hallucination.

Nous pensons que ce discernement des deux phénomènes n'est pas simplement facile en théorie, mais
aussi que la ligne de démarcation n'est pas si incertaine
que plusieurs le prétendent dans l'ordre des faits, pour
la plupart des cas donnés.

Rien n'est moins commun que de trouver une bonne
définition de l'hallucination.

Gratiolet ne voit dans les deux états d'illusion et
d'hallucination qu'une différence de degré. — Le R. P.
de Bonniot lui donne, à notre avis, trop aisément
raison : ce que nous avons dit de l'illusion et de l'hallucination nous autorise à garder la distinction proposée.
— Nous indiquerons, au point de vue de la théologie
mystique, les raisons qui nous font écarter cette confusion des phénomènes. · Nous voulons bien que le
mot *illusion* entre dans la définition du phénomène de
l'hallucination, mais avec des termes qui en précisent
l'emploi plus étendu.

Esquirol donne de l'hallucination cette définition
descriptive : « Un homme qui a la conviction d'une
sensation perçue, alors que nul *objet extérieur* propre
à exciter cette sensation n'est à portée de ses sens, est
dans un état d'hallucination (1). »

On trouvera que cette définition limite trop le sens
du mot sensation : « Les sensations ne sont pas toutes
d'origine périphérique extérieure; il y en a d'origine
périphérique intérieure, venant des viscères, des
troubles de la digestion, et même d'origine centrale. »
Les rêves peuvent naître de toutes ces impressions,
comme le remarque le Dr Ferrand (2). La définition
d'Esquirol conviendrait également au rêve ; or le rêve
n'est pas l'hallucination. L'hallucination n'est pas un
rêve éveillé, comme plusieurs semblent le croire.

Le même reproche peut être fait à la définition de
M. Baillarger : « Une perception sensorielle indépendante de toute excitation extérieure des organes des
sens (3). » Néanmoins, la part de l'émotion sensorielle
y est suffisamment indiquée. Seulement, le rêve se
trouverait également bien de cette définition trop
étendue.

Ne citons que pour mémoire la définition de
M. Brierre de Boismont : « Nous définissons l'hallucination, *la perception des signes sensibles de l'idée* (4). »
Alors toute faculté qui perçoit les images sensibles,
comme le sens commun qui les centralise, comme la
mémoire qui les reconnaît, comme l'intellect agent qui
en extrait les éléments nécessaires à l'opération intellective, seraient donc dans un état hallucinatoire !

_____

(1) Esquirol, *Des Maladies mentales*, t. I, p. 80.
(2) *Le Sommeil et les Rêves*, Annal. de philos., Oct. 1855.
(3) *De l'Influence de l'état intermédiaire à la veille et au sommeil
sur la production des Hallucinations*, p. 474.
(4) *Des Hallucinations*, p. 18.

Fort dangereuse est cette définition d'un aliéniste anglais : « L'hallucination est l'état intellectuel d'une personne qui croit voir ou entendre ce que les autres ne voient ni n'entendent. » Cette définition a le tort de biffer de leur réalité subjective ou objective la plupart des faits qui relèvent de la théologie mystique. Un ennemi du spiritualisme chrétien pourrait mettre cette assertion dans une conclusion de son étude, avec une apparence de logique ; comme principe premier, elle est inacceptable, car elle suppose jugée la question en litige.

La définition suivante ne semble pas, croyons nous, répondre pleinement aux conditions désirées. Elle émane, cependant, d'un théologien exercé : « L'hallucination est une sensation déterminée par une impression organique dont ni l'objet ni la cause immédiate ne sont extérieurs (1). » La part de l'émotion sensorielle y est trop prépondérante ; elle ne doit s'y trouver que comme conséquence, comme choc en retour de la sensation imaginaire ; ici on la semble donner comme cause déterminante et *initiale*.

Si nous en croyons le Dr Ferrand, « l'image, subordonnée à la sensation dans l'ordre habituel des acquisitions sensibles, peut réagir à son tour sur les ganglions de la base du cerveau et y déterminer des phénomènes tout subjectifs qui peuvent aller jusqu'à l'hallucination (2). » A supposer qu'il faille placer ailleurs l'organe de la sensation complète, le processus n'en est pas moins admissible. Or, si on veut admettre la profonde conception de la psycho-physiologie péripatéticienne qui fait du sens commun la source commune des sens externes, *radix communis et principium*, on

_____

(1) *Le Miracle et les Sciences médic.*, p. 17.
(2) *Le Sommeil et les Rêves*, Annal. de philos., Oct. 1885.

comprend admirablement que les nerfs périphériques
éprouvent le frémissement, l'émotion qui correspond à
l'image cérébrale hallucinante. L'organe halluciné *voit*
et *entend*. Bien plus, d'après certains spécialistes,
l'image peut revenir sur ses pas, pour ainsi dire, et
ébranler de nouveau les cônes et les bâtonnets de la
rétine d'où elle était partie, et y provoquer l'image
consécutive, image encore plus saisissante de la
réalité (1). Telle serait l'hallucination dans le cas d'hy-
péresthésie ou de surexcitation morbide exceptionnelle
du système nerveux.

L'impression organique partie de l'extérieur ne joue
qu'un rôle assez secondaire dans la genèse de l'hallucination. Si la vue d'un animal dépecé jette un fou dans
l'hallucination d'une scène de carnage, vous pouvez
dire que l'impression organique a été l'*occasion* du
trouble cérébral, et nullement son objet ou sa cause.

Il faut encore appliquer ici l'excellente classification
que le Dr Ferrand nous a donnée des causes déterminantes du rêve, car dans l'un et l'autre phénomène, le
jeu de l'action cérébrale est le même; il n'y a de différence que dans les effets obtenus. Les rêves sont d'origine périphérique extérieure, ou d'origine centrale (2):
dans ces derniers, l'imagination opère sans occasion
venue de la périphérie. Ainsi en est-il de l'hallucination.
Seulement, dans le rêve, le travail imaginatoire n'émo-
tionne pas l'organe périphérique pour le mettre en
travail de perception.

Nous ne voyons pas comment il est fait un si mauvais
sort à la définition proposée par le Dr Calmeil, si on
veut bien ne pas s'arrêter à sa longueur, et supprimer

(1) Cf. Helmholtz, *Optique*, p. 274.
(2) Dr Ferrand, loc. cit.

le texte inutile : « Celui-ci est halluciné, dont l'imagination, fascinée par la maladie, prête un corps et une forme aux idées qui prennent naissance dans son cerveau, rapporte ces idées aux appareils des sens, les convertit en sensations que presque toujours il attribue à l'action d'objets matériels qui n'agissent point actuellement sur les organes... (1) »

Il y a là les éléments d'une juste définition que nous formulerons en ces termes : L'hallucination est l'*extériorisation, par les sens, d'une création imaginative.* La circonstance d'être dupe ou non de son hallucination ne fait rien à la définition du phénomène.

Nous pensons donc que cette définition répond à tous les postulats.

L'illusion, telle que nous l'avons distinguée, se trouve exclue de cette définition, car l'illusion, interprétation erronée d'une sensation vraie, sans création d'objets nouveaux, n'est jamais une hallucination ; c'est une analyse incomplète. Ainsi, dans un milieu liquide, je me figure, en ne consultant que le sens de la vue, que le bâton plongé dans l'eau est brisé ; il y a erreur parce que j'ai consulté seul le sens de la vue. Ou encore, une lumière artificielle, qui remplace ce rayon de lumière blanche, me trompe sur la couleur vraie des objets, et je ne puis m'en prendre qu'au milieu trompeur qui change les conditions normales de la vision. L'illusion dans ce sens, n'est pas même une hallucination commencée.

Le rêve est aussi mis hors de cause, tout comme l'acte imaginatif de l'état de veille.

Lorsque j'*imagine* une scène *vécue*, je la replace dans son cadre naturel ; la localisation s'impose, mais elle

---

(1) *De la Folie*, t. I. p. 4.

n'est pas obtenue par les sens externes; elle est l'œuvre unique des sens internes. Quand j'imagine une scène créée par une association d'images, ce tableau imaginatif ne se *localise* pas parmi les objets réels qui m'entourent ; l'imagination promène ses héros en tout. lieu, et indifféremment. — L'image hallucinatoire, au contraire, prend *place dans le monde extérieur. localisée* là par les sens : la vue discerne *en ce lieu* précis son fantôme ; l'ouïe entend partir *de ce lieu* le son imaginé ou la parole sortie de ces lèvres imaginaires.

Non moins sensible est la différence qui sépare le rêve de l'hallucination, qu'il est assez inexact, nous l'avons dit. d'appeler le *rêve de l'homme éveillé.*

Dans le rêve, nous nous *imaginons* voir et entendre ; nous pensons courir, franchir les obstacles, montés sur un cheval imaginaire : s'il nous arrive de rouler à terre, dans une course folle, nous nous imaginons encore ressentir de la douleur aux bras, à la jambe. En réalité, la vue ne voit pas, l'ouïe n'entend pas ; nous localisons ces sensations dans des organes imaginés, dont nous imaginons ainsi les sensations ; et comme il n'y a pas comparaison de ces impressions imaginées avec les données des autres sens, l'erreur est complète.

Dans l'hallucination, nous extériorisons, nous localisons parmi les objets *réels* cette création imaginative, et cette localisation est due à l'entrée en scène des sens périphériques, émotionnés par l'image.

Nous avons, enfin, spécifié qu'il s'agissait toujours d'une « *création* » *imaginative*, c'est-à-dire d'origine *purement* subjective. Il existe, en Mystique, comme nous aurons à le constater, des phénomènes surnaturels qui se consomment dans l'intellect ou dans l'imagination, et qui n'en ont pas moins leur réalité vraie : ils sont dus, en effet, à l'action des causes extérieures. Qu'un saint Paul, au lieu de se tenir sur une prudente réserve, au sujet de son extase, ait affirmé, contrairement à la vérité du phénomène — supposons de sa part cette interprétation erronée — son élévation corporelle au septième ciel; dans cette hypothèse, il aurait extériorisé faussement une impression subjective. — Et cependant, personne n'aurait pu le traiter d'halluciné, pour l'ensemble du phénomène, puisque l'impression subjective n'était pas une *fiction* de l'imagination. Il eût été regardé simplement comme victime d'une certaine illusion, pour avoir mal interprété un phénomène réel.

C'est encore une preuve qu'il y a danger à ne pas distinguer soigneusement l'illusion de l'hallucination, comme le demande la précision psychologique.

Toutes les définitions qui voudront s'approcher de la vérité devront ainsi faire la part des sens externes dans le phénomène que nous étudions. L'hallucination n'est pas exclusivement *psychique*, et l'organe matériel des sens apporte sa collaboration pour donner au sens intime l'illusion de la réalité. Qu'un halluciné de la vue presse de son doigt le globe oculaire, de côté, l'image du fantôme se dédouble, comme il arrive dans la vision ordinaire, lorsqu'on empêche la coïncidence des images visuelles ; on rencontre des hallucinés de l'ouïe qui n'entendent leurs voix que d'une seule oreille ; preuves évidentes que l'hallucination est liée à une impression de l'organe. C'est cette affection, cette collaboration de l'organe qui achève de distinguer le rêve de l'hallucination, car, dans le rêve, l'émotion organique n'est pas le siège de l'illusion. Si je me vois, en rêve, franchissant des obstacles, j'*imagine* la course, et je cours avec des jambes imaginaires ; si on observe le rêveur, on remarque, peut-être, à certains moments, un léger mouvement de la jambe dont les muscles auront frémi sous l'action éloignée de l'image, en vertu de l'habitude qui nous fait associer le mouvement musculaire au mouvement cérébralement conçu ; mais ce mouvement automatiquement ébauché ne fait en rien partie intégrante du phénomène ; il se retrouve indifféremment dans le rêve et l'hallucination, et n'y exerce qu'une action directrice, *en certains cas*, quand la conscience sensible en prend connaissance :

Ainsi le rêveur imagine cette course ; un mouvement automatique de la jambe y correspond ; si le mouvement ébauché subit un brusque arrêt par un obstacle quelconque, par l'embarras des couvertures du lit, le rêveur pourra en recevoir une suggestion d'arrêt forcé dans sa course imaginaire, et le voilà, dans son rêve, étendu sans mouvement ou embarrassé par les liens de persécuteurs qui surgissent inopinément ; une autre série d'images fera suite à la première ou se fusionnera avec elle dans un tout bizarre et incohérent.

Une impression venue de la périphérie aura parfois cette influence directrice dans l'état d'hallucination, comme nous le dirons plus loin ; l'organe de l'halluciné est alors un instrument de suggestion ; il accomplit normalement son rôle et se contente de faire communiquer l'extérieur avec le sens intime et les autres facultés ; en cela il n'est pas encore halluciné ; il le sera tout à l'heure lorsque l'imagination, en délire, reviendra l'émotionner par la vivacité de l'image nouvelle ; alors l'organe rétinien frémira, et le sens intime informé par cette impression faussement extériorisée par l'organe, jettera la conscience dans une hallucination complète, si la raison n'intervient pas pour objecter des motifs d'impossibilité absolue.

Mais parfois aussi, disons-le maintenant, la conscience sensible avertie par un autre sens, et, en même temps, la conscience supérieure raisonnant sur ces données extravagantes, empêchera l'halluciné d'être dupe. Il compare les sensations présentes avec les données normales passées ou concomitantes. Il les contrôle avec les données de la raison et il conclut à un trouble organique, qui persistera peut-être après que la faculté imaginative elle-même aura été mise au point par ce travail de la conscience supérieure.

L'organe des sens est donc réellement le siège de l'hallucination, par le trouble qu'y apportent les excitations de la faculté imaginative.

Qu'on n'objecte pas les hallucinations des sourds et des aveugles. On n'est pas toujours sourd, ni aveugle, au point de n'avoir plus aucun usage interne de ces organes. Un nerf optique ou acoustique peut être fermé aux incitations extérieures, extra-organiques, et ne pas l'être aux émotions internes. Quand le nerf optique est le siège d'une impression hallucinante, vous revoyez encore l'image les yeux fermés ; l'abaissement des paupières peut gêner certaines localisations, mais n'arrêtera pas le frémissement morbide de l'organe, et la tendance à projeter l'image en vertu de l'habitude : un aveugle verra donc ce fantôme, comme il le connaît par avance et selon la projection instinctive que l'exploration du toucher lui aura apprise.

La destruction totale de l'organe serait un obstacle à l'hallucination et le malade ne serait plus qu'un délirant ordinaire. Aussi a-t-on remarqué que les hallucinations de l'ouïe sont plus fréquentes que les hallucinations de la vue. Le nerf acoustique, mieux protégé que le nerf optique, résiste mieux, peut-être, aux causes destructives. Il paraît, du moins, que les aveugles sont plus complétement aveugles que les sourds ne sont sourds.

Cette remarque des physiologistes confirme les données que nous venons d'exposer.

L'hallucination suppose donc un ébranlement périphérique *imitant* en partie — nous ne disons pas entièrement — l'ébranlement causé par les objets. *C'est
un phénomène nerveux transporté réellement du centre
à la périphérie,* comme le dit fort bien le R. P. de
Bonniot (1).

En revanche, nous trouvons que le savant auteur ne
distingue pas assez le *délire* de l'hallucination, tout en
se proposant de les distinguer, si nous nous tenons
aux termes de cette définition :

« L'halluciné », dit-il, « voit des apparences de figure, entend des apparences de son, touche des apparences de corps ; le délirant est *organiquement* condamné à mettre de vraies figures, de vrais sons, de
vrais corps sous ces apparences (1) .»

Nous doutons que ce soit là le caractère essentiel qui
différencie l'hallucination du délire. Le délire peut
accompagner et compliquer l'hallucination ; il ne
suppose pas nécessairement cet ébranlement des organes sensoriels que nous avons constaté dans l'hallucination ; il est tout entier dans l'égarement du jugement lié à des troubles plus ou moins violents du
cerveau. On a alors le *délire tranquille* ou le *délire
furieux*. Au point de vue des causes, la médecine
reconnaît le délire *produit par les altérations organiques,* ou le délire *produit par les altérations du sang,*
le délire *produit par les névroses,* etc., etc.

Certains délires se compliquent d'hallucination, même
le délire *tranquille* où l'on constate parfois les effets
carphologiques : le malade cherche à ramasser des
objets qu'il croit voir. — Le délire alcoolique est une
variété du délire que les physiologistes signalent
comme particulièrement propre à l'éclosion des troubles

(1) *Miracle et sciences médic.,* p. 23, en note

hallucinatoires, quand arrive la tombée du jour, comme le remarque Baillarger. — Malgré cela, le délirant n'est pas toujours l'halluciné ; il vit avec son rêve ou son cauchemar, et il est tout entier à son trouble cérébral, sans l'extérioriser et le localiser par les sens, du moins dans le délire simple. — C'est plutôt un état de folie, car le délire vésanique n'est autre que l'aliénation mentale.

Voyez ce fou ; il s'en va, parfaitement guidé par les sens qui fonctionnent sans trouble, tout entier aux tableaux purement imaginatifs qu'il contemple ; il s'adresse à ses personnages imaginaires, conçoit leurs réponses sans les entendre autrement qu'imaginées ; il ramène tout à l'idée fixe de sa folie. L'hallucination n'est pas la conséquence nécessaire de ces égarements de l'esprit. Le délirant est essentiellement tourmenté par l'idée ; l'halluciné, par l'image extériorisée.

Nous ne voyons pas comment « l'halluciné est celui qui voit des apparences de figures et de sons », tandis que le délirant est « celui qui est *organiquement* condamné à mettre de vraies figures, de vrais sons sur ces apparences (1). »

Ce n'est donc point sans restriction qu'il faut dire avec plusieurs que l'hallucination ne va pas sans un moment de *folie passagère*. Ceci n'est vrai que lorsque l'hallucination se complique du délire.

Autrement, comment expliquer que le malade puisse rester maître de lui-même, au point de comparer les visions fantasmagoriques aux sensations normales et de redresser le sens halluciné.

Un exemple typique est celui que nous donne un magistrat anglais : « Mes visions, » écrit-il, « commen-

---

(1) Plus heureuse, à notre avis, est cette définition donnée plus loin : « Le délire est une maladie du cerveau qui pervertit le jugement en empêchant l'appel des divers motifs dont le libre examen prépare les décisions saines de l'intelligence. » Loc. cit., p. 21.

cèrent il y a deux ou trois ans. Je me trouvais alors obsédé par la présence d'un gros chat qui se montrait et disparaissait sans que je susse trop comment ; je ne fus pas trop longtemps dans l'erreur, et je reconnus que cet animal domestique était le résultat d'une vision produite par le dérangement des organes de la vue ou de l'imagination. Au bout de quelques mois, le chat fit place à un fantôme d'une qualité plus relevée. Ce n'é- tait rien moins qu'un huissier de la Chambre, costumé comme s'il eût été au service du lord-lieutenant d'Irlande.

« Ce fonctionnaire, portant l'habit de cour, les che- veux en bourse, une épée au côté, une veste brodée au tambour et le chapeau sous le bras, glissait à côté de moi. Soit dans ma propre maison, soit dans celle des autres, il montait l'escalier devant moi, comme pour m'annoncer dans les salons. Quelquefois il semblait se mêler à la compagnie quoiqu'il fût évident que personne ne remarquait sa présence et que j'étais seul témoin des honneurs chimériques qu'il me rendait... Quelques mois après, l'huissier de la Chambre fut remplacé par une apparition horrible à la vue, et désolante pour l'esprit... un squelette. Seul ou en compagnie, ce der- nier fantôme ne me quitte jamais. C'est en vain que je me suis répété *cent fois qu'il n'a pas de réalité* et que ce n'est qu'une illusion causée par le dérangement des organes de ma vue... Je sens trop sûrement que je mourrai d'un mal si cruel, quoique je ne croie nullement à sa réalité (1). »

Voilà une hallucination des plus violentes, car le propre de l'hallucination intense n'est pas de déséqui-

---

(1) Brierre de Boismont, *des Hallucinations*, p. 31. Ben Johnson s'amusa, paraît-il, une nuit entière à contempler des Turcs, des Maures et des chrétiens qui se livraient de furieux combats autour de son gros orteil, lequel était immense, et les combattants lilliputiens.

librer l'esprit, mais d'imposer l'image avec une plus grande imitation de la vision normale. Un esprit faible aux prises avec une hallucination peu intense peut y sombrer dans la folie, quand un esprit exercé dominera le phénomène morbide, comme nous le démontre l'exemple précité :

Supposons un instant que le magistrat halluciné, impressionné par la persistance du phénomène, ait cru à une apparition objective de ce chat imaginaire ; il eût été victime de l'hallucination complète. Dominée par la conspiration universelle des sens, la conscience se prononce pour le phénomène dont elle ressent les réalités dans l'organe ; aucune extravagance n'est renfermée dans le fait en lui-même. Cette erreur du jugement est-elle un indice du délire ou de la folie? Nullement. L'hallucination complète peut donc exister, croyons-nous, sans folie passagère.

Autre serait le cas, si le jugement, sans nulle attention aux impossibilités et aux extravagances de la vision, se prononce pour la réalité objective du phénomène. Un halluciné voit des hommes noirs sortir de dessous son lit, et disparaître par le tuyau de poêle ; un autre pense qu'on lui coupe la tête, et que, par un procédé magnétique, on la lui replace sur les épaules pour bien établir qu'il a menti ; un autre enfin, voit toujours, à la même heure, une araignée descendre du plafond, puis grossir démesurément, au point de remplir la chambre ; il se sauve pour ne pas être étouffé... Voilà des exemples d'hallucinations complètes, assurément, si le patient est convaincu de l'objectivité réelle du phénomène ; mais l'hallucination se complique de folie, car elle accuse un manque d'équilibre de l'esprit qui ne sait plus apprécier les impossibilités naturelles et l'extravagance de ces situations improbables. Dans ce sens, Aristote a pu dire que l'hallucination ne va pas sans la folie (1).

Nous avons suffisamment indiqué que tous les sens sont sujets aux troubles hallucinatoires. Les hallucinations peuvent envahir tous les sens, soit isolément, soit simultanément. Les plus répandues sont certainement les hallucinations de l'ouïe. Les hallucinations de l'odorat et du goût sont moins fréquentes et plus rarement isolées ; celles du toucher sont moins rares et sont ordinairement fort pénibles.

Brierre de Boismont (2) constate également que les hallucinations du goût sont assez rares et qu'elles se montrent au début de la folie et dans la période la plus aiguë.

Un prêtre, que nous connûmes, commença par accuser son sacristain de vouloir l'empoisonner. Au temps de la maturité du raisin, il se mit à cueillir, chaque matin, la grappe dont il exprimait le jus dans son calice. Un jour que le châtelain lui avait apporté un panier d'excellent Bordeaux, il prit chaque bouteille et se mit en devoir d'en renverser le contenu, persuadé qu'il venait d'échapper à un grand danger. La folie était évidente, puisque l'esprit ne percevait plus les impossibilités et les extravagances. La folie furieuse éclata finalement. Cet exemple confirme la remarque de Brierre de Boismont.

Les causes de l'hallucination sont multiples. Plusieurs divisent les hallucinations en *sensoriales* et en *viscerales*, suivant la nature du trouble apporté dans l'état physiologique.

Certaines plantes, comme le haschisch et la belladone,

---

(1) *De Memoriâ*, c. 1. § 8 et 9.
(2) *Des Hallucin.*, p. 595.

ont la propriété de susciter également des troubles
hallucinatoires. C'est le procédé employé souvent par
les faméliques sorciers dont Jules Bois (1) a si complai-
samment décrit les festins macabres :

« Satan ne veut pas qu'on s'y amollisse en de succu-
« lentes friandises, et recommande les alcools qui
« tuent, ces quintessences dont Paracelse garda toute
« sa vie un égarement, ces épais liquides pareils à de
« l'encre ou à du sang gâté, ces mets suppédités par
« lui, viandes fades et nauséeuses... » Ces plantes développent les troubles les plus violents, puisque les
hallucinations les plus rares deviennent habituelles.

Que la plupart de ces prétendues orgies du sabbat
soient de l'ordre cérébral, c'est ce qu'avouent implicitement les procès de sorcellerie. Il faut se mettre au
lit, pour aller au sabbat ; on n'y va qu'après avoir
dormi. L'hallucination, sous sa forme érotique, prési-
dait ainsi d'ordinaire à ces agapes de l'enfer. Il n'y
avait pas moins la volonté perverse chez les initiés de
ces sociétés ténébreuses ; ajoutons qu'il serait téméraire
de prétendre que tous les faits appartiennent à l'ordre
imaginatif. La possession est bien un fait réel ; nous
aurons à nous préoccuper de cette question.

On reproduit à volonté, et sans l'usage de ces sucs
enivrants, ces troubles du système nerveux. L'état
hypnotique artificiellement provoqué, serait un état qui
dépasse encore en effets hallucinatoires certains états
morbides. Les hallucinations les plus étranges et les
plus complètes y sont ordinaires. En hypnose, il n'y a
pas, pour ainsi dire, d'hallucination rare : l'odorat et
le goût se troublent et s'hallucinent aussi aisément que
la vue, l'ouïe et le toucher, par les pratiques hypno-

(1) *Satanisme et Magie.*

tiques. Et, problème étonnant, dont la science n'a pas encore trouvé l'explication, ces hallucinations sont si intenses que le patient ne s'en aperçoit jamais si on ne lui en suggère pas la connaissance ; et cependant l'esprit est demeuré si libre que l'hypnotisé converse avec les opérateurs, et raisonne sans défaillance mentale sur tous les autres points que n'atteint pas l'ordre suggestif. Il y a là une question qui préoccupera longtemps les psychologues, et nous saurons peut-être un jour si la conclusion doit être d'ordre purement théologique. La disparition progressive des résultats autrefois obtenus, et l'impossibilité de les reproduire seront peut-être d'un grand appoint dans le jugement définitif. Supposons comme acquis tout ce que les congrès hypnologiques professent, dans l'état actuel de la science ; notre travail y gagnera en clarté et en précision.

Peut-on susciter à volonté et diriger les troubles hallucinatoires chez certains névropathes ? La question a sa valeur.

L'école de Nancy arrive à ce résultat par les moyens *psychiques*, par la suggestion. Les expérimentateurs, qui se groupent autour de MM. Liébault et Bernheim, provoquent, apaisent ces troubles en imposant l'idée : ils nient la vertu des moyens *physiques,* ou n'en re-reconnaissent que l'influence suggestive.

L'école de Paris préconise les moyens physiques et dirige la marche des impressions hallucinantes en agissant sur les sens.

Nous admettrons avec l'école de Paris, et spécialement avec les Archives de Neurologie, que l'on peut, chez certains hystéro-épileptiques, diriger en quelque façon la marche de l'hallucination.

« Le malade, en cet état, avait déjà remarqué M. Mesnet, apparaît tellement concentré en lui-même, qu'on ne peut entrer en communication avec lui qu'en s'incorporant dans ses conceptions délirantes. En s'adressant, par exemple, au sens du toucher, on modifiait les hallucinations, mais sans lui donner telle ou telle direction, à volonté. Le patient arrangeait à sa guise l'impression reçue. En piquant la peau, on faisait rêver duel ; en éclairant la chambre, on faisait rêver incendie (1). » L'action cérébrale se mettait en rapport avec l'incitation.

N'est-ce pas, du reste, ce que nous avons déjà constaté dans le rêve ? Le rêveur est à la merci d'une excitation périphérique, et l'action cérébrale suit cette piste nouvelle jusqu'à ce qu'une image prédominante, évoquée à son tour, ramène l'imagination dans une autre voie.

M. Pitres (2) renouvela ces expériences, déjà faites en 1860 et en 1874 (3), mais toujours dans la phase passionnelle de l'attaque d'hystérie. Charcot confirma ces constatations dans ses *Leçons du mardi* (4).

Tous ces expérimentateurs réclament des sujets spéciaux, et les supposent dans un état relativement rare d'exaltation nerveuse.

Ici, nous voyons les opérateurs ne réussir qu'en faisant passer la suggestion par certains sens. A l'inverse de l'école de Nancy, dont les résultats sont déconcertants par la facilité avec laquelle on les produit, on n'obtient rien par le commandement.

L'influence de l'excitation sensorielle sur la direction de l'accès hallucinatoire fut mise en lumière, ces temps

---

(1) Archives de Neurol., n° 63.
(2) *Des Zones hystér. et hypnog.*, Bordeaux, 1885.
(3) Union médic., 21 et 23 juillet (1860, 1874).
(4) T. II, p. 326,

derniers, par les expériences du Dr Motchoutkowski (à l'hôpital d'Odessa), que publia le Dr Ségal (1) :

On place un verre *bleu* sous les yeux d'un nommé Constant, d'Odessa : il a des hallucinations qui donnent lieu à des mouvements de tremblement dans tous les membres; il crie, il pleure, il grince des dents.

Un verre de couleur *verte* excite le sourire, puis des éclats de rire.

A la vue d'un verre *orange*, il veut se lever de son lit; il tourne la tête, comme s'il fixait une personne ou un objet.

Au verre *rouge*, il se lève effrayé, et cherche à fuir.

A l'état normal, ces verres ne déterminent aucune impression. Des expériences semblables sont faites sur le sens de l'ouïe et du goût.

Un diapason est placé à son oreille droite : Hallucination très agréable; il salue, donne une poignée de main; il rit, chuchote.

Le diapason est approché de l'oreille gauche : Il ferme les poings, exécute les mouvements de l'escrime du sabre.

On replace le diapason à l'oreille droite, l'hallucination précédente se renouvelle.

A l'approche du sulfate de quinine, il se jette de côté, parle bas à quelqu'un en fronçant les sourcils; sa physionomie exprime le dégoût.

Le lendemain, il explique, par ordre reçu en suggestion, certains épisodes de sa vie. Tous avaient trait à sa vie militaire, et l'apparition de ces diverses couleurs avait évoqué les scènes qui lui avaient fait impression : le *bleu*, l'*orangé* rappelaient certains costumes militaires où ces couleurs se détachent plus spécialement.

---

(1) *Des hallucin. sous l'influence des excit. des organes des sens dans les accès hystero-épilept.*

Au cours d'une expérience tentée à Paris (1), dans le but de contrôler celle du Dr Motchoutkowsky, on soumit Pauline Schey à l'action des couleurs.

Le verre *rouge* excitait chez Pauline Schey l'idée du sang :

— Charles ! viens à mon secours... Quoi, tu es en sang !

Le verre *jaune* amenait l'idée du soleil :

— Où vas-tu par ce beau temps ? Quel soleil ! Allons donc à l'ombre.

Le verre de couleur *vert foncé* produit l'effet contraire :

— Toute seule en pleine nuit !... Ces gens après moi !...

L'éther lui rappelle les scènes de la Salpêtrière. Les verres qui lui sont présentés de nouveau, même sans ordre, ramènent toujours les mêmes suggestions. Toutefois, lorsque des scènes variées répondent, dans le souvenir, aux couleurs suggestives, il peut y avoir changement d'hallucination.

Il fut impossible à ces expérimentateurs de pénétrer dans le rêve de Pauline Schey par la suggestion verbale.

Charcot obtint cependant, à la Salpêtrière (2), de modifier par la *parole* l'hallucination d'un sujet exceptionnel, mais ce fut en se conformant à son délire habituel.

M. Guinon, chef de clinique des maladies nerveuses, termine son article, dans les Archives, par ces conclusions :

« En résumé, nous pouvons conclure : 1° que dans le « délire de la phase passionnelle de l'attaque hystérique « on peut modifier la marche des hallucinations et en

---

(1) Archives de Neurol., n° 63.
(2) Archives, loc. cit.

« créer de nouvelles à l'aide d'excitations diverses,
« mais toujours simples, des organes des sens; 2° que
« ces hallucinations sont toujours indépendantes de la
« volonté de l'opérateur et laissées exclusivement à
« l'initiative du malade qui s'approprie la sensation
« perçue et transforme à son gré une hallucination
« correspondant à ses *habitudes*, à son genre de vie, à
« ses *souvenirs*, en un mot à sa *propre personnalité*. »

Il sera donc relativement aisé, en présence d'un
visionnaire, de constater le caractère morbide du phénomène. Quand on aura épuisé en vain tous les moyens
d'action préconisés par l'école de Nancy, on se sou-
viendra de la méthode de Paris et des résultats obtenus.
Quoi de plus facile que de se renseigner sur le *genre
de vie*, les *habitudes*, les souvenirs forcés du patient, et
d'agir sur les sens par des impressions déterminées.

L'absence de tous ces signes morbides, et aussi de
toutes ces inutilités et extravagances que nous avons
énumérées comme propres à l'hallucination, jointe aux
autres preuves que nous allons signaler, permet d'établir une ligne de démarcation entre le trouble cérébral
et l'apparition.

§ II. — APPARITIONS OU VISIONS

Les théologiens mystiques se servent indifféremment
des termes : *vision, apparition*. Bona désigne par le
mot *apparition* l'image extra-naturelle qui se manifeste
au regard. Il y a *vision*, quand l'intelligence du phénomène est jointe à sa manifestation extérieure (1).

_____

(1) « Visionem et apparitionem pro unâ et eâdem re sumi; sed adesse
differentiam, cum apparitio dicatur, quando nostris obtutibus sola
species apparens se ingerit, sed quis appareat ignoratur, et visio
dicatur, cum externæ apparitioni ejus intelligentia conjungatur. » (*De
Discret. spirit.*, c. XV, n. 2.)

Nous préférons l'explication d'un autre théologien, cité par Benoît XIV, qui voit désignés par ces deux termes les deux côtés d'un même acte : le mot *apparition* signifie le phénomène pris objectivement ; le mot vision le désigne subjectivement, c'est-à-dire considéré dans la personne de celui qui perçoit l'objet surnaturel (1). La vision se complique de *révélations* quand des choses mystérieuses sont dévoilées au *voyant,* sur le présent, le passé, l'avenir (2).

Saint Thomas distingue deux modes d'apparitions, par rapport au sens visuel : « L'apparition peut venir d'une « impression reçue par le visionnaire..... Les yeux « sont influencés, explique-t-il, comme s'ils voyaient « un objet extérieur, sans que la vision corresponde « à un objet réel, extériorisé dans le monde sen- « sible. Souvent, aussi, cette apparition ne vient pas « seulement d'un changement surnaturellement opéré « dans l'organe, mais de l'espèce qui est vue et qui « existe *telle,* en dehors et indépendamment de cet « organe (3). »

Nous traiterons de la première dans le paragraphe consacré aux visions subjectives. Disons présentement de l'*apparition objective* qu'elle est possible, qu'elle est discernable.

Nous devons constater, en premier lieu, que l'Église est d'une extrême prudence quand il s'agit d'étudier ces phénomènes.

Les théologiens n'ignorent point, — comme on semble le croire en toute mauvaise foi dans certains milieux, — que l'imagination est puissante dans l'art de former

(1) Rem sic explicat (Bordonus) ut apparitiones dicantur visiones ex parte videntium rem mirabilem. » (Ben. XIV, *De Canoniz. Sanct.,* lib. III, c. 50, n. 1.)
(2) Ben. XIV. Loc. cit.
(3) St Th., 3. p. q. LXXVI, a. VIII, c.

les apparences et les signes trompeurs. Ils professent, avec saint Thomas, que des apparitions imaginaires naissent souvent de causes morbides : « *Manifestum est autem quod apparitiones imaginariæ causantur interdum in nobis ex locali mutatione corporalium spirituum et humorum... Et tanta potest esse commotio spirituum et humorum quod hujusmodi apparitiones etiam vigilantibus fiant* (1). » L'Eglise s'est toujours prémunie contre les témoignages de femmes visionnaires. Cet esprit de prudence remonte loin, et l'on sait avec quelle brusquerie les premiers disciples du Christ accueillirent le récit des saintes femmes, dont ils connaissaient pourtant le caractère et la vertu : « *Et visa sunt ante illos sicut deliramentum, verba ista, et non crediderunt illis* (2). »

S'inspirant de ces traditions, Benoît XIV recommande de faire grande attention à l'âge et au sexe de la personne qui se dit favorisée de ces apparitions (3).

« C'est avec soin, remarque ce théologien, qu'on doit rechercher s'il n'existe pas une cause naturelle qu'on doive attribuer au phénomène : les malades, les exaltés, les mélancoliques, inspirent à première vue la crainte ou le soupçon (4). »

Medina veut qu'on se défie des âmes ardentes, qu'on étudie leurs passions, leurs tendances ; il soupçonne particulièrement les mélancoliques et les *épuisés* (5).

---

(1) I p. q. 111. a III, c.
(2) St Luc., c. 24, v. 11.
(3) *De Canoniz. Sanct.*, c. 51, n. 1.
(4) « Sedulo examinandum est, an aliqua causa naturalis præcesserit : in ægrotis etenim, et phreneticis, in his, qui nigro humore, sive melancholico affecti sunt... » (*Loc. cit.*, c. 51, n. 1.)
(5) « Igitur et quo animi ejus feratur impetus, et ardentine, vel amore, vel odio, incitatus fuerit, percunctandum est. » — « Inspiciendum diligenter, an, qui *patitur* visiones sit nigro humore affectus, i. e. melancholico, vel *nimiâ macie* conflictus, nam sæpe numero decipiuntur. » (In III, p. div. Th., q. 25, n. 3).

Bona ajoute la même note et voit dans cette faiblesse
de constitution la raison des troubles hallucinatoires (1).

Nous passons volontairement sous silence les témoignages nombreux des auteurs; plusieurs recommandent, avec Schram (2), d'interdire toute espèce d'oraison
à certaines âmes exaltées, pour éviter justement ces
troubles de l'imagination.

Mais comment négliger le précieux témoignage de
sainte Thérèse qui avertit sagement les directeurs de
ne faire aucune attention aux apparitions dont les mélancoliques seraient favorisés, ou ceux qui ont la tête
affaiblie par de longues privations (3).

Ces principes sont en parfaite conformité avec les
données de la science moderne.

Les naufragés de la *Ville-de-Saint-Nazaire* connurent
par expérience ce que peut produire l'épuisement
physique et l'abattement moral, comme le rappelle le
Dr Ménard (4). — « ... Le 11, la fatigue est générale,
le chef mécanicien divague... Le 12, le surmenage
physique et psychique augmente, la femme de chambre
meurt, le commissaire, atteint d'hallucination visuelle,
se jette à la mer qu'il prend pour la terre...

... Dans un autre canot, commandé par M. Berry,...
se trouve le Dr Maire. Il s'analyse avec un tempérament vraiment scientifique, en notant ses auto-
observations en face de la mort.

Il subit des illusions qu'il attribue à la fatigue de la
vue ; il constate que les « nerveux » sont sujets à ces

(1) « Qui parum firmâ valetudine utuntur ac vehementis imaginationis sunt.... *facile decipi possunt.* ». (*De discret. spirit.*, c. 20.
n. 3.)

(2) Schram, *Théol. myst.*, t. 2, n. 380.

(3) *Château de l'Ame*, demeure 6e, ch. 3.

(4) *Influence du phys. sur le moral*, Rev. du Mond. invis., 15 oct.
1898.

psychoses ; les nègres les ont éprouvées. Un mécanicien, d'un tempérament calme, ne les a pas éprouvées... »

Dans une catastrophe précédente, les naufragés, épuisés par la fatigue, ne cessèrent de voir, en imagination, des îles verdoyantes qu'ils ne pouvaient jamais atteindre. Cette terre tant désirée hantait si fort leurs cerveaux affaiblis, que l'image s'imposait aux sens et faisait prendre l'ombre pour la réalité.

On a toujours fait, en théologie mystique, la part très large au tempérament. Nous aurons à compléter la preuve de cette assertion.

Mais, véritablement, le rationalisme abuse de la maladie lorsqu'il ne voit qu'une attaque d'ophtalmie dans la vision de Paul, terrassé sur le chemin de Damas, ou qu'un vulgaire cas pathologique dans le fait de Jeanne d'Arc. Et pourtant, Renan (1) a osé soutenir la première assertion. — Calmeil ne découvre en Jeanne qu'une délirante d'inspiration héroïque et géniale ! (2).

Tout phénomène de vision est-il donc nécessairement une fiction de la faculté imaginative ? — N'y a-t-il pas des signes qui permettent de discerner le fait *morbide* du phénomène préternaturel ?

Ces notes déterminantes sont multiples ; elles sont d'ordre *physiologique, psychique, moral.*

Nous avons déjà signalé que l'image consécutive, celle qui naît de l'ébranlement rétinien, était extériorisée par l'organe et était de toutes les images subjectives, c'est-à-dire sans objet extérieur, celle qui imitait le plus parfaitement la vision normale ; elle est, en effet, une image rétinienne, et non une image purement cérébrale ou mentale comme celle du souvenir.

---

(1) *Les Apôtres,* 171 et suiv.
(2) *De la Folie,* t. I., p. 128.

Si on compare cette vision imaginaire avec la vision normale, on établit ces oppositions et ces divergences :

1º La perception sensorielle, dans l'acte normal, est *dépendante* de l'objet et de sa présence ; s'il est absent, la vision est impossible (1) ; si l'objet s'éloigne ou s'approche, elle varie ; s'il s'éclipse, elle disparaît. — Au contraire, l'image consécutive produite par l'ébranlement cérébral intense se déplace avec les mouvements des yeux ; nous la promenons à volonté dans toutes les directions ; — à plus forte raison, cette *indépendance* de l'objet existe dans la simple image du souvenir.

2º L'impression rétinienne causée par l'objet provoque la sensation dont la *Fantaisie* conserve la forme imagée ; mais elle s'efface assez rapidement de l'organe, dans des limites de temps déterminées par l'expérience ; trop rapprochées, les impressions se superposent, nous l'avons vu, en une image résultante. Néanmoins, notre regard se porte assez rapidement d'un objet à l'autre sans altérer ses perceptions successives. — Quant à l'image consécutive, elle persiste autant que l'ébranlement de l'organe affecté, et l'œil ne voit les objets qu'au travers de l'image, comme au travers de lunettes colorées.

3º Enfin, quoique l'image consécutive ne dépende pas directement de la volonté, mais de l'émotion ressentie dans l'organe, cependant, elle en dépend indirectement par l'hallucination qui lui donne naissance ; or la volonté du patient en certains cas de prédominance finale de la raison, ou tout au moins la

---

(1) Dans la foule qui discutait l'Apparition, à Pontmain, se trouvait une mère qui portait un tout jeune enfant dans ses bras. — L'enfant tendait ses petites mains vers l'Apparition, et semblait contempler l'Être invisible : quand la mère se retournait pour répondre à ses voisines, l'enfant, détourné de l'objet de sa vision, rentrait dans le calme, pour recommencer ses gestes dès qu'il était retourné vers l'Apparition.

volonté d'un opérateur (1), dans les phénomènes
d'ordre hypnotique, peut agir sur l'hallucination. et par
conséquent modifier le phénomène de vision. — Dans
les conditions *normales*, l'œil voit l'objet, et toutes les
objurgations ne l'empêcheront pas d'être impressionné
par l'objet ; il ne perçoit rien en son absence.

Il n'est pas de phénomène naturel soumis à l'étude qui
garde complétement son mystère après l'application
méthodique de ces règles de discernement.

On ne saurait trop insister sur la manière dont se
comporte l'image hallucinatoire, sur les teintes qu'elle
revêt ordinairement et ses continuelles déformations.

Les fantômes de l'imagination apparaissent souvent
comme à travers un voile ou une gaze très fine.
semblables à de la vapeur condensée. On y retrouve les
teintes de l'image consécutive. Les objets fantastiques
revêtent souvent l'*éclat brillant* de l'argent. Gratiolet
observe que le fantôme est rarement coloré en *rouge*
ou en *bleu* pendant la nuit ; il est ordinairement couleur
de *feu*, comme les phosphènes. On constate également
qu'au fantôme très brillant succède souvent une même
image, mais obscure. C'est ce que nous avons remarqué
dans l'image consécutive que l'on obtient en fixant le
globe incandescent du soleil couchant, jusqu'à fatigue
de la rétine. Certains fantômes subissent des variations
de couleur avant de s'éteindre, et la teinte primitive
est remplacée par la couleur complémentaire. Tous ces
changements tiennent évidemment aux modifications
internes de l'organe, aux accidents subjectifs de la
rétine ; les vibrations rétiniennes s'éteignent, note
justement le P. de Bonniot, comme celles d'un timbre

_____

(1) On peut admettre cette doctrine avec l'école de Nancy.

sonore, à moins qu'une impression très vive ne survienne et ne les étouffe du premier coup.

En résumé « vague, vaporeux, indécis, dans ses « contours, le fantôme a une teinte qui lui est propre, « constituée par une sorte de lueur qui semble venir « de son fond et l'éclaire d'une façon à peu près uniforme. La surface du fantôme n'offre aucune résistance « aux rayons de la lumière réelle, qui le dissipent « souvent lorsqu'ils semblent le toucher ; s'il persiste « malgré le jour, il se laisse traverser comme une gaze, « ou du moins l'onde lumineuse ne saurait le frapper « de manière à produire ces accidents de *clarté*, « d'*ombre* et de *couleurs* que nous remarquons avec « les objets réels. En général, les ténèbres le rendent « visible ; le jour, au contraire, l'affaiblit ou même « l'efface. Quelquefois c'est par un progrès lent qu'il se « forme : il s'évanouit d'ordinaire en suivant un ordre « inverse, s'éteignant petit à petit. Grossir, diminuer, « se transformer à vue d'œil sont des prodiges qu'il « accomplit avec la plus grande facilité...

« Homme ou animal, il se *remue tout d'une pièce* « avec la solennité des représentations d'une lanterne « magique... (1) »

Il est inexact, on le reconnaîtra, de dire que la vision isolée échappe au contrôle. En la plupart des cas, l'état morbide de l'organe sera constaté par les conditions psycho-physiologiques du phénomène.

Ajoutons que la production de l'image obéira au caprice de l'expérimentateur, s'il s'agit de l'hallucination hypnotique, car par divers moyens il peut influencer le sujet. Ou bien, au contraire, si l'effet pathologique naît d'une cause interne, il apparaîtra en complète indépendance de la volonté du patient et de

_____

(1) *Le Miracle et les sciences médic.*, p. 58-59.

l'action extérieure : le fantôme surgit, disparaît, revient à l'improviste ; rien ne saurait le modifier. Il ne choisit pas son lieu d'apparition. Un visionnaire qui serait favorisé en tous temps et en tous lieux, sans relation de convenance avec le but qu'il assigne au prétendu phénomène surnaturel, accuserait, par cette seule circonstance, le désordre de son état physiologique et mental.

Les signes *psychologiques* et *intellectuels* ne sont pas moins efficaces quand il s'agit de discerner le faux du réel.

Les manifestations du *préternaturel inférieur*, nous le savons, sont toujours défectueuses par quelque endroit et portent toujours leur signature à un moment donné, pendant que dure le phénomène : la série des faits ne se clôturera pas sans cette preuve intrinsèque. Le théologien doit être attentif à saisir ces caractères au passage.

Nous admettons donc, avec Benoît XIV, que les démons, prenant parfois l'apparence humaine, la *déforment* souvent et revêtent aussi des aspects inusités (1). C'est une note de raillerie qui domine dans ces représentations diaboliques, dont les signes moraux et spirituels, et les effets physiques, inexplicables naturellement, viennent fixer la réalité.

Les incohérences des fantômes imaginatifs trahissent aisément leur origine morbide, et l'esprit délirant du malade est seul à ne pas juger sainement de la fausse vision ; nous avons dit que ne pas saisir ces impossibilités et ces incohérences, c'était le signe que l'halluci-

---

(1) « Si eam (formam humanam) dæmones assumunt, atra ut plurimum est, deformis, inutilis et inusitata. » (*De Can. Sanct.*, lib. II c. 51, n. 3.)

nation se compliquait de folie, tout au moins passagère.

Ces sortes de fantômes se présentent toujours avec un caractère — ou plusieurs — qui les *exclut de l'existence.* Un malade voit continuellement à ses côtés un requin qui veut le dévorer. Un médecin construit des voûtes d'une architecture macabre : les pierres sont remplacées par des têtes fraîchement coupées ! Une femme voit des moitiés de figure, des profils, des yeux isolés ; elle voyait même son œil arraché, et qui fuyait devant elle. Une veuve revoit toujours son mari, mais il n'a pas plus d'un pied et demi de hauteur ; quelquefois il ne se montre qu'avec sa tête, à laquelle deux ailes sont attachées. Ces visions imaginaires peuvent se produire devant l'esprit le mieux équilibré ; seulement, le visionnaire prend note de ces incohérences.

La psychologie rejette ces faits de l'ordre des réalités objectives. Des effets morbides, cependant, peuvent être provoqués par une cause externe et liés à l'obsession extra-psychologique, mais alors les effets morbides en eux-mêmes ne pourraient être utilisés comme moyens de discernement ; la preuve viendrait des phénomènes extérieurs. Aussi ne serait-on point trop embarrassé pour juger le cas du peintre Blacke, qui causait avec Michel-Ange et Moïse, et dînait avec Sémiramis. Pourtant, il ne faudrait point, *a priori,* nier la possibilité des phénomènes spirites, toutes réserves faites au sujet de l'interprétation des faits.

Nous ne craindrons pas d'en appeler, en même temps, aux signes *intellectuels,* même en ces temps de recherches passionnées, où l'éréthisme des organes et l'hyperesthésie des facultés sont donnés comme le dernier mot de tous les problèmes psychologiques.

Les médecins physiologistes qui ont traité de l'hallucination reconnaissent tous la *pauvreté d'invention* des hallucinés. Autant la faculté imaginative est créatrice sous la direction de l'intellect, autant sa vertu d'association est inféconde dans l'ordre des résultats supérieurs, quand l'influence directrice et illuminative lui fait défaut. L'automatisme qui préside à l'association incohérente des images suscitées au hasard, comme dans le rêve, est incapable de porter le visionnaire isolé, quelque grand que soit l'éréthisme de l'organe, à une conception plus noble et plus élevée des idées et des choses. L'activité nerveuse se consume dans le cercle restreint des images automatiquement évoquées. Exaltez aussi à plaisir les facultés intellectuelles, vous ne sortirez pas l'halluciné ou l'hypnotisé de la sphère déjà parcourue de ses idées et de ses conceptions. Tout au plus, il puisera dans l'éveil des sensations passées, et dans la vivacité des images présentes, une manière plus saisissante de percevoir et d'exprimer l'idée connue ; ou il approchera de plus près, par l'association nouvelle de ces éléments restaurés, l'idéal poursuivi et plus obscurément entrevu dans le passé ; mais jamais il ne vous arrivera de sortir le névrosé de son domaine intellectuel, et de lui faire concevoir ce qu'il ne pourrait plus concevoir aussitôt après, à l'état normal, dans le plein usage de ses facultés. On construit mentalement avec *ce que l'on connaît;* jamais autrement.

La présence d'un signe *intellectuel,* évidemment supérieur à la faculté compréhensive du voyant, sera la marque d'un phénomène transcendant.

La Mystique en offre un exemple frappant dans l'aimable voyante des Pyrénées :

« Madame, répète par trois fois Bernadette, voulez-vous avoir la bonté de me dire qui vous êtes ?....

— L'Apparition sourit. — La Vierge détache son regard de

l'enfant, écarte ses mains et fait glisser sur son bras droit le chapelet. Ses mains se rejoignent devant sa poitrine. Son regard se fixe vers le ciel avec un sentiment d'indicible amour.

Elle prononce ces paroles : « Je suis l'*Immaculée Conception.* »

Sans autre regard sur l'enfant et sans autre sourire, sans l'adieu accoutumé, elle disparaît dans la même attitude (1). »

Sans vouloir s'arrêter à démontrer que la composition de cette scène majestueuse dépasse l'invention de la pauvre fillette, nous devons insister sur l'intelligence du sens profond et difficile que renferme la vision.

Non seulement l'humble bergère de Bartrès ignorait entièrement l'à-propos de cette révélation concordant avec la récente définition du dogme de l'Immaculée-Conception, mais elle ne pouvait s'élever jusqu'à l'intelligence du sens caché par ces mots difficiles et abstraits.

« Dans l'après-midi de ce jour, nous reçûmes, ma sœur et moi, raconte un témoin, M. Estrade, la visite de Bernadette. Elle nous reproduisit la scène du matin, en nous répétant les paroles de l'Apparition. Elle disait alors : Con-chep tion. Nous dûmes lui apprendre à prononcer ce mot. Elle nous *demanda avec beaucoup de simplicité ce que signifiait cette expression* Elle savait que cette dénomination s'appliquait à la Sainte Vierge; elle n'en comprenait pas le sens littéral ».

N'est-il pas évident que l'emploi de ce mot inconnu, appliqué à l'Apparition, juste à ce moment où l'Église entière commençait à célébrer plus spécialement le privilège virginal, démontre la réalité de la communication faite à la visionnaire.

« Si on ment », ajoute le narrateur — il s'agit ici du

_____

(1) *Lourdes*, p. 35. Dr Boissarie.

mensonge matériel autant que du mensonge formel —
« c'est avec des mots que l'on connaît (1). »

Le phénomène de vision peut donc se compliquer de
révélations et de communications qui mettent en valeur
et commentent le fait en lui-même ; il suffira de montrer qu'aucune influence suggérante ou suggestive n'a
pu préparer, même à longue échéance, les éléments de
cette connaissance supérieure. Ce sera le rôle des enquêteurs.

Des exemples de science surnaturellement acquise
pendant ces états préternaturels ne sont pas rares dans
l'histoire de la Mystique. Il faudrait les étudier ; le
rationaliste se contente de les nier ; c'est plus rapide,
mais beaucoup moins scientifique.

Les signes tirés de l'ordre *moral* ont une extrême
importance aussi bien pour discerner l'effet *préternaturel* du *naturel,* que pour découvrir la nature de ce
préternaturel.

Les démons peuvent apparaître, de la manière que
nous expliquerons par la suite, et leur pouvoir de
tromper les hommes est reconnu par la théologie
mystique qui tire son expérience des faits, autant que
des principes insinués par l'Évangile.

D'après Benoît XIV, la forme humaine est plus souvent
prise par les bons anges que par les mauvais : les formes
préférées de ces derniers sont empruntées au règne
animal, si on excepte, toujours d'après ce théologien
qui s'appuie sur l'expérience, les formes de colombe et
d'agneau (2), pour une raison mystique assez compré-
hensible.

(1) *Lourdes,* p. 36. Dr Boissarie.
(2) «... A columba tamen vel agni specie abstinent.. » *De Can.
Sanct.,* l. III, c. 51, n. 3. — Les bons anges peuvent prendre la forme
d'animaux symboliques.

Toutefois, ajoute Benoît XIV, il n'est aucune forme que les démons ne puissent imiter, Dieu le permettant; ils se transforment en anges de lumière, et ils ont osé, souvent, prendre l'aspect de Notre-Seigneur, de la Vierge et des Saints (1).

Saint Bonaventure signale cette ruse diabolique et constate que certains visionnaires, qui pensent avoir la vision de Jésus-Christ ou de sa glorieuse Mère, se laissent illusionner par l'artifice du démon (2).

Il faut affirmer cette doctrine, en face de je ne sais quel libéralisme scientifique qui tend à se glisser dans les intelligences chrétiennes. Les partisans des doctrines minimistes accueillent mal certaines données de la Mystique traditionnelle, toujours dans le but, très louable assurément, de sauver la doctrine des sarcasmes de la science plus ou moins officielle. Il n'est pas vrai que les frontières de la théologie mystique reculent en proportion du progrès scientifique. Nous verrons plus loin que certaines données, qui se présentent sous une étiquette moderne, ne sont pas aussi nouvelles qu'on le veut prétendre. D'autre part, il sera toujours quelque peu téméraire, à un catholique, de biffer si légèrement de l'histoire religieuse des faits nombreux et constatés, qui remplissent les vies si extraordinaires de tant de saints personnages. Si on veut offrir des sacrifices à l'idole de l'incrédulité scientifique, dans le but de se concilier ses bonnes grâces, on perd son temps; il restera que les catholiques eux-mêmes ont une critique historique différente quand ils revisent leurs traditions, et qu'ils se font quelque peu rationalisants.

_____

(1) « Ita ut, permittente Deo, aliquando se transfigurant in Angelos lucis, et Christi Domini, Beatissimaeque Virginis et sanctorum personam saepius assumere ausi sunt... » (Bened. XIV. loc. cit., n. 3.)

(2) « Quidam decepti a seductoriis spiritibus, putant sibi apparere, in visione, vel ipsum Christum, vel ejus gloriosissimam genitricem...» (De profess. relig., l. II. c. 75.)

Un savant bénédictin signalait récemment cette proposition assez téméraire : *Depuis le Sauveur, y a-t-il des faits bien avérés d'apparitions diaboliques.*

« La réponse me paraît simple, » disait ce religieux, « que l'on
« prenne un volume quelconque des Bollandistes, que l'on se
« reporte à la table au mot *dæmon*, on trouvera relaté toute une
« série d'apparitions visibles du diable à différents saints. Tous
« ces faits réunis formeraient une liste interminable. Pourrait-
« on soutenir qu'aucun d'eux n'est avéré ?

« Qu'on lise en particulier la vie de saint Antoine par saint
« Athanase, la vie de saint Benoît par saint Grégoire le Grand.
« Chacun sait que ces deux vies sont pleines de récits d'appa-
« ritions diaboliques. Dira-t-on que les deux grands docteurs
« de l'Église ont manqué de critique et de jugement ?

« Les légendes du Bréviaire relatent plusieurs de ces appa-
« ritions. Celle de saint Agathon mentionne les multiples
« manifestations du diable qui se produisirent à Rome lors
« d'une grande peste qui ravagea la ville.

« Plus près de nous, la vie de sainte Françoise Romaine nous
« est donnée comme une lutte continuelle contre le diable qui
« l'attaquait visiblement, alors qu'un ange la défendait non
« moins visiblement. Et à ce propos, on peut observer que nier
« les apparitions sensibles du diable, c'est nier par contre-
« coup les apparitions sensibles des anges... (1) »

Il faut en dire autant des âmes bienheureuses et retenues dans le purgatoire. Seules les âmes d'enfants morts sans baptême semblent exclues de ce privilège (2).

---

(1) D. Bernard Maréchaux, bénédictin de la Congr. olivét. *Revue du monde invisible*, 15 juillet 1898.
(2) Dom Calmet rappelle que l'âme de Samuel apparut, non par la vertu des pratiques magiques, mais par la permission de Dieu. Moïse apparut dans la Transfiguration, et aussi le prophète Élie. St Benoît vit l'âme de St Germain et de Ste Scolastique. (*Apparit. des Esprits*, ch. XI, t. II.)
Citons de préférence Benoît XIV : « Apparent animæ beatorum, vel

La mercuriale est donc bonne. Elle a le mérite d'être en conformité de doctrine avec les grands théologiens mystiques. Nous aurons à revenir sur ce sujet.

Les signes *moraux* portent sur trois points principaux : la *personne*, le *mode*, les *effets* (1). « *Oportet ut habeatur ratio personæ, cui facta est apparitio, modi et effectuum subsecutorum* (2). »

Dieu n'a pas coutume de révéler les secrets du ciel aux mauvais, à ceux qui se confinent dans leur indignité. On peut ici, en toute sécurité, renverser l'adage et dire : « *Dis-moi qui tu es, je te dirai qui tu hantes.* »

Benoît XIV exige que la personne soit vertueuse (3).

Nous n'ignorons point que l'éminent théologien professe ailleurs que ces faveurs extraordinaires appartiennent à l'ordre des dons purement gratuits. Dieu les donne à qui bon lui semble (4) ; elles sont communes aux bons et aux méchants ; mais alors, le but surnaturel poursuivi fixe le sens de cette faveur divine.

Par elles-mêmes et isolées, les visions ou apparitions

---

ut certiores faciant aliquos de suâ felicitate, vel ut Dei mandata ad nos perferant, vel ut ægris et morientibus assistant, aut alia nobis præstent beneficia. — Apparent animæ damnatorum tanquam præcones divinæ justitiæ, et ita nos vitam instituere docent, ne et ipsi pari pœnâ plectamur. — Apparent animæ purgantes, ut nostris adjutæ suffragiis, citius a pœnis liberentur. Nunquam legimus apparuisse animas puerorum qui cum solo peccato originali decesserunt, cum juvari suffragiis nostris non possunt, nec in earum apparitionibus inesse posse videatur utilitas. » (*De Can. Sanct.*, liv. IV, 1, p. c. 52, n. 2.)

(1) L'excellent opuscule : *Visions*, du R. P. Pouplard, est utile à consulter sur ce point.

(2) Bened. XIV, lib. III, c. 52, n. 2.

(3) ... Si enim persona cui contigerunt, virtutibus prædita sit... » Loc. cit., c. 51, n. 3.

(4) Uno verbo, visiones et apparitiones inter gratias gratis datas recensentur ; et hinc sit quod etiam peccatoribus dari possunt. (*De Can. Sanct.*, lib. III, c. 51, n. 2.)

ne prouvent pas la sainteté. Plusieurs de la Gentilité
en furent favorisés. Pharaon, Balaam, Balthasar eurent
des visions d'ordre divin. « C'est précisément parce
« que ces faveurs ne sont pas *toujours* un signe de
« sainteté, remarque le cardinal de Lauria, que Dieu
« n'a pas décrété d'en faire le partage exclusif et la
« note caractéristique des contemplatifs, et de ceux
« qui sont sujets à l'extase et au ravissement (1). »

Il convient, toutefois, de ne pas étendre ces principes
au delà de leurs limites. Ce serait une grave erreur de
croire que les indignes peuvent être, en tant que tels,
et *restant* indignes, favorisés de ces dons surnaturels.
Saul n'était pas un saint quand il vit Jésus-Christ sur le
chemin de Damas, mais il le devint. Le phénomène
surnaturel peut donc surprendre le voyant dans l'état
d'indignité, mais il ne saurait rester sans efficacité par
la suite :

Qui ne s'inclinera devant Judas Machabée racontant
sa vision à ses troupes ; il a vu Onias priant pour le
peuple, et Jérémie qui lui remettait une épée d'or pour
frapper les ennemis du peuple saint (2).

D'instinct, on rejette avec mépris la vision d'un
Luther, d'un Zwingle, avec son fantôme blanc et noir,
d'un Herman, d'un David George, d'un Nicolas, et du
misérable Hacket qui se posait en Messie, et criait à la
vue du gibet qui l'attendait : « Jéhovah ! Jéhovah ! ne
voyez-vous pas que les cieux s'ouvrent et que Jésus-
Christ vient me délivrer ? »

---

(1) « Communes sunt bonis et malis visiones et apparitiones, quamvis supernaturales et divinae. » (Bened. XIV). — « Visiones et revela-
tiones etiam divinitus concessae, non *semper* sunt signa sanctitatis in
eo qui eas accipit. Igitur non fuit necessarium ut Deus statueret eas
concedere contemplantibus, etiam ecstaticis et raptis. » (Cf. *De Canon.
Sanct.*, l. III, c. 52, n. 2)
(2) (II Mach., c. XV, v. 12-17.)

On comprendra que le mode ne soit pas non plus indifférent. Tout ce qui vient de Dieu porte nécessairement le cachet de la décence et de la piété. L'ange qui accompagne Tobie se montre sous l'aspect d'un jeune homme au maintien plein de noblesse ; ses discours sont graves et utiles. De nos jours, les anges qui se manifestent à nos voyants apparaissent tout loqueteux ; ils vaticinent en bouts rimés, en attendant qu'ils parlent la langue de nos poètes décadents !

Comme on reconnaît l'arbre aux fruits, c'est aux *effets* que l'on achève de discerner la nature du phénomène préternaturel. On recherche si les vertus, absentes au début des faveurs réputées divines, ne se montrent pas dans les pratiques d'une vie nouvelle. *L'humilité*, *l'obéissance*, les autres *vertus*, non seulement doivent apparaître, mais encore persévérer et croître jusqu'au complet épanouissement de la perfection (1).

Les théologiens nous mettent ici en garde contre les fausses apparences du bien et les heureux effets que les démons paraissent promouvoir dans l'âme des visionnaires. Pendant plusieurs années, une grande sainte, Catherine de Bologne, fut portée à la vertu par de fausses visions, où le démon, sous l'aspect de Notre-Seigneur ou de la Sainte Vierge, lui reprochait ses infidélités et ses imperfections. Finalement, elle faillit se perdre dans le désespoir (2).

« Il arrive parfois que les démons, dans ces visions

---

(1) Si post visiones et apparitiones humilitas, obedientia, ceteraque virtutes non modo perseveraverunt, sed ad sublimiorem gradum ascenderint in eâ personâ.... de earum qualitate super naturali et divinâ non erit ullo modo dubitandum. » (Bened. XIV, l. III, c. 51, n. 3.)

(2) *Bolland.*, t. VIII, martii die XIX.

« et apparitions, conseillent le bien, toujours dans le
« but d'empêcher un plus grand bien ; ils exhortent à
« la vertu, pour inspirer confiance et surprendre ensuite
« l'âme qui se confie trop aisément ; ils la conduisent
« bientôt aux plus lamentables chutes. Les visionnaires
« n'échappent à ce danger que par la prière et par leur
« obéissance aux directions d'hommes versés dans le
« discernement des esprits (1). »

Saint Antiochus, cité par Benoît XIV, apporte en
exemple le fait d'un moine, fort adonné à l'oraison, qui
se laissa égarer par les artifices du démon. Il en vint à
plus se confier à ses visions qu'aux principes et à la
doctrine. Finalement, dans un effrayant tableau, le
démon lui montra les apôtres, les martyrs, les confes-
seurs, les vierges, tous ceux, en un mot, que l'Église
honore, plongés dans les ténèbres et tourmentés par
des supplices éternels ; puis, dans une apothéose, Moïse,
avec les prophètes et le peuple juif. Ce fut pour lui le
dernier trait de lumière, et il se convertit au ju-
daïsme (2).

Non moins saisissante est la chute de Tertullien. Elle
est due, remarque Baronius, à l'excessive crédulité de
cet écrivain, si rigide dans son enseignement. Il fut crédule au point d'ajouter foi à ce qu'une femmelette visionnaire lui racontait, et de préférer aux vérités doctrinales
les imaginations d'une illuminée. — Et de fait, Tertullien,
au *Livre de l'Ame* (c. 9), raconte avec complaisance les
rêveries de cette « sœur favorisée du don de révélation ».

_____

(1) « Aliquando, in suis visionibus et apparitionibus bonum persua-
serunt *ut majus bonum impedirent*, et ad aliquem actum virtutis
hortati sunt, ut facilius incautos deciperent, et successu temporis ad
horribiles lapsus sensim inducerent, a quibus ut caveatur, tum ora-
tionis præsidium, tum virorum prudentium et in discretione spirituum
versatorum consilium, est necessarium. » (Bened. XIV, l. III, c. 51.
n. 3.)

(2) *De Canon. Sanct.*, l. III, c. 51. n. 3.

« Cet exemple, insiste Baronius, montre très clai-
« rement que Tertullien perdit complétement l'intel-
« ligence, quand, à l'école de cette visionnaire, il
« s'écarta non seulement des enseignements de la
« théologie catholique, mais aussi de la saine philo-
« sophie... Il sacrifia les dogmes catholiques et la
« vraie science aux rêveries de cette hallucinée (1). »

Gerson n'a-t-il pas écrit de Grégoire XI : « Ce Sou-
« verain Pontife fut trop tard, hélas ! l'éloquent
« apologiste de la recommandation que nous faisons.
« Sur le point de mourir, ayant entre les mains le
« corps du Sauveur, il dit hautement devant ceux qui
« étaient présents, d'avoir à se bien garder de ces
« hommes et de ces femmes qui, sous prétexte de
« religion, parlent de visions écloses dans leur cerveau.
« Car, lui-même, séduit par de tels visionnaires et
« négligeant les sages avis de ses légitimes conseillers,
« avait failli se jeter dans le gouffre du schisme, si le
« miséricordieux Jésus, l'époux de cette Eglise, n'y
« eût mis la main (2). »

Et pourtant ce pape fut le vigilant gardien de la
doctrine. Il proscrivit les erreurs de Wiclef ; il con-
damna la doctrine des Vaudois.

Le Père Saint-Jure a écrit une page suggestive sur
le danger de la femme visionnaire :

« C'est l'artifice du démon, de s'adresser au sexe
« qu'il connaît plus désarmé en face de ses ruses, et
« par ce moyen, de surprendre l'autre, dont autrement
« il ne viendrait pas si aisément à bout ; il séduisit
« Adam par Eve. De cette façon, le diable et les héré-
« siarques ont pour l'ordinaire, ainsi que remarque
« saint Jérôme, interposé des femmes qu'ils disaient

---

(1) *Ann. Dom.* 201, n. 13.
(2) Cf. *Visions*, de R. P. Pouplard, 72-73.

« animées et poussées du Saint-Esprit, pour établir et
« étendre leurs hérésies, comme Simon Magus son
« Hélène, Appelles sa Philomène, Sévère une autre du
« même nom, Montanus ses deux femmes prophétesses
« Pricilla et Maximilla, qui eurent bien le pouvoir
« d'embabouiner, avec leurs fausses visions et révé-
« lations, le plus savant homme de son siècle, Tertullien,
« d'éteindre ses grandes lumières et de le précipiter
« dans les ténèbres de très lourdes erreurs, et même
« après qu'il eut écrit contre elles, très doctement la
« vérité, — de façon que nous pouvons encore, en ce
« sens, reproduire les paroles de l'Ecclésiastique :
« *Mulieres apostatare faciunt sapientes* (1). »

Après avoir fait la part de l'accusation, donnons place
à la défense. Il existe, en effet, une tendance contraire,
de nos jours, tendance qui ne naît pas toujours des
milieux les plus intellectuels et les plus théologiques,
qui est de dédaigner, *a priori*, toute communication
d'ordre surnaturel faite par une femme (2). L'ignorance
de la théologie mystique se cache souvent sous ces
décisions *ex abrupto :* il y a bien aussi un mépris assez
notable des voies mystérieuses par lesquelles Dieu
conduit certaines âmes privilégiées. Une pointe de
rationalisme, ou tout au moins, un peu de l'esprit
d'incrédulité, se trouve bien aussi à la base de ces
jugements un peu trop sommaires et de ces fins de
non-recevoir.

Grégoire XI, dont nous citions plus haut les émou-
vants conseils, a bien écouté sainte Catherine de
Sienne, visionnaire d'heureuse mémoire, dans l'Église.
et d'heureuse inspiration. Les illuminations divines.

---

(1) Saint-Jure, *L'homme spirituel*, I. p., ch. XI.
(2) Benoît XIV approuve Matthiucci disant : « Non sunt apparitiones
et visiones improbandæ ex quo mulieribus accidant. » (L. III., c. 51, n. 1).

enseigne saint Thomas, sont aussi bien faites pour les femmes que pour les hommes(1) ; si celles-ci ne peuvent être des doctoresses publiques dans l'Église, elles peuvent remplir ce rôle d'une façon privée : « *Si gratiam sapientiæ aut scientiæ habeant, possunt eam administrare secundum privatam doctrinam* (2). »

Avec saint Pierre d'Alcantara et sainte Thérèse, nous remarquerons même que le nombre des femmes à qui Dieu fait de semblables faveurs est plus grand que celui des hommes, et que les femmes avancent beaucoup plus dans ce chemin spirituel, parce qu'elles sont ordinairement plus dévotes et moins portées à s'enfler de leur propre science que certains savants. Saint Thomas, après avoir constaté que la science fait que le docte se fie en lui-même, en tire cette conséquence, que ces avantages intellectuels sont occasionnellement un obstacle à la dévotion ; « chez les simples, au contraire, la dévotion abonde, en comprimant l'orgueil (3). »

Ces témoignages, que nous pourrions multiplier, devront suffire.

Nous pensons, dès lors, avec les théologiens cités par Benoît XIV, et dont il approuve les conclusions, que l'application des règles morales qui concernent le discernement des esprits conduira à des solutions justes : « Les tromperies de la femme et les illusions ne tiennent pas longtemps, si on la soumet attentivement à l'épreuve de la *vraie humilité* (4). »

_____

(1) « Gratia prophetiæ attenditur secundum mentem illuminatam a Deo, ex quâ parte non est in hominibus sexuum differentia. » (S. Th., 2.2. q 177. ad 2.).

(2) St Th., loc. cit. ad. 3.

(3) St Th., 2. 2. q 82. a. III, ad. 3.

(4) « Diu latere fictio etiam feminea non potest, si quidem ubicumque *profundissimæ* humilitatis non fuerit fundamentum, cito, quidquid super illud fuerit ædificatum, non absque ignominiâ, *ruit* » (*De Can. Sanct*, l. III, c 51, n. 8.

« Je tiens pour certain, dit sainte Thérèse, que Dieu
« ne permettra jamais au démon de tromper une
« femme qui, se défiant d'elle *en tout* (1), est si ferme
« dans la foi que, pour la moindre des vérités révélées,
« elle serait prête à affronter mille morts... Cette âme
« met un soin continuel à se conformer à tout ce qu'en-
« seigne l'Église. Dans ce but, elle interroge souvent
« ceux qui peuvent l'éclairer ; elle est si immua·
« blement attachée à son symbole que toutes les révé·
« lations imaginables, quand bien même elle verrait les
« cieux ouverts, ne seraient pas capables d'ébranler sa
« croyance sur le plus petit article enseigné par l'Église...

« Lorsqu'une âme ne voit point en elle cette mâle
« vigueur de la foi, et lorsque les tendresses de
« dévotion ou les *visions* qu'elle a ne contribuent pas à
« l'augmenter, je dis qu'elle ne les doit pas tenir pour
« sûres. Quoiqu'elle ne s'aperçoive pas sur l'heure du
« mal qu'elle en reçoit, ce mal est grand, et il peut le
« devenir davantage. Je vois et je sais par expérience
« qu'il ne faut se persuader qu'une chose vient de Dieu
« qu'autant qu'elle se trouve conforme à l'Écriture
« sainte. S'il y avait la plus petite divergence, je croi-
« rais que ces visions viennent de l'auteur du men-
« songe..... Avec cette divergence, on n'a pas besoin
« d'autres marques, et elle dispense de toute recherche
« ultérieure, car seule elle démontre d'une manière si
« évidente l'action du mauvais esprit, que si le monde
« entier m'assurait que c'est l'esprit de Dieu, je ne le
« croirais pas (2). »

C'est un éloquent commentaire de la recommandation

_____

(1) Qu'on n'objecte pas trop la longue épreuve infligée à sainte
Catherine de Bologne : la sainteté ne met pas à l'abri de l'erreur intellectuelle. *Schram* pense que sainte Catherine fut trop confiante, au
début, et commit quelque imprudence. *(Theol. myst.*, t. 2,, § 598).

(2) *Vie de Ste Thérèse*, ch. 25.

de saint Paul aux Galates : « *Licet nos, aut Angelus de'cœlo evangelizaverit vobis præter quam quod evangelizavimus vobis, anathema sit* (1). »

Les signes viendront de la *personne*, du *mode* et des *effets ;* c'est la doctrine de tous les auteurs mystiques, sous des classifications différentes (2). Ajoutons à ces remarques que le *désir* de ces états extraordinaires est un indice défavorable à la bonté de ces visions.

En premier lieu, cet état de tension psychique peut déterminer une hallucination naturelle dans une âme ardente. — Ne sait-on pas que sainte Monique fut elle-même victime de cette faiblesse de tempérament. Désireuse de retirer son fils de la perdition, cette grande âme souhaita à ce sujet des communications célestes, et fut victime de ce zèle inconsidéré.

« Or, raconte saint Augustin, elle voyait des choses « vaines et fantastiques produites par l'impétuosité de « l'esprit humain dans l'inquiétude, et elle me les « racontait. Elle ne me les racontait pas avec la même « confiance que quand vous étiez, ô mon Dieu, l'auteur « de ses visions, mais elle les méprisait (3). »

« En outre, le démon, dit saint Jean de la Croix, « trouve dans cette disposition de fréquentes occasions « de glisser dans l'âme le poison de l'erreur... Celui « qui souhaite les faveurs extraordinaires tombera « dans de graves illusions (4). »

---

(1) Ad Galat., 1-8.
(2) Gerson résume ces règles dans le vers suivant : « Tu quis, quid, quare, cui, qualiter, unde require. »
Cherchez la *personne*, la *chose*, la *raison*, l'objet, la *manière*, le *principe* (De prob. spirit.)
Bona réduit ces règles à trois principales : la *personne*, la *chose*, les *circonstances* (De discret. spir., c. XX).
Schram, *Théol. myst.*, t. 2, § 504-526, développe les notions qui mettent ces signes en valeur.
(3) *Confess.*, lib. VI., c. XXIII.
(4) *Montée du Carmel*, l. II., c. 11.

Après tous les mystiques, Benoît XIV observe qu'un tel désir a sa source dans l'orgueil et la présomption, et revêt le caractère d'une curiosité coupable à l'égard des mystères divins (1).

Le calme, la confiance naissent finalement de la vision divine ; cette note les discerne tout à la fois de la vision inférieure et aussi de l'hallucination naturelle. La grâce divine est absente de ces deux cas, et, dès lors, il n'en peut revenir à l'âme aucun bien surnaturel, aucun profit véritable.

Une certaine crainte peut se rencontrer au début de la vision divine, comme le prouvent les récits bibliques et évangéliques, comme l'enseigne saint Thomas (2), qui en trouve la raison dans ce fait que la nature, élevée au-dessus de ses aspirations ordinaires et de sa sphère d'action, tombe en une sorte de défaillance. Mais cette crainte et cette perturbation, remarque Benoît XIV, ne se manifestent qu'au début, au moment où l'âme entre, pour ainsi dire, dans le phénomène ; l'esprit y goûte bientôt les joies mystiques dans une paix profonde. L'apparition diabolique, au contraire, prolonge le trouble, et l'aggrave s'il existe au début ; ou bien elle tourne en dégoûts et en inquiétudes les fausses joies du commencement.

Ce retour des choses est infaillible ; mais l'erreur serait de croire que ces changements seront toujours rapides ; suivant les cas, le démon prolonge l'illusion des vertus et des joies imitées : *in progressu tamen turbant* (3).

---

(1) « Tale desiderium non potest reperiri absque radice et fundamento superbiæ et præsumptionis, imo tentationis erga res divinas. » *De Canon. Sanct.*, l. III, c. 52, n. 6. 7.

(2) « Non solum in visione corporali, sed etiam in visione imaginariâ perturbationem accedere..., cum enim homo supra se ipsum elevatur, pars ejus inferior debilitatur. » (3 p. q. 30. a. 3.)

(3) « Licet interdum divinæ visiones et apparitiones afferant, in

Ces visionnaires ressentiront plus ou moins cette peur et cette frayeur dont fut saisi Luther... « Il « tremble, son cœur bat d'une manière horrible... Je « compris alors, dit cet apostat, comment il arrive sou- « vent que des personnes meurent au point du jour : « c'est que le démon peut tuer ou étouffer les hommes ; « et sans aller jusque-là, il les met, lorsqu'il dispute « contre eux, dans de tels embarras, qu'il peut ainsi « leur causer la mort (1) ».

L'ensemble de toutes ces notes projettera une vive lumière sur le phénomène étudié. Des signes exté- rieurs, venant du dehors, prouveront parfois, en toute évidence, tantôt l'objectivité, tantôt la réalité subjec- tive, ainsi que la nature de la vision.

Saint Félix de Valois se rend au chœur, dans la nuit de la Nativité de la Vierge, pour y chanter l'office. Aucun de ses compagnons n'a pu sortir de son sommeil, mais déjà la Reine des cieux, entourée d'anges, portant le costume du nouvel Ordre, préside l'office que saint Félix chante en cette bienheureuse compagnie (2).

La coïncidence de ce mystérieux sommeil envoyé à tous ces religieux, habitués à sortir de leur repos à la même heure, avec une telle vision, est une pré- somption en faveur de sa réalité.

Le saint pape Clément, jeté en exil par un ordre de Trajan, trouve dans les carrières de marbre deux mille chrétiens, que les édits de persécution ont condamnés

---

principio, timorem aliquem, vel perturbationem, in progressu tamen jucundæ sunt, sapidæ et delectabiles, et tranquillitatem in animam inducunt... Contra dæmoniacæ, si a principio turbant, eodem modo prosequuntur, vel, si ab initio alliciunt, et suaves apparent, in progressu tamen semper turbant, et videntem perturbatum relinquunt. » (De Can. Sanct., l. III, c. 51, n. 3).

(1) Cf. Balmès. *Protestantisme comparé au Catholic.*, t. I, note 11, p. 367-368.

(2) Lect. Brevia., 20 nov.

aux plus durs labeurs. — Un jour que la soif se faisait cruellement sentir, Clément se met en prière, puis conduit ses compagnons sur une colline voisine. Là, un agneau mystérieux lui apparaît ; à ses pieds jaillit une source miraculeuse, inconnue de tous. Le miracle est si grand que les païens se convertissent (1). — N'est-il pas évident que le jaillissement de cette source, en pareille circonstance, confirme la réalité de l'apparition.

C'est le prodige qui se renouvelle avec la voyante de Lourdes : une source, qui coule aussitôt sous ses doigts, atteste la réalité de cette apparition. Les guérisons fixent le sens du phénomène surnaturel. Aux yeux de l'Eglise, en effet, ces sources ainsi mises en mouvement, persuadent l'intervention surnaturelle quand, par la suite, les malades y trouvent un remède à leurs maux : *Et quatenus aqua, temporibus etiam subsequentibus, ægrotis profuerit, hæ circumstantiæ multum proderunt approbationi miraculi* (2). »

Avant de clore ce premier point, nous devons répondre à une objection qu'on s'étonne de voir prise en considération par des théologiens.

Plusieurs pensent qu'une apparition qui ne serait pas vue par toutes les personnes présentes ne pourrait être considérée comme objective. On invoque même, à ce sujet, le témoignage de saint Thomas. — L'étude du texte établit aisément la fausse interprétation. — Saint Thomas, dissertant sur le premier mode d'apparition, où les yeux du voyant sont impressionnés par une cause surnaturelle déterminant une vision subjective, s'empresse de remarquer qu'il n'y a en cela aucune

(1) Lect Brevia., 23 nov.
(2) Bened. XIV. *De Can. Sanct.*, l. IV, I p., c. 24. n. 11.

erreur du sens visuel. On peut ainsi voir l'apparence
d'un enfant, dans l'hostie consacrée, sans qu'il se soit
opéré une modification réelle dans l'hostie. Encore une
fois ce n'est pas l'illusion : « *Nec hoc tamen pertinet
ad deceptionem, sicut accidit in magorum præstigiis,
quia talis species divinitus formatur in oculo, ad aliquam veritatem figurandam* (1). »

« Il arrive aussi, continue saint Thomas, que cette
« apparition ne résulte pas seulement du changement
« opéré dans l'organe, mais de l'*espèce qu'on voit et qui
« existe réellement à l'extérieur.* » — Le saint docteur
pense qu'il en sera certainement ainsi lorsque tout le
monde verra à loisir la même apparition. Telle fut,
assurément, l'apparition des trois anges vus par
Abraham, Loth et tous les autres ; telle fut l'apparition
de l'ange qui accompagna Tobie.

Saint Thomas veut signaler un cas où l'on ne pourra
douter de l'objectivité, mais il ne traite pas la question
au point de vue *exclusif*, comme s'il eût voulu dire par
ces mots *tout le monde*, que l'absence de vision chez
plusieurs, alors que les autres voient, détruirait ce
caractère d'objectivité. — Il demande, en outre, que
l'apparition ne soit pas une vision d'un instant, pour
exclure l'hallucination naturelle autant que le manque
de contrôle.

Interpréter ce texte autrement, dans le sens que
nous combattons, ce serait mettre saint Thomas en
contradiction avec lui-même.

Le saint docteur soulève la question de savoir si le
Christ, depuis qu'il est monté au ciel, est revenu *corporellement* sur la terre. Il ne s'agit donc pas d'une
apparition *impersonnelle*. Il répond par l'affirmative.

---

(1) St Thomas, III. p. q. 76, n. 8, c.

et donne en exemple la vision de saint Paul (1). — En conséquence, saint Paul aurait vu réellement, *objectivement,* Notre-Seigneur Jésus-Christ sur le chemin de Damas. Or tout le monde sait que saint Paul contempla seul l'objet même de la vision ; ses compagnons ne perçurent que les phénomènes concomitants. — La conclusion est donc que saint Thomas ne pose pas comme signe exclusif de l'apparition *objective* la circonstance d'être vue par *tous* les assistants (2).

Nous pourrions, à ce sujet, citer de nombreux exemples anciens et modernes. — Rappelons seulement que saint Benoît, ayant la vision d'une âme bienheureuse qui montait au ciel, appela en toute hâte un frère, du nom de Servand, pour lui procurer la jouissance de ce même spectacle. — Le bon frère ne vit rien, si ce n'est une faible lueur : *nisi partem lucis exiguam* (3).

Benoît XIV, qui rapporte l'anecdote, ajoute cette réflexion : « Dieu peut faire qu'un seul ait la vision, quand tous les autres ne perçoivent rien de l'apparition (4). »

.•.

Nous devons, en toute nécessité, instituer un parallèle entre la vision collective et l'hallucination collective.

---

(1) « Christus semel ascendens in cœlum adeptus est sibi et nobis... dignitatem mansionis cœlestis : cui tamen dignitati non derogat si ex aliqua dispensatione... quandoque *corporaliter* ad terram descendat..., ut ostendat se *alicui specialiter, sicut Paulo.* » (III p. q. 57, a. 6, ad. 3.)

(2) Est-ce que l'Immaculée, à Lourdes, fut *vue* par tous les assistants ? — Dira-t-on qu'il n'y eut pas vision objective ? — Ce serait pourtant la conclusion nécessaire de ces restrictions injustifiées.

(3) « Deus facere potuit ut unus videret, cæteri non viderent... » (*De Can. Sanct.*, lib. III, c. 52, n. 15.)

(4) Citons aussi avec Benoît XIV le témoignage de Septime Sévère, qui rapporte qu'un globe de feu s'arrêta, pendant une cérémonie, sur la tête de St Martin, et ne fut vu que par une vierge, un prêtre et trois moines. (In dialog. 2, de Virt. S. Martin,)

Une des grandes difficultés qui compliquent le plus le discernement· de la vision objective isolée, c'est parfois l'absence de contrôle extérieur. Ces ombres s'éclaircissent plus complétement dans la vision collective. L'étude de l'hallucination collective mettra en lumière la valeur d'un tel contrôle.

L'hallucination collective se rencontre dans certains milieux plus accessibles à l'émotion, ou chez des hommes épuisés par la fatigue ; l'abattement physique prédispose le cerveau à accepter les idées délirantes des autres. Elle ne jaillit pas toute faite, dans son objet et ses détails, *spontanément*, de la collectivité ; elle ne se retrouve qu'à l'état de résultat ; c'est comme une traînée rapide, presque instantanée, parfois, de suggestions particulières.

C'est là un premier caractère qui la distingue de la vision collective normale. — Il faut un premier choc dans les imaginations préparées, une sorte de *modèle commun* proposé dans l'acte initial, isolé, du premier halluciné qui suggestionne inconsciemment les autres par une sorte de vibration sympathique, due à l'état commun, aux aspirations qui sont les mêmes, à la tension momentanée qui agit dans le même sens sur tous les esprits.

Des naufragés s'en vont à la dérive depuis de longs jours ; l'épuisement est général ; c'est la mort à brève échéance. Est-il étonnant que le désir éperdu de voir la terre ou le navire libérateur soit là comme une force hallucinante, perpétuellement agissante, à laquelle les cerveaux ébranlés finissent par s'abandonner. — Laissés à l'initiative propre de leurs tendances hallucinatoires, sans communication entre·eux, ces naufragés s'illusionneront dans le cercle très restreint de l'idée commune à tous : le salut. Aussi, les uns le concevront réalisable par l'apparition d'un continent, d'une île qui grandit tout à coup à l'horizon, ou enfin d'un navire ; et ce continent, cette île, ce navire se présenteront à l'imagination de chacun sous des aspects variés, avec mille détails différents.

Qu'une voix s'élève, et affirme avec insistance qu'une île est réellement en vue, il n'en faudra peut-être pas davantage -- et le fait s'est produit dans un récent naufrage — pour donner une direction *commune* aux dispositions hallucinatoires de chacun. L'image commune d'une île, d'un vaisseau, existe dans tous les cerveaux. — Déjà, tous ces hallucinés verront une même apparition générale ; mais si vous prenez en particulier chaque halluciné, avant que l'hallucination n'ait porté sur les détails, vous constaterez les divergences dues à l'idée que chaque individu se fait de l'objet imaginé. Chacun travaille sur un modèle *commun*, qui est comme le *substratum* du tableau imaginatif élaboré par tous les cerveaux, mais la *Fantaisie* puise dans le trésor des images acquises les éléments de sa peinture imaginaire : celui-ci verra une île aride, aux bords escarpés, précisément parce qu'il redoute de ne pouvoir aborder ; un autre, s'inspirant d'une préoccupation différente, la verra aussi verdoyante qu'accessible ; — ou encore, ce vaisseau fantôme sera pour les uns un navire de commerce, pour les autres un paquebot, ou un navire de guerre, dont le type sera un nouveau sujet de variantes imaginatives. — Qu'une voix précise l'aspect de l'île enchantée, ou le type de ce navire, l'hallucination collective prendra une sorte d'unité croissante. — Un examen attentif verrait encore, et indéfiniment, les points de dissemblance.

En résumé, sans l'excitation initiale, et la précision de l'image suggérée, l'hallucination collective est sans unité ; elle n'est pas le fruit spontané de l'activité nerveuse, considérée surtout dans son ensemble et ses détails. D'une part, il est bien vrai que nous avons une tendance naturelle à éprouver les sentiments dont nous avons le spectacle, et que l'imagination concourt étrangement à réaliser ce choc sympathique, comme le prouvent tant de suicides par imitation ; d'autre part, il est non moins sûr que le travail subjectif dépend essentiellement des richesses psychiques de chacun. Plus le tableau suggéré est *composé*, plus l'unité spontanée de l'hallucination collective est irréalisable. Il y a tant d'associations possibles, même entre les images afférentes à un sujet commun, s'il est un peu complexe, qu'il est impossible à une collectivité de cerveaux hallucinés de se réunir dans un tel accord des circonstances et des impressions, au point que le fantôme soit vraiment le *même* pour tous, avant que les détails ou les circonstances n'aient été ultérieurement arrêtés et fixés inconsciemment par les hallucinations complémentaires. Autant vaudrait, si la chose était déclarée possible, prétendre composer une fable de La Fontaine en agitant au hasard les lettres de l'alphabet.

Nous concéderons volontiers que moins l'image sera *composée* et plus l'objet visé par l'hallucination collective sera connu, dans ses détails, par la collectivité, plus aussi il sera donné de constater la similitude et la concordance des phénomènes subjectifs.

Le résultat sera le même, grâce à l'état émotionnel commun, dans un phénomène de simple illusion :

Un matelot anglais s'imagine, un jour, voir flotter à distance le cadavre-fantôme d'un de ses camarades qui était mort récemment et avait été immergé. Trompé par des ressemblances vagues et indécises, et encore plus par la distance, l'équipage, saisi par l'émotion, croit discerner les mêmes apparences. Le navire approche et l'illusion se dissipe ; c'était une épave. Qui ne comprendra la genèse de cette illusion sensorielle ?

Le modèle *commun* existe; les détails peu nombreux permettent un accord momentané dans l'appréciation des circonstances vaguement contrôlées. Des matelots étrangers, préservés de l'influence du milieu créé par la connaissance du passé, eussent-ils été aussi aisément illusionnés? Assurément non.

Un des premiers soins de l'enquêteur, dans l'étude d'une vision collective, sera donc de séparer les témoignages, de les contrôler l'un par l'autre. Il opposera les dépositions qui se contredisent, mais non celles qui ne font que se compléter. Dans une vision réelle, objective, on peut remarquer un jour un détail qui avait passé inaperçu à la vision précédente. Conséquemment, dans une vision collective, les témoignages pourront s'ajouter, sans pour cela s'opposer, d'autant plus sûrement que plusieurs témoins, séparément entendus, confirmeront ces descriptions particulières. La preuve sera d'autant mieux acquise que toutes les dépositions seront plus concordantes dans un grand nombre de détails imprévus autant que variés. Le doute n'est plus possible si les voyants sont moins sujets aux troubles hallucinatoires, si par exemple ces témoins sont des hommes robustes et sains d'esprit; ou si les voyants sont des enfants en âge si tendre que l'influence suggestive est réputée nulle, comme il s'en rencontra à la vision collective de Pontmain. Nous avons fait mention de ce bébé qui tendait obstinément ses petits bras vers le point mystérieux de l'espace où les autres enfants voyaient une même apparition, épelaient en même temps, sans erreur ni hésitation, les mêmes lettres successivement dévoilées, et décrivaient les mêmes détails, si imprévus, si variés.

Il sera donc possible, en certains cas de visions collectives *parfaitement contrôlées*, — nous faisons abstraction des preuves extrinsèques, telles que les miracles qui auraient pu suivre, — de discerner la vision du simple trouble hallucinatoire (1).

Le contrôle pourra être complet, loyal et très scientifique, sans qu'il soit inspiré par cet esprit sceptique dont plusieurs, sous prétexte de science exigeante, ne semblent jamais se départir. Il faut les preuves convaincantes (2) du fait surnaturel. Pourquoi les voudrait-on deux fois plus convaincantes que les preuves d'un fait ordinaire? N'est-ce pas tenir un peu de l'esprit rationaliste moderne, et opiner inconsciemment pour la « haute improbabilité » du fait surnaturel.

« La Religion n'a pas autant à y perdre », a-t-on cou-

---

(1) Citons cette excellente page du R. P. de Bonniot, sur le fait de la Salette :

« Deux petits bergers, simples et ignorants comme le demandent leur âge et leur profession, virent tout à coup devant eux une figure céleste et toute nouvelle, une figure par conséquent dont leur mémoire n'a pu conserver l'image. L'apparition se montre aux deux enfants exactement identique jusque dans les moindres détails. Il y a plus : cette apparition se présente comme une personne vivante, qui parle, et qui, en parlant, fait entendre les mêmes paroles à ses deux petits auditeurs. Si vous supposez une double hallucination, vous êtes obligé d'admettre que deux imaginations, travaillant chacune de son côté, créent instantanément, au même moment mathématique, et dans le même lieu, une image de tout point identique, pour la *taille*, les *traits*, l'*attitude*, les *mouvements*, l'*auréole* qui l'entoure, les *particularités* du vêtement, les *paroles* qu'elle semble prononcer, avec cette circonstance, digne d'attention, que tous ces détails sont nouveaux pour les deux hallucinés : vous êtes obligé d'admettre un phénomène plus étonnant, c'est-à-dire plus absurde que celui de deux peintres, travaillant à part, avec des modèles différents, et produisant *deux tableaux qui se ressemblent comme deux gravures sorties* de la même planche : vous êtes obligé de contredire les lois de la psychologie et de la raison. L'événement de la Salette ne peut donc pas s'expliquer par l'hallucination. L'apparition de Pontmain, aperçue par une dizaine d'enfants, et la croix de Migné, qui s'est montrée à des milliers de spectateurs, le peuvent encore beaucoup moins. » (*Le Miracle et les Sciences médic.*, p. 98-99.)

(2) Par ce mot nous entendons les preuves qui suffisent au commun des esprits cultivés et non prévenus, pour asseoir leur certitude morale ; au-dessous sont les faibles probabilités, puis les arguties.

tume de dire. — Nous pensons qu'une crédulité ou incrédulité excessives sont également préjudiciables au vrai, car il importe aussi à la vérité religieuse que l'arme de la critique historique ne soit pas ordinairement faussée. Mais nous ne recommandons cette attitude qu'en face des événements sérieux et des preuves capables de convaincre. — Une extrême sévérité ou le plus profond dédain sont de règle en toute autre circonstance.

En plus d'un cas, faute d'éléments nécessaires à la critique, le jugement devra rester en suspens.

Sommes-nous en présence de faits aussi rebelles à l'interprétation dans les deux exemples suivants, presque classiques. — Le lecteur appréciera.

Il s'agit tout d'abord d'une hallucination dont le premier bataillon du régiment de *Latour d'Auvergne* aurait été la victime. — Le fait est ainsi raconté par un témoin, le Dr Parent, chirurgien du régiment :

« Après une marche de dix-neuf heures en Italie,
« huit cents hommes de ce régiment furent logés le
« soir dans une vieille abbaye. Ils étaient entassés les
« uns sur les autres, sans couvertures, avec de la paille
« pour lits. Les habitants nous prévinrent que le
« bataillon ne pourrait rester dans ce logement, parce
« que, toutes les nuits, il y revenait des esprits, et
« que déjà d'*autres régiments* en avaient fait le
« malheureux essai. Nous ne fîmes que rire de leur
« crédulité ; mais quelle fut notre surprise d'entendre à
« minuit des cris épouvantables retentir *en même*
« *temps* dans tous les coins de la caserne et de voir
« tous les soldats se précipiter dehors et fuir *épou-*
« *vantés !* Je les interrogeai sur le sujet de leur frayeur
« et tous me répondirent que le diable habitait dans
« l'abbaye, qu'ils l'avaient vu entrer par une ouverture
« de la *porte* de leur chambre, sous la forme d'un *très*

« *gros chien à poils noirs*, qui s'était élancé sur eux,
» leur avait *passé sur la poitrine* avec la rapidité de
« l'éclair, et avait disparu par le *côté opposé* à celui par
« lequel il s'était introduit.

« Les soldats refusent de rentrer dans l'abbaye,
« passent la nuit dehors. Le lendemain, encouragé par
« les officiers, le bataillon reprend son logement. Les
« officiers veillent dans les chambrées pendant que les
« hommes sont endormis.

« Vers une heure du matin, et dans *toutes les*
« *chambres à la fois*, les mêmes cris de la veille se
« renouvelèrent, et les hommes qui avaient vu le même
« chien leur sauter sur la poitrine, craignant d'être
« étouffés, sortirent de la caserne pour n'y plus rentrer.
« Nous étions debout, bien éveillés et aux aguets pour
« observer ce qui arriverait, et, comme il est facile à
« supposer, nous ne vîmes rien paraître (1). »

Le R. P. de Bonniot pense, — très sagement à notre
avis, — que ce fut là une vision imaginaire, due à
l'action d'une cause externe, supranaturelle. « L'ima-
« gination de huit cents individus est essentiellement
« variée et capricieuse, elle n'a donc pas pu enfanter la
« même image dans les huit cents individus. Admettre
« le contraire, c'est se jeter dans l'absurde par peur du
« merveilleux (2). »

Cette conclusion n'est pas du goût du savant Dr Surbled qui — toujours fidèle à ses tendances minimistes,
très excusables chez un médecin — pose la conclusion
contraire et ajoute : « Dire le contraire, c'est se jeter
dans l'absurde, par amour du merveilleux. »

Écoutons cette philippique, dont on retrouve le sens

---

(1) Brierre de Boismont, *Des Hallucinations*, p. 281.
(2) *Miracle et sciences médic.*, p. 101-102.

en maint endroit des œuvres du docteur. Mais ici la
mercuriale nous paraît intempestive :

« Le recours au diable, dit le D' Surbled, pour expli-
« quer les faits extraordinaires, est grave et dangereux :
« il nous paraît ici absolument inutile pour rendre raison
« de l'*hallucination collective*... Sans doute, à l'état
« vigil, l'imagination est en puissance de raison, et
« l'esprit n'est pas disposé à accepter sans contrôle, à
« subir docilement, les entraînements ou les illusions
« des sens. Mais le cauchemar dont il est question se
« rattache à l'état *morphétique*, et le P. de Bonniot ne
« voit pas que cette circonstance est capitale et *suffit à*
« *tout* expliquer.

« Dans le sommeil normal, l'attention disparaît et la
« sensibilité n'obéit plus à une règle supérieure, mais
« l'imagination ne se donne pas libre carrière, comme
« l'affirme notre auteur ; elle se nourrit des souvenirs
« du passé, et surtout des impressions de la veille. Le
« merveilleux agencement des images au cours du rêve
« n'est pas livré à l'arbitraire ni au caprice de l'ima-
« gination : il dérive du mécanisme cérébral et se
« rattache aux sensations dominantes qu'a éprouvées
« le dormeur à l'état vigil.

« Tout le monde sait par expérience le retentissement
« marqué et comme fatal qu'exercent sur le rêve les
« souvenirs les plus récents... Les *histoires de reve-*
« *nants*, racontées au coin du feu pendant les longues
« veillées de l'hiver, ne manquent pas leur effet dans
« la nuit des dormeurs... La plupart pensent qu'ils ont
« vu en rêve des personnages fantastiques... ; quel-
« ques-uns plus nerveux vont jusqu'au cauchemar...

« C'est ainsi que peut légitimement s'expliquer l'hal-
« lucination collective du régiment de *Latour d'Au-*
« *vergne*. Ces huit cents hommes, épuisés par la fatigue
« et la chaleur, ont été fortement remués, captivés,

« suggestionnés en quelque sorte par les *histoires de*
« *revenants* qu'on leur a contées. Ils étaient braves,
« mais crédules. A peine endormis, ils sont tombés dans
« le rêve, qui s'est généralement nourri du diabolisme
« redouté et qui a abouti *chez un certain nombre* à un
« même cauchemar, à une hallucination identique (1). »

Ces raisons ne nous paraissent pas aussi probantes
que les raisons alléguées par le P. de Bonniot (2).

Un seul détail semble favoriser la thèse du docteur,
c'est celui de la *fatigue*. Mais il nous semble que, chez
des soldats fatigués, et surtout habitués à la fatigue des
marches et des combats, c'est plutôt une raison de
profond sommeil réparateur, du moins pour la plupart,
car nous exceptons quelques névrosés.

Justement, un collègue du D' Surbled, le D' Ferrand,
de l'Académie des Sciences, écrit dans une étude du
Sommeil et du Rêve : « Tout le monde *semble être*
« *d'accord* sur ce point que le rêve se rencontre surtout
« sur les confins de la veille et du sommeil. » Le
D' Ferrand explique qu'il entend par somnolence « un
état où le sommeil *commence* à décomposer les aptitudes
psycho physiologiques du dormeur de telle sorte que
le plus grand nombre des sensations échappent à son
sensorium, tandis que quelques-unes d'entre elles
subsistent encore qui le rappellent à la vie de relation
et ne lui permettent pas de perdre totalement connaissance.

Voilà, selon le D' Ferrand, qui déclare (3) avoir eu

(1) D' Surbled, *Revue du monde invis.*, 15 sept. 1898.
(2) A propos de ce point important de la thèse du Père : « ... Huit
cents imaginations se rencontrent toutes deux fois, à la même
minute », le docteur Surbled fait cette rectification peu justifiée :
« Notre auteur fait erreur, la première hallucination ayant eu lieu à
minuit, et l'autre vers une heure du matin. » — Est-ce que le docteur
ne distinguerait pas entre cette expression : « Deux fois *à la même
minute* » et deux fois *dans* la même minute ? »
(3) *Annales de philos. chrét.*, oct. 1895. *Le Sommeil et le Rêve.*

l'idée de son article à la suite d'une thèse fournie à la *Science catholique* par le Dr Surbled, l'état le plus favorable au rêve : le demi-sommeil.

L'état « morphéique » n'est donc pas d'un grand appoint pour l'opinion que nous refusons d'accepter comme la meilleure.

Comment croire maintenant que tous ces vieux soldats, dont le premier mouvement a été de rire de ces *contes de revenants*, auraient tous rêvé, huit cents à la fois, de cette histoire, par suite d'une impression reçue à l'état vigil? — Et ce rêve, déjà étonnant chez tous ces hommes, serait allé chez presque tous, *chez tous même,* comme le constate le Dr Parent, jusqu'au cauchemar, quand on sait que le cauchemar — si on excepte les enfants et les gens nerveux à l'excès — est, chez les adultes, une impression de suffocation qui naît surtout de la digestion, des affections thoraciques ou cardiaques.

Huit cents soldats, et avant eux des *régiments entiers,* troublés jusqu'au cauchemar, d'une histoire qui les met en gaîté, voilà un phénomène aussi merveilleux que le merveilleux lui même.

Oui, sans doute, c'est en remuant les impressions de la veille que l'imagination construit ses fantaisies. Elle se nourrit tout d'abord, au début du rêve, des sensations prédominantes, et y rattache même tout le reste : mais tout cela, quoi qu'on pense, est soumis à l'arbitraire et au caprice.

Comme l'enseigne le Dr Luys, l'*imprégnation contemporaine* explique l'apparition d'images qui ne se rattachent en rien l'une à l'autre; pendant que j'écoute un discours, mon regard peut s'impressionner d'un objet complètement étranger à l'action présente. Le mécanisme cérébral suit l'impulsion de l'image prédominante qui change au hasard des incitations : il ne dirige pas, il est dirigé ; on ne lui trace pas sa route pour longtemps. Comment donc, chez huit cents rêveurs, la *même* impression d'angoisse s'est-elle produite, juste au même point du rêve ébauché. et cela *deux fois* en vingt-quatre heures. — De plus, chacun rêve avec les images *acquises;* chacun a dû rêver aux revenants avec les histoires qu'il a entendu raconter : les traditions locales ne sont pas les mêmes, et voici que le rêve de tous ces soldats s'incarne dans une forme de chien noir, de *même dimension* et de *même forme*, qui, pour *tous*, paraît suivre le *même trajet*, dans une *même course furibonde*. — Qui donc avait parlé du chien noir ? D'où leur vient ce *modèle commun* de leur rêve, et cette similitude de détails ?

« Ils n'avaient jamais vu le diable, explique le « Dr Surbled, mais ils avaient tous observé bien des fois « des chiens noirs; c'est pourquoi leur cauchemar a « incarné le démon, objet du rêve, sous la forme d'une « perception ancienne et commune. » Pourquoi l'ont-ils incarné en même temps, et *à toutes les fois ?* Pourquoi ont-ils vu tous un chien noir plutôt qu'un bouc, plutôt qu'un monstre quelconque, dont l'imagerie leur a cent fois fourni le modèle ?

Les régiments qui ont précédé auraient dû voir ce chien noir, en vertu des mêmes lois ? Ce qui n'expliquerait encore pas le phénomène.

Nous pensons qu'aucune explication naturelle suffisante, et tant soit peu satisfaisante, n'a été fournie par M. le Dr Surbled, aux yeux de quiconque pèsera attentivement les conditions nombreuses et variées de cette gigantesque vision collective. — Nous croyons donc qu'il y eut là un vrai phénomène de hantise.

Le second exemple est moins profane :

« — Au moment de la plus forte mêlée du siège de « Jérusalem. Godefroy, qui était au nord de Jérusalem, « et Raymond au sud, aperçurent, sur le mont des

« Oliviers, un cavalier mystérieux qui agitait un bou-
« clier et donnait à l'armée chrétienne le signal pour
« entrer dans la ville. — Guillaume de Tyr (1), qui rap-
« porte le fait, déciare que l'apparition fut vue de toute
« l'armée au moment où, découragés par une attaque
« infructueuse qui avait duré toute la journée, les
« soldats chrétiens commençaient à reculer. »

Deux imaginations distinctes, note très bien le P. de
Bonniot, ne peuvent coïncider dans la formation d'un
même type.

Des hommes séparés par une grande distance, au
plus fort du combat, ne peuvent, à la même heure, se
former un même modèle d'hallucination, quand ce *type
commun* n'est pas commandé par une suggestion déterminante. Pourquoi cette apparition localisée au
même endroit, sur le mont des Oliviers, faisant le même
geste de son bouclier ? Ce n'est point à l'heure du
découragement suprême que l'espérance provoque de
pareilles suggestions. Ces témoins sont trop nombreux — toute une armée — pour s'auto suggestionner
dans le même ordre d'idée, et à la même heure ; car,
enfin, il faut, ou accepter le récit de Guillaume de Tyr
en son entier, — et l'explication naturelle ne satisfait
pas, — ou rejeter son témoignage, et il n'y a plus matière à discussion. — Si toutes les conditions subsistent,
le P. de Bonniot n'hésite pas à se prononcer pour l'authenticité divine de la vision. Ici encore nous lui
donnons facilement raison contre le Dr Surbled (2).

Le P. de Bonniot écrit : « Nous rejetterions l'hypo-
« thèse de l'hallucination comme absolument fausse,
« s'il était prouvé que le guerrier céleste s'est montré
« aux deux croisés sous un aspect identique ». Le Dr

(1) L. VIII, c. 16 et 17.
(2) *Revue du Mond. invis.*, sept. 1898.

Surbled réplique : « Mais les chefs croisés n'ont pas vu si loin, et pour cause ». Supposition toute gratuite.

Il nous semble que le premier souci de Godefroy, de Raymond, des chefs et des soldats fut de se raconter la vision, et d'en discuter les détails. Et si l'historien déclare que toute l'armée vit ce guerrier, ce *cavalier* agitant un *bouclier*, c'est que l'aspect *général* fut le même pour tous, car, à cette distance, il ne saurait être question d'autre chose.

« Cette intervention de saint Georges était désirée, pressentie », insiste le docteur. On ne voit pas pourquoi le secours divin, certainement réclamé par les croisés défaillants, se soit concrété *nécessairement* et *exactement* pour *tous* sous forme d'un saint Georges, tant patron des guerriers qu'il soit, plutôt que sous forme de défaillance, de terreur quelconque, miraculeusement envoyée aux ennemis, défenseurs de la place assiégée ; et aussi comment le mont des Oliviers ait pu être désigné par tous comme lieu de l'apparition, quand le cavalier miraculeux pouvait tout aussi bien, et mieux encore, planer au-dessus de l'armée ou dominer Jérusalem. On n'en finirait pas de soulever les difficultés, si le récit de Guillaume de Tyr est exact ; or, nous ne discutons le fait que dans cette hypothèse, *au seul point de vue des règles qui concernent le discernement des hallucinations*. Le fait nous importe peu, en lui-même, et n'a pour nous aucun intérêt rétrospectif. Mais il y a danger, croyons-nous, à laisser la critique scientifique altérer les faits par une habile dissociation des notes qui caractérisent le phénomène. Par des hypothèses assez vagues et quelques expressions scientifiques plus vagues encore, on semble peut-être échapper à un détail isolé, on n'échappe pas au faisceau des détails caractéristiques qui auront été examinés dans un coup d'œil d'ensemble, et mis à leur vraie place, dans leur relief et leur mutuel appui.

Tout autre serait le cas, s'il était démontré qu'il y eut un seul visionnaire au début et qu'une idée hallucinante, assez précise et détaillée, fut jetée à la foule des combattants, déterminant ainsi comme une *trainée* d'hallucinations particulières. Mais, encore une fois, nous devons raisonner d'après le récit de Guillaume de Tyr ; c'est ce fait *tel qu'il est présenté* que nous étudions, et non tel qu'il aurait pu être. Si le Dr Surbled veut que des détails, qui ne seraient pas venus jusqu'à nous, peuvent renfermer en germe l'explication désirée, c'est se réfugier dans un phénomène qui n'est plus l'objet du récit. Cette méthode trahirait une tendance aussi contraire à la vraie science que l'amour exagéré du merveilleux (1).

---

(1) A la lumière de ces principes, le lecteur appréciera justement la très curieuse et très rare illusion hallucinatoire que rapporte M. Georges Montorgueil :

« C'était en mai 1881, raconte M. Lestonnat, lieutenant de marine, j'étais embarqué sur le trois-mâts barque *Caroline* ; nous avions quitté Ilo-Ilo dans les Philippines, et nous faisions route vers le détroit de la Sonde. Un matin, nous filions péniblement quatre ou cinq nœuds par petite brise, bâbord amures, lorsqu'un gabier de misaine, qui visitait le gréement, me cria, des barres du petit perroquet, qu'il voyait une pirogue par tribord devant. Toute rencontre à la mer, si peu importante soit-elle, est toujours intéressante : aussi me portai-je sous le vent pour me rendre compte de la position de l'objet signalé, mais gêné par les basses voiles, je me dirigeai sur le gaillard d'avant.

Là, j'aperçus, à deux quarts par tribord, une pirogue qui paraissait vouloir nous couper la route. Tout à coup le maître d'équipage me dit : « Mais ce n'est pas une pirogue, c'est une véritable embarcation. » A ce moment, le gabier de misaine, descendu de la mâture, prétendit que d'en haut on voyait un homme debout dans l'embarcation et qu'il faisait des signaux : « Il n'y a pas besoin d'être en haut pour voir cela, reprit le maître, je le vois très bien d'ici. » En effet, après avoir observé attentivement l'embarcation, je vis distinctement — et toute la bordée de quart le vit comme moi — un homme faisant des signaux avec un objet que l'on ne pouvait reconnaître encore, mais qui devait être une gaffe, ou un aviron, au bout duquel devait être fixé un morceau d'étoffe.

Nous relevons, dans cette thèse médicale, une phrase qui appelle un commentaire; elle est relative à la vision collective dont fut victime le bataillon de *Latour d'Auvergne :*

« Le P. de Bonniot ne peut nier, écrit le D⁽ʳ⁾ Surbled, qu'il y eut là une véritable hallucination... (1). »

Ce terme d' « hallucination », employé en pareille circonstance, pourrait prêter à des explications erronées.

Il n'y avait plus doute, nous devions avoir affaire à un malheureux naufragé dont le navire s'était perdu sur des récifs, nombreux en ces parages, appelés — si ma mémoire est fidèle — les *Mille Iles.* J'allai immédiatement prévenir le capitaine, qui prit ses jumelles et me suivit sur le pont. Il reconnut, comme nous, une embarcation, *peinte en blanc,* et sur l'avant un homme vêtu d'une *vareuse bleue,* qui agitait un aviron portant à son extrémité un lambeau de prélart. « Voilà un pauvre diable qui a de la chance, dit le capitaine, car si nous avions eu plus de brise depuis hier, nous serions passés ici de nuit et nous ne l'aurions pas aperçu. » Et comme le courant entraînant l'embarcation sous le vent l'éloignait de nous, il donna l'ordre au timonier de laisser arriver et de gouverner en la laissant un peu par tribord ; de cette façon, nous devions l'accoster facilement et il était inutile de mettre la baleinière à la mer, opération toujours longue sur les voiliers.

L'homme, voyant que nous nous dirigions sur lui, avait cessé de s'agiter, il s'était assis à l'arrière, et avec son aviron, il gouvernait pour nous accoster. L'embarcation était une grande chaloupe à clains, et l'on voyait distinctement l'un de ses mâts brisé à trois ou quatre pieds au-dessus des bancs ; quand elle fut à trois cents mètres environ du bord, le capitaine, qui se tenait sur la dunette, demanda au maître si tout était paré et, sur sa réponse affirmative, il fit venir un peu sur tribord. A ce moment l'émotion était à son comble, tout l'équipage anxieux était penché sur la lisse et tout à coup — comme si nous nous réveillions au milieu d'un songe — nous heurtâmes légèrement un bloc de pierre ponce grisâtre, recouvert de quelques branches de bananiers, qui, après avoir filé doucement le long du bord devant les matelots stupéfaits, se perdit bientôt sur l'arrière, dérivant avec le courant. Les hommes furent tellement surpris que plusieurs d'entre eux ne purent s'empêcher de s'écrier : « Cependant il y avait un homme là-dessus ! »

On trouvera généralement que cette hallucination, greffée sur une illusion, est un peu trop *persistante.* A quelques mètres de distance, l'illusion redressée devait mettre fin à l'hallucination encore plus efficacement que le *choc* de la fausse embarcation.

Quoi qu'il en soit, le manque de spontanéité est ici évident. L'hallucination n'est pas *née collective.*

(1) *Revue du Monde invis.,* sept. 1898.

Où le Dr Surbled a-t-il vu que l'éminent théologien ait admis l'hallucination pour le cas présent ? — Reconnaître qu'un phénomène est *subjectif*, ce n'est pas reconnaître qu'il est *trompeur*, comme l'est toute hallucination. C'est cette confusion que nous voudrions dissiper. « Le phénomène fut subjectif », dit notre théologien ; donc il fut « hallucinatoire », conclut notre psycho-physiologiste. — Il faut dire : « Donc ce fut une *vision imaginaire*, car il y a des apparitions *imaginaires*, et l'on aura l'opinion vraie du théologien mis en cause.

C'est pour éviter cette confusion inacceptable en Mystique, que nous avons défini l'hallucination : « *L'extériorisation par les sens d'une création imaginative.* » — Or l'imagination ne peut être dite créatrice d'une image, d'un tableau imaginatif, que lorsqu'elle le prend tout entier dans son propre fonds. Si l'*agencement* des images élémentaires est fait par une cause extérieure à l'organe, si le tableau est ainsi coordonné par l'action *immédiate* d'un esprit agissant par le contact de vertu sur les cellules cérébrales, on peut encore se servir du terme d'hallucination, sans aucun doute, mais dans un sens qui exclut le trouble organique comme cause déterminante du phénomène.

Nous reconnaissons, avec saint Thomas, que l'ange et à plus forte raison le démon, n'a pas le pouvoir de susciter dans l'imagination des formes absolument inconnues des sens : il ne pourra jamais provoquer des hallucinations de paysages diversement éclairés chez un aveugle-né qui n'a pas l'idée des couleurs (1) : mais

(1) « Angelus transmutat imaginationem, non quidem imprimendo aliquam formam imaginariam *nullo modo per sensum prius acceptam* (non enim posset facere quod caecus imaginaretur colores), sed hoc facit per motum localem spirituum et humorum. » (I p. q. 111. a. 3, ad. 2.)

aussi nous savons qu'il peut agir sur l'imagination et susciter ainsi des apparitions *imaginaires*, avec ou sans extase. L'ange saint, comme le démon, a ce pouvoir, mais dans un but essentiellement différent (1). Le plus souvent, le visionnaire croit à la réalité objective, d'autant mieux que le *milieu* où se passe le fait imaginé est reproduit, sur l'imitation du réel, dans le tableau imaginatif. — Le voyant est impressionné comme dans une vision objective : « *Ita quod fit quædam apparitio, ac si tunc principium sensitivum a rebus ipsis exterioribus mutaretur* (2). »

— De ce genre, sont les visions que l'on constate dans la vie de plusieurs saints personnages. Il en est qui, pendant longtemps, virent se dérouler les scènes de la vie de Notre-Seigneur ou de la Très Sainte Vierge. — Il est clair que ces visions furent dues tout au moins à une action angélique qui formait dans l'imagination des voyants, pour un but utile à la piété, ces représentations successives, appropriées aux fêtes religieuses du temps liturgique.

Certes, le discernement de ces visions imaginaires, dues à une cause surnaturelle, est difficile entre tous : c'est ici, plus que jamais, que l'enquête du théologien, et surtout du théologien, est nécessaire : les apparences morbides de certaines voyantes, à complexion délicate, pourraient égarer le médecin trop exclusivement renfermé dans l'étude des symptômes physiologiques.

Les règles qui concernent ces visions sont les mêmes que les précédentes. — Il faut, en outre de la sainteté notoire de la personne, qu'il y ait *utilité* à ces visions : qu'il ne s'y rencontre rien de contraire à la dignité des saints personnages évoqués, au respect qui leur est dû.

1) « Ita etiam hoc potest fieri virtute angeli boni vel mali... » (I p. q. III, a. 3, c.)
(2) I p. q. III, a. 3, c.

Mais aussi, le plus souvent, des signes extérieurs devront dissiper tous les doutes.

Un exemple viendra préciser cette doctrine :

On connaît la révélation d'Anne-Catherine Emmerich touchant la Vie de l'Auguste Mère de Dieu.— La visionnaire a fait une minutieuse description de la maison et des lieux habités par la Sainte Vierge, sans avoir jamais visité le moindre coin de ces régions qui lui étaient totalement inconnues. -- Or, des recherches faites sur les indices de Catherine Emmerich ont permis de découvrir la maison de la Vierge, comme l'attestent différents récits et témoignages.

Donnons la préférence à la narration empruntée aux notes du R. P. Eschbach, supérieur du Séminaire Français, de Rome :

« A son arrivée à Smyrne, le Père s'était rendu à la résidence des Pères Lazaristes, dont le Supérieur, le R. P. Poulin, l'avait reçu avec la plus bienveillante cordialité. Dans la salle où on l'introduisit d'abord, une pancarte appendue au mur attira ses regards et excita sa curiosité : c'était un plan étrange, avec ces mots grecs pour titre « *Panaghïa Capouli.* »

Qu'est-ce que cela ? demande le P. Eschbach. — Venez, répond le R. P. Poulin ; et emmenant le Père dans sa chambre, il lui expose en détail la série des faits que nous résumons ici :

Au mois de novembre 1890, la *Vie de la Sainte Vierge*, d'après les révélations d'Anne-Catherine Emmerich, étant tombée par hasard sous la main du R. P. Poulin, celui-ci, après avoir, pendant plusieurs jours, dédaigné de l'ouvrir, finit par parcourir le volume, dans une disposition d'esprit tout opposée à la crédulité. Un passage bientôt attira son attention : celui où la voyante décrit, *dans le dernier détail,* la maison que la Sainte Vierge aurait habitée, près d'Ephèse, durant les dernières années de sa vie, et où elle serait morte.

Ephèse est à une quinzaine de lieues de Smyrne, et l'on s'y rend en chemin de fer. Pourquoi ne pas aller à l'endroit désigné avec tant de précision, pour voir s'il y a jamais eu place, en ce lieu, à une habitation telle que la décrivent ces prétendues révélations ?

On y alla, cinq ou six, le plus incrédule en tête, cherchant bien moins une confirmation du récit de la visionnaire qu'une preuve de l'inanité de ses rêves. Guidés par ses indications, nos explorateurs arrivent à une montagne située à trois heures et demie au delà d'Ephèse. Ils la parcourent en tous sens pendant plusieurs jours, la boussole à la main, et, au moment où ils pensent s'en retourner sans avoir rien constaté, ils se trouvent inopinément en face d'une maison en ruines. De pauvres femmes, travaillant dans un champ de tabac, leur apprennent que cette maison s'appelle : « *Panaghïa Capouli* », Porte de la Vierge, et que, de temps immémorial, il y a là un pèlerinage en l'honneur de Marie.

Les voyageurs jettent les yeux sur le pays d'alentour. C'est traits pour traits la topographie et le panorama décrits par Catherine Emmerich (1). On examine les ruines : elles répondent parfaitement à la description qu'en fait la voyante. Nos explorateurs en croient à peine leurs yeux. Comment expliquer cette conformité entre des ruines si singulièrement découvertes et la description dictée dans les premières années de ce siècle, par une pauvre fille ignorée de la Westphalie ?

. . . .

Depuis cette époque, les expéditions se sont renouvelées : prêtres, religieux, laïcs de toute nation et de toute condition, savants, chefs d'administration, officiers de marine, l'Archevêque de Smyrne lui-même, se sont, à diverses reprises, transportés à « *Panaghïa Capouli*. » Tous, après une étude attentive du lieu et des ruines, confrontés avec le récit de la religieuse de Dulmen, sont restés vivement impressionnés. »

_____

(1) Dans son *procès-verbal*, Mgr Timoni, archevêque de Smyrne, constate qu'à l'endroit indiqué, à trois lieues d'Ephèse, au sud, est la montagne *du sommet de laquelle on voit Ephèse d'un côté, la mer, de l'autre, et la mer plus rapprochée qu'elle ne l'est d'Ephèse* .. (p. 461, 462, 474 des *Révélations.*) — On retrouve *les rochers élevés derrière la maison, et les ruines du castel (avec sa terrasse) qui était habité par un prince ami de St Jean* (p. 461, 462). — On retrouve les traces *du cours d'eau* et du *petit bois* décrits p. 462, 466.

On comprendra sans peine la valeur de ces preuves extrinsèques quand il s'agit de contrôler l'origine surnaturelle de ces représentations imaginatives.

Nous signalerons encore la *vision symbolique*. Elle renferme un sens voilé par le signe extérieur ; c'est par là qu'elle se distingue de la vision imaginative ordinaire, dont nous venons de parler ; on l'appelle aussi *énigmatique*, précisément à cause de l'interprétation plus ou moins obscure qu'elle comporte. Ainsi Moïse vit le *buisson ardent : « Vadam et videbo visionem hanc* (1). » — Citons encore la vision d'Abraham (2), — de Jacob (3), de Jérémie (4), de Zacharie (5). Dans le Nouveau-Testament, la vision de saint Pierre (6) et de l'Apocalypse. — Saint Bonaventure nous en donne ce commentaire : « Il n'y a point, dans le ciel, de lions, d'aigles, ni aucun des animaux décrits dans la *Révélation* de saint Jean, mais des vertus célestes dont les mérites et les attributs sont symbolisés par les qualités propres à ces animaux ou aux objets qui sont la figure de ces vertus (7). »

Remarquons aussi que la vision du symbole consiste dans l'intelligence qu'on en reçoit ; autrement ce serait purement une perception de l'objet, une vision improprement dite : Pharaon *vit* le songe, et Joseph eut la véritable vision du symbole, sans avoir vu le songe.

Saint Thomas place le *songe* après la vision imagi-

(1) Exod., III, 3.
(2) Genes., XV-17.
(3) Genes., XXVIII-12.
(4) Jérém., I. 11-13.
(5) Zach., v. 2.
(6) Act. X. 11.
(7) In VII. *Proc. relig.,* c. XVIII.

naire, dont il est une forme plus imparfaite, parce qu'il est produit pendant le sommeil (1).

Le discernement des songes se fait par les règles communes tirées de la *personne,* de la *chose,* des *circonstances,* comme nous l'avons noté plus haut avec Gerson, Bona et Benoît XIV.

Les songes étant une forme de la prophétie, tireront de l'événement accompli leur valeur probante. Comment rejeter les songes de Pharaon? — Que de saintes femmes connurent en songe la future grandeur surnaturelle de leurs fils (2)!

« En cette délicate matière, il faut plus que jamais, « remarque Schram, après Bona, étudier l'état « physiologique du voyant, étant donné que les « habitudes morales en dépendent souvent. Ils « peuvent être facilement induits en erreur, ceux dont « la santé est faible, l'imagination ardente et troublée .. « Quand l'énergie vitale s'affaiblit, il peut se former « des fantômes insensés, de manière à séduire l'âme et « à lui inspirer pour ses illusions une attache égale à « celle qu'elle aurait pour de vraies révélations (3). » Il faut tenir un compte sévère de ces accidents, mais il serait téméraire de trancher toutes ces questions par

---

(1) « Quantum vero ad impressionem formarum imaginabilium ponit (Isidorus) tria: scilicet somnium quod ponit tertio loco: et *visionem,* quæ fit in vigilando respectu quorumcumque communium. » (2. 2. q. 174. a. 1 ad 3.)

(2) Thyrée veut que l'on considère, dans les songes, comme signes défavorables : 1° eorum perturbationem, 2° falsitatem, 3° levitatem, 4° malitiam, 5° superfluitatem, 6° impietatem. (Lib. III, *de Appar. imagin.).* — Benoît XIV ajoute : « Id non sufficere, sed necesse est pro re, de quâ agitur, ut res quæ in somno revelantur, tales sint quarum certa cognitio solius Dei munere hominibus contingere potest. » (Lib. III, c. 51. n. 3.) — L'idée dominante est souvent cause des songes, explique St Thomas, (2. 2. q. 95. a 6 c.). — Benoît XIV nous avertit que les songes d'ordre divin sont très rares : « Rarissima sunt somnia divina. » (Lib. III, c. 51, n. 2.)

(3) *Théol. myst.,* t. II, § 514.

la seule enquête médicale. « Dieu peut écarter des
obstacles naturels et des indispositions contraires à la
prophétie, dont les songes sont une des formes
variées (1). »

Les visions imaginaires et les songes servent à la
prophétie. — « Mais la prophétie qui fait découvrir une
« vérité surnaturelle d'après la *vision intellectuelle*,
« enseigne toujours saint Thomas, est plus noble que
« la prophétie qui manifeste une vérité surnaturelle
« par la représentation des choses corporelles, au
« moyen de la vision imaginaire (2). » — *La vision
intellectuelle* est plus élevée que les autres.

Si Dieu a le pouvoir de communiquer avec l'homme
en impressionnant les sens ou l'imagination, qui donc
lui déniera la faculté d'entrer en communication directe
avec lui ? — Dieu le fait excellemment par ces *locutions
intellectuelles, ces informations immédiates* de l'esprit
humain par l'esprit divin. — Mais ce genre de visions
intellectuelles ne peut avoir lieu que dans le cas où la
manifestation est d'ordre purement intellectuel ; si la
vérité, objet de la révélation, doit se faire par des
images corporelles, le prophète, le visionnaire ne sera
parfait que si la *vision imaginaire* se fusionne avec
la lumière intellectuelle, comme l'explique saint
Augustin (3). Ce cas excepté, la vision intellectuelle
l'emporte sur tous les autres modes de connaître le
divin. « C'est ainsi que dans l'enseignement humain,
« l'auditeur qui peut percevoir la vérité intelligible
« toute nue, présentée par le maître, fait preuve d'une
« intelligence meilleure que celui qui a besoin d'être

---

(1) « Sed talem indispositionem removet virtus divina. » (2. 2. q.
172, a. 3 ad 1 et 2.)

(2) Manifestum est quod manifestatio divinae voluntatis quae fit per
nudam contemplationem ipsius veritatis polior est quam illa quae fit
sub similitudine corporalium rerum. » (2. 2. q. 174, a. 2. c.)

(3) Cf. St Th., 22, q. 174, a. 2. c. et ad. 1.

« guidé par des exemples sensibles. Aussi, il est dit à la
« louange de la prophétie de David (II Reg. XXIII, 3) :
« *Le Fort d'Israël m'a parlé... Il brille comme la*
« *lumière de l'aurore ; il est comme le soleil du matin*
« *dans un ciel sans nuages* (1). »

Lorsque les âmes favorisées de ces *visions intellectuelles* veulent les raconter, elles manquent d'expressions. — Saint Paul ne pouvait expliquer son
ravissement. — Ainsi Dieu parlait à Moïse : « *Loque-
batur Dominus ad Moysen facie ad faciem, sicut solet
loqui homo ad amicum suum* (2) »

Dieu semble lui-même établir, au Livre des *Nombres,*
ces degrés de la vision : « S'il se trouve parmi vous un
« prophète du Seigneur, je lui *apparaîtrai en vision,*
« ou je lui parlerai en *songe*. Mais il n'en est pas ainsi
« de Moïse qui est mon serviteur très fidèle dans toute
« ma maison. Je lui parle bouche à bouche, et il voit
« le Seigneur *clairement* et non sous des énigmes et
« sous des figures (3). » Ces derniers termes excluent
la vision *symbolique* et la vision *imaginaire*.

Saint Augustin précise bien la doctrine : « On est
« quelquefois ravi hors des sens, de manière à se
« transporter dans les sphères de l'imagination. Si, de
« la même manière, on quittait ces sphères elles-mêmes
« pour être transporté dans une région de vérités
« purement intelligibles, c'est alors qu'on verrait la
« vérité clairement, autant que l'intelligence humaine
« peut voir, aidée par la grâce de Dieu qui daigne
« parler directement à l'intelligence de celui qui est
« ainsi favorisé (4). »

---

(1) St Th., 2. 2. q. 174. a. 2. c.
(2) Exod., XXXIII-11.
(3) Num., XII-6. 7. 8.
(4) L. XII, *de Gen. ad lit.* — L. VII. *Etym.*, c. VIII.

Par la bouche d'Angèle de Foligny, les grandes Mystiques disent aussi : « Parfois, l'âme obtient de voir « Dieu, et de le voir en lui-même, dépourvu d'appa- « rences corporelles. Elle le voit plus clairement que « lorsqu'un homme voit un autre homme, car les yeux « de l'âme voient la seule plénitude spirituelle dont on « ne peut parler ; on manque, pour pouvoir le faire, de « paroles et d'idées (1). »

Très certainement, l'homme *viator* ne peut voir l'essence de Dieu, mais il est admis que Moïse et Paul eurent une *vision de gloire,* — *per modum effectus trans- euntis,* — tenant le milieu entre la vision béatifique proprement dite et la vision prophétique. Ce fut une vision intellectuelle transcendante. C'est l'opinion de saint Augustin et de saint Thomas (2).

On comprendra que ces phénomènes supranaturels ne relèvent que partiellement de l'enquête psycho- physiologique. Ici encore, la *personne,* l'*objet,* les *effets,* seront les sources du jugement appréciatif. Les carac- tères propres à la sainteté — nous les étudions plus loin — fourniront principalement les éléments de cette enquête. Disons seulement que le rayonnement de l'in- telligence, et surtout de la volonté, distinguera toujours le saint, même abattu par la souffrance, du malade en état de tension physiologique.

Si l'on s'explique que Dieu, pur Esprit, apparaisse, dans la *vision intellectuelle,* à l'âme informée direc- tement par l'action divine (3), comment concevoir les

(1) *Vie,* c. XI.
(2) *1 p.* q. 12, a 3. — *De Veritate,* q. X, a. 11, c. et ad. 1 ; In 4 Dis- tinct. 49, q. 2. a. 7. — Bened. XIV, l. III, c. 50, 4, 5.
(3) Les théologiens pensent que l'apparition *intellectuelle* ne peut se faire, en certains cas, par l'entremise de l'ange, mais exige l'opé- ration immédiate de Dieu ; telles seraient les apparitions intellec-

apparitions objectives de Dieu. Car enfin, Dieu apparut, la Bible en fait foi, à nos premiers parents, à Caïn. à Moïse, à Josué, à Gédéon, aux parents de Samson.

On reconnaît, disent les théologiens, l'apparition imaginaire lorsqu'il est dit, comme au *Livre des Rois*, que Dieu parla en *songe* à tel personnage : « *Apparuit autem Dominus Salomoni per somnium nocte dicens : Postula quod vis* (1). »

Seront réputées visions *intellectuelles*, celles où il est fait mention par l'Ecriture d'une apparition et d'une locution divines précédées de ces mots: « *Hæc dicit Dominus* », et que d'autre part il n'est pas constaté que la vision s'est faite sous forme sensible, ni qu'un son de voix a été imaginé ou perçu par le sens (2).

En dehors des apparitions imaginaires ou intellectuelles, comment se sont faites les apparitions de Dieu mentionnées par la Bible ?

Ces apparitions, répondent les théologiens, furent *impersonnelles*. C'est dire que Dieu ne prenait pas, par appropriation immédiate, une forme corporelle quelconque, mais il le faisait par le ministère de l'ange qui parlait alors et agissait clairement au nom même de Dieu, si bien que l'entité angélique n'était là que purement *représentative*. Il est ainsi raconté dans la Genèse que Dieu ordonna à Abraham de lui immoler son fils. L'ordre fut donné par l'ange, car le texte sacré dit expressément: « Et voici qu'un ange de Dieu s'écria du haut du ciel: Abraham, ne touche pas à l'enfant : je sais maintenant que tu crains Dieu, et tu n'as pas épar-

tuelles où de *nouvelles espèces* sont *créées:* « Sed per angelos fieri novum usum specierum *jam habitarum.* »(Cf. Bened. XIV, lib. III, c. 50, n. 4, 9).
(1) *III Reg.*, c. III-5.
(2) Cf. Bened. XIV, l. III, c. 50, n. 3.

gné ton fils à *cause de moi.* » C'est cependant un ange qui parle, mais il parle si bien au nom même de Dieu, que sa personnalité disparaît. Et c'est parce que l'ange lui a dit : « Maintenant *je sais* que tu crains Dieu... », qu'Abraham offre un holocauste en ce lieu et l'appelle d'un nom qui signifie : *le Seigneur voit* (1).

Une question fort débattue s'offre à l'étude, comme conclusion de cette doctrine : *Les apparitions de Notre-Seigneur et de la Très Sainte Vierge sont-elles ou non personnelles ?* Concilier les auteurs sur tous les points de la question, est une tâche que nous n'entreprendrons point.

Les apparitions personnelles de Notre - Seigneur avant son Ascension ne soulèvent aucune difficulté. On peut aussi affirmer, sans crainte, qu'aucune raison sérieuse ne peut être apportée contre la *possibilité* des apparitions *personnelles*, même après l'Ascension. On reconnaît volontiers, ne fût-ce que pour saint Paul, que Jésus-Christ est personnellement apparu à son apôtre, sur le chemin de Damas.

Or, ce que Jésus-Christ a pu faire une fois, sans troubler, assurément, la vision des esprits bienheureux, il le pourra faire, quand il le jugera utile à son Eglise, sans qu'on ait le droit de s'inquiéter des difficultés, sans invoquer même le don de bilocation *corporelle,* dont saint Thomas repousse la possibilité, au nom des principes métaphysiques.

On reconnaîtra que les apparitions corporelles de la Vierge ne soulèvent pas de plus grandes difficultés.

Suarez évite de se prononcer, et trouve la chose incertaine (2).

---

(1) Gen., XXII, 12, 14.
(2) Suarez, in 3 p. *Div. Thom.*, t. 2, q. 58, a. 4.

En revanche, saint Thomas est aussi clair que précis :
« Le Christ en montant une fois au ciel a acquis pour
« lui et pour nous le droit éternel et la grâce inappré-
« ciable d'y rester toujours. Mais il ne *déroge pas* à ce
« droit, si par une dispense quelconque il *descend*
« quelquefois *corporellement* sur la terre, soit pour
« se montrer à tous les hommes, comme dans le
« jugement, soit *pour se montrer spécialement à*
« *quelqu'un*, comme à saint Paul, ainsi qu'on le rap-
« porte (Act. IX). Et dans la crainte qu'on ne croie que
« ce fait s'est passé sans que le Christ fût *corporellement*
« présent, et qu'il a seulement apparu d'une *manière*
« *quelconque*, saint Paul assure *positivement le contraire*
« quand il dit que ce fut pour confirmer la foi en sa
« résurrection, qu'il s'est montré à lui Paul qui est
« venu après tous les autres et qui n'est qu'un
« avorton (I Cor. XV, 8.). Cette vision ne prouverait
« pas la vérité de la résurrection si ce n'était pas le
« *corps véritable du Christ que l'Apôtre ait vu* (1). »

A ce texte si probant, Benoît XIV ajoute cette
réflexion, comme commentaire au passage scripturaire
où se trouve mentionnée l'ascension du Sauveur :
« Ces paroles prouvent qu'il y a un lieu spécial où
« règne le Christ d'une façon permanente, mais nulle-
« ment *qu'il y soit immobilisé* (2). »

La piété préférera toujours cette opinion consolante
qui se trouve être aussi très théologique.

* * *

Il nous est difficile de clore ce chapitre sans nous
demander quelle attitude il convient de prendre en

---

(1) III, p. q. 57, a. VI, ad. 3.
(2) *De Can. Sanct.*, l. III, c. 50, n. 4.

face des phénomènes surnaturels, énoncés jusqu'ici,
que l'Eglise a reconnus et comme sanctionnés ?

Disons avec Gerson que l'Eglise, par l'approbation
donnée aux révélations reçues par ces moyens extraordinaires, ne prétend pas déclarer que toutes ces
doctrines soient absolument vraies dans leur origine
ou leurs conclusions ; il peut, en effet, s'y glisser de
l'humain. Mais elle déclare, par son approbation, que
si elles contiennent quelques erreurs, ces erreurs ne
sont pas visibles ou nuisibles (1).

Il n'est pas concevable, cependant, que Dieu intervienne par ces coups extraordinaires sans vouloir
imposer l'ombre d'une obligation dans l'ordre de la
connaissance et de l'adhésion. — Aussi, il faut dire que
la *certitude* du phénomène surnaturel force la personne
favorisée, sous peine d'une certaine infidélité, à adhérer
fermement à cette révélation (2), par un assentiment de
foi surnaturelle (3).

L'approbation de l'Eglise n'impose pas l'assentiment
aux autres fidèles. Il leur est même permis de douter,
sans encourir la note de *témérité ;* mais à une condition,
c'est que ce doute ne soit pas né sur la racine du mépris.
Nous devons regarder ces communications surnaturelles
comme probables, tant qu'une raison suffisante ne
vient pas légitimer le rejet que nous en faisons. — Mais
ce n'est point pécher contre la foi et se montrer irres-
pectueux, que de suspendre son adhésion pour un
motif raisonnable : « *Ex quibus proinde sequitur posse*

---

(1) « Quædam solum permittuntur ut legantur, non quin sint mixtæ
falsitates, sed habent aliunde plurimas utiles doctrinas. » (*Trait. de
examinat. Doct.* P. 1, consil. 1.)

(2) Non sufficit probabilitas, sed requiritur certitudo divinæ revela-
tionis, ut quis ei fidem adhibere possit. » (Bened, XIV, l. III, c. ult.
n. 12 et 13.)

(3) « Nec si credant, talem assensum esse fidei catholicæ aut divinæ. »
(Bened. XIV, loc. cit., n. 14.)

*aliquem salvâ et integrâ fide catholicâ, assensum reve-
lationibus prædictis non præbere, et ab eis recedere,
dummodo id fiat cum debitâ modestiâ, non « sine
ratione » et citra contemptum* (1). »

Si le phénomène surnaturel se présente avec le
caractère d'utilité publique, en vue de promouvoir la
piété des fidèles, il s'offrira à la conscience avec une
autorité proportionnée aux notes extrinsèques qui
mettent le fait en lumière et l'accréditent aux yeux
des peuples. Un fait surnaturel que d'innombrables
miracles, contrôlés par la théologie et la science
humaine, viennent authentiquer, ne permet guère au
simple fidèle le rejet de l'opinion : le fidèle peut négliger ce moyen, comme n'étant pas obligatoire de droit
ecclésiastique et de précepte divin ; il peut s'abstenir
de le juger ; il ne peut, sans témérité, opposer au
sentiment général, fondé sur tant de preuves irréfra-
gables, le rejet systématique de l'opinion, *à moins
d'ignorance capable d'excuser le péché.*

On ne pécherait donc pas contre la foi, en ne croyant
pas à l'apparition de l'Immaculée à Lourdes. — On
pécherait, dans le cas supposé, par témérité : *temeritas
quippe vitium est* (2).

Ces faits surnaturels sont réputés *miraculeux.* C'est
le jugement que porte Benoît XIV de la simple apparition d'une âme bienheureuse. L'illustre théologien se
demande si un tel phénomène appartient à la classe des
miracles, et si, conséquemment, il doit en être tenu
compte dans un procès de canonisation.

Ce n'est pas sans un dessein de Dieu, écrit-il, que de
tels faits peuvent se produire en dehors du cours ordi-

---

(1) Bened. XIV, l. III, c. ult. n. 15.
(2) Cf. *Amort. reg. ex P. Castaldo*, XXVI.

naire des choses. — Cette note est caractéristique du
miracle (1).

Benoît XIV appelle encore miraculeuse l'apparition
d'un saint personnage à un autre, sans bilocation véritable, c'est-à-dire par l'entremise de l'ange.

« Je ne doute point d'un tel miracle, écrit-il, parce
« qu'un tel phénomène ne se produit pas sans l'inter-
« vention des anges qui forment ces corps aériens ; or
« ces agents surnaturels ne pourraient point agir, en
« ces occasions (2), d'une façon en quelque sorte inso-
« lite, sans une *permission spéciale* de la Providence
« divine. Cela suffit pour le miracle (3). »

L'utilité de ces signes miraculeux, dans une cause de
béatification et de canonisation, n'est pas douteuse.
« Je pourrais, dit encore Benoît XIV, en apporter des
exemples », et il cite, en particulier le cas de sainte
Thérèse. Les vertus héroïques de la vierge mirent le
sceau du divin sur ces faits extraordinaires de sa vie.

« Sans doute, une vie de saint qui se présenterait
« découronnée de ces faits de visions ou d'apparitions
« ne serait point pour cela digne de rejet, ajoute notre
« auteur, mais il n'est pas moins vrai de dire que les
« grâces divines, *gratis datæ*, mettent dans un relief
« plus grand les vertus des serviteurs de Dieu dont on
« examine la cause ; or, parmi ces grâces nous ran-

(1) « Diximus apparitionem inter miracula esse recensendam, si
anima separata appareat..... quia tales apparitiones præter cursum
rerum naturalem contingunt. » (L. IV, 1 p. c. XXXII, n. 1, 3.) ; —
Cf. St Thom., 1 p. q. 89, a. 8, ad. 2.

(2) Nous renvoyons le lecteur au chapitre des notes générales du miracle.

(3) « De miraculo non dubitarem, etiam ad prædictum effectum,
cum vera apparitio dari non possit, nisi ministerio angelorum corpus
aereum efficientium, quod sine speciali Dei providentiâ, et insolito
quodam modo, efficere non possunt ; quod ex alibi dictis satis est pro
constituendo miraculo. » (Lib. IV, c. XXXII, n. 18.)

« geons les visions et les apparitions ; pourvu toujours
« que les vertus héroïques encadrent la vie de ces saints
« personnages (1). »

Il reste acquis que les saints ont redouté pour eux-
mêmes, ont redouté pour les autres, ces faveurs extraordinaires dont le parfait et sanctifiant usage est si peu
commun. Mais ni les saints, ni l'Eglise n'ont méprisé
les dons de Dieu ; ils n'ont rejeté avec dédain que les
tromperies — certaines ou probables — du démon.

« Il n'est pas bon de désirer les visions, les révé-
« lations et les choses extrordinaires, mais il est fort
« bon d'exercer envers Dieu une si grande libéralité
« qu'elle mérite la réciproque (2). »

Il est possible, au théologien, par la sévère application des principes, de discerner les dons de Dieu, de
séparer la paille du bon grain. — Trop de crédulité
prépare les jugements imprudents. — Un scepticisme
exagéré, sous le couvert d'une science exigeante, prépare les cruelles méprises. — Elle est à méditer
l'histoire des six graves théologiens qui s'assemblèrent,
un jour, pour juger les visions d'une religieuse du
Carmel. Après mûr examen, ils opinèrent tous pour
l'exorcisme. — La visionnaire était sainte Thérèse !

---

(1) *De Can. Sanct.*, l. III, c. 52, n. 3.
« Diximus cæteras gratias gratis datas reddere *illustriores* virtutes
in iis causis in quibus gratiæ prædictæ abundant hoc ipsum dicendum
esse censemus de visionibus et apparitionibus, si illi, quibus obti-
gerunt, virtutibus heroïcis præditi fuerunt. » (*Loc. cit*, n. 12, c 52.)
(2) P. Surin, *Traité de l'Am. de Dieu.*

CHAPITRE II

ETAT PSYCHO-PHYSIOLOGIQUE. — EXTASE SURNATURELLE

La plupart des savants qui ont écrit sur l'extase l'ont fait avec un parti pris rationaliste qui n'étonnera personne. Etant donné, pensent-ils, que le surnaturel n'existe pas, tout ce qu'on dit s'y rattacher ne peut être qu'illusion ou supercherie. Et comme, d'autre part, les signes physiologiques qui se rencontrent dans ces états extraordinaires ont une certaine ressemblance avec les symptômes propres à certains états morbides, on ne pouvait manquer, dans ces milieux scientifiques, d'identifier du tout au tout ces deux ordres de phénomènes. « L'extase est une sorte de folie », c'est la conclusion obligée des Lemoine (1), des Maury (2), des Morel (3), des Lélut (4).

Brierre de Boismont distingue, avec plus de justesse, l'*extase physiologique* et l'*extase morbide;* la première serait celle des prophètes, des saints, des philosophes (5), et serait due à l'excès de l'attention.

_____

(1) *Du Sommeil*, Alb. Lemoine.
(2) Alph. Maury, *Du Sommeil et des Rêves.*
(3) *Traité des Maladies mentales.*
(4) *Le Démon de Socrate.*
(5) *Des Hallucinations*, p. 305.

Une certaine philosophie officielle, à côté de la Biologie, a voulu formuler son arrêt : Les tendances mystiques des saints du christianisme seraient toutes, paraît-il, dirigées vers l'anéantissement en Dieu, vers une sorte de nirwana bouddhique : on y arrive par le dépouillement de toute sa personnalité. Comme la vie ordinaire se compose d'actions et de pensées..., la vie extatique n'aura ni action, ni pensée ; l'absence d'activité intellectuelle accompagnera l' « immobilité » du corps. Comme le corps persiste à ne pas mourir, on le réduit au dernier état d'impuissance par les mortifications et les macérations les plus homicides ; c'est le second degré de l'extase, d'après nos philosophes. Alors on éliminera les sensations les plus pures ; les plus inoffensives sont bannies comme autant de poisons mortifères ; ce serait le troisième degré. On anéantit finalement les pensées, comme on a éliminé les sensations ; et nous voici arrivés à la *simplification* chère aux philosophes alexandrins.

Est-ce étonnant après cela qu'on définisse l'extase : *un suicide de l'âme !*...

Nous n'aurions qu'à produire les grandes âmes de nos mystiques pour réduire à néant ces assertions pseudo-scientifiques. Une âme « suicidée » l'âme d'une Thérèse, d'une Catherine de Sienne, d'un Jean de la Croix !... C'est un principe heureusement renouvelé par l'Evangile que « l'arbre se reconnaît aux fruits. »

Thérèse est, en Mystique, un astre resplendissant que Balmès oppose triomphalement aux ténèbres protestantes de ce même seizième siècle (1). Catherine de Sienne devient le conseil des grands personnages de son temps. Ces âmes « suicidées » ont tout illuminé par leur intelligence et leur volonté. Où la vie psycholo-

_____

(1) *Le Protest. compar. au Catholic.*, notes p. 369, t. I.

gique est « éteinte », même sans effort vers le nirwana, c'est assurément dans les cliniques où se convulsent les extatiques que l'on ose mettre en parallèle avec les grands saints du Christianisme.

L'extase « physiologique », l'extase des philosophes, exige une étude attentive, car il est incontestable que la nature est modifiée par certains phénomènes psychiques.

Nous ne voulons point nier qu'il y ait des phénomènes d'extases naturelles ; nous disons seulement que ces extases accusent des différences profondes avec le phénomène surnaturel, et que les théologiens n'ont point ignoré l'existence de ces analogies.

« L'extase et la catalepsie... sont des modifications névropathiques... », disent les physiologistes. Les vieux théologiens scolastiques ont décrit, tout comme nos modernes, ces états bien connus des mystiques. La science théologique s'est toujours tenue en garde contre ces similitudes trompeuses. Ceci soit dit pour rassurer nos modernes qui ne voient, au delà de ce siècle, que ténèbres et ignorance.

Saint Thomas a signalé avec exactitude l'état extatique qui serait dû à des dispositions morbides, à des causes *externes*. « L'abstraction, quel que soit son objet, peut résulter de trois causes : 1º de la cause corporelle ; c'est ce qui a lieu dans ceux qui sortent de leur état naturel par suite de quelque infirmité (1). » Les théologiens ont donc discerné cette extase morbide purement

---

(1) « Hujus modi abstractio, ad quæcumque fiat, potest ex triplici causa contingere : uno modo ex causâ corporali, sicut accidit in his qui propter aliquam infirmitatem alienationem patiuntur. » (2. 2. q. 175, a. 1, c.)

externe. — Baldellus, cité par Benoit XIV, fait la description très exacte de cet état et de ses causes.

Nous citerons de préférence ce texte de l'auteur du *Traité de la Canonisation :*

« On donne le nom d'extase naturelle à celle qui
« provient des causes naturelles, d'une maladie, par
« exemple, telle que la *catalepsie ;* ceux qui éprouvent
« ces attaques sont privés de tout sens et de tout mou-
« vement ; ils demeurent dans la position où la crise
« les a surpris, raides, immobiles, les yeux ouverts et
« fixes ; ils semblent éveillés, mais la vie des sens
« sommeille (1). » — La science moderne n'aurait pas à
retoucher cette description.

Brierre de Boismont a eu raison de relever l'erreur
de beaucoup qui ne savent pas distinguer l'extase
physiologique de l'extase cataleptique, provoquée par
les troubles circulatoires.

Confondre l'extase, en général, avec la catalepsie, est
une erreur dans laquelle ne sont pas tombés les théologiens scolastiques. Que disent nos modernes ? Ils enseignent que l'attention est « fixante », comme parle
Gratiolet, et c'est l'élément psychologique de l'attention ;
de plus, dit ce même auteur, par cela même qu'elle est
« fixante », elle n'est jamais sans quelque mélange
d'effort ; cet effort suspend pour un temps la respiration:
C'est comme une extase commencée, et si l'immobi-
lisation des sens était complète, par suite de la concentration psychique sur un sujet absorbant, ce serait
l'extase physiologique totale.

Mais il y a des degrés dans cette *attention* et cette

_____

(1) « Naturalis autem extasis est quæ a causis naturalibus causam
habet, ex. gr. ex morbo, quem medici catalepsim vocant, nam eo cor-
repti omni sensu et motu destituuntur, ac in eo situ quo deprehensi
fuerunt, rigidi et immobiles manent, apertis et immotis oculis, vigi-
lantis figuram retinentes, licet omnis sensuum functio sopita sit. »
(Bened. XIV, l. III, c. 49, n. 3.)

absorption. — Portée à un haut degré elle peut enlever, pour un temps, le sentiment des choses extérieures, bien plus, le sentiment même de la douleur. — M. Taine en donne un exemple : « Au bombardement de Saint-Jean d'Ulloa, une volée de boulets mexicains arrive dans la batterie d'un navire français ; un matelot crie : « Rien, tout va bien. » Une seconde après, il s'affaisse évanoui : un boulet lui a fracassé le bras ; dans le premier moment, il n'avait rien senti (1). » — D'un ordre psychique plus élevé est l'absorption de saint Thomas expliquant le dogme de la Sainte Trinité ; on raconte qu'il ne sentait pas le flambeau consumé qui lui brûlait les chairs. — On rapporte encore qu'absorbé par un raisonnement, dont il poursuivait les conséquences, il resta immobile, au milieu des convives assis à ses côtés, à la table de la reine ; puis il s'écria : « Concluons contre les Manichéens (2). » — Socrate, Archimède, et plusieurs autres, auraient connu ces extases psycho-physiologiques.

Saint Thomas pouvait donc dire, après expérience : « Quand on réfléchit fortement à une chose, on fait abstraction des autres (3). »

Benoît XIV, après avoir signalé l'extase cataleptique, est donc bien inspiré en ajoutant : « *Ex vehementi quoque imaginatione ecstasis naturalis causari potest, et quo intensior imaginatio est eo major spirituum copia cerebrum obsidet* (4). »

La psychologie de l'extase est difficile à pénétrer, et les mystiques de l'*école descriptive* ne sont pas sans

---

(1) *De l'Intelligence,* t. I, p. 100.
(2) Bened. XIV, l. III, c. 49, n. 3.
(3) « Intensa autem meditatio unius abstrahit ab aliis. » (I. 2, q. 28. a. 3, c.)
(4) Lib. III, c. 49, n. 3, *De Can. Sanct.*

exprimer les choses un peu autrement que les théologiens de l'*école spéculative* (1).

Puisque nous avons la bonne fortune de rencontrer
parmi ces *descriptifs*, qui ont écrit d'après leur expérience, une sainte Thérèse, nous pourrons, sans
craindre, l'entendre *préciser* cet état si mystérieux de
l'extase. « Sa très savante ignorance, dit saint François
« de Sales, fait paraître très ignorante la science de
« plusieurs gens de lettres qui, après un grand tracas
« d'études se voient honteux de n'entendre pas ce
« qu'elle écrit si heureusement de la pratique du saint
« amour (2). » — « L'autobiographie de sainte Thérèse,
« dit de son côté M. Ribot, peut nous inspirer toute
« confiance (3). »

Le propre de l'extase physiologique, de l'extase des
philosophes, comme l'appelle M. Brierre de Boismont,
est d'amener l'esprit à contempler une idée « fixante ».
si bien que progressivement, par une attention
persistante, l'absorption de l'esprit se consomme
jusqu'à faire oublier le reste; « *abstrahit ab aliis* »,
remarque saint Thomas. Considérée dans ces cas, nous
admettrons le commencement de la théorie développée
par M. Henri Joly, dans son livre de l'*Imagination*,·
héorie qui n'est vraie complétement ni en physiologie,
ni en mystique.

Parlant de l'extase en général, cet auteur écrit:

---

(1) A propos d'un traité sur l'*Oraison*, dû au cardinal de Lauria, et
qui vient d'être réédité, le R. P. Augustin Poulain remarque très
justement que le cardinal ne fait pas loi au point de vue de la classification des phénomènes mystiques proprement dits ; l'auteur s'est
contenté de reproduire les opinions antérieures, sur un sujet qu'il
déclare être pour lui *terra ignota*. Il aurait donc pu se mettre fran-
chement à l'école de sainte Thérèse. (Cf. *Études*, n° du 20 avril 189.)
(2) *Traité de l'Am. de D.* — Préface.
(3) *Psych. de l'Attention*, ch. III, p. 143.

« Entre un somnambule et un extatique, la différence
n'est pas très grande (1). » — Il ne distingue pas assez
entre l'extase morbide, provoquée par la mise en
action d'une cause plus physique que psychique, et celle
que détermine l'idée fixante comme cause *première* et
déterminante du phénomène qui a sa répercussion dans
l'organisme. Aussi, avec les aliénistes, il voit dans
l'extase un phénomène presque toujours préparé par
deux causes opérant inégalement : l'une physique,
l'autre plus intellectuelle. « Mais peut-être est-il plus
« juste de dire qu'il y a dans la préparation de l'extase
« coopération intime du corps avec l'esprit (2). » — En
conséquence, M. Joly est amené à conclure que
l'extase du bouddhiste, de l'omphalo-psychique du
mont Athos, et celle que nous défendons ici, ne
diffèrent pas de nature. — Toute extase confine à la
catalepsie, car « il est rare que l'extatique n'arrive pas
jusqu'à cet état. » Avec le Dr Delasiauve, il ramène
tout à cette variété d'états nerveux : l'extase simple,
l'extase cataleptique, phase presque infaillible de
l'extase simple, et la catalepsie (3). — La conséquence
est grave ; aussi, après avoir constaté que le procédé
des omphalo-psychiques est impraticable pour le
commun des mortels, il écrit, d'un trait, cette page
désolante :

« Mais les personnages dont nous parlons (omphalo-
« psychiques) sont, dans leur vie quotidienne elle-
« même, des contemplateurs. Quelque chose les soutient
« puissamment dans les différentes phases préliminaires,
« c'est une idée fixe depuis longtemps implantée dans
« leur esprit, et l'attente d'un plaisir qui doit les relever

---

(1) *L'Imagination*, p. 64.
(2) Loc. cit., p. 65.
(3) Loc. cit., p. 68-69.

« bien au-dessus de leur condition terrestre (1). A la
« contemplation *fixe et prolongée* d'un *seul* et *même*
« *objet* vient s'ajouter la contemplation *fixe et prolongée*
« d'une *seule* et *même idée.* Le plus souvent, ces deux
« circonstances sont réunies, mais elles concourent
« inégalement à la production du phénomène. — *Les*
« *extatiques peuvent donc nous apparaître comme des*
« *fanatiques et des malades ou comme des héros et des*
« *saints, suivant que c'est la première et la seconde de*
« *ces deux causes qui prédomine.* suivant aussi que la
« seconde, c'est-à-dire l'idée, a ou n'a pas en elle-même
« de quoi charmer et émouvoir le cœur, tout en
« respectant les exigences de la raison. — Quoi qu'il
« en soit, l'extase constitue évidemment un trouble
« marqué du système nerveux. Aussi beaucoup d'alié-
« nistes voient-ils en elle une phases de la catalepsie (2). »

Nous avons tenu à donner en entier cette page, sans
aucune interruption, pour montrer le danger qu'il y a,
pour un catholique, à dédaigner la psycho-physiologie
traditionnelle de l'Eglise, et à pénétrer, sans préparation théologique, dans cette sphère des connaissances
mystiques où l'erreur et la confusion sont si communes
qu'après tant de *Traités* mystiques, anciens et modernes,
un religieux a pu très justement et très utilement
appeler une réforme, et publier les *Desiderata de la
Mystique* (3).

M. Henri Joly, qui a écrit de si belles pages dans sa
Psychologie des Saints, se ressaisit bien imparfaitement
dans cette note : « Des lecteurs allégueront que l'extase

---

(1) Les omphalo-psychiques recommandent : « Cherche dans les entrailles la place du cœur..... D'abord tu y trouveras des ténèbres
épaisses et difficiles à dissiper : mais si tu persévères dans cette pratique nuit et jour, tu trouveras, merveille surprenante, une joie sans
interruption. » (Fleury, *Hist. ecclés.* l. XCX. ch. IX.)

(2) *L'Imagination,* p. 67-68.

(3) *Études,* 20 mars 1898, R. P. Poulain.

« (il s'agit de sainte Catherine de Sienne) a pu ou a dû
« être le résultat d'une action surnaturelle et d'un
« miracle. Ce n'est pas ici le lieu de discuter cette
« opinion... Dieu a pu agir sur ses saints par la maladie
« en la tournant à des fins surnaturelles et en la laissant
« toutefois se développer d'après des lois naturelles (1). »

Eh bien ! non, l'extase surnaturelle, le phénomène
mystique, n'est pas une crise pathologique, avec prédominance ou non de l'idée, utilisée par l'action divine.
— Saint Thomas, absorbé par l'idée d'un mystère
chrétien, au point de ne pas sentir la flamme qui le
brûlait, bien que l'idée eût « de quoi charmer et émouvoir le cœur, tout en respectant les droits de la raison, »
n'était pas en *extase surnaturelle,* comme le remarque
Benoît XIV (2). — C'est là l'extase naturelle des philosophes, que reconnaissent certains physiologistes,
c'est même parfois l'extase de certains *méditatifs*
quand ils arrivent, par leur industrie privée et l'effort,
à se captiver dans le sujet religieux qu'ils s'imposent à
l'imagination et à l'esprit. — Ce genre d'extase, sans
doute, n'arrive pas aux *imparfaits,* aux âmes peu
surnaturelles, et, sous ce rapport, le phénomène prouve
indirectement l'état d'une âme avancée dans les voies
de la sainteté ; mais des dispositions naturelles peuvent
amener ces états : « *Cum aliquando accidere possit,
adeo vehementem esse contemplationem, ut « naturalem
extasim » quis in contemplatione patiatur* (3). »

En réalité, aucun des effets mystiques confinant à
l'extase proprement dite, et supérieure à l'oraison ordinaire, ne peut être le produit de notre industrie. — Dans
tous les états où l'on commence à sentir d'une manière
réelle, mais mystérieuse, la présence sensible de Dieu.

---

(1) *L'Imagination,* p. 71, en note.
(2) *De Can. Sanct ,* l. III, c. 49, n. 3.
(3) *De Can. Sanct.,* l. III, c. 49, n. 15.

se développe comme une sorte de *toucher interne*, sorte de sensation spirituelle qui rend la divinité présente à l'âme. Ces phénomènes sont surnaturels, et il est impossible à l'homme, par sa seule volonté, même pendant un temps très court, même à un degré très faible de se les procurer ; ils sont *infus ;* ils ne se confondent point avec la ferveur très vraie que procure la prière ou la communion (1).

Sans nul doute, l'extase surnaturelle ainsi comprise peut survenir à la fin d'une contemplation, mais elle n'en est pas le fruit direct (2). La grandeur de l'amour, l'intensité de la joie et de l'admiration peuvent précéder l'extase et la provoquer, mais en ce sens que Dieu, élevant ces sentiments à une vertu transcendante, s'en sert comme d'instrument pour atteindre ce résultat (3), qui n'est pas dû à la vertu propre de la contemplation.

Sainte Thérèse est précise sur ce point d'une prétendue coopération de l'âme à l'action divine ; elle la nie en toute assurance ; elle a la certitude de l'évidence « qu'elle n'a donné *aucun concours* à une faveur si

---

(1) C'est dans un sens très large du mot *extase*, en tant qu'il signifie une sortie *hors* de son état ordinaire, *exitum a statu*, que St Thomas se demande si l'amour peut produire l'extase comme un effet propre. Aussi il appelle encore extase l'état de celui qui sort de son état pour tomber au-dessous de lui-même, comme dans la folie. « *Secundum vim apprehensivam dicitur aliquis extra se poni quando ponitur extra cognitionem sibi propriam... vel quia ad superiorem sublimatur... vel quia ad inferiorem deprimitur, cum quis in furiam vel amentiam cadit.* »(I. 2, q. 28, a. 3, c.)

(2) C'est de cette extase naturelle provenant d'une contemplation que parle le cardinal de Lauria : mais l'extase surnaturelle n'est pas de droit unie à la contemplation, bien que cette contemplation puisse exiger une grâce spéciale. Cf. *De Can. Sanct.*, l. III, c. 49, n. 14.

(3) *Extasis divina ex triplici capite provenire potest : ab admiratione videlicet, magnitudine amoris et magnitudine exultationis.* — De sorte que chacun de ces éléments... *ultra humanum modum* crescens, animam a pristino statu resolvat et in superna attollat. » (Bened. XIV, l. III, c. 49, n. 8.)

excessive et si grandiose, et qu'elle n'a rien pu faire, ni pour l'attirer, ni pour la retenir (1). »

Une des règles, du reste, qui font rejeter l'extase, d'après Benoît XIV, c'est de pouvoir la produire à volonté ; personne, non plus, ne reçoit la faveur des extases « *per modum habitus* (2). »

L'extase peut survenir à la fin d'une contemplation, mais le plus souvent elle survient brusquement, tout à coup, sans aucun signe précurseur ; et ce n'est pas là la moindre note qui différencie l'extase divine de celles que M. Henri Joly attribue faussement aux saints comme aux contemplatifs hindous. « Il est plus difficile à l'homme d'entrer volontairement en extase, dit sainte Thérèse, qu'à un crapaud de voler (3). »

L'extase divine est tellement involontaire, de sa nature, tellement indépendante de dispositions, même cachées — comme on en reconnaît dans l'extase morbide (4) — qu'elle survient parfois au moment où l'on y pense le moins, constate sainte Thérèse (5). — Parfois, la sainte voulait résister à ce mouvement, quand il se produisait en public, mais c'était en vain. « Dieu enlève notre âme comme un géant enlèverait une paille (6). »

Le plus souvent, c'est pendant un acte religieux, ou intéressant la piété, qu'il survient. — Sainte Thérèse

---

(1) *Vie*, ch. XIX.

(2) Il importe de ne pas confondre un état extatique presque habituel, comme Maria de Moerl en offre un exemple (si les vertus héroïques viennent à être constatées officiellement), avec un état extatique par *manière d'habitude ;* on ne peut acquérir aucune disposition naturelle à entrer dans un *état mystique proprement dit.*

(3) *Vie*, ch. XXII.

(4) « J'ai dit et je répète que pour être provoqué, le somnambulisme doit être chez le sujet, déjà malade, à l'état de prédisposition imminente. » (Dr Cerise. Cf. M. H. Joly, *Imagin.*, 4, 51.)

(5) *Vie*, ch. XXVIII et XXXVIII.

(6) *Vie*, ch. XXII.

eut sa première extase pendant la récitation du *Veni Creator* (1). — Marie-Madeleine de Pazzi entre un jour en extase pendant qu'elle divise une relique de saint Louis de Gonzague. « C'est pendant une prière, au cours d'un sermon, au moment de la communion, au souvenir du Paradis évoqué dans la mémoire, à la seule audition du nom adorable de Dieu, que l'extatique est saisi par le phénomène divin (2). »

C'est encore une des règles qui permettent de discerner l'extase divine de ses contrefaçons.

L'extase exquise, celle que peut produire l'idée fixante, se forme graduellement. « Parmi les états « morbides, dit Maury, se trouve une certaine extase, « — du reste peu profonde — qui, amenée par la « *concentration* de l'esprit jointe à l'anémie, cause des « défaillances, un arrêt de la sensibilité extérieure, « et une *exaltation mentale* (3). »

Cette extase ne survient que *progressivement*, à mesure que l'esprit s'enfonce dans le sujet absorbant et que l'épuisement du corps se produit. Elle est rarement complète, disent les spécialistes, et des secousses suffisent pour en précipiter la fin. Elle laisse de vives fatigues, un grand épuisement, un souvenir nul ou de vagues réminiscences de rêves. A noter aussi que l'amélioration morale ou spirituelle ne se fait pas sentir plus longtemps que l'illusion.

Quand l'aliénation extatique est naturelle, elle produit la faiblesse persistante, le dégoût de la vertu et la tiédeur (4).

---

(1) *Vie*, ch. XXIV.
(2) « Itemque extaticus ut plurimum in oratione positus, vel inter audiendum sacrum, vel post susceptam eucharistiam rapitur, aut mente excedit dum sermones audit de Deo vel paradiso. » (*De Can. Sanct.*, l. III, c. 49, n. 7).
(3) *Le Sommeil et les Rêves*, ch. X, p. 282.
(4) Joseph Lopez Ezquerra, *Lucern. myst.*, tr. 5, n. 190.

« L'extase, dit sainte Thérèse, n'est pas comme un
« évanouissement dans lequel on est privé de toute
« connaissance tant intérieure qu'extérieure. Ce que
« j'ai remarqué en cette sorte de ravissement, c'est que
« l'âme n'a jamais *plus de lumière* qu'alors pour
« comprendre les choses de Dieu (1). »

C'est donc une extase *féconde;* l'autre n'est qu'une
exaltation dangereuse, quand il y a aliénation
complète.

Sainte Thérèse pose en règle que le « changement
d'âme » est la marque de la véritable extase. — « Je
« sais très bien, et j'ai vu par expérience, qu'un ravis-
« sement d'une heure, d'une durée même plus courte,
« suffit, quand il vient de Dieu, pour donner à l'âme un
« souverain domaine sur les créatures (2). » — « Dès ce
moment, loin de trouver le moindre danger dans les
occasions qui me nuisaient auparavant, j'y rencontrais
un véritable profit. » — « Dieu se plaît, en peu de temps,
et sans *aucun effort* de notre part, à exercer son action
souveraine. Il détache sans retour l'âme de cette terre
et lui en donne l'empire (3). » — Les souffrances
héroïquement supportées, aussi bien que les plus
douloureuses contradictions, viennent prouver, sans
erreur possible, cette transformation surnaturelle.

L'extase acquise, d'origine intellectuelle, se différencie non moins essentiellement du *ravissement,*
si l'on veut s'en tenir à la définition exacte de ce dernier état. — « Le ravissement, explique saint Thomas,
ajoute quelque chose à l'extase, car l'extase implique

---

(1) *Château intérieur*, Vᵉ demeure, chap. IV. — « Dieu me faisait
entendre des choses que je n'aurais jamais pu m'imaginer. » *Vie*,
ch. XXII.
(2) *Vie*, ch. XX.
(3) *Vie*, chap. XXI.

simplement le transport hors de soi (1). » — « Le
« ravissement implique une certaine violence, continue
« le saint docteur; on appelle violent ce qui a son
« principe au dehors, en sorte que celui qui est l'objet
« de l'action n'y contribue en rien, comme on le voit
« (Eth. lib. III, c. 2). Or, chaque être contribue à l'acte
« vers lequel il tend par son action propre, volontaire-
« ment ou naturellement. C'est pourquoi il faut que
« celui qui est ravi par une cause extérieure le soit
« vers un objet différent du terme où son inclination
« le porte (2). »

Nous voici loin de l'extase produite par l'idée,
puisqu'ici l'idée est opposée à la tendance imprimée
par l'action surnaturelle. — Or, on retrouvera cette
violence d'en haut dans ces extases ou ravissements que
les mystiques sentent non seulement involontaires, —
nous l'avons déjà constaté, — mais imposés par une
douce et forte violence. Sainte Thérèse a la sensation
« qu'un aigle divin la saisit, l'enlève (3), » et l'emporte
où elle ne s'attend pas d'aller, où elle ne va pas sans
une passagère impression d'effroi et conséquemment
de résistance :

« Comme vous ne savez où vous allez, la faible nature
« éprouve à ce mouvement, si délicieux d'ailleurs, je
« ne sais quel effroi dans les commencements.

« Très souvent, en particulier, mais surtout quand
« j'étais en public, j'ai essayé de toutes mes forces de

---

(1) « Raptus addit aliquid supra extasim. Nam extasis, importat
simpliciter excessum a seipso. » (2. 2, q. 175, a. 2, ad 1.)

(2) Raptus violentiam quamdam importat, ut dictum est ; « violentum igitur dicitur cujus principium est extra, nil conferente eo quod
vim patitur, » ut dicitur (*Ethic.* lib. III, c. 1, a princ.) Confert autem unum quodque ad id in quod tendit secundum propriam inclina-
tionem vel voluntariam vel naturalem. Et ideo oportet quod ille qui
rapitur ab aliquo exteriori, rapiatur in aliquid quod est diversum ab
eo in quod ejus inclinatio tendit. » (2. 2, q. 175, a. 1, c.)

(3) *Vie*, ch. XX.

« résister. Parfois, je pouvais opposer quelque résis-
« tance ; comme c'était en quelque sorte lutter contre
« un fort géant, je demeurais brisée et accablée
« de lassitude. D'autres fois, tous mes efforts étaient
« vains ; mon âme était enlevée, ma tête suivait presque
« toujours ce mouvement sans que je puisse la retenir,
« et quelquefois tout mon corps était enlevé de telle
« sorte qu'il ne touchait plus à terre (1). »

Le *trouble intérieur*, allant parfois jusqu'à l'exacer-
bation ou se résolvant dans l'inquiétude et l'anxiété de
la conscience, la *crainte* et la *frayeur persistantes*, sont
encore les signes de l'extase inférieure (2). Hâtons-nous
d'ajouter que le premier instant de l'invasion du divin,
surtout dans le ravissement, peut susciter un effroi pas-
sager, comme nous l'avoue sainte Thérèse ; elle attribue
cela « à la faible nature », et à la « nouveauté » du phénomène... Cette frayeur momentanée se dissipe vite,
comme il arrive dans les apparitions d'ordre divin, et
ce qui reste, c'est « une suavité et un plaisir inexpri-
mables (3) ». Cette crainte est *légère*, peu *durable*, et
fait place à la *paix*, à la *joie* spirituelle (4).

Une extase qui survient et disparaît à volonté ne
peut qu'être l'exploitation d'une disposition morbide,
ou même un effet provoqué par l'évocation d'un agent
ténébreux (5). Pignatelli remarque qu'une extase qui
cesse à volonté, comme elle a commencé, ou qu'une intervention extérieure, un simple commandement peut

---

(1) *Vie*, chap. XX.
(2) « ... Et si ecstaticus post ecstasim *turbatus* permaneat... » (*De Can. Sanct.*, l. III, c. 49, n. 6.)
(3) *Vie*, ch. XX et XVIII.
(4) « Eadem tamen turbatio nec vehemens est, et ecstatici in delec-tatione quiescunt. » (Bened. XIV, l. cit. n. 6.)
(5) « Signum quoque diabolicæ ecstasis erit, si ecstaticus rapiatur aut alienetur quoties vult : nemini enim datur ecstasis per modum habi-tus. » (Bened. XIV, l. cit. n. 6.)

dissiper, serait justement entachée de diabolisme (1) ; on exceptera le cas où l'ordre émanerait d'un supérieur, invoquant la vertu d'obéissance ; ce dernier trait se changerait plutôt en une note favorable au jugement d'approbation (2).

Un exemple assez curieux de cette note défavorable nous est fourni par saint Augustin :

« Il y avait dans l'église de Calama un prêtre nommé « Restitutus. Ce prêtre avait la faculté de suspendre « ses sens à son gré. Quand les curieux le priaient de « leur donner ce spectacle étrange, l'imitation d'un « homme qui pleure suffisait pour le renverser à terre, « où il était semblable à un mort, de telle sorte qu'il ne « sentait ni tiraillement, ni piqûres et qu'on appliquait « le feu à ses membres sans lui faire éprouver de dou- « leur, si ce n'est celle de la blessure quand il était « revenu à lui. Et ce n'était point là le résultat d'un « effort : il n'apercevait pas ce qui se passait en ses « membres, et la preuve, c'est qu'il n'y avait pas plus « de souffle en lui qu'en un cadavre. Il disait cependant, « après l'accès, qu'il entendait la voix humaine, si l'on « parlait distinctement, mais c'était comme de loin. »

Il y a là, sans doute, un simple cas morbide ; on pourrait cependant discuter sur ce mélange de crise léthargique et cataleptique, et sur cette facilité d'entrer en crise et d'en sortir.

Rappelons, avec A. Maury, qu'il est facile de faire revenir à lui le patient, par une excitation extérieure, dans l'extase physiologique déterminée par l'idée, et nous aurons suffisamment mis en garde contre un

---

(1) « Si ab extasi pro arbitrio suo cessat, vel ad certam vocem revo- catur ad sensus, nisi forte vox esset superioris ex obedientiâ vo- cantis. » (Consult. 151, n. 76.)

(2) Un exemple frappant nous en est offert dans la vie de Maria de Moerl. Cf. *Les stigmatisées du Tyrol*, p. 56 et suiv. (Edit. Waille, 1845).

jugement prématuré de ces cas plus rares qu'obscurs d'où le préternaturel est complètement banni.

Les circonstances du phénomène pourront aussi modifier l'appréciation, car il serait téméraire, parfois, de ne s'attacher qu'aux apparences morbides, si certains indices d'ordre différent sollicitent l'attention du théologien.

Il faut retenir, déjà, avec sainte Thérèse, que l'extase divine est *involontaire* dans son principe et sa fin, tout en restant parfaitement *consciente* (1).

La perte du *souvenir*, l'état d'*inconscience,* au réveil de l'extase, est une note défavorable ; elle prouve le cas morbide. L'offuscation des facultés supérieures, l'oubli de ce qui s'est passé, sont autant de signes du phénomène naturel, comme le prouve longuement Zacchias (2).
— L'oubli des paroles prononcées pendant l'extase, insiste Benoît XIV, l'impuissance à les répéter, après le retour à l'état naturel, légitiment la même conclusion (3).

Marie-Madeleine de Pazzi avait une mémoire parfaite des paroles qu'elle prononçait pendant le ravissement. — Un jour qu'elle touchait les reliques de saint Louis de Gonzague, avons-nous dit, elle fut saisie par l'extase ; élevée de terre, elle se mit à raconter, avec une éloquence qui surprit les assistants, le degré de gloire qui était le partage du saint dans la patrie céleste. — On prit note de ses paroles, et on les lui

---

(1) Cf. les articles du Goix, *Annal. de philos. chrét.*, nos de mai, juin, 1886.

(2) *Quæst. medico-legal.*, l. 4, t. 1, q. 6. « Mentis et intellectus offucatio, rerum praeteritarum oblivio... signa haec erunt ecstasis naturalis. »

(3) *De Can. Sanct.*, lib. III, c. 49, n. 6.

présenta quand elle fut revenue à elle ; elle avoua en pleurant le secret qui lui avait été révélé (1).

Sainte Thérèse avait l'extase *consciente*, comme elle en témoigne : « Le sentiment ne se perd pas ; pour moi, du moins, je le conservais de telle sorte que je pouvais voir que j'étais élevée de terre (2). » — Ce qui n'empêche pas que la ligature des sens est complète ; l'âme est tout entière à Dieu. « Quand toutes les puis-
« sances, dit-elle, sont ainsi pleinement unies à Dieu,
« l'âme ne pourrait, quand même elle le voudrait,
« s'occuper d'autre chose, et si elle en était capable,
« cette union complète n'existerait pas (3). »

Mais elle a conscience de voir par ses facultés : « A
« peine arrivée à l'église, j'entrai dans un grand ravis-
« sement. Le ciel s'ouvrit à mes yeux ; j'aperçus un
« trône où, sans rien voir, et par une connaissance
« qui ne se peut exprimer (4), je compris que résidait
« la Divinité... J'assistai à la messe et je *communiai*.
« Tout ce temps me parut très court, et je fus extrè-
« mement surprise de voir, quand l'horloge sonna, que
« j'avais été deux heures dans ce ravissement et dans
« cette gloire (5). »

La mémoire de ce qui s'est passé dans l'extase est une note plus nécessaire que cette conscience concomi-tante des détails qui ont trait à l'extase ; pour tout le reste « on a fermé la porte aux sens afin que l'âme pût jouir plus parfaitement de son Dieu (6). » C'est un signe

---

(1) « Protulit verba per intervallum, quae supremum gloriae gradum Aloysio datum in coelo amplissime patefecerunt. » (Bened. XIV, l. III, c. 49, n. 11).
(2) *Vie*, ch. XX.
(3) *Vie*, ch. XVIII.
(4) Nous avons parlé plus haut de ces *visions intellectuelles*, ch. I, in fin. II° part.
(5) *Vie*, ch. XXXIX.
(6) *Vie*, ch. XIX.

que l'on ne retrouve certainement pas dans l'extase morbide quelle qu'elle soit.

Sainte Thérèse a pour premier soin, dès que l'intensité du phénomène divin commence à décroître, à cet instant qu'elle appelle la *seconde période*, de chercher à comprendre ce qui vient de lui être révélé. A ce moment, sans être encore revenue à elle, elle constate que l'imagination, la mémoire et l'entendement ont repris en partie leur activité naturelle, et elle en profite pour s'occuper de ce qui s'est passé dans l'extase complète. — Aussi le souvenir est fidèle ; il revient sans secousse ; par une transition graduellement préparée, l'extatique sort du phénomène en pleine possession de ses moyens.

Du reste, il faut noter, également à l'avantage des extatiques divines, ce que remarque excellemment le Dr Goix au sujet de la sainte :

« Quant à l'inertie des sens externes et internes, « quant à la suspension des mouvements volontaires, « ce sont des phénomènes plus apparents que réels. « Aucune faculté de sainte Thérèse n'est véritablement « paralysée pendant l'extase. Absorbée par la pré- « sence de Dieu, sainte Thérèse ne sent plus, ne « connaît plus, n'aime plus que Dieu. Toute occupation « étrangère lui devient impossible (1). » — L'inertie, la mort apparente que l'on constate chez quelques extatiques pendant l'extase, n'empêchent pas cette conclusion générale ; ces impuissances extérieures tiennent à des causes que nous signalerons plus loin.

On se gardera bien de se laisser impressionner par la difficulté qu'auront parfois les extatiques de redire ce qu'ils ont vu et entendu par les facultés supérieures de l'âme. Quand Dieu parle, dans une vision intellectuelle, remarque Benoît XIV, le souvenir des visions et

_____

(1) *Annales de philos. chr.*, juin 1896.

révélations reste parfaitement net et précis dans la mémoire, et cependant l'extatique revenu à lui ne sait comment raconter sa vision (1).

Sainte Thérèse nous avertit que dans ces cas l'âme ne peut redire ce qu'elle a vu. — Elle mentionne même une certaine confusion qui ne consiste pas dans l'obscurité de la chose révélée, mais plutôt dans l'*abondance des matières* et l'*embarras* de les exprimer en un langage accessible aux autres hommes :

« L'âme ne peut redire et ne se rappelle que confu-
« sément ce qu'elle a entrevu ; comme si quelqu'un
« entrait dans une chambre royale, *pleine d'objets d'art*
« admirablement ordonnés, les *voyait d'un seul coup*
« et ne pouvait en retenir qu'une idée générale (2). »

L'âme revenue à elle ne s'imagine que péniblement ce qu'elle a vu dans la vision intellectuelle. — Saint Paul a très nettement décrit cet état, et il ne dit pas seulement qu'il a entendu des secrets *qu'il n'est pas permis à l'homme de dévoiler* (3), mais qu'il a entendu des *paroles ineffables : ineffabilia verba.*

On comprend que ce que l'âme contemple dans cette vision du *troisième ciel*, ou vision intellectuelle, comme l'interprète saint Augustin (4), soit aussi difficile à traduire dans le langage imagé. Ce genre de vision, que connurent saint Paul et Moïse (5), se passe nécessai-

---

(1) « Si vero ea revelet per *visionem intellectualem*, ea quidem remanent in mente impressa, ut in oblivione cadere non possint, et exstaticus, ad se rediens, *ea referre nescit*. » L. III, c. 49, n. 11-13.

(2) *Château de l'âme*, 6ᵉ dem., chap. IV. « Elle se souvient bien qu'elle a vu ces merveilles. Elle ne saurait néanmoins rien dire de particulier sur chacune d'elles. » Ste Thérèse se sert de cette comparaison parce que cette impression fut éprouvée par elle en traversant les appartements de la duchesse d'Albe, où des glaces et des miroirs lui révélèrent des splendeurs qu'elle ne pouvait pas détailler comme elle les avait vues et admirées. (*Chât. de l'âme*, 6ᵉ dem., ch. IV.)

(3) II ad Cor., XIII.

(4) Sup. Gen. ad. litt. lib. XII, c. 28. — Cf. st Th., 2. 2. q. 175. a. 3. ad 1.

(5) 2. 2. q. 175. a. 3. ad 1.

rement *au-dessus de la sphère des images*. — Revenue à elle-même, l'âme ne peut y songer qu'en essayant de se faire une représentation imagée de ce qu'elle a entrevu à la lumière de gloire, non par habitude immanente (1), — ce qui est le propre des seuls bienheureux, — mais par acte transitoire. Saint Paul doit, en conséquence, emprunter aux espèces créées pour se former le *souvenir exprimable* de sa vision. « Saint Paul, ou tout autre, « peut, après avoir vu Dieu dans son essence, former « en lui une image des choses qu'il y a vues. Ces images « resteront en lui-même après qu'il aura cessé de voir « Dieu. Cependant, la vue qu'il en conservera, au « moyen des images qu'il aura pu s'en former lui-même, « n'est plus la même que celle qu'il en pouvait avoir « lorsqu'il les voyait immédiatement en Dieu (2). »

Mais dans quelle impuissance forcée se trouvent les facultés intellectuelles et sensibles pour ce langage ineffable ! Quel désarroi de l'âme dans ce retour vers les ombres !

Quand on demandait à Bernadette si l'Immaculée était belle, elle répondait par un geste admiratif. — Si on la mettait en demeure de choisir parmi les personnes présentes des types de visage qui pussent approcher de l'idéal entrevu, elle souriait de compassion, et affirmait que rien n'approchait de sa vision.

Ainsi, et plus encore, l'imagination tombe en faiblesse dans la contemplation du divin.

.·.

Comment en serait-il autrement, puisque la nature fragile vibre si péniblement sous l'influence divine.

_____

(1) 2 2, q. 175, a. 3, ad 2.
(2) I p. q. 12, a. 9, ad. 2.

Les *troubles physiologiques* qui accompagnent l'extase, même divine, sollicitent un instant notre attention.

Les effets physiologiques des passions de crainte, de tristesse, de désir, ne sont pas les mêmes chez tous ; voilà un point bien établi. Une forte secousse morale ou physique peut donner lieu à des troubles divers. Le cas de Livingstone est connu : L'intrépide chasseur venait de blesser un lion qui se précipita sur lui sans lui laisser le temps de recharger son fusil. « Rugissant « à mon oreille d'une façon horrible, raconte-t-il, il « m'agita vivement, comme un basset fait d'un rat ; « cette secousse me plongea dans la stupeur que la « souris paraît ressentir après avoir été secouée par un « chat, sorte d'engourdissement où l'on n'éprouve ni le « sentiment d'effroi, ni celui de la douleur, bien qu'on « ait parfaitement conscience de tout ce qui arrive... »
Là joie faillit tuer Jacob à la nouvelle que Joseph était vivant ; il éprouva comme les atteintes d'une crise de léthargie : « *Quo audito Jacob, quasi de gravi somno evigilans* (1). » L'admiration jette la reine de Saba dans une crise d'extase physiologique. « *Non erat præ stupore ultra in eâ spiritus* (2). » La frayeur que lui inspira la colère de David jeta Nabal dans l'état cataleptique : « *Emortuum est cor ejus intrinsecus, et factus est quasi lapis* (3). » — Sénèque a noté de son côté la puissance que la musique exerce sur certains tempéraments (4).
Lorsque l'influence divine vient chercher l'âme, elle la trouve à l'état de partie informante du corps, mêlée à la vie matérielle par les puissances sensibles qui ont en

(1) Genes., XLV, 26.
(2) II Paralip., IX-4.
(3) I. Reg., XXV-37.
(4) Lib. III, de Irâ, c. 9.

elle leur racine et s'exercent par les organes corporels.

Le composé humain est comme un seul édifice à plusieurs étages; ce qui se passe à l'un, a son retentissement dans l'autre; et le retentissement dans la nature inférieure s'exprime différemment, suivant le tempérament. L'influence divine s'adapte à la nature organique du sujet, sans la modifier miraculeusement, et le miracle n'est produit que dans les facultés influencées (en dehors de certains effets concomitants, dont nous aurons à préciser la valeur en traitant de la *Lévitation* et des *Auréoles*); elle se proportionne à l'être, comme l'eau à la forme du vase qui la contient. Comme les puissances sensitives de l'âme sont limitées, le poids de gloire qui survient les accable d'une part, pendant que de l'autre l'indisposition organique achève de les rendre plus impropres à ces états. Avec plus d'étendue dans les puissances de l'âme, plus de vigueur dans le corps, les opérations externes, tout en restant liées par le ravissement, accuseront moins de symptômes morbides. Bien plus, les symptômes physiologiques de caractère morbide, chez une même extatique, pourront à la longue se modifier en s'atténuant quand l'indisposition est d'ordre spirituel. « Les directeurs spirituels, « écrit Joseph Esquerra, doivent être sur leur garde, « car l'évanouissement peut être extatique... Il peut « se faire que l'âme, encore imparfaite, élevée subi- « tement à des splendeurs divines, se trouve sous le « coup d'une émotion profonde qui la domine, la trouble « et amène une défaillance corporelle. » On reconnaît son origine surnaturelle aux *progrès* spirituels qui doivent suivre, à la ferveur que cet état inspire : l'évanouissement naturel ne produit que le *dégoût*, la *tiédeur*, le *désir* du repos (1).

_____

(1) *Lucern. mys.*, t. 5, n. 190.

En résumé, il existe des symptômes physiologiques de l'extase, aussi variés que les tempéraments. — Christine de Stombèle ne donnait plus aucun signe de vie, elle ne respirait plus, et son corps était raide comme celui d'une morte ; mais des signes surnaturels accompagnaient parfois son extase. — Béatrix de Nazareth restait au chœur, penchée sur sa stalle, comme une personne endormie. — Saint Thomas de Villeneuve demeurait debout, semblable à une statue de marbre, les yeux levés au ciel. — Saint Joseph de Cupertino poussait un cri, tombait à genoux, les bras étendus en croix ; aucun souffle ne sortait plus de sa bouche. — Benoît XIV signale tous ces symptômes, d'après les anciens théologiens (1). — N'oublions pas de dire que, pendant l'extase, les pieds et les mains de sainte Catherine de Sienne se contractaient d'une manière convulsive ; ses doigts s'entrelaçaient et serraient avec tant de force les objets qu'elle tenait à ces moments, qu'on les aurait plutôt brisés que de leur faire lâcher prise. C'est bien le signe décrit en note : *accedere omnium membrorum rigorem et frigus.*

Il ne faut donc pas trop s'arrêter à ces signes extérieurs, dans l'examen d'une cause ; il est naturel, cependant, que la présence de ces symptômes éveille, à première vue, les soupçons des hommes de l'art ; leur absence, au contraire, n'est pas sans profiter aux notes favorables de l'enquête.

Si de tels symptômes physiologiques ne doivent pas impressionner le théologien, lorsque les autres marques de l'influence divine s'imposent pas ailleurs, du moins

---

(1) « Calorem deficere, intercipi respirationem, nec minimum halitum, sive motum percipi, accedere omnium membrorum rigorem, et frigus, pallorem in vultu, et omnia mortui vel morientis symptomata. » — (*De Can. Sanct.*, l. III, c. 19, n. 8.)

il faut ranger impitoyablement parmi les indices d'une crise naturelle ou d'une influence mauvaise, suivant les cas, les mouvements désordonnés et les poses inconvenantes. « Une telle extase, nous dit Cajetan, « qui se produirait avec de pareilles marques de « désordre et d'inconvenance, ne pourrait venir de « l'Esprit-Saint... Si l'exatique se dénude pendant « l'accès, ou simplement si elle essaye de le faire sans « avoir pu y parvenir... ; en un mot, si le moindre acte « contraire à la décence (1) est surpris dans les poses « de l'extatique, le phénomène n'est pas d'ordre « divin (2). »

Benoît XIV confirme ces données et déclare que les mouvements désordonnés prouvent l'absence de l'influence divine. — Toutefois le prudent théologien a soin de mettre en garde contre l'exagération et la fausse interprétation de ces règles (3). — « Tout mouvement *insolite*, remarque-t-il, n'est pas pour cela un mouvement désordonné. Richard de Saint-Victor (4) compare l'extatique, que transporte l'enthousiasme des mouvements intérieurs, au poisson qui se joue dans les eaux : *pisci in aquis ludenti, et supra aquas exilienti :* — Saint Philippe de Néri était saisi d'une telle agitation,

---

(1) Comme le remarque Reguera (*Théol. myst.*, t. II. p. 669), ce fut l'erreur des *Béguards* et des *Illuminés*, d'avoir cru que pendant le moment même de l'extase le corps pouvait être le siège de mouvements impurs. — Ce n'est point pendant l'extase, mais après, que saint Paul ressentait les révoltes de la chair.

(2) Talis alienatio a sensibus non fit... cùm aliquâ inordinatione honestatis et moris... Similiter, si cum denudatione pudendarum partium fiat ex parte personæ alienatæ.... etiam si nudatio non esset nata sequi. Si interveniat aliquid indecens secundum motus intrinsecos vel extrinsecos, sive indecentia naturæ, sive indecentia moris. » (Cajet., in 2. 2. *Dir. Th.* q. 173. a. 3).

(3) « Caute hæc autem sunt intelligenda, ita ut non quilibet *insolitus* motus corporis tanquam inordinatus et indecens habendus sit. » (L. III, c. 49, n. 10).

(4) *De Contempl.*, lib. V, a. 14.

en disant la messe, que les gradins de l'autel en tremblaient. A l'offertoire, il exultait d'une telle joie intérieure qu'il semblait comme saisi d'une attaque de paralysie ; il était obligé d'appuyer son bras sur l'autel pour verser l'eau et le vin dans le calice. Lorsqu'il élevait l'hostie, après la consécration, ses bras restaient dans la même position pendant quelque temps, sans qu'il pût les ramener promptement vers l'autel. Après la consécration, son exultation redoublait, au point que se tenant sur la pointe des pieds, il semblait esquisser un mouvement de danse (1).

Ce sont là, évidemment, des signes insolites, mais qui n'ont rien de repoussant et de désordonné.

Demandons aux spécialistes le récit d'une crise hystérique modérée, suivie d'extase ;

Voici une description que nous a laissée le Dr Landouzy :

« Mlle C..., âgée de quinze ans, devint sujette à des tressaillements qui se manifestaient seulement quand elle entendait sonner la cloche de la pension. Elle levait légèrement les épaules et poussait un petit cri aigu. En quelques semaines, ce symptôme acquit une telle intensité que ce cri dégénéra en *clameurs bruyantes* et prolongées, en hurlements retentissants, qu'on eût pris de loin pour les aboiements d'un chien, et que provoquaient, non pas seulement la cloche du pensionnat, mais le moindre bruit inattendu et la moindre sensation un peu brusque de plaisir ou de peine. Ces cris, toujours accompagnés du

_____

(1) « Adeo aliquando corpore agitabatur ut suppedaneum altaris tremeret... Dum initium dabat offertorio missae, tali gaudio exultabat ut quasi paralyticus videretur, et aquam in vino, in calice, miscere non posset nisi brachium ad altare admoveret... In elevatione sacrae hostiae, brachia elata remanebant extensa, ita ut per aliquod temporis spatium ad se retrahere non posset... Post consecrationem, adeo spiritu exultabat, ut extremae digitorum pedum parti inixus choreas ducere videretur. » (*De Can. Sanct.*, l. III, c. 49, n. 10).

soulèvement des épaules, duraient quelquefois plusieurs jours sans discontinuer, s'affaiblissant seulement par intervalles pour éclater avec plus de violence quelques minutes après, et finissant par amener une tuméfaction livide de la face, une abondante transpiration, et une *prostration suivie d'assoupissement*..... » — « Les cris devinrent plus variés, représentant successivement ceux qui'expriment la surprise, la terreur, le désespoir ; puis se rapprochant du cri des animaux, et tous entremêlés de mots articulés, dont les uns ne présentaient aucun sens, et dont les autres étaient des expressions de douleur et d'angoisse. »

Ce même Landouzy nous trace la symptomatologie suivante de la crise générale :

« Les premiers symptômes qui se manifestent prennent leur point de départ de l'épigastre ou de l'hypogastre, sous forme d'une impression souvent sourde et obscure, rarement aiguë et manifeste. Tantôt c'est un frémissement, une chaleur vive ou un froid glacial qui s'irradient du bas-ventre ou de l'épigastre au cou, tantôt la sensation d'une boule qui, s'étendant des mêmes parties et suivant le même trajet, détermine, lorsqu'elle est parvenue à la gorge, une constriction ou suffocation telle que la malade craint de mourir étranglée ou suffoquée. — En même temps surviennent des bouffées de chaleur au visage, une douleur de tête fixe et comme térébrante (clou hystérique), des tintements d'oreilles, des palpitations, des crampes, des borborygmes, des coliques plus ou moins violentes, quelquefois des vomissements, des éternûments, des pleurs..... Dans cette forme non convulsive peuvent survenir des cris, la perte complète ou incomplète des sens, le somnambulisme, les idées délirantes..... Dans la forme convulsive, les spasmes peuvent se montrer presque immédiatement, ou graduellement, après que les autres symptômes sont parvenus à un plus haut degré..... Si les spasmes surviennent immédiatement, la malade tombe à terre ; et cette chute est précédée ou accompagnée par un cri, la face et le cou se tuméfient, les veines jugulaires se dessinent sous la peau, les traits du visage sont contractés de mille

manières ; la suffocation et l'étranglement paraissent immi-
nents ; les yeux, les membres et le tronc sont agités par les
mouvements les plus violents..... Quelquefois ces convulsions
revêtent les caractères du tétanos et participent à toutes ses
variétés ; d'autres fois on remarque une immobilité cataleptique
générale, ou des phénomènes de catalepsie dans un seul membre,
les autres parties du corps continuant à se convulser. — Tantôt
se mordant et se frappant elle-même, tantôt frappant et repoussant les personnes qui veulent la contenir, la malade se
porte constamment les mains soit à la poitrine, comme pour
indiquer un point douloureux, soit au cou, comme pour arracher
l'obstacle qui l'étrangle. *Outre les morsures des bras et des mains,
on en voit survenir encore de très profondes aux lèvres et à la
langue, sous l'influence des convulsions maxillaires. C'est surtout
dans ces accès convulsifs portés à un haut degré que se remarquent
le rire et les pleurs, les cris les plus bizarres, les paroles les plus
insensées*..... »

« Réduite, au contraire, à son minimum d'intensité, la forme
non convulsive consiste uniquement dans un simple paroxysme
très long ou très court, constitué par *la seule sensation plus ou
moins pénible de la boule hystérique, avec bouffées de chaleur,
palpitations, pleurs, anéantissements* (1). »

Tous ces accidents violents à *contractions effroyables,
paroles délirantes, mouvements désordonnés*, sont le
propre de l'extase morbide, ou de l'extase diabolique,.
suivant les indices qui se rencontrent par ailleurs. —
L'extase hystérique ne survient que dans la période
aiguë, et, quand elle survient, les symptômes caractéristiques de l'hystérie l'accompagnent toujours.

Sans doute, c'est avec promptitude que le malade
revient de l'attaque hystérique à son état naturel :
le naturel de la physionomie, la sûreté des sens
renaissent assez rapidement. Mais la santé générale

---

(1) Landouzy, *Traité complet de l'Hystérie*, p. 27-28.

reste troublée ; ce sont des souffrances de la tête aux
pieds : la tête est brûlante, les yeux sont douloureux,
les dents agacées, les *idées confuses, agitées*. « L'état
de santé habituelle se rétablit peu à peu dans l'espace
de quelques heures si l'attaque a été légère, et de
plusieurs jours si elle a été violente. »

La théologie mystique rejette de l'extase divine tous
ces signes morbides, de *nature violente*, comme étant
les marques d'une crise passagère et non d'une influence
supérieure dans un corps fragile (1).

On admet, cependant, une sorte d'anéantissement
extatique en certains cas de visions terrifiantes ou
sublimes, comme en eurent plusieurs prophètes. Sans
éprouver ce *frisson de fantôme*, dont parlent les
occultistes, l'extatique est parfois saisi par la stupeur
et l'admiration. « J'ai vu une vision sublime, rapporte
Daniel, et je suis resté anéanti et sans forces (2). » Cette
défaillance est due à la grandeur du phénomène : elle
atteint le corps, non les *facultés supérieures*.

Le propre de l'extase divine, même de celle qui
immobilise le plus les sens, est d'être bienfaisante à
l'extatique de faible complexion naturelle ; et ce n'est
pas là un des moindres signes de l'absence totale de la
cause morbide. — On ne remarque pas aussitôt après
l'extase, la faiblesse et l'épuisement naturels à
l'extatique : mais plus souvent il sort de l'extase plus
vigoureux et plus dispos qu'avant d'y entrer (3). —
L'étude de la *cause* de béatification de Nicolas Factor
mit cette vérité en lumière.

Si une extatique avait dû souffrir de ces états mysti-

---

(1) Bened. XIV. l. III. c. 49. n. 8.
(2) « Vidi visionem *grandem*, et non remansit in me fortitudo, et
emarcui, et non habui quidquid virium. » Dan., X.
(3) *Quæstion. medico-leg.*, l. IV, tit. 1, n 32.

ques, sainte Thérèse eût été celle-là. — On sait que la réformatrice du Carmel fut, pendant un temps, cruellement éprouvée par la maladie ; elle a fait elle-même une description très détaillée de son mal, et c'est à l'aide de ces détails minutieux que plusieurs ont voulu témérairement prouver qu'elle était hystérique avérée.

— La science médicale a réformé ce jugement, et défini la nature de cette crise qui, du reste, fut isolée ; elle y relève tous les effets de l'intoxication paludéenne (1). Mettons de côté cette hystérie, vraiment extraordinaire, qui aurait manifesté tous les symptômes physiologiques du mal sans révéler un *seul* des symptômes intellectuels et moraux (2).

Il suffit de constater que les extases de sainte Thérèse n'ont aucun des caractères connus de l'accès hystérique·

— Tout le monde en convient pour ce qui est des facultés supérieures.

A la rigueur, la sainte aurait pu ressentir quelque chose de l'invasion du divin dans cette fragile enveloppe de la chair. Pourvu que l'âme rayonne dans ses facultés et se porte avec ardeur vers les sommets, il serait bien téméraire d'attacher une importance excessive à un épuisement momentané et modéré du corps. — Mais cette défaillance n'a même pas lieu dans cette femme de complexion délicate ; on n'y rencontre même pas les symptômes physiologiques, très passagers, que présentent plusieurs extatiques :

« Les contentements spirituels étant quelquefois « excités en partie par nos passions, produisent en nous « un certain trouble ; ils font pousser des soupirs et des « sanglots ; ils vont même, *ainsi que me l'ont assuré*

---

(1) Cf. Dr Goix, *Annal. de philos. chrét.* Juin 1895.
(2) « Elle diffère beaucoup des femmes qui ont souffert de cette maladie par ses qualités intellectuelles et morales. » *Revue des quest. scientifiques*, XIV, p. 82.

« *plusieurs personnes*, jusqu'à *resserrer* la poitrine,
« jusqu'à causer des mouvements extérieurs dont on
« ne peut se défendre, jusqu'à faire couler le sang par
« les narines et autres choses semblables fort pénibles.
« *N'ayant rien éprouvé de tel, je n'en saurais rien*
« *dire* (1). » — Bien plus, comme Nicolas Factor, elle
se repose dans l'extase : « Je ne me souviens pas d'avoir
« eu une telle faveur, *même au plus fort de mes mala-*
« *dies, sans en éprouver un mieux sensible* (2). » — Or,
l'accès hystérique, avons-nous remarqué avec les
spécialistes, laisse, même à l'état faible, et surtout à
l'état fort, que réclame l'extase hystérique, des douleurs
persistantes et un épuisement physique qui durent des
heures et des jours.

Les vomissements sanguins (3), de caractère violent,
les paroles insensées (4), les contractions exagérées du
visage ne se rencontrent point dans les *vrais* états
mystiques.

Dans l'extase complète, celui que le ravissement a mis
en présence du divin ne peut s'empêcher de proférer
des paroles admiratives dont il ne se rend pas toujours
un compte exact, et qui échappent de son âme agitée
par le transport ; cet enthousiasme revêt bien des
formes, mais toujours paroles et gestes sont inspirés par
la piété, et ne révèlent aucun désordre physiologique,
intellectuel ou moral (5).

---

(1) *Le Château de l'Ame.* IVᵉ demeure, ch. II.

(2) *Vie*, ch. XVIII.

(3) Nous réservons le cas des blessures mystiques, comme nous l'expliquerons au chapitre de la stigmatisation, dans un corollaire.

(4) « Coelesti quadam lætitia perfusus, hilaritatem in facie... os-
tendit .. » (Lib. III, c. 49, n. 7.) — « Quoties in ecstasi ille homo ra-
piebatur... non sereno vultu aut hilari fronte, ut alii, sed aliquibus
signis extraordinariis, et per os sanguinem spuendo, quæ non sunt
vestigia illorum qui a Deo rapiuntur. » (Loc. cit., n. 6.)

(5) « Gravina dicit... inter ecstaticos nonnullos dici jubilatorios esse,
nonnullos eructores : jubilatorios esse qui in ecstasi et raptu saliunt;

Non seulement des signes d'impiété trahiraient, en certains cas, — nous'les reconnaîtrons au chapitre suivant — l'origine diabolique, ou naturelle de l'extase, mais l'absence des vertus surnaturelles, et en particulier de l'humilité, suffirait seule pour faire rejeter ces prétendus favorisés du ciel... « L'extatique ne recherche jamais la foule des admirateurs ; revenu à lui, il demeure confus de la faveur divine, par un vrai sentiment d'humilité. *Ad se reversus, in conversatione humilis et quasi pudore confusus apparet...* (1). »

En résumé, il n'est pas vrai que les symptômes physiologiques qui accompagnent l'extase naturelle ou morbide soient les mêmes que les accidents physiologiques de l'extase divine ; ils se distinguent par leur intensité, et cela sans qu'il soit nécessaire d'expliquer cette différence par l'influence naturelle de la piété sur les maladies nerveuses, influence que nous ne prétendons pas sans vertu sur le tempérament, loin de là.

Dans l'extase, c'est l'influence supérieure agissante qui dirige et compose ce qui pourrait survenir de défectueux dans l'état nerveux et automatique du sujet. La variété des tempéraments est une raison suffisante de la variété des symptômes accusés par l'état nerveux, au moment du phénomène surnaturel, mais le tempérament n'est pour rien dans l'invasion du phénomène. C'est là une vérité importante qu'il faut maintenir contre l'interprétation trop large de l'état mystique. Autrement, il faudrait admettre que l'extase est un état mystique qu'on peut acquérir par l'effort, doctrine que

eruptores, qui in verba erumpunt. » Saint Joseph de Cupertino jetait un cri d'allégresse en s'élevant. Une condition est nécessaire : Si verba sanctitatem redolеant, si clamores et ejulatus horrorem non inducant. » (Lib. III, c. 49, n. 11.)
(1) Bened. XIV (l. III, a. 49, n. 6, 7.)

les principes plus nets et plus précis qu'autrefois, où la langue mystique était assez vague et indéterminée, ne permettent plus de tolérer. L'extase *proprement dite*, strictement *mystique*, ne peut s'acquérir ; c'est le don de Dieu.

Nous ne pouvons, en conséquence, souscrire complétement à la dernière partie de ce commentaire :

« La forme dernière des phénomènes extérieurs de « l'extase a pour condition immédiate l'organisme et les « dispositions actuelles. Les cris, les marques de fai- « blesse, les symptômes morbides, les tremblements, « l'immobilité, la rigidité, l'abaissement de tempé- « rature ne peuvent être, à la rigueur, que les mani- « festations de la complexion de l'extatique. Voilà « *pourquoi* le docteur Michéa a pu compter, parmi les « extatiques, *dix fois plus de femmes que d'hommes* (1). »

Cette dernière phrase porte tout au moins à la confusion. On serait en droit d'en conclure que le tempérament féminin est souvent une disposition naturelle à l'extase. Eh bien ! non, l'extase n'est appelée par la disposition naturelle de personne ; s'il en était autrement, l'état *mystique* proprement dit, dans le *sens strict* où le prend la théologie, serait soumis à notre industrie propre ; ce qu'aucun théologien ne peut admettre. Oui, sans doute, l'extase une fois survenue, certains symptômes physiologiques se retrouveront plus spécialement chez les femmes extatiques que chez les hommes, provoqués par le tempérament plus nerveux et plus vibrant de la femme : mais ces dispositions n'appellent pas le phénomène, ne le déterminent pas naturellement, fût-ce chez la plus contemplative d'entre elles. Nous avons déjà appris de sainte Thérèse, et de saint Pierre d'Al-

---

(1) *Le Miracle et les sciences médic.*, p. 198.

cantara, que les dispositions de la femme sont d'ordre plus relevé, et tiennent à sa piété et à sa simplicité dans la foi ; c'est aussi la raison qu'apporte saint Thomas, et il n'en donne pas d'autre (1).

Que les physiologistes ne s'y trompent point : le tempérament ne prépare pas à *ressentir la présence de Dieu*, comme elle est expérimentée dans l'état mystique ; mais il *dispose* à la fausse extase, à l'extase naturelle que sainte Thérèse a si merveilleusement décrite :

« Je veux donner avis d'un péril dont j'ai déjà parlé
« ailleurs, dans lequel j'ai vu tomber quelques personnes
« d'oraison, et particulièrement des femmes, que la
« *fragilité de notre sexe en rend plus capables*. Il arrive
« à quelques-unes, qui sont déjà par leur naturel de
« faible complexion, et qui font de grandes pénitences,
« de grandes veilles et de longues oraisons, de ressentir
« quelque contentement intérieur, auquel se joint
« quelque défaillance extérieure dont la nature se
« trouve abattue et comme accablée, et d'entrer ainsi
« dans ce sommeil qu'elles nomment spirituel et qui
« va encore au delà de ce que j'ai dit ; elles s'imaginent
« que ce n'est qu'une même chose et se laissent comme
« enivrer de ces pensées ; alors cette sorte d'ivresse
« s'augmente encore ; parce que la nature s'affaiblit de
« plus en plus, elles le prennent pour un ravissement,
« et lui donnent ce nom, quoique ce ne soit *autre chose*
« *qu'un temps purement perdu et la ruine de leur*
« *santé*. Je sais une personne à qui il arrivait de
« demeurer huit heures en cet état, sans perdre le
« sentiment et sans en avoir aucun de Dieu. Son con-
« fesseur et d'autres y étaient trompés, et elle-même
« l'était. Mais une autre personne, intelligente en
« semblables choses, l'ayant su, on l'obligea par son

(1) Cf. 2. 2. q. 82.

« avis à cesser de pratiquer ces pénitences indiscrètes,
« et à *dormir* et à *manger* davantage, et ensuite cela
« se passa (1). »

M. Pierre Janet n'eût pas mieux fait : « Souvent,
grâce au repos, à une meilleure alimentation, à plus de
sommeil, le malade va mieux (2). »

Enfin, et surtout, c'est par la vigueur de l'intelligence
et de la volonté, en vue du maintien et de l'accroisse-
ment dans la vertu, que l'âme favorisée de Dieu se
révèle à tous les yeux. — « L'hystérie, dit le Dr Goix,
« est une névrose qui frappe à la fois le physique et le
« moral du patient ; elle s'accompagne d'un état psy-
« chique particulier que tous les auteurs signalent et
« décrivent avec force détails ; et cet état est si
« *constant qu'il entre dans la définition même de*
« *l'hystérie* (3). » — Le caractère principal de l'hystérie
est un amoindrissement des phénomènes psychologiques. Les hystériques sont indifférents à tout ce qui
ne se rattache pas à un petit nombre d'idées fixes. Sur ce
point déterminé, ils éprouvent des émotions dispropor-
tionnées avec la valeur de l'incitation, mais cette
émotivité est restreinte, quant à son objet.

L'hystérique, deprimé dans son intelligence, l'est
encore plus dans sa volonté. Cette vérité est tellement
admise par tous, que ceux-là mêmes qui ont voulu
accréditer la légende d'une sainte Thérèse hystérique
ont été obligés de dire : « Thérèse souffrait d'une hystérie organique ; elle n'était nullement atteinte d'hystérie intellectuelle (4). » Malade, épuisée, elle résiste

(1) *Œuvres de sainte Thérèse*, III, 402. 403.
(2) *État mental des hystériques*.
(3) Cf. H. Joly, *Psychol. des Saints*, p. 169.
(4) *Revue des Quest. scientif.*, XIV, p. 82.

au mal avec un courage indomptable : sa volonté triomphe. « En quelque état que l'on soit, on peut servir Dieu », voilà sa devise. Elle se fait violence, et déclare s'en trouver bien. « Nous voici loin, dit très bien « M. Henri Joly, de l'hystérique qui pourrait manger, « marcher, soulever un poids, et qui croit en être in- « capable. Si la sainte n'écoutait que la nature, elle res- « terait immobile, anéantie par les secousses nerveuses « qui l'ébranlent, clouée par les infirmités ou par la « fièvre, arrêtée par des dégoûts violents, perdue dans « les explications désespérées et inutiles qu'une imagi- « nation vagabonde essayerait de lui donner. Mais non ! « elle veut agir... et elle *impose* à la nature souffrante « toute la *quantité* et surtout toute la *qualité* d'action « que réclame le devoir (1). »

L'hystérie a pour effet une désagrégation de toutes les facultés. L'extase divine n'implique nullement un manque d'harmonie entre les diverses facultés ; elle ne suppose aucunement la paralysie des unes et la surac- tivité des autres. L'extase exprime et manifeste, au contraire, la *synergie* (2), l'union dans l'action de toutes les puissances. Pendant l'extase, la volonté est abîmée en Dieu ; tous les sens sont tellement occupés par la jouissance que nul d'entre eux ne peut, ni à l'intérieur, ni à l'extérieur, s'occuper d'autre chose.

Après l'extase, c'est toujours la volonté qui maintient les facultés dans le devoir, et leur garde en Dieu un asile fixe. « Comme elle demeure dans le calme, elle les ramène et les oblige à se recueillir... L'entendement et la mémoire, après avoir goûté de ce vin céleste, le trouvent si délicieux que ces facultés s'en enivrent et se perdent heureusement pour se réunir avec la

_____

(1) *Psych. des Saints*, II. Joly, p. 121.
(2) Dr Goix, loc. cit. Juin 1896.

volonté dans la jouissance d'un si grand bonheur (1). »

Sainte Thérèse triomphe de la crise, loin d'être mo difiée par elle dans son état mental (2). — C'est l'état d'âme de toutes les grandes mystiques.

.·.

Si nous cherchons, pour clore ce chapitre, quelle est la valeur théologique de ce merveilleux état de l'extase, nous constaterons que la Curie romaine se tient dans une extrême prudence à l'endroit de ce phénomène surnaturel. Cette sévérité ne tiendrait-elle pas à ce que les théologiens ne semblent pas s'entendre sur la définition du phénomène mystique ? On serait tenté de le croire en étudiant de près la dissertation de Benoît XIV. Plusieurs semblent croire que l'extase peut être le fruit d'une contemplation élevée, et que l'âme entre ainsi dans le phénomène aidée par la grâce surnaturelle accordée à l'esprit d'oraison. On comprend alors que l'extase, où la nature aurait une telle part, ne puisse être aucunement classée parmi les miracles. De fait, après avoir cité le texte du cardinal de Lauria, déclarant que l'extase isolée, et que n'accompagne aucun autre signe surnaturel, n'est pas classée parmi les miracles spéciaux, Benoît XIV ajoute ces mots qui portent à réfléchir : « L'auteur précité nous donne cette « règle après avoir dit que la contemplation peut être « parfois si véhémente, qu'une extase naturelle peut « s'ensuivre (3). »

---

(1) *Vie.*, ch. XVIII.

(2) Cf. Henri Joly, *Psych. des Saints.* 122-123.

(3) « Hæc prædictus auctor tradit, postquam docuit contemplationi acquisitæ non esse conjunctam ecstasim aut raptum, cum aliquando accidere possit, adeo vehementem esse contemplationem, ut *naturalem* ecstasim quis in contemplatione patiatur (*De Can. Sanct.*, 1. III, c. 49, n. 15). — Rappelons au lecteur que le cardinal ne définit pas ici l'extase *mystique.*

Le cardinal de Lauria peut diminuer la valeur miraculeuse de cette extase-là, sans porter atteinte à la véritable extase. La véritable extase, état mystique, est irréductible à u... ~ort de la nature ; elle est donc de sa nature un mira·· ·

Aussi Benoît XIV, ‹ aitant de l'extase *proprement dite*, l'appelle *divine, surnaturelle*, et il ajoute : « *El* « *quamvis ecstases a Deo immissæ « immediate » (absque* « *prævià applicatione et vehementi hominis attentione),* « *miraculosæ* » *dici possint*... (1). » Mais comme la valeur de ce phénomène se tire, comme signe principal, de la *personne* et des fruits de sainteté qu'elle produit, on comprend que l'extase ne soit pas un argument direct de la sainteté ; le miracle lui-même ne l'est pas, à plus forte raison un phénomène intérieur qui n'est pas un fait extrinsèque, comme le miracle. Mais l'extase divine n'est pas moins d'ordre miraculeux.

La chose est d'autant plus évidente que « les visions et apparitions dont Dieu favorise ses serviteurs leur sont accordées le plus souvent pendant l'extase ou le ravissement (2). » Or, nous avons vu que la vision ou l'apparition sont des phénomènes miraculeux. Parlant de l'extase proprement dite, après avoir défini la simple extase de contemplation, saint Thomas utilise la division de saint Augustin, et discerne l'extase qui élève à la vision imaginaire, et celle qui conduit à la vision intellectuelle. Cette dernière serait double : tantôt elle se ferait par des émissions intelligibles qui font participer l'esprit au mode de connaissance angélique ; tantôt par l'essence divine, comme l'apôtre saint Paul

---

(1) *De Can. Sanct.*, l. III, c. 49, n. 14.
(2) « Quando visiones et apparitiones a Deo suis servis indulgentur, ut plurimum eis indulgentur in ecstasi et raptu constitutis. » (Bened. XIV, l. III, c. 49, n. 1).

en reçut la faveur (1). De telles extases sont inséparables de la vision.

Sainte Thérèse dit expressément de la seconde période de l'extase : « C'est seulement dans cette seconde « période que l'âme entend les paroles divines et « reçoit les visions (2). » Elle affirme même que l'âme qui aurait une extase sans de tels effets d'illuminations et de révélations, serait victime d'un faux ravissement. « Je suis persuadée que si l'âme, dans les ravissements « qu'elle croit avoir, n'entend point de ces *secrets du* « *ciel*, ce ne sont point de vrais ravissements (3). »

Comment ces états, et surtout l'extase avec vision intellectuelle, ne seraient-ils pas miraculeux ? Suarez s'en rendait un compte parfait, quand il disait de cette extase : « Je suis persuadé que cette grâce est très « rarement accordée, elle ne l'est que par privilége « singulier ou en vue de quelque grande utilité pu- « blique ; car Dieu dispose toutes choses avec suavité, « et ne fait pas de *tels miracles* sans grande raison. »

Comme le remarque encore Suarez, la grandeur du miracle, dans ces sortes de *visions intellectuelles*, qui se rencontrent dans l'extase, vient de ce que l'intellect n'élabore plus son acte avec la coopération de l'image. « Il n'y a point de contradiction à admettre « que l'âme soit élevée, dès cette vie, à ce genre de « contemplation où elle considère l'intelligible sans « le concours d'aucun sens. Le concours de l'imagi- « nation n'est pas d'une nécessité tellement essentielle « et intrinsèque à l'opération de l'intellect qu'il soit « au-dessus de la puissance divine de l'empêcher, et de « donner a l'intellect humain la force d'opérer, le sens « soit interne, soit externe restant inactif. » Nous

---

(1) *Quæst. disp. De verit.*, qu. XIII. a. 2. ad. 9.
(2) *Vie*, ch. XXV.
(3) *Château de l'Ame*, VIᵉ demeure, ch. IV.

avons dit plus haut, après saint Thomas, en quel sens la *vision intellectuelle* exclut même le concours effectif des puissances angéliques. De semblables extases, où l'âme est élevée à la vision imaginaire, ou intellectuelle, — et saint Augustin met cette clause dans la définition même de l'extase, comme le fait sainte Thérèse plus affirmative que les théologiens, — sont de vrais miracles. — Bien que la Curie romaine ne les *considère* pas comme miracles spéciaux, elle ne les *approuve* pas moins comme *surnaturels, divins, miraculeux : miraculosæ dici possunt* (1).

On semble n'avoir pas toujours saisi le sens du mot *approuver*. Plusieurs en voulaient conclure que le fait de n'être pas approuvés comme miracles *spéciaux*, en vue d'une cause de canonisation, leur enlevait leur caractère miraculeux, et, volontiers, ils voyaient dans cette exception la reconnaissance de l'effort humain dans le phénomène extatique. — C'est une erreur. L'extase, en elle-même, est surnaturelle et miraculeuse, comme tous les *états mystiques* proprement dits. On ne la compte pas dans une cause, au même titre que le *miracle*, parce qu'elle est encore moins faite pour prouver *directement* la sainteté — : « *Non confert ad probandam sanctitatem.* » La raison en est simple : cet état n'est pas sanctificateur ; il n'est pas l'effet direct de la grâce sanctifiante ; c'est une grâce, *gratis data*, qui peut même être donnée transitoirement à une âme qui n'y est pas préparée (2). — Mais qu'on ne l'oublie pas, on peut en dire autant du *miracle*. Il ne faut donc point

---

(1) « Etsi divina et a Deo immissa, non confert ad probandam sanctitatem, cum passio hæc nec sanctificet, nec sit effectus gratiæ sanctificantis, sed refertur ad gratiam gratis datam. » Loc. cit., n. 14.
(2) Bened. XIV, l. III, c. 49, n. 14.

s'autoriser de cette réserve de l'Église pour y voir une sorte de méconnaissance du rôle qu'il faut attribuer à l'extase dans une vie de saint.

S'autorisant du texte de Benoît XIV : « Le Siège « apostolique ne les approuve jamais comme miracles « spéciaux, à moins qu'ils ne soient accompagnés de « quelque prodige, » le P. de Bonniot écrit ces lignes à l'intention de A. Maury : « On peut maintenant « apprécier justement la phrase suivante de M. A. « Maury : « Les théologiens ont regardé l'extase « comme l'une des faveurs les plus signalées qu'ait « jamais accordées le Créateur à la créature ; aussi « Rome a-t-elle mis au nombre des saints *la plupart* « de ceux qui l'ont éprouvée (1). »

C'est concéder équivalemment que le contraire serait plus conforme à la vérité. — Cette concession est de trop, ce nous semble. Il est très vrai, doit-on affirmer, que l'extase proprement dite, et surtout l'*extase intellectuelle,* est une des plus grandes faveurs que Dieu puisse accorder à sa créature.

« Je tiens pour certain, dit sainte Thérèse, que Notre « Seigneur attire toute l'âme à lui, et que la traitant « comme son épouse, il lui fait voir une partie du « royaume qu'il a acquis : et pour peu qu'un Dieu si « grand se révèle, elle voit d'admirables choses (2). » — Saint Paul parle en termes assez enthousiastes de son extase. — Bien que l'extase ne soit pas un état *sanctificateur*, au sens fixé par Benoît XIV, il faut cependant reconnaître, avec sainte Thérèse, que le « changement d'âme » est le fruit de l'extase divine (3).

Les définitions de l'extase données par l'école des-

---

(1) *Le Miracle et les sciences médic.*, p. 199.
(2) *Château de l'Âme*, VIᵉ demeure, ch. IV.
(3) *Vie*, ch. XX, XXI, XXV.

criptive, dont sainte Thérèse est l'organe attitré, sont préférables aux définitions des spéculatifs.

Elles sont judicieuses ces réflexions du R. P. Pou·lain : « Après les expérimentateurs, apparurent, natu-« rellement — et je ne m'en plains pas — les commen-« tateurs, les théologiens de profession. Par leurs « habitudes d'esprit, ils étaient moins préoccupés de « *perfectionner la description des faits*, — qu'ils ne « comprenaient peut-être qu'à moitié — que de les « rattacher à leur spécialité : le dogme et la scolastique. « Chez quelques-uns même, la mystique semble de-« venir un prétexte à montrer leur virtuosité en théo-« logie (1). »

Ce qu'il y a de sûr, c'est que les *spéculatifs* ne s'entendent pas sur tous les points, car plusieurs théo·logiens, cités par Benoît XIV — qui ne semble pas les suivre complètement — croient à la possibilité de l'extase acquise, comme nous l'avons déjà remarqué plus haut.

Encore faudrait-il ne jamais dépasser les intentions restrictives de ces auteurs. Rien n'est plus commun que de voir traduire le texte du cardinal de Lauria par cette phrase : « Quand il est question de canoniser un servi-« teur de Dieu, on ne *tient pas compte* des extases, à « moins qu'elles ne se présentent avec quelque prodige. « évidemment surnaturel. »

Le sens est tout autre : « Quand il s'agit de canoniser « un serviteur de Dieu, et qu'on en vient à examiner « les miracles, on ne range pas les extases parmi ces « miracles (2). »

---

(1) *Les Desiderata de la Mystique*, Études, 28 mars 1898.
(2) « Hinc est quod, ut jam per annos fere triginta expertus sum, cum agitur de canonizatione alicujus servi Dei, et sit *scrutinium de miraculis, inter ea non annumerantur ecstases*, nisi evidenti aliquo supernaturali signo sint adminiculatæ. » Bened. XIV, l. III, c. 49, n. 15.

De là à prétendre qu'on n'en tient pas compte, il y a une notable distance.

Nous avons prouvé, d'après Benoît XIV, que les extases peuvent être appelées *miraculeuses*. — Prouvons maintenant qu'on en *tient compte* dans les causes de canonisation.

Nous procéderons par un argument *a fortiori :* — Les théologiens, qui admettent l'*extase acquise*, celle où la nature a sa part d'influence, apprécient comme il suit l'appoint que cette extase apporte à une cause de béatification : « *Baldellus, loquens de ecstasi arsitiæ altissimæ... optime demonstrat quomodo ejus ecstases fuerint divinæ, et quomodo ipsius « sanctitati probandæ conferre possent », licet inter miracula non essent recensendæ, et natura aliquid in ea ecstasi contulerit* (1). » — Benoît XIV approuve donc Baldellus — *optime demonstrat* — d'avoir prêté cette vertu à l'extase provoquée par la grâce de la contemplation, à l'extase en partie acquise par l'effort.

A plus forte raison il faut maintenir ce privilège à l'extase proprement dite ; elle pourra grandement profiter à la cause.

Donc il est inexact de poser en principe qu'on ne tient pas *compte* de l'extase isolée, que n'accompagne extérieurement aucun signe surnaturel, comme on le fait dire au cardinal de Lauria.

— Un autre texte de Benoît XIV achèvera de préciser cette doctrine : « Comme d'ordinaire ces extases divines « n'arrivent pas à tout fidèle indistinctement, ni à ceux « qui ne sont que médiocrement avancés dans les voies « spirituelles, mais plutôt aux âmes déjà parfaites, aux « âmes élevées, à ceux que distinguent déjà les hautes

---

(1) Bened. XIV, l. III, c. 49, n. 15.

« vertus, et spécialement la *charité*, — comme le
« prouvent les actes de saint François, de saint
« Dominique, de sainte Catherine de Sienne, de sainte
« Thérèse —, il suit de là que l'extase divine, étant
« supposée la présence des vertus héroïques, peut
« être *considérée*, dans une cause de béatification,
« comme une preuve *indirecte* de sainteté (1). »

Dans un autre passage, Benoît XIV insiste sur ce
point : « L'extase isolée, *solitarie accepta*, ne prouve
« pas la sainteté..... Il faut pour qu'on en tienne
« compte — *ut de eâ ratio habenda sit* — dans un procès
« de Béatification, faire constater chez l'extatique la
« présence des vertus héroïques ; alors l'extase devient
« un signe de sainteté, *tunc enim erit sanctitatis si-*
« *gnum* (2). »

Qu'on ne nous objecte pas que cette preuve est *indirecte* et que sa valeur s'en trouve amoindrie. Tant
indirecte qu'elle soit, c'est une marque de sainteté
cela nous suffit pour démontrer qu'on en tient compte
D'autant plus que les miracles n'ont jamais d'autre autorité que cette valeur *indirecte*, et pour les mêmes
raisons : le miracle fait aussi partie des grâces *gratis
datæ*.

Seulement, cette valeur indirecte du *miracle spécial*
tout en agissant *indirectement*, est déterminante dans
la prise en considération d'une cause de Béatification
il n'en est pas ainsi de l'extase, bien que l'extase soit
plus difficilement accordée aux indignes que la grâce
du miracle. Judas a possédé la grâce du miracle

_____

(1) « Cum ut plurimum ecstases illæ divinæ non omni fideli, ne
mediocriter spirituali, sed tantum perfectis, et in spirituali vitâ
confirmatis, et sic virtutibus et signanter caritate perspicuis dentur..
ab ecstasi divinâ, per consequens, accedentibus heroicis virtutibus
in causis beatificationis, licet non directe, *indirecte* tamen aliquod
sanctitatis argumentum educi poterit. » (L. III. c. 49, n. 14).
(2) Loc. cit., n. 14.

comme les autres apôtres; une personne impie. ou sans piété, ne saurait être maintenue dans la grâce extatique, ni même dans la grâce de contemplation. La *détermination* apportée par le miracle est facile à concevoir : On ne canonise pas toutes les personnes qui meurent en état de sainteté, et chez lesquelles il est donné de constater la présence des vertus héroïques, au sens théologique; il faut que le miracle intervienne pour désigner cette vie sainte à l'examen de l'Église. Le miracle est donc au second plan dans une cause; il suppose les vertus héroïques, et détermine parmi les vies saintes celles qui seront illustrées par la canonisation. Une sainte vie sans miracles n'est jamais soumise à l'enquête (1); des miracles sans vie sainte (2) sont admis pour un autre motif, ou sont rejetés comme faux, *a priori*.

En conséquence, les prétendus miracles d'hérétiques sont rejetés sans examen, comme il arriva pour les miracles obtenus sur le tombeau du diacre Pâris (3).

L'extase, jointe à la réputation de sainteté, n'obtient pas ce que nous appellerons en quelque sorte le *droit* d'enquête sur la question préalable de l'héroïcité des vertus; ce droit n'est acquis que par la *renommée de vertu* et l'*existence de miracles spéciaux* obtenus après la mort : *nisi præcesserit fama virtutum atque miraculorum.*

---

(1) « Non agitur de virtutibus, nisi præcesserit fama virtutum atque *miraculorum.* » (Lib. III, c. 52, n. 2).

(2) « Nunquam enim diximus ex *solis* miraculis, *post* obitum patratis, sanctitatem inferri, sed huic probationi tantum locum esse posse, postquam *fuerint discussæ virtutes, et approbatæ in gradu heroico.* » (Lib. III, c. 49, n. 18-19).

(3) Cf. *De Canon. Sanct.*, l. IV, p. I, c. 7, n. 20. « Si res sit de homine, de cujus fide et religione suspicio sit, tantum abest ut cultus privatus erga eum permitti possit, aut quod de *assertis* ejus *miraculis* instituenda sit inquisitio, quod onus est episcoporum cultum, licet privatum, amovere. » (Bened. XIV, l. IV, p. I, n. 21).

Mais l'extase n'en est pas moins un phénomène de grande importance. Une fois la présence des vertus héroïques constatée, l'extase rend la vie sainte plus éclatante : « *Diximus cæteras gratias gratis datas reddere illustriores virtutes in iis causis, in quibus abundant* (1). » L'extase reçoit des vertus héroïques son caractère probant, et projette une lumière spéciale sur l'état mystique des serviteurs de Dieu. C'est une *preuve de sainteté : Tunc erit sanctitatis signum* (2).

---

(1) *De Can. Sanct.*, l. III, c. 52, n. 12.
(2) Lib. III, c. 49, n. 14.

CHAPITRE III

La science rationaliste, ou semi-rationaliste, ne cache pas son aversion pour la doctrine catholique de l'*action divine* dans les âmes par les moyens extraordinaires et miraculeux. — Cette aversion devient de la fureur quand il s'agit de reconnaître l'existence de certains phénomènes relevant du préternaturel diabolique, en particulier, des possessions. — Nos savants haussent les épaules quand ils entendent dire que des âmes sont emportées plus haut que la région des sens, plus haut que la région des images, et communient directement avec Dieu. — Ils se fâchent si l'on décrit le phénomène inverse, l'abaissement mystique. — Chose plus inexplicable, certains savants catholiques ressentent quelque chose de cette influence; ils admettent difficilement que les démons puissent apparaître et agir, autant qu'on le pense communément dans le monde théologique, quand ce pouvoir démoniaque n'est cependant que le corollaire nécessaire de la même faculté concédée aux bons anges; nier l'action possible des uns, c'est nier l'action probable des autres.

L'Eglise, cependant, reconnaît la constante influence

des démons ; leur action dans le monde fait certainement partie du plan providentiel, hypothétiquement prévu et consenti par la Science et la Sagesse éternelles.

L'action démoniaque s'exerce sous forme de *tentation*, enseigne saint Thomas. Le saint docteur remarque qu'il faut distinguer, dans l'attaque démoniaque, le *combat,* et l'*ordre* du combat. « Le combat « est l'effet de la malice du démon qui, par envie, « s'efforce d'empêcher l'homme d'être parfait... Mais « l'*ordre* du combat, ou la fin dernière à laquelle il s « rapporte, vient de Dieu qui sait utiliser les créatures « mauvaises pour le bien des autres (1). »

Tantôt le démon s'approche de l'homme comme tentateur, comme inspirateur du péché, et sous ce rapport, Dieu ne l'*envoie* pas, il le laisse agir suivant son impulsion mauvaise ; tantôt le démon se présente comme instrument du châtiment divin ; alors c'est Dieu qui l'envoie. Ainsi Dieu envoya-t-il l'*esprit* de mensonge pour châtier Achab, roi d'Israël (III Reg., ult.). Dieu, dans ce cas, est l'auteur premier de la peine, bien que les démons, instruments du châtiment, viennent remplir leur mission, poussés par leur malice propre, et dans une intention opposée à la fin voulue par Dieu (2). — Pour résister aux tentations, l'homme reçoit de Dieu des secours spéciaux, la grâce et la protection des esprits angéliques (3). — La tentation est tellement le *propre* du démon, qu'il est appelé le *Tentateur ;* elle ne convient à l'homme que *dans* le rôle de complice et d'inspiré du démon (4).

(1) I p. q. 114. a. 1. c.
(2) Loc. cit. ad. 1.
(3) Loc. cit. ad. 2.
(4) Loc. cit. a. 2. c.

Elle est suffisamment affirmative, cette grande parole de saint Paul : « Nous n'avons pas à combattre « contre la chair et le sang (1), mais contre les princes « et les puissances, contre les guides de ce monde de « ténèbres, contre les esprits de malice répandus dans « l'air (2). »

La tentation est la forme spirituelle du premier degré de l'obsession. — Les *persécutions* en sont l'expression plus matérielle. Satan persécute Jésus-Christ, chef de l'Église (3), comme il persécutera les ministres (4) et les membres de cette même Église (5). — Telle est la doctrine catholique.

C'est par l'obsession à tous ses degrés, que le démon tourmente plus spécialement les hommes ; il peut affliger les saints, mais il est plus tyrannique encore dans les régions où règne l'avilissante idolâtrie.

Au premier degré de l'obsession, le démon fait, pour ainsi dire, le siège de l'homme ; il le tourmente par des vexations tantôt spirituelles, tantôt matérielles. — Au second degré, le démon s'empare des forces psycho-physiologiques, et rend plus pénible le fonctionnement normal des facultés sensibles. — La *possession* est le dernier degré de l'obsession ; le démon exerce son inhibition paralysante sur les facultés supérieures, semble user à son gré des facultés sensibles, et paraît substituer ainsi sa personnalité à celle du patient.

L'Évangile admet la possession, et tout catholique doit adhérer à cette vérité : « *Alors on lui présente un*

---

(1) St Thomas explique plus loin que le démon n'est pas l'instigateur de tous les péchés qui se commettent ; il en est qui sont le fruit de la corruption produite par le péché. (Loc. cit. a. 3. c.). « Unusquisque tentatur a concupiscentiâ suâ attractus et illectus. » (Jacob. I-14).

(2) Ephes., VI-12.

(3) Joan., XIII-2.

(4) Luc., XXII-31.

(5) Apoc., II-10.

« *possédé* » *que le démon rendait aveugle et muet, et il le guérit si parfaitement qu'il commença à parler et à voir. Tout le peuple était dans l'étonnement, et ils disaient : Ne serait-ce point le Fils de David? — Les pharisiens entendant cela dirent : Non, cet homme ne* « *chasse* » *les démons que par Béelzébuth, prince des démons. — Et Jésus leur dit : S'il est vrai que Satan chasse Satan, il est divisé contre lui-même : comment donc son royaume subsistera-t-il? — Si je chasse les démons par Béelzébuth, par qui vos fils les chassent-ils? — Ils seront eux-mêmes vos juges.* — Quelques-uns chassaient les démons au nom même de Jésus, puisque les apôtres s'en plaignirent un jour à leur Maître qui désapprouva leur zèle trop jaloux (1). — Plus tard, les exorcistes juifs n'eurent plus autant de succès : « *Quelques-uns des exorcistes juifs, qui allaient de ville en ville, entreprirent aussi d'invoquer le nom du Seigneur Jésus sur ceux qui étaient possédés des malins esprits, en leur disant : Nous vous faisons commandement, par Jésus, que Paul prêche, de sortir d'ici. — Ces exorcistes étaient les sept fils d'un prince des prêtres nommé Scéva. — Mais le malin esprit leur répondit : Je connais Jésus, et je sais qui est Paul : mais vous, qui êtes-vous? Aussitôt l'homme possédé se jeta sur eux..., et les traita si mal qu'ils durent s'enfuir, nus et blessés, de la maison* (2). »

Ils sont nombreux les textes évangéliques qui prouvent la réalité des possessions. Disons principalement que Jésus-Christ, accréditant ses apôtres dans le monde, le fit aussi par ces paroles : « *In nomine meo dœmonia ejicient* (3). »

---

(1) « Magister, vidimus quemdam in nomine tuo ejicientem dæmonia, qui non sequitur nos, et prohibuimus eum... Jesus autem, nolite prohibere eum... » (Marc., IX, 37-38).

(2) Act. XIX, 13-16.

(3) Marc., XVI-27.

Si le démon n'eût pas été là, possédant ces énergumènes, Jésus nous aurait donc trompé quand il dialoguait avec ces esprits mauvais qui le conjuraient de ne pas les renvoyer à l'abîme; par son ordre, ils émigraient dans un troupeau de pourceaux qui, saisis de frayeur subite, se précipitaient dans la mer (1).

Encore une fois, les textes abondent. Les exégètes semi-rationalistes, qui rejettent comme apocryphe le Livre de Tobie, surtout pour éviter l'histoire de la fille de Raguel et du démon qui l'obsédait (2), ne sauraient supprimer tout l'Evangile (3).

Le texte sacré ne permet pas de voir dans la possession un simple cas de maladie. Jésus convoqua ses disciples, dit saint Luc : « *Dedit illis virtutem et potestatem super omnia dæmonia, et ut languores curarent* ». Ces deux choses : *obsession* et *langueur*, sont ici distinguées ; les apôtres l'ont ainsi compris ; l'obsession ne rentre pas dans la catégorie des simples états morbides.

Quand, à quelque temps de là, les disciples viendront lui dire tout joyeux : « Seigneur, les démons eux-mêmes nous sont soumis...», Jésus leur répondra : « J'ai vu Satan tomber du Ciel comme un éclair (4). » C'était le cas ou jamais, pourtant, de redresser leur erreur. *Celui qui est la Vérité* laissa donc s'implanter dans leur esprit la croyance aux démons obsédants.

Aussi, voyez saint Paul. — Dans la ville de Philippes, il ne croit point perdre son temps lorsqu'il se propose de guérir une fille possédée qui procurait à son maître un gain considérable, en découvrant les choses cachées.

---

(1) Luc., VII-27.
(2) Tob., c. III-3 ; VI-8 ; VIII-3 ; XII-14.
(3) Cf. Matth., IV, VII, VIII, IX, X, XI, XII, XV, XVII. — Marc., I, III, V, VI, VII, IX, XVI. — Luc., IV, VII, VIII, IX, X, XI, XIII. — Joan., VII, VIII, X.
(4) Luc., X, 17, 18.

L'apôtre fut maltraité pour avoir fait ce miracle (1). —
Il serait tombé dans ce même excès de crédulité à
Éphèse (2). — Comment l'exorcisme de saint Paul aurait-il pu mettre fin au talent naturel de cette fille? Son
maître, hypnotiseur sans le savoir, n'aurait-il pu reproduire le phénomène, et remettre en somnambulisme
lucide cet excellent sujet !

Le Christ, nous le savons, a vaincu Satan autant qu'il
a vaincu le monde, mais il lui a laissé le pouvoir de
soumettre l'homme à l'épreuve. Aussi, après avoir assisté à ce triomphe du Sauveur sur le Prince de ce
monde, les apôtres n'en continuèrent pas moins d'exorciser, et l'Église créa, parmi les clercs, la fonction
d'*exorciste*.

La Tradition atteste que les possessions furent constatées dans les siècles suivants. On connaît les textes
de Tertullien (3). — Résumant l'antiquité païenne et la
tradition chrétienne, au second siècle, Minucius fait
décrire l'obsession à son Octavius : « Ces esprits impurs,
« ou plutôt ces démons, comme l'ont démontré les ma-
« giciens, les philosophes et Platon lui même, se ta-
« pissent, dès que ces objets sont consacrés, sous les
« statues et les images ; ils acquièrent, par leur inspi-
« ration, une autorité semblable à celle d'une divinité
« qui serait présente, car ils s'emparent des devins, sé-
« journent dans les temples, font palpiter les entrailles
« des victimes, dirigent le vol des oiseaux, président
« au sort et rendent des oracles embrouillés de faus-
« setés...

---

(1) Act., XVI-16.
(2) Act., XIX, 12 et 15.
(3) Apolog., n. 23, 37, 43, 46.

« Ils troublent notre vie, ils inquiètent notre som-
« meil, et, s'insinuant en secret dans nos corps, ces
« esprits subtils et déliés causent nos maladies, ré-
« pandent la terreur dans notre âme, et torturent nos
« membres pour les forcer à les adorer : afin qu'après
« s'être engraissés de fumigations, de sang répandu et
« de la graisse des victimes, ceux auxquels ils cessent
« de nuire leur attribuent leur délivrance.

« Ce sont ces esprits qui agitent les maniaques que
« vous voyez courir les rues, et ces devins qui, dans
« vos temples se roulent par terre, et hurlent comme
« des bacchantes. Le démon agit dans les uns et dans
« les autres, seulement le sujet de leur fureur est
« différent...

« La plupart d'entre vous savent que les démons se
« rendent justice à eux-mêmes, toutes les fois que
« nous les chassons des corps par la force de nos
« paroles et la ferveur de nos prières. Saturne, Se-
« rapis, Jupiter, et tout ce que vous adorez de démons,
« vaincus par la douleur, avouent ce qu'ils sont, et
« n'osent pas, même en votre présence, recourir au
« mensonge pour cacher leur turpitude. Croyez donc
« qu'ils disent la vérité lorsqu'ils assurent qu'ils sont
« des démons, puisque c'est contre eux-mêmes qu'ils
« rendent témoignage, car ils ne *peuvent alors rester*
« *dans les corps quand on les conjure par le seul et*
« *vrai Dieu ;* ils en sortent aussitôt, ou s'en retirent
« peu à peu, selon la foi du patient ou la volonté de
« celui de qui dépend la guérison. Aussi les voit-on
« fuir à l'approche des chrétiens, qu'ils insultaient par
« votre ministère dans les assemblées publiques, et
« semer en secret, par la terreur, la haine de notre
« religion (1). »

_____

(1) Minucius Félix. *Dialogue de l'Octavius,* 4, 27.

. Rappelant ces faits d'obsession, Benoît XIV, après saint Augustin, avertit qu'il ne faut point s'étonner de voir si souvent, dans les histoires édifiantes et dans les *Actes* des Saints, le démon *apparaître* sous diverses formes aux âmes pieuses pour les tenter et les sé-·duire (1).

Instruits par la doctrine traditionnelle de l'Eglise, et par l'histoire, les chrétiens ne peuvent manquer d'adhérer à cette proposition : *La possession est possible ;* elle a existé du temps de Notre-Seigneur ; puis, avec une certitude morale entière, ils ajouteront : elle a existé dans les siècles qui ont suivi, et elle est toujours réalisable.

Cette croyance aux obsessions variées s'est spécialement affirmée, dans l'Eglise, avec ces paroles de saint Pierre, le premier des Pontifes : « *Circuit quærens quem devoret* », et ces autres paroles du dernier Pontife de la série actuelle : « *Satanam aliosque spiritus malignos, qui ad perditionem animarum pervagantur in mundo, divinâ virtute in infernum detrude.* »

Il est dans la puissance du démon, quand Dieu le permet, d'obséder l'homme et de porter l'obsession à son dernier degré. « La possession, dit Schram, consiste « en ce que le démon, habitant dans l'intérieur du· « corps, y opère avec un pouvoir spécial et fait servir « *despotiquement*, et malgré la personne qu'il possède, « les membres et les facultés sensibles à des opérations « irrégulières et douloureuses (2). » Il n'est pas dans le pouvoir du démon de s'unir substantiellement à l'homme ; cette sorte d'union est métaphysiquement impossible, aussi bien pour le corps de l'homme que

---

(1) *De Can. Sanct.*, lib. III, c. 30, n. 13. — Cf. L... III, c. 29, n. 8.
(2) *Théol. myst.* 1, sect. IV, § 184.

pour toute forme sensible : le démon ne peut réaliser ce mode d'union ; nous aurons à insister sur ce point de doctrine. Le démon s'unit aux facultés de l'homme par une sorte de mainmise sur les organes des facultés : « *Non credimus substantialiter illabi animæ, sed applicatione et oppressione uniri* », comme le remarquent les théologiens, après saint Thomas. - « Exister « dans un être, dit saint Thomas, c'est habiter dans les « limites de cet être ; or, cela est facile quand il s'agit « du corps qui a des limites de grandeur, mais pour « l'âme qui n'a que des limites d'essence, personne ne « peut y entrer que celui qui lui a donné l'être (1). » — C'est surtout sur le corps et les facultés sensibles que peut s'exercer l'influence des démons ; ils n'ont qu'un pouvoir amoindri sur les facultés supérieures ; le pouvoir même qui leur a été concédé sur le corps n'est pas en leur discrétion : il a ses bornes (2). »

Très souvent, la possession est permise par Dieu pour servir de châtiment à des fautes publiques ou secrètes. — C'est en punition de ses fautes que Saül fut obsédé (3). — Marie-Madeleine était pécheresse dans la cité : « *In civitate peccatrix* (4). » — L'apôtre livre à Satan l'incestueux de Corinthe, et aussi deux blasphémateurs : « *Tradidi Satanæ ut discant non blasphemare* (5). » Il ne s'agit pas simplement de l'excommunication qui, du reste, enseigne Corneille de la Pierre, entraînait alors la possession comme effet pénal.

---

(1) II Sent. d. 8, ad. 3.
(2) « Dæmones, dum homines possident, in corpora potissimum potestatem habere et exercere, in animam vero non ita multum posse : et finitam et certam esse eorum potestatem in ipsa corpora. » (*De Con. Sanct.*, lib. IV, p. I. c. 29, n. 4). Cf. Matth., IX, 32, XII, 22. — Marc., VII, 32, IX, 16.
(3) I Reg., XVI, v. 14.
(4) Luc., VII, 37. — VIII, 2.
(5) 1 Tim., I, 20.

Ce serait, toutefois, se tromper que de voir une relation nécessaire entre la présence de la possession et le péché, si bien que la première supposât toujours le désordre moral. — On peut être soumis à ce châtiment pour des fautes légères, si Dieu le juge bon, et dans ces cas, nous l'avons vu avec saint Thomas, au début de ce chapitre, c'est encore Dieu qui *envoie*. Saint Grégoire rapporte qu'un religieux fut ainsi puni du péché de gourmandise, et ne fut délivré qu'à la prière du saint abbé Equitius (1). — L'abbé Moyse, raconte Cassien, échauffé dans une discussion qu'il eut avec l'abbé Macaire, laissa tomber une parole trop dure; il fut saisi d'une manière soudaine et terrible; l'abbé Macaire le délivra par sa prière.

La possession peut survenir comme moyen de purification extraordinaire chez les plus saints personnages. Le saint moine Stagire était ainsi obsédé, et saint Chrysostome lui écrivait pour l'en consoler : « A quoi vous servirait de n'être point possédé du démon, puisque vous remplissez parfaitement vos devoirs, et que vous êtes aussi régulier que possible (2). » — Ne sait-on pas que Jésus exorcisa un enfant possédé du démon depuis l'âge le plus tendre (3).

La possession semble être le propre du démon. — Toutefois, il ne répugne pas, au point de vue métaphysique, qu'une âme séparée, ou un ange saint s'empare du corps humain et le possède (4), si Dieu le permet : mais pour l'âme, ce ne serait réalisable que par un pouvoir surajouté à sa nature spirituelle (5).

---

(1) L. I. *Dialog.*, c. IV.
(2) Cf. Schram, l. I, sect. IV, § 188.
(3) Marc., IX. 16.
(4) St Th., I p. q. 51., a. 3., ad. 1.
(5) Voir III* Partie, ch. II.

Pour constater ce phénomène il faudrait des marques certaines que la critique théologique n'admettrait pas sans un sévère contrôle. De fait, l'Écriture ne parle que de démons *possédants,* et l'Église ne vise que les esprits mauvais par ses exorcismes.

.·.

La science, paraît-il, a définitivement classé parmi les phénomènes pathologiques l'antique possession : ce serait une variété de la grande névrose ; l'imagination est l'instigatrice de ces auto-suggestions. Il fallait à ces terreurs le cadre du moyen âge ; de nos jours, ces diableries ne relèvent plus que de la médecine. — Satan, du reste, a laissé périr ses lauriers à Delphes ; les antres sacrés ne rendent plus d'oracles ; les pythonisses sont tombées de leurs trépieds.

« Le surnaturel, en pathologie et en thérapeutique,
« c'est un mythe ; mieux, c'est une hérésie scientifique.
« — Il n'y a pas plus de magiciens que de démoniaques,
« suivant le mot de Voltaire, et l'hystéro-épilepsie ex-
« plique tout ce qu'il y a de vrai dans la sorcellerie.

« Quand de tels cas se présentent dans la pratique
« hospitalière, on les étudie comme des manifestations
« intéressantes de la grande névrose ; mais, dans le
« monde, ils sont l'objet d'un étonnement d'autant plus
« grand, que les spectateurs sont plus ignorants (1). »

Cette ignorance serait l'apanage de l'Église : — « L'in-
« fluence néfaste de l'Église sur le développement de
« l'hystéro-démonopathie n'est plus à prouver. La *pré-*
« *occupation constante* du démon, entretenue par ses
« anciens rites, a singulièrement contribué à répandre
« les possessions (2). »

---

(1) Bourneville et Régnard, *Iconographie de la Salpêtrière*, t. 1, 41.
(2) Maury. *Magie,* p. 324.

Les théologiens n'ont pas vu que tout cela c'était de la théomanie extato convulsive. — *Fureur utérine, lycanthropie, érotomanie,* possession, ces mots seront toujours synonymes.

La science a donc parlé. — On pense que le ridicule fera le reste. Comment les exorcismes pourraient-ils survivre longtemps aux *Contes drôlatiques* où Balzac a si bien raillé le *grand Pénitencier, Jérosme Cornille, et Guillaume Tournebousche, rubricateur du chapitre, homme docte !* — Cette « bêtise » du vieux temps, comme dit élégamment M. du Moray (1), n'est plus jamais possible, surtout après les pages vengeresses de Michelet, dans la *Sorcière.*

.˙.

La science marche vite, et la route est jonchée de ses théories successives, aussitôt démodées.

Pénétrons un instant dans les milieux savants où M. Charcot lui-même est déjà un peu vieilli. — Nous voulons, pour saisir la pensée scientifique de nos adversaires, analyser un important travail de MM. Séglas et Brouardel (2), qui donne le titre à ce chapitre : *Persécutés auto-accusateurs et possédés.* — La forme modérée et l'esprit scientifique de ce travail en font un excellent terrain de discussion moderne ; d'autant que cette dissertation, communiquée aux congressistes de La Rochelle (août 1893), s'inspire elle-même de documents fournis aux précédents congrès.

« Des observations faites dans le service de M. J. Falret sur les *variétés du délire des persécutions, il résulte ce fait clinique,*

---

(1) *Introduction au Procès-verbal d'une fille possédée,* à Louviers.
(2) *Archives de Neurologie,* n. 82, publié par J. Séglas, médecin de la Salpêtrière, et G. Brouardel, interne des hôpitaux.

aujourd'hui bien connu, que le délire des persécutions typiques
repose toujours sur un fonds d'orgueil. Le persécuté vrai, même
lorsqu'il ne formule pas nettement d'idées orgueilleuses, est
toujours disposé à voir dans les misères qu'on lui fait une
preuve de la jalousie, de l'envie que lui portent ses ennemis.
Aussi se pose-t-il en victime injustement attaquée, et pouvant
de ce fait se révolter contre l'injustice des persécutions qu'il
endure, et devenir agressif. »

Laissons de côté ce type de persécuté qui n'est pas
utile à notre étude; il suffisait de le signaler pour la
clarté de ce qui va suivre :

« A ce persécuté classique, on peut opposer le *mélancolique* à
idées de persécution. Les idées de persécution participent alors
des caractères généraux du délire mélancolique dont le fond
est l'humilité. L'auto accusation habituelle au mélancolique se
retrouve chez lui, même lorsqu'il émet ses idées de persécution,
et pour lui, les poursuites dont il se croit l'objet *trouvent leur
raison d'être dans son indignité;* il les regarde en quelque sorte
comme *méritées.* C'est toujours une victime, non plus innocente
comme le persécuté vrai, mais coupable et le plus souvent
résignée. »

Dans un autre travail, M. Séglas établit ce caractère
propre de la persécution chez le *mélancolique* (1). —
On saisit déjà le type de délirant que l'on prétend
opposer au possédé : le persécuté *vrai* s'en prend aux
hommes de ses souffrances imaginées; le *mélancolique*
se croit *puni* de ses fautes, et s'abandonne à de mystérieux châtiments. — Entre ces deux types : *persécutés
vrais* et *mélancoliques*, nos modernes placent un autre
délirant, plus près du type mélancolique que l'autre,
qui se croit toujours justement châtié de ses crimes,

_____

(1) *Diag. des délires de persécutions systématisés.* (Sem. médic.
15 Novembre 1890).

mais qui éclate en plaintes plus acerbes et plus vives contre ses ennemis imaginaires ; il est moins résigné. — En résumé, c'est de ces deux derniers types qu'est fait le possédé, la victime des *autodafés;* scientifiquement il porte le nom de *persécuté auto-accusateur.*

Voici comment M. Séglas (1) décrit ce délire :

« Les symptômes les plus saillants de la maladie sont alors les hallucinations verbales motrices qui dirigent absolument la scène pathologique. Il peut y avoir aussi des hallucinations verbales auditives, mais plus effacées, parfois même elles manquent complètement. On peut rencontrer aussi des hallucinations visuelles, simples et mêmes verbales. En revanche, à côté des hallucinations verbales motrices prédominantes, se manifestent des hallucinations motrices communes, également très accentuées, telles que sensations de déplacement d'une partie du corps ou du corps entier, de mouvements imaginaires dans certaines parties du corps, et même des impulsions diverses, verbales, ou portant seulement sur des mouvements que le malade accomplit malgré lui. On peut noter aussi des phénomènes inverses d'inhibitions (obstacles à l'accomplissement de certains actes volontaires), des troubles de la *sensibilité profonde* (sensations de pesanteur, de légèreté, de vide, de rapetissement), des troubles de la sensibilité viscérale.... Ce sont souvent ces divers symptômes qui marquent le début de la maladie, les hallucinations verbales ne se montrant qu'un peu plus tard.

Le fait capital, expliquent les Archives, est alors « la prédominance excessive des troubles psycho-moteurs avec les altérations de la personnalité qui en résultent, et que le malade traduit au dehors par des idées de *possession.* »

Donnons ici les points principaux d'un cas de *posses-*

----

(1) *Variété psycho-motrice des délires de persécutions.* (Ann. médic. psych., janvier 1888, p. 110.)

sion morbide, présenté comme type du phénomène·où l'on devra se reporter pour juger sainement de son intensité possible.

« Mme P., âgée de trente six ans, entrée le 10 juillet 1893 à la Salpêtrière, ne présente rien de particulier, au moins d'après ce qu'elle raconte, dans ses antécédents héréditaires ou personnels.

Le début des accidents actuels remonte à sept ans environ. La malade, qui travaillait à la manufacture des tabacs, va, un dimanche, au matin, chercher du café chez un épicier qui, auparavant, faisait déjà le geste de l'appeler Il l'aurait alors tirée par une porte ; elle lui aurait répondu par un coup de coude et serait partie, l'entendant dire : « Tu t'en rappelleras.., tu mourras à petit feu. » Elle rentre chez elle très impressionnée, porte la main à sa tête pour se peigner et se sent alors comme électrisée Elle fait son café qui lui laisse dans la bouche un goût de soufre, comme s'il était empoisonné ; elle ressent une soif inextinguible

En même temps, elle a commencé à entendre parler de loin, sous le lit, dans la cheminée. Elle distinguait deux voix, une d'homme, une de femme. Ces voix parlaient haut et cela lui « passait à l'oreille ». Elles lui disaient des gros mots, des injures, des méchancetés pour la faire rougir devant le monde.

Elle a eu aussi des hallucinations de la vue : elle voyait des flammes de feu et mettait le pied dessus pour voir si c'était vrai.... D'autre part, lorsqu'elle mangeait, elle ressentait de mauvais goûts dans la bouche....

Au début elle ne comprenait rien à tout cela ; ce sont les voix qui lui ont donné la raison de ces misères....

Dès ce moment, elle a présenté quelques uns des symptômes qui se sont développés plus tard ; on l'anéantissait ; on lui arrê-tait ses pensées, on lui coupait ses phrases. On l'empêchait de faire certains actes, mais elle s'entêtait et arrivait encore à se dominer....

La nuit elle ne dormait pas, son lit la brûlait, tournait, dan-sait ; elle entendait toutes sortes de bruits ; elle ressentait des tremblements, ses mains se contractaient ; on lui ouvrait la gorge, on lui tirait la langue.

Cela a duré environ cinq ans. Jusque-là, elle a pu combattre ; malgré tout ce que faisaient ses ennemis qui allaient jusqu'à lui contracter bras et jambes pour l'immobiliser, elle pouvait prendre le dessus : elle répondait à ses ennemis et les faisait taire. Maintenant, elle ne peut plus rien faire, n'ayant plus de volonté.

C'est que depuis deux ans sont apparus de nouveaux symptômes qui se sont accentués, surtout depuis six mois, et qui lui ôtent toute énergie personnelle, tout pouvoir de réaction.

Les voix qu'elle perçoit ont changé de nature. Elle ne les entend pas du tout par l'oreille ; c'est un léger bourdonnement plus fort quand c'est l'homme qui parle, mais ce n'est pas une voix formulée. Elle perçoit la voix par la bouche, et il y a des moments où cela lui fait marcher la langue. » C'est comme cela, dit-elle, qu'ils communiquent avec elle », car elle ne prononce rien, n'entend pas de paroles en même temps. Elle a essayé d'arrêter sa langue avec ses dents, mais quelque chose la lui tire, et cela recommence. De même elle serre son corset pour arrêter la voix venant de l'estomac, qui alors lui dit : « Oh ! tu me serres, suis-je assez lasse ! » D'autres fois, elle se pend par les bras, cela fait cesser la voix pendant quelques minutes. Tout le temps qu'elle parle elle même, la voix la laisse tranquille ; après elle recommence de suite. Cette voix s'accompagne souvent de sensations de piqûre, d'engourdissement dans une partie quelconque du corps.

En plus de ces hallucinations verbales motrices, la malade a également des impulsions nombreuses. Parfois, elle parle tout haut malgré elle : une volonté plus forte que la sienne la pousse à faire des choses qu'elle ne veut pas faire, à sortir, à courir, à marcher sans cesse, à boire et à manger sans raison... On lui retire sa volonté de faire le bien et on la pousse à faire le mal. « Va là, fais cela », lui dit la voix, et alors elle se sent poussée à obéir, comme si elle était électrisée. Elle a beau lutter, cela ne sert qu'à la faire souffrir ; elle se sent attirée comme si elle se sauvait de dessus sa chaise, et elle irait alors n'importe où.

A côté de ces impulsions, se trouvent inversement des phénomènes d'arrêt. Quand cette électricité cesse, elle a comme un

poids qui l'anéantit. On l'empêche de faire ce qu'elle veut, on lui
retient la main dans son travail : on lui retire sa pensée... Elle
sent des poids dans le dos, des tiraillements dans les pieds. La
femme lui dit qu'elle est magnétisée, qu'elle a sa pensée et
qu'elle lui fera faire tout ce qu'elle voudra, même tuer quelqu'un.
Toutes ces souffrances — pense-t-elle — sont le résultat du
magnétisme par l'électricité qui fait de la malade « une possédée
du mauvais esprit »... Elle pense que l'épicier a soudoyé un
homme et une femme pour la faire souffrir...

Pour lui faire ressentir tout ce qu'elle éprouve, l'homme se
sert de la femme comme d'un sujet qu'il fait souffrir pour que la
malade ressente par contre-coup les mêmes souffrances. « Car,
dit-elle, nous sommes deux en une ». Cette femme le lui a
expliqué : « Quand tu es inerte, je suis inerte comme toi ; quand
tu vois des flammes de feu, c'est qu'on allume des allumettes
devant mes yeux ; si l'on me tue, tu mourras. Moi et toi, cela
ne fait qu'une ; quand on me touche, cela te touche. » Parfois,
la femme dit : « Je suis lasse »,. et alors la malade est toute
fatiguée.

Le lecteur aura remarqué, parmi ces détails, la *progression croissante*, et assez *lente* de la crise. — C'est
tellement bien la note caractéristique de ces cas pathologiques, que MM. Séglas et Brouardel veulent insister
sur ce point. — Continuons à citer :

« Lorsqu'on embrasse dans son ensemble l'observation précédente, on peut reconnaître, dans l'évolution de la maladie, deux
périodes que d'ailleurs la malade distingue d'elle-même ; celle
où elle peut, dans une certaine mesure, tenir tête à ses persécuteurs, et celle où, complètement dominée, sans volonté, sans
force de résistance, elle devient en quelque sorte leur chose...

Dans la seconde période, ce sont des troubles psycho-moteurs ..
Il est à remarquer que les idées de persécution ont (dans le
cas présent) une teinte spéciale mystique, comme la phraséologie
qu'affectionnent ces malades, et traduisent en quelque sorte la
contrainte qu'ils éprouvent, les troubles de leur personnalité. Ils
attribuent leurs tourments aux *sorciers*, aux *prêtres*, à la *théo-*

logie sacrée ou *démoniaque*, s'en prennent aux esprits, au spiritisme, à la suggestion, se disent *ensabbatés*, si bien que par leur
teneur et leur fondement psychologique constitué par les
différents troubles psycho-moteurs énumérés tout à l'heure, ces
idées s'éloignent des idées de persécution habituelles, et en
tenant compte de la différence due à l'éducation, au milieu
social, se rapprochent au contraire beaucoup des *idées de possession,* d'observation fréquente autrefois (1). »

Cette remarque peut trouver, croyons-nous, un appui dans le
fait que nous venons de rapporter. La malade se dit bien nettement *possédée* du mauvais esprit, et les idées même de possession
ne sont que l'étiquette de troubles psychologiques plus profonds, en particulier, des troubles psycho-moteurs se résumant
en un dédoublement de la personnalité que l'on ne rencontre, le
plus souvent, qu'à l'état rudimentaire chez le persécuté ordinaire.....

Le dédoublement de la personnalité aboutissant aux idées de
possession peut ne survenir qu'après une certaine période de
maladie... C'est le cas de notre malade, c'était aussi celui d'un
autre aliéné dont l'observation a été déjà communiquée par l'un
de nous au congrès de Paris, et qui résumait fort bien l'évolution de sa maladie en disant que « ce fut d'abord une
obsession qui est devenue une possession de l'individu hanté par
les esprits (2). » — D'autres fois, les troubles psycho-moteurs,
les altérations de la personnalité et les idées de possession
apparaissent *très vite, presque* au début. »

Cette assimilation du mélancolique auto-accusateur
avec le démoniaque, est une manière correcte de
mettre l'Eglise en garde contre ses erreurs d'autrefois.
M. Charcot et certains de ses disciples ont reproché,
sans périphrase, aux théologiens, d'avoir ignoré les

_____

(1) Séglas, *Variété psycho-motrice des délires de persécution.* (Ann.
médic. psych., janv. 1893, p. 111)
(2) Séglas, *Le dédoublement de la personnalité et les hallucinations verbales psycho-motrices.* (Congrès de médec. mentale de
Paris, 1889.)

notions les plus élémentaires de la pathologie, en créant la fiction de l'obsession démoniaque, en appelant possédés du mauvais esprit de simples hystériques en période de convulsions ou de contorsions.

Un exemple bien probant, pense-t-on, est le suivant :

« A Lariboisière, l'aumônier venait voir une hysté-
« rique après ses attaques et lui disait que c'était le diable
« qui la faisait souffrir. Sous l'influence de cette idée,
« sa maladie redoublait d'intensité et, dans la période
« de délire des crises convulsives, elle voyait le diable.
« Il était grand, avait des écailles, des jambes terminées
« par des griffes ; il avait les yeux rouges ; son corps
« se terminait par une grande queue, comme celle des
« lions, avec des poils au bout ; il grimaçait, riait et
« paraissait dire : Je t'aurai. » Elle changea d'hôpital ;
« à la Salpêtrière, elle fréquente moins l'église, on ne
« lui parle plus de démon, elle se tranquillise peu à peu,
« et finit par se débarrasser de l'idée qu'elle appartient
« au diable (1). »

La possession est un effet transitoire ; qu'elle prenne fin à un moment donné, cela n'annule en rien les symptômes précédents, quand symptômes il y a ; de plus, l'état morbide n'est pas une quantité absolument négligeable, dans un fait de possession, nous aurons à expliquer cette donnée, étonnante pour le médecin.

Nous avouerons maintenant, sans difficulté aucune, que l'attitude de cet aumônier n'a pas été prudente, si l'histoire est véridique en tous ses points. — Mais un aumônier qui peut être trop crédule — l'occultisme recrute des naïfs même parmi les médecins — n'est pas les « théologiens », à plus forte raison, il n'est pas toute l'Eglise.

(1) Cf. *Iconographie de la Salpêtrière*, t. III, p. 106-107.

M. Charcot a fait mieux : — Dans ses *Démoniaques dans l'art.* il cite l'Eglise à la barre du tribunal de la Science. Il veut prouver que l'Eglise, par ses théologiens les plus autorisés, — nous ne parlerons que de ceux-là — a confondu avec la possession plusieurs variétés de la crise hystérique. — Pour ce, il passe en revue les tableaux, les fresques, les miniatures, les tapisseries, les bas-reliefs en bronze. — La fantaisie possible d'artistes souvent plus préoccupés de la mise en scène que de l'exactitude — où étaient les modèles ? — n'apporte aucun trouble dans la sérénité de son jugement scientifique. Le Docteur fait son choix, passe dédaigneux devant le possédé de la *Transfiguration:* il n'est pas assez convulsif, sans doute. Un peintre du xviiᵉ siècle, le Dominiquin, le ravit dans la reproduction d'un épisode d'exorcisme attribué à saint Nil. Entre le fait supposé et sa reproduction, il s'est bien écoulé *six siècles,* mais il est bien entendu que les artistes savent évoquer le passé, et avec quelle fidélité de détails, personne ne l'ignore ! — Pour le commun des mortels, une peinture sera toujours très difficilement l'exacte reproduction d'un récit. Et puis, qui donc pourrait affirmer que la possession ne reproduira pas les épouvantables scènes de ces crises convulsives ; le démon peut causer ces états humiliants et déprimants ; mais c'est à d'autres signes que l'on reconnaîtra l'influence démoniaque. D'eux-mêmes, les effets pathologiques de convulsions et de contorsions n'impliquent ni n'excluent la possession. — Il faut d'autres critères, et l'Eglise sait y recourir.

M.Charcot veut surtout tirer un argument apodictique du tableau de Pierre-Paul Rubens. Saint Ignace — qui n'a jamais exorcisé de son vivant — y est représenté dans l'attitude de l'exorciste. Une femme est là, le « cou « gonflé, la bouche ouverte avec protrusion de la

« langue, les narines dilatées..., les globes oculaires
« convulsés en haut et cachant presque complètement
« la pupille sous les paupières supérieures... Au premier
« plan, est un possédé, tombé à la renverse, la bouche
« spumante, dans une attaque violente ». — Au nom
de l'exactitude, nous pourrions faire des réserves sur
plus d'un détail, dont aucun n'est ici sans importance.

Il est bien probable que l'artiste, pour reproduire des
scènes violentes, a mis là tout ce qu'il savait sur l'état
violent et convulsif. A-t-il pris ses modèles parmi les
épileptiques ? C'est possible. Si oui, les a-t-il crus possédés ? — Y avait-il, chez de tels sujets, les signes
véritables de la possession ? — Toutes questions qui
restent sans réponse, et enlèvent tout sérieux à l'argumentation de M. Charcot. — Mais tout est symbolique
dans ce tableau ! — A gauche, deux femmes présentent
leur enfant, et un homme semble enlever un lacet de
son cou tuméfié. — Au premier plan, un convulsionnaire se roule, contenu par les assistants. L'artiste —
la chose est claire — n'a cherché là qu'un superbe
effet de *raccourci*. Au second plan, une femme qui
déchire son vêtement d'une main crispée, et tire la
langue ; son cou n'est pas plus gonflé que celui de ses
voisines, mais il aurait pu l'être : c'est une crise
d'hystérie mal rendue ; l'artiste a même oublié de
convulser les yeux sous les paupières, comme l'a cru
voir M. Charcot : les yeux regardent bien fixement le
plafond dans le demi-renversement de la tête. Saint
Ignace, au second plan, sur la gauche, entouré d'une
couronne de religieux, exorcise du haut des degrés de
l'autel ; dans le fond, des démons à longue queue disparaissent sous les voûtes.

C'est un tableau évidemment fantaisiste et symbolique. M. Charcot y a vu une reproduction d'après

nature..., ou tout au moins d'après le fidèle récit des
témoins !! ..

« Voilà les possédés d'autrefois! » écrit M. Charcot ;
et il peut rééditer le mot de Figuier : « Telle était la
« fureur d'exorciser et de rôtir que les moines voyaient
« des possédés partout où ils avaient besoin de mi-
« racles pour mettre en lumière la Toute-Puissance de
« Dieu (1). »

Les réflexions scientifiques de MM. Séglas et Brouardel nous amènent à considérer de plus près la doctrine traditionnelle de l'Église sur le fait de la vraie
possession.

La *mélancolie*, avec abattement, morosité, penchant
au désespoir, est avec la *manie*, la *démence* et l'*idiotisme*,
une des formes de l'aberration mentale (2).

La mélancolie, — *atrabile*, — l'humeur noire des
anciens, paraît tenir, comme l'hypocondrie, à une
altération particulière du système hépatique, qui se
déclare à la suite d'affections morales vives et prolongées; c'est la *lypémanie* d'Esquirol. La préoccupation exagérée de la santé physique est le premier
degré de la mélancolie hypocondriaque, qui, plus
accentuée, conduit aux conceptions les plus bizarres;
des malades affirment qu'ils n'ont plus ni gosier,
ni estomac, ou qu'ils ont un serpent dans le ventre. —
D'autres fois, le lypémaniaque bâtit tout un roman où il
se dit victime de personnages influents : la folie des
persécutions, la théomanie, la démonomanie, peuvent
résulter de cette noire tristesse et de cet état d'a-
battement.

(1) Figuier, *Hist. du Merv.*, t. I, Préf.
(2) Descuret, *La Médec. des passions*, I p., ch. II.

Nous n'avons pas à contredire des constatations médicales scientifiquement établies. Les observations de MM. Séglas et Brouardel sur les sujets *mélancoliques* ne peuvent qu'être utiles aux théologiens.

Quand on ouvre les vieux théologiens, on ne constate pas sans étonnement que toutes ces notions leur étaient familières. — Les *atrabilaires*, ou *mélancoliques*, étaient pour eux, généralement, des *délirants*. Ils admettaient, en certains cas, que la mélancolie pouvait se compliquer de possession, mais ils distinguaient ces états avec grand soin et avec une prudence consommée. — Il y a plus, les théologiens *réagissaient contre la crédulité des médecins.*

Écoutons Benoît XIV, qui résume, comme on le sait, les traditions théologiques, dans son grand ouvrage de la *Canonisation des Saints :*

« Beaucoup sont regardés comme obsédés, qui, en
« réalité, ne le sont aucunement : ces prétendus pos-
« sédés *simulent* l'obsession, et il arrive aussi que les
« médecins les déclarent tels, sans preuve suffisante.
« Ces médecins, comme le remarque très justement
« Vallesius, n'ont pas plutôt constaté l'impuissance des
« remèdes ordinaires sur ces malades, qu'ils les amè-
« nent à l'exorciste (1). »

Les médecins de ce temps-là, embarrassés de certaines maladies, sauvaient leur réputation scientifique en mettant leur impuissance sur le compte du démon ; ils usaient et abusaient de la *possession,* un peu comme nos modernes usent et abusent de la *névrose.* — Le mot

---

(1) « Multi dicuntur obsessi, qui revera obsessi non sunt quia se simulant obsessos, aut quia medici ipsi nonnullos dicunt obsessos, qui obsessi non sunt, uti bene annotavit Vallesius... (quos constat) cum tentatæ sint aliæ curationes antea, neque sufficiant, deferri ad illos (exorcitas). (Bened. XIV, l. IV, 1 p., c. 29, n. 5).

est du docteur Tony-Dunand : « La névrose a été in-
« ventée par nos professeurs, afin de désigner tout état
« nerveux, vague et indéterminé, auquel on ne saurait
« reconnaître un siège appréciable. La névrose est
« donc une des plus heureuses échappatoires, par où se
« sauve le médecin quand il ne sait pas la nature d'une
« maladie et qu'il est impuissant à la soulager (1). »

Sans attacher grande importance à cette boutade, il
est permis de trouver dans cet excès une explication aux
tendances d'autrefois; on constatera donc, ici, avec
plus de justesse et de justice, la prudence des grands
théologiens mystiques. Souvent mal conseillés par les
hommes de l'art, ils résistaient à cet entraînement
de crédulité excessive, et édictaient ces principes :
« Comme l'enseigne Zacchias, les signes que plusieurs
« apportent comme marques de la possession ne sont
« que les signes de l'*état mélancolique;* il est donc ex-
« pédient que les théologiens et les médecins soient
« plus *prudents*, qu'ils *pèsent*, qu'ils examinent atten-
« tivement les signes avant de se prononcer pour le cas
« de possession (2). »

On voit déjà combien est injuste le reproche de
Maury touchant « l'influence néfaste de l'Église sur le
développement de l'hystéro-démonopathie » et sur « sa
préoccupation constante du démon (3) ».

C'est pourtant dans un des plus autorisés commen-
taires sur le *Rituel romain* que se trouvent ces paroles :
« *Ex centum corporibus quae a daemone obsessa di-*

---

1) *Une révolut. en philos.*, p 169.
(2) «(Theologi demonstrant)... quod signa ex quibus nonnulli inferunt
aliquem esse a daemone obsessum, sunt signa *humoris melancholici.*
quo circa theologi, medici, cautiores, monent signa esse perpendenda
et examinanda, antequam pronuntietur aliquem esse a daemone
obsessum, uti docet Zacchias. » (Lib. IV, I p. c. 20, n. 5).
(3) *Magie*, p. 324.

cuntur « *rix duo* » *erunt vere maleficiata*. » — Baruffaldus pense exagérer en fixant, pour l'obsession véritable, une proportion de *deux* pour *cent*, dans l'ensemble des phénomènes. — Et encore, ajoute-t-il, ce
sera le fait de *femmelettes malades* : « *Et hæc ut plurimum erunt femellarum, quæ plurimis morbis obnoxiæ
esse solent, et fingunt se dæmoniacas, licet non sint* (1). »

Ce docte commentateur avait été mis en garde contre
les excès de crédulité par le Rituel. — En tête du
chapitre consacré aux exorcismes, M. Figuier lui-
même aurait' pu lire ce très sage avis : « *In primis,
ne facile credat aliquem a dæmone obsessum esse;
sed nota habeat signa quibus obsessus dignoscitur ab iis
qui « vel atrabile » vel « morbo aliquo » laborant*. »

Aucun théologien ne traite cette question délicate de
la possession sans attirer l'attention sur les effets pathologiques de la mélancolie. MM. Séglas et Brouardel
s'en montreront satisfaits, et, après avoir décerné des
éloges à ces vieux théologiens, qui tempéraient si bien
la trop mystique ardeur de certains médecins, ils re-
connaîtront la valeur descriptive de ces réflexions théologiques :

« Très souvent, on regarde (parmi la foule, dans les
« milieux superstitieux) comme obsessions diaboliques
« des maladies naturelles, ou de pures imaginations,
« voire même une folie commencée, ou devenue pleine
« et entière. C'est pourquoi, il faut procéder avec pru-
« dence, jusqu'à ce qu'on soit certain de l'obsession par
« les caractères *spéciaux* qui l'établissent... Il y a des
« maladies, comme l'*épilepsie*, l'*hypocondrie* et, chez
« les femmes, d'autres infirmités qui peuvent produire
« des effets vraiment étranges et affligeants (2). »

<hr>

(1) Baruff.; ad *Rituel. rom.*, p. 226.
(2) Schram, *Théol. myst.*, t. I, § 197.

Nous avons dit que les persécutés auto-accusateurs, étudiés par M. Séglas (1), présentaient des hallucinations de la vue, de l'ouïe, et éprouvaient des phénomènes d'arrêt entraînant de vives douleurs. Cet état est bien connu des auteurs mystiques. « Souvent, « insiste Schram, il suffit d'une imagination vive pour « qu'une personne se persuade voir, entendre, toucher; « il lui arrive même de *sentir* des maux qui n'ont aucune réalité, surtout si l'usage de la raison est déjà « affaibli ou troublé par une lésion de l'organe. Dans ce « cas, le médecin spirituel doit avoir recours au médecin corporel, et conclure en général qu'il n'y a pas « d'obsession diabolique (2). »

Les mélancoliques de M. Séglas se disent bien nettement possédées ou « ensabattées », et c'est par une sorte d'envoûtement qu'elles expliquent les souffrances, les tortures qu'on leur fait subir (3. — Les théologiens enseignent de leur côté : « Les tourments du corps, « comme les coups, et généralement *tout ce qui a trait* « *au sens du toucher*, ne doivent pas être attribués facilement à l'obsession puisque ce ne sont, souvent, « que les fantômes d'une imagination naturellement « malade (4). » — Très sagement, ces auteurs conseillent de recourir à l'examen médical, car ce que nous souffrons ainsi par les yeux, l'ouïe, l'odorat, peut n'être qu'imaginaire et de pure fiction.

Nous mettons au défi nos adversaires d'ouvrir un ouvrage de mystique, faisant autorité dans les sciences théologiques, sans y retrouver, sous une forme ou sous une autre, ces prudentes directions.

---

(1) N. 82., *Arch. de Neurol.*
(2) Schram, loc. cit.
(3) *Archives de Neurologie*, n° 82.
(4) Schram, loc. cit. n. 197.

Les théologiens ont nettement distingué les signes
caractéristiques de la possession des effets de la mélancolie ; jusque dans l'accès du mal démoniaque proprement dit, ils ne cessent d'établir cette distinction.

Ils admettent, il est vrai, — et nous n'avons aucune
raison de rejeter cette opinion — que l'influence du démon s'accommode parfaitement de certains troubles
morbides, comme si le démon, l'homicide par excellence,
se complaisait volontiers à exercer son action au milieu
du trouble et du désordre. Donc, soit qu'il veuille parfois cacher sa malsaine présence, pendant un temps,
au milieu de ces troubles naturels qu'il aime à reproduire parce qu'ils dépriment et humilient spécialement
notre nature, soit qu'il se délecte de ce qui est morbide,
vicieux, désordonné, le démon exerce spécialement
son influence sur les mélancoliques, sur ceux que la
tristesse noire mène plus aisément au désespoir ; il se
trouve là chez lui, pour ainsi dire, et comme dans son
domaine ; il hante de préférence les âmes désolées.

Cette doctrine ne soulève aucune répugnance. — A
l'imitation de Dieu qui élève de préférence aux états
surnaturels les âmes d'oraison, déjà disposées mentalement à ces merveilles de la grâce et préparées en quelque sorte à ces dons, — qui n'en sont pas moins tout
gratuits dans leur essence, — le démon va plus volontiers à ceux que certaines dispositions morbides pré-
disposent à son influence déprimante. C'est pour cette
raison, dit Benoît XIV, que l'humeur mélancolique est
appelée le « siège du diable » : « *Humor melancholicus
vocatur sedes diaboli, cum pessimis humoribus de-
lectetur daemon, et praecipue melancholicis* (1). »

Nous mettons encore au défi qu'on puisse apporter
une raison vraiment scientifique à l'encontre de la sui-

(1) *De Con. Sanct.*, l. IV, p. 1, c. 29, n 7.

vante conclusion : L'obsession peut s'appuyer, parfois, sur des dispositions morbides ; dès lors, le remède naturel peut nuire à l'action du démon, en diminuer l'intensité, et concourir — très *indirectement*, il est vrai — à la cessation de l'influence mauvaise. C'est la doctrine des théologiens mystiques les plus considérables. tels que Thyrée, del Rio, Benoît XIV, etc., etc. — « Donc, tout ce qui produit dans le corps du patient « une disposition contraire à l'état morbide contrarie « l'influence démoniaque .. Mais ces remèdes naturels « ne peuvent être qu'*indirectement efficaces*... (1). »

Nous n'entendons pas dire que le démon n'exerce que là son pouvoir. — Il serait non moins faux de conclure également que les exorcismes relèvent directement de la Salpêtrière. — Du moins, on doit reconnaître que le fait d'avoir été attentifs à *soigner* ceux qu'on *exorcisait*, est une preuve que les théologiens ont discerné la crise morbide de la crise démoniaque ; les accuser d'avoir confondu des effets aussi essentiellement distincts, c'est faire preuve d'ignorance. De plus, cette doctrine, considérée en elle-même, est basée sur la corrélation qui existe entre le désordre physiologique et le péché, puisque l'une est la suite de l'autre, d'après la doctrine révélée. — Pourquoi, dès lors, le désespoir volontaire, fruit de la mélancolie entretenue à ses débuts, ne serait-il pas un encouragement, pour l'esprit mauvais, à pousser le désespéré vers le crime ? — Satan n'a pas sur nous une très grande influence pour nous porter directement à certains

_____

(1) Igitur, quæcumque res inducunt in corpus patientis dispositionem contrariam dispositioni requisitæ ad actionem dæmonis, illæ corporeos humores purgant directe et corpoream ægritudinem pellunt naturaliter. Cur vero dæmon fugiat, et corpus illud deserat, sunt solummodo causae *indirectæ*. » (Bened. XIV, l. IV, 1 p., c. 29, n. 7).

crimes : il se sert surtout de la tristesse. — C'est la pensée de saint Chrysostome : « Plusieurs, dit-il, ont été conduits au suicide, non pas tant par le démon qui les possédait que par la tristesse noire (1). »

Aussi, les soins physiques et moraux font partie de la thérapeutique surnaturelle : « Surmontons la tristesse, dit saint Bonaventure ; c'est dans l'eau trouble que le serpent se cache pour s'emparer de l'âme : *solet in aquâ turbidâ latere piscaturus animum coluber tortuosus* (2). » — Zacchias dit expressément : « Ceux qui ont « une trop grande abondance d'humeur mélancolique, « sont timides, et souvent dominés par l'imagination ; « ce qui rend l'accès plus facile au-démon pour les « obséder (3). » — « Ce n'est pas le démon qui excite la « tristesse, insiste saint Chrysostome, c'est la tristesse « qui donne des forces au démon et se montre la source « des mauvaises pensées (4). »

L'Ecclésiastique résume ces conseils : « *Tristitiam ne des animæ tuæ* (5). »

Un point se dégage de cet enseignement — : La mélancolie, dont la science moderne constate les effets déprimants, et qu'elle donne comme la raison dernière de la possession scientifique, a été connue des anciens et soigneusement observée. — Les théologiens ont préparé, dans les âges précédents, ou répété, dans les temps qui ont suivi, ce jugement de saint Liguori sur les possessions : « *Non enim negandum majorem co-*

---

(1) Quod si inter eos quispiam fuerit arreptus a dæmone, hujus perditio non dæmoni, sed mæroris tyrannidi violentæ merito imputenda erit. » (L. II, *de Provident.*)
(2) *In spir. discr.*, p. I, c. 2.
(3) *Quæst. medico-leg.*, l. IV, t. I, q. 8, n. 52
(4) Lib. II, *de Provid.*
(5) Eccles., XXX, 22.

rum partem esse aut fictiones, aut imaginationes, aut infirmitates, praesertim in mulieribus (1). »

Toutefois, l'obsession n'est pas une chimère : il y a eu il y aura encore des possédés ; on les reconnaît à des signes que nous allons brièvement exposer.

. *.
. .

Le *Rituel* romain, avons-nous dit, donne à l'exorciste des conseils de prudence : il l'avertit de ne pas croire aisément à la possession, mais de baser son jugement sur les signes qui la rendent évidente : « *Sed nota habeat ea signa, quibus obsessus dignoscitur.* »

Parmi ces marques, les unes sont *certaines*, les autres *probables*.

Pris séparément, les signes seulement probables ne suffisent pas pour légitimer l'intervention de l'exorciste ; pris en bloc, ils ont la valeur désirable, et la possession est d'autant mieux prouvée que ces marques sont plus nombreuses : « *Quae cum plurima concurrant, majora sunt indicia* (2). » C'est, en effet, une tactique du démon — contre laquelle le *Rituel* met en garde l'exorciste — de dissimuler sa présence tant que les phénomènes extérieurs ne l'ont pas trahie aux yeux de ceux dont il redoute l'intervention. Mais il faut déjà des indices suffisants pour avoir le droit de presser le démon par la vertu de l'exorcisme : « *Solent enim difficile se manifestare, ut exorcista diu defatigatus desistat, aut infirmus videatur non esse a daemonio vexatus* (3). »

(1) Prax. conf., n. 120.
(2) *Ritual. roman.*
(3) *Ritual. roman.*

Les signes de la vraie possession sont tout d'abord *intellectuels* :

1º Le premier et le plus caractéristique est de *parler une langue inconnue, dans des phrases suivies*, ou de *comprendre* une *langue étrangère, totalement inconnue:* « *Ignota lingua loqui* « *pluribus verbis* », *vel loquentem intelligere* (1). »

Benoît XIV, commentant ces paroles du *Rituel*, appelle cette faculté de parler une langue inconnue, un *grand signe* de la possession (2).

Il faut rapprocher de cette propriété, la faculté, subitement concédée au possédé, d'user *familièrement* des termes techniques d'une science ou d'un art, sans les avoir jamais appris, ou encore la connaissance subite des solutions afférentes aux problèmes les plus ardus, aux questions les plus élevées et les plus difficiles (3).

Il ne sera pas sans intérêt de constater que les médecins les plus dévoués à l'occultisme reconnaissent, à de tels signes, que les phénomènes ne sont plus d'ordre *animique*, mais d'ordre *spiritique ;* alors, pensent-ils, il y a *possession* du médium par un esprit *désincarné.* Traduisez cet « esprit désincarné » par le mot « démon », et cette page d'un docteur en occultisme sera un excellent commentaire du *Rituel :*

« Les phénomènes d'obsession et de persécution constituent également un caractère d'origine spiritique. Les persécutions de la famille Fose en sont un exemple remarquable.

---

(1) *Ritual. rom.*

(2) « Est autem magnum signum quando loquuntur sermonem alienum a patriâ suâ. » (Lib. IV, 1 p., c. 29).

(3) « Ad hoc, casus in quo ille qui reputatur dæmoniacus utitur familiariter terminis technicis scentiarum vel artium quas nunquam didicit : quæstiones abstrusissimas, ac difficilia problemata resolvit. » (P. Séraphin, *Princip. myst. De energ.*, n. 19.)

Il en est de même des *communications dont la nature est au-
dessus du niveau intellectuel du médium*. Exemples : 1° termi-
naison, par un jeune homme illettré, du roman de Charles Dickens
(Edwin Drod), ce jeune homme était un médium très puissant ;
apprenti mécanicien, il n'avait aucune prédisposition à la
littérature.

2° Réponses *exactes* et *immédiates* faites par un médium
femme, d'une instruction médiocre, à un grand nombre de questions scientifiques *ardues*. Parmi ces questions, en voici deux
choisies par M. Barkas, le distingué géologiste de Newcastle :

Comment peut-on calculer la relation qui lie entre eux
les battements spécifiques de l'air pris sous un volume constant
et sous une pression constante, d'après la vitesse observée
du son et la vitesse déterminée au moyen de la formule
de Newton ?

Quelle est l'origine des consonnances imparfaites ?

Les autres questions concernaient l'anatomie, la chimie et les
sciences physiques, et les *personnes qui assistaient aux séances*
étaient des profanes en ces matières.

3° Solution de problèmes astronomiques *non encore résolus* par
la science, par une dame médium. Une des questions était
celle ci : Pourquoi les satellites d'Uranus font-ils leurs révolu-
tions de l'ouest à l'est ? La réponse fut que les satellites
d'Uranus tournent, comme les satellites des autres planètes,
de l'occident à l'orient, et l'erreur provient de ce que le pôle sud
d'Uranus était tourné vers la terre au moment de la découverte
de cette planète. Cette vérité a été reconnue depuis la communication du médium. — Une autre question était la description
des deux satellites de **Mars** dix-huit ans avant leur découverte.
(Fait observé par le général Drayson). »

Le docteur en occultisme que nous citons énumère
encore comme signes de la possession spiritique :

« On reconnaîtra encore la nature des manifestations : 1° dans
la médiumnité des *petits enfants* ; 2° dans la conversation en
langues étrangères inconnues des médiums, dans l'exécution de
morceaux de musique par des sujets n'ayant *aucune instruction*

musicale ; 3° par la communication de faits que ne connaissent ni
le médium ni les assistants, et qui ne peuvent pas être expliqués
par la transmission de pensée, en raison même des conditions dans lesquelles ces messages sont délivrés ; 4° par les communications venant de personnes complètement inconnues des
médiums aussi bien que des assistants ; 5° par la transmission
de messages et d'objets à une grande distance, etc. (1). »

N'est-ce pas aussi un témoignage précieux en faveur
de la thèse catholique de la *possibilité* et des *signes* de
la possession que cette lettre du Dr Richet au Dr Dariex,
que le docteur Dupouy cite lui-même pour démontrer la
possession des corps par un *esprit* :

« Nous avons la ferme conviction qu'il y a, mêlées
« aux forces connues et décrites, des forces que nous ne
« connaissons pas ; que l'explication mécanique, simple,
« vulgaire, ne suffit pas à expliquer tout ce qui se passe
« autour de nous (2). »

L'ignorant ne peut pas plus se donner, par l'imagination ou l'exaltation des fonctions intellectuelles, la
connaissance d'une langue ou d'une science inconnue
que l'aveugle-né ne s'imagine les couleurs, et le sourd
de naissance les sons. Il faut apprendre: *Nihil est in
intellectu quod non prius fuerit in sensu.*

Citons encore cet exemple de possession spiritique :
« Une jeune Américaine, miss Laure Edmonds, fille
« d'un magistrat des États-Unis, médium très remar-
« quable, se rencontre dans une séance avec un Grec.
« M. Evangélidès. Cette jeune fille ne sachant pas un
« mot de grec, converse néanmoins pendant des heures
« entières, et avec une grande facilité, avec M. Evan-
« gélidès, et apprend à celui-ci des faits tellement

---

1 Dr Dupouy, *Sciences occultes et physiologie psych.*, p. 154-158.
(2) *Sciences occultes et phys. psych.*, p. 155.

« précis qu'il reconnaît dans l'invisible parlant par la
« bouche de miss Laure un ami intime, mort quelques,
« années auparavant en Grèce, et qui n'était autre que
« le frère du fameux patriote Botzaris (1). »

Nous dirons plus loin que le rôle prêté aux âmes des
défunts est inadmissible ; la doctrine catholique attribue
ces communications à d'autres entités. — Nous n'avons
pas à défendre la réalité de ces faits — que rien
n'autorise à rejeter d'ailleurs, — mais nous les citons à
titre explicatif, et nous disons, sans crainte d'être contredit par des hommes sensés, exempts du parti pris
rationaliste : *La connaissance subite de langues inconnues du sujet, et de sciences manifestement infuses*,
trahit l'action d'une force supra-sensible. Dupouy,
Crookes, Aksakoff, etc., sont donc en parfaite conformité d'idées avec le *Rituel* sur la valeur *intrinsèque* de
ce signe ; on se sépare sur la question de déterminer la
nature de cette cause extra-corporelle, mais on s'accorde
sur la valeur du signe. C'est tout ce qu'il nous importe
de retenir, pour le moment.

Nous n'avons garde de confondre certains phénomènes de mémoire mécanique avec le phénomène
supra-naturel de science subitement acquise. L'imagination, aidée de la mémoire, a pour reproduire une
puissance merveilleuse. Une sensation fugitive, tombée
dans l'oubli, est vite réveillée sous l'excitation. — Un
prêtre de mes amis, qui fut sur le point de se noyer
sous mes yeux, me racontait aussitôt, comme phénomène qui l'avait frappé, les sensations éprouvées — :
Il avait revu toute sa vie en un instant, depuis son en-

(1) Loc. cit., p. 157.

fance, avec une étonnante précision des détails, et il
avait eu le temps de raisonner sur tout cela entre
deux suffocations. Les sensations passées peuvent re-
vivre avec une grande netteté, mais ces images se rapportent toujours à des impressions passées, souvent
inconscientes, mais qui n'ont pas moins affecté la
sensibilité spontanée.

Brierre de Boismont rapporte ces exemples :

« Une jeune fille de sept ans, de la plus basse extraction,
occupée dans une ferme à conduire un troupeau, avait l'habitude
de coucher dans une pièce qui n'était séparée que par une mince
cloison de la chambre habitée par un joueur de violon. Ce dernier, musicien ambulant d'une très grande force, passait souvent
une partie de la nuit à jouer des morceaux choisis qui n'étaient
pour l'enfant qu'un bruit désagréable. Après une résidence de
six mois, cette fille tomba malade et fut conduite chez une dame
charitable qui, après sa convalescence, l'employa comme domestique. Il y avait déjà quelques années qu'elle avait été admise
chez cette dame, lorsqu'on commença à entendre pendant la nuit
une très belle musique qui excita beaucoup de surprise et d'intérêt dans la famille. Au bout d'un certain nombre de veilles on
reconnut que le son venait de la chambre de la domestique.
On s'y rendit et on la trouva endormie, mais modulant des sons
absolument semblables à ceux d'un petit violon. Deux heures
s'étant écoulées dans cet exercice, elle commença à s'agiter, pré-
luda par des accords qui semblaient sortir d'un violon, puis elle
attaqua des morceaux de musique savante, qu'elle exécuta avec
beaucoup de soin et de précision ; les sons qu'elle émettait
ressemblaient aux plus délicates modulations de cet instrument.
Pendant l'exécution de ces morceaux, elle s'arrêta plusieurs fois
pour accorder son instrument, et recommença, de la manière la
plus correcte, le morceau au passage même où elle l'avait
laissé. Ces paroxysmes avaient lieu à des intervalles inégaux
qui variaient d'une à quatorze et même vingt nuits. Ils étaient
généralement suivis de la fièvre et de douleurs dans diverses
parties du corps.....

« Durant cet état maladif, qui se prolongea dix à onze ans, elle se montrait, à son réveil, bornée, maladroite, très lente à recevoir toute espèce d'instruction, quoiqu'on prît beaucoup de soin pour l'instruire ; son intelligence était évidemment très inférieure à celle des autres domestiques ; elle n'avait plus alors aucune aptitude pour la musique ; elle ne paraissait pas avoir souvenance de ce qui se passait pendant son sommeil (1). »

Ces mélodies s'étaient gravées dans les facultés de l'enfant, particulièrement disposées, pendant les six mois que dura l'excitation musicale ; elle imaginait ensuite, pendant ses crises, et exprimait automatiquement les sons avec cette facilité que certains états nerveux communiquent aux cordes vocales. — Il n'y a pas là, la chose est claire, science *subite* d'un art jusqu'ici totalement inconnu.

Taine raconte cette curieuse histoire d'une fille de vingt-cinq ans, très ignorante, ne sachant pas lire, qui, devenue malade, récitait d'assez longs morceaux de latin, de grec et d'hébreu rabbinique, mais qui, une fois guérie, parlait tout au plus sa propre langue. « Pendant son délire, on écrivit, sous sa dictée, plu- « sieurs morceaux. En allant aux informations, on sut « qu'à l'âge de *neuf ans* elle avait été recueillie par son « oncle, pasteur fort savant, qui se promenait d'ordi- « naire, après son dîner, dans un couloir attenant à la « cuisine, et répétait alors ses morceaux favoris d'hé- « breu et de grec. On consulta ses livres, et on y « trouva, mot pour mot, plusieurs morceaux récités « par la malade. Le bourdonnement et les articulations « de la voix lui étaient restés dans les oreilles. Elle les « avait entendus, comme elle les avait récités, sans les « comprendre (2). »

---

(1) Brierre de Boismont, *Des Hallucinations*, p. 342.
(2) Taine, *De l'Intelligence*, t. 1, p. 150.

Nous sommes loin du *signe* mis en avant par le *Rituel : ignotâ linguâ loqui vel loquentem intelligere...* — Il faut parler une langue inconnue, la comprendre, par conséquent ; car si l'on peut comprendre suffisamment une langue qu'on ne saurait parler avec correction, il est bien impossible naturellement de la parler sans en avoir l'intelligence. — Il suffira, en certains cas, que d'autres en comprennent le sens.

M. Taine fait, à ce sujet, ces réflexions qui ne manquent pas d'une certaine justesse : « On ne peut pas « assigner de limites à ces renaissances, et l'on est forcé « d'accorder à toute sensation, si rapide, si peu impor- « tante, si effacée qu'elle soit, une aptitude indéfinie à « renaître, sans mutilation, ni perte, même à une « distance énorme. » — Cette renaissance ne se montre guère avec cette intensité que dans certains états d'exaltation passagère ; le phénomène n'est jamais qu'un rappel de connaissances passées.

Le don des langues n'est donc pas dans la nature, et c'est abuser des mots et des idées que de comparer le fruit d'une surexcitation passagère de la mémoire avec cette science d'une langue inconnue que les médecins voués à l'occultisme, tout comme les médecins catholiques, s'accordent à regarder comme une marque certaine d'une influence supra-terrestre. Les médecins du XVIIe siècle ne tombaient point, à ce sujet, dans les grossières erreurs que leur prêtent leurs confrères de la Salpêtrière. Paul du Bé, dans un ouvrage approuvé par Puylon, doyen de la Faculté, par Gui Patin et par d'autres professeurs à la Faculté, établissait très scientifiquement les distinctions. Après avoir parlé des aboiements, des expressions féroces du visage, des agitations violentes des membres, etc., il ajoute : « Comme il y a des

« affections morbides qui se manifestent par des symp-
« tômes semblables, telles que la fureur utérine, la
« lycanthropie, l'érotomanie ou mal hystérique, pour
« ne pas nous *laisser abuser* par l'analogie, en matière
« si ardue, nous devons examiner avec *le plus grand*
« *soin* les signes qui viennent du côté de l'esprit, afin
« de rendre, par l'*accumulation* des preuves, notre
« connaissance certaine...

« Or ces signes sont au nombre de trois : la révélation
« des choses cachées, la connaissance des langues
« étrangères, et l'autodidascalie, art de lire et d'écrire
« sans l'avoir jamais appris (1). »

Des médecins sont portés à donner une portée exagérée à certains phénomènes d'exaltation mentale, et
veulent y comprendre le don des langues.

« Dans l'hystérie, déclare M. Dubois (d'Amiens), on
« a quelquefois remarqué des attaques surprenantes
« par l'élocution comme inspirée, et par le grandiose
« des pensées de certaines malades : ce qui faisait dire
« à Diderot que, dans le délire hystérique, la femme
« revient sur le passé, qu'elle lit dans l'avenir, et que
« tous les temps lui sont présents. Rien qui se touche
« de plus près, ajoutait ce philosophe enthousiaste, que
« l'extase, les visions, les prophéties, les révélations,
« la poésie fougueuse et l'hystéricisme (2). »

Nous sommes tout aussi incrédule que M. le Dr Dubois au sujet de cette propriété de lire dans l'avenir que
posséderait l'hystérique, et le grandiose des pensées
doit se borner à une élocution plus ou moins empha-
tique, sur des sujets que l'exaltation réveille des profondeurs de la mémoire. — Parchappe cite le cas d'une

_____

(1) *Medicinae theoretic.*, D. Pauli du Bé, Parisiis. 1671.
(2) *Histoire philosoph. de l'hypocondrie et de l'hystérie*, p. 352.

dame, d'un esprit fort médiocre, qui était sujette à des
accès de mélancolie, pendant lesquels son intelligence
se développait au point de discuter avec éloquence sur
les questions les plus ardues. — « Une jeune fille du
« peuple, âgée de 14 ans, atteinte de folie à la suite
« d'une vision, discourait sur des sujets religieux,
« comme si elle s'était livrée à l'étude de la théologie ;
« elle parlait comme un prédicateur sur Dieu, sur les
« devoirs du christianisme, ét savait résoudre avec sa-
« gacité les objections qu'on lui faisait pour l'é-
« prouver (1). » Sauf le cas de possession réelle — ce
qui est toujours possible, et ce serait vouloir expliquer la possession par la possession — il faut nier
cette sagacité extraordinaire qui dépasserait certaines
limites. Une fillette qui discuterait, surtout avec les
termes de l'école, sur les questions difficiles de la
théologie, et le ferait ainsi avec une science véritable,
accuserait cette connaissance supérieure que nous
avons donnée, avec le *Rituel,* comme signe du supra-
naturel. Aussi, la plupart du temps, les médcins, assez
peu doctes en matières religieuses, seront aisément
surpris par les connaissances théologiques d'une jeune
fille qui aura suivi les cours d'un catéchisme développé.
Il faudrait donc contrôler cette science surhumaine.

Parchappe a très justement mis au point les données
un peu vagues et exagérées que nous apportent les
exemples qu'il vient de citer :

« Si l'on cherche, dit-il, à faire la part du vrai, en
« appréciant les faits sur une grande échelle, on arrive
« à reconnaître que l'augmentation de l'*activité intel-
« lectuelle,* si fréquente dans la folie, peut donner
« naissance, chez quelques individus, à certaines mani-
« festations qui expriment un degré d'intelligence plus

---

(1) *Annales médico-psychol.,* 1850, p. 44 et suiv.

« élevé que celui qui appartient à leur état normal.
« Mais *la limite de cette augmentation n'est pas re-*
« *culée au delà de ce que peut habituellement atteindre*
« *l'esprit humain. Les manifestations qui en sont le*
« *produit demeurent proportionnées à l'état psychique*
« *antérieur*, soit sous le point de vue de la portée ori-
« ginelle de l'intelligence, soit sous le point de vue du
« développement acquis au moyen de l'éducation (1). »

Nous admettons volontiers que la tension extrême
des facultés sensibles puisse mettre l'esprit dans des conditions de labeur plus fructueuses, et que le génie ait
trouvé son inspiration dans les excès de ces états
nerveux. « Certaines séries d'impressions internes qui
se coordonnent avec des idées antérieures peuvent
mettre en jeu toutes les puissances de l'imagination »,
comme le remarque Cabanis (2) ; mais tout cela de telle
sorte que « les manifestations demeurent proportionnées à l'état psychique antérieur ».

Ces manifestations psychiques n'expliquent point la
faculté subite de parler une *langue inconnue*, c'est-à-
dire la *glossolalie*.

Il est curieux de voir comment certains écrivains
amoindrissent le phénomène surnaturel pour se débarrasser des conséquences. Un exemple peu vulgaire
nous est fourni dans cet article d'un écrivain rationaliste qui signe néanmoins *Theologus*.

« Qu'est-ce que la glossolalie? Que signifie l'expression
« parler en langues » ? Depuis le IIᵉ ou le IIIᵉ siècle, on entend
par là le don de parler, sans étude préalable et par suite d'une
révélation, en langues étrangères. Ce sens n'est pas étranger au
livre des *Actes des Apôtres*, comme on le voit par le récit des
scènes de la Pentecôte. Mais certains détails de ce récit sont

(1) Loc. cit.
(2) *Rapports du physique et du moral de l'homme*, p. 574.

instructifs : les assistants, au lieu d'être frappés d'admiration, se demandent si les disciples ne sont pas fous ou pris de vin ; et, d'autre part, Pierre s'adresse à eux comme s'ils étaient tous juifs. L'énumération de tant de peuples qu'on trouve dans ce passage provient d'une époque où l'on ne savait plus ce qu'était le don des langues, et l'on avait déjà adopté l'interprétation, qui est devenue traditionnelle. Les pères de l'Église ne nous fournissent pas une autre manière de comprendre le phénomène ; seul, Tertullien le présente comme une sorte de prière prononcée dans l'état d'extase. C'est à l'apôtre Paul et à ses lettres qu'il faut s'adresser si l'on veut obtenir des renseignements plus précis. « L'homme qui « parle en langues », nous dit-il, parle non pas pour les hommes, mais pour Dieu » ; *ce qui revient à dire qu'il parle d'une façon inintelligible pour ceux qui l'écoutent.* Ce langage inintelligible consistait-il, comme on l'a prétendu, en sons inarticulés ? Ce n'est pas prouvé par les textes : il pouvait aussi bien être formé de *mots ou de phrases sans suite.* Il se produisait dans l'extase. Tantôt celui qui le proférait agissait avec conscience et se souvenait ensuite de ce qui s'était passé. D'autres fois il perdait la possession de lui-même, ne trouvait pas d'expressions suffisantes pour ce qu'il éprouvait, et il arrivait même à pousser, *sans s'en douter, des cris qui ne répondaient pas à ses sentiments réels;* d'aucuns en venaient à cette étrange exclamation : « Maudit soit Christ ! » On peut se demander pourquoi l'apôtre Paul désigne par une périphrase, destinée à provoquer tant de contresens, les paroles prononcées pendant l'extase. Il faut supposer que l'expression « parler en langues », en glossolalie, était déjà usuelle et s'appliquait à des phénomènes similaires. L'employait on pour désigner certains transports des prêtres de Cybèle ? C'est possible, mais ce n'est pas sûr. En tout cas, ce phénomène doit être rapproché de plusieurs autres qui se sont produits dans les temps de grande excitation religieuse. A la fin du xviiᵉ siècle et au commencement du xviiiᵉ, les éjaculations des petites prophéties camisardes ont souvent été de la pure et simple glossolalie. Ce sont des manifestations du même genre qui ont surgi, en 1731, parmi les jansénistes français : des *suites incohérentes de sons ont été prises pour des phrases prononcées en une langue étrangère.* La même forme d'extase s'est présentée en Suède vers 1840. Vers la même époque, la secte des Irvingiens prétendait recevoir les mêmes dons que la primitive Église. Par le don des langues elle entendait naturellement celui de parler en langues étrangères. Un jour, une jeune fille de la secte se mit à tenir des discours que personne ne comprenait ; on crut qu'elle parlait hébreu, elle proférait, en réalité, des *suites inintelligibles de sons.* La glossolalie présentait un danger réel pour les premières communautés chrétiennes ; rien ne prouve qu'elle était destinée à disparaître d'elle-même ; elle aurait pu, au contraire, être cultivée, être poursuivie par une sorte d'entraînement méthodique. C'est l'apôtre Paul qui a le plus efficacement contribué à la faire disparaître ; car, avec beaucoup de bon sens, et de sens religieux, et aussi avec beaucoup d'énergie, il a mis ce don au-dessous de la charité. Son hymne à la charité est un coup droit à ce don dangereux. Ce discernement fait honneur à saint Paul et le grandit encore. Il est remarquable que, dans les dernières de ses lettres, il n'a plus à mettre ses lecteurs en garde contre les périls de la glossolalie ; et peu de temps après on avait même oublié de quoi il s'agissait (1). »

N'en déplaise à ce *Theologus,* la *glossolalie* n'a jamais signifié une suite de mots *inintelligibles pour tous* prononcés dans une langue quelconque ; une langue totalement inconnue du sujet n'est pas, de ce chef, inconnue de tous les assistants. Les exemples de mémoire automatique rapportés plus haut suffisent pour faire soupçonner la pauvreté d'information, en matière de phénomènes psychiques, de ce théologien d'occasion qui pèche aussi par l'exégèse. Encore une fois, « parler en langue étrangère », au sens du *Rituel,* c'est parler intelligemment cet idiome. Saint Paul, au chapitre XIV de la 1re aux Corinthiens, entend déterminer la place de ce *signe* dans l'ordre des faits miraculeux : il met le don des langues au-dessous de la charité, et

_____

(1) *Preussische Jahrbücher* (février 1897).

même au-dessous de la prophétie ; la raison en est qu'il
est plus parfait de prophétiser, d'avoir le sens caché des
mots, que de n'en pas saisir toute la portée. Il peut
même arriver que celui qui parle une langue, par un
don de l'esprit, ne soit qu'un instrument matériel et ne
saisisse pas le sens des mots ; mais il y aura quelqu'un
pour le comprendre et bénéficier du miracle ; l'infidèle
qui l'*entend* en tirera tout le profit, comme l'indique
l'apôtre : « *Linguae in signum sunt non fidelibus sed in-
fidelibus* (v. 22). » Si vous « parlez les langues », dit
l'apôtre, demandez que le don de Dieu soit complet :
« *Qui loquitur lingua, oret ut interpretur* », car toute
l'Église en tirera profit et édification. Ce qui n'empêche
pas l'apôtre d'ajouter : « *Volo autem omnes loqui linguis*
(v. 5) ; » mais il ajoute : « Si quelqu'un parle « en
langues » et n'est pas compris par les assistants, qu'un
interprète explique le sens ; sinon qu'il se taise ; *si
linguâ quis loquitur, unus interpretur* (v. 27) ; *si non
fuerit interpres, taceat in Ecclesiâ* (v. 28). »

Nous sommes loin des discours qui seront *inintelligibles pour tous*, n'étant que des « mots et des phrases
sans suite ». Saint Paul n'exigerait pas d'interprètes
pour ces discours insensés !

Il n'est donc pas vrai qu'on ait jamais, dans l'Église,
aussi bien même que parmi les sectes hérétiques des
camisards et des jansénistes, désigné par le terme de
glossolalie une *simple suite* de paroles dont le propre
est d'être *inintelligibles pour tous*.

« Il arrive à la demoiselle Dancogné, et à d'autres
sujets, raconte Montgeron, d'*entendre le sens de tout ce
qu'on lui dit en quelque langue qu'on lui parle*, et de
répondre à tout d'une manière très juste, ce que quantité de personnes ont éprouvé (1). » Le même phénomène

---

(1) Montgeron, *Idée de l'état des Convulsionnaires*, t. II, 54, 55.

est constaté chez les prophètes camisards, et dans toutes les scènes des possessions célèbres.

Quoi qu'il en soit du fait en lui-même, que nous citons pour mettre *Theologus* en désaccord avec la réalité des faits, il nous aura suffi d'affirmer, avec les partisans de l'*animisme* le plus outrancier, que le premier *signe intellectuel*, indiqué par le *Rituel*, est une marque certaine de la *possession*. Il y a là une science nouvelle.

Nous ne voyons pas, en effet, dans les cas étudiés par MM. Séglas et Brouardel, chez ces malades dont « les idées de persécution se rapprochent beaucoup des idées de possession, d'*observation fréquente autrefois* (1) », que la *glossolalie*, prise dans son vrai sens, ou même simplement l'*autodidascalie*, ait été d'observation même aussi peu fréquente que l'on voudra.

Nous maintenons, avec Benoît XIV, que la preuve tirée de ce phénomène intellectuel est un « grand signe ». « *Quod si inter signa obsessorum recensetur quod aliquis ignotâ linguâ loquatur, vel loquentem intelligat quidquid opinari, vel saltem « dubitare ausus fuerit » Schemckius (Observat. médic. l. I, De Mania, p. 150, editionis Francofurti, anni 1609, cui adhaesit Dominus Hecquet, quem fundatissime redarguit theologus gallus), a fortiori hoc ipsum dicendum erit, si rusticus. si femina, quaestionibus philosophicis et theologicis, quarum nunquam cognitionem habuerunt, apte respondeant* (2) ».

2° « Faire connaître les choses éloignées et cachées », *distantia et occulta patefacere*, est encore un des signes mentionnés par le *Rituel*. Nous n'ignorons pas que certains phénomènes, constatés dans les états hypno-

(1) Séglas, *Ann. médic. psych.*, janvier 1888, p. 111.
(2) Benoit. XIV. l. IV. 1 p., c. 29, n. 5.

tiques, ont la prétention de répondre à tous ces postulats ; nous reviendrons sur ce sujet.

Disons seulement que les commentateurs du *Rituel* n'ont point ignoré ces prétentions. Ces théologiens ont même poussé les concessions jusqu'aux extrêmes limites. Il est vrai que nous ne serions plus alors en présence de phénomènes d'ordre intellectuel, mais bien plutôt d'ordre physique. « Tibère, nous est-il « raconté, voyait clair au milieu des ténèbres, aussi « bien que les chats, et sans l'aide du plus petit rayon « de lumière. D'autres sont doués d'une telle organisa-« tion que passant sur des veines de charbon fossile, ils « découvrent sa présence par un goût amer qu'ils « ressentent aussitôt sur la langue !... D'autres, pas-« sant au-dessus de sources *sulfureuses*, dont ils « ignorent la présence, les sentent... par une impres-« sion de chaleur aux pieds et par des contractions aux « genoux ; il en est qui font ces mêmes découvertes « grâce à des étourdissements ou par des malaises « ressentis au cœur, ou par des fourmillements dans « les jambes ; et c'est ainsi que naturellement ils décou-« vraient des choses absentes ou cachées... (1) »

En conséquence, les théologiens déclarent qu'il s'agit, dans le Rituel, de choses *absolument* distantes, *absolument* cachées en ce sens qu'aucun organe ne peut être supposé agir par une opération régulière et naturelle (2).

Le commentaire de cette exigence du Rituel nous est encore fourni par les occultistes-spirites.

La possession se trahit :

« 1° Par la communication de faits que ne connais-« sent ni le médecin, ni les assistants, et qui ne peuvent

---

(1) Séraphin, *Princip. de Mystiq. De energ.*, n° 22, en note.
(2) Bouix, *Des Possessions*, § 6, n. 2.

« être expliqués par la transmission de pensée, en rai-
« son même des conditions dans lesquelles ces mes-
« sages sont délivrés... »

« 2° Par les communications venant de personnes
« complétement inconnues des médiums aussi bien que
« des assistants... »

« 3° Par la transmission de messages et d'objets à
« une grande distance...

« Ces phénomènes sont aujourd'hui tellement mul-
« tiples, ils ont été constatés à l'aide d'appareils enre-
« gistreurs par des hommes d'une probité scientifique
« si absolue, et leur caractère objectif est à ce point
« manifeste qu'on peut conclure qu'ils appartiennent
« à la science positive (1). »

C'est la reconnaissance complète des conditions du
Rituel : « *Distantia et occulta patefacere...* »

Certains signes *physiques* de la possession ne permettent guère au jugement de s'égarer ; la chose est absolument impossible quand ils se trouvent joints aux
phénomènes intellectuels.

1° Nous donnons, en premier lieu, au phénomène de
lévitation le rang de supériorité qui est attribué au « don
des langues » parmi les signes intellectuels. — Mais
cette preuve apparaîtra dans son vrai jour après ce que
nous aurons dit dans le chapitre spécial que nous con-
sacrerons à cette question.

C'est un phénomène de même ordre, que ces dispari-
tions instantanées et ces invisibles retours qui furent
plusieurs fois constatés chez plusieurs possédées cé-

_____

(1) *Sciences occultes et physiologie psych.*, p. 154, 155.

lèbres. — Nicole Tavernier, possédée qui fit grand bruit en son temps, un jour qu'elle priait aux côtés de Madame Acarie (Marie de l'Incarnation) qui devait dévoiler le diabolisme de ses extases, disparut pendant plus d'une heure. Lorsqu'elle revint, Madame Acarie lui demanda ce qu'elle était devenue pendant tout ce temps. — Elle répondit qu'elle était allée à Tours, pour détourner quelques grands seigneurs d'un projet nuisible à la religion.

Les auteurs mystiques nous donnent la *lévitation* comme signe de la possession, surtout lorsqu'elle se complique de poses contraires aux lois ordinaires de la pesanteur.

Un de ces phénomènes contribua puissamment à la conversion de saint Paulin. Il avait été surtout frappé de voir un possédé suspendu dans les airs et la tête en bas, sans que ses vêtements fussent le moins du monde dérangés. Ce phénomène, Gorres l'admet volontiers, mais avec quel curieux commentaire : « *Ce fut un changement incontestable dans l'un des deux centres de gravité de la terre et du soleil ?* » Voilà de bien grands prodiges pour en éviter un beaucoup moins embarrassant.

Notons seulement ce témoignage de Sulpice Sévère : « *J'ai vu*, dit cet auteur, *j'ai vu* un possédé, à l'approche de Martin, s'élever, les mains dressées au-dessus de sa tête, et rester ainsi suspendu dans les airs... Martin ne le touchait pas, ne lui adressait ni reproches, ni menaces comme nos clercs..., mais il faisait retirer la foule, et les portes fermées, prosterné sur les dalles, au milieu de l'église. vêtu d'un cilice et couvert de cendres, il priait. Alors vous voyiez s'opérer leur délivrance à tous de vingt manières différentes. Les uns, les pieds en l'air, semblaient suspendus aux nues, sans que leurs vêtements toutefois

« fussent jamais dérangés... Ailleurs, ils souffraient,
« comme s'ils eussent été mis à la question, et se nom-
« maient sans qu'on leur demandât leur nom... Et si,
« pour croire tout ce que je viens de raconter, une foi
« trop faible exigeait encore des témoins, je produirais
« non pas un seul homme, mais des *milliers*... (1). »

Voilà les faits. — Quant à la valeur du témoin, elle
est sérieuse... « O Christ! vous êtes témoin que je
« n'ai *rien dit et ne dirai jamais rien que je n'aie vu*
« *de mes propres yeux*, ou que je ne tienne de source
« certaine, et *plus souvent de Martin lui même*. » —
Un homme en qui saint Martin avait cette confiance
peut bien nous servir de caution. Il a vu ces possédés
élevés en l'air, et *Martin*, sans faire une interrogation,
convaincu du mal diabolique à ce seul aspect, se
mettait en devoir de chasser le démon. — Ne soyons
pas plus incrédules.

Les occultistes, et les partisans de l'hypnose transcen-
dantale, croient pouvoir faire rentrer le phénomène de
lévitation dans les manifestations de certaines forces
relevant de l'animisme. Nous aurons à discuter cette
thèse, chère à M. de Rochas.

2° — Le *Rituel* nous donne comme un des *signes*
probables de la possession, le suivant : « Manifester
une force certainement disproportionnée avec l'âge ou
la nature de la personne possédée : — *Vires supra*
aetatis, seu conditionis naturam ostendere. »

La force est ici considérée soit à l'état *actif*, par un
développement de force considérable, soit à l'état *passif*,
par une résistance de pesanteur qui paralyse sans effort
une grande force mise en action.

Les théologiens n'ignorent point qu'il faut ici tenir

---

(1) *Dialogues* de Sulpice Sévère, § 19, 20, 21.

compte des nerfs et de l'exaltation passagère ; ce n'est point là cette « *vis extraordinaria* » qui est émise en pareil cas. On voit, par exemple, de faibles femmes dominer aisément, *sans effort*, des hommes vigoureux et les écarter violemment de leur passage, malgré une résistance préparée. Il ne suffirait pas de nous dire, pour résoudre le problème, que ces phénomènes ont été observés chez des sujets hypnotisés. L'hypnose est un problème toujours pendant, toujours inexpliqué dans plusieurs de ses effets.

Le phénomène de *force surhumaine* éclate, non pas tant par la résistance opposée — si elle n'est pas énorme à première vue — que par le *mode* d'action. Nulle force physique *mobile* n'est capable d'imprimer un mouvement à un objet également mobile sans subir une répulsion proportionnée à l'impulsion communiquée. — Deux barques, venant de sens opposé, vont s'entre-choquer violemment; un rameur repousse la barque opposée d'un vigoureux coup de gaffe au flanc. L'une et l'autre reculent et s'éloignent en raison inverse de sa force de résistance et en raison directe de sa mobilité.

Voici une femme, de faible tempérament, qu'un groupe d'hommes, vigoureux et fortement appuyés, veulent arrêter dans sa marche tranquille — nous citons un fait historique — ; elle les disperse violemment, en marchant, sans que le corps de cette femme ait cherché un point d'appui suffisant, en s'arc-boutant suivant l'intensité de la force musculaire exercée contre un objet résistant, en un mot, sans faire constater une *répulsion extérieure proportionnée à la résistance.* Où est la proportion entre le mode d'action et l'effet obtenu ? Une faible femme renverserait un *seul homme* robuste, avec cette absence totale de l'effort, que le problème serait déjà posé. Que dire, si quatre, cinq, six hommes vigoureux sont ainsi dominés par un agent que la nature n'a pas organisé pour celle force ou celle résistance.

Rendons justice aux hypnotiseurs qui ont étudié le problème ; ils ne prennent pas la peine de cacher leur embarras. Il est question de la force *active* et *passive* développée par les sujets magnétisés ou hypnotisés.

« Le fluide communiqué, dit le célèbre Lafontaine, ne peut les rendre *lourds*, puisqu'il est lui-même impondérable », et il opine pour qu'on ne voie là qu'un simple phénomène de transmission de pensées... (1). En d'autres termes, on a fait croire au sujet qu'il était lourd.

M. de Rochas n'est pas d'un autre avis : « Je suis, « pour mon compte, très porté à croire qu'il n'y a là « qu'un simple phénomène de suggestion. Bien des « fois, à l'aide d'un dynamomètre, j'ai constaté que la « force musculaire normale d'un sujet se *réduisait* à peu « près *de moitié, ou se dédoublait* selon que je lui affir- « mais qu'il était devenu très fort ou qu'il avait perdu « sa force. On peut même l'empêcher complètement de « soulever l'objet le plus léger. *Mais l'inverse n'a pas* « *lieu et ce n'est que jusqu'à une certaine limite qu'on* « *lui fait soulever un fardeau. La suggestion détruit* « *complètement, mais se borne à exalter la force natu-* « *relle* (2). »

On admet aisément que la force musculaire, tout comme la volonté, et par elle, est déprimée par l'idée d'impuissance fortement suggérée à un sujet hypno- tique. Il réalise, au contraire, par la suggestion opposée, son maximum de force physique ; mais il est clair que son exaltation musculaire a ses bornes étroites.

---

(1) *L'art de magnétiser*, p. 289.
(2) *Forces non définies*, p. 121.

M. de Rochas connaissait pourtant les affirmations d'Allan Kardec : Celui-ci déclare, dans le *Livre des Médiums,* qu'il a vu plusieurs fois *des personnes faibles et délicates* soulever avec deux *doigts,* sans *effort,* et *comme une plume, un homme robuste avec le siège sur lequel il était assis.* » M. de Rochas ne croit pas la chose réalisable par la seule *force musculaire,* et en dehors du phénomène de lévitation dont la personne soulevée serait le sujet ; la *force musculaire* n'interviendrait alors que pour une part infime et négligeable. Donc, le dynamomètre aidant, on constate que l'exaltation musculaire ne se fait que dans des limites restreintes ; on exalte la force naturelle d'une femme, on la double, mais c'est toujours une force qui ne dépasse pas la disposition musculaire naturelle à la femme.

Le phénomène est encore plus saisissant dans les effets de pesanteur extraordinaire que présentent les possédés ; car, enfin, qu'un sujet malade s'imagine qu'il est impuissant à se remuer, à soulever ce fardeau, qu'il éprouve, en un mot, des « hallucinations motrices » où des « phénomènes d'arrêt » comme les auto-persécutés de la Salpêtrière, toutes ces impuissances, plus psychiques que physiques, n'affectent que le malade. Les assistants, qu'on n'a point hypnotisés, sont placés en dehors de cette influence morbide : or, les assistants sont justement ceux qu'affecte ce phénomène de *pesanteur.* Qu'importe à ceux qui expérimentent le phénomène qu'un malade se croie pesant, s'il ne l'est pas. Il sera soulevé par des bras robustes contrairement à son opinion d'halluciné.

Or, dans la possession, il arrive parfois que l'énergumène devient aussitôt d'une telle pesanteur qu'il faut, de la part des assistants, de violents efforts pour l'entraîner vers l'exorciste.

Baruffaldus, le très peu crédule auteur dont nous avons entendu les prudentes réserves, raconte un fait dont il fut le témoin :

« J'ai vu, moi, un énergumène furieux qu'on avait
« amené enchaîné dans un chariot à un exorciste très
« expérimenté, Dominique Collina, mon oncle, archi-
« prêtre de Vigarono, dans le diocèse de Ferrare, dont
« la mémoire est en bénédiction. *Aucune force humaine*
« ne pouvait tirer l'énergumène du chariot pour le faire
« descendre à l'église, où le pieux archiprêtre l'atten-
« dait... Les paysans, n'espérant plus réussir par leurs
« efforts, prirent le parti d'introduire le chariot dans
« l'église, et par là même l'énergumène qui était devenu
« d'une pesanteur extraordinaire. L'archiprêtre donna
« secrètement au démon l'ordre d'enlever au malade
« cette pesanteur. L'énergumène, aussitôt qu'on l'eut
« délié, descendit de lui-même doux et docile comme
« un agneau (1). »

Nous sommes loin, dans ces différents cas, de la *sensation imaginaire* de *pesanteur* qu'éprouvent les mélancoliques du docteur Séglas.

.·.

Dans cette phrase du *Rituel :* « *Et id genus alia, que cum plurima concurrunt, majora sunt indicia* » se trouvent compris, avec la lévitation, dont nous avons

_____

(1) *Ad Ritual. roman. commentaria*, p. 226 et suiv.
Ce phénomène préternaturel est la contrefaçon d'un phénomène surnaturel observé dans quelques vies de saints. — Parfois, les corps saints sont devenus pesants, quand on les conduisait à un lieu de sépulture autre que l'endroit choisi par la Providence. Ou encore, des vierges chrétiennes, telles que Lucie, entraînées vers de mauvais lieux, sont devenues si pesantes qu'aucune force ne pouvait les soulever. — Le phénomène divin se reconnaît aux vertus du sujet, à l'avantage surnaturel qui en découle.

déjà fait mention, d'autres phénomènes qui sont une très frappante preuve de l'intervention démoniaque :

1° *L'invulnérabilité*, qui soustrait le corps soit à l'action des agents meurtriers, soit à l'action des flammes (incombustibilité), est remarquable entre tous. Dieu a donné souvent à ses serviteurs un semblable privilège ; le démon a souvent reproduit la contrefaçon de cette faveur divine, non pas en suspendant une loi de la nature, mais en opposant d'invisibles amortissements à la violence des coups et à l'ardeur des flammes.

Ces phénomènes, miraculeux quand se vérifient certaines conditions, appartiennent à cette catégorie des miracles de la 3° classe que le démon peut imiter *quoad veritatem facti*, comme nous aurons·à le dire plus loin ; il ne les reproduit pas *quoad veritatem miraculi*, selon la profonde distinction apportée par saint Thomas.

Ces phénomènes d'*invulnérabilité* et d'*incombustibilité* se sont reproduits avec une incroyable intensité chez les convulsionnaires ou possédés de Saint-Médard.

« Parfois on prenait un caillou énorme, dont le poids
« n'était pas moindre de vingt-deux livres (1). Celui qui
« frappait avec le caillou commençait par s'agenouiller
« près de la convulsionnaire, qui était couchée sur le
« plancher. Il élevait ce caillou à peu près aussi haut
« qu'il le pouvait ; après quelques légères épreuves, il
« le précipitait ensuite de toutes ses forces sur la poi-
« trine de la convulsionnaire, et il lui en donnait ainsi
« cent coups de suite. A chaque coup la chambre était
« ébranlée ; le plancher tremblait et les spectateurs ne
« pouvaient s'empêcher de frémir en entendant le bruit

(1) Ce caillou venait de Port-Royal, note le Dict. des sciences médic., art. *Convulsionnaires*. (Édit. Panckouke, 1813).

« épouvantable que faisaient les coups en frappant le
« sein de cette fille (1). »

« Un grand physicien, un philosophe, incrédule,
« voulut se rendre compte par lui-même, raconte dom
« Lataste ; il est saisi d'étonnement, mais il demande à
« administrer lui-même les *secours*. On lui met aussitôt
« entre les mains les instruments de fer les plus forts
« et les plus assommants ; il ne s'épargne pas, il frappe
« avec la dernière violence, il enfonce dans les chairs
« l'instrument dont il est armé, il le fait pénétrer
« jusqu'au fond des entrailles. Cependant la convul-
« sionnaire rit de tous ses efforts, tous les coups qu'il
« lui porte ne servent qu'à lui faire du bien, sans laisser
« la *moindre impression*, la *moindre trace*, le moindre
« vestige, non seulement dans les chairs, mais encore
« sur l'épiderme de la peau (2). »

« Ordinairement, pour recevoir ces *secours*, les
« femmes (car ce sont elles qui ont brillé dans ce
« genre d'exercice) passaient une robe, dite robe de
« convulsionnaire. On pouvait frapper ensuite ou
« tirailler la patiente impunément jusqu'au moment où
« elle disait : *assez* ; alors il fallait cesser, car l'invul-
« nérabilité disparaissait comme par enchantement. Ce
« que certaines convulsionnaires ont reçu de secours
« meurtriers est à peine croyable. Plusieurs, affirme
« dom Lataste, ont eu pendant des mois entiers des
« convulsions qui exigèrent de *trente à quarante mille*
« *coups de bûche* sur le corps (3). »

Ces convulsionnaires enduraient de grandes souf-

---

(1) Montgeron, *Idée de l'état des convulsionnaires*, t. II. p. 47.
(2) Montgeron, oper. cit., II. p. 47.
(3) Dom Lataste, *Lettres théolog. aux écrivains défenseurs des convulsions*, t. II, p. 869.

frances (1) quand on leur refusait ces secours effroyables. « Un enfant à qui on les refuse devient comme
« une masse informe; ses membres étaient déboîtés et
« contournés, toutes ses jointures disloquées..., le
« pouls retiré, la respiration évanouie, le visage noir...
« On s'empresse de lui donner les violents secours
« qu'il avait demandés, ce qu'il fallut faire longtemps
« avant que l'enfant reprît connaissance (2). »

On sait ce que valaient ces coups, puisque Montgeron
put défoncer un mur au vingt-cinquième coup de son
instrument.

« Un grand nombre d'enfants, et surtout une troupe
« de jeunes filles de l'âge de douze à vingt ans, la
« plupart infirmes..., demandent avec les plus vives
« instances qu'on les frappe violemment sur le sein, sur
« l'estomac, sur les côtes, sur le dos, sur les hanches,
« et quelquefois même sur la tête, avec des instruments
« aussi durs et aussi pesants que le sont des marteaux,
« des chenets et des pilons de fer du poids de trente à
« soixante livres (3). »

Nous passons sous silence les coups d'épée, le tour-
niquet, les pelles coupantes, les crucifiements, et autres
secours.

Terminons par le phénomène d'*incombustibilité*, où
excella la fille Sonet, surnommée la *Salamandre*. —
Le présent procès-verbal, signé des témoins, est inséré
par Montgeron, dont le témoignage dépasse tous les
autres :

« Nous, etc., certifions que nous avons vu aujour-
« d'hui, entre huit et dix heures du soir, la nommée
« Marie Sonet étant en convuls·ons, la tête sur un ta-

---

(1) Lettre de l'abbé des Essarts à un ami, sur l'œuvre des convulsions. (1734).

(2) Montgeron, t. III, p. 848.

(3) Montgeron, t. III, p. 686.

« bouret, et les pieds sur un autre, les dits tabourets
« étant entièrement dans les deux côtés d'une grande
« cheminée et sous le manteau d'icelle, en sorte que
« son corps était en l'air au-dessus du feu qui était d'une
« violence *extrême*, et qu'elle est restée l'espace de
« *trente-six minutes* en cette situation, en quatre diffé-
« rentes reprises, sans que le *drap dans lequel elle était*
« *enveloppée*, n'ayant pas d'habits, ait brûlé, quoique la
« flamme *passât quelquefois au-dessus*, ce qui nous a
« paru tout-à-fait surnaturel. En foi de quoi, etc ..
« Plus, nous certifions que, pendant que l'on signait le
« présent certificat, la dite Sonet s'est remise sur le feu
« en la manière ci-dessus énoncée, et y est restée *neuf*
« *minutes*, paraissant dormir au-dessus du brasier, qui
« était *très ardent*, y ayant eu *quinze bûches* et *un*
« *cotret* de brûlés pendant les dites deux heures
« et quart (1). »

Il ne sera pas inutile de signaler, ici, la valeur du témoignage de Montgeron, que fortifie, du reste, celui de
dom Lataste, et le récit de plusieurs auteurs dignes de
foi.

Ernest Bersot (2), et Louis Figuier (3) déclarent que
« Montgeron ne cherche jamais à dissimuler. Tant
« d'exactitude doit donc lui mériter une créance entière
« pour les faits dont il est le seul garant. » — Le Dr Bertrand (4) écrit, de son côté : « Ces guérisons sont ap-
« puyées, dans l'ouvrage de Carré de Montgeron, sur
« un concours de témoignages si importants, que les

---

(1) Montgeron. *Idée de l'état des convulsionnaires*, t. II, p. 32.
Montgeron note ailleurs qu'elle restait parfois sur le feu le temps de
rôtir une pièce de veau — Quelquefois, ses souliers étaient brûlés, et
ses bas (sans jamais brûler la chair), mais le drap était toujours in-
tact, sans être seulement roussi. (T. II, p. 32 et 34).
(2) *Mesmer et le Magnétisme animal*, 2e édit , p. 90.
(3) *Histoire du Merveill.*, t. 1, p. 384.
(4) *Du Magnét. anim. en France*, p. 305.

« Jésuites eux-mêmes, si habiles et si puissants alors,
« ne purent jamais, comme le fait très bien remarquer
« le sceptique Hume (1), les réfuter d'une manière sa-
« tisfaisante. » — Calmeil déclare que « c'est toute la
« population de Paris qui peut en témoigner (2). » —
De Montègre, dans son article du *Dictionnaire des
sciences médicales*, cité plus haut, fait cet aveu « Je dois
« dire que, quelle que soit ma répugnance à admettre
« de semblables faits, il ne m'a pas été possible de me
« refuser à les recevoir. » — « Nous avons de ces mi-
« racles prétendus, écrit Diderot, un vaste recueil qui
« peut braver l'incrédulité la plus déterminée. L'auteur,
« Carré de Montgeron, est un magistrat, un homme
« grave, qui jusque-là faisait profession d'un maté-
« rialisme assez mal entendu, il est vrai, mais qui du
« moins n'attendait pas fortune de sa conversion au jan-
« sénisme. Témoin oculaire des faits qu'il rapporte, et
« dont il a pu juger sans prévention et sans intérêt, son
« témoignage est accompagné de mille autres. Tous
« disent qu'ils ont vu et leur déposition a toute l'au-
« thenticité possible : les actes originaux en sont con-
« servés dans les archives publiques (3). »

Nous sommes donc en droit de conclure : Donnez la
raison de ces phénomènes historiques, ou admettez,
étant donnée l'impossibilité de les expliquer, que la
présence d'une cause préternaturelle est historique-
ment constatée.

Des médecins se sont employés activement à cette
tâche ingrate. La thèse générale est ainsi formulée par
Maury :

---

(1) *Essai philos. sur l'entend*, p. 10.
(2) *De la Folie*, t. II, p. 373.
(3) *Pensées philosophiques*.

« Tout ce qui est rapporté des supplices que s'in-
« fligent les dévots hindous, des incroyables péni-
« tences des ascètes brahmanistes ou bouddhistes,
« *trouve dans l'état anesthésique* également son expli-
« cation. Nul doute qu'une insensibilité du même
« genre n'ait été, chez les premiers martyrs du chris-
« tianisme, l'effet d'une surexcitation nerveuse exces-
« sive. Ne sait-on pas que, dans la chaleur du combat,
« le soldat ne s'aperçoit pas des blessures qui lui cau-
« seraient, à l'état calme, une cruelle souffrance. Tout
« ceci montre que la surexcitation nerveuse atténue,
« en certains cas, singulièrement la sensibilité ».

On ne peut que s'étonner de voir des hommes de
science faire une si étonnante confusion. — Si les miracles observés dans les passions des martyrs n'étaient
que des phénomènes d'*insensibilité*, on pourrait douter
de la cause préternaturelle, assurément, car jamais,
dans les milieux théologiques, on n'a répudié l'*insensibilité* pathologique. Ces martyrs ne furent pas seulement insensibles, mais ils furent souvent *invulnérables :* les flammes ne les consumaient pas ; l'huile
bouillante les laissait sans brûlure.

C'est la contrefaçon de ce phénomène surnaturel que
le démon a parfois le pouvoir de reproduire chez ceux
qu'il possède, et que nous rencontrons spécialement
chez les convulsionnaires jansénistes. — Ne confondons
pas l'*invulnérabilité* avec l'*insensibilité*. — On peut ne
pas ressentir les flammes qui vous consument, et
cependant être *consumé ;* on peut être insensible aux
coups violents qu'on vous porte avec une barre de fer,
mais la chair est lésée, les tissus sont déchirés, des
troubles physiologiques profonds se produisent, et le
brisement de tout l'être est fatal.

Eh bien, tous les médecins qui ont voulu interpréter
naturellement les possessions de Saint-Médard, sont

tombés dans cette confusion anti-scientifique, avec un
ensemble qui dénote l'embarras des savants, quand la
peur du surnaturel les éloigne des légitimes conclusions.

Ni Hecquet, ni de Montègre, ni Bertrand, ni Calmeil,
n'ont su éviter l'écueil : ils ont beaucoup trop parlé
d'*insensibilité* quand il s'agissait d'*invulnérabilité*.

Hecquet (1) se pose le problème, mais il rapporte
tous les phénomènes « aux lois connues de la sensibilité et de l'organisme ». — De Montègre, dans son
article du Dictionnaire déjà cité, ne veut tirer de ces
prodiges *aucune conséquence*, mais il propose une
cause, et n'en voit qu'une seule, c'est la grande loi de
l'influence mutuelle et réciproque de notre moral sur
notre physique, et de notre physique sur notre moral » :
ce qui peut rendre raison, nous l'avons reconnu, de
certains phénomènes d'insensibilité, mais aucunement
de l'*invulnérabilité*. On ne devient point *invulnérable*
aux flammes et aux coups en se proposant fortement
de soustraire ses tissus à l'action des agents des-
tructeurs !

M. Bertrand (2) semble, en théorie, avoir remarqué
ces deux parties si distinctes du phénomène; en pratique, il revient à l'insensibilité : « *L'invulnérabilité*
« est le phénomène le plus caractéristique, dit-il, dans
« l'épidémie qui nous occupe... *Nous ne chercherons
« pas à en donner une explication...* Nul doute cepen-
« dant que l'état d'insensibilité complète, dans lequel
« se trouvaient les extatiques, ne diminuât beaucoup
« le danger des effroyables contusions qui auraient dû
« être le résultat de ces chocs violents... » — Et cela

(1) *Le Naturalisme des convulsions dans les maladies de l'épidémie convulsionnaire* (I part., p. 1).
(2) *Du Magnétisme animal en France*, p. 385.

explique comment une pierre d'un poids énorme, tombant du plancher sur la poitrine d'une convulsionnaire, des centaines de fois, lui causait un grand bien-être, au lieu de lui broyer les chairs !

« Quant au procédé, continue le docteur, au moyen
« duquel on redressait les os des convulsionnaires à
« coups de bûche ou de caillou, ou par le poids énorme
« dont on les surchargeait, il présente beaucoup moins
« de difficulté. Le corps, *privé de sensibilité*, doit se
« trouver à peu près dans le cas d'un végétal qu'on
« peut comprimer, presser violemment, courber ou
« redresser, sans que ses fonctions vitales en soient
« altérées (1). »

Qu'on choisisse donc un végétal assez tendre pour être comparé au corps humain, même à l'état convulsif, et qu'on le traite à coups répétés de barre de fer, de chenêts ou de bûches de chêne pour lui assouplir les fibres !...

Et le phénomène de l'*incombustibilité ?* — La main, un instant plongée dans un liquide élevé à une haute température peut se retirer indemne ; mais combien de temps durera l'immersion ? — Que dire s'il s'agit d'un corps exposé à un *brasier ardent,* ou placé au-dessus des flammes, enveloppé d'un drap ? car le vêtement rendra plus inévitable encore la combustibilité.

Le docteur Calmeil est intéressant à entendre :
« L'*énergique résistance* qu'opposaient, chez les convul-
« sionnaires, la peau, le tissu cellulaire, la surface du
« corps et des membres, au choc des coups, est certai-
« nement faite pour causer de la surprise. Mais *beaucoup*
« de ces fanatiques se faisaient une grande illusion en
« se *figurant* qu'ils étaient invulnérables ; car il a été

---

(1) Oper. cit , p. 382.

« *vingt fois* constaté que plusieurs d'entre eux offraient,
« à la suite de cruelles épreuves qu'ils sollicitaient, de
« larges ecchymoses sur les téguments, et d'innombra-
« bles contusions sur les surfaces qui avaient supporté
« les plus rudes assauts. Du reste, les coups n'étaient
« jamais administrés que pendant la tourmente convul-
« sive ; alors le météorisme du ventre, l'état de spasme
« de l'utérus chez la femme, du canal alimentaire chez
« tous les malades ; l'état de contraction, d'éréthisme,
« de turgescence des enveloppes charnues, des plans
« musculaires qui protègent et recouvrent l'abdomen,
« etc., devaient singulièrement contribuer à atténuer,
« à amortir, à annuler la violence des coups... N'est-ce
« pas en plaçant, par la force de la volonté surexcitée,
« tout l'organisme dans des conditions d'éréthisme
« analogues, que les boxeurs et les athlètes se trouvent
« en état de braver *jusqu'à un certain point* le danger
« de leur profession (1). »

Ce « jusqu'à un certain point » est une heureuse restriction, car tout le monde sait que, d'ordinaire, le
combat cesse lorsque l'un des boxeurs tombe épuisé, san-
glant, un membre brisé, dans l'arène. Et puis, qui voudra
comparer l'effet des coups assénés dans une lutte de
boxeurs avec les chocs durs et violents des instruments
employés pour les *grands secours*? En vingt-cinq coups,
ne l'oublions pas, Montgeron pouvait faire éclater une
énorme pierre et défoncer un mur.

Néanmoins, le docteur Calmeil est modéré dans ses
réserves, car il nous dit seulement que, « beaucoup »
non pas tous, se pensaient faussement invulnérables, si
bien que, *vingt fois*, non pas toujours, on constate de
« larges ecchymoses ». — Nous savons cependant, par

---

(1) *De la Folie considérée sous le point de vue pathol., phil.,
hist., judic.*, t. II, p. 385.

ce même Montgeron, dont M. Calmeil pense tant de
bien, qu'il y eut de *nombreux* convulsionnaires, et que
les coups ne laissaient généralement *aucune trace*
sur la peau.

Il est arrivé, nous le voulons bien, que des *ecchymoses*
apparurent aux endroits où ce caillou, cette bûche de
chêne, venaient retomber des centaines de fois. — Une
ecchymose, c'est un peu de sang extravasé sous la
peau ; y a-t-il proportion entre l'effet et la cause ?

« Au total, continue notre auteur, le contact et l'im-
« pression des coups produisaient sur les convulsion-
« naires l'effet d'une sorte de *massage salutaire* et *ren-*
« *daient moins poignantes ou moins sensibles* les tor-
« tures de l'hystérie (1). »

A quand l'usage des *grands secours* dans les cliniques
de la Salpêtrière, où l'on possède des hystériques de
choix, des convulsionnaires de qualité ?

Ces coups administrés par milliers, aux mêmes endroits du corps, et parfois sur la tête, et qui ne faisaient
qu'enfoncer les chairs grâce à une stupéfiante élasticité,
au lieu de produire des lésions externes et internes ;
— ces flammes qui enveloppent, sans le brûler, un
corps humain pendant le temps requis pour « rôtir une
pièce de veau », ne sont point scientifiquement expliqués par les médecins précités (2).

M. Charcot s'y est inutilement essayé lui-même, car
il n'a pu que faire dévier le débat en attirant l'attention
sur un simple phénomène d'ischémie : « Cette ischémie,
« qui, d'ailleurs, poussée à ce degré est assez rare,
« peut expliquer certains faits réputés miraculeux.

---

(1) Oper. citat., p. 386.
(2) M. Fodéré explique l'invulnérabilité par une *perversion* des
milieux *mandants* et *recevants !*

« Dans l'épidémie de Saint-Médard, par exemple, les
« coups d'épée que l'on portait aux convulsionnaires
« ne produisaient pas, dit on, d'hémorragie (pardon !
« ils n'entamaient pas la peau, ce qui est bien différent).
« Il suffisait, vous le comprenez d'après ce qui précède,
« que l'instrument ne fut pas poussé trop profondé-
« ment. » — En d'autres termes, le traumatisme était
léger, et ces convulsionnaires, étant anémiques,
n'avaient pas de sang. — C'est aussi pour ce motif, sans
doute, que les flammes respectaient le corps des patients,
et aussi le tissu léger qui les enveloppait !

Il y a plus, le phénomène même d'*insensibilité* - dont
les causes naturelles sont possibles — n'est pas expliqué
par nos contradicteurs. Dans l'*insensibilité*, on ne sent
ni plaisir, ni douleur. Et ces *insensibles* à la douleur,
ressentaient du plaisir, avouent les médecins. Qu'on
nous explique, alors, comment ces patients n'éprouvaient pas la sensation douloureuse, au même titre que
l'impression agréable (1).

Est-ce que les possédés de MM. Séglas et Brouardel
voudraient encore sur ce point soutenir la concur-
rence ? — Il est permis d'en douter.

Quelle sera notre conclusion ?.... Que les phénomènes d'*invunérabilité* sont historiques dans l'affaire
de Saint-Médard ?... Du tout, nous écartons cette
question qui ne nous concerne que très indirectement. — Nous disons seulement que si, dans des cas
de possession supposée, on rencontrait réellement et
certainement des phénomènes de ce genre, il faudrait

(1) Nous ne parlons pas seulement d'une vague sensation de bien-
être, qui paraît exister, tout d'abord, à la suite de coups reçus pendant un
certain état cataleptique produit par une terreur subite, mais de sensations véritables, affectant l'organisme, et d'une manière persistante.

conclure à l'action, tout au moins très probable, d'une cause préternaturelle.

2° — Les « coups et blessures » reçus d'un agent invisible sont encore un argument de grande valeur pour la réalité de la possession.

M. Séglas, dans l'exposé de sa thèse sur les « possédés modèles », constate des « hallucinations motrices », des « sensations de déplacement pour une partie du corps ou pour le corps tout entier », des « mouvements imaginaires ». — Ses malades « ressentent de vives douleurs », elles sont « courbaturées », « torturées ».

Tout autre est le phénomène dans les luttes mystérieuses que les grands ascètes chrétiens, tels que saint Antoine, saint Hilarion (1), saint Parthénius (2), soutiennent contre le démon, dans les premiers degrés de l'obsession.

C'est un saint Athanase qui nous a légué le récit des luttes soutenues par saint Antoine, luttes tout à la fois spirituelles et physiques, dont l'apôtre Paul désirait tant voir préservés les fidèles de la primitive Église : « *Non apprehendat vos tentatio nisi humana* (3). »

A peine Antoine a-t-il vendu ses meubles et sa maison d'Héraclée, pour vivre dans la solitude, que toutes les tentations viennent fondre sur lui. — D'après saint Athanase, et saint Jérôme qui revit la vie écrite par saint Athanase, « des milliers de pèlerins purent « écouter les colloques d'Antoine avec ses ennemis « invisibles, ont distingué leurs voix, pesé leurs mutuels « arguments pendant des nuits entières. — Sous la « violence des coups que se portaient les deux lutteurs,

---

(1) Bolland., *Act. Sanct.*, 17 jan., c. 9.
(2) Bolland., *Act. Sanct.*, 7 febr.
(3) I Cor., c. X, v. 13.

« *les murailles se fendaient et la terre était remuée....*
« Le vigoureux athlète restait tellement abîmé de *bles-*
« *sures* et de *plaies* qu'il fallait le transporter à la cité
« voisine *jusqu'à leur cicatrisation.* »

Ces détails sont donnés par saint Athanase, et Benoît
XIV renvoie fidèlement à ce témoignage qui fait
autorité (1), aussi bien qu'à l'histoire des obsessions
subies par saint Hilarion. — L'éminent théologien écrit
même à ce sujet ce témoignage déjà cité : « Les fidèles
« ne doivent pas s'étonner de lire dans les *Actes des*
« *Saints* que les démons, sous des formes variées et en
« de multiples apparitions, viennent tenter ces grands
« saints (2). » Il emprunte cette réflexion à saint
Thomas (3).

Görres, le naturalisant historien du surnaturel, ose
passer par-dessus ces témoignages et dire : « Le mirage
du désert favorisait le ravissement de l'âme des soli-
taires dans une sphère idéale et poétique. » Nous ne
voyons pas ce que ces luttes douloureuses avaient
de *poétique* et d'*idéal* (4).

Mais pourquoi le prince Albert de Broglie écrit-il de
son côté : « Les soirées brillantes et le ciel étoilé se
« reflétant dans les eaux du Nil, au milieu des parfums
« de la nature, empêchaient le sourire de passer sur
« les lèvres des jeunes auditeurs des Pacôme et des
« Antoine (5). — Encore une fois, des conditions atmosphériques aussi souriantes ont-elles donc la spécialité
d'assombrir les âmes ?

---

(1) *Apud Bollandum, ad diem 17 jan., c. 9.*
(2) Bened. XIV, l. III, c. 30, n. 13.
(3) III p. q. 4, a. 1.
(4) *Mystique,* t. 1, p. 31.
(5) *Empire romain au IVe siècle,* t. III, p. 110.

Ces explications reviennent à dire que les détails
insérés par saint Athanase furent plus inspirés par la
piété mal entendue que par l'amour de l'exactitude
historique. — C'est insulter le génie autant que la sainteté. — Saint Athanase, saint Jérôme n'ont pas pu,
n'ont pas voulu nous tromper par des contes inventés à
plaisir. — Saint Chrysostome qui recommandait cette
vie comme « l'expression de la plus haute philosophie »,
saint Augustin qui puisa dans ce récit des forces pour
achever l'œuvre de sa conversion, y ont vu autre chose
que des contes pour édifier les naïfs.

« Les tourments du corps, — nous l'avons dit avec
« Schram — comme tout ce qui affecte le toucher,
« ne doivent pas être aisément attribués à l'action
« démoniaque, puisque ce ne sont souvent que des fan-
« tômes d'une imagination naturellement malade ,1) » ;
mais il s'agit ici de *blessures visibles*, de signes matériels constatés par des milliers de témoins que la réputation du saint attirait au désert. C'est en pleine cité
que le saint, déchiré par ces coups invisibles, était
amené et gardé jusqu'à cicatrisation complète. L'erreur
n'est plus possible.

Remarquons seulement, avec Reguera, que « souvent
« les instruments, les maux, les blessures avec lesquels
« les démons tourmentent les obsédés, sont *physiques*
« et *réels ;* parfois il n'y a de réels que les blessures et
« les tourments (2). »

3° — D'autres phénomènes *objectifs*, affectant la vue
et l'odorat des témoins, sont également observés dans
les possessions. — C'est en cela que la possession réelle
peut se distinguer encore de la possession imaginaire
et pathologique.

---

(1) Schram, *Théol. myst.*, t. 1, § 107.
(2) *Prac. Theol. myst.*, t. 1, p. 750.

Tandis que les possédées de MM. Séglas et Brouardel « boivent un café qui leur laisse un goût de soufre », ce qu'elles attribuent faussement à une « action diabolique », les phénomènes de possession réelle s'accompagnent parfois d'odeurs insupportables dont sont affectées les personnes présentes, alors que souvent la personne obsédée ne sent rien.

Sainte Thérèse nous en fournit un exemple dans le récit qu'elle nous a laissé d'une tourmente démoniaque qu'elle eut à traverser, et où les souffrances intérieures et extérieures ne lui furent pas épargnées :

« Je tirai de l'avantage de cette rencontre, car consi-
« dérant combien grand doit être le malheur d'une
« âme dont le démon est le maître — puisque lors
« même qu'il n'a point de pouvoir sur notre corps et
« sur notre âme, il nous fait tant souffrir lorsque Dieu
« lui permet de nous tenter — je conçus un nouveau
« désir de m'empêcher de tomber dans une si cruelle
« servitude... Deux religieuses étant entrées après que
« le démon fut parti, et sans rien savoir de ce qui
« venait de se passer, sentirent une très grande puan-
« teur, telle que serait celle du soufre. Pour moi je ne
« la sentis point (1). » — C'est le contraire qui s'observe chez les pseudo-possédées de la Salpêtrière : elle sentent des odeurs dont personne ne peut constater la réalité ; ici, les témoins non prévenus se contrôlent l'un par l'autre, puisqu'ils sont affectés d'une même sensation : ils jugent sûrement de la réalité du phénomène.

Voici comment le démon prit congé de la fameuse Nicole Tavernier, au rapport du Père Saint-Jure :

« Satan, impatient de se voir découvert, et comprenant
« que les desseins qu'il avait de ruiner plusieurs saintes
« congrégations, par le moyen de cette fille, allaient

---

(1) Vie, ch. XXXI.

« être mis au jour, ne put contenir sa rage. Un jour que
« notre bienheureuse se tenait dans la chambre de cette
« fille, avec quelques bons Pères capucins et autres
« personnes, on vit semer à travers la chambre une
« traînée de poudre à canon qui s'enflamma, dégageant
« une puanteur dont toute la compagnie fut infectée.
« Chacun crut que c'était le congé que Satan prenait
« de cette pauvre fille, qu'il laissa depuis ce moment à
« son naturel (1). »

4° — « Les possédées de la Salpêtrière ont des « hallucinations auditives ». — Madame P... entend des voix ;
ces voix parlent haut ; cela lui passe à l'oreille. — La
nommée V... entend par les oreilles des injures prononcées par des voix d'hommes et de femmes (2). »
— Nous n'en donnons pas moins comme signe utile,
dans le discernement des cas de possession, les cris,
les clameurs, les bruits formidables qui sont entendus,
non par les obsédés seulement — ce serait rentrer en
partie dans les cas décrits par M. Séglas — mais par
tous les assistants.

Les *Actes des Saints* contiennent d'innombrables
exemples de ces bruits insolites, inexplicables, qu'accompagnent, du reste, les autres marques de la possession : — « Orion, raconte saint Jérôme, l'un des hommes
« les plus riches et les plus distingués de la ville d'Aila
« qui domine la mer Rouge, était possédé des démons.
« On l'amène à Hilarion qui se promenait tranquille-
« ment avec les frères, et leur expliquait je ne sais quel
« passage des saintes Lettres. Le possédé, s'échappant
« des mains de ceux qui le retenaient, saute sur Hila-
« rion par derrière et l'enserre dans ses bras. Grand

_____

(1) *L'homme spirituel*, t. 1, c. III, 10.
(2) *Archives de Neurologie*, n° 82.

« effroi des disciples qui craignent de voir les membres
« de leur Père, affaiblis par le jeûne, se rompre sous
« cette étreinte. Hilarion se contente de rire, et dit :
« Apportez-moi mon *palaestrite* (gantelet de mortifica-
« tion). Alors le saint prenant le possédé par les che-
« veux le jette à ses pieds. Orion criait : « Seigneur
« Jésus, pitié, sauvez-moi ! » Chose inouïe, de la bouche
« de cet homme seul sortaient un *grand nombre de*
« *voix* et comme la clameur confuse de tout un peuple,
« et le démon le quitta (1). »

On connaît les tourments que le démon ne cessait de
faire endurer au saint curé d'Ars. Une voix moqueuse
l'appelait : « Mangeur de truffes ! Oh ! nous t'aurons
bien ! » — D'autres fois, le démon le hélait du milieu
de la cour, et après avoir longtemps vociféré, il imitait
une charge de cavalerie ou le bruit d'une armée en
marche. Ou bien le démon fendait du bois, rabotait des
planches. « Pendant plusieurs nuits consécutives, il en-
« tendit dans la cour des clameurs si fortes et si mé-
« naçantes qu'il en tremblait d'effroi. Ces voix parlaient
« dans une langue inconnue et avec la plus grande
« confusion. Le saint curé disait que des troupes de dé-
« mons avaient tenu leur parlement dans sa cour (2). »

Ces bruits étranges, inexplicables, joints aux signes
énumérés, rendent le jugement encore plus certain,
comme l'observe Schram, à propos des bruits, des cris
et des lamentations que font entendre les esprits
mauvais (3).

Cassien, parlant du tintamarre effroyable que faisaient les démons dans les solitudes habitées par les
saints, déclare qu'à certaines nuits personne n'aurait

(1) Cf. Bolland, *Act. SS.*, 17 janv.
(2) *Le curé d'Ars*, t. I, p. 383 (par l'abbé A. Monnier).
(3) *Théol. myst.*, t. I, § 180.

osé dormir; ils étaient peu nombreux ceux qui avaient le courage d'habiter ces solitudes (1).

On avouera que l'explication tirée de la ventriloquie est plutôt amusante ! — Le signe secondaire que nous étudions ne consiste pas tant dans la *nature* et l'*étrangeté des voix*, ou des bruits *imités*, que dans leur *extraordinaire intensité*. — Nous n'avons garde de tomber dans les excès de Boguet, qui prétendait reconnaître le possédé à la *qualité* de sa voix : « Si elle est « sourde et enrouée, dit-il, nul doute qu'il faille « aussitôt procéder aux exorcismes. » Ce pitoyable grand juge de la terre de Saint-Claude, au comté de Bourgogne, est un de ces malheureux juges civils qui présidèrent à ces procès de sorcellerie d'où les justes règles de l'Église furent si arbitrairement écartées. — Nous constaterons plus loin le mal que ces juges ignorants firent à la Religion.

Certaines maladies, nous le savons, affectent les cordes vocales, et la voix imite, pendant ces accès, les cris des animaux.

Sandras, après avoir décrit les effroyables crises de la *chorée* aiguë, où le malade est tiraillé en tous sens, se roule et se tord sur lui-même, la figure grimaçante, ajoute ces mots : « Quelquefois, l'appareil « vocal seul est troublé dans ses fonctions, et la voix « imite imparfaitement, et quant au son et quant au « rythme, le cri de certains animaux, le jappement du « chien, par exemple (2). » — Certaines épidémies de

_____

(1) « Tanta namque erat eorum feritas, ut vix pauci, et admodum stabiles... tolerare habitationem solitudinis possent... Si quidem illa eorum atrocitas grassabatur et frequentes ac *visibiles* sentiebantur aggressus ut non auderent omnes obdormire ». (Col. 7, c. 23).

(2) Sandras, *Traité des Mal. nerv.*, l. 2, ch. 7, t. 1, p. 397, 400.

chorémanies furibondes (1) ont pu tromper des juges tels que Boguet.

Nous n'entendons pas, par là, abandonner les *Aboyeuses* à M. Calmeil. Ces faits doivent être étudiés d'après les principes théologiques et les données de la science dégagée du parti pris rationaliste.

4° — Il est un autre *signe* que nous ne passerons pas sous silence, et qui fait aussi partie du « *quæ cum plurima concurrunt* » de notre *Rituel*.

Bouix le formule en ces termes : « *Vel si jussu dæmon scribit nomen Jesu vel Mariæ aut alicujus sancti in brachio imprimens* (2). »

Qu'on veuille bien peser les termes de cette définition de la *marque* de possession, et l'on évitera de porter sur la *marque diabolique* bien comprise le jugement que l'on porte sur la *marque diabolique* de la plupart des procès de possession ou de sorcellerie qu'instruisirent certains juges, peu versés dans la théologie, et très dédaigneux de la prudence conseillée par l'Église.

De tels juges ont pu confondre les *marques* véritables avec certaines affections cutanées.

« C'étaient tout simplement, dit le D' Surbled, des
« verrues, des lentilles, tannes ou loupes, des exan-
« thèmes variés de la peau, des plaques d'urticaire ou
« de sclérodermie, des difformités pathologiques, des
« cicatrices, et surtout des *plaques anesthésiques*, les
« fameuses *plaques froides*... Sur ce dernier point,
« l'erreur des anciens était facile, presque fatale. Ils
« croyaient que « l'insensibilité ne vient que d'une
« seule cause »; ils ignoraient absolument qu'elle est de
« règle chez les hystériques et les névropathes (3). »

---

(1) Ch. Vincent de Beauvais, *Specul. historiale*, l. 26, c. 10.
(2) Bouix, *Les Possessions*, § 5.
(3) *Revue du Monde invis.*, 15 août 1898.

Le D' Surbled remarque très justement que les théologiens ont réagi contre cette opinion. « Dès le dix-huitième siècle, le savant dom Calmet (1) l'a combattue et en a fait justice.. » — Il faudrait ajouter que dom Calmet n'a point inventé cette doctrine; elle était reçue avant lui. Les médecins eux-mêmes qui prenaient la peine de commenter la doctrine reçue avaient grand soin de mettre en garde contre les plaques anesthésiques. Paul du Bé, au XVII° siècle, signalait les troubles de l'*hysterica passio :* « L'anesthésie, disait-il, n'est pas « un signe exclusif; elle est naturelle. » — Les juges laïques ont accrédité, par leur excessive crédulité, ces légendes. Quand un sorcier ne faisait pas les aveux, le premier soin de Boguet était de le faire raser pour découvrir le *sort* de *taciturnité;* il le faisait visiter pour découvrir les *marques;* les indices ordinaires étaient : les yeux *fixés à terre,* le regard effaré ; les indices graves : la *naissance* (!), les *marques,* le *blasphème.*

Serait-il juste de reprocher à l'Eglise l'ignorance de ces hommes, les extravagances contenues dans le *Code des sorciers?*

Il n'y a pas que Delrio, tous les vrais théologiens ont répudié les doctrines de ces magistrats qui consultaient plus volontiers le *Code* de Boguet que les *Rituels* approuvés. — La suivante réflexion du docteur Surbled est peut-être une excuse en leur faveur : « Si les « marques diaboliques sont souvent invoquées dans les « procès de sorcellerie et prennent dans l'histoire une « place démesurée, la faute en est aux sorciers eux-« mêmes. Pour se donner crédit, ils étaient les pre-« miers à se prétendre en relations suivies, quoique « secrètes, avec l'enfer, et à se dire *marqués du diable.* »

___

(1) *Traité sur les Appar. des Esprits, etc.,* 1751.

A côté de ces fausses marques d'une prise de possession de Satan, il peut en exister d'autres plus sérieuses. De celles-là on ne peut dire : « Quelques auteurs sans autorité ont cru seuls à ces marques », car la théologie mystique les reconnaît : ce sont les *inscriptions* apparaissant subitement, au commandement de l'exorciste : « *Si jussu, dæmon scribit nomen Jesu vel Mariæ aut alicujus sancti in brachio imprimens.* »

Si un phénomène naturel pouvait tenir en échec ce signe de l'intervention diabolique, ce serait, à n'en pas douter, les inscriptions dermographiques qui arrachent au docteur Servet de Bonnières ce cri de triomphe : « Si les grilleurs de sorciers, les Bodin, les « Pierre de Lancre, les Michaëlis... revenaient sur « cette terre, ils seraient bien confondus. La science « a enfin triomphé de ces préjugés barbares. Depuis « les beaux travaux de Charcot et de ses élèves, on sait « ce qu'il faut penser de ces histoires de magiciens « et de sorciers. Tout se ramène à des manifestations « de la grande névrose.

« Parmi les plus curieuses sont assurément les stig-« mates du diable qu'on recherchait si attentivement « chez les possédés d'autrefois. Ici, on a affaire au « *dermographisme*, dont le Dr Barthélémy vient de faire « une savante étude.

« Lorsque, avec *l'ongle ou une tête d'épingle,* on trace « une ligne invisible sur la peau de certains névro-« pathes, une raie *rouge vif* souvent bordée de deux « autres raies blanches apparaît bientôt formant un « *relief appréciable* (1). »

Ce phénomène peut se définir : « Une reproduction, en reliefs saillants et teintés, des emblèmes, figures, mots qu'il a plu à l'opérateur de tracer sur la peau. » —

_____

1. Dr Servet. *Mqmd, illustré*

Le docteur Surbled accepte cette définition donnée par le docteur Mesnet (1).

Nous aurons, dans un chapitre ultérieur, à revenir sur cette question du dermographisme ; mais ici nous devons déjà insister sur ce point que les *effets dermographiques* sont essentiellement indépendants de l'effort imaginatif, et ne peuvent se produire sans une excitation, si minime qu'elle soit, physiquement exercée sur la peau.

Si donc, par ordre de l'exorciste, le nom d'un personnage saint apparaissait subitement sur la peau, sous les yeux des observateurs, sans excitation aucune, on ne pourrait trouver dans les phénomènes dermographiques une explication plausible. Il suffira de surveiller le sujet, et d'établir l'*instantanéité* du phénomène. — Cette instantanéité n'existe pas dans la fameuse expérience tentée sur Elisa par M. Focachon, ni dans les effets obtenus par le Dr Burot. — Il a fallu de *longues heures* dans l'un et l'autre cas, et une *excitation* physique sur la peau. Quant aux autres expériences, elles sont légitimement contestées.

On ne peut donc songer à invoquer ici l'imagination, car de l'avis des médecins les seuls phénomènes remarquables ont été tous obtenus par le procédé dermographique, où l'imagination n'a aucune part.

N'oublions pas qu'il n'est aucunement question de *marques* nécessairement *saillantes* et *teintées*, mais d'une inscription imprimée dans un endroit visible, d'une façon quelconque.

Aucune loi physiologique n'expliquera l'apparition *subite* d'un tel signe imprimé dans la chair, si on observe le contrôle supposé.

Nous sommes loin des simples *plaques anesthésiques:*

---

(1) *Science cathol.*, n° 15 déc. 1894.

le phénomène est tout autre. – Ce serait donc là un indice utile, qui vient encore renforcer la certitude née des autres signes qui doivent l'accompâgner.

6° — A côté de ces notes probables, se trouvent des marques incertaines qui ne sont pas sans ajouter à l'ensemble des preuves lorsqu'elles se rencontrent avec les autres, comme le veut le *Rituel*.

Les paroles impies, les blasphèmes les plus épouvantables, les chants les plus obscènes, quand ces ordures sortent de bouches qui ne savent pas blasphémer, et qui ont horreur de ces expressions contrastant si fort avec leur éducation et leurs habitudes, peuvent aider à reconnaître l'influence démoniaque, pourvu que *les autres signes se rencontrent avec ceux là*.

Calmeil reconnaît que parmi les possédées de Loudun, par exemple, se trouvaient les femmes les plus distinguées par leur naissance et leur éducation : « Quant à « ces religieuses, à la tête desquelles était comme « abbesse Madame Jeanne de Belfied, de la maison du « baron de Cose, on voyait figurer, comme simples « sœurs, une parente de Richelieu, les deux dames de « Barbézieux, de la maison de Nogaret, les deux dames « d'Escoubleau, de la maison de Sourdis. Ces dames ne « le cédaient à aucune personne de leur sexe pour la « culture de l'esprit, la politesse des manières, le soin « qui avait présidé à leur éducation. »

Il est très juste, cependant, de remarquer avec Landouzy que ces paroles, dans certaines maladies nerveuses, ne révèlent qu'un trouble psycho-moral : « Plus ces expressions leur paraissent révoltantes par « leur grossièreté, plus elles sont tourmentées de la « crainte de les proférer ; et cette préoccupation si vive « est précisément ce qui les leur met au bout de la

« langue, quand elles ne peuvent plus la maîtriser (1). »

Ce phénomène, isolé, n'aurait certainement aucune valeur ; mais il doit préoccuper quelque peu le théologien quand il se manifeste à la fois, avec la même intensité, chez plusieurs personnes, de tendance, d'habitudes, de santé si différentes. — Encore une fois, la plus grande prudence est de rigueur.

Les mêmes réflexions s'imposent quand il s'agit de certains phénomènes physico-physiologiques, comme le fait de courir avec une grande agilité, le corps replié en deux, la tête renversée sur les talons. Cette bizarre et impossible acrobatie fut observée dans les crises de Loudun. — Ce n'est qu'après de longs exercices, des essais répétés, que le corps assoupli peut prendre impunément cette position ; mais le seul côté surprenant est l'*agilité* déployée dans cette position qui ne permet aux plus exercés que des mouvements lents et imparfaits.

Les phénomènes décrits par Sandras dans son étude sur les crises de chorée aiguë ne s'en approchent que de très loin.

Quand le phénomène, au lieu d'être *isolé,* se reproduit chez plusieurs à la fois, il prend une tournure assez étrange. — Ces signes ne sont point méprisables : mais il convient d'en user avec la plus extrême prudence, puisque ce ne sont là, le plus souvent, que des signes incertains, soit parce qu'ils sont isolés, soit parce qu'ils se manifestent avec une intensité que la crise naturelle peut imiter.

Concluons que tant de signes réunis ne permettent pas au théologien de méconnaître un vrai cas de pos-

---

(1) *Traité complet de l'Hystérie,* p. 85 et 86.

session. Nous voulons bien, avec Maury, répéter que
« l'esprit scientifique est précisément l'opposé de la disposition au merveilleux, entretenue par l'ignorance des
lois physiologiques », mais encore faut-il, pour que
l'on invoque « l'esprit scientifique »,que les lois physiologiques ne soient pas évidemment dépassées.

Qui voudra soutenir que les médecins ont donné la
raison naturelle des signes exposés? — Ils nous répondront que les signes mentionnés n'ont été relevés
que par des gens crédules et disposés au merveilleux.
Ce n'est point l'histoire des notes caractéristiques de la
possession que nous défendons en ce moment, ni l'u-
sage que plusieurs en ont fait, en certains cas donnés;
l'erreur a pu s'y glisser assurément; mais nous affirmons leur valeur *intrinsèque*, théorique, et nous disons : *Si de tels signes venaient à être scientifiquement
constatés chez un possédé supposé, ils constitueraient
un ensemble de preuves établissant certainement la
possession.*

∴

Si nous voulons en croire nos adversaires, l'Église,
« désireuse de mettre partout des miracles pour attester
la puissance de Dieu », n'a pas su, pratiquement, reconnaître les cas morbides. Nombreuses sont les victimes
de son ignorance.

Disons tout d'abord que nos adversaires ont manqué
de bonne foi et de loyauté dans leur étude des procès
de sorcellerie ou de possession ; nous chercherons
ensuite à déterminer les responsabilités.

Charcot est connu par ses *Démoniaques dans l'art* :
on convient généralement que la valeur scientifique de
ces documents pseudo-historiques est plus que con-

testable. Nous avons signalé déjà cette œuvre de parti
pris et de haute fantaisie. Avant lui, les médecins qui
ont voulu traiter de ces matières, n'ont pu dissimuler
leur embarras en présence de certains phénomènes qui
ne s'observent que pendant ces crises étranges ; ils
étaient manifestement gênés, dans leur œuvre de classification, par ces symptômes inconnus. Alors, on
supprimait, dans les documents et procès-verbaux, les
passages compromettants, ou on se contentait d'analyser
les textes réfractaires à la systématisation.

C'est ainsi que M. Calmeil cite très mal les textes qu'il
copie. Dans le tome II de son ouvrage sur la *Folie* (1),
le docteur veut donner à ses lecteurs le récit des convulsions dont la femme Thévenet fut la victime. Le
récit est emprunté à dom Lataste (2), mais avec quelle
prudence M. Calmeil fait son choix.

Un exemple seulement :

« Mon frère, dit au chanoine Thévenet, le sujet de dom
Lataste, j'ai le bonheur d'être convulsionnaire... Accompagné de
la Charpentier, il (le chanoine) conduit la veuve Thévenet dans
le jardin pour lui faire prendre l'air, et voici un phénomène
bien remarquable. Quoiqu'ils la tiennent en deux de *toutes leurs
forces*, elle *s'élève* à diverses reprises à *sept ou huit pieds de haut*,
sautant trois fois à chaque reprise, et avec *tant de force*, qu'elle
les emporte à la hauteur de *trois pieds de terre*...

Étant couchée, elle qui n'avait jamais prononcé, ni lu, ni
appris les propositions de Quesnel, elle les récita... Elle fit des
sauts de tout son corps : tout ce qui était sur elle s'éleva en
même temps à la hauteur de trois pieds, avec cette circonstance,
qu'on peut remarquer, que sa tête et ses pieds s'élevaient
ensemble .. »

---

(1) *De la Folie considérée sous le point de vue pathologique*, etc..
p. 324 à 329.
(2) *Lettres théolog. aux écriv. défens. des convulsions*, t. 1,
p. 646 à 656

Retouché ou résumé par M. Calmeil, le texte de dom Lataste est moins gênant :

« Dans certains moments, elle fait des sauts violents comme pour s'élever jusqu'au plafond .. On se décide à la faire mettre dans son lit ; elle se prend à réciter des prières qui sont très en renom parmi les convulsionnaires, et tombe dans des attaques convulsives qui font croire à ses familiers qu'elle s'élève en l'air tout d'un bond avec ses couvertures. »

Et voilà comment on écrit l'histoire (1).

C'est décidément la méthode chère aux ennemis du surnaturel.

Dans son introduction au *Procès-verbal d'une fille possédée,* le vicomte de Moray nous donne un exemple bien frappant de ce parti pris scientifique. — Nous choisissons cet exemple parce que cet ouvrage, spécialement vendu aux *Bureaux du Progrès médical,* révèle bien les tendances incriminées.

M. de Moray s'efforce de jeter le ridicule sur les exorcismes qui furent tentés sur la personne de la fille Françoise, conduite en présence de « Loys Morel, escuier, sieur de la Tour, conseiller du roy... tenant garnison aulx villes et chasteaux du Pont de l'Arche et Louviers ».

Nous pourrions nous désintéresser des faits et gestes de semblable exorciste, assisté d'un lieutenant, de cinquante archers, du greffier Vauquier. Quant au curé, il n'apparaît que vers la fin, quand l'exorcisme a été décidé par le prévôt Morel : « Ce voiant, nous « auons *commandé* audit curé icelle exorciser et luy ietter de l'eau bénitte, ce qu'il a faict (2). »

---

(1) Cf. Hippolyte Blanc, *Le Merveilleux dans le Jansénisme,* p. 153 à 166.

(2) *Procès verbal* publié par A. Binet, archiviste-paléographe.

« Le travail de reconstitution n'est pas difficile à faire », déclare M. de Mornay. — Suivons-le un instant dans l'accomplissement de cette tâche.

« L'imagination de la pauvre fille avait été préparée « par les antécédents : elle avait déjà été malade à « Bernay, à Paris ; avant elle, il revenait un esprit dans la maison. » Dans ces simples mots est résumée une histoire de hantise, avec bouleversements et tintamarre effroyable, que le Dr Dupouy, dans un livre sur l'occultisme, donne comme un modèle du genre, tellement les preuves y furent accumulées ; une partie des soldats de la garnison furent témoins de cette hantise, dont deux officiers furent les premières victimes. — La possession de Françoise, domestique dans la maison, en fut une conséquence.

Donc, « Françoise ne veut plus boire ni manger, explique M. de Moray, ce qui ne laisse point que d'inquiéter une magistrature qui n'avait point encore à son service la sonde œsophagienne... Le désespoir s'en mêle, l'hallucination prend corps, et la possession est complète. »

« Il n'est pas besoin d'être grand clerc en médecine « pour diagnostiquer sûrement le cas de Françoise : « c'était tout simplement une hystéro-épileptique. Li- « sez les passages qui se rapportent aux attaques ; « vous y verrez qu'elle a les bras « étendus comme une « croix ».

Ouvrons le manuscrit aux passages indiqués par M. de Moray et lisons :

« Comme nostre greffier commençoit à escrire nostre présent procès verbal, il s'estoit escryé et nous avoit monstré lad. Fontaine... laquelle nous avons veu *enlever en l'air* environ *deux piedz hors de terre* (p. 25) » ; puis Françoise est jetée à terre, étendue sur le dos, et, en présence de tous les assistants, et spécialement des prisonniers enfermés dans la juridiction, elle est traînée autour de la cour, par une force invisible, sans aucun mouvement de sa part, et tout d'une pièce (p. 25). M. de Moray nous signale bien la « gorge enflée », mais pourquoi taire le reste ?

Le prévôt-exorciste, tout étonné, s'avise alors de recourir à l'évangile de saint Jean : « Nous sommes advisez que l'évangile Saint-Jean avoit beaucoup de puissance contre les Diables » (p. 27). — Le corps de Françoise, toujours étendu, *se soulève* de terre, et est ainsi porté par une force invisible autour des murs de la cour : « Et aussy tost s'estoit le corps d'icelle Fran- « çoise *eslevé* hors de terre de trois à quatre piedz de « hault, de son long, la face en hault, et porté le long « de lad. jurisdiction, sans toucher à rien (p. 28). » — Il y a plus, le corps de Françoise, toujours dans cette même position, se met à poursuivre l'imprudent exorciste, qui, toujours lisant son évangile de saint Jean, se réfugie dans la salle, et ferme la porte sur lui. — Tous les assistants, juge, greffier, archers, prisonniers sont terrifiés et se sauvent en fermant toutes les issues : « Ce qui a tellement espouvanté le « geolier, ses serviteurs, nosd. archers et grand nombre « de prisonniers. »

Le pauvre prévôt, effrayé, de plus en plus oublieux des moyens liturgiques, se rappelle que, pour empêcher le maléfice du sorcier, il faut le battre avec « vng ballay neuf de boys de boullay » ; ce qui fut fait. — Mais en dépit du balai et de la « racine d'herbe mise dans sa bouche », en présence du chirurgien Gautier, le phénomène se renouvelle.

On se décide à appeler le curé. — Celui-ci reçoit les confidences de Françoise, et, finalement, se refuse à se mêler de cette affaire, « disant led. curé que ce n'estoit « faict en catholique de permettre telz actes, nous

« déclarant qu'il ne s'entremettroit davantage d'ouyr
« la dite Françoise et se vouloit retirer, ce que nous
« avons empesché et à lui faict commandement de par
« le Roy de nous assister (p. 32). »

Voilà encore un détail précieux que M. de Moray a
grand soin d'omettre, aussi bien que les précédents ; il
se contente de dire : « Pendant l'interrogatoire, elle a un
accès et tombe le visage contre terre... Convulsion
épileptiforme ! (1) » Ou encore : « Je n'*insiste* pas sur
un fait : pendant une attaque, où elle est « arrestée sur
son doz, les bras estendus comme vne croix », le prévôt
veut en vain lui faire plier le bras. C'est un fait de contraction hystérique. »

« Ainsi donc, ces terriflantes crises, qui semblaient
« nécessairement démoniaques à l'excellent prévôt
« général, sont des faits que l'on voit tous les jours à
« la Salpétrière (2). » — Il paraît qu'à la Salpêtrière les
malades se promènent dans les airs, couchés sur le
vide comme sur un matelas !

« Quant à la guérison de Françoise, d'après notre
« auteur, elle ne présente non plus rien de surnaturel ;
« comme l'a justement dit M. Maury (3), l'expulsion
« des démons n'est autre chose en réalité qu'un retour
« de l'aliéné à la raison. »

On a conduit Françoise à l'église : « Pendant la
« messe, continue M. de Moray, elle commence à som-
« meiller, puis l'aspersion de l'eau bénite fait une heu-
« reuse diversion, et tout va bien jusqu'à la communion :
« mais alors tout est perdu ! Dès que le curé présente

---

(1) De Moray, *Hist. d'une fille possédée*, p. 30, 31.
(2) *Op. cit.*, p. 23, de Moray.
(3) *Magie*, p. 267.

« l'hostie devant la bouche de Françoise, *un vitrail se*
« *casse*, peut-être par une pierre lancée de la place par
« un gamin, le vent fait irruption et souffle le cierge :
« Françoise prend peur : nouvelle attaque. »

Et aussitôt notre habile tombeur de possessions fait
cette citation qui montre sa constante préoccupation
d'éviter les textes fâcheux : « Elle ouvre la bouche, a
« les yeux tournez en la teste avec vng geste tant
« effroyable qu'il avoit esté de *besoing*, *à l'ayde de cinq*
« *à six personnes, la retirer par ses accoustremens...* »
— Nous avons souligné ces dernières paroles qui n'ont
aucun sens dans la citation bizarre de M. de Moray. Le
texte rétabli dans son entier prouvera la mauvaise foi
de l'historien. — Nous sommes au moment où Françoise
va recevoir l'hostie sainte des mains du curé :

« Icelle Fontaine estant à deux genoux, avoit esté
« *enlevée* fort espouvantablement sans avoir peu rece-
« voir le saint sacrement, ouvrant la bouche, ayant les
« yeux tournez en la teste avec vng geste tant effroyable
« qu'il avoit esté de besoing, à l'ayde de cinq à six per-
« sonnes, la retirer par ses accoustremens comme elle
« estoit *enlevée* en l'air (p. 59). »

Bref, ces cinq à six personnes la jettent à terre, et
elles sont obligées de se précipiter sur elle pour lutter
contre la force mystérieuse qui l'enlève.

A une seconde reprise, elle est élevée *au-dessus de*
l'autel, et il faut plusieurs hommes robustes pour la
ramener à terre. — A la troisième reprise, toujours à
l'approche de l'Eucharistie, en présence de la foule
épouvantée qui prie à genoux pour sa délivrance, Françoise est *saisie, soulevée* en l'air, et *emportée* du côté
du vitrail brisé, la *tête en bas*, sans que ses vêtements
fussent dérangés (p. 60, 61).

De tous ces détails si importants, M. de Moray ne dit
mot. Il parle encore moins des conversions signalées

par le procès verbal ; car il y est dit que des soldats de
la religion réformée, témoins du calme finalement
amené dans l'état de Françoise par l'Eucharistie, renon-
cèrent à leur erreur : « Ce que aiant veu plusieurs sol-
« datz et autres de lad. nouvelle prétendue religion,
« avoient déclaré tout hautement qu'ilz renonçoient à
« lad. nouvelle prétendue religion, etc... (p. 62). »

Quant à M. de Moray, il finit son commentaire par
ces mots d'un triomphe trop facile : « Entre les possédées
« du Moyen âge et nos hystéro-épileptiques, il n'y a
« plus d'autres différences que celles qui proviennent
« de l'esprit (1). »

Nous pensons, pour notre part, que M. de Moray
aurait pu rester dans son parti pris scientifique, sans
verser dans une pareille improbité historique. — Il est
vrai qu'après avoir accepté le procès-verbal comme
l'œuvre d'honnêtes gens (2), aussi naïfs que véridiques,
il fallait se rendre, ou *altérer* le récit. — Et voilà pourquoi M. de Moray n'a point fait acte de savant, mais de
sectaire, dans cet ouvrage injuste et mauvais parmi
les pires.

.·.

Où l'injustice abonde, c'est spécialement dans le jugement historique que nos adversaires ont porté sur
l'attitude de l'Église, par rapport aux phénomènes de
sorcellerie et de possession.

---

(1) Oper. cit , p. 83.
(2) « Ce n'est pas un de ces contes de fée qui apportent pour un
instant à l'imagination la rêverie de l'inconnu ; ce n'est pas une de ces
poétiques légendes dont l'intérêt ne le cède qu'à l'invraisemblable, c'est
un *fait réel, indéniable*, mais qui a été faussement interprété par les
idées erronées du temps : les faits sont *vrais*, la conclusion est
fausse. » De Moray, *Hist. d'une fille posséd.*, Introd., p. 17.

L'Eglise a condamné la sorcellerie, le crime de magie, comme une superstition dangereuse pour la foi et les mœurs ; elle n'a pas condamné la *possession* en elle-même, puisque l'obsession n'est pas un péché, n'est pas la suite nécessaire du péché.

Mais qui ne sait qu'à certaines époques, où l'ignorance fut aussi grande que les calamités qui désolaient le peuple chrétien, il y eut des crimes épouvantables, accomplis sous le couvert de pratiques occultes, et que la société civile eut le devoir de réprimer. — Au lieu de refréner le mal par l'application des règles employées par l'Eglise, la répression fut aveugle et passionnée. L'Eglise, en tout temps, a lutté contre l'aveuglement des passions ; de tout temps, la juridiction laïque a paralysé les justes intentions du pouvoir religieux.

Parlant des Templiers, Görres, philosophe protestant converti, définit bien cette tendance du laïcisme opposant :

« Le pouvoir de la théocratie est brisé, et les princes « cherchent à s'affranchir des liens qui restreignaient « leur puissance...

« Le procès tout entier (des Templiers), avec ses « formes et ses interrogatoires, servit de modèle aux « procès de sorcellerie qui suivirent. »

Les pratiques occultes se multiplièrent. — « Plus « d'une fois, les princes eux-mêmes se trouvèrent « impliqués dans ces affaires mystérieuses, continue « Görres, aussi cherchèrent-ils à soustraire la con-« naissance et le jugement aux juges ecclésiastiques ; « un arrêt du parlement de 1390 les soumet aux tri-« bunaux laïques et charge le procureur du roi de « toutes ces enquêtes. — Une ordonnance de 1490 re-« commande de rechercher les crimes de magie. » — C'est une vraie fureur. — « Louis XI est accusé de magie

« par le duc de Bourgogne. — En Angleterre, en 1417,
« la reine Jeanne est emprisonnée comme coupable de
« magie; la duchesse de Glocester, accusée d'avoir
« exercé la magie contre Henri IV, est obligée de faire
« pénitence. — Richard III se plaint à son conseil que
« la reine ait paralysé son bras par des opérations ma-
« giques.

« En 1484, Innocent VIII publia sa Bulle où il charge
« les Inquisiteurs de juger des causes dans tout le pays
« du Rhin; mais le protestantisme éclate et fait triom-
« pher les empiétements des juges laïques (1). »

Ce fut un malheur pour la civilisation, car les crimes
venant à se multiplier, on procéda souvent contre les
coupables sans aucun discernement.

« C'est en Allemagne, pendant et après la guerre de
« Trente ans, que cette épidémie produisit les plus
« grands ravages. Le pays tout entier était dans une dé-
« solation profonde. Le peuple, livré au désespoir, re-
« tournait à grands pas à la barbarie et avait perdu
« toute foi dans la Providence. Ils eurent donc recours
« aux puissances infernales, et tous les arts ténébreux
« de l'enfer, avec les crimes et les forfaits de tous
« genres, marchèrent à la suite des armées. La pratique
« de la magie était devenue générale, et la vie de
« l'homme ne comptait plus pour rien. Il s'était dé-
« veloppé, dans chaque crime en particulier, une sorte
« de *virtuosité* de génie, que l'on appliquera bientôt
« aux procès de magie...

« La misère du temps, la détresse du peuple, la dé-
« solation du pays, n'étaient que le juste châtiment des
« désordres de cette époque. Mais le peuple, plutôt que
« de reconnaître la source du mal et de s'avouer cou-
« pable, aimait mieux rejeter la faute sur les sorciers...

(1) Görres, *Mystique*, IIIe p., ch. 38.

« La méchanceté, l'envie et la vengeance exploitèrent
« avec empressement ces coutumes superstitieuses (1). »

Il est certain que nous sommes mal placés, en notre
siècle délicat, pour bien juger de ces mœurs grossières
et souvent barbares. Du moins, on comprend, jusqu'à
un certain point, étant donnés les crimes sans nombre
qui pullulaient à cette époque, la réaction violente qui
emporta le pouvoir civil. Le tort de la justice laïque fut
d'avoir rejeté les lumières et les conseils de l'Église.
Il y eut lutte entre les deux pouvoirs.

Quels précieux aveux Michelet laisse échapper dans
le trop fameux chapitre consacré à la *Sorcière !*
« D'où date la sorcière ?... des temps du désespoir ».
Nous l'avons reconnu avec l'historien allemand.
« L'assemblée des sorciers, le sabbat, est la reprise
« de l'orgie païenne par un peuple qui a désespéré du
« Christianisme. C'est une révolte nocturne des serfs (2). »
« La règle du sabbat fut que tout serait fait à rebours. »
— « Ce fut une fraternité barbare et sensuelle, un
« grossier communisme (3). » — « En Allemagne la sor-
« cellerie reste chargée d'un vaste et sombre paga-
« nisme. » — « Elle devient une maladie contagieuse
« dans les pays misérables, surtout où les hommes
« n'attendent plus de secours du ciel (4). »
Quel sombre tableau, quand cet historien décrit la
sorcellerie par nations et par provinces, au XVIᵉ siècle !

Eh bien ! le croirait-on, Michelet épargne ces juges
laïques qui se laissèrent aller à des répressions si

---

(1) Loc. cit., Görres
(2) Michelet, *Hist. de France*, 13 vol., ch. XVII, p. 225
(3) Oper. cit., Michelet, p. 228.
(4) Op. cit., p. 240, 241.

cruelles et parfois si injustifiées ! Il réserve ses indignations pour l'Église qui, dans les hautes sphères religieuses, était paralysée par les Pouvoirs publics, et qui, dans les sphères inférieures, par son clergé soumis aux fonctionnaires, était forcée d'agir, de par le Roy, comme nous l'avons constaté dans le procès de Françoise Fontaine. — Les princes se désintéressaient de ces causes. — « Ce fut le règne des employés, dit le « savant jésuite Spée ; la procédure est méprisée et les « règles de l'équité violées ». — « On écarte les ecclésiastiques pieux, prudents et sensés (1). »

Michelet leur pardonne en partie ces excès pour avoir résisté au pouvoir religieux. Il constate avec plaisir que « le célèbre Bodin, le savant Leloyer, ne se fient pas aux prêtres ». — C'est pourtant un magistrat laïque de Nancy, le juge Remy, qui s'est vanté d'avoir brûlé 800 sorcières. « Ma justice est si bonne que l'an dernier il y en a eu seize qui se sont tuées pour ne pas passer par mes mains (2). »

Mais contre « ces prêtres qui disaient avoir seuls le droit de présider contre le diable », il était bon de voir s'élever la magistrature civile. « C'est au Parlement de Bordeaux qu'est poussé le cri de victoire de la juri- « diction laïque dans le livre de de Lancre : *Inconstance* « *des démons*. L'auteur, « homme d'esprit », conseiller « de ce Parlement, raconte en triomphateur sa bataille « contre le diable au pays basque, *où en moins de trois* « *mois il a expédié je ne sais combien de sorciers*, et, ce « qui est plus fort, *trois prêtres* (3). » — Si le nombre n'en a pas été plus grand, c'est que les autres purent

---

(1) *Mystique*, III p., ch. 46.
(2) Michelet, loc. cit., p. 242.
(3) Michelet, loc. cit., p. 244.

s'échapper, car ce juge expéditif en avait bien une dou-
zaine qu'il tenait en réserve pour le même supplice.

Les prêtres basques, loin de se prêter à ces odieuses
poursuites, avaient gardé la confiance et l'amour de
ces pauvres gens. C'est pourquoi on les persécutait avec
eux : « Le clergé ne pesait guère : *il poursuivait peu*
« *les sorciers, l'étant lui-même* (1). »

Aussi de Lancre n'oublie pas de consacrer le sixième
livre, en cinq discours, de son *Tableau de l'Inconstance
des démons*, aux prêtres sorciers. — Dans son Tableau,
il démontre « *combien l'exercice de la justice en France
est plus juridiquement traité et avec de plus belles
formes qu'en tous autres empires, royaumes, républiques
et états.* » — C'est pourtant cet homme qui, de l'aveu
de Michelet, condamne à tort et à travers sur les simples
indications de la sorcière graciée Margarita ! (2)

« De Lancre regarde en pitié l'Inquisition d'Espagne,
qui près de là, à Logrono (frontière de Navarre et de
Castille), *a traîné deux ans un procès fini maigrement
par un petit auto-da-fé, relâchant tout un peuple de
femmes* (3). — Cette Inquisition fit aussi durer *trente
années* le procès de Zoquiel, et elle eut à peine la force
de le condamner (4). » — Voilà le laïcisme ; voilà l'Église.
— « L'École de Tolède avait un chapitre de *treize*
docteurs et de soixante-treize élèves. Ils obtenaient,
disaient-ils, puissance sur le diable par les œuvres de
Dieu, jeûnes, pèlerinages, offrandes à Notre-Dame (5). »
— Tout cela faisait sourire de Lancre, « homme d'esprit », selon Michelet.

---

(1) Michelet, loc. cit., p. 244.
(2) Michelet, loc. cit., p. 252.
(3) Michelet, loc. cit., p. 244.
(4) Michelet, loc. cit., p. 240.
(5) Michelet, p. 240.

Que dire de Bodin, « magistrat estimé du xvie siècle », dit le docteur Surbled (1). Dans sa *Démonomanie*, au livre IVe, cet honnête magistrat préconise les *tortures* comme *excellent moyen* de faire avouer. Dans le chapitre final, il traite des supplices à infliger : il conclut à la *mort cruelle*. Il voit des sorciers partout et se croit un homme indulgent : « N'advient-il pas que de dix crimes il y en ait un puni par les juges. » — Jean Wiérus ayant soutenu que le plus souvent les sorciers sont des malades ou des fous, et qu'il ne fallait pas les brûler, Bodin s'indigne, et déclare qu'il faut « exterminer les sorciers avec ceux qui en ont pitié, et brûler les livres de Wiérus. »

Tous ces juges, qui ne trouvent pas les règles de l'Inquisition suffisantes, s'inspirèrent du livre de Boguet, qui fut comme le *manuel* classique. « Il n'y eut pas de juges plus consciencieusement exterminateurs », dit Michelet. — Et que contient ce *manuel* substitué aux recueils théologiques ? Des superstitions grossières, la plupart du temps. Ainsi, d'après Boguet, les sorcières se trahiront par mille indices : *la croix de leur chapelet* est cassée, elles ne pleurent pas en présence du juge, elles crachent à terre quand on les force à renoncer au diable, elles ont des marques sous leur chevelure, lesquelles se découvrent si on les rase. — Il déclare encore que l'on doit condamner sur le *simple soupçon mal lavé* d'avoir été au sabbat ! — Dans les *six avis* qui font suite aux *Discours des sorciers*, il prononce : — 1° Les devins doivent être condamnés au feu comme les sorciers et les hérétiques... On brûlera vif le sorcier opiniâtre ; on se contentera d'étrangler celui qui se confesse... ; 2° Dans le crime de sorcellerie, on peut condamner sur de *simples indices*, *conjectures et présomption* ; on n'a

_____

(1) *Revue du Monde invis.*, n° 15 août 1898.

pas besoin pour de tels crimes de preuves très exactes... » — Le *Code des sorciers* termine le volume.

Pendant ce temps, M. Michelet en convient, l'Inquisition, c'est-à dire les tribunaux réguliers de l'Église,
mettait à condamner des crimes certains une lenteur
qui disait tout son respect de la vie humaine.

Si, depuis le xvᵉ siècle, une « réaction s'est faite, consolante et scientifique », comme le dit M. de Moray (1),
il faut reconnaître qu'elle ne fut pas due aux juges et
aux prévôts, mais à ces exemples de douceur et de justice qui rendaient les tribunaux ecclésiastiques si méprisables à *ces Messieurs des Parlements*.

Malgré la crainte des pouvoirs, les théologiens écri-
virent publiquement contre ces excès. Non seulement
on condamnait souvent de prétendus sorciers, mais on
confondait encore la possession avec la sorcellerie.

Le jésuite Tanner se fit l'organe de ces protestations
au nom de la morale et de la théologie. — Le jésuite
Spée écrivit sa *Cautio criminalis*.

Rome acheva de détruire ces criminels abus : « Une
« des principales erreurs des juges, disait l'*Instruction*,
« c'est de croire qu'on peut non seulement informer
« contre quelqu'un, mais encore l'emprisonner, ou
« même lui appliquer la torture... Le maléfice doit
« être prouvé tout d'abord, et il ne suffit pas, comme
« beaucoup le croient, qu'une personne soit tombée
« malade ou soit morte pour qu'on en conclue qu'elle a
« été victime d'un maléfice... On doit d'abord in-
« terroger les médecins du malade, puis savoir s'ils
« regardent la maladie et la mort comme naturelles.
« Ceux-ci doivent consigner leurs observations dans

---

(1) Oper. cit., p. XL.

« un procès-verbal détaillé *afin que leur jugement*
« *puisse être contrôlé par un médecin plus expérimenté.*

« Beaucoup d'exorcistes ont l'imprudence d'interro-
« ger le démon pour savoir s'il est venu par maléfice.
« Le père du mensonge répond affirmativement, et on
« procède contre les personnes désignées. La Sacrée
« Congrégation *a toujours blâmé sévèrement en ces cas*
« *les exorcistes et les juges* (1). »

∴

Ainsi miséricordieuse et prudente, l'Église ne pouvait manquer, par l'examen attentif des signes certains,
de distinguer les cas morbides des phénomènes diaboliques.

La présence du démon une fois constatée, elle distingue deux modes de guérisons : *l'une s'obtient par les
remèdes surnaturels régulièrement établis pour obtenir
cet effet,* en un mot, par les *exorcismes liturgiques ;*
l'autre s'obtient par des moyens extraordinaires, en
dehors des *exorcismes ;* dans ce dernier cas seulement,
l'Église voit un *effet miraculeux.*

Quand il s'agit de guérir un possédé, les remèdes naturels peuvent être appliqués, au préalable, mais il
convient de ne pas leur attribuer une vertu directe et
efficace. S'il est vrai, comme nous l'avons supposé avec
Benoît XIV et les théologiens faisant autorité, que le
démon trouve une sorte d'appui dans les désordres de
l'organisme (2) et les dispositions morbides, il est ra-

_____

(1) *Instruction de 1657.*
(2) On peut en penser ce que St Thomas enseigne des signes et des
évocations : « Alliciuntur autem dæmones his rebus, non tanquam
animalia cibis, sed quasi spiritus signis. Alliciuntur autem *diversi*
dæmones diversis signis, secundum quod diversis vitiis ipsorum
magis conveniunt.... Alliciuntur his corporalibus rebus, in quantum
homines per eas in peccatum adducuntur. » (Quaest. disp *De Potent.*
q. VI, a. X, c.)

tionnel de diminuer son attrait pour un milieu dont il
se délecte; le retour à la santé matérielle gêne cet homicide. Mais par remèdes naturels, on n'entend que les
remèdes utiles pour combattre les symptômes morbides
observés dans la crise, ou particuliers à l'état ordinaire du patient. — On obtient ainsi, pensent les anciens théologiens, une excellente préparation à l'action
directe du remède surnaturel : « *Fomentum detrahit
dæmoni et materiam unde postea cogitur abscedere* »,
dit Benoît XIV, qui insiste cependant sur l'impuissance
de la médication naturelle (1).

Parmi les remèdes qui ne méritent à aucun titre de
s'appeler *naturels*, citons les ridicules pratiques qui
consistent à employer la *corne brûlée*, les *exhalaisons
de poudres infectantes*, le *fiel*, ou le *sang* d'un chien noir,
et autres coutumes superstitieuses, que parfois le démon
encourage en suspendant pour un temps la violence
des accès. — Qu'on n'objecte pas certains remèdes
symboliques, désignés par l'Écriture, et qui n'opérèrent
que par une vertu divine momentanément surajoutée.
C'est même pour cette raison, pensent les théologiens,
que les sons de la harpe de David apaisaient la fureur
de Saül (2); on admet, toutefois, que la musique pouvait
produire, en même temps, une excellente disposition
dans l'état nerveux du royal obsédé.

Les *remèdes ordinaires* et *principaux*, ayant par eux-
mêmes une vertu totale, indépendamment de tout traitement médical, les remèdes *directs* sont les *prières de
l'exorcisme*. Mais aux prières, il faut joindre le jeûne,

---

(1) « Nihil certe naturale sit quod directe dæmonem expellere possit,
licet aliquid naturale possit id indirecte praestare. » (Bened. XIV,
l. IV, I p., c. 29., n. 7.)
(2) Cf. Cornel. a Lapid.. in cap. 16, I Reg. 7.

selon la recommandation du Sauveur, remarque saint
Chrysostome (1).

L'exorciste opère aussi, et simultanément, par les
sacramentaux : par l'invocation du nom de *Jésus* (2) — :
« Ils chasseront les démons en mon nom », disait le
Sauveur ; — par le *signe de la croix*, — par *l'eau bénite*,
dont sainte Thérèse déclare avoir éprouvé cent fois la
très grande vertu.

Aucune des délivrances obtenues par ces moyens
ordinaires, c'est-à-dire régulièrement établis pour
procurer ces effets, n'est *miraculeuse*.

« En dehors des moyens ordinaires, usités dans l'E-
« glise pour chasser les démons, enseigne Benoît XIV,
« il existe encore un double mode d'action sur-
« naturelle, mais extraordinaire et capable d'exciter
« l'admiration (3). Ce mode *admirable* a été, par faveur
« divine, concédé à plusieurs saints personnages, sous
« forme d'habitude, si bien qu'ils pouvaient, *quand* ils
« le voulaient, et *comme* ils le voulaient, délivrer et
« guérir les possédés (4). — L'autre mode extraordinaire
« consiste en ce que le contact des saintes reliques, ou
« la présence du corps saint chasse le démon et guérit
« le possédé. »

Ce mode d'opérer est *miraculeux*, et ce n'est qu'en
communiquant au don des *Puissances*, dit saint Thomas,
que les saints obtiennent ce pouvoir sur les démons,

---

(1) Homél. LVIII.
(2) Marc, XIV, 17.
(3) On sait que c'est le propre du miracle d'être *insolite* et *ardu*,
comme nous le verrons plus loin.
(4) « Præter ordinarium modum expellendi dæmones per exorcis-
mos, duplex alius suppetit modus mirabilis et extraordinarius hoc
ipsum patrandi. Prior, sanctis quibusdam, dono Dei, quasi per modum habitus concessus est, ita ut *quoties vellent*, et *quomodo vellent*,
arreptitios sanarent .... Alter modus extraordinarius, per contactum
sacrarum Reliquiarum aut earum præsentiam. » (L. IV. 1 p., c. 29,
n. 8.)

de même qu'ils sont *thaumaturges* en participant au don des *Vertus célestes* (1).

Dans les Procès de canonisation, il a souvent été question de ces modes extraordinaires usités par les saints, dans leurs luttes contre le démon ; on y discutait, non la question de savoir si un tel mode d'exorcisme était miraculeux — la chose était certaine —, mais les « circonstances », afin de reconnaître si oui ou non le mode *extraordinaire* avait été employé par le saint dont on examinait la cause. — Il est bien clair, en effet, qu'une guérison semblable obtenue par un saint, alors qu'il opérait à l'aide des *formules ordinaires de l'exorcisme*, cesserait d'être réputée miraculeuse (2) ; elle ne serait aucunement produite comme telle à l'appui d'une cause ; c'est dans ce but que l'enquête est instituée : on constate la *réalité* de la possession, puis le *mode* de guérison (3). — On reconnaît le *pouvoir* surnaturel du saint, lorsqu'il agit, non par la vertu de l'*ordre*, mais par le simple commandement, fait au nom du Christ, par une prière, par un acte de vertu quelconque, ou enfin par l'application de ses vêtements et par le contact de son tombeau.

De semblables guérisons ont été souvent proposées à l'examen de la Congrégation (4), notamment dans

---

(1) Cf. St Thomas. Quaest. disp. *De Potent.*, q. VI, *a X, c.* « Sancti autem homines, sicut dono Virtutum participant, in quantum miracula faciunt ; ita dono *Potestatum*, in quantum ejiciunt dæmones. »

(2) « Vel enim Dei servus, dum erat in humanis, ordine exorcistatus insignitus, in dæmonum expulsione usus est exorcismis ab Ecclesià approbatis ; et tunc nulla ratio miraculi in expulsione dæmonum excogitari potest, cum hic sit consuetus modus, »..... ou bien « Non virtute ordinis, sed ex imperio expellentis in Christi nomine, seu Dei nomine, aut præviis oratione seu jejunio, aut alio virtutis actu, vel per applicationem vestium, aut ad ejus sepulcrum. » (Bened XIV, l. IV, I p., c. 29., n. 10).

(3) Cf. Bened. XIV, loc. cit., n. 10.

(4) Cf. Bened. XIV, loc. cit., n. 9.

la Cause de saint Cajetan, de saint Didace, de saint Louis de Gonzague, de sainte Madeleine de Pazzi, de saint Charles Borromée, etc., etc. — Saint Benoît et saint Bernard ont délivré des possédés, pendant leur vie, mais sans les prières accoutumées : *non vi exorcismi, sed ex imperio* (1).

Une grande prudence est exigée quand il s'agit de prononcer sur le miracle *définitif*. — La délivrance, en effet, peut n'être qu'*apparente ;* le « *Revertar in domum meam* » (2) est longtemps possible. — Combien de temps durera l'épreuve ? — C'est au jugement des prudents à le déterminer. — Ce qu'il y a de sûr, c'est qu'il ne faudrait pas se baser sur l'attitude de l'Église dans les cas de dispenses relatives à certains faits d'obsession dont les clercs seraient victimes. — L'Église ne permet au clerc, qui aura été possédé du démon, d'exercer l'ordre reçu qu'au moins *un an* après sa guérison (3), jugée complète selon les apparences, c'est-à-dire par la disparition totale des signes observés. Mais, remarque très sagement Benoît XIV, il est toujours facile au supérieur ecclésiastique de retirer une pareille autorisation, nécessairement conditionnelle ; or on ne *réforme pas l'approbation* d'un miracle (4). — Le temps fixé pour l'épreuve sera déterminé d'après ces règles de la prudence et de la science théologique.

Une délivrance opérée par un saint personnage est un miracle qui sera toujours discerné de la simple opération magique. — Le premier soin de l'Église est de s'enquérir des « vertus » de la personne avant d'exa-

---

(1) Cf. Bened. XIV, loc. cit., n. 11.
(2) Luc., XI, 24.
(3) Cf. Suarez., *De Censur.*, Disp. ult., sect. I, n. 7.
(4) *De Canon. Sanct.*, l. IV, I p., c 29, n. 13.

miner les faits réputés miraculeux ; or la présence des *vertus héroïques* exclut infailliblement l'art ténébreux des mages (1).

(1) « Virtutum existentia quamcumque artem magicam excludit. » (Bened. XIV, l. IV, I p., c. 29, n. 12).

CHAPITRE IV

NÉVROSE. — IDÉE DE LA SAINTETÉ

« Quand des hommes et des femmes, infatués de
« leurs perfections et de leur sainteté, pullulent par
« milliers dans une cité, il faut se hâter de multiplier
« le nombre des asiles que l'on réserve aux maladies
« de l'esprit (1). »

Cet aphorisme à prétention d'oracle révèle un état
d'esprit particulier chez son auteur. A moins que tout
le sens entrevu par le Dr Calmeil soit condensé dans le
mot « infatués », auquel cas nous serions volontiers de
son avis. Des saints « infatués » de leur sainteté seraient
des orgueilleux ou des malades, la chose est claire.
Nous croyons, malheureusement, que l'auteur désigne
par ces mots la tendance générale de la *théomanie;* or
la théomanie, au sens de M. Calmeil, comprend tous
les phénomènes surnaturels, sans en excepter un seul.

Landouzy, sous une forme plus modérée, porte sur
la vie mystique un jugement aussi sévère, quand il
nous signale comme excitants de l'hystérie, au même
titre que « la littérature passionnée et flétrissante des

---

(1) Calmeil. *De la Folie considérée sous le point de vue pathol.,*
etc., t. II, p. 400.

romanciers », et « l'usage des boissons excitantes », le *mysticisme religieux* — mot beaucoup trop vague — et les *jeûnes prolongés*. D'après ces médecins, la piété favorise et nourrit une certaine tendresse de sentiment qui agit d'une manière fâcheuse sur les nerfs, une « suraffectivité qui serait la mère de l'hystérie ».

Il serait curieux de savoir si les clientes de la Salpêtrière, et autres lieux, sont avant tout recrutées parmi les personnes qu'une éducation chrétienne et pieuse a préparées à une vie plus unitive avec Dieu. Dans les couvents, où se développe à l'égard de Dieu cette tendresse de sentiment qui effraye nos médecins naturalisants, il est assez bien constaté qu'on rencontre, sans aucun doute, des malades, voire même des névrosés, mais combien d'hystéro-épileptiques? Et pourtant les privations, les jeûnes, les longues prières, le régime claustral, en un mot, ne sont pas sans débiliter la nature. L'idéal de l'ascétisme chrétien, le but qu'il poursuit, c'est l'amour de Dieu. L'ascétisme, c'est l'effort, sans cesse renouvelé, pour maîtriser les plus petits mouvements de cette sensibilité si dangereuse : le saint se propose non de détruire les émotions, mais de les régler en vue de la perfection qui plaît à Dieu : « Soyez parfaits. » Comment, dès lors, l'union en Dieu des mystiques serait-elle « un trouble de la sensibilité », comme a osé l'écrire l'académicien Lélut (1).

La charité, que le mystique développe en son âme, n'est pas un fruit de la sensibilité ; elle est tout entière dans la *volonté*, cette volonté si frappée, si anéantie chez l'hystérique. — L'âme ascétique s'arrache aux secousses de l'émotion humaine ; elle quitte les joies amères et la mobilité énervante des passions, pour

---

(1) *Le Démon de Socrate*, p. 107.

s'établir dans le repos et le calme, dans une paix « qui ne lui sera pas ôtée » ; elle a redit, après saint Augustin, cette parole du bonheur enfin trouvé : *Sero te amavi, pulchritudo tam antiqua et tam nova, sero te amavi* (1).

« La névrose ! C'est à elle qu'une certaine critique,
« appuyée sur de récentes théories psychologiques ou
« médicales, a prétendu ramener les faits les plus
« extraordinaires de la vie sainte. Elle s'y est appliquée
« avec d'autant plus de zèle que, par une erreur très
« pardonnable chez le peuple, moins excusable chez
« les lettrés, c'est dans les faits extraordinaires qu'on
« a longtemps été chercher le caractère dominant de
« la sainteté. Un saint était un homme chez qui le
« surnaturel agissait seul et agissait par un boulever-
« sement au moins apparent du cours régulier de la
« nature. Si donc, pensait-on, la science pouvait expli
« quer ces prétendues merveilles par des lois connues
« de pathologie, l'édifice théologique croulait tout
« entier (2). »

Et de fait, nous pensons que la pathologie n'a point donné la raison des phénomènes mystiques observés dans l'Église ; et encore moins la raison de la sainteté.

Supposons, un instant, que les sciences psycho-physiologistes soient parvenues à trouver la formule de ces états mystérieux que nous avons à étudier, il lui resterait encore à expliquer la *sainteté*, car la *sainteté* est distincte des phénomènes qui, parfois, la rendent plus notoire, et la trahissent aux yeux des hommes.

Ni le don des miracles, ni la faveur de l'extase ne sont des effets de la grâce sanctifiante ; mais de tels dons sont des grâces éminemment gratuites, comme le

(1) *Conf.*, l. X, c. 22.
(2) Henri Joly, *Psych. des Saints*, p. 71.

remarque Benoît XIV (1) ; — ils diffèrent donc de la sainteté. — Aussi, rencontre-t-on de grands saints qui ont très peu fait de miracles d'ordre physique, pendant leur vie. « Dieu ne nous a donné qu'un seul signe pour reconnaître ses élus, c'est de nous aimer les uns les autres. » — C'est par ce signe, non par des miracles qu'ils semblent n'avoir jamais faits, qu'on reconnaîtra un saint Augustin, un saint Jean Chrysostome, un saint Athanase, un saint Grégoire de Nazianze, un saint Grégoire de Nysse.

Le saint est une *volonté* aux prises avec les appétits concupiscibles et irascibles qu'elle dirige ou apaise : elle se fait obéir par eux, loin de se laisser asservir ; elle domine et n'est pas dominée. « Les saints ne sont pas des âmes mélancoliques qui s'éprennent d'un commerce imaginaire avec la divinité » ; ces états-là sont connus des directeurs spirituels : ils sont un obstacle à la sainteté. Les saints ont éprouvé parfois ces états de prostration et de crise nerveuse, ils savent que « leurs « nerfs ne sont pas plus à l'abri du mal que leurs pou- « mons, leur estomac ou leurs vertèbres ; mais ce qu'ils « voient, tout d'abord, dans ces abattements et dans « ces secousses, c'est bel et bien une maladie, et si elle « se prolonge, ils entendent qu'on la guérisse (2). » C'est ainsi que sainte Thérèse obligea une extatique à diminuer ses pénitences, à dormir et à manger davantage ; et à l'aide de cette médication, elle fut guérie.

L'âme chrétienne, qui aspire à la sainteté, n'est pas occupée à se « suicider », comme le pensent nos philosophes modernes ; elle dépasse, dans son premier élan,

---

(1) Lib. III, c. 49, n. 14.
(2) Henri Joly, loc. cit.

les plus sublimes conceptions de la philosophie antique,
car en réaliser les plus hautes espérances n'est qu'un
jeu pour elle. Aristote avait bien jugé de la noblesse
naturelle de l'âme, quand il disait : « L'homme tenant
« le milieu entre Dieu et les substances séparées, d'une
« part, et les brutes, de l'autre, plus il se dépouille de
« la condition sensible, pour s'élever à l'état de pur
« esprit, plus il est divin et héroïque (1). » Ce que saint
Thomas redit après lui : « L'âme humaine tient le mi-
« lieu entre les substances séparées, auxquelles elle
« communique par l'intellect, et les brutes auxquelles
« elle confine par les puissances sensibles. — S'il
« arrive que les affections sensibles corrompent l'âme
« et l'abaissent jusqu'aux êtres inférieurs, par contre
« ses facultés supérieures se perfectionnent parfois et
« la font ressembler aux esprits : *haec nominatur vir-*
« *tus divina* (2). »

Le saint, que dirige l'idée chrétienne de sainteté,
s'emploie, avec l'aide implorée de la grâce, non à détruire ses facultés sensibles, mais à les plier aux exigences de la vie supérieure ; il ne veut pas être entraîné
par l'émotion vers les régions ténébreuses, mais après
avoir réglé l'émotion, il la dépouille des sensations
inférieures, pour la faire vibrer aux choses du ciel. —
Le saint n'éteint pas la nature, il la transforme, il la
divinise.

L'union à Dieu, et non l'anéantissement, tel est le
terme de la vie sainte.

On a osé écrire que le christianisme n'était autre
qu'un « bouddhisme altéré ». Quelle idée le bouddhiste
se fait-il de la sainteté ? « Le saint bouddhiste croit bien

(1) *Éthic.*, l. VII, c. I.
(2) St Th., ad lib. VII. Arist. sect. I, litt. c.

« être saint parce qu'il a éteint, anéanti en lui la na-
« ture ; mais il s'en tient là, et ne juge pas à propos
« d'aller à un Dieu qui lui-communique une partie de
« sa vertu. Les dieux eux-mêmes, il les regarde comme
« des êtres produits par les métamorphoses indéfinies
« d'une nature éternelle et éternellement mauvaise.
« Ces dieux, ainsi que les cieux, qu'ils habitent, font
« partie de ce monde détesté ; ils en sont d'autant plus
« qu'un être qui a été dieu peut redevenir homme ou
« animal. Il y a sans doute entre eux une hiérarchie,
« et il en est de plus élevés que les autres ; mais la plus
« haute classe souffre encore d'un reste d'impureté
« terrestre qui la sépare du terme aussi désirable pour
« elle que pour les hommes. Et quel est ce terme ?
« C'est le *Nirvana !* (1) »

Qu'on veuille bien le remarquer, ce *nirvana* n'est pas
le repos dans la plénitude d'une vie désormais immuable. Dans cette religion sans Dieu, on s'hypnotise
devant cette seule préoccupation : échapper au perpétuel recommencement des existences.

La doctrine mystique de Bouddha, c'est qu'il faut
anéantir en soi tout désir, et renoncer à toute espèce
d'œuvre. Cette suspension « tuera les vies à venir » ; le
« saint » bouddhiste renonce à tout, pour n'avoir pas à
renaître. S'il combat la chair et méprise ce qui l'intéresse, ce n'est pas parce qu'elle est corrompue, sujette
à la mort, parce qu'elle est « une herbe des champs »
qu'un jour voit naître et se flétrir, et que l'on jette au
feu, mais c'est pour le motif contraire ; le bouddhiste la
prend en haine parce qu'il la croit « sujette à l'existence
indéfinie ». La « sainteté », c'est pour le bouddhiste
n'avoir pas à revenir en ce monde où habitent les dieux

---

(1) H. Joly, *Psych. des Saints*, p. 8.

et les hommes, tous en perpétuel *devenir*; c'est là tout
le « sublime » de la perfection.

C'est bien là cet *anéantissement*, ce suicide de l'âme,
que les philosophes croient retrouver dans le détache-
ment du mystique chrétien. — Ce jugement n'est
donc fondé que sur l'ignorance. — Aussi, pourquoi
M. Cousin a-t-il eu l'imprudence de lire superficielle-
ment l'*Itinerarium mentis* de saint Bonaventure, et
M. Barthélemy Saint-Hilaire, la *Théologie mystique* de
Gerson. — L'ascète chrétien ne ressemble pas plus
au néoplatonicien qu'au yogi, et au lama tibétain, pas
plus que l'anachorète ne doit être confondu avec le yati :
ce serait confondre la destruction avec le perfectionnement.

Le « saint », dans l'idée chrétienne, est celui qui
communie à la vie supérieure, à la vie divine; il prend
pied dans ce milieu divin par la *foi*, et par elle, il y fixe
sa volonté orientée vers la perfection; son âme est
portée par l'espérance; la charité lui fait puiser en
Dieu la chaleur qui la rend féconde pour le bien. — La
foi est immuable : « Elle est l' « immobile fondement
des croyants (1) » — L'espérance est immuable : « Elle
est une ancre jetée au rivage de l'éternité (2). » — La
charité est immuable : « Elle ne meurt jamais (3). » La
foi, l'espérance, la charité, la grâce enfin, c'est toute la
vie de l'homme intérieur. — C'est par cet appui sans
cesse recherché en Dieu, et non par la destruction, que
le saint veut échapper aux perpétuels changements,
aux fluctuations de la vie imparfaite. — Et l'on con-
fondrait l'ascétisme chrétien avec le mysticisme
hindou !

(1) St Denys, *De Divin. nomin.*, cap. VII, 4.
(2) Hebr., VI, 18, 20.
(3) I Cor., VIII, 8.

Aussi Bouddha n'a pas voulu affirmer que le *nirvana* fût le « repos dans la plénitude d'une vie désormais immuable (1) ».

Le repos n'est promis que par le Dieu des chrétiens. — Par l'ancre de l'espérance, le saint se fixe en Dieu : ainsi amarrée, « la barque qui le porte peut être battue par les flots ; quant à lui, il ne peut ni ne doit se laisser arracher de la rive ». — Que les branches de cet arbre, qui est son âme, plient au souffle des vents, cela est inévitable et ne saurait lui nuire ; mais « la racine demeure inébranlable dans le sol où l'a plantée la main du Père céleste » ; le saint adhère à Dieu par la foi. — Il aime, enfin ; aussi, que « le sentiment aille et vienne ; qu'il fasse clair ou sombre, que l'humeur soit morose ou joyeuse, le corps alerte ou languissant, peu importe » ; « on croit toujours à l'amour, on se fie pleinement à l'amour, on aime toujours imperturbablement, ne se permettant de changement que celui qui consiste à se perfectionner et à grandir (2) ».

L'homme est tombé de la *connaissance* et de l'amour ; il est tombé de sa destinée, qui devait être, ici-bas, une vie de travail joyeux et facile, car elle ne devait être, sur la terre, qu'un apprentissage de la félicité du ciel. Par le travail de la sainteté, l'homme refait sa vie ; aidé par le divin Réparateur, il se relève, il marche sur les pas de Jésus-Christ, son modèle, et sans regarder en arrière, sans découragement ni défaillance, il tend vers ce ciel où se consomme en Dieu, non l'absorption, mais la perfection de son être surnaturalisé. Il y va, parce qu'une voix céleste, autorisée, est venue l'appeler.

(1) C'est ce que prouve Oldenderg, dans sa *Vie de Bouddha* — Cf. H. Joly, *Psych.*, ch 3, p. 9

(2) Cf. Mgr Gay, *De la Vie et des Perfect. chrét.*, t. II, *De la Charité env. Dieu*.

Toutes les âmes surnaturalisées qui tendent vers cette fin forment l'Eglise, où germe la « sainteté » par une fécondité continue. C'est l'union parfaite dans la distinction des êtres : ces âmes sont comme les raisins d'une même vigne : *Ego sum vitis*, disait l'auteur divin de cette consommation dans l'unité ; sur le pressoir tous les grains se touchent, sans perdre leur individualité : Dieu presse ces grains, et n'en fait qu'une même liqueur : vin de fête et de joie, dont chaque être, dans cette unité consommée, est un élément, dans la vie consciente et béatifiée (1).

Le « saint », dès ce monde, est celui qui a réalisé le plus cette perfection que l'Homme-Dieu est venu incarner et rendre visible. — La « sainteté » est en germe dans l'âme de celui qui se lève pour retourner à Dieu ; elle produit pleinement ses fruits dans l'âme qui s'est avancée jusqu'au degré héroïque.

C'est là que l'Eglise vient chercher le « saint » pour le canoniser.

Concluons donc que la sainteté n'est pas une erreur de l'exaltation : il y a réellement une force divine qui élève l'âme et ses facultés, comme il y a une influence mauvaise qui la dégrade autant qu'il est en elle. Dieu *possède*, lui aussi, ses « saints », mais de cette possession qui est propre au Créateur, par une violence faite de suavité et de douceur : « La grâce est si « gracieuse et séduit si gracieusement nos cœurs pour « les attirer qu'elle ne gâte en rien la liberté de notre « volonté ; elle touche puissamment, mais pourtant si « délicatement, les ressorts de notre esprit, que notre « libre arbitre n'en reçoit aucune forcément. — La « grâce a des forces, non pour forcer, mais pour attirer

---

(1) Cf. Mgr Gay, t. II, *De l'Union*.

« le cœur. Elle nous presse, mais elle n'oppresse pas
« notre franchise..., tant la main de Dieu est aimable
« au maniement de notre cœur (1). »

Et en même temps, concurremment avec l'action
divine, l'âme du saint triomphe par l'ardeur de son
vouloir.

« Non, la sainteté n'est pas comme la névrose, une
« désagrégation » des forces mentales, c'est une « agré-
gation » plus étroite que toute autre et qui doit sa force
au principe supérieur sous la domination duquel elle
se forme et se maintient.

« Elle n'est pas un « rétrécissement du champ de la
« conscience » : elle est l'ouverture d'un champ plus
« vaste, ouverture qui, à la vérité, est payée (si le
« mot est juste) par le rétrécissement du champ des
« sensations mobiles et des illusions inutiles ». — Elle
« n'est pas un « dédoublement de la personnalité »,
« bien qu'elle crée assurément, au prix de nombreux
« sacrifices et de dures souffrances, une personnalité
« nouvelle ; mais d'abord celle-ci, loin de se subdiviser
« en désordre offre une cohésion, une fermeté, une
« unité, dont la psychologie ne trouve nulle part un
« semblable exemple. On ne saurait nier davantage
« que cette personnalité nouvelle laisse subsister de
« la personnalité primitive ce que celle-ci avait de
« meilleur (2). »

Ce n'est que parmi les « héros » de la « sainteté » que
l'Église va chercher les « modèles » qu'elle offre à notre
imitation, et dont elle révère publiquement la mémoire.
Ce n'est pas le « juste » à un degré quelconque, mais le

---

(1) St Fr. de S., *Traité de l'Am. de Dieu*, l. II, c. 2.
(2) *Psych. des Saints*, p. 126.

« juste » à un degré héroïque qu'elle canonise (1).
Comme le notent les auditeurs de Rote, dans la Cause
de sainte Thérèse : « Bien qu'il soit vrai de dire que
« tout homme « juste » reçoit de Dieu la connexion
« parfaite de la grâce, des vertus et des dons surna-
« turels, cependant tous les justes ne parviennent pas
« à ce degré de justice que l'Eglise exige pour motiver
« son jugement de canonisation ; ceux-là seuls sont
« canonisés qui de perfections en perfections sont par-
« venus à pratiquer héroïquement ces vertus (2). »

La sainteté n'est pas seulement la « rectitude humaine », c'est « l'équité parfaite envers Dieu », dit saint
Chrysostome : « *Sanctitas est circa Deum aequitas* (3) ».
— Le « juste héroïque » devra croire en Dieu, espérer
en lui, l'aimer, puisqu'il y aurait injustice à refuser à
Dieu cette confiance et cet amour : « *Qui timetis Deum,
credite illi, sperate in illum, diligite illum* (4) », mais
il le fait à un degré que n'atteint pas la vertu commune ; sa foi ne connaît pas les ténèbres du doute ; son
espérance survit à toutes les épreuves ; son amour ne se
refroidit pas. — La sainteté, dit saint Thomas, implique
deux choses nécessaires : la pureté, et la fermeté (5).

La vertu héroïque ne diffère pas d'espèce avec la
vertu commune ; elle ne s'en distingue que par le
degré de perfection ; mais toutes les deux tendent de la
même manière vers le Souverain Bien perçu par les
lumières surnaturelles (6).

---

(1) « Non omnes justos esse ab Ecclesiâ canonizandos, sed illos qui
heroicis virtutibus effulsere. » (Ben. XIV. l. III, c. 21. n. 1).
(2) Bened. XIV. loc. cit., n. 1.
(3) Ad cap. I Sti Lucae.
(4) Ecclis., 11 — 8, 9, 10.
(5) 2. 2. q. 81. a. 8. c.
(6) « Habitus ille heroicus, non differt, a virtute communiter dicta,
nisi secundum perfectiorem modum cum tam virtus heroica quam non
heroica ad summum bonum supernaturale tendat. » (St Th., Sent. 3.
p. q. 7. a. 2. ad 2).

Le « saint » exerce donc la Prudence, la Justice, la Tempérance d'une manière plus parfaite et plus souveraine. C'est pour cela que les théologiens, envisageant ces vertus d'après les effets obtenus, les divisent en *politiques, purgatives ou purifiées* (1) ; les premières correspondent à l'équité humaine réglée selon la droite raison ; les autres correspondent à la vie *illuminative ;* les vertus purifiées, « purgati animi », à la vie *unitive.*

C'est surtout à cette classe des vertus « purifiées » qu'appartient la vertu héroïque, bien qu'elle puisse se rencontrer encore dans la vie illuminative (2). Ajoutons encore qu'un acte de précepte peut impliquer l'héroïsme au même titre que l'acte de pur conseil (3).

L'héroïsme des saints prend donc la vertu commune, et non seulement il lui fait produire avec perfection ce qu'elle a pour mission de réaliser, mais il va plus loin encore, et y ajoute un élément qui lui est propre. — L'acte de force chrétienne, en tant que vertu commune, porte l'âme vers ce qu'il faut entreprendre de difficile, d'ardu, pour atteindre le but surnaturel en matière de précepte ou de conseil. La même force, au degré héroïque, accomplit le même acte, avec une célérité, une *facilité,* une *joie* que l'âme garde encore sous la hache du bourreau. Cette force qu'elle exerce quand il s'agit d'attaquer un obstacle, *in aggrediendo,* l'âme sait encore la manifester quand il s'agit de souffrir, *in sustinendo.*

De plus, l'âme héroïque dépasse aussi le programme de la force commune qui ne s'effraie pas, il est vrai, de l'opération difficile et ardue, mais pourvu que cette dif-

---

(1) Cf. St Th., 1. 2, q. 61, a. 5. c.

(2) « Hinc inferri nequit heroicam esse non posse virtutem, quæ non sit virtus purgati animi. » L. III, c. 21, n. 6.

(3) Cf. Ben. XIV, loc. cit., n. 8.

ficulté ne soit pas au-dessus des facultés humaines simplement surélevées par la grâce. — L'âme héroïque appelle à son aide le *don de force*, et par lui pose des actes qui excèdent les facultés humaines (1). — Toutefois, comme le remarque Benoît XIV, la vertu héroïque peut exister sans ce don (2).

C'est donc avec cette note d'héroïsme que le saint exercera la « prudence surnaturelle » et les vertus qui en dérivent : la discrétion, la docilité, la sollicitude, la circonspection. — Les vies de saints sont remplies de ces actes exercés jusqu'à l'extrême perfection, jusqu'à la délicatesse infinie. — Leur justice s'exercera d'abord envers Dieu : par la vertu de religion, dont la ferveur reproduit tous les actes ; par cette rigueur de *pénitence*, qui les rendait envers eux-mêmes les vengeurs de Dieu ; puis avec le regard d'une conscience tendre et délicate, elle regardera les droits du prochain : la *piété filiale*, le *respect*, l'*obéissance*, la *reconnaissance*, la *véracité*, la *candeur*, l'*amitié*, la *générosité*, filles de la *justice*, seront les traits qui caractérisent le saint.

Que dire de la *tempérance* des grands serviteurs de Dieu ? Saint Augustin définit cette vertu : « Une affection dont l'office est de réprimer l'appétit des choses temporelles qui délectent (3). »

Qui a su, comme les saints, mortifier la nature, et user avec modération des joies sensibles !... Aussi, ils furent les amis de l'*abstinence*, de la *sobriété*, de la *chasteté*, de la *virginité*, de la *pudicité*, de la *macé-*

---

(1) « Virtus fortitudinis respicit quidem difficillimum in genere suo, non tamen secundum comparationem ad operandum, quia non excedit vires ejus : sed fortitudo *donum* est circa etiam ea quæ excedunt humanam facultatem. » (S. Th. in 3 Dist. 34, q. 3 ad 1.)

(2) Bened. XIV, l. III, c. 21, n. 32.

(3) Quæst. 83, q. 61, n. 4.

ration, de la *mansuétude*, de la *clémence*, de l'*humilité*, de la *pauvreté*, de l'*amour de l'étude et du silence*, de la *modestie*, toutes vertus qui se rattachent à la tempérance chrétienne.

Les saints ont exercé la vertu de force, comme nous l'avons dit, et les vertus de *magnanimité*, de *sécurité*, de *magnificence*, car ils ont entrepris de grandes choses : ils les ont entreprises avec ce calme, cette paix, cette *sécurité*, en un mot, que donne la confiance en Dieu : ils ont donné jusqu'à leur dernière obole. Et aussi ils pratiquèrent héroïquement la *patience*, la *longanimité*, la *persévérance, la constance.*

Parmi tant de vertus, en est-il *une* qu'on voie dédaignée par les saints ? Toutes ces vertus s'enchaînent et se compénètrent l'une l'autre : « *Conneæ igitur sibi sunt concatenæque virtutes* (1). »

Les *Actes des Saints* sont tout embaumés du parfum de toutes ces vertus, parmi lesquelles se détachent, dans une lumière spéciale, une ou plusieurs vertus qui forment le tempérament spécial de chacun de ces saints personnages.

Les héros du paganisme n'ont jamais offert ce spectacle de la « sainteté » véritable et complète. Nous n'invoquons pas l'argument de saint Ambroise : « *virtutes sine fide, folia sunt* », mais nous devons nous demander si l'*héroïsme* de la vertu a été possible au sein du paganisme.

Certes, des païens ont pratiqué des vertus. Ainsi les sages-femmes d'Egypte exercèrent la miséricorde envers les enfants des Hébreux, et Dieu les en récom-

---

(1) S. Ambros., *Expos. Evang. sec. Luc.*, l. V, n. 62 et 63.

pensa (1). — Des femmes, pour défendre leur pudeur, se donnèrent la mort.

Une double question se pose : L' « héroïsme » a-t-il été possible aux païens ? A-t-il été « réalisé » par les Hector, les Achille, les Énée, les Fabius, les Régulus, et autres héros de la gentilité ?

Oui, répond le cardinal d'Aguirre (2), l'*héroïsme* des vertus naturelles a été possible dans le paganisme, mais en fait cet héroïsme n'a pas existé. Les héros du paganisme n'ont même pas atteint le degré ordinaire de vertu qui fait l'homme « probe » : « *Ne attigisse quidem gradum solidæ et perfectæ virtutis quâ homo simpliciter probus est.* »

Il convient, en effet, de distinguer l'acte isolé de l'héroïsme, au sens théologique. Ces actes séparés, isolés, ont existé parfois dans la vie de certains hommes illustres; mais l'histoire est là pour découronner leur vie dans son ensemble : ces héros ont possédé une vertu isolée, et méconnu les autres. En sorte que l'on peut dire d'eux, qu'ils n'ont pas eu, au degré héroïque, les *vertus morales,* car il les fallait toutes, et plusieurs leur furent inconnues (3).

Le paganisme n'a donc pas le véritable héros naturel à opposer à nos « saints », qui furent à la fois, eux, des héros selon la grâce, et en même temps des héros selon la nature; mais des héros « complets » en qui brillait la splendeur de chaque vertu.

C'est par l'examen sévère de cet état mental et surnaturel que l'Église commence l'étude des vies saintes

---

(1) Exod., c. I.
(2) *Tract. de Virt. et Vit.*, Disp. 12, q. 1, sect. 3 et 4.
(3) « Opinio est multorum, ipsos non fuisse virtutibus moralibus in gradu heroico præditos, nec heroas vere potuisse appellari, cum ad constituendum heroem *collectio omnium* virtutum moralium requiratur. » (Bened. XIV, l. III, c. 21, n. 7.)

proposées à son approbation. La moindre tache, ou apparence de tache, motive ses hésitations ou ses recherches. C'est ainsi qu'une erreur historique de Brantôme a failli troubler la sérénité d'une Cause actuellement pendante en Cour de Rome. Au sein de la Congrégation, la vigilance est grande autant que la sévérité, et tout ce qui n'est pas de l'or pur doit tomber au fond du creuset.

Si une telle « sainteté » était d'ordre pathologique, comme l'ont prétendu effrontément des physiologistes rationalistes, on la trouverait ailleurs, hors des influences sanctifiantes de la loi chrétienne.

La vraie « sainteté » est une plante qui n'a pu germer et croître qu'en terrain évangélique.

TROISIÈME PARTIE

Certains phénomènes complémentaires

de l'extase

Certains phénomènes complémentaires de l'extase

CHAPITRE I

EFFLUVES LUMINEUX. — SPLENDEURS SURNATURELLES

Qu'on ne se méprenne pas sur la portée que nous voulons donner à ce mot « complémentaires ». L'extase est un phénomène complet en lui-même; les effets qui l'accompagnent parfois, comme la splendeur du visage et l'élévation du corps, en rendent le côté supra-naturel plus sensible, plus notoire, à première vue. Ces phénomènes deviennent, dans de telles circonstances, un *complément* utile.

Nous voulons, dans ce premier chapitre, établir que la « splendeur » qui a été souvent observée pendant les extases des saints, est un phénomène si notable que l'Eglise en tient compte dans l'examen des causes de canonisation. C'est dire que la nature ne peut offrir le fait équivalent. Pour le démontrer, nous aurons à discuter la très moderne question des *effluves lumineux*; d'autant plus que la suggestion, le tempérament,

l'imagination joueraient un rôle prépondérant dans ces
états physiologiques très mystérieux, nous disent les
docteurs de l'occultisme.

L'Église admet comme miraculeux le phénomène de
clarté rayonnante que présentèrent plusieurs saints
personnages. Ce texte est connu : *Tunc enim splendor
ipse et radii e vultu promananles tanquam miracula
approbari possunt* (1). On reconnaîtra suffisamment
l'opinion générale des théologiens dans ces paroles de
Benoît XIV qui ne permettent pas l'hésitation : *Si quis
in hoc caput transcribere vellet radios et splendores
qui in facie sanclorum, dum viverent, apparuerunt, et
qui inter miracula recensentur, nunquam finem capiti
imponeret* (2).

Aux yeux des effluvistes, ce n'est là qu'un phénomène
qui relève de l'*animisme*. Si nous en croyons les occultistes, il y a longtemps qu'ils sont en train d'en déterminer la formule très naturelle.

« Souvent, pendant les séances du groupe, lisons-
« nous dans l'*Initiation* que dirige le Dr Encausse, nous
« vînmes à mettre la discussion sur le sujet du *corps
« astral*. Les divers auteurs que nous consultâmes sur
« ce point nous ont tellement *brouillé* nos idées, qu'au-
« cun de nous ne peut plus se rendre compte de ce
« mystère. »

L'aveu est précieux. Mais pourquoi faut-il qu'il y ait
comme conclusion *certaine* de principes si embrouillés,
la suivante proposition :

« De toutes ces discussions, continue d'un seul trait

_____

(1) *De Can. Sanct.*, l. III, c. 49, n. 14.
(2) *De Can. Sanct.*, l. IV, I p., c. 26, n. 13, 14, etc.

« le rapporteur, nous sommes parvenus au résultat
« suivant :

$$\text{Nimbe} + \text{od} = \text{corps astral.}$$

« Le nimbe est une flamme, un cercle, une vapeur
« lumineuse, une couronne de rayons lumineux qu'on
« voit au-dessus des corps avec les yeux libres, et par
« cette raison on peut le reproduire sur la plaque
« photographique (1). »

M. de Rochas a écrit sur *l'objectivité des effluves
perçus sous forme de lumière dans l'état hypnotique.*
Nous entendrons ses raisons.

Mais déjà la tendance de l'école se révélera dans ces
quelques mots :

« De tout temps, on signale l'existence d'effluves
« lumineux se dégageant de certaines personnes
« exceptionnellement douées. *L'abbé Ribet en rapporte
« un grand nombre de cas dans sa Mystique divine et
« l'imagerie religieuse en a consacré la tradition avec
« l'auréole des Saints et les rayons qui s'échappent des
« doigts de la Vierge ou du front de Moïse, etc. (2)* »

Et des catholiques notables s'en vont répétant après
les occultistes, comme le fait Drumont dans sa préface
au livre de Dupouy : « D'après Dupouy l'existence de
« cette enveloppe temporaire de l'âme, que l'on désigne
« aujourd'hui sous le nom de *Corps psychique*, aurait
« été reconnue aux premiers siècles de l'Eglise et en-
« seignée par les Pères. Les nimbes qui, dès l'origine
« de l'Eglise, entouraient la tête du Christ et des Saints,
« n'auraient été que la représentation objective de
« ce *Corps psychique*, que seuls les fidèles pouvaient
« apercevoir parce que la Foi et l'idéalisme qu'elle

---

(1) *Initiation*, n. 12, sept. 1896.
(2) Loc. cit.

« inspire les *dématérialisaient* et les transformaient en
« *voyants* (1). »

Il nous faut entrer en connaissance avec l'*od*, qui
serait l'agent de ces merveilles physiologiques.

L'*od* est le nom donné par le chimiste Reichenbach
à une matière fluide qui émanerait des corps, même à
une température ordinaire. — Ce fluide impondérable,
nous disent les occultistes, était connu avant Reichenbach par quelques savants tels que William Maxwel et
Frank de Frankenau (2). — Nous pourrions ajouter que
Cornélius Agrippa, au quinzième siècle, en fait mention; il y aurait ingratitude à l'oublier. Mais, avant Reichenbach, on n'avait pas prétendu le démontrer par
les expériences.

Reichenbach considère l'*od* comme une *âme*, car il
en a les qualités ; et aussi comme un « corps », car il
s'échappe de la matière organisée à l'état de souffle, de
vapeur. En un mot, d'après Reichenbach, c'est une
transsudation d'esprit, de *lumière* et de *feu*. Ce qui est
beaucoup pour une seule chose.

Cahagnet regarde l'*od* comme la substance *unique*,
la *lumière divine*, le *souffle éternel*, l'*âme substantielle*
du monde. — Doctrine qui exhale un relent assez prononcé de panthéisme. — L'*Ère nouvelle* l'appelle pom-
peusement l'*esprit de l'humanité divine;* ce qui ne nous
sort guère du panthéisme.

Paracelse enseignait plus modestement que chaque
individu possède son *magnes* ou son *fluide ;* que le
magnes des personnes saines attire celui des personnes
malades.

Après Paracelse, les sciences occultes s'infusent dans

---

(1) Dupouy, *L'Occultisme*, Préf., p. IV, V.
(2) *De Medicin. magnet.* Francofurt., 1679, l. I, c. 4. Cf. Dupouy,
Occult., Introd. hist., p. 2.

les doctrines médicales, avec Glocénius (1608), Burgaeve Van Helmont (1626), Robert Fludd (1640) qui enseigne que l'homme est un véritable aimant, ayant ses pôles, et qu'il se charge de fluide émané des astres. — Wirdig, Maxwel, à la fin du xviie siècle, Mesmer, de Puységur, Tardy de Montravel, au xviii° ; - Pététin, Deleuze, du Potet, Faria, Charpignon, etc., etc., continuent au xix° les traditions du magnétisme animal ; — avec Reichenbach, Braid, Azam, Liébault, Charcot, etc., etc., apparait l'hypnotisme. — Enfin est venue la psychologie expérimentale, avec Crookes, Wallace, pour l'Angleterre, — Zoelner, Carl du Prel, pour l'Allemagne, — Puel, Baraduc, Luys, de Rochas, Ch. Richet, Dupouy, etc., pour la France, — Ochorowicz, Lombroso, pour l'Italie, — Aksakof et Iodko, pour la Russie.

Les occultistes de l'école que nous avons en vue, pour bien nous faire comprendre la théorie du « fluide vital » qui serait « une modification d'un fluide universel remplissant l'espace », nous reportent à « l'expérience d'un ingénieur électricien de Lemberg, F. Richnowski ; il viendrait d'isoler l'éther, à l'aide d'un dynamo à tension constante très énergique. Pendant qu'on met l'appareil en mouvement, le fluide s'écoule librement en dehors par une ouverture grosse comme une tête d'épingle. Le fluide sortant par cette ouverture forme un faisceau visible dans l'obscurité sous l'aspect d'un cône lumineux violet. Quand on approche un tube de Geissler, celui-ci s'illumine aussitôt d'une lumière verdâtre, pâle et comme lunaire.

« En approchant une lampe ordinaire à incan-
« descence, on voit le fluide lumineux pénétrer dans la
« boule de verre, puis s'y condenser en petits nuages
« lumineux, comme phosphorescents. La main placée
« sur la boule détermine un dégagement d'étincelles

« électriques et l'extinction immédiate. Lorsqu'on ap-
« proche de la lumière la boule chargée, on constate
« que le fil de charbon est attaché au verre.comme l'ai-
« mant au fer. »

C'est par ce fluide identique au *fluide universel*, que
M. Richnowski croit pouvoir expliquer les mouvements
de la terre et des planètes. — C'est là une opinion scientifique respectable, dont nous n'avons pas à nous
inquiéter. M. Richnowski nous parait cependant plus
que téméraire quand il voit dans ce fluide la source de
la Vie dans l'Univers ; le mouvement mécanique est
distinct de l'action vitale et de son principe.

Les occultistes prennent de là occasion d'imaginer
une « autre modification du fluide universel, *plus ou
moins condensé*, appelé en physiologie (?) *l'influx
nerveux* qui présiderait aux actes vitaux, n'étant autre,
en réalité, que « la *Force vitale* des êtres vivants, *l'âme
physiologique*, comme on voudra la nommer, développée
par lui, mais émanant du *Corps psychique* (1) ».

« Fluide magnétique, fluide odique, fluide vital, il
« sature entièrement l'organisme des êtres vivants ; il
« parcourt les nerfs, conducteurs des impressions, des
« mouvements, des actions végétatives, éléments de
« relation de l'ensemble de l'organisme avec l'appareil
« cérébro-spinal accumulateur de ce fluide (2) ».

Ce *Corps psychique* qui tient le milieu, nous est-il
enseigné, entre la matière et l'esprit, prendrait son origine dans l'éther, absorbé et transformé sous l'influence
de l'âme immatérielle. Le corps humain devient un
véritable condensateur ; les plexus sont les batteries,
les nerfs les fils conducteurs ; le fluide nerveux se
manifeste par les phénomènes physiques, dont font

---

(1) *Occultisme*, de Dupouy, p. 29, 31.
(2) *Occult.*, p. 31.

partie les effets lumineux produits dans le tube de
Geissler et l'ampoule de Crookes, et en particulier les
effluves photographiés par les docteurs Luys et Baraduc.

Les occultistes, remarquons-le tout d'abord, voudraient nous faire confondre leur *influx nerveux
fluidique* avec le *courant nerveux* des physiologistes.
— Comme ils redoutent que nous poussions jusqu'à
l'identité l'analogie qu'ils reconnaissent à leur « influx
nerveux fluidique » avec l'électricité, ils insistent sur
ces différences : « La vitesse de propagation de l'influx
nerveux est de 28 à 30 mètres par seconde, vitesse bien
différente de celle du fluide électrique ». — Cet argument ne prouve aucunement que le fluide des occultistes soit différent du fluide électrique, car le fluide
électrique se propageant dans les conduits nerveux ne
saurait parcourir, dans le même temps, une distance
équivalente à son trajet à travers les fils métalliques ;
conclure de là que c'est un fluide essentiellement différent, et simplement analogue, c'est méconnaître l'influence des milieux conducteurs sur un courant électrique. — Or, M. Béclard a prouvé que la puissance
conductrice des nerfs est *seize millions* de fois inférieure
à celle des fils métalliques, à égalité de section. — Des
organes en général, M. Béclard dit encore : « Nous
« avons déjà dit que les divers organes, eu égard à leur
« conductibilité électrique, peuvent être assimilés à
« des liquides faiblement salins ; qu'ils sont analogues,
« quant à leur pouvoir conducteur, et que les nerfs
« eux-mêmes, bien que l'électricité agisse sur eux
« d'une manière spéciale — ainsi d'ailleurs que les
« actions chimiques et mécaniques — *ne conduisent
« pas mieux l'électricité que les autres tissus* (1). »

_____

(1) *Physiol.*, t. II, ch. VIII ; *Innervation*, p. 984 (6ᵉ édit., Asselin).

Ce n'est donc point par la progression plus ou moins lente du prétendu *influx nerveux fluidique* que les occultistes prouveront sa distinction d'avec le fluide électrique vulgaire. Cette « modification du fluide universel » aurait donc besoin de se prouver avant de profiter à la thèse *effluviste*.

L'influx nerveux proprement dit est essentiellement distinct du prétendu influx fluidique, tout autant qu'il est différent du courant électrique. — Or le courant électrique ne saurait être la raison des sensations et du mouvement, comme l'a prétendu l'école matérialiste. — La théorie qui remplaçait l'âme par la pile, et faisait de la biologie « une simple annexe de la physique (1) », est manifestement en défaveur dans les milieux scientifiques. Non, la sensation n'est pas adéquatement réductible à la simple modification de l'état électrique d'un nerf. — Toute cette théorie matérialiste, qui s'appuyait sur l'existence d'un *courant de repos*, croule par la constatation que ce courant n'existe pas dans les *nerfs normaux*. Dans le nerf normal, *non irrité*, il n'y a pas de courants électriques, et les courants qui se manifestent dans les nerfs divisés « disparaissent en même temps que la cause morbide cesse ». Schiff a mis cette vérité en lumière par des expériences précises. — Engelmann est arrivé à des conclusions identiques et déclare fort justement que le traumatisme a pour résultat de créer dans les tubes nerveux un plan de démarcation où les cellules vivantes touchent aux mortes, et que c'est un « tel rapport qui donne lieu au courant galvanométrique, dit *courant de repos* (2). »

On n'a reconnu scientifiquement aucun courant élec-

---

(1) Cf. Dr Surbled, *Spiritualisme et Spirit.*, surtout l'excellent chap. VI de l'ouvrage.
(2) Surbled, loc. cit., p. 189.

trique autre qu'un « courant centripète » dans les nerfs irrités artificiellement, courant qui est le même aussi bien pour le nerf *sensitif* que pour le nerf moteur irrité : Cette constatation a ruiné la fortune scientifique de l'*électrophysiologie*.

Constater cette assertion comme acquise à la science, ce n'est pas nier l'existence d'effets électriques dans les nerfs. — Mais ces effets, remarque justement le docteur Surbled, ne sont pas particuliers aux nerfs ; on les retrouve dans tous les organes vivants. « Enlevez « à un animal un morceau de tissu quelconque, et « placez-le entre les électrodes d'un bon galvanomètre : « vous observez toujours une déviation plus ou moins « forte de l'aiguille... Qu'est-ce à dire ? Le courant « prétendu nerveux appartiendrait-il indifféremment à « tous les tissus ? Ne serait-il pas plutôt la *simple* « *expression d'un travail intime de la nutrition ?* (1) »

N'est-ce pas, au fond, cette même erreur de l'*électro- physiologie* que nos occultistes ont voulu renouveler avec ce *fluide vital* qui n'est pas de l'*électricité*, mais une forme très voisine, qui deviendrait *énergie ner- veuse par une de ces actions métaboliques dont parle si souvent le professeur Luys*, écrit le professeur Serguéyeff (2).

Le docteur Surbled réplique spirituellement : « Notre « ignorance est dissipée du coup par ces lumières. La « forme dynamique » n'arrivait pas à nous contenter ; « mais M. Luys survient qui la « métabolise », ou, plus « exactement, qui la change du bout de sa baguette et « la transforme en *courant nerveux*... et aussitôt tout « s'explique. Le savant médecin de la Charité, qui « avait cru — à tort — découvrir des *cellules pensantes*,

---

(1) Surbled, oper. cit., p. 139.
(2) *Physiolog. de la veille et du sommeil*, t. I, p. 27.

« a du moins une belle compensation : il a trouvé
« la *métabole*. Mot heureux qui immortalisera son nom,
« car il répond à tous les problèmes et résout toutes
« les difficultés.

« Comment le mouvement physique devient-il mou-
« vement vital ? Par *métabole*. — Comment la sensation
« résulte-t-elle naturellement des vibrations cosmiques ?
« Par *métabole*. — La pensée elle-même, qui la fait
« sortir du mécanisme cérébral, qui l'explique par
« le simple jeu des forces physiques ? La *métabole*,
« toujours la métabole !....

« Tous ne subissent pas l'éblouissement, et plusieurs,
« refusant de prendre la *métabole* pour le dernier mot
« de la science, n'y voient qu'un terme nul et vide,
« inventé par l'ignorance aux abois (1). »

Le fluide vital ne serait rien sans la *métabole* com-
plaisante ; et si on rejette la *métabole*, on n'a plus
qu'un fluide, d'essence matérielle et physique, qui est
proclamé principe vital.

Aussi, nous allons jusqu'à supposer que le *fluide vital*
des occultistes n'existe pas, et que les effets de ce prétendu fluide, ou ne sont que des manifestations variées
de la force électrique commune, — qui se retrouve
parmi les phénomènes matériels dont s'accompagne
l'opération vitale, dans le travail physiologique, — ou
ne sont que des erreurs d'opération, comme nous
le dirons plus loin, erreurs dont le Dr Baraduc vient
d'être une illustre victime.

Un « fluide universel » qui se transforme partie en
énergie cinématique et calorifique, en lumière, partie
en électricité, et *réciproquement*, nous affirme le

(1) *Le Problème cérébral*, p. 130-141.

Dr Dupouy (1), ne saurait, par une « autre modification »,
devenir *fluide* vital, car ce serait toujours une même
substance impondérable, mais matérielle, qui deviendrait substratum d'un acte vital, et s'élèverait ainsi
aux opérations supérieures de la vie, puisque l'*od*,
nous ont déjà affirmé ses inventeurs, a tout à la fois les
propriétés de l'âme et les propriétés du corps. « La
« force vitale ne s'accumule pas seulement en nous, elle
« s'extériorise en partie avec toutes ses propriétés :
« sensibilité, motricité, *volonté*, etc. (2). « Mais contentons-nous de reprocher aux occultistes l'énorme
errement de vouloir convertir en *fluide de vie*, en
courant nerveux — au sens strict du mot — opérant
dès lors *vitalement*, un fluide très matériel quoique
de nature impondérable.

Il faut avoir le cerveau absolument vide de notions
philosophiques pour s'arrêter à des propositions si
monstrueuses. — C'est pourtant ce fluide, qui est
physique tout en restant principe vital, qu'un occultiste d'avenir, le Dr Paul Audollent, appelle le « moteur
de notre organisme, le *centre* de notre vie », ce qui revient à donner congé à l'âme. — Ils sont vraiment
étranges, ces néo-défenseurs du Spiritualisme. — « Les
sensations, la douleur, ne sont autre chose que les manifestations des vibrations ou des courants de ce fluide ».

« C'est surtout à la périphérie du corps, nous est-il
« dit, que l'on peut en constater la présence et les éma-
« nations continuelles, plus ou moins intenses. Ce que
« l'on a nommé *od, périsprit, corps astral*, est constitué
« par ces effluves périphériques qui forment autour de
« nous comme une zone, une *auréole*, une enveloppe

---

(1) *Occultisme*, p. 30.
(2) *Concours médical*, n° 2, 8 janv. 1898, p. 17-18. — Cf. Surbled,
Spiritualisme, p. 167.

« inséparable de chaque être vivant, et dont le volume
« et la densité varient... suivant l'état de bonne santé
« ou de maladie. »

Nous disons que ce fluide ne peut exister avec les
propriétés vitales qu'on lui prête. — Il y a place, dans
nos tissus, pour une électricité *vitale,* c'est-à-dire pour
des effets électriques qui accompagnent, comme les
effets thermiques, chimiques, les opérations vitales;
mais pour une électricité qui les produise, jamais !

⁎

Mais enfin, si on le *voit*, ce fluide, s'il *déplace l'aiguille*
d'un biomètre, s'il se laisse *photographier ?*

1° — On *voit* les fluides, paraît-il : mais tout le monde
ne les *voit* pas. « L'être humain, dans ces conditions
« nouvelles, avec ses yeux placés en période de surac-
« tivité fonctionnelle, devient un véritable réactif vi-
« vant. Il voit alors les fluides électriques et magné-
« tiques et les différents effluves dégagés des êtres vi-
« vants (1) ». — Et que voit ce sujet de choix, *préparé* (2)
à cet exercice de vision ?
Voici :

« Il reconnaît les effluves qui sortent de l'aiguille aimantée,
et il signale la couleur différente de chacun d'eux aux deux pôles.
Le pôle austral dégage des effluves rouges, le pôle boréal, des effluves bleus, les régions intermédiaires de l'aiguille (régions
neutres de l'aimant) lui apparaissent sous forme de coloration
jaune. — Il en est de même pour les phénomènes électriques.

(1) Luys, *Communication à la Société de Biologie sur la Visibilité
directe des effluves.*
(2) « L'entraînement des sujets hypnotiques pour ces *sortes de recherches* exige des *soins spéciaux* », dit le D' Dupouy, à propos de
ces *voyants*, q. 69, en note, *Occultisme.*

Les sujets voient la distribution des courants électriques cir-
culant dans une pile en activité ; les fils négatifs présentent une
coloration bleue, les fils positifs, une coloration rouge...

Chez l'homme, le voyant remarque que toute la surface d'une
moitié du corps, le côté gauche, par exemple, présente une coloration bleue. Les yeux, les oreilles, les narines, les lèvres dégagent des irradiations de même couleur, et ces irradiations sont
d'autant plus intenses que le sujet est plus vigoureux. — Le côté
droit, par contre, dégage des effluves rouges par les organes des
sens, et leur intensité varie pareillement avec l'état de santé du
sujet. — Les régions, sur la ligne médiane, telles que le nez, le
menton, etc., correspondent aux régions neutres des aimants, et
dégagent comme elles une coloration jaune (1). »

Une conclusion s'impose, semble t-il. — On *voit* les
effluves, donc ils *existent*.

Ceux qui nous prônent de tels voyants, refuseraient,
quand il s'agit d'un fait surnaturel, — et en cela ils auraient raison — d'accepter des visionnaires très justement soupçonnés d'être en état de *suggestion*. — Comment se fait-il que, dans la question présente, ils n'apparaissent point tourmentés par le même souci de critique scientifique. Il est de notoriété universelle que les
sujets en état somnambulique ou hypnotique — et il
s'agit de sujets spécialement nerveux — sont très
propres à la suggestion ; le moindre indice est exploité
par l'activité inconsciente des facultés. — N'y a-t-il pas
à craindre que ces voyants, après une ou deux séances
de *perception*, n'aillent au-devant de l'attente suggestive de l'opérateur ?

Il nous semble que Charcot n'était pas le dernier des
expérimentateurs ; or, il suggérait, sans trop s'en
rendre compte, les fameux *états premiers* ; c'est là un
fait dûment constaté et prouvé par les écoles adverses.

(1) Luys, *Communication à la Société de Biologie.*

21

Les hystéro-épileptiques de la Salpêtrière étaient dressées aux phases successives des trois états.

C'est donc avec ces réserves qu'il faut lire ce récit d'une expérience conduite par le D\u02b3 Luys :

« Sur un chien de taille moyenne, l'encéphale a été rapidement mis à nu. Avant de commencer l'expérience, le sujet *hypnotique*, étant préalablement mis en état somnambulique, fut placé en présence du chien et constata qu'il percevait nettement les effluves de coloration bleue du côté gauche du chien, etc., etc. Une fois le crâne ouvert, l'animal, quoique affaibli, donna lieu aux réactions suivantes de la part du sujet. Sans proférer une parole, je lui désignai avec un doigt le lobe gauche du cerveau : « Oh ! c'est bleu, dit il, c'est du beau bleu » ; puis le lobe droit : « Oh ! c'est d'un beau rouge ». En *quelques* minutes, le cerveau se refroidit, les effluves disparurent, car le sujet hypnotique ayant été *rappelé* ne les vit plus (1). »

N'y a-t-il pas, dans toute cette mise en scène, des indications précieuses pour l'hypnotisé, qui a toutes les tendances à la simulation et à la tromperie que manifestent ses pareils ! Sommes-nous assurés que les opérateurs ont été plus sagaces que feu Charcot ! Chose bizarre, quelques minutes après l'ouverture du crâne, la vie s'étant retirée, le voyant ne constate que du « noir ». Et le même docteur Luys raconte :

« J'ai tenté des expériences comparatives sur les cadavres humains déposés à la salle des morts de l'hôpital. J'ai constaté qu'au bout de vingt-quatre heures, les effluves oculaires ont *presque totalement disparu*. Néanmoins sur certains cadavres le sujet hypnotique a constaté quelques lueurs persistantes (2). »

Voilà un fluide « vital » qui est un peu trop « persis-

(1) Luys, loc. cit.
(2) Loc. cit.

tant », trouvera-t-on généralement. Ne serait-ce pas en vertu d'un phénomène *tout subjectif* que l'hypnotisé, et dès lors le *suggestionné*, voit ces prétendues traces de vie sur les cadavres ?

M. de Rochas a voulu, très consciencieusement, se rendre compte de la valeur de cette objection : L'impression du voyant n'est-elle pas le seul résultat de l'imagination du sensitif, et un simple phénomène de suggestion ? Il a essayé, en variant les courants et les interruptions pour éprouver le sujet, et il se montre assez satisfait de ses expériences (1).

Le docteur Surbled n'en fait pas moins ces justes réserves : « Ces résultats ne sont pas directement « vérifiables et nécessitent le concours intermédiaire « de *sensitifs*, c'est-à-dire d'hommes impressionnables, « plus exposés que les autres à la suggestion, au « mensonge, à l'erreur »... La suggestion est particulièrement à redouter dans ces expériences. Aussi, M. de Rochas en a lui-même reconnu toute l'influence ; il remarque qu'elle « altère de plusieurs manières la description de l'effluve et qu'on ne saurait prendre contre elle trop de précautions (2). » — Et le docteur Surbled ajoute : « L'objectivité des effluves une fois démontrée, le *fluide vital* le sera-t-il ? » Et sa réponse est que la présence d'une cause physique, électrique, serait ainsi constatée, mais nullement le *fluide vital*.

Nous sommes bien de cet avis.

Pour en revenir à la suggestion toujours possible dans l'expérience susmentionnée, on trouvera passablement étrange que les expérimentateurs, qui croient aux sujets extra-lucides, de par leur doctrine, se

---

(1) *Extériorisation de la sensibilité*, p. 15.
(2) *Spiritualisme*, p. 197 (Surbled).

montrent si satisfaits de leurs contre-expériences. Dès
l'instant que ces opérateurs *prévoient* ce qui va se
passer, comment feront-ils pour cacher leur sentiment
et leur attente? Nous avouons que cet argument ne
vaut pas à nos yeux, puisque nous rejetterons ces
extra-lucides. Mais ces expérimentateurs n'en sont pas
moins en contradiction avec leurs théories.

M. de Rochas, du reste, n'est pas aussi satisfait que
le Dʳ Dupouy et le Dʳ Luys : « Toutes ces observations,
« dit-il, ont besoin d'être vérifiées bien des fois avant
« qu'on puisse les admettre sans réserve, d'autant plus
« que j'ai reconnu, par des *expériences poursuivies*
« *méthodiquement depuis quinze ans sur de nombreux*
« *sujets*, que les descriptions que ces sujets donnaient
« des colorations n'étaient pas toujours *concordantes*,
« le même sujet *variant même quelquefois dans ses*
« *affirmations* d'un moment à l'autre (1). »

Ce qui revient à dire que souvent les *sensitifs* devi-
naient ce qui était attendu d'eux, et que souvent aussi,
devant une complication imprévue de l'expérience, ils
donnaient des réponses au petit bonheur ; science
d'autant plus aisée, dans le cas de réussite, qu'il n'y a
guère que deux côtés et deux couleurs à signaler dans
l'observation des prétendus fluides émanés d'un vivant.

« Ce qui est constant, ajoute M. de Rochas, c'est
l'*existence d'une sensation lumineuse* (2). » Pardon!
cette vague sensation de lumière imprécise peut être
tout aussi bien l'objet de la suggestion que la coloration
elle-même : si vous constatez la suggestion sur ce
dernier point, vous la déclarez possible sur l'autre.

Mais nous voulons encore enregistrer trois aveux
qui ont leur importance :

---

(1) *Extériorisation de la sensibilité*, p. 8.
(2) *Extériorisation de la sensibilité*, p. 9.

En premier lieu, M. de Rochas confesse : « La *vision*
« est certainement modifiée par la profondeur de l'hyp-
« nose... Mais sont-ce ces degrés de profondeur qui
« *entraînent* les renversements dans les *couleurs* des
« effluves perçus ? C'est un point que nous avions l'in-
« tention d'élucider, lorsque nos expériences ont été
« brusquement interrompues. »

La chose nous est assez indifférente, car la conclusion,
pour nous, sera toujours la même : Puisque les couleurs
changent certainement pour le sensitif, sans qu'il y ait
changement objectif correspondant, nous sommes autorisé à penser que c'est là une vision d'origine entièrement subjective.

M. de Rochas, en second lieu, *persuade* à son sujet
qu'un barreau est aimanté de façon à présenter deux
pôles sur deux faces longitudinales, et le sujet voit des
effluves à ces pôles *fictifs*, car le barreau était aimanté
comme les autres (1).

Nous présenterons, en troisième lieu, cette note assez
mélancolique, tombée de la plume de M. de Rochas :
« M. Luys attribue aux effluves du pôle nord, *tantôt la
coloration bleue* (Annales de psychiatrie, juillet 1892),
tantôt la coloration rouge (Annales de psychiatrie,
oct. 1893) (2). »

C'est peut-être que les sensitifs mal *entraînés* —
M. Dupouy nous a dit qu'il fallait un entraînement
assez soigné — ont confondu les côtés et les couleurs
respectives.

Voyons ! ne serait-il pas de première rigueur, dans
une expérience scientifique, que les conclusions ne
fussent pas opposées. — Or, non seulement les *sensitifs*
se contredisent entre eux, mais nous apprenons de

---

(1) Oper. cit., p. 31.
(2) Oper. cit., p. 7, en note.

M. de Rochas que depuis quinze ans il les entend se contredire eux-mêmes, dans une même expérience.

Il faudrait vraiment une foi robuste pour croire aux *effluves* sur le seul témoignage des *sensitifs*.

11° — Les partisans du *fluide vital* ont voulu le défendre, sous forme de *fluide magnétique*, avec les expériences instrumentales, dans le but très louable de nous faire *toucher*, pour ainsi dire, ce que les sensitifs ont seuls le privilège de voir, en somnambulisme ou à l'état vigil, car le sommeil n'est plus le milieu nécessaire à l'hypnose.

Le Dr Baraduc, avec son biomètre, M. de Puyfontaine, avec son galvanomètre, ont tenté de faire la démonstration expérimentale de ce fluide tant vanté.

M. Baraduc nous décrit avec soin ses expériences et les précautions minutieuses qu'il a voulu prendre : il a éliminé la chaleur, par la raréfaction de l'air et un revêtement de glace, etc. ; il a écarté l'électricité, par une cuirasse de mica.., et néanmoins sa propre force *vitale* a fait remuer l'aiguille (1).

On répond quand même au Dr Baraduc : Votre force vitale n'est-elle pas simplement une force physique, de la chaleur, de l'électricité? — Ce sont là des manifestations physico-chimiques accompagnant l'acte vital ; ce n'est pas la vie. — La glace n'intercepte pas tous les rayons caloriques : on fait des lentilles avec des blocs de glace, et ces lentilles peuvent concentrer les rayons à leur foyer et produire le feu. — Le vide n'est pas un obstacle. car la chaleur qui ne se propage pas dans le vide par conductibilité, peut s'y propager par rayonnement. —

(1) Cf. Baraduc, *L'Âme humaine, ses mouvements, ses lumières*, p. 20, 21, 22, 23.

L'écran de mica et la couche d'alun ne mettent pas l'appareil à l'abri de toute influence physique.

« La *force vitale* de M. Baraduc, remarque le Dr Sur-
« bled, ne serait pas encore prouvée par les mouvements
« de l'aiguille aimantée : elle ne serait surtout pas isolée
« au point d'être mathématiquement mesurable. Com-
« ment notre confrère pourrait-il séparer et distinguer
« les *mouvements animiques* des mouvements phy-
« siques, caloriques ou autres ? (1) »

Et puis, pourquoi ne pas le dire, le Dr Baraduc, malgré son évidente bonne foi, est bien en ce moment le plus discuté des expérimentateurs modernes. — Quand il s'agit d'effets qu'il est *seul* à enregistrer, il y a lieu de se tenir sur la réserve.

Le Dr Encausse, dans son rapport à la *Société des sciences psychiques* (2), nous donne cette appréciation générale du biomètre de Lucas (1853) et du magnéto-mètre de Fortin modifié par Baraduc :

« Ces appareils sont l'objet d'une *foule d'objections de*
« *la part des physiciens*, et ils ont le grand défaut de ne
« pas laisser les traces de l'enregistrement produit ». —
Cet aveu, dans la bouche d'un occultiste aussi autorisé, n'est-il pas précieux à noter ? — Papus propose le *mastic* de vitrier et les *moulages* pour enregistrer les manifestations de la vie, et garder les empreintes de cette force vitale !...

L'appareil perfectionné de M. de Puyfontaine reçoit une bonne part de tous ces reproches. — M. de Puyfontaine développe dans un galvanomètre des courants appréciables : mais surtout, il a la prétention de *diriger* le courant ; ce qui démontrerait, pense-t-il, l'existence

---

1) Dr Surbled, *Spiritualisme*, p. 269.
2) 1er Déc. 1897.

de ce *fluide vital,* par où se véhiculerait ainsi l'acte de
volonté. « Il annonce à l'avance le sens dans lequel il
« veut faire dévier-l'aiguille, et la fait dévier en effet :
« bien plus, il peut, *sans changer de main les élec-*
« *trodes,* faire passer à « son gré » le courant négatif
« ou le courant positif, à la demande du spectateur :
« c'est donc la volonté seule qui fait changer le signe
« du courant. La volonté peut régler ainsi le courant
« avec une grande précision. La volonté dispose donc
« de la source fluidique qui est dans l'organisme, et
« joue à son égard tout à fait le rôle d'excitateur, de
« commutateur, de régulateur, d'interrupteur ; elle en
« ouvre ou en ferme les écluses à son gré, et en règle
« le débit comme bon lui semble (1). »

Supposons un instant que ce fluide impondérable
existe, et que la volonté, comme le croit M. Gasc-Desfossés, dans le texte cité, peut développer à l'intérieur
de l'organisme, ou arrêter ce fluide, qui s'écoule le
long des fils du galvanomètre, ou se tient en arrêt suivant l'intention. — Si j'admets que la volonté puisse en
régler le débit à l'intérieur de l'organisme vivant, je ne
comprends plus qu'elle le dirige à travers un fil qui a
toujours la même direction, pour arrêter l'aiguille juste
au degré voulu, et contenir l'effet du fluide répandu
dans ces milliers de mètres qui composent l'appareil.
Ou bien l'ordre d'arrêt est intimé à l'endroit où l'organisme entre en premier contact avec l'appareil, ou au
lieu de secrétion du fluide, ce qui revient au même, ou
bien à l'extrémité du fil conducteur. — Direz-vous
qu'un acte de volonté et de choix, par conséquent de
connaissance et de jugement, s'est exercé au bout du
fil métallique ? Il faudrait pourtant le supposer pour expliquer l'arrêt sur le degré déterminé, plutôt que sur le

(1) *Magnét. vital, Expériences récentes d'enregistrement*

degré voisin. — Ne dites pas que le choix a été déterminé par l'acte de volonté, au début ; cela ne nous suffit pas, car il faut que le fluide *choisisse*, selon l'ordre intimé ; ce ne sont pas vos yeux qui dirigent le courant. Si ce fluide n'était pas aussi intelligent que volontaire, il déboucherait sur le cadran sans savoir *où* prendre le lieu de repos commandé par la volonté.

M. Gasc-Desfossés suppose ici des choses bien impossibles. Il y a là, en réalité, un acte d'intelligence et de volonté qui se consomme à l'extrémité du fil attenant à l'aiguille ! Si c'est à l'autre extrémité que se fait l'acte, ou mieux à l'endroit où l'âme, par un acte de volonté, met en action ce fluide extraordinaire, le problème est le même ; c'est toujours un acte *spirituel* dont un métal est déclaré le conducteur. On se demande ensuite comment une âme qui ne voit le cadran que par ses yeux peut arrêter ou modérer l'influx, juste à point nommé. Or, il suffit à M. de Puyfontaine de choisir un degré, et de vouloir diriger son fluide sur ce degré, sans plus s'occuper du cadran, en lui tournant le dos au besoin. Donc la connaissance et la volonté chevauchent à travers le fil ; ce qui est absurde. — M. de Puyfontaine ne peut prétendre réaliser le phénomène sans l'écoulement réel, à travers le fil, d'un acte d'intelligence et de volonté. — De quelle philosophie relève une pareille doctrine !

Si ma motricité, si ma sensibilité exigent, à l'intérieur, un nerf sensible, et un nerf moteur vivants, quand je veux diriger une aiguille avec le doigt, comment peuvent-elles s'en passer pour réaliser le même phénomène au dehors, et remplacer l'un et l'autre par un fil de métal !...

Comme pour achever de railler les données de la saine raison, M. de Puyfontaine fait passer son courant de volonté et d'intelligence à travers le corps des autres, ce qui semble être un pur défi jeté au bon sens.

Les effets constatés « sont ambigus, dit très justement le docteur Surbled, et peuvent être rapportés à un fluide purement physique, électrique ou autre (1). »

Avant M. de Puyfontaine, Lafontaine (2) obtint les mêmes résultats avec un instrument très imparfait. — M. Bonjean, muni d'un appareil fait sur le même modèle, et non moins bien conditionné, n'a jamais pu rien obtenir, pas même un déplacement d'un *centième* de degré ; le résultat négatif fut le même pour tous les opérateurs, tandis que Lafontaine obtenait, lui, des déplacements de 20 degrés !...

C'est dire que M. de Puyfontaine est *seul* à faire si merveilleusement fonctionner son appareil ; il est vrai qu'il s'y exerce depuis tantôt vingt ans.

La *Société des sciences psychiques* (3) s'est entretenue des phénomènes signalés par M. de Puyfontaine. Il s'agissait justement d'entendre les communications que devaient transmettre les membres d'une *commission* spécialement chargée d'aller étudier, *de visu*, l'appareil de M. de Puyfontaine et ses *courants vitaux*. Le rapporteur était M. Gasc-Desfossés qui s'efforça de convaincre l'auditoire.

Après lui, M. le Dᴵ Rozier, membre de la même commission, et témoin des faits, prit la parole et fit des réserves qui seront celles des gens sensés. — Le Dᴵ Rozier n'est pas de l'avis de M. Gasc-Desfossés, car non seulement il n'a pu réaliser les phénomènes, mais entre ses mains l'appareil est demeuré *absolument inerte*. « Il y a *vingt et un ans*, dit-il que M. de Puy-

(1 *Spiritualisme*, p. 283.
(2) *L'Art de magnétiser*, etc., p. 35.
(3) Séance du 6 mars 1898.

« fontaine possède ce galvanomètre! Nous pouvons
« donc lui reconnaître, dans le maniement de cet in-
« strument, un entraînement qui nous fait défaut. »

Selon le D᷉ Rozier, des causes physiques, comme un
courant électrique, suffisent à expliquer ce résultat
dans un appareil perfectionné. Et de fait, le fil d'*argent*
est plus conducteur que le fil de cuivre ; or l'appareil
mentionné, au lieu des 300 mètres du galvanomètre
ordinaire, enroule autour de son cadre un fil d'argent
d'une longueur qui s'apprécie en kilomètres !

Un détail nous frappe : — M. de Puyfontaine a été un
long temps avant d'obtenir les phénomènes étudiés...
Est-ce que ce fluide vital serait de la famille de celui
qui fait tourner les tables? Les animistes de l'occultisme le prétendent.

III° — Les tenants du *fluide vital* ont un argument
plus décisif : on photographie le fluide ; donc il existe.

Les docteurs Luys et Baraduc ont été les divulga-
teurs de la photographie des effluves. — M. Luys prétend que le corps humain est *lumineux*. — M. Baraduc
va plus loin, et nous affirme que l'âme est *photogénique*.

Le procédé du D᷉ Luys et de son collaborateur
M. David est fort simple : On applique les doigts sur une
plaque photographique dans le bain révélateur ; on les
y laisse, sans bouger, pendant dix ou vingt minutes. —
On trouve, après fixage, l'empreinte entourée toujours
de superbes auréoles lumineuses, et souvent d'une
gloire de rayons.

Baraduc a fait mieux. Sans le vulgaire attouchement
du docteur Luys, et par des émissions de forces vitales,
il photographie des états d'âme !

Au lendemain de son enregistrement des effluves

digitaux, Luys disait avec enthousiasme : « A quels
« résultats inespérés arrivera-t-on, avec cet enregis-
« trement photographique, dans l'étude du fluide mys-
« térieux qui semble être la manifestation *essentielle*
« de la vie ? (1) » — Eh bien, consultons l'*Iconographie*
de l'*Invisible fluidique* de Baraduc, et nous aurons une
idée de ces merveilles prophétisées. — Résumons-les :

« L'âme humaine, *vibration lumineuse et mouvement*
« *intelligentié (!)* rentre dans le domaine de la physique
« objectivable, par son iconographie. Elle vient ainsi
« d'elle-même ajouter la preuve expérimentale de son
« existence parallèlement à celles déjà fournies par les
« philosophies... (Nous doutons que la philosophie
« spiritualiste soit satisfaite de cette preuve.)

« Donc, l'esprit se manifeste par sa *forme animique*
« *lumineuse.* — M. Baraduc en eut, du reste, la révélation
« dans ce court, mais combien profond, dialogue avec
« Mme X, endormie hypnotiquement, et ne conservant
« que le *sol* supérieur.

« A mes questions : Etes vous ? réponse : Je suis. —
« Qui ? Je ne sais ; je sais que je suis. — Comment
« êtes-vous ? — « Une boule de lumière dans le noir ! »
Pénétrons dans la série des lumières de l'âme :

Ire Lumière ⎰ Od, trame de vie cosmique s'indivi-
             dualisant, en se divisant en pois
             lumineux : Aspir du Somod, corps
             fluidique.

IIe — ⎰ Somod, Conjonction ⎱ tissu vivant,
       synthétique des ⎰ nuées,
                          animules-vies.

IIIᵉ Lumière	Aour, entité instinctivo-intelligente, âme-germe, unité vivante, espèce.
IVᵉ —	Psych aour, âme humaine entité spirituelle.
Vᵉ —	Psych-icone, image de l'Esprit modulant la forme animique.
VIᵉ —	Ob, émanation de l'âme humaine, expir du Somod.
VIIᵉ —	Psych-extase, expansion de l'Esprit se libérant hors la forme.

La série des épreuves photographiques s'ouvre par une vague silhouette d'enfant embuée de traits blancs. Cela s'appelle : *Photographie de l'od, instinct de Vie Universelle attiré par l'état d'âme attendrie d'un enfant plaignant un faisan récemment tué* (sans électricité, avec appareil).

Il faut dire, en effet, que parfois, pour certaines épreuves qui présentent une fusée d'aigrettes, M. Baraduc a le tort de se servir d'électricité. Alors, direz-vous, l'électricité doit y être pour quelque chose ? Du tout, si nous en croyons M. Baraduc :

« Si donc on a bien fait *digérer* le *fluide odique* et la
« *volonté*, le fluide électrique ne laisse plus de trace
« graphique, la force vitale et la manifestation graphiée
« restent seules... Lorsque la fusion électrique avec
« le zo-éther n'est pas accomplie, l'électricité apparaît
« seule sur la plaque avec plus ou moins d'*od* (1). »

Dans la *première* lumière, l'épreuve IV exhibe des *pois* de force vitale, en une série de petites taches : c'est « l'aspir de l'âme animale », l' « appel à la bonne nature par notre âme sensible déficiente ».

---

(1) Baraduc, *L'Ame humaine et ses lumières*, p. 43, 45.

Dans la deuxième, l'épreuve VI représente le « squelette fluido-formique de l'âme nutritive, réflective-plastique humaine », « composée : 1° de lignes et colonnes de force subtile ; 2° de milliers d'âmes-vitales cellulaires retenues dans une trame de nuée odique ».

Passons les boulets électro-vitaux : parcelles animiques « corporisées », « globulinées » par la tension électro-statique. »

L'épreuve XIV, IIIᵉ Lumière, est une âme-germe : « Le jour des morts, explique Baraduc, en 1895, une « plaque est mise au pôle N d'un aimant orienté, et « laissée un jour et une nuit, dans l'espoir qu'il se pro- « duira un phénomène. Sur les deux clichés obtenus, « on voit de nombreux points de force subtile ! »

« L'épreuve XV, IVᵉ Lumière, donne la signature « d'une âme spirituelle, qui a été produite sur une « plaque en contact, par la face verre, avec le pôle « nord d'un aimant orienté, que j'avais disposée (dit « Baraduc) dans la chambre à expériences avec cette « formule : *Prière au supérieur, ordre à l'inférieur* « *d'obtenir la graphie, le signe de mon âme spiri-* « *tuelle.* »

« C'est la particule animique spiritualisée par le « rayon divin (Buddi), c'est la *perle aux 4 rayons.* « L'âme spirituelle élevée par la prière n'est plus en « *rond* comme l'âme *intelligente* germe, c'est un cercle « en rapport avec les quatre vents de l'Esprit. »

Il faut nous limiter; mais arrêtons-nous un instant à l'épreuve XXIV *bis.* C'est un psychicone télépathique à grande distance, obtenu par projection psychique, entre MM. Istrati et Hasdeu, de Bukarest, directeurs de l'enseignement en Roumanie.

Le Dʳ Istrati se rendait à Campana; il fut *convenu* qu'il devrait, à date fixe, apparaître à Bukarest sur une

plaque du savant roumain, à une distance environ
Paris-Calais. — Le 4 août 93, M. Hasdeu *évoque* l'esprit
de son ami en se couchant, un appareil au pied, l'autre
à la tête de son lit.

Après « une prière à l'ange protecteur », le Dr Istrati
s'endort à Campana, en voulant, avec toute sa force de
volonté, apparaître dans un appareil de M. Hasdeu. Au
réveil, le docteur s'écrie : « Je suis sûr que je suis
apparu dans l'appareil de M. Hasdeu, comme une petite
figurine, car je l'ai rêvé très clairement. »

Et l'impression fut extrêmement réussie, atteste le
Dr Baraduc.

Quelle odeur de spiritisme ne se dégage pas de cette
expérience ?

Le Dr Baraduc, du reste, mène ces choses de front
avec un occultisme effréné. Cette profession de foi est
assez suggestive :

« L'esprit humain est directement en rapport par son
« entendement supérieur (7e sens) avec l'*atma hindou*,
« le *Rayon divin* projeté, la manifestation primordiale
« de l'Intelligence Absolue Incréée, appelée Dieu ou
« Paraham.

« L'âme spirituelle (soi-conscience et volonté), par
« son intelligence, est en rapport avec la force psy-
« chique du monde, l'*Esprit Universel Butthi*, et les
« êtres intelligences fluidiques. Le *Manas* humain de
« la classification hindoue, l'étoile à quatre branches
« des graphies, correspond au *psych-aour*.

« L'*âme matérielle physique*, vitale, odique, de la
« classification des lumières de l'âme est en rapport
« avec la Lumière-Vie créatrice et le feu destructeur
« à la fois ; l'instinct cosmique est le serpent de la
« *Genèse*...

« L'homme est trois : corps, âme, esprit. Dieu mani-
« festé est trois et non manifesté est *Un*=quatre.

« En résumé, l'homme, ce déicule, du cinquième
« sens de la cinquième race, de la cinquième ronde,
« inconscient de sa Déité, à peine conscient de son libre
« arbitre, de sa volonté, existe et persiste par la loi de
« vies successives et progressives, par la chaîne de ses
« existences répercutées, s'engendrant moralement et
« se succédant équitablement... (1). »

Arrêtons-nous là. — Ce texte était un peu nécessaire
pour comprendre l'état d'âme particulier qui permet à
un homme de voir, sur ses plaques, tant de choses,
jusqu'à des « olives d'intelligences », et aussi des
« chutes d'entendement » (2).

Les partisans de ces doctrines extravagantes devenaient légion, quand un homme de science, M. A. Guébhard, se présenta au public savant, le sourire aux
lèvres, et les mains pleines d'épreuves en tout semblables à celles du Dr Baraduc (à part quelques-unes,
par trop spiritiques), et il tua l'enthousiasme par ces
simples mots — : « Messieurs, agitez vos cuvettes..., et
surveillez le bromure ! »

La déconvenue a été vive, dans le camp des occultistes, mais le Dr Guébhard, dans une série de brochures,
défendit son opinion. La position scientifique de M. Baraduc est actuellement fort pénible.

« Je prétends bien, explique le Dr Guébhard, que tous
« ces effets sont dus aux accidents variés de la cuisine
« photographique, ou à quelques agents physiques,
« tels que la chaleur.

« Tout révélateur, explique ce savant, abandonné

---

(1) Baraduc, « L'Ame humaine », p. 240, 241.
(2) Épreuve XLVIII, septième lumière.

« sur une plaque capable de noircir, donne, sans la
« moindre impression odique, et si seulement le bain
« ne dépasse pas quelques millimètres de hauteur, un
« tachetage, non pas lumineux, malgré les apparences,
« mais, en réalité, tout chimique, orienté suivant des
« lignes, non pas d'effluves éthérés mais de *flux liquide*,
« et simulant, par son action sur la gélatine, au
« cours de ces phases successives, tous les aspects
« divers que nous avons vus mirifiquement décorés de
« si beaux noms (1). »

Pour opérer, on prend toute espèce de bain : il faut
excepter, cependant, les *vieux* bains, qui auraient pris
leur équilibre chimique, ou ceux qui, comme l'oxalate
ferreux, ayant une précipitation massive et brusque,
paralysent le libre jeu des actions moléculaires.

« La prétendue « aura » de Baraduc n'est que l'image
« résultant des derniers mouvements du liquide. —
« Libre donc à chacun, avant le bain, de combiner la
« mise en scène que l'on voudra ; qu'on « chauffe la
« plaque entre deux cœurs », qu'on la « couvre à trois
« mains (système Baraduc), qu'on la menace d'un index,
« ou la darde d'un œil plus ou moins fatal (système
« Luys), qu'on l'impose à l'occiput, etc., mieux on aura
« gardé les distances, évité tout contact matériel, her-
« métiquement fermé le châssis, et plus sera pure de
« toute promiscuité malencontreuse et de souillure
« accidentelle, l'image des effluves « du liquide »,
« lesquels s'obstinent à ne pas se montrer pour peu
« qu'on donne à la cuvette son balancement habi-
« tuel (2) »....

« Tout vient du bain, tout dépend du mode d'arrêt
« de ses mouvements, et « personne ne s'étonnera que

(1) *Vie scientifique*, n° 9 oct. 1897.
(2) *Vie scientifique*, 9 oct. 1897.

« M. Baraduc ait trouvé ses apparitions d'empreintes
« de « force courbe » irrégulières et capricieuses,
« comme les dernières girations du liquide inconstant
« qui se fit un jeu de traduire d'identiques états de
« suractivités vibratoires affectives », une première
« fois par un pointillé, « pluie de pois fluidiques »,
« selon Baraduc (taches de parcelles mal dissoutes du
« révélateur !) — et, une autre fois, par les amples vo-
« lutes d'un de ces tourbillons annulaires dont Helmotz
« et Maxwell ont montré mathématiquement, — l'un
« pour les liquides visqueux, l'autre pour l'éther
« cosmique, *véritable*, — le rôle dynamique prépon-
« dérant, vérifié par moi-même, il y a quinze ans, dans
« de modestes recherches expérimentales sur les mou-
« vements relatifs aux liquides hétérogènes (1). »

Dans ses communications à la *Société de Physique* (2),
le Dr Guébhard a présenté de très savantes observations
sur les phénomènes de ségrégation moléculaire obser-
vables dans les liquides troubles au repos. « Lorsqu'on
« abandonne au repos, sous faible épaisseur, un liquide
« confiné, on est surpris de la rapidité avec laquelle
« s'arrête le mouvement d'ensemble du fluide, et quand
« on voit, après quelques secondes à peine, une parti-
« cule flottante à la surface, en dehors de l'action
« capillaire des bords, demeurer fixe, on ne peut faire
« autrement que de se demander ce qu'est devenue
« l'énergie dégagée par l'arrêt si brusque d'une masse
« si mobile. L'examen de ce que laisse voir un liquide
« trouble permet d'affirmer que la plus grande partie
« de ce liquide, avant de passer à l'état calorique, est
« employée à un travail de ségrégation moléculaire,

(1) *Vie scientif.*, 27 oct. 1897.
(2) Séances des 18 juin et 16 juillet 1897.

« qui, d'après ce que l'on connait de l'aptitude des par-
« ticules en suspension dans les liquides et les gaz à
« rendre visibles toutes les différences vibratoires de
« condensation des fluides, pourrait bien n'être que
« l'indice d'une propriété commune à tous les liquides,
« même homogènes : celle de ne passer de l'état dyna-
« mique de mouvement à l'état, dit statique, de simple
« vibration atomique, que par l'intermédiaire d'une
« phase de vibration moléculaire, de nature proba-
« blement tourbillonnaire, qui divise toute la masse
« par une trame de surfaces nodales ou ventrales, en
« une infinité de volumes élémentaires, ventraux ou
« nodaux, accumulateurs momentanés d'une partie de
« l'énergie, qui empêche le rétablissement immédiat
« de l'homogénéité physique ou chimique (1). »

Il suit de là que les mélanges très complexes des
liquides employés comme bains révélateurs peuvent
-- grâce à leur propriété de réduire inégalement, suivant leur condensation, le bromure d'argent impressionné par la lumière -- enregistrer toutes ces différences d'homogénéité de liquide ; ils donneront sur
toute plaque, ayant reçu préalablement, ou récélant
naturellement à l'état latent (comme les instantanées)
le minimum de voile nécessaire à un noircissement
quelconque, l'image de ce qui s'est passé tout au moins
à la surface.

« Toute plaque de cette sorte, abandonnée au repos
« dans un bain de faible épaisseur pendant 5 à 20 mi-
« nutes, en sort couverte, tantôt d'un semis floconneux
« de taches blanches et noires, tantôt d'un réseau noir,
« à mailles plus ou moins polygonales, tantôt d'une
« zébrure de bandes noires et blanches plus ou moins
« épaisses (2). »

_____

(1) Loc. cit.
(2) Loc. cit.

On observe tous ces mouvements, explique M. Guébhard, quand on verse un liquide rougi par l'usage dans
une cuvette blanche ; on voit des stries foncées des-
siner à la surface, soit en alignements parallèles, soit
en volutes enroulées, les derniers mouvements du
liquide, puis subitement s'en détacher des rangées de
petits glomérules, qui descendent bientôt vers le fond,
pour s'y étaler ou s'y comprimer suivant leur nombre.
— L'épaisseur du liquide joue aussi un grand rôle dans
la dimension des taches.

On obtient en mouillant la plaque, avant de la mettre
au bain, des figures encore plus régulières, grâce au
premier afflux du révélateur sur la plaque mouillée.

Et maintenant, dans ce bain, lorsqu'on place un objet
qui trouble la formation des alignements de glomérules
ou des bandes radiées, les formations se disposent
autour de la forme de l'objet, et *paraissent être les
effluves de l'obstacle.* Comme on avait opéré avec le
doigt humain, on a cru voir des *effluves humains* dans
le rayonnement trompeur que l'on peut observer à peu
près sûrement autour de n'importe quel objet. « Il est
« vrai que la figure se compliquait, pour eux, de l'ap-
« parition d'auréoles, zones alternativement claires ou
« sombres, autour de l'empreinte. Mais pour se con-
« vaincre de l'origine *purement mécanique* de ces ap-
« parences (auxquelles contribuent d'ailleurs plusieurs
« causes physiques longues à énumérer) il n'y a qu'à
« observer ce qui se passe autour du doigt, ou de tout
« autre objet, lorsqu'on le pose sur le fond d'une *cu-
« vette noire contenant une mince couche de liquide
« troublé par du blanc d'Espagne* (1). »

Tout au plus peut-on objecter que l'opération faite

---

(1) Guébhard, *Revue scientif.,* 15 janvier 1898. — 9 oct. 1897.

avec le doigt humain donne des effets plus intenses...
Pour quelle cause ? — Par la chaleur du doigt, répond
le contradicteur de Baraduc. — Et pour le prouver, le
Dr Guébhard remplit d'eau chaude un tuyau de caoutchouc, forme un doigt artificiel, pouvant conserver une
chaleur moyenne égale à celle du doigt vivant, et il obtient cette intensité des effluves (1).

Mais voici comment agit l'influence thermique :
« Elle ne s'exerce pas sur l'impressionnabilité du géla-
« tino-bromure, mais sur le mécanisme (2) — thermique
« lui-même — du groupement des molécules révéla-
« trices; actions pouvant être produites, mieux que par
« le corps humain, par des sources physiques quel-
« conques de chaleur radiante (3). »

Le Dr Guébhard s'étonne à bon droit de voir les expérimentateurs se mettre si peu en garde contre la
chaleur.

Il est certain qu'on n'a pas réfuté le Dr Guébhard, car
ce n'est pas une réfutation que cette réponse de Baraduc : « M. Guébhard commet une faute opératoire...
« lorsque, pour étudier ce tachetage, il reste penché au-
« dessus de la plaque, dans une « attitude expectante. »
La théorie de Guébhard sur les liquides, théorie démontrée par les mouvements du liquide coloré sur fond
blanc, est autrement convaincante. M. Guébhard a, du
reste, pris ses précautions; il pose la plaque et il s'en va.
On a voulu refaire la contre-expérience, mais en prenant du mercure chauffé, qui ne saurait, par son rapide
refroidissement, remplacer l'eau chaude. — On a tenté

---

(1) *Revue scientif.*, 15 janvier 1898.
(2) « On peut même obtenir les mêmes résultats en imprimant au liquide un mouvement à l'aide d'une petite pompe aspirante et foulante. »
Le Journal des Rayons X, 9 avril 1898, Dr Guébhard.
(3) *Revue scientif.*, 15 janvier 1898.

aussi d'opérer avec la main d'un mort, froide de 24 heures et qui n'a plus rien donné au bout de 4 jours. — « C'est avec des mains de mort, apportées de l'am- « phithéâtre, riposte Guébhard, qu'on étudie le *fluide* « *vital*, à Marseille ! » — Eh bien, suggère le docteur, remettez-la dans votre poche, ou réchauffez-la dans vos mains, cette main froide de 4 jours, et vous verrez se manifester une nouvelle intensité du phénomène des auréoles, proportionnée à la chaleur émise par la main.

A la *Société des hautes études des sciences psychiques de la Cannebière*, on objecta que le Dr Guébhard ma- gnétisait inconsciemment, en le touchant, son tuyau de caoutchouc. Le docteur répondit qu'il ne redoutait ni les plus anti-magnétiques pincettes, ni le gant para- fluide.

Enfin, dans son opuscule « Les Brandtiques », le Dr Guébhard a scientifiquement annihilé les tentations faites par M. Brandt dans le but d'accréditer une pho- tographie *magnétique*. « Je défie bien, conclut le doc- « teur, qu'on reproduise jamais avec le fluide humain, « sans recourir à un *artifice thermique*, facile à ima- « giner, le *vrai spectre magnétique* de ligne courbe « allant régulièrement d'un pôle à l'autre. »

M. Brandt semble reconnaître le peu de conséquence de ses expériences par cet aveu : « Je ne tire plus aucune conclusion des expériences faites (1). »

Les expériences de M. Guébhard, tentées un peu partout, ont donné les mêmes résultats. — M. Silva, de la *Société psychique* de Turin, vient de confirmer ces conclusions, et de prouver, contrairement aux asser- tions de Delanne et Majewski, que la plaque reste noire à toutes les fois qu'on intercepte *certainement* les rayons caloriques (2).

---

(1) *Science française*, n 152, p. 323.
(2) *Rivista di studi psychici*, juin 1898.

Disons aussi que le Dr Guébhard a poussé la malice jusqu'à éditer un petit *Manuel du parfait photographe effluviste*.

On se rendra mieux compte de la valeur des coups portés à la doctrine effluviste si l'on compare les attitudes variées de ses défenseurs. — Ne citons que Papus.

Dans une séance de la *Société des études psychiques* (1), Papus félicita chaudement Baraduc, en rappelant que les alchimistes, Paracelse en tête, ne se refusaient pas à croire à la *force vitale* répartie chez les individus, comme un élément. — Un mois après, Papus revenait dire dans cette même assemblée : « Les clichés obtenus par le « Dr Baraduc, d'une part, MM. Luys et David, de l'autre, « ont été l'objet de critiques expérimentales de la part « de mon ancien professeur de physique à la Faculté « de médecine de Paris, le Dr Guébhard, agrégé. Le « Dr Guébhard a obtenu des épreuves que je fais passer « devant vos yeux. Vous y verrez des *analogies très* « *grandes* avec celles du Dr Baraduc, mais vous consta- « terez aussi que le contradicteur n'a pas obtenu une « seule épreuve contenant ce que le Dr Baraduc appelle « des *perles*, non plus qu'aucune épreuve contenant des « *têtes humaines bien marquées*...

« De même le Dr Guébhard prétend que les effluves « de MM. Luys et David sont dus à la chaleur, et voici, « Messieurs, le jouet d'enfant qui, rempli d'eau chaude, « reproduit les superbes flammes que vous constatez « sur ces épreuves. Vous voyez combien il faut *être* « *prudent encore dans l'enregistrement au moyen des* « *plaques photographiques.* »

Le Dr Encausse a raison. — Qu'il se défie, en consé- quence, de son mastic de vitrier, qu'une main fraudu-

---

(1) 3 novembre 1897.

leuse peut modeler, et des *moulages*, dont on peut faire disparaître les raccords, comme Aksakof l'a appris du sculpteur américain O'Brien (1). Néanmoins, nous admettons la réalité des phénomènes spirites. Nous rangeons même parmi les effets y attenant, les *têtes humaines bien marquées*, enregistrées sans appareil, comme le Dr Baraduc en rapporte un exemple frappant avec son *psychicone télépathique* de l'épreuve XXIVe.

Baraduc, du reste, ne se plaindra pas d'être rangé parmi les spirites, après ce que nous savons de ses idées philosophiques. N'a-t-il pas fait, un de ces jours, cette profession de foi spirite : « Il existe dans l'invisible « des êtres qui s'emparent des fluides émanés de l'être « humain, s'incorporent à eux et s'en servent pour se « manifester à nous (2). »

Quant aux *perles*, dont fait mention le Dr Encausse. il nous semble bien que le Dr Guébhard, dans son *Manuel de la photographie effluviste*, sous le n° 2, vient en aide à notre impuissance. On reproduit les *perles*, et le hasard leur met parfois des rayons.

***

Par cette doctrine des effluves, plusieurs pensent tenir en échec le fait miraculeux des « splendeurs », que l'Eglise reconnaît pour réel, comme nous l'avons affirmé, au début de ce chapitre. La tentative manque de base scientifique.

Il faut comprendre ce que les théologiens entendent par ce phénomène.

Les théologiens de la Curie Romaine sont très larges

---

(1) *Animisme et Spirit* , p. 138.
(2) *Interview* de Baraduc. Cf. *Echo du Merv.*, 15 sept. 1897.

sur la question de ces lumières *naturelles* qu'on pourrait opposer au phénomène des *splendeurs surnaturelles.*

Sur la foi de quelques auteurs, Benoît XIV n'hésite pas à écrire : « Il est certain qu'il est donné d'observer « des flammes naturelles qui apparaissent parfois « autour de la tête de certains hommes ; le feu jaillit « quelquefois du corps humain (1). »

Il est vrai que ce théologien fait aussitôt une réflexion qui semble réduire le phénomène à de simples scintillements électriques : *Non tamen in modum flammæ assurgentis sed potius in scintillas se diffundentis.* » Il indique même que le phénomène serait dû, en partie, à l'influence d'instruments, et à l'état atmosphérique : *Et aliquando splendores et flammas circa homines apparere, illis autem « immediate » non adherere, sed potius baculo, vestibus, aut hastæ* (2).

On nous rappelle même, avec une bonne foi touchante, le prodige raconté par Virgile, au sujet d'Ascagne :

> Ecce levis summo de vertice visus Iuli
> Fundere lumen apex, tactuque innoxia molli
> Lambere flamma comas, et circum tempora pasci.

On n'oublie même pas de nous dire qu'Alexandre le Grand, dans un moment de fureur, rendit des flammes par les yeux !

Un des théologiens dont Benoît XIV rapporte l'opinion, consacre à la *Lumière humaine* le premier chapitre de son traité : *Novum lumen phosphoris.* Un

---

(1) « Certum esse videtur nonnullas esse flammas quæ naturaliter circa hominum capita apparent ; ex homineque ignem aliquando naturaliter emicare. » (L. IV, I. p. c. 26, n. 22).

(2) Loc. cit., n. 22.

autre nous raconte du père de Théodoric qu'il faisait
jaillir des étincelles en se frottant les mains. D'après
Scaliger, une femme, quand elle se peignait dans les
ténèbres, semblait émettre des lueurs ; ce qui n'est pas
fait pour déplaire aux chercheurs de fluide vital. — Un
moine du Carmel, paraît-il, faisait jaillir des étincelles
de ses cheveux : *E capillis scintillæ erumpebant.* —
Thomas Bartholin, dans son traité : *De luce hominum
et brutorum* (l. I.; c. 9), cite de nombreux exemples que
Gassendus déclare naturels.

On voit que les théologiens ne manifestent aucune
hostilité systématique à l'endroit des effluves, ou des
lueurs naturelles. L'un d'eux croit trouver la raison de
ces flammes dans une « *subtile et grasse exhalaison* du
corps qui resterait adhérente aux cheveux et aux
vêtements (1) ». A ce propos, Benoît XIV remarque
qu'un « disciple de Paracelse trouverait dans les
théories du maître une explication du phénomène,
puisqu'il place dans le corps humain du sel, du nitre
et du soufre (2). »

Les concessions sont poussées si loin qu'on admet
l'émission, par la parole, d'une vapeur approchant de
l'hydrogène phosphoré et s'enflammant au seul contact
de l'air, tant serait grande sa combustibilité (3).

Gaspar a Rejes s'efforce également d'élucider le
problème des flammes naturelles. Un autre auteur

---

(1) « Ex subtili et pingui exhalatione per aerem dispersa, et animalium pilis, aut vestibus adhærescente. » (Bened. XIV, l. IV, 1 p.,
c. 26, n. 22).

(2) « Qui Paracelsi doctrinam sequuntur, totum hoc facile explicant,
cum in corpore humano, salis, nitri, sulphurisque materiam inveniri
doceat. » (Loc. cit.)

(3) « Difficile admodum non est cogitare quod de sulphuris
tenuissimâ substantiâ per verbum vaporis aliquid elevetur, cujus
tanta ad ignis transmutationem aptitudo sit, ut in ipso motu in
flammigerantem illam lucem evadat. » (Bened. XIV, lib. IV, I p.,
c. 26, n. 22, 23).

parle expressément des effluves : *Probat Sanctorius
(De Ponderatione insensibili transpirat., sect. I, aphor. 6)
effluviorum copiam exire e corpore humano.*

Tous ces auteurs font, à chaque instant, appel au
phosphore. – A la température de 60 degrés, le phosphore, en effet, s'enflamme dans l'air et brûle vivement
avec une flamme très éclatante. Une oxydation trop
rapide, le frottement, la chaleur de la main suffisent
quelquefois pour déterminer cette combustion.

Toutes ces flammes étaient justement désignées par
ces mots : *flammae lambentes* (1) ; c'est le feu vulgaire.

A ceux qui seraient tentés de croire ces théologiens
un peu naïfs et trop crédules — nous ne voulons pas
dire que tous ces faits reposent sur des constatations
scientifiques - il est utile de rappeler des observations
modernes assez surprenantes.

Humboldt, dans les *Expériences sur le Galvanisme* (2),
donne les noms de plusieurs personnes dont les corps
dégageaient du feu pendant la marche. — Mussey (3)
rapporte le fait d'une femme de trente ans, d'un tempérament nerveux, qui, pendant une aurore boréale, fut
chargée subitement d'électricité, dont la présence se
manifesta par des étincelles lorsque cette femme passa,
par hasard, son doigt sur la figure de son frère (4). Ce
phénomène persista pendant environ deux mois et demi
avec une intensité variable. Dans les conditions les plus
favorables, elle envoyait du bout de son doigt à une

---

(1) « Ignes isti dicuntur flammæ lambentes », loc. cit., n. 23.
(2) Paris, 1799, p. 428.
(3) *Journal de la science médicale*, Amérique, 1837, t. XXI, p. 377.
(4) Lorsqu'on se trouve, en certaines conditions, dans le champ
électrique d'une puissante machine, le corps se charge insensiblement
d'électricité pendant l'expérience ; on peut alors tirer des étincelles des
cheveux.

boule de cuivre, et par minute, quatre étincelles longues de trois centimètres (1). A vrai dire, cette expérience un peu forte nous laisse en partie incrédule, étant donné que les nerfs du corps humain sont, en général, très mauvais conducteurs de l'électricité ; étant donné aussi que le récit nous vient d'Amérique.

Une cause morbide quelconque peut-elle développer dans les tissus des fluides électriques? C'est aux spécialistes de nous le dire. — Le Dr Féré, à la Salpêtrière, soigna une dame de 29 ans : — Les cheveux, non seulement donnent des étincelles au contact du peigne, mais sont de plus très rebelles, par suite de leur tendance à se redresser et à s'écarter les uns des autres. Quand son linge est approché de sa peau, sur quelque partie du corps que ce soit, il se produit une crépitation lumineuse, et les vêtements adhèrent fortement au corps (2).

Un phénomène non moins surprenant fut constaté chez Madame Claire Vautier, comme elle le raconte elle-même : « Un fait curieux, bien que d'un ordre « purement physique, et qui n'a pas peu contribué à « m'auréoler dans le cénacle dont, pendant un temps, « je fus la pythonisse, c'est le fluide lumineux qui « s'échappait de mes cheveux et de mes mains, et se « communiquait à ceux qui me touchaient. Le Dr Char- « cot, en les constatant, diagnostiqua, et cela doit être, « que rien de miraculeux ne se produisait par ce fait : « que j'étais une névrosée; que les pores de ma peau « subissaient une dilatation intense, grâce à laquelle « tous les phosphates de chaux de mon organisme s'é- « chappaient, et que, plus tard, je serais arthritique, ce « qui s'est réalisé (3). »

(1) Cf. de Rochas, Forces non définies, p. 81, 82.
(2) Progrès médical, 1884.
(3) Cf. Ech. du Merveil., 13 nov. 1898.

D'après l'abbé Nollet (1) on arrive avec certains chats, et par un temps favorable, en se tenant sur une substance isolante, à éprouver la commotion caractéristique de la bouteille de Leyde ; pour cela on frotte d'une main le dos du chat, et au bout d'un instant on porte le doigt de l'autre main près du nez de l'animal. — M. Beckensteiner a obtenu avec les chats des phénomènes électriques divers (2).

Le phénomène *surnaturel* des lueurs, des auréoles, apparaît distinct de ces phénomènes à première vue. Ni ces « *flammæ lambentes* », ni les effluves de la prétendue « force vitale » ne peuvent être mis en parallèle avec le phénomène miraculeux.

Le phénomène surnaturel ne présente en rien l'apparence de ces « flammes » ou de ces « feux », à longues étincelles, qui brûlent un instant avec un éclat irrégulier, avec pétillement, ou par *trainées*, qui montent ou décroissent, varient à la façon du carbure d'hydrogène à l'air libre.

Voici ce qu'on nous raconte des prétendus effluves :

« L'œil droit lance continuellement un faisceau de rayons bleu-indigo, dans lequel on remarque quelques rayons violets ; le gauche, un faisceau de rayons jaune orangé, parmi lesquels quelques rayons rouges. Ces faisceaux *atteignent souvent une longueur de deux mètres.* — De l'oreille droite jaillissent des houppes de lumière bleue, de lumière jaune de la gauche... Quand une personne frappe dans ses mains il jaillit instantanément une lumière *rose* qui se projette d'autant plus loin qu'on a frappé plus fort (3). »

Le phénomène surnaturel ne présente pas cette fantasmagorie des couleurs, mais le corps saint rayonne

---

(1) *Traité de physique*, t. VI, p. 484.
(2) Cf. *Forces non définies*, p. 95.
(3) Dupouy, *Occult.*, p. 50, 51.

une lumière blanche, éclatante et douce; blancheur et uniformité qui ne se rencontrent point dans les phénomènes signalés (1). — Cette splendeur est uniforme et intense; elle est le plus souvent vue par tous.

Le modèle de ce resplendissement est celui du Sauveur, au jour de sa Transfiguration : (2) « Son visage devint brillant comme le soleil. »

Les théologiens se demandent si ce fut un « prodige nouveau », ou la « cessation d'un prodige ». Dom Calmet pense que cette splendeur était naturelle au corps du Sauveur, qu'il dut contenir cette clarté par un miracle continu. — Au jour de sa Transfiguration, Jésus aurait laissé cette clarté divine faire irruption au dehors (3).

Saint Thomas enseigne que cette clarté fut par elle-même miraculeuse (4). — Benoît XIV concilie ces opinions par une remarque fort juste : « *Verius est multiplex contigisse miraculum, et quod corpus Christi, stante ipsius animæ beatitudine, non fulserit ab instanti conceptionis, et quod idem corpus, non obstante illius passibilitate, fulserit in Transfiguratione* (5). »

Le phénomène surnaturel se répéta pour Moïse (Ex. 34) : « Les Israélites voyaient que son visage jetait des rayons. »

On avouera que tout ce peuple ne pouvait être un peuple de sensitifs et de névrosés! Or, ils étaient aveuglés par cet éclat... qui n'était pas violet !... Qu'en pensent les effluvistes ?

La clarté de Moïse (6) fut une ressemblance de la

---

(1) « Il arrive fort *rarement* que l'od soit d'une seule couleur, qui alors est *violette* ». *Initiation*, n. 12 sept. 1896.
(2) Matth. c. VII.
(3) In cap. VII. Matth.
(4) III p. q. 45. a. I et seq.
(5) L. IV. I p., c. 26, n. 12.
(6) Cf. Bened. XIV, loc cit., n. 13.

clarté émise sur le Thabor; or, la clarté du Thabor fut une clarté de la Gloire.

Toutes ces clartés surnaturelles ne diffèrent pas de *nature* avec notre lumière, mais elles diffèrent par la *cause*. Cette proposition, qui paraît étonnante à première vue, est soutenue par de grands théologiens. — Ce fut une question agitée dans la Congrégation romaine, à propos de la Cause de béatification du serviteur de Dieu Bertrand, et l'opinion proposée était : *Non differre specie a nostrâ luce, licet prodeat a causâ divinâ.* » — La raison en est que la lumière de gloire perçue dans la Transfiguration fut vue par des yeux non glorifiés. De même, au jugement dernier, les réprouvés verront cette lumière (1). — Saint Thomas opine pour cette conclusion : « *Claritas gloriæ erit alterius generis, quam claritas naturæ, quantum ad causam, sed non quantum ad speciem* (2). »

Disons que la Congrégation ne voulut pas trancher la question. — Nous l'imiterons dans sa prudence.

La clarté émise par plusieurs saints en extase, ou en d'autres circonstances, est justement comparée à la clarté dont Moïse offre un exemple; c'est le même phénomène : — Moïse reçut cette splendeur par suite de son commerce avec Dieu : — *il en est de même pour les Saints*. — On fit cette remarque dans la Cause de saint Ignace : « *Bene dici potest claritatem illam, — quæ gloria vultus ab apostolo appellatur — communicatam ipsi fuisse ex consortio sermonis Dei* (3). »

---

(1) Ex quo efficitur ut lux corporis gloriosi videri possit, et visa fuerit ab oculo non glorificato, uti contigit in Transfiguratione, et uti fiet in extremo judicio, in quo reprobi eam lucem visuri sunt, juxta illud Apocalypsis (1. v. 7): Videbit eum omnis oculus, et qui eum pupugerunt » (Loc. cit., n. 13).

(2) In 4 sent., Dist. 44, q. 2, a. 4, q. unic. 2. ad I

(3) Bened. XIV. l. IV, 1 p., c. 26, n. 16.

De tels phénomènes, dûment constatés, sont fréquents dans l'Eglise.

« Je n'en finirais pas, dit Benoît XIV, si je voulais les transcrire tous » ; et il ne parle que de ceux qui sont reconnus *miraculeux: et qui inter miracula recensentur*. Ces faits nombreux ont été regardés -- une fois démontrée l'héroïcité des vertus -- comme des preuves de sainteté : les auteurs sont unanimes sur ce point (1).

Mais ne l'oublions pas, le démon peut faire, ici, la contrefaçon du miracle, et c'est par son influence qu'il faut expliquer certains phénomènes rapportés par les auteurs païens, si les faits sont démontrés. — L'Auteur du traité de la *Canonisation* cite ces paroles de Rejes : « *Admittit splendores esse posse, et aliquando fuisse daemonis commentum ut suos extollat* ». — D'autant que le démon n'imite pas seulement certains miracles de la troisième classe, quant à l'apparence, mais quant à *la vérité* du fait ; c'est-à-dire qu'il produirait ici un phénomène lumineux réel, mais qui ne serait *miraculeux* ni dans sa *cause*, ni par les *circonstances*, et ce dernier trait donne souvent la frappe au miracle de troisième classe.

Le discernement est ici facile, remarque notre Auteur, car il s'agit de saints personnages dont les vertus héroïquement pratiquées — au jugement de l'Eglise — écartent toute suspicion d'une influence démoniaque (2).

Comment oser comparer le phénomène encore plus faible que discutable des effluves lumineux avec les

(1) « De canonizatione scribentes, splendores praedictos indicia sanctitatis esse, et sic inter miracula recensendos, testantur. » Loc. cit., n. 13.
(2) « In quibus de miraculis judicium non profertur nisi post discussas approbatasque virtutes in gradu heroico, quae daemonis astus avertunt. » Loc. cit , n. 17.

splendeurs miraculeuses ? — L'effluve des animistes est encore plus ennemi de la lumière que le corps astral des occultistes spirites. Or, pour celui-ci, nous disent les spirites par la bouche de Papus, il faut écarter les rayons « jaunes » et surtout les rayons « rouges » du spectre solaire ; sous leur action, la lumière astrale se fondrait comme le sucre sous l'action de l'eau. C'est pour cela qu'il faut faire dominer les rayons violets (1). — Les effluves sont encore une forme plus discrète du *corps psychique ;* les opérateurs ont seulement *cru* en voir apparaître les traces sur des plaques photographiques.

Moïse devait, en pleine lumière, en dépit des rayons jaunes et rouges du spectre solaire, se couvrir la face d'un voile pour aborder ses concitoyens. — Saint François de Sales, prêchant, devint en plein jour si *radieux* qu'on ne distinguait presque plus son visage (2). — Les spectateurs n'attendaient pas, dans une chambre obscure, le moment où leur puissance visuelle aurait atteint son maximum (3).

La Congrégation demande pour condition favorable du phénomène de splendeur surnaturelle qu'il ait lieu en *plein jour*, sans toutefois rejeter, la chose est claire, une splendeur qui se produirait dans la nuit, si elle était assez notable. Elle fait porter son attention sur *l'intensité* de cet éclat : « *Pro miraculo facere potest si lux cæteris lucibus fuerit splendidior* ». — La lumière solaire n'est pas exceptée, car il est dit encore : « *Si*

---

(1) *Considérations sur les phénomènes spirites.*

(2) « Tantoque splendore circumfusus, ut vix, præ nimio lumine, videri distincte potest. » (Bened. XIV, l. IV, I p., c. 26, n. 26)

(3) « Mon sensitif attendait dans la *chambre obscure* le moment où sa puissance visuelle aurait atteint son maximum. » Cf. Dupouy, p. 17, *Occult.* — *Observations de Reichenbach.*

*die non noclu visa fueril. ., quia splendidior lux est, et
sic magis ad miraculum accedens* (1). »

Comme exemple de lumière intense, il faut citer l'auréole du saint religieux Elzéar, qui éclairait toute la
chambre où il se trouvait (2). — Un autre serviteur de
Dieu, Albredi, avait le visage si lumineux que ses bras
projetaient une ombre (3).

Voilà le phénomène. — Est-il comparable aux phénomènes si pâles et si douteux de l'occultisme animique ou spiritique ?

Les *voyants* de ces splendeurs divines, encore une
fois, ne sont point des sensitifs ni des névrosés, ni des
suggestionnés portés à la simulation et à la tromperie.
— Ces voyants ne sont point des malades, et si de pareils
témoins de lumières invisibles pour les autres se présentaient à l'examen des théologiens, au sujet de
lueurs revêtant les couleurs de l'arc-en-ciel, la docte
assemblée s'écrierait aussitôt avec Galenus : « Il a mal
à la tête ; c'est une crise et le sang va partir par les narines : *Futurae crisis per sanguinis narium fluxum
significat* (4). » — Tous invoqueraient Hippocrate, et
recommanderaient une saignée pour éviter l'apoplexie :
« *Ob sanguinis abundantiam qui ad caput fertur.* » —
Marcel Donat déclare avoir soigné de ces visionnaires.

Il est bien recommandé par la Congrégation de se
défier de « témoins qui disent voir des lumières et des
splendeurs, et qui n'ont pas ce qu'il faut au point de
vue de la santé (5). » Les voyants de Reichenbach, de

---

(1) Bened. XIV, loc. cit , n. 27.
(2) *Annal. Minor.*, ann. 1316, n. 27.
(3) Bolland., ad diem 12 Jun., c. I.
(4) Cf. Bened. XIV, l. IV, 1 p., c. 26, n. 20.
(5) « Ad testes qui dicunt se videre lucem et splendorem, præter
requisita quæ omnibus testibus necessaria sunt, de sanitate corporis
ipsorum erit inquirendum. » (Loc. cit., n. 26.) Cf. St Thomas, I p.
q. 112, a. 3, c.

Luys et des autres effluvistes, résisteraient ils à ce contrôle sévère, à ce méthodique examen ?

Ces témoins, l'Eglise les veut nombreux, ou d'une telle valeur que le doute n'est plus possible. C'est aux yeux de tous ses auditeurs — et ils étaient foule — que saint François de Sales parut le visage rayonnant d'une intense lumière de gloire : « *Visus est ab universo populo totâ irradiare facie* (1). »

C'est saint Charles et saint Philippe de Néri qui se voient mutuellement, à des moments divers, le visage tout rayonnant; c'est ce même saint Philippe de Néri qui témoigne au sujet de la splendeur surnaturelle dont rayonna le visage de saint Ignace de Loyola (2). — Ce fut une faveur concédée à la sainteté, et la phrase : « *Ii quorum pura oculorum lumina, eam bene percipiunt* », ne signifie aucune nécessité d'un entraînement mystique quelconque joint aux dispositions sensitives. — Comment, en effet, ce même Philippe de Néri, avec un si parfait entraînement, ne voyait-il pas des fluides lumineux chez d'autres saints personnages ? — Comment ne les voyait-il pas toujours, ou à peu près, rayonner du visage de saint Charles ou de saint Ignace ?

Encore une fois, avait-elle subi, au préalable, l'entraînement des facultés, ou l'exaltation par l'idéal — comme le suppose Dupouy, à propos des premiers chrétiens — cette foule qui écoutait le sermon de saint François ?

Baccius n'était pas plus entraîné que ses contemporains : Il vit saint Philippe de Néri — et nullement

---

(1) Oper. cit , n. 56.
(2) « Haec bene nova nostrae aetatis lumina sancti Carolus et Philippus alter in altero percipiebat. Hâc ipsâ circumfusum idem sanctus Philippus aspexit divum Ignatium. » (Loc. cit , n. 25.)

les autres assistants — depuis le *Memento vivorum* jusqu'à la Communion, la tête *entourée d'un diadème lumineux;* pour contrôler ses yeux, il détournait ses regards, les promenait sur les personnes présentes et sur les objets environnants, il frottait ses paupières, et regardait de nouveau pour constater le même phénomène (1).

Etaient-ils également *entraînés* les compagnons de saint André Avellin qu'une lumière éclatante, dont il devint le foyer, guida au milieu des ténèbres épaisses ? (2)

En résumé, la Congrégation, avant de porter un jugement, regarde comme autant de conditions favorables :

1° — Que le phénomène dure longtemps. S'il se renouvelle, la certitude devient plus fondée : *Si non momentanea, sed diuturnior; si non una, sed pluribus vicibus apparent ;*

2° — Que le phénomène se produise pendant un acte religieux : *Si ea visa sit dum sermo de Deo habebatur, vel aliquid in honorem Dei peragebatur ;*

3° — Qu'il n'y ait aucun doute touchant la sainteté du personnage favorisé de cet éclat préternaturel : *Si de sanctis moribus ejus, cujus caput ignitum aut splendidum apparuit ;*

4° — Que d'*autres* miracles aient été obtenus par l'intercession du saint personnage dont la cause est introduite : *Si alia miracula intercessione servi Dei patrata proponantur et comprobantur ;*

---

(1) Bened. XIV, 1. IV, 1 p., c. 26, n. 26.

(2) « Verum etiam inusitato splendore e suo corpore mirabiliter emicanti, sociis inter densissimas tenebras iter monstravit. » Lect. Breviar., 10 nov.

5° — Que des fruits spirituels de conversion ou de sanctification soient remarqués parmi ceux qui ont été témoins du miracle : *Si illi qui viderunt ad Deum conversi sunt ; si quodcumque aliud spirituale bonum subseculum est.*

Nous proposons ces signes variés aux méditations de MM. de Rochas, Dupouy et consorts.

Un dernier mot :

D'après Dupouy, *l'existence* du corps psychique aurait été constatée dès les premiers siècles de l'Eglise. Les nimbes qui, dès l'origine de l'Eglise, entouraient la tête du Christ et des *saints* n'auraient été que la représentation objective de ce corps psychique. — « Je ne prends pas la responsabilité de cette explication », ajoute M. Drumont, « car il serait malheureux pour moi d'en arriver, à la fin de ma carrière, à être accusé d'hérésie (1). »

La réserve est sage, car l' « explication » a l'inconvénient d'émettre une opinion manifestement erronée.

M. Dupouy est peut-être excusable de n'avoir pas, sur ce point liturgique et théologique, interrogé les théologiens, mais il aurait pu ouvrir un *Dictionnaire* quelconque, un Bouillet, par exemple, et il aurait lu le petit résumé historique sur l'auréole : « Disque lumi- « neux, ou simple cercle dont les peintres et quelque- « fois les sculpteurs ornent la tête des personnages « célestes. On ne donna d'abord l'auréole qu'à Jésus- « Christ ; puis on l'étendit à la Vierge, aux apôtres, « aux anges ; enfin, dès le v° siècle, on l'accorda à *tous* « *les saints* et même aux objets symboliques du culte « chrétien. » — Quant au « sens théologique » de

---

(1) Dupouy, *Occult.*, *Préface de Drumont*, p. IV.

l'auréole, Trévoux l'aurait assez bien renseigné : « Les
« théologiens scolastiques appellent « auréoles » les
« récompenses spéciales qui sont données aux martyrs,
« aux vierges, aux docteurs et aux autres saints, à
« cause de leurs œuvres de *surérogation ;* et c'est ce
« que saint Augustin, dans un livre *De la Virginité,*
« appelle prérogative de gloire. »

C'est, en effet, pour remémorer ces mérites acquis
dans les *combats* de la vie, c'est pour signifier ces
victoires que l'usage d'*auréoler* les saints s'est répandu
de bonne heure. Mais jamais — à part le cas de Moïse —
on n'a voulu symboliser des phénomènes lumineux
dont les saints auraient été l'occasion. Tous les saints
ont droit à l'auréole ; tous les saints n'ont pas émis des
splendeurs surnaturelles pendant leur vie. — L'auréole
signifie la joie des actions faites, des combats soutenus,
en tant que béatitude accidentelle (1).

« *Gaudium hoc* », dit saint Thomas (2), *aureola dicitur, quasi parva corona : Aureola est privilegiatum
præmium privilegiatae victoriae correspondens.* Cette
victoire regarde trois combats : *contre la chair, contre
le monde, contre le démon.* — On distingue l'auréole
des *vierges,* des *martyrs,* des *docteurs.*

Aussi l'Eglise, fixant la tradition, ne permet pas
d'auréoler des enfants, même *martyrisés* pour la foi.
Elle n'a plus coutume de les canoniser d'une canonisation *formelle,* depuis qu'elle s'est réservé le jugement
des Causes. — Une exception est faite pour les seuls
enfants martyrisés par Hérode (3).

Si l'auréole était, comme le prétendent les occultistes,

---

(1) Cf. Bened. XIV, l. III, c. XV, n. 5.
(2) In 4 sent. Dist. 49, q. 5, 4, 5.
(3) Cf. Bened. XIV, l. III, c. XV, n. 3.

une preuve historique des phénomènes lumineux perçus par les chrétiens « que la foi et l'idéalisme qu'elle inspire, dématérialisaient, transformaient en voyants (1), » comment ont-ils commencé si tardivement à étendre ce signe de gloire à tous les saints indistinctement ; et, surtout, comment les païens, pour signifier, eux aussi, la gloire de leurs héros, les ont-ils *nimbés* avec tant de profusion ? Ces païens étaient-ils *inspirés, dématérialisés* par la foi, par l'idéal ?

La vérité est que les hommes ont été naturellement portés à désigner par ce signe la gloire céleste. — Seulement, dans l'Église, la couronne de gloire correspond à la vertu éprouvée ; dans le paganisme, l'auréole vaut aussi ce qu'ont valu les héros.

_____

(1) Dupouy, loc. cit., p. V.

CHAPITRE II

Sous le prétexte qu'il « faut présenter aujourd'hui, dans une forme plus précise la thèse du merveilleux », ou plutôt du « surnaturel chrétien », — opinion fort raisonnable, en elle-même —, on nous demande, en réalité, de faire à la science, plus audacieuse encore qu'avancée, des sacrifices qui n'ont jamais été exigés par la science officielle ; nous désignerons de ce nom la sience calme, lente et réfléchie, mais souvent trop sceptique, qui n'admet le merveilleux que très difficilement, et qui préfère souvent nier les faits que de les « naturaliser » envers et contre tout : ces savants-là refuseront de croire qu'un corps humain ait pu jamais s'élever dans les airs, plutôt que de conclure : il y a des *contre-lois* dans la nature.

Un théologien formulait, naguère, en ces termes les concessions qu'il croit urgentes, étant donné le progrès scientifique.

« Prenons par exemple, disait-il, le phénomène de
« lévitation. Qu'un homme s'élève au-dessus du sol, et
« viole ainsi la loi connue de la pesanteur qui attire
« tous les corps vers le centre de la terre, et neutralise
« la force attractive de la masse terrestre, il fait un

« acte opposé à l'hypothèse de Newton sur la gravita-
« tion universelle, et le *vulgaire* s'écrie : Voilà un fait
« miraculeux. »

Pour réagir contre l'opinion du vulgaire, ce théologien pense qu'en recherchant les causes de la *lévitation*,
on les trouvera tantôt en Dieu, tantôt dans une intervention démoniaque, tantôt dans une force naturelle
qui se manifeste dans des circonstances rares, excep-
tionnelles. « Et nous dirons : tantôt c'est un miracle,
« tantôt c'est un prestige démoniaque, d'autres fois,
« c'est un phénomène merveilleux, mais naturel. La
« loi de gravitation universelle n'est pas violée, car on
« peut la formuler ainsi : tous les corps sont attirés
« vers le centre de la terre, tant qu'ils ne sont pas at-
« tirés par une autre force que celle de la masse ter-
« restre (1). »

Si vous portez jusqu'à ses légitimes conséquences
ce principe ainsi généralisé, vous conclurez, avec la
même logique : — Tous les flots coulent en vertu d'une
loi de pesanteur, à moins qu'une force contraire, tout
aussi naturelle, ne les élève en l'air, comme au jour où
Josué traversa les flots suspendus de la *Mer rouge ;* —
toutes les plaies exigent un certain temps pour la ré-
fection des tissus, à moins qu'un fluide — odique ou de
nom quelconque — ne vienne les réparer « instantanément », comme le prétendent les occultistes. — On
distinguerait ainsi, dans la nature, un ensemble de lois
et de contre-lois, qui, tour à tour, régiraient la matière
en sens contraire. Ce serait la destruction de toute
science expérimentale, et du principe de l'induction.

Nous pensons, nous, qu'il est scientifique de dire :
Aucune attraction *naturelle*, en sens inverse, ne solli-

---

(1) *Revue du Mond. invis.*, n. 1, p. 6, 7.

cite les corps contrairement à la loi naturelle de pesanteur; les lois de restriction ne se supposent pas, *a priori*, elles se prouvent; c'est la juste interprétation des phénomènes qui arrive à les démontrer. A plus forte raison, une loi de contrariété « directe », c'est-à-dire opérant sur le même plan, en sens contraire, ne se suppose pas *a priori* dans une œuvre ordonnée : un mécanicien qui établirait dans une machine deux mouvements exactement contraires, opérant au hasard et nécessairement, et ménagerait ainsi le jeu de circonstances fortuites capables de déterminer ces contrariétés dans le mouvement normal de la machine, serait un constructeur quelque peu dément. — Il n'y a pas davantage, sur un même plan d'action, de contre lois dans la nature.

Une loi naturelle de lévitation, par cela même qu'elle s'oppose à une loi naturelle connue, ne saurait être, *a priori*, une hypothèse « scientifique ». — Ou alors il faut poser en principe général cette assertion des fauteurs irréductibles du Naturalisme : Tout ce qui arrive est l'effet d'une cause naturelle ; il n'y a là que des effets de la nature. — Quel théologien acceptera cette négation systématique de toute intervention extraordinaire de la Providence ?

Au point de vue des phénomènes réalisés, M. de Rochas, dans son loyal exposé de la question, met le savant dans une posture aisément illogique :

« Voici, dit il, un savant qui, au courant de ses re-
« cherches sur la *Force psychique*, rencontre un médium
« s'élevant au-dessus du sol comme un ballon. Le fait
« étant peu commun (1), et ne se reproduisant pas à

---

(1) Certains médiums ont reproduit le phénomène des centaines de fois. — Les *lévitations* sont très fréquentes dans la vie des saints.

« volonté, son premier soin doit être de noter les prin-
« cipales circonstances du phénomène et de rechercher
« s'il n'a pas été observé par d'autres.

« Il trouve alors que des faits analogues ont été
« observés dans tous les pays, à toutes les époques,
« aussi bien chez les saints que chez les sorciers, chez
« les ascètes hindous comme chez les personnes vivant
« de la vie normale, mais présentant une sensibilité
« particulière du système.

« Il est amené d'abord à ne voir, dans la plupart de
« ces phénomènes, qu'un cas particulier des dépla-
« cements d'objets inertes sous l'influence d' « effluves
« spéciaux » émis par les médiums, et à l'attribuer à
« une force analogue à celle qui produit les attractions
« et les répulsions électriques.

« Puis, dans des cas beaucoup plus rares, il reconnaît
« l'intervention d'une « force intelligente » qui agirait
« comme un être « vivant, saisissant et transportant le
« patient ».

« Enfin, s'il a pu étudier un certain nombre d'obser-
« vations, il constate des phases intermédiaires entre
« ces deux ordres de phénomènes ; par exemple, quand
« le patient est *simplement soulevé avec la sensation
« de mains qui le saisiraient* sous les aisselles, comme
« cela a eu lieu pour plusieurs d'entre nous, dans les
« expériences avec Eusapia.

« De tout cela il résulte : 1° Que le phénomène de lé-
« vitation ne doit pas être considéré en soi comme un
« miracle ; 2° qu'il est souvent le simple résultat d'une
« force naturelle développée « probablement » par un
« état particulier du système nerveux, d'où résultent
« peut-être des courants électriques agissant dans un
« sens contraire à la pesanteur ; 3° que cet état parti-
« culier du système nerveux provoque des extériori-
« sations d'effluves dont s'emparent, quelquefois, pour

« agir sur le corps, des *entités intelligentes* bonnes ou
« mauvaises (1). »

Nous pouvons donc parler « entités extra-terrestres »
avec des adversaires qui en reconnaissent l'existence
et l'intervention, et faire, ici, cette simple réflexion :

M. de Rochas, dans sa classification des faits, ne
pèche-t-il pas un peu par la logique ? Il a observé,
pense-t-il, deux séries de phénomènes bien distincts :
des déplacemets d'objets par l'influence d'effluves
hypothétiques — c'est ainsi qu'il les nomme —, et des
soulèvements d'objets dus à des « entités intelligentes »,
dont l'intervention est dûment constatée : elles obéissent
à la prière et au commandement ; elles se conforment
aux intentions des assistants. De fait, dirons-nous aux
occultistes, qui reconnaissent l'action de ces entités,
vous avez trouvé dans ces êtres, qui se mêlent à vos
séances, une cause « adéquate » de tous les phénomènes
produits. N'est-il pas vrai que celui qui peut le plus,
peut le moins ? En vertu de quel postulat nécessaire
allez-vous chercher une cause « complémentaire » dans
de prétendus fluides que vous ne supposez exister que
pour la nécessité de rendre raison du phénomène.
L'entité n'est plus hypothétique ; voilà une cause que
vous ne faites plus mystère de reconnaître ; or, elle rend
aussi bien raison des phénomènes intellectuels que des
effets purement physiques. Il ne reste à expliquer que
de légers déplacements d'objets, et plusieurs soulèvements où la « sensation d'une main » ne s'est pas
accusée ; mais la force qui sollicite le corps avec cette
impression sous les aisselles, est elle impropre à réaliser
ce phénomène sans communiquer une telle sensation ?
Évidemment non. Vous avez donc, dans l' « entité »,

(1) De Rochas, *Cosmos*, 5 mars 1898.

une cause adéquate, complète du phénomène. Rien ne vous conduit nécessairement à rechercher un fluide et des effluves hypothétiques ? *Non sunt multiplicanda entia sine necessitate*, dit l'adage philosophique.

Serait-ce donc qu'une cause n'est plus agissante, à vos yeux, dès qu'elle cesse de se manifester avec le même cortége de circonstances, qui, du reste, ne changent pas substantiellement le phénomène, qui même ne le modifient pas d'une manière notable ?

Nous pourrions vous entendre, s'il s'agissait d'une cause aveugle, nécessaire, qui ne peut, d'elle-même, introduire la moindre modification, quand les conditions du phénomène n'ont pas varié. Mais il est question présentement d'une cause intelligente, d'un être libre, qui peut écarter un détail et en introduire un autre très inattendu, suivant le but que se propose cette intelligence. Pouvez-vous écarter cet agent, uniquement parce qu'il n'a pas trahi sa présence d'une manière uniforme ? Encore une fois, vous assimilez étroitement les forces libres aux agents physiques, nécessités dans leurs effets.

Vous avez admis et reconnu des intelligences « bonnes ou mauvaises ». Une intelligence mauvaise ne l'est que dans sa fin et ses moyens : elle dissimulera peut-être son action pour établir l'erreur et promouvoir la superstition. — Tant que vous n'aurez pas démontré que ces intelligences ne peuvent, en aucun cas, opérer ces déplacements et ces enlèvements sans donner un indice de leur présence, vous cesserez d'être « scientifiques » en classifiant les causes d'après les détails qui ne différencient pas essentiellement les effets.

Il faut ajouter qu'en maintes occasions ces entités extra-terrestres ont réalisé les effets dits fluidiques, avec et sans impressions concomitantes de mains ma-

térialisées. Or, il n'était question que de minimes déplacements d'objets, tels qu'on a coutume de les attribuer aux effluves ; une main invisible transportait ces
objets : elle consentit, vers la fin de la séance, à se
rendre palpable :

« Lorsque, notamment, écrit un témoin, j'ai senti
« une main matérialisée saisir brusquement, à un
« mètre environ d'Eusapia, au-dessus et derrière elle,
« les objets que je lui présentais, et que j'ai senti en-
« suite cette main vivante saisir la mienne et fondre
« sous ma pression, j'ai eu, je l'avoue, une sensation
« non de peur, mais d'angoisse... C'était une force
« vivante, et une force intelligente, puisqu'elle obéis-
« sait à un désir exprimé par moi (1). »

Cette force intelligente aurait pu ne pas se trahir, et
les effluves auraient eu, seuls, les honneurs de la
séance.

Il faut bien réserver, suppose-t-on, quelque opération
pour le fluide seul. — Mais qui nous dit qu'il y a un
fluide ? — Sans ce fluide, est-il ajouté, l'esprit ne pourrait
exercer son action sur les corps. — C'est une supposition toute gratuite, que les champions du périsprit
ont intérêt à soutenir. La raison nous dit aussitôt que
si l'esprit, l'entité intelligente peut agir par sa vertu
sur un fluide physique et matériel, sur un corps,
quelque impondérable qu'il soit, cette intelligence
pourra exercer sa vertu sur tous les corps.

Verra-t-on ce fluide démontré par la seule coïncidence des « transes » que subit le médium avec la présence de l'entité ? — Mais la doctrine traditionnelle touchant la possession donne pleinement la raison de ces
troubles physiologiques. L'état de « transes » désiré et

_____

(1) *Echo du Merveilleux*, 1 déc. 1898.

provoqué, en vue d'obtenir des effets extraordinaires et merveilleux, est la plus indéniable des « évocations ». C'est en vain que vous pensez écarter l'intervention de l'esprit mauvais par une sommation préalable; si vous posez un acte évocateur par lui-même, votre intention dément vos paroles.

En résumé, il n'est pas scientifique d'attribuer des phénomènes identiques et de même valeur à des causes essentiellement différentes, si une seule de ces causes, dont la présence aura été, par ailleurs, certainement constatée, suffit pour expliquer tout le phénomène. — Il en est ainsi, semble-t-il, dans le cas proposé.

« Ce n'est point le rôle du physicien, continue M. de « Rochas, de rechercher ce que peuvent être les intel- « ligences qui interviennent; celles-ci sortent du do- « maine scientifique (1). »

Il faudrait pourtant s'entendre. — Ce n'est point le rôle du physicien de se poser la question et de la résou- dre seul, avec les simples données de la physique. Soit. — Mais il importe au physicien de savoir si les « entités intelligentes » sont les puissances démoniaques, dont la Religion reconnaît l'existence et décrit la pernicieuse influence. Le physicien recevra des sciences théologi- ques la lumière sur ce point. Faute de ce renseignement, il mettra à la puissance naturelle de ces causes des bornes qui n'auront rien de scientifique, comme serait la préten- tion de lier l'action des démons à un élément fluidique, nécessaire substratum de leur énergie dans toute im- pulsion communiquée à la matière. Le physicien, s'il n'y prend garde, deviendra aisément le jouet « scien- tifique » de ces entités, passablement frivoles et ta- quines, qui lancent des coussins au visage des assis- tants, ou renversent les fauteuils dans les jambes des

(1) *Cosmos*, 5 mars 1898.

expérimentateurs. — M. de Rochas en sait bien quelque
chose.

Comme conséquence du point de vue étroit où il se
place, M. de Rochas ne semble point admettre une *lévitation* qui puisse être un miracle, ni même qui mérite d'être rangée parmi les *phénomènes prétcrnatu-
rels* proprement dits; les entités, dans le langage
spirite, ne sont autres que les *désincarnés;* leur sphère
d'activité ne serait que le naturel prolongement de ce
monde physique et sensible.

Il est admis et démontré que la *lévitation* n'accuse pas
toujours les caractères miraculeux ; le démon peut contrefaire le phénomène divin, non par un prestige mensonger, mais par un effet réel, — *quoad veritatem facti.*
La « lévitation » miraculeuse appartient donc à cette
catégorie des miracles de 3ᵉ classe qui tirent du « mode »
et des « circonstances » leur caractère surnaturel.

Cette restriction ne « naturalise » pas le phénomène
en lui-même, dont aucune loi physique ne peut nous
donner la raison, comme le soutient la tradition scientifique et religieuse.

C'est la thèse même de Benoît XIV : « *Naturaliter dari
non potest ut corpus a terrâ sublevetur* (1). »

Quelles sont ces entités? Quels sont ces effluves? —
Deux questions qui s'imposent, car nous ne pouvons,
comme le physicien idéal de M. de Rochas, nous désintéresser de ce premier postulat.

I. — Des « intelligences », si nous en croyons les occultistes modernes, s'emparent des effluves. Le rôle du
médium serait même, nous est-il affirmé, de fournir à
l'activité des esprits cet élément de motricité.

(1) *De Canon. Sanct*, l. III, c. 49, n. 3.

« Le périsprit, ou force vitale, n'est pas tellement lié
« à notre organisme, explique Papus, qu'il ne puisse
« être extériorisé. Il sort de l'être humain et c'est par
« lui que le médium opère, de concert avec les péris-
« prits des désincarnés, ou selon la volonté des assis-
« tants. Il faut savoir, en effet, que le périsprit, une
« fois sorti, est à la merci de celui qui peut l'accaparer,
« que ce soit un des assistants, ou toute l'assistance,
« ou un de ces esprits qui se mêlent volontiers aux
« séances des groupes (1). »

Nos docteurs en occultisme auraient puisé ces notions
auprès des Fakirs : « Lorsqu'on questionne les Fakirs
« de l'Inde sur les phénomènes produits par les esprits,
« ils disent : « Les esprits, qui sont les âmes de nos
« ancêtres, se servent de nous comme d'un instrument ;
« nous leur prêtons notre fluide naturel pour le com-
« biner avec le leur, et, par ce mélange, il se constitue
« un « corps fluidique », à l'aide duquel ils agissent sur
« la matière, comme vous l'avez vu (2). » — Les phénomènes cités en exemple sont les mêmes que les déplacements et soulèvements observés dans toutes les
expériences spirites.

Nous dirons, dans un chapitre ultérieur, que cette
conception d'un corps fluidique, médiateur plastique
entre le corps et l'âme, est contraire à la saine philosophie aussi bien qu'à la doctrine définie ; ce qui ne doit
point laisser indifférent un catholique digne de ce nom,
fût-il physicien (3).

Nous soutenons que les intelligences qui se mêlent

---

(1) *Considérat. sur les phénom. du Spiritisme*, p. 8 et suiv.
(2) Dr Gibier, *Fakirisme occidental*.
(3) Cf. chapitre I (3ᵉ partie).

aux séances spirites ne sont pas, et ne peuvent être les
« désincarnés », ou esprits séparés de la chair, comme
le prétendent les occultistes. — La doctrine catholique
est formelle sur ce point; elle s'appuie sur les dé-
ductions certaines de la philosophie. Ni les catholiques,
ni même les savants, tels que M. de Rochas, qui se montrent très volontiers respectueux des profondes théories philosophiques qu'enseignent les Maîtres de la
scolastique, et avant tout saint Thomas, ne peuvent
conserver aucune illusion sur ce point doctrinal.

Les âmes des défunts ne peuvent aucunement se
mêler aux expériences des groupes spirites :

En premier lieu, parce qu'elles ignorent ce qui se
passe ici-bas, s'il est question de la connaissance naturelle. « Les âmes séparées, dit saint Thomas, ne connaissent pas ce qui se passe sur la terre (1). »

Dans l'article IV, saint Thomas a tout d'abord démontré, par un raisonnement très serré, que les esprits
désincarnés ne peuvent avoir connaissance que des
objets particuliers avec lesquels ils ont des rapports:
or, le rapport s'est établi, soit par la connaissance antérieure, soit par une affection quelconque, soit par une
habitude de science (il s'agit de la science acquise ici-
bas, mais pouvant néanmoins s'exercer sans que l'esprit
ait recours aux images sensibles) (2), soit enfin par la
volonté divine. La raison en est que « tout ce qui est
reçu dans un sujet, y est reçu selon la manière d'être
du contenant (3); l'âme séparée n'est plus « naturellement » apte à recevoir les éléments de connaissance
qui lui venaient des objets sensibles : « Pour cette
« raison, continue saint Thomas, il nous est enseigné
« par saint Grégoire que les morts ne savent pas ce que

---

(1) I p. q. 89, a. 8, c.
(2) Loc. cit., a. VI, c.
(3) Loc. cit., a. IV, c.

« deviennent ceux qu'ils ont laissés parmi les vi-
« vants (1) ; « mais ce docteur fait exception pour les
« âmes des justes, qui reçoivent de Dieu une connais-
« sance utile et conforme à leurs saints désirs ; de là le
« culte des Saints et les prières qui relient les âmes
« sauvées à l'Église militante (2).

« En conséquence, les âmes séparées peuvent s'oc-
« cuper des intérêts des vivants, sans connaître sou-
« vent leur état présent ; absolument comme nous sa-
« vons prendre les intérêts des défunts, leur appliquer
« nos suffrages, sans être autrement renseignés sur
« leur destinée surnaturelle. — Ces âmes peuvent aussi
« connaître les événements terrestres par l'entremise
« des esprits célestes, et même par le concours des âmes
« qui en furent les témoins sur la terre ; c'est la doc-
« trine de saint Augustin 3). »

Ces communications sont possibles, toujours si Dieu
le permet.

La science du passé n'existe pas moins. Il est évident

---

(1) I p. q. 89, a. 8.
(2) Avec ce correctif, on lira avec plaisir ces beaux vers de M. Ch.
Vincent, dans sa pièce, *Bienheureux ceux qui pleurent*, où l'auteur
fait apparaître une jeune femme morte à son mari, et lui prête ce
langage :

Ne devines-tu pas que ta souffrance est juste :
Que le sacre des saints c'est la douleur auguste,
Et que pour parvenir en ce céleste lieu,
Il faut, par la douleur, être pur devant Dieu ?
Va ! Ne demande pas au ciel qu'il te mesure
La faveur de souffrir — qu'il verse avec usure
L'espérance à ton âme et l'angoisse à ta chair !
Si tu pouvais savoir combien tu m'es plus cher
Depuis qu'à la clarté de l'infini sublime
De ton cœur lacéré, je puis sonder l'abîme.
Si tu savais combien de radieuses fleurs
Naissent autour de moi sous chacune de tes pleurs,
Quel parfum tes soupirs mêlent à leurs calices,
Et combien tes sanglots m'apportent de délices ?
Pleure ! Pleure ! Tes yeux aux larmes condamnés
Verront mieux la splendeur pour laquelle ils sont nés.

(3) I p. q. 89, a. 8, ad 1.

que les âmes séparées ne sont pas dépouillées des facultés supérieures : il y a une volonté, un amour, une intelligence qui conservent le lien des idées et donnent lieu, par cet enchaînement des vérités acquises, à la mémoire intellectuelle ; mais l'âme ne peut plus se tourner vers les images sensibles et emprunter aux puissances sensitives le « pabulum » de sa vie intellectuelle ; le monde physique lui est fermé comme source naturelle de ses connaissances nouvelles. — C'est là une conséquence de pure philosophie.

Il s'ensuit que si l'âme ne peut d'elle-même, par ses facultés propres, par une action naturelle quelconque, connaître les choses de ce monde et se mêler aux événements humains, si elle intervient, soit en se manifestant sous une forme empruntée, soit en accusant sa présence par une action physique exercée sur la matière, il y a toujours miracle — : « *Quod mortui viventibus apparent « qualitercumque », vel contingit per specialem Dei dispensationem ut animae mortuorum rebus viventium intersint, et est inter « divina miracula computandum* (1). »

C'est encore par des raisons philosophiques pressantes, que saint Thomas démontre, ailleurs (2), l'impuissance radicale de toute âme séparée à mouvoir les corps par sa vertu naturelle ; si l'esprit désincarné vient à réaliser le moindre changement dans l'ordre physique, ce n'est point par une faculté naturelle ; d'elle-même, l'âme séparée est impropre à ces effets, car elle n'atteint plus la matière par le contact de ses facultés sensitives « désincarnées » dont le rôle actuel n'est plus d'informer les organes qui leur sont proportionnés dans l'union substantielle : « *Quantum est de virtute*

(1) I p. q. 89, a. 8, ad 2.
(2) I p. q. 117, a. 4, c.

suae naturae, supra quam potest aliquid ei conferri virtute divinâ (1). »

Et cette impuissance de l'âme, remarquons-le bien, ne vient pas, à proprement parler, de sa nature simple et spirituelle, — autrement, on pourrait légitimement objecter l'action par contact de vertu que les esprits angéliques, bons ou mauvais, exercent « naturellement » sur la matière —, mais elle naît de la nature même et de la destination essentielle de l'âme qui ne meut immédiatement que la matière dont elle est la forme; cet état lui est particulier et la différencie totalement — cela se conçoit — des purs esprits, des substances essentiellement séparées, qui ne peuvent, en revanche, exercer aucun acte vital dans les corps matériels qu'ils empruntent temporairement, en certains cas, à l'atmosphère ambiante. Séparée de son corps, l'âme ne forme plus un seul être avec lui; elle ne peut plus l'affecter, le mouvoir; à plus forte raison elle est sans action sur les corps étrangers : « *Unde cum anima secundum naturam suam determinatur ad movendum corpus « cujus est forma* », *nullum aliud corpus suâ naturali virtute movere potest* (2). »

On s'étonnera peut-être qu'une forme spirituelle qui est faite pour consommer avec la matière une union substantielle, la plus intime qui puisse être, soit plus impuissante à déterminer dans la matière ce mouvement physique qu'un esprit angélique, dont la nature répugne à une si intime information. Une destination essentiellement différente, avons-nous dit, est la base de cette diversité dans les rapports de la substance spirituelle avec la matière. « Il y a des substances spi-
« rituelles, explique saint Thomas, dont la puissance

---

(1) Loc. cit.
(2) I p. q. 117, a. 4, ad 1.

« ne se *rapporte pas à des corps déterminés*. Tels sont
« les anges dont la nature est dégagée de tout élément
« matériel ; c'est pour ce motif qu'ils peuvent déter-
« miner le mouvement dans des corps variés », pourvu
que cette action physique ne dépasse pas leur vertu
naturelle (1).

C'est donc précisément dans la disposition naturelle
et essentielle de l'âme à animer un corps donné, que
gît l'obstacle à son action générale sur la matière. L'âme
est créée en vue d'un corps, chacune de ces âmes est
appelée par l'acte créateur à animer « ce » corps, et non
un autre : elle recèle en son essence, vis-à-vis de ce
corps qui lui est destiné et auquel elle communique
l'être humain, un ordre transcendental » inamissible,
c'est-à-dire un ordre devenant — après création — métaphysiquement nécessaire. L'âme informe si intimement cet élément matériel que de cette union sort le
composé humain. Cette union consommée dans l'unité
d'essence leur devient alors si naturelle que, pour
l'âme, être séparée de son corps, et pour le corps, être
séparé de son âme, constitue un état violent (2) : l'âme
aspire vers son corps par cette ordination transcendante de son essence, de ses facultés sensibles, en
particulier, — facultés désormais sans organe matériel,
mais dont l'âme spirituelle est toujours la racine et
comme le fondement. L'âme est donc organisée pour
agir sur la matière, mais sur la matière qu'elle vivifie :
« *Non movet corpus nisi vivificatum* (3) ; » or, c'est
par l'organe vivifié qu'elle opère autour d'elle et im-

---

(1) I p. q. 117, a. 4. ad 1.
(2) Cf. S. Th., *contr. Gentes*, l. IV, c. 79 ; — et in cap. XV, ep. I.
ad Cor., l. 2. — Cf. Catech. roman. Concil. Trident. : « *Quoniam vero
quod naturae adversatur ac violentum est, diuturnum esse non
potest, consentaneum fore videtur ut demum cum corporibus jun-
gantur.* »
(3) I p. q. 117, a. 4. c.

prime aux corps le mouvement local. — Sa constitution métaphysique crée sa force, ou entraîne son impuissance.

Mais Dieu, par miracle, par faveur surajoutée à la nature, peut conférer à l'âme séparée le pouvoir d'agir sur la matière : « *Supra quam potest aliquid ei conferri virtute divinâ* (1). » — Dieu donne ces facilités à l'âme du juste, et parfois même à l'âme du réprouvé. Toutefois, il faut dire, avec saint Thomas, que l'état de gloire confère à l'âme béatifiée des facilités qui s'ajoutent à sa nature comme un don surnaturel en quelque sorte habituel, et que modère le bon plaisir de la Providence ; Dieu est censé consentir habituellement aux désirs des âmes bienheureuses : « Il y a cette différence « entre les saints et les damnés, c'est que les saints « peuvent se montrer aux vivants quand ils le veulent, « tandis qu'il n'en est pas de même du damné... Il ne « répugne pas que la vertu de gloire communique à « l'âme sainte une facilité qui lui permette de se mon- « trer aux vivants (2). »

C'est donc « miraculeusement » — toujours en conformité avec les dispositions de la divine Providence — que les âmes séparées, bienheureuses ou réprouvées, se manifestent aux vivants en vision, par paroles, ou par des phénomènes physiques — *qualitercumque* —, tantôt pour les instruire et les consoler, tantôt pour demander leurs suffrages, tantôt pour leur inspirer un salutaire effroi ou les châtier (3).

On ne saurait trop insister sur ce point : les âmes séparées, en établissant de telles communications avec les vivants, « se conforment absolument à la volonté de

<hr/>

(1) I p. q. 117, a. 4, c.
(2) *Suppl.*, q. 69, a. 3, c.
(3) Loc. cit., a. 3, c.

Dieu, si bien que le désir ne sait tendre que vers ce
qui leur paraît convenable, d'après les dispositions
divines (1). »

La conséquence directe de cette doctrine philosophique et théologique est qu'aucune âme « désincarnée »
ne doit, ni ne peut répondre à l'appel des groupes spirites, ou d'évocateurs quelconques, pour des motifs
aussi vains et aussi profanes que la curiosité, le désir
inutile ou dangereux de pénétrer dans l'inconnu extra-
terrestre, quand il n'y a pas une intention supersti-
tieuse, un coupable but de mécréance.' — C'est la
réponse de la philosophie et aussi de la théologie.

C'est aussi la réponse du « sens commun », fortifié
par la naturelle idée que nous avons d'un Dieu rémuné-
rateur et protecteur des lois morales :

« Aujourd'hui, écrit un penseur chrétien, jour de la
« Commémoration des morts, le mystère de la mort
« courbe toutes les âmes sous sa victoire silencieuse,
« et dépose en toutes un secret plus fort que les secrets
« de l'occultisme. Quel occultiste, fût-il ardemment
« convaincu, supporterait cette pensée : O mes chers
« morts, est-ce vous qui parlez dans les tables tour-
« nantes et qui comparaissez devant le cercle magique
« d'un nécromant ? Est-ce vous qu'il me faut reconnaître
« dans les humiliantes sottises que débitent les tables ?
« Est-ce vous qui serez les complices des vengeances
« d'un sorcier, ou de la bassesse d'un marchand d'or-
« viétan qui a promis à quelque dupe le secret de l'im-
« possible : le bonheur sans peine ou le passé revécu
« pour un jour? Ah ! certes non! Ce n'est pas et ce ne
« sera jamais possible ! Certes, pas un de ceux qui ont

(1) Loc. cit., a. 3, ad 1 : « *Nisi quod secundum divinam disposi-*
tionem congruere intuentur. »

« visité les cimetiéres ne tiendra ce langage. Voilà le
« secret des cimetiéres : les morts tuent l'occultisme.

« Voilà, diront les occultistes, un argument de sen-
« timent. — Eh bien, pourquoi serait-il moins probant ?
« Eh quoi ! grands philosophes, après avoir tant étudié
« l'homme, ignorez-vous que le cœur a sa lumiére,
« comme l'intelligence, et que l'humanité marche à
« cette lumiére, puisque les philosophes sont le
« petit nombre et que, d'ailleurs, ils n'ont jamais su
« que se disputer entre eux ! La solution que nous
« repoussons tous *invinciblement* n'est pas la solution
« vraie (1). »

II — Une autre théorie — qui est le partage d'un
groupe d'occultistes que désigne spécialement le titre
d'*animistes* — ne veut voir, ordinairement, dans le
phénomène de lévitation que le simple effet d'une force
naturelle, « développée probablement par un état du
« systéme nerveux, d'où résultent peut-être des cou-
« rants électriques, agissant dans un sens contraire à
« la pesanteur (2). » — Dans ce systéme des courants
électriques, particuliérement mis en honneur par
M. de Rochas (3), ce qu'on a appelé le phénomène de *polarité* joue un rôle prépondérant ; nous devons, un instant,
faire porter sur ce point notre attention. — Qu'est-ce
donc que la « polarité » ? — Nous nous arrêterons à cette
définition descriptive :

— Voici un sujet « sensitif », éveillé ou endormi. —
Je touche la partie externe de son petit doigt avec un
morceau de verre électrisé, l'électrode positif d'une
pile ou le pôle nord d'un aimant ; au bout de quelques

---

(1) Georg. Bois, *A travers l'Occultisme*. Réflex. XI.
(2) *Cosmos*, 5 mars 1898.
(3) *Recueil d'expériences sur l'extériorisation de la motricité*. —
Forces non définies.

secondes, le petit doigt est contracturé. Le même effet
se serait produit si je l'avais touché avec une fleur, ou
la partie supérieure d'une racine, ou avec un acide,
mon propre petit doigt, ou même le petit doigt de son
autre main, un morceau d'or ou d'argent, etc.

Si maintenant je touche la même partie du petit doigt
contracturé avec un bâton de résine électrisé, l'électrode négatif d'une pile, le pôle sud d'un aimant, la
partie inférieure de la tige ou de la racine d'une plante,
un corps basique, mon pouce ou le sien, un morceau
de nickel ou de soufre, j'obtiens la résolution de la
contracture.

De là, on doit conclure qu'il existe, dans la première
série des corps cités, un dynamide différent de celui
qui se trouve dans la seconde.

En se servant, explique toujours M. de Rochas,
tantôt d'un corps positif, tantôt d'un corps négatif,
l'effet de l'un servant à contrôler celui de l'autre, on
peut arriver à déterminer d'une façon générale la
répartition des dynamides sur le corps humain : La
tête et le tronc sont positifs du côté gauche, et négatifs
du côté droit, aussi bien par devant que par derrière.
Les bras et les jambes sont positifs du côté du petit
doigt, et négatifs du côté du pouce ou du gros orteil.
Les gauchers présentent une polarité inverse : ils sont
négatifs partout où les droitiers sont positifs et réciproquement. Il faut remarquer que le gaucher de
naissance, qui devient ambidextre par l'exercice, reste
gaucher pour la polarité... « Les animaux et les végé-
taux sont bi-polaires comme l'homme (1). »

Cette théorie, soutenue récemment par un émule de
M. de Rochas, le Directeur du *Journal du Magnétisme*,

_____

(1) De Rochas, *Forces non définies*, p. 13 et suiv.

M. Durville (1), est née des Lettres odiques-magnétiques de Reichenbach. et notamment de la fameuse expérience faite à Carlsbad, en présence de Berzélius, avec Mlle de Seckendorf pour sujet. « Cette personne « distinguait au seul toucher, rapporte Reichenbach, « les corps électro-négatifs des corps électro-positifs. « Berzélius en fut agréablement surpris. continue le « narrateur intéressé au succès de l'expérience, mais « malheureusement il mourut avant d'avoir pu être « utile à la cause du fluide odique ! » C'est regrettable, assurément. Mais puisque nous ignorons le fond de la pensée de Berzélius, autant vaudrait ne pas donner au fluide cette pseudo-estampille scientifique.

M. de Rochas nous raconte des merveilles de la « polarité humaine ». — La main droite, au devant et au milieu du front. endort par sa face palmaire. qui se trouve en position isonome (2), et réveille par sa face dorsale qui est en position hétéronome. La main gauche endort par sa face dorsale, dont l'action est ainsi isonome et réveille par sa face palmaire.

Si j'abaisse les paupières du sujet « quand il me regarde », avec le pouce et le petit doigt de la main droite, il ne peut plus les relever. Je lui rends la vue en le touchant avec le petit doigt et le pouce de la main gauche (3). »

Ce retardataire de Renan, qui expliquait les miracles de Jésus Christ par l'effet que produit « le contact d'une personne exquise ». aurait volontiers remplacé la suggestion elle-même par cette bienfaisante polarité. et dit avec M. de Rochas : « De tous les procédés déri- « vant de la polarité, le plus ancien, le plus commode

----

(1) *Traité du Magnétisme.*
(2) Provenant de parties portant le même nom.
(3) *Forces non définies,* p. 19.

« et aussi le plus puissant, quelquefois, est l'imposition
« des mains. C'est par ce moyen seulement que le
« Christ obtint des cures à Nazareth (1). »

La confiance de M. de Rochas en la polarité n'est
égalée que par l'enthousiasme de M. A. Jounet : « Que
« de fois, appuyant mes doigts sur le flanc d'un simple
« verre à boire, dont l'ouverture était tournée vers le
« ciel, j'ai senti la fraîcheur caractéristique de l'od
« envahir, rafraîchir, fortifier tout mon organisme (2). »
De la polarité, il y en a partout : « La femme par
« rapport à l'homme (Messieurs, choisissez des femmes
« bien polarisées !) et en chaque femme ou homme,
« les pieds, le côté gauche du corps et la partie posté-
« rieure du corps, dans l'humanité ; le nord et l'ouest
« de la terre, le sol et la région basse de l'atmosphère,
« les planètes et les satellites, dans le monde, auraient
« une polarité « psychique » analogue à celle de l'ai-
« guille aimantée qui se tourne vers le sud. » — « Je ne
« donne que les plus importantes polarités psychiques,
« mais il y en a un très grand nombre ; on en retrouve
« partout : dans les membres et les organes du corps
« humain, dans les animaux, dans leurs membres et
« leurs organes, dans les plantes et les cristaux, etc. —
« J'ajouterai que la terre, outre ses grandes polarités, a
« des polarités régionales nombreuses et délicates à
« déterminer ; telle région étant naturellement nord-
« psychique ou sud-psychique, et cela pour des raisons
« complexes (3). »
C'est bien aussi la théorie de Bruck, que M. Drumont
aime à citer (4), qui met à la prééminence des grands

---

(1) Loc cit., p. 260, 261.
(2) *Principes généraux de science psychique.* — Polarité.
(3) Loc. cit., A. Jounet.
(4) *Dernière Bataille.*

peuples, des peuples-chefs, la condition nécessaire
d'être « placés dans des dispositions géographiques,
« géologo-magnétiques et magnétiques telles que l'in_
« tensité et l'activité magnétiques réunies y seront des
« maxima ! » Il serait curieux de savoir si des régions
aussi polarisées exposent plus fréquemment leurs
habitants aux vols extatiques ou à la plus modeste
lévitation ! M. de Rochas pense que l'influence de la
polarité, si elle ne détermine pas la grandeur morale
des individus et des peuples, est tout au moins d'une
importance capitale au point de vue sanitaire et thérapeutique.

Il n'y a même plus une manière indifférente de
s'asseoir, et les leçons de polarité devront remplacer
les leçons de maintien, si les occultistes veulent être
conséquents avec eux-mêmes : « Reichenbach avait
« remarqué que les personnes impressionnables
« n'étaient bien à leur aise que quand elles avaient
« leur partie négative, c'est-à-dire la droite, tournée
« au nord, du côté du pôle positif de la terre, et par
« suite leur partie positive (gauche) contre le pôle
« négatif de la terre (1). »

N'allez pas croire, non plus, que la table où vous êtes
appuyé, le siége sur lequel vous êtes assis, soient chose
indifférente ! Tâchez de savoir de quelle portion de
l'arbre ces objets sont fabriqués : « Pour l'arbre, la
« polarité naturelle et la polarité de position coïncident,
« car la racine est déjà en opposition polaire avec le
« sol, et le feuillage avec l'atmosphère. Mais pour la
« table, si le plateau a été fait de la partie du tronc
« proche des racines et les pieds avec le bois des
« branches, la polarité de position peut être différente
« de la polarité naturelle et se superposer à elle (2). »

(1) *Forces non définies*, p. 45.
(2) A. Jounet, *Principes de science psych.* — Polarité.

La polarité, nous est-il enseigné, est un principe influent entre tous de la science psychique naturelle. — Le médium « surchargé » — les pointes, les formes convexes par leur centre, les lames par leur tranchant, les disques par leur bord, attirent vivement et repoussent la force psychique — pourra, au moyen de la polarité, attirer ou repousser les objets que la « surcharge envahissante aura soumis à son influence ». « Il pourra les attirer sans y toucher, et parfois les soulever en l'air » ; il pourra produire en eux des contractures « moléculaires » analogues à celles que le magnétiseur produit dans le sujet, et déterminer ainsi des craquements (1), etc. » — Tout se résume, dans ce double principe : *Amener une surcharge, et mettre en jeu les polarités.*

M. le Dr Dupouy est un non moins fidèle champion de la polarité ; il nous fait assister à une lévitation en miniature, pour nous démontrer la puissance élévatrice des courants : « Un globule de mercure placé au pôle « positif d'un appareil électrique, en une cuvette d'eau « inclinée, remonte la pente et se trouve bientôt au « pôle négatif, malgré la pesanteur. C'est de la « lévi- « tation », ou mieux du cheminement invisible de la « matière après *désagrégation* en parties infinitési- « males, et ce, sous l'action d'un courant électrique. »

« Le transport électro-moléculaire est donc entré « aujourd'hui dans le domaine des faits acquis à la « science, et le transport « psycho-moléculaire » s'im- « pose prochainement (2). »

Soyons reconnaissants à M. Dupouy de vouloir bien nous remettre à la prochaine fois, et de reconnaître que des phénomènes dus à l'action des forces élec-

---

(1) Jounet, loc. cit.
(2) *Sciences occultes*, p. 77, 78.

triques sont autrement acquis à la science que les plus
modestes phénomènes attribués par les occultistes à
la prétendue polarité.

La science n'a constaté, jusqu'ici, dans le corps
humain que de faibles dégagements de courants dus à
l'action physico-chimique des changements moléculaires dont les tissus et les nerfs sont le théâtre. La
« désagrégation en parties infinitésimales » nécessaire
au cheminement invisible de la matière est assez
insuffisante pour expliquer que le corps humain puisse
planer dans les airs, en dépit de la loi de pesanteur.
Mais il est inutile de trop prendre au sérieux cette
« désagrégation », puisque le transport *psycho-moléculaire* ne s'est pas encore imposé, et ne doit l'être que
prochainement.

Revenons à M. de Rochas, qui semble démontrer
une « polarité » quelconque par ses expériences sur les
sensitifs.

Tout d'abord, une remarque s'impose : Si M. de Rochas, au cours de ses expériences, a été amené à
redouter pour les sensitifs appelés à discerner les
émissions d'effluves l'influence de la suggestion, et a
dû constater les divergences et les erreurs, ne devra-t-
il pas attribuer à la suggestion et à l'auto-suggestion
— chez les sujets exercés — toutes ces impressions et
ces effets dont on veut trouver la cause dans le courant
odique ou les effluves vitaux ? Ainsi, M. de Rochas
pense endormir le sujet en touchant ses paupières du
« pouce et du petit doigt de la main droite », au moment
où le sensitif fixe sur lui son regard. Mais ce sensitif,
ce névrosé, porté à la simulation et encore plus à
l'imitation par état, devra-t-il faire un long apprentissage avant de savoir ce qu'on attend de lui ?

Et aussi, le phénomène une fois admis, à quoi

reconnaît-on que c'est le courant odique qui opère, et non une entité ? A la fraîcheur caractéristique de l'od, répondra-t-on avec les occultistes. A moins que ce ne soit à sa chaleur : « Les émanations odiques, nous dit « M. de Rochas, procurent à tous les sensitifs des « impressions de toucher froides ou chaudes, qui vont « parfois jusqu'à un froid glacial ou une chaleur brû- « lante. » Cette opposition est assez troublante, mais nous finissons par avoir des inquiétudes en apprenant que cette fraîcheur — qui va jusqu'au froid glacial — et cette chaleur — qui va jusqu'à la sensation de brûlure — quand on « les dirige sur le thermomètre, n'exercent pas sur lui la plus « légère » action (1). »

Il est impossible, au point de vue scientifique, de ne pas se préoccuper de l'activité aussi inégale d'une force *nécessaire,* car mon organe est affecté par cette chaleur, par ce froid intense, et mon organe n'est pas plus immatériel que le mercure du thermomètre.

Dans le but d'échapper à cette difficulté, on se hâte de nous affirmer que l'effluve odique diffère de l'élec- tricité, de la chaleur, etc... (2). Mais, encore une fois, comment cet effluve, qui produit un effet calorique dans les tissus, pour affecter par eux et en même temps les

------

(1) *Forces non définies,* p. 107.

(2) Après avoir affirmé que l'électricité est essentiellement différente du fluide odique ou magnétique, les occultistes mieux avisés, à la suite de leur chef de file W. Crookes, sont en train de nous démontrer que toutes les forces physiques peuvent se produire l'une l'autre, tout est vibration, et la seule différence, à partir du 16e degré, est dans l'inten- sité vibratoire. — Donnons ce curieux tableau, depuis le 5e degré, où la vibration sonore commence à être perçue :

	5e.......... ...32 vibrat.		
	6e... ....64 à la		
Première région	................seconde	son.	
	.... —		
	15e.:.........32.768		

cellules nerveuses, reste-t-il sans action sur le mercure? Le souffle odique n'est pourtant pas immatériel. — : « Ces rafraîchissements de l'air, écrit le « Dr Dupouy, citant M. Crookes, vont jusqu'à un vé- « ritable vent. Ce vent a dispersé des feuilles de papier, « et « *fait baisser un thermomètre* » *de plusieurs degrés.* » Le fluide a donc une action physique de froid et de chaleur? — Comment se fait-il que M. de Rochas n'enregistre à son thermomètre aucun indice de froid ou de chaleur? — Est-ce ainsi que se comporte une loi physique, nécessaire en ses effets quand les conditions du phénomène sont les mêmes? — Pourquoi *tous* les ther

---

Dans cette première région, c'est la grossière atmosphère qui vibre.

Deuxième région $\begin{cases} 16^{\text{e}} \dots\dots\dots\dots \\ \dots\dots\dots\dots\dots \\ 20^{\text{e}}\dots\dots 1.048.576 \text{ vibrat.} \\ \dots\dots\dots\dots\dots \\ 35^{\text{e}}\dots 34.359.738.368 \end{cases}$ électricité (?)

C'est, ici, le subtil éther qui serait en vibration.

Troisième région $\begin{cases} 36^{\text{e}} \dots\dots\dots\dots\dots\dots \\ 45^{\text{e}}\dots\dots 35.184.372.088.832 \end{cases}$ *agent inconnu.*

« Nous ignorons, dit Crookes, les fonctions de ces vibrations, la région nous est donc inconnue. »

La quatrième région va du 45° au 50° degré ; on ne nous révèle rien à son sujet.

Cinquième région $\begin{cases} 50^{\text{e}}\dots 1.125.899 906.842.624 \\ \dots\dots\dots\dots\dots\dots\dots\dots \\ 55^{\text{e}}\dots 36.028.707.018.963.968 \end{cases}$ Chaleur-lumière (?)
agent inconnu.

Du 58° au 61° degré, nous sommes en 6° région, avec « probablement (?) » les rayons X. « C'est une région, est-il dit, qui nous est à peu près *inconnue.* » « Il existe probablement des vibrations plus nombreuses, mais, ajoute le Dr Dupouy, nous ne savons pas à quoi elles correspondent. »

C'est grâce à ces *terrains vagues* que les occultistes, après avoir accommodé la science certaine à leurs théories préconçues, espèrent démontrer que les « révélations assez mystérieuses (oh! combien,) de la théorie dynamique établissent que cette théorie s'applique exactement à tous les phénomènes biologiques. »

Il nous sera bien permis de nous défier un peu.

Ces mêmes savants ont déjà été victimes de simples vibrations caloriques, en des circonstances que nous ne pouvons pas oublier. Que sera-ce ici, où il n'est question que d'*agents inconnus* opérant dans des *régions mystérieuses?*

momètres ne sont-ils pas enregistreurs de ces effets
caloriques ?

Des hypothèses sans suite, en perpétuelle contradiction avec les lois connues, et contradictoires entre
elles, ne sauraient rentrer dans la catégorie des faits
scientifiquement établis, ni même prendre rang parmi
les hypothèses qui s'affirment avec les dehors d'une
probabilité tant soit peu sérieuse.

Ici encore, pourquoi semblez-vous dire que « l'impression de chaleur ou de froid » n'est pas attribuable
à l'entité qui produit « la sensation de main sous les
aisselles » ! — M. de Rochas nous suggère lui-même
l'idée d'identifier les causes, quand il nous décrit com-
plaisamment une expérience qu'il fit en collaboration
avec le Dr Gibier et le médium Slade, expérience où
certaine entité, quelque peu frondeuse, s'amusa à lui
renverser un fauteuil dans les jambes. Auparavant, ce
fluide odique, beaucoup trop instruit, avait parlé
français, anglais, allemand... « Le crayon grinçait
« entre deux ardoises, et une ardoise vint tout dou-
« cement, en ondoyant, se placer entre mes mains
« après un trajet d'un mètre trente : son arrivée était
« précédée d'un « souffle frais » très net (1). »

Les « courants frais » accompagnent donc les phénomènes d'apport obtenus par l'action des esprits; la
« Vis occulta », comme l'écrit le colonel, qui enlève les
corps avec des « sensations de mains », pourra tout
aussi bien les soulever avec impressions de *courants
chauds ou froids*. On conviendra que ces très secondaires détails n'établissent pas la ligne de démarcation
qu'on voudrait bien définir entre les phénomènes « certainement » dus aux esprits, d'après l'opinion reçue

---

(1) *Forces non définies*, appendice, p. 652, en note.

dans les groupes, et les effets qu'on attribue à la force purement animique.

L'auteur de « *Forces non définies* » tient aux courants, sa suprême ressource, et dans cette préoccupation il voit des sensitifs, et rien que cela, en certains personnages dont il apprécie témérairement les états mystérieux. Il n'est pourtant pas habitué à trouver les vertus héroïques chez les médiums qu'il fréquente : « Presque tous les saints ou bienheureux, écrit-il, aux-« quels on a attribué la propriété de la lévitation, « étaient sujets non seulement aux extases, mais aux « visions; quelques-uns étaient, même à l'état de « veille, insensibles aux brûlures (1). »

Sur quels documents s'appuie notre auteur pour nous signaler des saints habituellement « insensibles » aux brûlures, en dehors de maladies bien déterminées dont les saints ne sont pas plus exempts que le commun des hommes? — Voudrait-il nous désigner par cette indication vague les martyrs qui, souvent, se riaient de leurs bourreaux et éprouvaient des sensations douces — ce qui est bien différent — quand les fouets et les ongles de fer déchiraient leur chair? Il faudrait aussi ajouter que souvent ces martyrs furent « invulnérables » et déflèrent l'activité des flammes dévorantes. — De tels priviléges vont de pair avec la lévitation; nous n'en sommes point étonnés. De ces constatations, la thèse de M. de Rochas ne tire aucun profit.

A-t-on observé, aussi, pendant les extases, ou le sommeil mystique des saints, ces fameux courants « froids ou chauds, allant jusqu'à la chaleur brûlante ou jusqu'au froid glacial », et faisant voltiger les menus

---

(1) *Forces non définies*, p. 174, en note.

objets autour d'eux ? C'était le cas, cependant. — Au moment où sainte Thérèse se sentait l'âme attirée en haut, et le corps soulevé de terre, il y avait une Force qui opérait ; était-ce à la manière bien connue et à peu près uniforme de la *Vis occulta* des spirites ? — Sainte Thérèse, qui décrit les phénomènes mystiques avec tant de précision, n'aurait pas manqué de reproduire ces détails d'ordre physique ; les assistants, surtout, en auraient éprouvé quelque chose. Et pourtant, quel courant électrique faudra-t-il supposer pour donner la raison, non seulement de la lévitation, mais du « vol extatique », tel que plusieurs saints l'ont réalisé. La bienheureuse Christine était emportée à de grandes hauteurs, quand elle voulait faire oraison. — Sainte Colette s'élevait très haut vers le ciel. — Saint Joseph de Copertino est célèbre par ses ascensions et son vol extatiques. — A quels courants attribuer des phénomènes aussi complets ? A quelle « désagrégation », à quel transport « psycho-moléculaire » recourir ? — Et les contemporains auraient gardé le plus obstiné silence sur les circonstances du phénomène, eux qui n'ont pas oublié de noter les apparences de mort, les suspensions de mouvement, et tous les signes physiologiques qui accompagnaient les extases et la ligature des sens ?

Les saints qui furent doués du « vol extatique » n'ont jamais demandé, que nous sachions, en vue du phénomène, — qui, du reste, les surprend toujours — la demi-obscurité tant exigée des médiums. Les rayons « jaunes » ne sont pas hostiles à la lévitation des saints. Non, ces rayons jaunes leur sont indifférents, et devraient l'être au médium, puisque le fluide vital qui s'échapperait, nous enseigne-t-on, du côté gauche, est d'une teinte où dominent les rayons « jaunes ». — Le « jaune » serait-il divisé contre lui-même ?

Un expérimentateur répond : « Il est tout un ordre de phénomènes que nous avons obtenus en « pleine lumière », par exemple, les lévitations, dont j'ai même pu photographier un certain nombre à l'éclat éblouissant du magnésium (1). » — Alors, ouvrez les volets, quand votre médium est en « transes », et s'élève au-dessus du sol ! Vous tremblez, semble-t-il, pour l'intégrité de ses membres ? Cessez donc de comparer les phénomènes, car la contrefaçon est grossière. C'est en plein jour que nos extatiques s'élèvent dans leurs admirables ascensions : tel, le bienheureux Ladislas de Gielniow (2, qui s'arrête au milieu d'un sermon sur la Passion, et s'écrie : « Jésus, mon doux Jésus ! », puis aussitôt s'élève au-dessus de la chaire; tous les assistants, pendant de longues heures, chantent les louanges de Dieu, jusqu'à ce que le Bienheureux reprenne doucement contact avec le sol. — Nous donnons ce fait entre mille.

Comment se fait-il. à ce propos, que de tels phénomènes ne se produisent que chez les saints, dont les vertus héroïques sont aisément constatées, et pendant des actes de religion ou de piété, ou bien dans certaines réunions pseudo-religieuses, où règne le plus évident esprit de superstition, où se fait la contrefaçon même du culte religieux ? On ne les retrouve, dans le passé, que dans les pratiques du culte païen, à l'état plus ou moins rudimentaire.

L'acte religieux est certain du côté de nos extatiques et précède les phénomènes surnaturels si intenses que nous avons signalés.

Le phénomène imité, que nous retrouvons parmi les effets dus au spiritisme, et attribués à des forces exté-

(1) Réponse au Dr Lucide. *Revue du Monde invis.*, 15 oct. 1898.
(2) *Le Palmier séraphique*, Notice par Vincent Morowski.

riorisées, accompagne aussi une sorte de culte religieux plus ou moins dissimulé.

« Les anciens sages de l'Inde, témoigne M. de Rochas, après Philostrate, s'élèvent en l'air à la hauteur de deux coudées, non pour « étonner », mais parce que, selon eux, tout ce qu'ils font en l'honneur du soleil à quelque distance de la terre, est plus digne de ce Dieu (1). »

La *Paix Universelle* (2), sous le titre de *Préludes martinistes dans le Congrès de l'Humanité*, a suffisamment révélé les tendances des groupes spirites et occultes, dont les chefs et la plupart des membres sont affiliés au *Martinisme*, ou le dirigent :

« Le but « spirituel » que poursuit le *martiniste*, y « est-il déclaré, est la réintégration ; il veut refaire « notre immortalité par la force universelle et toute- « puissante, l'Amour. Il veut et il peut communiquer « avec les pures intelligences, et arriver à la plénitude « de son être, devenu parfait, pour obtenir la *réinté- « gration universelle* qui renouvellera la nature, et « finira par purifier le principe même du mal ..

« C'est l'*Ennoia* tombée, que selon la pensée profonde « et délicate des *Gnostiques*, nous devons racheter, « pour nous éclairer nous-mêmes vers les nobles « régions de l'Idée. C'est par le désir de l'Illumination « que se réalise le vrai *Martiniste, l'Homme-Nouveau,* « *Christ-Rédemption !* Tels sont les extrêmes entre « lesquels flottent toutes les fraternités secrètes...

« Le Martinisme, la Gnose, la Théosophie, nous « enseignent que le mal n'est pas éternel, que les « mauvais eux-mêmes arriveront à la *réintégration*. « Telles sont les idées qui nous unissent, nous spiritua-

---

(1) *Vie d'Apollonius de Tyane*, l. III, ch. IV.
(2) N° 1er — 15 mars et 16 mars — 15 avril.

a listes indépendants, contre les foudres et les enfers
« de l'Eglise romaine... »

M. le Dr Encausse, à qui le Martinisme est si cher,
viendra nous dire qu'il est respectueux des religions,
qu'il se place en dehors et que le Martinisme n'est
qu'une « science spiritualiste » en guerre contre le
grossier matérialisme, heureuse d'apporter son concours à la cause de l'animisme ; nous savons, en réalité
qu'on fait, au sein de ces groupes plus ou moins
distincts, de la contre-religion.

La *Paix Universelle*, organe de la secte, complète
ses révélations :

« L'occultisme — ensemble des doctrines philoso-
« phiques du Martinisme — est une science dans la plus
« haute acception du mot, car elle conduit au sublime
« la raison humaine par l'inflexible vérité ; c'est une
« *religion* parce qu'elle réunit les membres épars du
« Théisme universel pour arriver à une morale nou-
« velle... »

« Saluons l'Astral des pensées-pensées, bonnes, justes,
« fraternelles ; édifions la nouvelle Jérusalem sur le
« binaire granitique Jakin-Boas, symbole du parfait
« équilibre entre le masculin intellectuel et le féminin
« intuitif... Sachons nous taire, mais sachons aussi
« lever l'épée symbolique. Défendant le Gnoticisme
« pur, nous renverserons le faux Gnosticisme, c'est-à-
« dire le sectarisme romain (1. »

On ne saurait nier les relations qui existent entre
l'occultisme des Martinistes — qui inspire l'occultisme
scientifique — avec l'antique Gnosticisme.

Qu'est-ce donc que cette Ennoia ? — Un gnostique
converti, ancien archiviste d'Orléans, nous renseigne
sur ce point en nous révélant ce qui se passa dans une

_____

(1) Loc. cit.

loge martiniste, en 1893 : « Ennoia est la pensée gnos-
« tique, une substance spirituelle, une hypostase divine.
« En juin 1899, voici ce qu'elle manifesta : « Mes joies
« et mes souffrances sont réelles. Je souffre et je jouis
« en vous, les pneumatiques. Tombés comme moi et
« avec moi, vous serez avec moi et comme moi réin-
« tégrés dans l'unité. Mon histoire est la vôtre, et la
« tragédie, dont je suis l'éternelle héroïne, se joue avec
« votre sang et avec vos larmes ». Cette communication
« se terminait par cet aphorisme mystique, qui est le
« second prononcé par Hélène : *Valentinus vivit adhuc,*
« *infulà donatus episcopali. Qui potest capere capiat* (1). »

Qui ne sait que les Gnostiques se divisent : 1° en
pneumatiques ou fidèles ; 2° en diacres et diaconesses ;
3° en évêques et sophias. — Les Gnostiques confessent
ces deux dogmes fondamentaux : *la foi à l'émanation,
et le salut par la science.* Tous nos sacrements sont
indignement singés, avec des contrefaçons liturgiques
réglées par trois *Rituels.*

« Le Martinisme renferme une quantité considérable
« de spirites. La Gnose s'est recrutée en partie dans
« leurs rangs. Les théosophes en ont englobé un
« certain nombre. Cette sélection s'est opérée pour les
« spirites les plus intelligents et les plus lettrés. Le
« menu fretin est resté sous la direction des successeurs
« d'Allan Kardec (2. »

_____

(1) Jean Kostka, *Lucifer démasqué*, p. 48.
(2) Loc. cit. *Lucif. démasqué.* Un des plus fidèles disciples
d'Allan Kardec, M. C. Flammarion, vient de se séparer des groupes
spirites. Cette apostasie fait grand bruit parmi ceux qui attachent une
trop grande importance aux idées, aux faits et gestes de M. Flammarion.
Disons seulement que M. Flammarion ne nie pas la *réalité* des
phénomènes spiritiques, dont il a été témoin ; il veut les expliquer
autrement qu'il ne l'a fait jusqu'ici ; il quitte les rangs des occultistes
spirites, pour s'affilier au groupe des intellectuels de l'occultisme ; il
se fait pur animiste. — Le Dr Dupouy, qui occupe une place importante

Qu'on n'oublie pas que la plupart des spirites mar-
quants sont justement les chefs de ce gnosticisme
renouvelé, qui se greffe, en réalité, sur le spiritisme.
Quant à la masse des spirites, elle communie à cette
même haine de la religion révélée, et, par conséquent
à cette guerre de « négation » et de « contrefaçon » qui
s'appuie sur la collaboration inconsciente de plusieurs
savants — d'ailleurs peu nombreux — égarés dans leur
recherche téméraire de l'inconnu par une malsaine
curiosité, et qui tombent ainsi dans ces « fondrières
insoupçonnées » dont parle M. de Rochas (1).

Les phénomènes spiritiques sont vraiment les manifestations d'une contre-religion. Les adeptes « s'endur-
« cissent à toutes les œuvres de Satan, finissent par
« confondre les ténèbres avec la lumière, et après avoir
« vu trop de prestiges, ferment les yeux aux miracles,
« quand Dieu daigne en faire devant eux pour les
« désabuser. Ils ne nient point les miracles d'ordre
« divin, ils les attribuent aux esprits ; ils perdent le
« sens du surnaturel. Il faut une grâce exceptionnelle
« pour les ramener à l'Eglise. C'est véritablement pour
« eux que Lucifer est Lucifer. En le niant, ils l'affirment
« et leur spiritualisme à rebours est la plus irrémé-
« diable des idolâtries (2). »

Oui, il faut l'affirmer, des intérêts religieux s'agitent
au sein des groupes spirites. La perte du sens chrétien
y est infaillible pour les fidèles qui s'y égarent Soit par

---

dans ces deux écoles, lui répond (*Libre Par* , 6 août 1899) : « Depuis
cinquante ans, on a constaté authentiquement des phénomènes produits
par une *Force intelligente*, en présence d'individualités plus ou
moins entachées de nervosisme, de médiums, comme on les désigne
aujourd'hui. » M. de Rochas, dans ses études, fait la même remarque,
ainsi que des savants autrement considérables que M. Flammarion.

(1) *Extériorisation de la motricité*, préf. p. V.
(2) *Lucif. démasqué*, p. 115.

son affiliation naturelle au Gnosticisme et à la Théosophie, soit par son but général qui est de « naturaliser » le surnaturel, le spiritisme est une contre-
religion, voulue chez la plupart, inconsciente mais
toujours réelle chez les autres.

Nous avons donc le droit de demander comment ces
prétendus courants de force électrique n'agissent
jamais que dans les cas où il s'agit d'affirmer ou de nier
un intérêt religieux. Pourquoi des 'sensitifs naturels
— si le phénomène ne relève que la sensibilité - ne se
trouvent-ils pas en tous temps et en tous lieux, et en
des circonstances indifférentes, sollicités par cette force,
toujours latente, en dehors de ces actes religieux ou
superstitieux ? L'électricité des nues ne choisit pas le
temps, le lieu, pour se dégager et influencer les objets.
Comment les polarités terrestres, qui sont une force
aveugle, nécessaire, si elles existent, attendent-elles
d'être priées d'agir pour opérer la surcharge de ces
médiums ?

Même raisonnement pour les extatiques. Comment
sainte Colette, qui recélait, selon vous, cette propriété
de courants électriques quelconques, ne ressentait-elle
pas les signes avant-coureurs du phénomène, au moment
des émotions humaines ou d'une excitation nerveuse,
dont ne sont pas exempts les plus saints personnages ?
Non, il lui fallait « vouloir » faire oraison.

Une autre note caractéristique de ces courants de
polarité, expliquent les occultistes, c'est d'être projetés
par l'acte de volonté.
A t-on jamais vu une force physique, un fluide
« matériel », comme le déclare Aksakof, obéir au

commandement, à la volonté, au désir des assistants ?
C'est pourtant ce fluide docile qui se dégage par les
pores de la peau, dans la théorie spirite. « Tous, en
« effet, ont pour cause première des effluves qui se
« dégagent de quelques parties du corps, chez certaines
« personnes, de préférence à certaines heures, sous
« une forme semblable à celle du vent électrique. Ces
« effluves peuvent être dirigés par la volonté du sujet
« vers l'objet sur lequel ils doivent agir (1). »
M. Crookes confirme ces données par ses expériences :
Les objets sont transportés selon la volonté des assistants ; il suffit d'exprimer cette volonté, ce désir par
des « signes convenus ».

La Commission de 1869, présidée par un membre de la
« Société royale de Londres », constate aussi : « 1° que
les mouvements de corps pesants ont lieu sans l'aide
d'appareils mécaniques ; 2° que ces mouvements se
produisent souvent au moment voulu et de la façon
demandée par les personnes présentes, et par le moyen
d'un simple « code de signaux ». — Bref, ce courant
électrique, ou analogue, « jouait des morceaux de
musique, exécutait des desseins et des peintures,
dans un temps si court et dans des conditions telles
que toute intervention humaine était impossible »,
constate encore la Commission présidée par Lubbock.

Décidément, est-ce le fluide, est-ce l'entité, qui
revient sans cesse, que nous devons regarder comme
« cause première » ?   Les deux ? – Mais les effluves
dirigés par la volonté, projetés sur les objets, les
remuent suivant le désir des assistants. L'entité ne
serait-elle pas au début, comme on la retrouve à la fin
du phénomène ?

---

(1) *Extériorisation de la motricité.* — Conclusion 3°.

Le partage de ces forces motrices apparaît donc arbitraire.

Dans le phénomène surnaturel, on ne constate pas cette volonté initiale, ce vouloir d'entrer en « transes » et de produire les effets attendus. — Sainte Thérèse résistait, parfois, de toute son âme à l' « Aigle divin » qui entraînait son esprit et son corps. — Saint François Xavier, en prières, se sentait tout à coup emporté doucement à travers les allées du jardin. Les bras croisés sur la poitrine, il se plaignait tendrement à Dieu : « Assez, Seigneur, assez ! »

« Les effluves, explique encore M. de Rochas, s'é-
« chappent par ondes dont l'intensité correspond à
« l'effort qui les produit. Leur émission s'accompagne
« de douleurs plus ou moins violentes que le sujet
« cherche souvent à calmer en diminuant l'effort qu'il
« juge nécessaire pour agir sur l'objet extérieur (1). »
On nous donne cette description de l'effort :

« Le médium entre en transes : il va et vient, se
« promène, s'énerve un peu, à la façon des derviches,
« piétine sur place, frotte et tord furieusement ses
« mains, puis il s'arrête tout à coup, croise les bras et
« devient immobile (2). »

A-t-on jamais vu nos extatiques se livrer à cette gymnastique grotesque pour développer les fameux courants ! Et pourtant, le phénomène surnaturel est d'une intensité que rien n'égale : il ne craint pas la lumière, avons-nous dit. Les effluves spiritiques sont plus humbles, « la lumière exerce sur eux une action dissolvante ».

---

(1) *Extériorisation de la motricité*, Conclus. 3°.
(2) Yveling Rambaud, *Expérience de Crookes avec Eglinton*.

Direz-vous que ce « labeur physiologique » prouve une émission d'effluves naturels? — Nous pourrions répondre que les entités obsédantes cachent leurs effets sous ces apparences trompeuses, et dissimulent ainsi la possession : « *Solent ut plurimum difficile se manifestare... Aliquando, postquam sunt manifesti, abscondunt se... Aliquando etiam dæmones conantur persuadere infirmitatem* (mettez : *effectum*) *esse naturalem* (1). »

.˙.

Mais enfin, insisteront les occultistes, il est bien permis de mettre en jeu une électricité quelconque, puisqu'il y a des êtres électriques !

M. de Rochas attache une grande importance à l'état électrique de certaines personnes (2). Il se produirait, paraît-il, des phénomènes d'aimantation au contact de certains névrosiaques. Ainsi l'horlogère Schmitz-Baud aimantait ses instruments : tournevis, pinces, etc., tout était aimanté ; ces objets pouvaient alors soulever de la limaille, des aiguilles d'acier.

Nous ne faisons aucune difficulté de reconnaître — si la science vient à confirmer ces faits — que peut-être certains états morbides développent, dans le travail des tissus vivants, en même temps que la chaleur et autres effets physiques, de légers courants électriques que des instruments aussi délicats que le galvanomètre de M. de Puyfontaine peuvent enregistrer par des oscillations de l'aiguille aimantée ; mais des courants aussi violents, aussi étrangement lancés dans je ne sais quel circuit, et capables de promener un homme dans les airs, c'est un peu suffoquant, à première vue.

---

(1) *Rituale roman.*
(2) *Forces non définies*, p. 81 et suiv. — *Extérioris. de la Motricité : Les Femmes électriques.*

Oui, sans doute, il existe des vivants dont la nature
est d'être « électriques ». La torpille, le gymnote sont
de ce nombre ; on peut même recueillir dans des con-
densateurs cette très véritable électricité. Mais les
autres animaux, et surtout l'homme, n'apparaissent pas
organisés par la nature en vue de produire des effets
de ce genre. Le gymnote et la torpille sont pourvus
d'un organe particulier au moyen duquel ils préparent
ces décharges. Alors tout s'explique.

Le corps humain, si nous en croyons les savants de
l'occultisme, serait construit pour servir tout entier
d'appareil : « Les ganglions seraient les organes assi-
« milateurs d'une forme éthérée, sténique ou dyna-
« mique, et cette œuvre s'exercerait par deux phases
« alternantes d'emprunt et de rejet (1). »

« Ce fluide que nous produisons nous-mêmes, ou que
« nous accumulons en le prenant à l'atmosphère et à
« tous les êtres animés ou inanimés qui nous entourent,
« parcourt tout le corps sous forme de courants, grâce
« au système nerveux qui est un véritable appareil
« électrique, comportant des centres accumulateurs et
« producteurs (cerveau, moelle, ganglions), des relais
« et commutateurs (plexus nerveux); des rhéophores
« (nerfs), des électrodes et récepteurs (papilles, organes
« des sens, terminaisons diverses) (2). »

La conclusion serait donc : les poissons électriques
n'ont qu'un appareil dans le corps ; tandis que l'homme
est une « pile ».

Seulement, cet état soulève bien quelques difficultés.
Tous les poissons dotés de cet appareil sont électriques
au même titre, et à peu près au même degré. — Tous les
hommes sont « piles », d'après les intentions de la

---

(1) Serguéyeff, *Physiologie de la veille et du sommeil*, t. I, p. 27.
(2) Dʳ Audollent. *Concours médical*, n. 2, 8 janvier 1898.

nature qui n'a pas fait des ganglions et des plexus
particuliers pour celui-ci et celui-là ; mais il en est —
et c'est le commun des mortels — qui ne fonctionnent
jamais, pas même au point de produire la plus légère
aimantation.

On demande pourquoi cette « pile » humaine est totalement nulle chez tous les hommes, et produit, au
contraire, chez plusieurs sujets, des courants d'une
pareille intensité? Si vraiment le corps humain est
fait pour être une pile, par destination naturelle, c'est
dans l'état de santé que devront fonctionner supérieu-
rement nos accumulateurs, nos commutateurs, nos
rhéophores, et tout l'appareil. Eh bien, non, ce sera le
privilège des sensitifs, des névrosés, et même du petit
nombre d'entre eux : eux seuls ont des ganglions supérieurs et peuvent puiser efficacement dans la force
universelle. Chez eux seuls, la nature donne à l'organisme son maximum d'intensité, dans le fonctionnement
régulier tel que l'a dû et voulu prévoir l'auteur de ces
appareils. N'est ce pas un peu troublant pour le physiologiste !

Ce trouble augmente lorsqu'on vient à constater que
pas une de ces femmes électriques, à courant intense,
n'opère sans développer les phénomènes bien connus
du spiritisme : « Ce sont des tables qui dansent, qui
poursuivent les expérimentateurs ; on entend des cré-
pitements. »

Claire Vautier, une femme électrique étudiée par
Charcot, révèle dans ses *Mémoires*, publiés à l'heure
présente, qu'elle faisait du spiritisme avec fureur.

Avec Honorine Séguin, d'Indre-et-Loire, on constate
le passage d'un vent électrique qui gonfle ses jupons :
« Par son ordre, la chaise tournait en glissant sur le par-
« quet, elle frappait les coups demandés ; cette chaise
« faisait mille gentillesses, se tenant sur deux pieds,

« en équilibre, battant la mesure, quand Honorine
« chantait ; finalement, elle se renversait avec vio-
« lence (1). » C'était le courant !

Ces phénomènes spiritiques apparaissent ainsi mêlés
à tous les faits notables d'électricité humaine. — M. de
Rochas cite la voyante de Wurtemberg, les phénomènes qui se passèrent près de Wissembourg, où des
cris aériens se faisaient entendre, où des instruments
jouaient sans contact ; il rapporte le fait du presbytère
de Cideville, et conclut par ces mots qui justifient notre
exception : « Les ouvrages spirites sont pleins de cas
« analogues où les meubles se sont mus sans aucun
« contact, et par la seule présence du sujet. »

Encore une fois, nous ne bannissons pas des animaux
et des plantes l'influence de la lumière, de la chaleur et
des autres forces physiques, fussent-elles de nature à
accréditer certains phénomènes électriques. Mais nous
voudrions, pour constater ces courants, même à l'état
faible, des phénomènes bien purs de tout mélange
spiritique, et des expérimentateurs moins intéressés
aux conclusions favorables à la thèse de la polarité.
Autrement, c'est prouver l'occultisme par lui-même.

Aux yeux de plusieurs de ses lecteurs, l'auteur de
« Forces non définies (2) » paraît, un instant, triompher
avec Angélique Cottin, la plus électrique de toutes les
femmes.

Angélique fut un sujet extraordinaire, et donna naissance à des phénomènes qui jetèrent dans l'étonnement
les savants les plus renommés. Le Dr Tanchou présenta,

---

(1) Figuier, *Hist. du Merveill.*, t. IV, p. 211-214.
(2) Page 83 et suiv.

le 17 février 1846, à l'Académie des sciences, une note qui fut lue par Arago lui-même.

Angélique était électrique et remuait des objets fort lourds par le seul contact de son vêtement. « Un canapé, « disait la note, fort grand et fort lourd, sur lequel j'étais « assis, a été poussé violemment jusqu'au mur, quand « cette jeune fille est venue se mettre à côté de moi. Une « chaise, fixée au sol par des personnes très fortes, sur « laquelle j'étais assis de manière à n'en occuper que la « moitié, a été violemment arrachée de dessous moi, aus- « sitôt « que la jeune personne s'est assise sur l'autre « moitié. »

« Quand on éloigne Angélique du réservoir commun « par une matière isolante, le phénomène n'a pas lieu; « c'est donc « bien au fluide électrique que nous avons « affaire. »

M. de Farémont raconte aussi qu'une huche, pesant plus de 150 livres, sur laquelle il venait s'asseoir, se soulevait dès qu'elle était en contact avec la jupe de l'enfant. Il se plaça sur la huche, et elle fut enlevée à trois pieds de haut; trois personnes s'y placèrent à leur tour, et furent enlevées également, mais un peu moins haut. Angélique renversait un lit pesant 300 livres en le touchant du bord de sa robe. » — Quelle batterie, que les ganglions de cette fillette !

Arago fit des expériences semblables, en présence de plusieurs savants, à l'Observatoire ; ni Arago, ni les deux témoins ne purent retenir la chaise quand l'enfant passa.

Chose curieuse, l'Académie nomma une Commission pour étudier et définir le phénomène, et le résultat fut zéro. Les phénomènes cessèrent subitement, et la docte assemblée déclara nulles et non avenues les expériences passées ; et tout fut dit.

Le docteur Luys et le docteur Grasset ont éprouvé,

plus récemment, cette déconvenue. Il paraît que la
Vis occulta peut se rire des savants, pris isolément,
mais elle n'est pas autorisée à se jouer des assemblées
scientifiques.

« La jeune fille, note M. de Rochas, pour expliquer
cette anomalie, était sur le déclin de ses facultés. »

M. de Rochas en est resté au rapport académique, et
ne s'est pas demandé un instant ce qu'était devenue
Angélique Cottin avec ses propriétés électriques.

M. H. Louatron — nous citons volontiers ce témoin,
car la valeur de ce témoignage nous est connue — est
allé récemment interroger Angélique, qui vit encore,
au hameau des Coudereaux (canton de Pervenchères,
Orne) et s'appelle Mme veuve Desiles.

Angélique ne perdit point ses propriétés électriques
à l'âge que mentionne M. de Rochas ; elle les garda
jusqu'à vingt-trois ans, six années encore après son
mariage. Son électricité lui causa bien des ennuis :
Quand elle voulait s'asseoir, les chaises se dérobaient,
et elle tomba plus d'une fois à la renverse avec son
enfant dans les bras. « Un jour, dit-elle, que j'allais
« m'asseoir sur un gros monceau de balles d'avoine,
« toute la balle s'envola en tourbillonnant autour de
« moi. A force d'expérimenter, je découvris qu'une
« botte de paille « liée » était le seul siège qui ne se
« dérobât pas sous moi. Lorsque le second de nos
« enfants eut trois ans, mon mari voulait qu'il fût mis
« en nourrice dans notre famille, pour voyager et faire
« fortune. Mais, véritable guignon, les phénomènes
« devinrent de plus en plus rares et faibles, et finirent
« par disparaître. »

Angélique n'éprouvait aucun effet des machines électriques et de « la bouteille à crochet de métal » ; en
revanche, elle agissait sur les boules de sureau et
sur l'aiguille aimantée. La « soie et le soufre » étaient

les meilleurs conducteurs de son électricité ; tandis que le *cuivre* se refusait à transmettre son fluide ! — Qu'en pense M. de Rochas ? — Les plus lourds objets se déplaçaient, mais les personnes ne recevaient aucune commotion ! D'énormes masses, reliées à Angélique par un « simple fil de soie », étaient renversées ; le fluide enlevait les ciseaux de leur cordon, sans rompre ni dénouer ce dernier.

Disons enfin que le père d'Angélique jouissait de la plus louche réputation : et aussi que le phénomène débuta par un coup de foudre éclatant en temps clair, le 15 janvier, par un froid glacial, avec une épaisse couche de neige sur la terre ; coup de foudre dont le pays n'eut pas connaissance, mais qu'attestent mesdames Raux et Marige, les deux petites compagnes d'Angélique, qui s'enfuirent épouvantées, laissant leur amie étendue sans connaissance (1).

Voilà les faits. — Angélique Cottin, dont l'état électrique est incontestable aux yeux de M. de Rochas, possède des accumulateurs que beaucoup trouveront trop puissants. Cette électricité se moque aussi des savants par son divorce avec le cuivre et ses sympathies pour le soufre. — Nous doutons que la cause de la polarité ait trouvé là une preuve bien pure de tout alliage spirituel.

.˙.

Pour échapper au surnaturel, on n'hésite pas à se réfugier dans les doctrines les plus extravagantes, et des savants, tels que M. de Rochas, nous racontent sans rire des expériences comme celle-ci :

« Dans une lettre à Walter Scott, sur la magie « blanche, le physicien anglais, David Brewster, « membre de la Société Royale de Londres, raconte :

(1) Cf. *Ech. du Merveill.*

« La personne la plus lourde de la société se couche sur
« deux chaises. Quatre personnes se placent autour, à
« chaque pied et à chaque épaule. A un signal donné,
« la personne couchée et les quatre autres « aspirent
« fortement ». Dès que les poumons sont remplis d'air,
« la personne couchée donne le signal de l'élévation,
« et les quatre personnes qui la soulèvent la trouvent
« aussi légère qu'une plume ». Lorsqu'une des per-
« sonnes qui soulevaient n'aspirait pas en même temps,
« la partie du corps qu'elle s'efforçait de soulever restait
« au-dessous des autres (1). »

« Voilà une preuve accablante contre le surnaturel
chrétien ! Comme il est consolant pour la vérité religieuse de voir ses adversaires tomber dans de pareilles
divagations. Ils ont repoussé — théoriquement, au
moins — l'enseignement catholique, qui est celui de la
philosophie la plus profonde qui soit au monde, puis
ils sont allés s'asseoir, disciples fidèles, aux pieds des
brahmanes :

« Par le « Kumbha yoga » le corps humain devient
« plus léger que l'air qui l'entoure et peut ainsi flotter
« au-dessus du sol. » Or, le « Kumbha », explique dévo-
tement M. de Rochas, est un exercice religieux
consistant à clore le nez et la bouche pour retenir son
haleine. « Ou encore c'est par l'exercice du *pranayama*,
« assis dans la posture du *pamadzan*, que le corps
« s'élève vers les hauteurs. » — Le *pranayama* est un
exercice religieux consistant à fermer avec le pouce
une des narines et à respirer par l'autre : c'est une
suspension du soufle. Le *pamadzan* est la posture d'un
religieux en méditation, assis les jambes croisées ; elle
symbolise Brahma assis sur le Lotus (2.

---

(1) *Forces non définies*, p. 121 et suiv.
(2) Loc. cit., 163-164.

Comme explication du phénomène de lévitation, c'est assez pauvre, et il faut un certain entraînement psychique pour s'en contenter. C'est pourtant le cas de ces savants anglais qui rééditent, après David Brewster, l'expérience réunie du *pranayama* et du *Kumbha yoga* !

Görres, dans sa théologie mystique, est du nombre de ceux qui ont voulu expliquer la lévitation par une cause naturelle. Ses raisons vont-elles nous apporter une note plus théologique ? — Qu'on en juge :

« Le torse, dans le corps humain, reçoit du principe « même de la vie les influences qui le maintiennent « dans son état. Or, il est particulièrement destiné à « servir de support et d'organe à l'homme psychique. « Dans les rapports ordinaires, le torse pose avec « fermeté sur le sol ; et la colonne vertébrale, autour « de laquelle il est groupé, s'appuyant sur les extré- « mités inférieures, se meut d'un lieu à un autre. Mais « si ce rapport est détruit par une cause quelconque, « l'élément dynamique, dans l'organe, prenant le dessus « sur l'élément matériel, se concentre en lui-même et « domine de plus en plus les puissances extérieures. « Un autre centre de gravité surgit dans l'organisme, « et rend possibles des mouvements que l'homme ne « saurait exécuter dans l'état ordinaire, comme le vol, « par exemple (1). »

Voilà de puissantes raisons, aux yeux des Görres, pour naturaliser le phénomène ! A tout bien prendre, nous préférons ce complément d'explication, car il est plus poétique : « Les organes du mouvement sont destinés « à la marche, mais lorsque l'âme prédomine sur le « corps, l'élément de l'air prend par suite le dessus sur

_____

(1) *Théol. myst.*, III° part., ch. XVII.

« les autres, l'oiseau se développe en lui, l'emporte sur
« la brute, et se dégageant de son enveloppe, il s'envole
« joyeusement vers la lumière supérieure qui l'at-
« tire (1). »

Il faudrait presque louer la science officielle d'avoir
préféré rejeter ces phénomènes de l'existence plutôt
que de les expliquer par l'absurde, et M. Figuier nous
apparaît comme un sage, quand il considère « l'élévation des objets sans contact comme une impossibilité
physique (2). »

.·.

Revenons donc, après cette excursion dans le domaine
de l'extravagance, à l'affirmation de Benoît XIV, qui
concorde avec les données de la science : « *Naturaliter
dari non potest ut corpus a terra sublevetur* (3). » Si
des phénomènes de lévitation sont observés de nos
jours, comme ils furent constatés, peut-être, dans
l'antiquité païenne, c'est que de pareils soulévements
et élévations ne dépassent pas, en certaines circonstances, le pouvoir des *entités extra-terrestres* — :
« *Contingere potest corporis a terra elevatio, non enim
id ejus daemonis efficaciam et potestatem excedit* (4). »

En revanche, Dieu communique ce don à ses saints,
pendant leurs extases, quoique ces élévations n'aient
pas de connexion intrinsèque avec l'extase prise en
elle-même, afin de signifier, par là, une participation,
quoique imparfaite, du don d'agilité que les corps des
bienheureux posséderont dans la gloire — : « *Deus, ut
« id doceat* », *hoc* « *speciale donum* » *aliquando concedit*

---

(1) *Mystique*, ch. XXIII.
(2) *Hist. du Merveill.*, t. IV, p. 321.
(3) *De Can. Sanct*, l. III, c 49, n. 3.
(4) Loc. cit., Bened. XIV, n. 3.

raptis ; quod donum est quædam imperfecta participatio dotis « agilitatis », quam corpora gloriosa obtinent (1). » — Que devient cette doctrine avec une lévitation naturelle? Nous le demandons à ces théologiens qui ont toujours peur d'être en retard sur la science avancée, et qui finissent par abuser de ce principe, d'ailleurs fort juste, mais que le libéralisme scientifique est en train de porter aux conséquences les plus exagérées : « *Le surnaturel n'est pas en raison inverse de la science; son domaine ne s'amoindrit pas autant qu'elle grandit.* » Oui, certainement, mais ne supprimez pas les *Acta sanctorum ;* nous ne vous laisserons pas, sous ce prétexte fallacieux, jouer du coupe-papier, selon votre esprit critique, à travers les Bollandistes et le traité de Benoît XIV.

La Congrégation Romaine fait une mention spéciale, dans les Causes de Béatification, de ces élévations extatiques, qui, par l'éclat des vertus héroïques, apparaissent, sans erreur possible, ce qu'elles sont en elles-mêmes, par les circonstances qui en dénotent l'origine, de vrais miracles. — Le phénomène fut spécialement étudié dans la cause de sainte Thérèse, où il est déclaré, d'une façon générale : « *Raptam fuisse constat,* (2) » — dans celle de saint François-Xavier, et de beaucoup d'autres saints. Benoît XIV rappelle, en particulier, les célèbres élévations de saint Joseph de Copertino : « *Celeberrimas a terrá elevationes, et ingentes volatus.* »

---

(1) Non quia (hæc elevatio) habeat intrinsecam connexionem cum ecstasi..., sed quia, cum hæc ecstatica contemplatio divinorum assimiletur, et quasi sit inchoatio ejus, quæ futura est in Beatitudine animarum, Deus, ut *id doceat,* hoc *speciale* donum aliquando *concedit* raptis, quod donum est quædam imperfecta participatio *dotis agilitatis* quam corpora gloriosa obtinent. » *De Can. Sanct.,* l. III, c. 49, n. 3.
(2) Bened. XIV, l. III, c. 49, n. 9.

Dans le phénomène surnaturel ordinaire, qui prend le nom d' « ascension extatique », le corps s'élève doucement et lentement, jusqu'à une certaine hauteur. Au-dessus de cet effet — par intensité de phénomène, et non par changement de nature — est le *vol extatique;* — au-dessous est la *marche mystique.* Le vol extatique est une ascension extatique renforcée; le corps s'élève rapidement et à une grande hauteur. — Saint Joseph de Copertino, déjà mentionné, la bienheureuse Christine, sainte Colette, sont restés célèbres par leurs « vols » extatiques. — La marche mystique est une extase mobile, avec légère élévation (1). Marie-Madeleine de Pazzi allait et venait, en extase sans interrompre le travail commencé; douée d'agilité, elle glissait majestueusement, ne « touchant pas la terre ».

L'élévation peut se faire aussi par le ministère de l'ange « exécutant l'ordre divin »; cette circonstance en fait un miracle de 3ᵉ classe. — Dans les autres cas, la loi de pesanteur est annulée dans le corps ainsi élevé, et quoique le corps soit toujours intrinsèquement sollicité par cette force de pesanteur, — *remanente gravitate in eâ,* explique saint Thomas —, cette force demeure cependant sans effet naturel; c'est un phénomène « *contra naturam* »; c'est le miracle de 2ᵉ classe. Dans l'un et l'autre cas, c'est toujours par l'intervention immédiate de Dieu que le miracle est réalisé (2); une étude particulière des circonstances permettra de

---

(1) Ne pas confondre la « marche mystique » avec la démarche automatique du somnambule; la marche somnambulique n'est en rien aérienne.

(2) C'est ainsi, ce semble, qu'Héliodore, flagellé par les anges, est jeté par eux sur sa chaise à porteur, et emporté hors du temple; ce fut pour tous un signe de la vertu de Dieu : « *Portabatur, nullo sibi auxilium ferente, manifestâ Dei cognitâ virtute.* » (Lib. II Mach.. c. III, v. 28).

classer le phénomène dans l'une ou l'autre catégorie;
quand l'extatique n'a pas conscience de l'action angélique, par exemple, on pourra attribuer le miracle à la
suspension de l'effet de pesanteur. Le fait étant miraculeux dans les deux cas, l'indécision, si, par impossible, les circonstances étaient imprécises, n'entraînerait manifestement aucune restriction dans le caractère surnaturel du phénomène.

En résumé, Dieu, ou l'ange opérant comme instrument de la volonté divine, d'une part, — de l'autre, du
côté de la contrefaçon, *l'entité intelligente,* voilà les
deux causes opposées de l'*ascension extatique* ou de la
lévitation spiritique. Nous ne croyons pas à l'efficacité
du *pranayama,* et pas davantage à une vertu si puissante de la *polarité,* si polarité il y a. Nous refusons de
voir ici une « lévitation naturelle », l'application d'une
force électrique. Nous disons avec Figuier et Benoît XIV : « *C'est physiquement impossible* »

« Tous les *névrosés* ne sont pas des saints », la chose
est admise; « tous les saints ne sont pas des *névrosés* »,
il faut bien l'admettre encore.

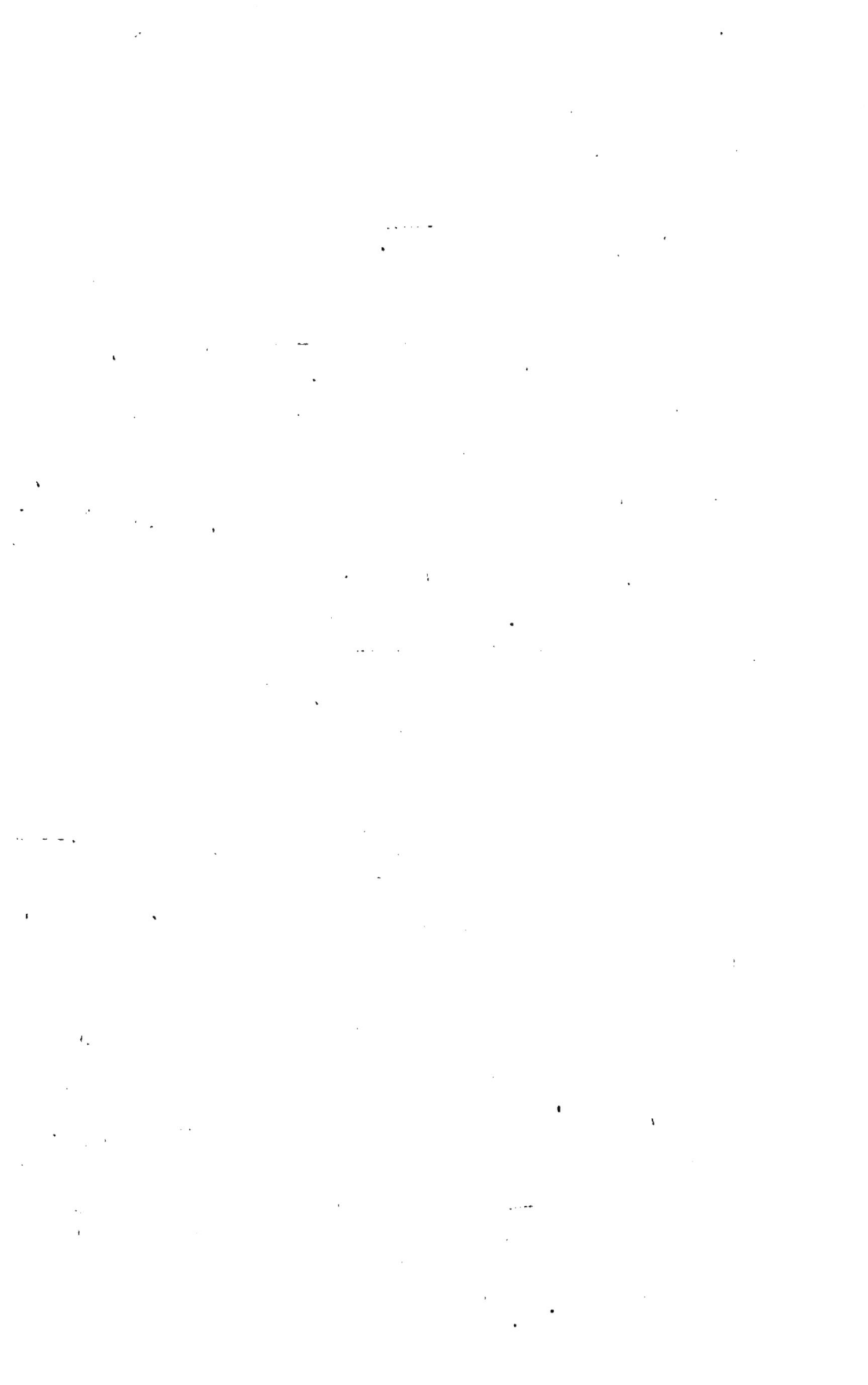

QUATRIÈME PARTIE

L'Imagination
et les Modifications corporelles

L'Imagination
et les Modifications corporelles

CHAPITRE I

THÉRAPEUTIQUE SUGGESTIVE — GUÉRISON MIRACULEUSE

Avant de pénétrer dans cette question capitale, nous voulons remettre en mémoire la saine définition du miracle. Elle se résume dans cette courte formule :

« Le miracle est un fait qui surpasse l'ordre de toute la nature créée : *Miraculum est præter ordinem totius naturæ creatæ.* » — Saint Thomas, à qui nous devons cette définition précise, la commente en ces termes : « Etant donné que Dieu est « seul incréé, », « seul » il peut, par sa vertu propre, réaliser le miracle — : *Deus igitur, cum solus sit increatus, solus etiam, virtute propria, miracula facere potest* (1). » — C'est le miracle proprement dit, le seul fait qui retienne le nom de *surnaturel*, au sens théologique.

Le miracle, une fois qu'il est constaté, prouve tou-

---

(1) I. p. q. 110, a. 4, c.

jours, d'après sa définition et ses notes essentielles, que Dieu est intervenu dans la production du phénomène physique, comme cause principale, et seule adéquate de « tout » l'effet miraculeux.

Le miracle est un fait « insolite (1) », aussi bien pour l'ange que pour l'homme, car pour lui comme pour l'homme la cause intrinsèque du phénomène est la plus mystérieuse, c'est-à-dire la plus reculée, la cause dernière : *causa per se occulta.*

Il faut ici la Cause suprême, parce que l'effet obtenu renferme une disposition naturellement contraire à l'effet que produirait la nature, et que l'Auteur de la nature peut seul vaincre par une influence directe ; aussi, pour toute créature, le miracle est l'irréalisable, c'est l' « ardu » (2).

Cette disposition « contraire », parfois elle réside dans la chose elle-même, et alors elle est substantielle ; — ou bien elle est afférente à une propriété essentielle et se formule par la loi physique ; ainsi en est-il dans les miracles de 1re et de 2e classe : c'est substantiellement qu'un mort résiste au retour de la vie, - c'est par une vertu essentielle que le feu garde la propriété (3) de brûler un corps combustible et demande à produire cet effet qui lui est naturel ; si l'effet n'est pas obtenu, toutes conditions restant les mêmes, c'est que la loi physique est contrariée dans telle ou telle nature particulière.

Parfois, cette disposition contraire réside seulement

---

(1) Quaest. disp. *De Potent.*, q. VI, a. 2.

(2) « Ut in re sit contraria dispositio secundum naturam effectui quod apparet .. Cui ex parte rei mirabilis respondet quod dicitur arduum » Quaest. disp. *De Pot.*, q. VI, a. 2, c.

(3) Cette propriété, qui découle de l'essence, n'est jamais enlevée à l'agent, puisqu'elle est essentielle ; mais pour un temps, dans un cas donné, elle agit en vain ou n'obtient pas son effet ; c'est l'exception miraculeuse.

dans le *mode* ou la *circonstance;* de là, le miracle de 3ᵉ classe. — Dans cette catégorie de phénomènes, le fait, considéré comme simple résultat physique, n'est pas intrinsèquement irréalisable à la créature; c'est le mode ou la circonstance qui confèrent au phénomène, dans un cas donné, son caractère d'être un effet *ardu,* impossible à réaliser. En tant que pur effet physique, étudié en dehors du mode et de la circonstance, la nature et l'ange peuvent le produire; on dit alors que le miracle est imité « *quoad veritatem facti* ». Une fois introduite la circonstance, ou le mode qui rendra l'effet directement et immédiatement soumis au bon plaisir divin, — alors forcé d'intervenir pour sauvegarder les intérêts de sa gloire dans le monde aussi bien que les ordinations de sa divine sagesse, — le phénomène échappe à l'activité naturelle des causes secondes, tant élevées qu'elles soient dans l'échelle des êtres. L'ange ne peut plus agir que selon les intentions immédiates de Dieu, si le phénomène n'est miraculeux que par la circonstance.

Dieu intervient immédiatement, sous forme d'autorisation à poser l'effet attendu, et il intervient comme Promoteur et Protecteur obligé de la vertu ou de la vérité religieuse. Donc, même dans l'ordre des effets qu'ils peuvent produire, les anges peuvent rencontrer l' « ardu » qui épuise leur pouvoir naturel. C'est pour cela que les anges peuvent apparaître naturellement, et que cependant une *apparition angélique* est miraculeuse, étant donné que les bons anges n'apparaissent jamais sans mission « spéciale ». A plus forte raison, il est des cas, reconnus par la théologie, où les démons ne peuvent plus agir, précisément parce que les hommes seraient conduits à une erreur invincible, si leur pouvoir ne subissait ces entraves — : « *Quaedam quae angeli mali possent facere, si permitterentur, ideo*

facere non possunt quia non permittuntur. » — « *Angeli mali minus possunt ex divinâ Providentiâ eos re-
primente, quam possent secundum naturalem virtutem* (1). »

Il faut donc, dans un phénomène de contrefaçon diabolique, distinguer avec soin la « vérité du fait » de la
« vérité du miracle (2) ».

Les démons peuvent imiter de près certains miracles
de la 3ᵉ classe; mais ces faits, miraculeux, *quant au
mode*, ne sont, en réalité, que très habilement con-
trefaits ; il.manque toujours quelque chose à ces guérisons, qui seront parfois véritables ; le « mode » qui a
trait à l'*instantanéité* absolue dépasse leur pouvoir, non
moins que celui de la nature physique. L'imitation,
toutefois, est souvent si parfaite, que seul un examen
attentif découvrira les defectus théologiques. — Les
guérisons réelles obtenues sur le tombeau du diacre
Pâris seront, sous ce rapport, singulièrement instruc-
tives pour le théologien.

Il arrive, le plus souvent, que la guérison paraît
subite, ou mieux *presque* subite, mais cette instantanéité ne résiste pas à l'examen médical, non seulement qui suivra, mais surtout qui *aura précédé*,
car le démon peut, au préalable, amoindrir et presque
anéantir, par une action antérieure combinée en vue de
l'effet prévu et voulu, la cause du mal — une tumeur,
par exemple, d'ailleurs guérissable —, tout en exagé-
rant les douleurs concomitantes par une action directe,
pour dissimuler la fausse guérison ainsi préparée. Voilà
pourquoi nous disons que l'*examen antérieur*, fait par

(1) Quaest disp. *De Potent.*, a. V, c.
(2) I p. q. 114, a. 4.

les hommes de l'art, est essentiellement requis pour la reconnaissance du fait miraculeux, dans cette classe de phénomènes. — Pour la plupart des miracles de 1re et de 2e classe, le témoignage de gens probes, intelligents, suffira pour engendrer la certitude morale, surtout si les témoins sont nombreux et variés par les aptitudes et les mœurs.

Il est aussi des phénomènes miraculeux qui ne réclament guère cet appareil scientifique : Tout le monde peut certifier d'une « égratignure », d'une plaie quelconque, fût-elle la plus guérissable de toutes ; tout le monde peut témoigner qu'après une immersion dans l'eau d'une piscine miraculeuse toute trace a disparu ; or, la nature ne répare pas instantanément les tissus. Néanmoins, les miracles de 3e classe, en tant que plus imitables par le démon ou l'action merveilleuse d'un agent naturel, exigent un examen spécialement circonstancié et minutieux ; — il appartient au médecin et au théologien de le mener à bonne fin.

Dans la plupart d' ces guérisons, produites assez précipitamment par le vulgaire comme miraculeuses, on ne distingue pas assez la *disparition* de la cause — mettons, de la tumeur — d'avec la « cessation » des douleurs concomitantes. Le démon peut aisément produire, en premier lieu, l'*anesthésie*, et l'absence de douleur suffira, parfois, pour rendre l'usage du membre malade. — On crie au miracle, parmi le peuple, — nous ne prétendons pas faire la leçon aux savants —, et on oublie, ou on néglige de faire constater la *disparition subite et simultanée* de la cause morbide, — de la tumeur, en l'espèce —, comme si le démon, avec sa mystérieuse puissance, ne pouvait mettre à profit le temps qu'on lui laisse, en détournant les humeurs, en procurant des évacuations par des procédés qui lui sont

connus. – Nous supposons, évidemment, qu'il y aura
pour le démon, dans un cas donné, intérêt à agir; autrement, son intervention deviendrait improbable. Mais
il y aurait toujours à se défier de la nature.

En résumé, certaines guérisons, préparées par le
démon ou causées par la nature, peuvent être l'occasion
d'erreurs profondes parmi les croyants, s'ils ont l'imprudence, par une dévotion mal entendue, ou dans le
but trop intéressé de faire triompher des idées et des
espérances particulières, de devancer les arrêts de la
science et de la théologie.

Une guérison « subite », si l'on prend le mot au sens
large, n'est pas pour cela miraculeuse, quand le mal est
guérissable, si la guérison n'a pas l'instantanéité requise, comme nous aurons à le préciser : « *Sciendum
autem est quod etiam si « subito » sanitatem daemones
perficerent, non esse miraculum ex quo ad id age-
rent mediante naturali virtute* (1). »

C'est donc un point bien établi, les démons nous sur-
prennent par l'efficacité de leurs moyens, *applicando
activa passivis* ; en cela, ils ne font pas du miracle,
mais de l'art : « *Non erit per modum miraculi, sed per
modum artis* (2). » — L'examen scientifique réduira,
pour l'ordinaire, ces opérations à leur juste valeur, car
la nature oscille dans des limites de temps, de mode,
d'efficacité, que l'expérience universelle a suffisamment
fixées, et dont l'homme, en plus d'un cas, a la naturelle
intuition. Les notes théologiques, en s'ajoutant aux
indices que fournira la science, feront discerner l'action
surprenante d'une cause préternaturelle.

Parmi les miracles, il en est qui apparaissent tels à

---

(1) Quaest. disp. *De Potent.*, VI, a. 5, ad 2.
(2) Loc. cit., a. 3, c.

à première vue : telle fut la résurrection de Lazare, celle du fils unique de la veuve de Naïm, la multiplication des pains au désert, et tant d'autres prodiges réalisés par le Christ, et par ses disciples, dans tous les temps.

Donnons ici plus résumée et plus méthodique la classification des miracles :

Saint Thomas divise les miracles en effets qui sont au-dessus de la nature, — *supra naturam*. — On peut les subdiviser en deux catégories : Dans la première, le miracle éclate dans la substance du fait, comme pour l'état glorieux ; dans la seconde, on considère le *sujet* du miracle, comme dans la résurrection d'un mort : c'est la Ire classe. A cette classe appartient la reconstitution complète d'un organe anéanti.

La IIe classe comprend tous les miracles qui sont dits « *contraires* » à la nature. Dans ce groupe de phénomènes, une loi de la nature n'obtient pas son effet, dans un cas donné. Ainsi Dieu conservait les enfants dans la fournaise, — *remanente virtute comburendi in igne* (1). — La loi de la nature n'est pas *violée*, à proprement parler ; elle n'est pas détruite, mais elle opère vainement sur un sujet qui est comme transporté dans une autre sphère, par rapport à l'activité de cette force naturelle : celle-ci ne l'atteint pas dans les propriétés naturelles qui soumettent ordinairement le sujet à sa vertu transformante. — Ce dernier caractère distingue essentiellement le phénomène divin de sa contrefaçon : le démon ne suspend pas, dans un sujet combustible, l'effet d'une propriété naturelle qui le livrait à l'activité de l'agent physique, mais il interpose un obstacle entre l'agent et l'objet ; il produit l'éloignement factice, en faisant écran — *per modum artis*.

_____

(1) Quaest. disp. *De Pot.*, VI, a. 2.

— C'est pour ce motif que le phénomène d'incombustibilité n'est pas toujours d'ordre divin : le démon le contrefait.

La III⁰ classe renferme tous les miracles qui sont au-dessus de la nature par le mode de production, et non plus par l'*être* du miracle ; la nature est cependant impuissante à réaliser l'effet dans ce « mode » ; c'est par là qu'on reconnaît une cause agissant *en dehors de la nature*, c'est parce que ce « *mode* » est lui-même au-dessus de son efficacité naturelle. « *Praeter naturam quando Deus producit effectum quem natura producere potest, illo tamen modo quo natura producere non potest* (1). » — Le phénomène est donc encore au-dessus de la nature par ce côté.

Outre le *mode*, les *circonstances* déterminent encore le miracle : « *In quibusdam effectis, neque rem ipsam, neque modum superare vim et potestatem naturae visibilis et incorporeae, sed hoc minime obstante, inter miracula recenseri ratione « adjunctarum circumstantiarum »* (2). La nature, par exemple, peut former des *brouillards phosphorescents* que reconnaît la science, mais un météore *naturel* n'eût pas guidé avec tant de précision et d'à propos la marche du peuple juif ; un démon peut se transformer en ange de lumière, mais jamais au point de tromper la vertu, en des circonstances où la loi divine est en jeu.

En appelant ces derniers miracles : *miracula large sumpta*, et tous les autres — mais à degrés divers — *stricte sumpta*, on obtient une division très claire, préconisée par les théologiens auxquels s'en réfère Benoît XIV (3).

---

(1) Loc. cit., a. 2, ad 3
(2) Bened. XIV, l. IV, I p., c. III, n. 13. « Posse in sic effectis adesse circumstantias quae verum a falso miraculo secernunt. »
(3) *De Can. Sanct.*, l. IV, I. p., c. 1, n. 15.

. .

On discerne l'effet miraculeux des phénomènes naturels à plus d'un signe que nous devons exposer. Ces règles de discernement ne sont pas nouvelles, et, sur plus d'un point qui semble appartenir à la science avancée, on reconnaîtra que les théologiens ont eu des notions suffisantes, et souvent imprévues.

La thèse du « naturalisme moderne » ramène tous les faits à l'imagination, à la secousse nerveuse que produit l'émotion suscitée par les passions ou mise en branle par la puissance de la suggestion et de l'auto-suggestion. Les miracles, si nous en croyons les adversaires du *surnaturel*, se rattachent tous à une manifestation quelconque de la névrose.

Le simple classement théologique des phénomènes miraculeux est déjà une réponse à ce prétendu principe premier, qu'une assertion sans fondement ne saurait rendre définitif. — « L'hystérie, c'est la maladie à miracles, et l'Eglise l'exploite aux roches Massabielle », telle est l'accusation courante, que tout bon rationaliste doit retenir comme la juste expression du *Credo* scientifique.

« Il faut bien connaître, Messieurs · disait Charcot — « la possibilité de ces guérisons, qui, aujourd'hui « encore, font crier au miracle, mais dont les charlatans « seuls se font gloire. « Avant » notre siècle, ces faits- « là étaient souvent invoqués lorsqu'il s'agissait d'éta- « blir devant les plus incrédules l'influence du surna- « turel en thérapeutique (1). »

D'après M. Charcot, l'ignorance de ce que peut produire l'imagination dans l'état psycho-physiologique des hystériques a été la cause de cette crédulité excessive

_____

(1) *Leçons sur les maladies du système nerveux*, faites à la Salpêtr., recueillies par Bourneville, 12ᵉ Leç.

à l'endroit du surnaturel. — Partant de cette idée qu'il n'y a pas de *surnaturel*, que toutes ces guérisons miraculeuses relèvent de la thérapeutique suggestive, M. Charcot a multiplié les états nerveux à troubles profonds autant que le demandait l'utilité de la cause : « Le savant professeur Charcot, dit plaisamment le « Dr Tony-Dunand, aurait certainement accusé d'hystérie « les armoires et les pianos des spirites, s'il avait eu à « se prononcer sur les cabrioles de ces meubles (1). »

N'en déplaise à M. Charcot, et à ses disciples, on se faisait, même avant notre siècle, une idée assez juste de la terrible maladie ; on dissertait même assez savamment sur ses effets pathologiques.

Ainsi, n'est-ce pas une opinion en partie réformée que cette doctrine de Charcot, et des autres, qui fait de l'hystérie une maladie presque exclusivement féminine? Charcot met le siège principal de cette affection aux sources de la maternité, comme le veut l'étymologie du mot (2).

En réalité, la maladie est commune aux deux sexes, quoique plus fréquente et plus intense chez la femme. Quant au siège de l'affection, Sandras et Bourguignon ne sont pas sans contredire l'opinion du maître ; ils y intéressent tout l'organisme. N'est-on pas aussi en train de démontrer que, dans l'hystérie, les centres nerveux sont comme « empoisonnés ? »

Résumant la tradition théologique, Benoît XIV fait, sur ce sujet, des remarques dignes d'attention : « *Affec-tionem hystericam « uteri vitio » produci apud medicos olim adeo compertum fuit, ut eam nomine « suffoca-tionis uterinae appellarerint* ». — M. Charcot n'aurait

---

(1) *Une révolution en philos.*, p. 314.
(2) *Leçons sur les maladies du syst. nerveux*, etc., Leç. 16e.

rien à redire à cette entrée en matière. — Benoît XIV continue : « *At recentiores eam product putant « villo succorum » digestionibus inservientium, qui afficiunt membranas ventriculi atque intestinorum et « nervorum plexus » : quam assertionem comprobant, tum quia in cadaveribus mulierum, eo morbo mortuarum, nullum vitium in utero repertum est, tum quia hoc ipsum declarant ipsius morbi symptomata, quae non uterum, sed œsophagum, stomachum, ac intestina in primis affecta esse designant* (1). »

Rapprochons de ce texte la description de Landouzy :

« Les premiers symptômes qui se manifestent « prennent leur point de départ de l'épigastre et de « l'hypogastre, sous forme d'une impression souvent « sourde et obscure. Tantôt c'est un frémissement, une « chaleur vive ou un froid glacial qui s'irradient du « bas-ventre ou de l'épigastre au cou (2). » — Dubois ajoute : « Surviennent des bouffées de chaleur au « visage...., des tintements d'oreille, des palpitations, « des crampes, des coliques et des vomissements (3). »

Dans les milieux théologiques où le miracle est spécialement étudié, on a connu ces troubles variés que peut causer l'hystérie, et on s'en est singulièrement défié. « Ce n'est certes pas dans de simples « adoucissements ou atténuations de crises que l'on a « fait consister le miracle, mais dans la disparition « miraculeuse de la cause même capable de ramener « ces désordres (4). » — Or, c'est pour ce motif qu'une

---

(1) Bened. XIV, I p., c. 13, n. 12
(2) *Traité complet de l'hyst.*, p. 59.
(3) Dubois d'Amiens, *Hist. philos. de l'hypocondrie et de l'hyst.*, p. 28.
(4) « Vis videlicet miraculi non est reponenda in curatione a paroxysmo, sed in expulsione qualitatis morbicae, quae novos paroxysmos producere potest. » Ben. XLV, l. IV, I. p., c. 13, n. 14.

guérison parfaite de l'hystérie est si rare ; il reste
toujours comme un germe du mal, chez ceux qui en
sont profondément atteints : « Nos hystériques gué-
« rissent mal, écrit un élève de Charcot, elles conservent
« toujours ou le germe ou les manifestations de leur
« diathèse (1). »

C'est précisément parce que les théologiens ont
compris cette difficulté qu'ils disent avec Benoît XIV :
« *In quo rerum themate difficile admodum erit libera-
tiones ab hoc morbo recensere posse inter miracula* (2). »
Qu'on veuille bien rapprocher ces paroles de l'accusation portée par M. Charcot : *Avant notre siècle, ces
faits-là étaient invoqués pour convaincre les plus incrédules.*

Il est donc avéré qu'on connaissait la nature et les
effets de l'hystérie, ou, du moins, qu'on avait sur ces
deux points des idées très scientifiques. — De plus, on
écartait, par prudence, les guérisons de ce mal de la
classe des miracles.

Au sein de la Congrégation, le rejet « systématique »
de ces guérisons n'était pas sans étonner les moins prudents, et plusieurs Postulateurs présentèrent parfois
des instances ou essayèrent de les faire accepter. —
Vains efforts : la Congrégation refusa de les insérer
dans les Causes pendantes. Nous en avons pour garant
Benoît XIV : « *Quod si aliquando a postulatoribus cau-
sarum Beatificationis... tentatum est, « nunquam »
tamen vidi admissum* (3). » — Nous livrons à l'appréciation de tout savant sincère et loyal ces textes dé-
cisifs.

Qu'on ne l'oublie pas, la prudence de ces théologiens

(1) Cf. Boissarie, *Lourdes*, p. 102.
(2) Ben. XIV, loc. cit., n. 14.
(3) Bened. XIV, l. IV, 1 p., c. 13, n. 14.

apparaît d'autant plus admirable qu'il leur fallait lutter contre le courant scientifique du temps; on cherchait à endormir leur vigilance, mais tous ces efforts furent inutiles : « *Nunquam vidi admissum.* » Et de fait, il était si connu que la simple qualification de *maladie hystérique*, ou de mal similaire, indisposait *ipso facto* les juges contre le miracle présenté à leur approbation, que les postulateurs et leurs médecins conseils cherchaient avant tout, dans les thèses présentées à l'appui du miracle, à bien établir que la maladie, dont guérison avait été obtenue, n'avait pas sa cause dans le mal hystérique : « *Medicique adciti ut pro opportunitate scriberent operam suam, licet « infelici conatu »*, *constituerunt in demonstrando quod morbus non erat passionis hystericae, sed alterius naturae.* » — « C'était l'aveu, remarque toujours Benoît XIV, qu'une guérison du mal hystérique avait trop de peine à passer pour miraculeuse (1). » — Et cependant, nous savons maintenant combien cette maladie est difficile à guérir !

M. Charcot a écrit, dans la « *Foi qui guérit* » : « Les « médecins préposés à la constatation des miracles « et dont la bonne foi n'est pas en cause, savent très « bien que la disparition des paralysies hystériques « n'a rien qui sorte du domaine des lois naturelles. » Les théologiens, nous l'avons prouvé, méritent tout aussi bien le compliment.

.*.

Soit! objectera peut-être un adversaire loyal, l'Église a fait preuve d'une prudence inattendue au sujet de

_____

(1) Loc. cit., n. 14 « Ingenue hoc modo difficultatem probandi recognoscentes quod liberatio ab ipso fuisset praeternaturalis, si res esset de liberatione a passione hysterica. »

l'*hystérie*. Mais est-il également vrai que l'Eglise, avant le développement des théories modernes, avant la précieuse 12ᵉ Leçon, ait pris les précautions de rigueur à l'endroit de certaines maladies, telles que les « contractures » et les « paralysies », dont elle pouvait ignorer l'origine hystérique ? Or, l'Eglise, si bien décidée à écarter de l'ordre miraculeux les guérisons d'hystérie, n'a-t-elle pas admis au catalogue des miracles la guérison des paralytiques, en cela, du reste, parfaitement conforme à la doctrine évangélique ?

L'examen attentif des Causes de Béatification permet de faire justice de cette supposition.

Classons rapidement les paralysies dans une revue sommaire :

Au point de vue pathogénique, les paralysies sont *organiques*, c'est-à-dire liées à une altération des centres nerveux ou des nerfs (hémorragies, ramollissement, méningites, tumeur, section d'un nerf) ; ou *ischémiques*, liées à l'anémie des centres nerveux (ligature de l'artère carotide primitive, embolie) ; ou *dyscrasiques*, liées à l'altération du sang (chloro-anémie, empoisonnement par le plomb, l'arsénic, etc.) ; enfin *fonctionnelles*, liées à des névroses (paralysie hystérique).

Quand la paralysie frappe une moitié du corps, elle prend le nom d' « hémiplégie » ; quand elle prend les membres inférieurs, on l'appelle « paraplégie ». Les paralysies localisées qui affectent un groupe de muscles, ou une région peu étendue, sont dites « partielles ».

L'invasion de la paralysie est brusque ou graduelle. Cette affection s'adresse séparément ou simultanément aux muscles de la vie de relation, ou aux muscles de la vie organique ; lorsqu'elle est incomplète, et n'accuse qu'une diminution de mouvement, elle prend le nom de « parésie ».

Règle générale : Lorsque la paralysie est ancienne, elle s'accompagne de troubles nutritifs, d'atrophie avec abaissement de la température, la peau devient sèche et rugueuse, l'œdème et la cyanose du membre indiquent le ralentissement de la circulation.

Benoît XIV, dans son savant *Traité de la Canonisation*, après avoir défini la paraplégie et l'hémiplégie, sans se perdre dans une étiologie souvent réformable, pose les caractères évidents de la paralysie « *grave* », et énumère les signes qui aideront à la reconnaître.

1° — Il voit un indice de gravité dans les convulsions et tremblement qui accompagneront la paralysie : « *At quod magis auget paralysis vehementiam, est si convulsio conjungatur paralysi.* » Certaine paralysie agitante qui prend l'homme à l'âge mûr, est particulièrement grave ; des attaques de « convulsions épileptiformes » se rencontrent à la période terminale de la *paralysie générale (polyparésie, démence paralytique, méningo-encephalite diffuse)*.

Ces accidents n'ont pas la même gravité dans les paralysies de l'enfance. Aussi, pour écarter ce cas de guérison plus réalisable, notre théologien insiste sur le caractère suivant :

2° — « On n'oubliera pas de citer, parmi les causes qui rendent le mal plus rebelle à la guérison, l'âge de la personne atteinte ; la paralysie, en effet, est plus guérissable chez l'enfant que chez le vieillard (1). »

3° — « Un autre indice de gravité, c'est aussi l'*ancienneté* de la paralysie. Plus la durée du mal est notable, plus la guérison s'annonce difficile (2). »

_____

(1) « Nec inter ea quae vehementiorem efficiunt paralysim omitti possunt vel aetas ejus qui ipse afficitur, facilius enim curatur in *pueris* quam in senibus. » L. IV, 1, p., c. 12, n. 8).

(2) « Vel diuturnitas ipsius paralysis, quo enim diuturnior est, eo difficilius curatur. » (Loc. cit.)

On remarquera la justesse de ces réflexions. De l'avis des médecins, une longue durée amène l'*atrophie* des muscles, et tous les troubles que peut causer le ralentissement de la circulation. La conséquence est que dans tous les cas morbides où existe cette atrophie des muscles, il faut à la nature, même en cas de guérison naturelle très rapide, un certain temps pour remettre en état les parties atrophiées. — Le Dr Moncoq (de la Faculté de Paris) raille très justement le médecin Beauclair — personnage fictif d'un roman de Lourdes — qui fait marcher comme d'habitude, après guérison instantanée, supposée naturelle, sa paralytique malade depuis 15 ans : « Votre docteur Beauclair, dit le « Dr Moncoq, est un parfait aveugle. Vous pensez, et « il pense avec vous, qu'après « quinze » années d'im- « mobilité complète des jambes « *atrophiées* » peuvent « retrouver *instantanément*, par une secousse morale, « le mouvement, et la force de porter le corps, *abso-* « *lument comme si ces jambes n'avaient jamais cessé* « *de fonctionner*. Secousse morale ! dites-vous ? Et moi « je vous dis : *dérogation subite à toutes les lois ordi-* « *naires*. Je vous dis avec tout médecin sérieux, voilà « le miracle ! Votre coup de foudre, votre commotion « morale ne reproduisent jamais, et subitement, les « muscles nécessaires pour la marche (1). »

M. Charcot ne professe pas une autre doctrine : « Si « pendant ces paralysies les muscles sont atrophiés, et « après *sept ans l'atrophie est fatale*, les membres ne « prennent leur force et leur volume que lorsque leurs « muscles se sont refaits. C'est le cas de Mlle Coirin, qui « ne put se servir de sa jambe atrophiée, pour monter « en voiture, que vingt jours après sa guérison qualifiée « de soudaine (2). »

---

(1) Dr Moncoq, *Réponse au Lourdes* de M. Z., p. 8-9.
(2) Cf. Boissarie, *Confér. au Luxembourg*, p. 47,

C'est donc en complète conformité avec la science moderne que les théologiens, par l'organe de Benoît XIV, réclament comme indices de la paralysie grave, les caractères suivants, qui sont la conséquence physiologique de la durée et de l'ancienneté du mal :

4° — L'*exténuation* et le *dépérissement* des membres accusant l'*atrophie :* « *Si partes affectae fuerint « extenuatae »*, *quæ extenuatio dicitur a græcis « atrophia »* (1). »

L'illustre théologien rappelle qu'étant Promoteur, dans plusieurs causes, il s'attachait à faire prévaloir ces réclamations et ces exigences scientifiques ; il se faisait un devoir d'écarter les guérisons de paralysie qui ne présentaient pas ces caractères de gravité. « Je n'avais « pas de cesse, dit-il, de rappeler de nombreux cas de « paralysies guéries par des émotions vives, nées de « la crainte ou de la colère (2). »

5° — On jugera aussi de la gravité du mal, s'il y a perte générale de la sensibilité et du mouvement, ou si ces désordres s'étendent à une grande partie du corps : « *Si motus et sensus sint amissi, si magna corporis pars sit affecta* (3). »

Telles sont les règles dont les juges de la Congrégation ne s'écartent jamais (4), et qu'ils n'appliquent pas isolément, mais simultanément, cherchant à réunir tous les éléments d'une décision éclairée, et non sans recourir aux conseils des médecins les plus réputés et les plus prudents.

---

(1) Ben. XIV, l. IV, I p., c. 12, n. 8.
(2) « Non destiti afferre exempla corum, quorum paralysis omnino soluta est ex quodam improviso timore aut ira concepta. » (L. IV, I p., c. 12, n. 11.)
(3) Loc. cit.
(4) « Ab his, quae supra dicta sunt, non recesserunt. » (Loc. cit., n. 11).

Des guérisons de paralysies étudiées avec cet esprit
scientifique pouvaient, à bon droit, prendre rang
parmi les faits miraculeux, quand, par ailleurs, toutes
les conditions du miracle étaient vérifiées. C'est ainsi
que fut déclarée miraculeuse une guérison *subite* de
paralysie obtenue par l'intercession de saint Pie V.
Cette grave paralysie, M. Charcot l'eût diagnostiquée
telle lui-même. car il s'agissait d'une paralysie des
membres inférieurs qui avait duré *douze ans*, et déterminé une atrophie complète (1).

Il fallait de tels cas pour faire acquiescer aux thèses
présentées ce Promoteur intraitable.

Dans la Cause de saint François Régis, on présenta
le témoignage d'une religieuse, paralysée d'un membre,
dont la guérison avait été obtenue par l'intervention
du saint. Le Promoteur combattit avec ardeur l'opinion
du Défenseur. La prudence eut le dernier mot et on
mit la guérison sur le compte de la « *forte imagination* » :
« *Quæ a forti monialis imaginatione non aegre oriri
potuit* (2). »

Nous recommandons ces textes à M. Bourneville,
l'éditeur des *Leçons sur les maladies nerveuses*, textes
dont M. Charcot eût fait, sans doute, ses délices.

Il y constatera que, même avant les progrès incon-
testables apportés dans l'étude des maladies nerveuses,
les théologiens ont raisonné sagement sur tous ces cas
de paralysies graves ou légères.

Quand M. Charcot venait dire qu' « autrefois et encore
aujourd'hui, on criait au miracle en présence d'une
simple disparition de *contracture* (3) », il s'abusait

---

(1) « Agebatur de aegritudine per duodecim annos protracta, de mem-
bris et artulus atrophia affectis... » (Loc. cit., n. 15).
(2) *De Can. Sanct.*, l. IV, caput. ultim., *de Imaginatione*, n. 23.
(3) *Leçons sur les malad. du syst. nerveux*, 12ᵉ Leç., Contractures.

étrangement et il trompait ses auditeurs. — Ce seul texte suffirait à venger les siècles passés, car c'est l'opinion des anciens qui s'y trouve formulée : « Je serais trop long, dans une question où chacun voit clair, si je voulais énumérer toutes les observations qu'ont motivées les guérisons obtenues par la seule forcé de l'imagination : les uns étaient guéris de « simples » douleurs, les autres de *contractures : qui per « solam imaginationis vim » a simplici dolore, vel a « contractione » vindicati fuerunt* (1). »

C'est donc une injustice manifeste que d'accuser l'Eglise d'ignorance et de crédulité exagérée. Nous voulons insister sur ce point.

Les désordres hystériques ont été appréciós par les théologiens avec science et prudence.

Ajoutons qu'on savait aussi se défier du tempérament éminemment nerveux de la femme. On savait que de ce côté la thérapeutique suggestive ménage des surprises, tout aussi bien que la pathologie. « *Cæterum, facilius istæc in mulieribus quam in viris contingere possunt* (2), » remarque notre théologien. Les savants catholiques ne voyaient pas des miracles partout, car le conseil de Lancisius, résumant la science antérieure, faisait loi : « Que les médecins se gardent bien de s'en tenir aux « premières apparences, et d'attribuer précipitamment « au miracle ce qui est l'œuvre de la nature (3). »

C'est la tradition de l'école que l'imagination peut influencer le corps, en excitant des troubles et des commotions dans l'organisme. Nombreux sont les

_____

(1) « Nimius essem, in re alioquin satis perspicuâ, si vellem hic plures observationes congerere illorum qui per solam imaginationis vim..., etc. » (*De Imaginat.*, n. 23).

(2) Loc. cit., n. 23-24.

(3) Medici caveant ne ipsis prima rerum species imponat, et tribuant miraculo quod natura sanavit (n. 24).

textes qu'on pourrait apporter à l'appui de cette assertion : « *Non dubitaverim conferre plurimum, movendo,
excitando spiritus sopitos et calorem* (1). » Dans son
Traité de l'Imagination, Benoît XIV prouve surabon-
damment cette doctrine, et avec des observations qui
jetteraient dans l'étonnement les partisans de la thérapeutique suggestive la plus avancée.

Le pouvoir de l'imagination a été, de nos jours,
spécialement mis en lumière par différentes études sur
la puissance de l'*idée*.

Pour notre part, nous admettons sans frayeur ce que
les « Archives de Neurologie » ont publié sur la thérapeutique suggestive. On approuve très fort, dans l'étude
mentionnée, la doctrine exposée par M. Ch. Féré sur
la médecine d'*imagination*. — M. Féré y démontre
comment, dans certaines affections d'origine purement
psychique, dans les maladies dites imaginaires, ou
mieux par *imagination*, car le trouble est réel, on peut
souvent guérir le malade en agissant sur le moral, en
se rendant maître de son imagination. Dans ce cas,
c'est par suggestion que l'on agit sur le malade, et
cela même à l'état de veille, sans qu'il soit besoin de le
mettre en état somnambulique, comme l'ont démontré
MM. Bottey et Bernheim. « Ces faits, disent les
« Archives, sont actuellement bien connus et établis
« par nombre d'expériences, et il n'est guère de méde-
« cins, s'occupant de l'étude des affections nerveuses,
« qui n'aient vu disparaître, sous l'influence du traite-
« ment moral, les troubles fonctionnels si communs
« chez les hystériques : paralysies et contractures, tics,
« névralgies diverses (2). »

_____

(1) *De Imaginat.*, n. 23.
(2) *Archives de Neurologie*, n 30.

Après ce que nous avons déjà exposé de la doctrine théologique, on comprendra que la suggestion ainsi comprise ne nous gêne en rien pour la thèse du miracle. S'emparer du moral pour réagir utilement sur le physique est une pratique absolument conforme à la nature du composé humain ; seulement, qu'on s'applique à ne décrire que des cas sérieux et contrôlés, quand il s'agira de nous exposer les cures scientifiquement obtenues.

Nous admettons comme résultat certain, par exemple, que souvent, par le seul fait de détourner l'imagination du malade de son « idée fixe », pour un temps, on obtient un mieux sensible et bientôt la guérison.

Un médecin moderne, qui vient de mourir, le hongrois Dr Gruby, obtenait, à Paris, des résultats excellents, par cette seule méthode. Dans cette pratique entrent deux éléments, dont le principal nous a été signalé par les Archives : *la distraction de l'idée fixe, et l'espérance « motivée » de guérir*. Si l'espérance est vague, si quelque chose d'extraordinaire, dans le remède, ne vient pas appuyer le désir, l'effet sera tout autre.

L'un de ses malades se présente un jour chez le Dr Gruby. Atteint d'une maladie noire, il était hanté de la crainte du suicide : « Comment êtes-vous logé ? lui demande le médecin. — Au rez de-chaussée, docteur. — Quelle est l'exposition de votre appartement ? — Le nord-est. — La couleur des papiers ? — Rouge, brun, bleu, un peu de toutes les couleurs. — Cherchez-moi un appartement au cinquième, exposé au sud-ouest : tapissez toutes les pièces de vert, uniquement de vert, entendez-vous ? mais chaque pièce d'un vert différent. » Le malade mit trois mois à trouver l'appartement ! Il en mit trois autres à découvrir chez tous les marchands de papiers les tentures assorties ; il se donna tant de peine qu'il oublia son mal ; au bout de six mois, il était guéri.

Une autre fois, une femme se présentait à la consultation. Victime du surmenage mondain, visites, expositions, concerts, conférences l'avaient conduite au dernier période de la neurasthénie : « Vous allez, chaque après-midi, vous rendre à Ménilmontant, à l'hôpital Tenon. Vous demanderez l'infirmière X... Elle vous conduira au second étage, dans une chambre toute blanche. Arrivée là, elle s'assoira ; vous vous assoirez en face d'elle ; vous resterez une heure sans dire un mot, et vous reviendrez ensuite par telle rue, tel boulevard, telle place et tel carrefour. » Trois mois après, valide, saine, apaisée, la dame attribuait à l'infirmière et à la chambre blanche une guérison dont la marche et le calme avaient fait tous les frais.

« Ce fut le grand art du Dʳ Gruby d'inspirer à ses
« clients une foi inébranlable. Il savait qu'on peut
« tout obtenir de la crédulité d'un malade, quel qu'il
« soit, pourvu qu'on ait de l'assurance, de la décision,
« de l'autorité. Ordonnez à un neurasthénique la régu-
« larité, l'hygiène et la promenade, ces recommanda-
« tions faciles lui feront l'effet de simples lieux
« communs ; il n'était pas venu chercher d'aussi vagues
« conseils, il s'en va incertain, découragé, mécontent.
« Imposez-lui d'abominables corvées : envoyez-le, s'il
« a besoin d'exercice, tout au fond du faubourg Saint-
« Denis pour y acheter des melons d'eau d'une espèce
« particulière ; forcez-le, s'il a besoin de repos, à passer
« trois heures chez lui, assis sur une bûche, devant un
« pot-au-feu, l'écumoire à la main ; tout le scepticisme
« qu'il déploie dans la vie ordinaire ne l'empêchera
« pas de monter chaque jour à La Chapelle ou de passer
« trois heures dans la contemplation de son pot-
« bouille. »

Il faut observer, avec les Archives de Neurologie,

que très souvent c'est une sensation douloureuse
quelconque qui cause l'hallucination morbide du malade
par imagination, et entretient le trouble avec son erreur.
Dès lors, pour détruire l'influence mauvaise de l'imagination faussée, il faudra s'attaquer à la cause, à la
sensation perverse. Donc, quand « les symptômes
psychiques sont « secondaires » aux désordres somatiques », il faudra s'adresser à la cause matérielle de
ces troubles. Souvent aussi, les « désordres psychiques »
sont la cause des désordres somatiques; l'opération
sera inverse; on traitera le malade selon l'originale
méthode du Dr Gruby, ou par des procédés similaires.
En définitive, on combat toujours soit la sensation
« imaginaire », soit la sensation « imaginée » conséquence d'un état physique en partie ressenti. Dans l'un
et l'autre cas, on s'attaque à l'idée fixe; c'est la thérapeutique suggestive.

Ici encore, les théologiens ont tenu un langage
vraiment scientifique. Ils décrivent, tout comme les
Archives, les maladies par *imagination*, et ils indiquent
comme remède efficace d'opposer à l'idée fixante,
génératrice du mal, une idée contraire : « *Dicendum esse*
videtur morbos quosdam ab imaginatione causatos,
viribus « contrariae » imaginationis naturaliter tolli
posse (1). »

Entre autres exemples, celui-ci est bien suggestif :
« Une femme croyait jadis avoir avalé un petit serpent
« et elle était horriblement incommodée par ce mal
« imaginaire (dont la moindre sensation activait le
« souvenir). Les soins furent inutiles et la persuasion
« par les moyens ordinaires inefficace. Alors on eut
« l'idée de lui administrer un vomitif énergique, et de

(1) Bened. XIV, l. IV, 1 p., *De Imagin.*, n. 25.

« glisser un serpent dans les déjections. La guérison
« ne se fit pas attendre (1). »

De nos jours, on pense avoir trouvé le dernier mot de
la suggestion, en thérapeutique, en guérissant avec les
pilules de mie de pain ou en suggérant, par l'idée ou la
vue, les remèdes appropriés. Ce genre d'observations
est d'antique expérience : « *Ab imaginatione sæpe*
« *purgationes et vomitus* » *causari posse, ex quibus æger*
sanitatem consequatur. » — « *De viribus imaginationis*
hâc in re non videtur esse dubitandum. » — « *Nonnullos*
videlicet « *viso* », *sed* « *non sumpto* » *medicamento,*
alvi fluxum habuisse (2). »

Il est avéré que l'idée fixante, par l'entremise de la
puissance imaginative, peut modifier l'état physiologique en transformant l'état psychique. L'émotion, par
exemple, agit fortement, en certains cas, sur l'état
psycho-physiologique. — Taine nous a raconté qu'un
matelot, échauffé par le combat, ne sentait pas qu'un
boulet lui avait fracassé le bras, et s'écriait : « Tout va
bien » ; mais ce ne fut que l'illusion d'un instant, et la
réalité reprit ses droits. — « Suspendre pour un temps
l'intensité de la douleur, c'est un résultat que procure,
parfois, la force naturelle de l'imagination (3). » —
C'est un fait, que l'intensité de l'âme ne se porte jamais
sur un point, sans diminuer sur un autre.

Nous accordons — c'est convenu — que l'influence
morale sera un appoint puissant en faveur de la guérison, grâce à l'idée fixante qui crée l'intime conviction
d'un mieux plus fortement espéré. « Cette bienfaisance
« de l' « idée » se fera sentir jusque dans les maladies
« les plus graves, et pourra — non « instantanément »,

(1) Loc. cit.
(2) L. IV, I p., cap. ultim., n. 26.
(3) Loc. cit., cap. ultim., n. 27.

« mais à la longue — préparer le retour à la santé (1). »

Entendu avec les réserves voulues, on peut reproduire ce texte de M. Dumontpallier : « Les résultats de « la médecine suggestive sont si nombreux, et cela en « tous pays, qu'il n'y a plus à discuter sa valeur. » — « *Hac in re non videtur esse dubitandum* », disaient déjà les théologiens, bien avant le Congrès d'Hypnologie de 1889. — Toutefois, il est utile de retenir que cette thérapeutique suggestive est distincte du sommeil hypnotique, dont l'ensemble des manifestations est une question toujours pendante, sous plusieurs rapports. Cette distinction, que nous signalent les Archives (2), est, du reste, rappelée par M. Dumontpallier, dans l'article que nous citons : « La suggestion peut être pro- « voquée à l'état de veille, dit-il,... le premier travail « de Bernheim avait pour titre : *La suggestion à l'état* « *de veille.* »

Ceci une fois constaté, pour nous délivrer d'une question complexe, disons maintenant tout le bien qu'on voudra de la thérapeutique suggestive. M. Dumontpallier — nous l'avons prouvé — n'est pas seul à dire : « L'esprit a une action parfois souveraine sur l'état du corps. » — M. Dumontpallier continue : « L'idée « de guérison une fois acceptée par les malades, on voit « disparaître tous les symptômes d'affections médicales « et chirurgicales que les médicaments et les procédés « chirurgicaux n'avaient pas réussi à modifier (3). »

Ces dernières paroles nécessitent quelques réserves, car les affections que les procédés chirurgicaux n'arrivent pas à modifier, et qui sont cependant du domaine

---

(1) Posse imaginationem in gravibus etiam morbis sanitati prodesse, non momento, tamen, sed paulatim obtinendae. » (Loc. cit. n. 28).

(2) N 30, Archives de Neurologie.

(3) *Causerie scientifique*, 14 nov. 1895.

de la chirurgie, sont-elles aussi guérissables que
cela par la médecine d'imagination? Il est permis d'en
douter. En tout cas, le traitement sera long, et la guérison ne méritera point le titre pompeux de « miracle
scientifique ».

La thérapeutique suggestive vise les affections d'o-
rigine nerveuse: c'est là son domaine spécial; mais il
est clair que dans toute maladie l'influence du moral
sur le physique exercera son heureuse influence.

La suggestion ne peut avoir une action directe, décisive
et prompte que dans les troubles nerveux; là seulement,
les modifications peuvent surprendre par leur rapidité
et faire songer à l'instantanéité du miracle ; mais, dans
le miracle, l'instantanéité accompagne l' « ardu absolu »
de la guérison, comme dans les paralysies à lésion matérielle.

L'hystérie, nous le savons, peut simuler certaines maladies à lésion : Des vomissements de sang, accompagnés de douleurs, sont produits par un simple flux con-
gestif lié à l'hystérie, et fait croire un instant à un
abcès de l'estomac : des contractions d'origine hystérique peuvent simuler une ankylose de l'articulation :
il y a une fausse péritonite hystérique. — Les hommes
de l'art sauront discerner ces cas.

Autrement, un véritable abcès de l'estomac, une ankylose des articulations, dans un moment donné, n'o-
béiront point instantanément à la plus suggestive des
volontés.

Deux points sont établis, en matière de guérisons, en
dehors des troubles hystériques peu profonds : 1° — Il
faut le temps voulu pour que la suggestion fasse son
effet, dans les cas d'affections notables, où des troubles
suffisamment graves se sont manifestés. Mlle Elche-
verry, à la Salpêtrière, n'est guérie qu'au bout d'un

mois de sa paralysie hystérique. C'est pourtant le fait le
plus remarquable qui ait été observé à la Salpêtrière,
pendant longtemps. Nous passons sous silence, et pour
cause, le cas de Mme Mériel.

Dans les cliniques magnétiques, où l'on pense opérer
à l'aide du bienfaisant fluide, on fait, du moins, de la
thérapeutique suggestive renforcée, car le croyant
attend sa guérison certaine du fluide et des passes.
Admettons aussi, pour rendre la condition plus favorable, qu'un fluide odique possède tous les pouvoirs
foudroyants que les initiés lui attribuent; il sera curieux de relever l'*instantanéité* de ces cures réputées
merveilleuses par les adeptes.

Le *Journal du Magnétisme*, dans le numéro 18ᵉ, année 1897, récapitule les cas les plus intéressants, et en
première ligne les suivants :

« Le médecin magnétiseur se rend chez madame X., il dia-
gnostique un rhumatisme articulaire aigu. — Dès le lendemain,
9 février, une magnétisation de deux heures détermine d'abondantes sueurs. — Les deux jours suivants, raconte-t-il, j'actionne fortement l'épigastre, le dos et les poumons, etc. — Le 13,
même résultat. — Le 14, il y a débarras intestinal de plus en
plus complet. (Il faut dire que de la bière magnétisée (?), dans
laquelle on a plongé un fer incandescent, à chaque fois, est
donnée abondamment à la malade). — Le 15 et le 16, même traitement. — Le 18, une toux sèche et de vives douleurs font
craindre que la maladie n'envahisse les poumons, je magnétise
fortement la colonne vertébrale, etc. »

Pendant 28 jours le traitement continue, et le magnétiseur
écrit triomphalement, quand commence la convalescence :
« Ainsi donc, en vingt-huit jours, j'étais parvenu, par la seule
imposition des mains, à triompher du mal le plus terrible (1). »

Vingt-huit jours, c'est un chiffre! Et pourtant, l'état

(1) *Journ. du Magnét.*, t. 21, p. 270, — et n° 18, 1897.

moral de la malade n'était pas un obstacle, tant s'en faut ! « Ce fait, dit le médecin magnétiseur, relatant une « guérison antérieure, avait inspiré à Cécile une telle « confiance en moi, que se voyant alitée, sa première « pensée avait été de recourir à mes soins. » — C'est là une des guérisons les plus remarquables que les cliniques magnétiques aient enregistrées. Aussi, il en est fait mention à plusieurs reprises, dans les volumes de la collection.

« M. Leroy, raconte toujours le *Journal*, était atteint d'un rhumatisme goutteux. Plein de confiance dans l'efficacité des cures magnétiques, M. Leroy est venu tous les jours à la clinique... Nous devons rendre justice à M. Leroy, dit le rédacteur, il y a mis une persévérance digne du sort qu'il a eu.

« Le traitement a duré deux ans..., et on se contenta d'un presque succès (1). »

Le troisième cas est celui de Madame Foulon, qui est restée, paraît-il, cinquante-deux jours en traitement magnétique, pour un rhumatisme articulaire.

On voit à quoi se réduit l'instantanéité des cures merveilleuses obtenues par l'*od* guérisseur (?) quand on se trouve en face de maladies à troubles profonds.

Le *Journal* fait aussi mention de deux guérisons *vraiment surprenantes* qui viennent d'être obtenues à l'hôpital de Lens, par la thérapeutique suggestive. — Le récit enthousiaste qu'on nous en donne se termine par ces mots : « Or, au bout d'un mois, ces femmes étaient guéries. » — Et le *Journal* ajoute ce commentaire : « Cette note a été probablement communiquée par les médecins intéressés à sa divulgation... etc. » — Nous aurions préféré, nous, que ces constatations nous

_____

(1) Loc. cit.

fussent notifiées par d'autres intermédiaires, « moins intéressés à sa divulgation ».

Le titre que le *Journal du Magnétisme* donne à la communication est celui-ci : « Sous ce titre *Curieux cas de guérison*, voici un communiqué qui vient de faire le tour de la presse. »

Une guérison obtenue en *un mois* jette les hypnotiseurs eux-mêmes dans l'étonnement. Or, un miracle qui mettrait *un mois* à s'accomplir, serait rejeté dix fois pour une par la Curie romaine.

Les théologiens sont donc bien inspirés en disant à tous ces opérateurs par suggestion ou magnétisme : Nous reconnaissons une vertu bienfaisante réelle à la thérapeutique suggestive, même dans les cas de maladies graves ; mais dans ces derniers cas, le miracle seul guérit avec l'instantanéité absolue, ou seulement relative qui suffit encore au miracle, pourvu qu'elle surpasse certainement l'efficacité de la nature — comme nous aurons à le préciser. En tous ces cas difficiles et compliqués, vous obtiendrez, peut-être, des améliorations notables, par vos procédés de suggestion, c'est-à-dire par l'action du moral sur le physique, mais vous y emploierez un temps relativement long ; votre transformation subira des délais et des lenteurs que ne connaît pas la guérison miraculeuse, au sens précis et théologique : « *Posse imaginationem in gravibus etiam morbis sanitati prodesse, non momento tamen, sed paulatim obtinendae.* »

Un second point, dûment établi, c'est qu'il s'agit toujours — dans les maladies que la thérapeutique suggestive modifie avec plus ou moins de lenteur, mais quelquefois subitement dans les cas de paralysies hystériques non invétérées — de troubles morbides et

d'affections relevant principalement du système nerveux.

Nous pouvons en croire, sous ce rapport, le Directeur
de la *Gazette médicale d'Algérie,* qui, pour apprécier
les résultats obtenus par la méthode de Nancy, – dont
il est partiellement un défenseur, tout en restant fidèle
aux procédés de la Salpêtrière – trace ce résumé :
« Cette école qui fait, on le sait, une large part à la
« médecine suggestive, « n'a de succès, après tout,
« que dans les affections *névropathiques.* Il suffit, pour
« s'en convaincre, de jeter les yeux sur la table des
« matières qui termine le livre de M. Bernheim, dont
« voici quelques en-têtes : 1° Affections organiques
« du système nerveux ; 2° Affections hystériques ;
« 3° Affections névropathiques ; 4° Névroses ; 5° Affec-
« tions rhumatismales (c'est-à-dire névralgiques, le
« plus souvent) ; 6° Affections gastro-intestinales (même
« observation) ; 7° Douleurs diverses ; 8° Névralgies. —
« En résumé, à peu près rien que des maladies du
« système nerveux (1). »

Nous avons entendu plus haut un interne des hôpitaux de Paris nous dire que l'hystérie peut simuler, au
premier abord, plusieurs maladies à lésion (2).

Ces observations donnent un commentaire utile aux
déclarations plutôt exagérées de M. Dumontpallier.

Il faut ajouter, maintenant, pour être exact, que les
bienfaits de la suggestion thérapeutique — dont nous
admettons, en principe, la réalité — sont très discutés
par des médecins dont l'autorité n'est pas contestée. —
Ainsi, par exemple, après les écrits de Bernheim, de
Liébault, de Bottey, de Voisin, etc., M. Richer, en plein

---

(1) *Magnétisme animal,* p. 439.
(2) Cf. *Vérité,* 10 oct. 1894.

Paris, dans les milieux scientifiques les plus avancés, à la Salpêtrière, formulait (en 1885) de curieuses restrictions. L'auteur, après avoir décrit les nombreux phénomènes hypnotiques par lui observés, déclare ne *s'être jamais aperçu que la thérapeutique pût tirer parti de la suggestion pour guérir une maladie, spécialement les névropathies* : « Braid, dit-il, l'affirme (que « l'hypnotisme est utile en thérapeutique) et rapporte « un certain nombre d'observations qui malheureu-« sement ne s'appuyent pas sur des bases assez solides « pour rendre entièrement inattaquable cette partie de « son ouvrage (1). »

Nous laissons à cet auteur la responsabilité d'une assertion dont nous ne voulons pas tirer parti dans ce travail. Mais nous devons encore plus affirmer, sans crainte d'être démenti, que la thérapeutique suggestive n'obtient jamais une cure instantanée « définitive », conditions nécessaires du miracle théologique. Le plus souvent — quand il s'agit d'une maladie grave — on est impuissant, même dans les cas de troubles nerveux : ou bien il faut une action persévérante et continue sur le malade. Une violente secousse morale pourra donner, pour un instant, des résultats sensibles, mais le malade, un moment surexcité, retombe dans son état d'impuissance, que l'effort et l'épuisement viennent encore aggraver. Ces améliorations éphémères étaient jadis soigneusement observées et étudiées : « *A liqui interdum ex multa fide et ex vehementi imaginatione a morbis sanantur. At quia haec causa insufficiens est, neque potest omnino morbificam causam abigere, idcirco facillime morbus revertit* (2). » — C'est ainsi, raconte Medina, que des enfants parurent un jour subitement guéris ;

(1) Richer, *La Grande Hystérie*, p. 794.
(2) L. IV, I. p., *De Imagin.*, n. 29.

mais quand l'excitation imaginative se fut calmée, la maladie reparut : « *Posteaquam imaginatio quievisset, morbi redibant* (1). »

Quand la guérison surnaturelle se produit, au contraire, on constate aussitôt un grand retour des forces ; l'usage des membres est aussitôt rendu, dans des proportions admirables. Dans les cas de fausses guérisons, l'imagination n'empêche pas la récidive, et peut tout au plus déterminer la transformation du mal, toujours présent, en une autre variété, ou provoquer d'autres désordres non moins graves : « *Dicendum aliquando morbos momento sanari vi imaginationis, sed sanitatem non « durare » sed recidivam aut methastasim sequi* (2). »

Sans aucun doute, les effets dus à la surexcitation seront d'autant plus capables de modifier, pour un temps, l'état morbide que la confiance au remède employé ou l'espoir de guérir seront plus intenses; mais que ceux qui veulent attacher à ces causes une vertu exagérée, et leur attribuer tous les résultats obtenus aux piscines de Lourdes, par exemple, ou près des tombeaux célèbres, méditent ce texte de Zacchias : « J'ai vu, déclare-t-il, des malades qui, à l'approche « d'un saint religieux, en qui ils avaient pleine con- « fiance, ou bien à l'attouchement d'une relique sacrée « dont ils attendaient le soulagement, semblaient se « dépouiller de leur état morbide ; un mieux sensible « était constaté. Mais, bientôt, le mal reprenait plus « cruellement son empire, et la mort ne tardait pas à « venir. Aidée par la « *bonne espérance* », la nature « semblait un instant insulter à la maladie; mais c'était « pour succomber, à bref délai, sous ses coups (3). »

(1) Loc cit., n. 29.
(2) Ben. XIV, *De Imagin.*, n. 29.
(3) « Mox eodem morbo deterius molestatos fuisse, et aliquando

L'auteur rationaliste de la *Foi qui guérit* aurait pu lire avec profit ces observations judicieuses, qui démontrent la prudente réserve des juges dans les Causes de Béatification. — Dans la cause de Jean de Prado, le promoteur refusa de se rendre, et il en appela au Pontife. — Il fut répondu : « Il s'agit de savoir « comment l'imagination opère. Elle remue les esprits ; « elle resserre ou détend les nerfs. Dans certaines « maladies des hypocondres et de l'utérus, avec ou sans « vice du côté de ces organes, où l'état du malade « dépend d'une excitation anormale des esprits et des « nerfs, il arrive qu'une forte imagination peut apaiser « ce que l'imagination a fait naître. Mais quand le mal « a son siège dans une partie profondément atteinte du « corps, qu'il envahit pleinement et qu'il ravage ; « quand il est parvenu aux muscles, aux tendons, aux « articulations, desséchant ou corrompant les humeurs « utiles, pendant huit mois, comme dans le cas présent, « opposant aux remèdes une résistance toujours nou- « velle, il faut reconnaître que la pure imagination ne « peut plus être la cause d'une telle guérison (1). »

Arrivé à ce point de son *Traité de l'Imagination*, Benoît XIV s'empresse de nous avertir que s'il a opposé à la thèse des miracles ces guérisons naturelles assez merveilleuses, il n'oblige personne à croire à l'authenticité de ces cures étonnantes. Il a bien trouvé chez les

---

etiam periisse, nimirum quia ex contractâ fiduciâ imaginantur se iis mediis sanari unde natura, bonâ spe ducta, morbo insultat mox autem, invalescente morbo, succumbit. » (Quaest. medico-legal., l. IV, tit. 1, q. 3, n. 10).

(1) « Sed ubi morbus oritur non a simplici spirituum motu, sed a corpore alicubi infixo, exsiccato, atque immobili, tunc quidem nuda imaginatio nihil operatur. At morbus ad musculos, tendones et articulos decubuerat, quibus locis synoviam quoque per octimestre spatium contemerare, et novam semper sanationi resistantiam ponere debuit. » (De Imagin., n. 20)

auteurs le récit de ces merveilles, mais il eût été utile, observe-t-il, de nous dire en même temps si toutes ces guérisons de paralysies avaient été obtenues « en peu de temps » ou à force de patience. Il faut pour le miracle une *instantanéité* rigoureuse, quand la nature du cas la rend exigible. Or, plusieurs guérisons, nous le savons, ont été présentées comme instantanées. quand, de fait, il est avéré que la guérison n'a été que graduellement obtenue : « *Audimus dici* « *momento* » *liberatos nonnullos, qui liberationem obtinuerunt pau- latim.* » — « On ne nous dit pas, non plus, continue « Benoît XIV, si quelque crise salutaire n'a pas précédé « ces guérisons naturelles. De telles omissions enlèvent « à ces exemples leur valeur (1). »

Nous avons entendu M. Richer douter, pour les mêmes raisons, des merveilles décrites par Braid et ses disciples. — Si nous en croyons M. Jules Bois, M. Charcot n'avait pas une confiance absolue dans ses succès hypnotiques :

« Dans les dernières années de sa vie, le maître auto- « ritaire sentit ébranlées ses convictions matérialistes. « Je me rappelle un article de lui, intitulé : *La Foi qui* « *guérit.* — Non pas dans l'hypnose, non pas dans la « suggestion, non pas dans l'hystérie, mais dans la foi. « Charcot plaçait l'origine du miracle, d'accord en cela « avec toutes les religions. La foi ! c'est-à-dire la « grande force qui échappera toujours à la science, et « fait que, malgré les observations les plus autorisées, « sainte Thérèse et saint François — que nos savants « modernes assimilent à telle Elisa et à tel Auguste « hystériques — sont aussi différents de ces malades

---

(1) « Cum haec omissa fuerunt ab his qui narrarunt exempla natu- ralium sanationum, unusquisque facile cognoscere poterit ea exempla nostrae assumptioni non obstare ». (*De Imag.*, n. 33).

« qu'un homme ou une femme de génie sont différents
« d'un idiot et d'un fou (1). »

Oui, en effet, c'est la foi qui opère les véritables
guérisons, mais non pas en tant que force naturelle,
en tant qu'excitatrice de la confiance envisagée comme
simple élément de thérapeutique, mais comme simple
appel du bienfait surnaturel. Ce n'est point la crise
« aiguë » de la foi, génératrice de la secousse morale,
qui réalise directement le miracle et le prend à son
compte comme effet d'une crise salutaire ; mais c'est la
prière de la foi qui fait descendre l'amour et la compassion sous forme de guérison ; l'appel fait au miracle
monte de la terre, mais la réponse vient toujours du
ciel.

Cette guérison-là n'est pas éphémère, seulement
apparente ; elle est radicale et complète. On la distingue
du faux miracle aux signes que nous allons brièvement
analyser.

.

Pour la guérison miraculeuse, la Congrégation exige
que se vérifient les conditions suivantes :

1° — La maladie, dont on propose la guérison comme
miraculeuse, doit être une maladie grave ; la cure
naturelle doit être jugée difficile, sinon impossible :
« *Ut morbus sit gravis, et vel impossibilis, vel curatu
difficilis* (2). » — A cette occasion, Benoît raconte que
Maria Lancisius — dont il rappelle l'amitié et vante la
science — fit rejeter de la Cause de François Régis
certain fait proposé comme miraculeux : *Ob morbi*

---

(1) Jules Bois, *Le Miracle à Paris.*
(2) *De Can. Sanct.*, l. IV, I. p., c 8, n. 2.

parvitatem. Dans une foule de cas, dit cet excellent
théologien, la maladie n'est pas grave, car il n'y a pas
lésion au début, détail auquel il faut attacher une grande
importance : « *Res maxima erit observare quod morbus
non fuit ab initio « vulnus » nervi* (1). » C'est donc aux
médecins qu'il faudra recourir pour se renseigner sur
ce point ; il faudra fournir des observations médicales
ayant trait au début de la maladie. Faute d'avoir pu
produire cette étude initiale, et par conséquent les
renseignements voulus sur la *marche de la maladie.*
Lancisius fit rejeter la guérison d'une tumeur au
sein (2).

Les guérisons même « subites » de maladies graves
ne sont point rangées parmi les faits miraculeux, quand
le malade a passé par des périodes de guérisons et de
rechutes suivies de guérisons ou d'améliorations plus
ou moins notables et durables.

2° — Il est exigé que la maladie, dans les temps qui
ont précédé la guérison, même subite, n'ait pas atteint
la dernière phase, le point culminant où, dans le cours
naturel des choses, le mal a coutume de décroître. Il
s'agit, ici, d'une maladie naturellement guérissable.
mais que le mode de guérison et l'instantanéité absolue
feront inscrire, s'il y a lieu, parmi les miracles de
3° classe. « *Ut morbus qui depellitur non sit in ultimâ
parte status.* (3) »

3° — Aucun remède, efficace par sa nature, n'aura été
utilisé; ou, du moins, on aura constaté l'inefficacité et
l'inutilité des médicaments antérieurement employés.

(1) Loc. cit., c. 8, n. 2
(2) *De Can. Sanct.*, l. IV, l. p., c. 8, n. 4.
(3) Loc. cit., c. 8, n. 2 et 7

Il s'agit de remèdes naturels, ayant une valeur intrinsèque. — Quand le Sauveur faisait avec sa salive
un peu de boue pour oindre les yeux de l'aveugle-né,
quand Élie s'étendait sur le corps de l'enfant mort,
il n'y avait pas application de remèdes proportionnés,
mais l'emploi de signes et de symboles. — Dans les cas
où une médication suffisante aura été administrée au
malade, dans un temps assez peu éloigné pour que l'influence du remède soit censée persister, la guérison,
dit le cardinal de Lauria (1), sera réputée naturelle :
« *Quod nulla fuerint adhibita medicamenta, vel si
fuerint adhibita, certum sit ea non profuisse* (2), »
ajoute Benoît XIV.

Deux excès sont ici à éviter : - Le premier serait de
rejeter un miracle avec trop de précipitation, uniquement parce que les médecins, essayant les ressources de leur art, ont prescrit des remèdes qui ont
été administrés dans le cours de la maladie. — : « *Non
esse contra miraculum pronuntiandum statim ac
constet medicos fuisse ad curationem vocatos, et ab eis
adhibita fuisse medicamenta* (3). »

Non seulement l'emploi des remèdes ne saurait nuire
toujours au miracle, mais il est nécessaire, pour constater qu'un mal est incurable ou difficile à guérir, de
mettre en jeu toutes les ressources de l'art; l'inutilité
de tous ces soins sera une preuve de la gravité accusée
par la maladie. — Un second excès serait de juger
avec trop d'empressement, par un zèle inconsidéré, que
les remèdes n'ont pas agi et n'ont absolument rien préparé. Dans l'étude des circonstances, — étude qu'il
appartient au médecin de mener à bonne fin —, il faut

---

(1) Loc. cit., n. 8
(2) Loc. cit., n. 2.
3. Loc. cit., n. 11.

user de prudence, examiner la force de tempérament dont dispose le patient, non moins que l'énergie spécifique du remède appliqué; ces remèdes, toutes variations des conditions étant notées, opèrent dans des limites suffisamment connues de temps et d'efficacité naturelle. — « *Non statim pronuntiandum pro inutilitate médicamentorum* (1). »

4° — La guérison sera subite et instantanée : « *Quod sanatio sit subita et instantanea* (2). » — Nous remarquerons, cependant, avec le Défenseur préposé à la Cause de saint François de Paule, que cette instantanéité peut n'être que *relative*, quand il s'agit de guérisons d'une nature spéciale. Il est, en effet, des maladies que la science, fondée sur l'expérience universelle, tient pour « incurables », tandis que d'autres sont réputées guérissables. — Dans le premier cas, un certain laps de temps peut séparer le commencement de la guérison de son achèvement, à condition que la *marche ordinaire d'une cure naturelle ne soit pas observée du commencement à la fin.* — On opinerait alors pour le faux diagnostic, et la maladie ne serait pas rangée parmi les incurables; on conclurait à une simple analogie. — A part cette exception, la disparition complète d'un mal incurable n'exige pas l'instantanéité absolue. Une plaie incurable qui mettrait quelques jours seulement, non pas à disparaître totalement — la trace des cicatrices ne nuit en rien au miracle —, mais à se transformer pour se dessécher aussitôt, serait encore une guérison miraculeuse. A plus forte raison, le miracle éclate si la trace même du mal disparaît avec rapidité et presque instantanément. Mais, encore une fois, une certaine

---

(1) *De Can. Sanct.*, l. IV, I p., c. 8, n. 10.
(2) Loc. cit., c. 8, n. 2.

lenteur peut se manifester dans l'entière reconstitution
du membre rongé par un mal incurable ; la nature n'en
est pas moins surpassée : « *In his nequaquam dubitandum est, cum spatium temporis miraculorum virtutem non impediat* (1). »

On retrouve quelque chose de cette lenteur apparente dans plusieurs guérisons accomplies par Jésus-
Christ. Quoique cette lenteur ait ici 'une signification
mystique, il n'en est pas moins juste de citer ces
exemples où se manifestent les diverses phases du phénomène miraculeux. Ainsi, quand le Sauveur guérit
l'aveugle, il produit l'effet total comme par degrés — :
« *Paulatim sanat humanae caecitatis magnitudinem os-
tendens quod vix et per gradus ad lucem redit.* » — Ce
n'est qu'après la *septième* ablution dans le Jourdain que
Naaman retrouve la parfaite santé (2).

Mais toujours, dans ces cas d'instantanéité relative, il
faudra démontrer que l'efficacité des moyens humains
est certainement dépassée, et c'est la nature de la maladie qui fournira cet élément de certitude (3). La
doctrine est donc celle-ci :

Dans les miracles de Ire et de IIe classe, l'instantanéité relative est suffisante pour qualifier le miracle :
l'instantanéité « absolue » s'y rencontre non moins
fréquemment. — L'instantanéité absolue est de rigueur
pour constituer le miracle de la IIIe classe (4). « La
« Congrégation s'en tient fermement à ces règles : si
« bien qu'il lui est arrivé de refuser l'approbation à

---

(1) Loc. cit., c. 8, n. 12.
(2) Loc. cit , n. 13.
(3) « Morborum namque curatio miraculosa judicatur si repentina
fit, vel a medicis jam desperata, temporisque momento perfecte
sanetur. » (L. IV, I p., c. 8, n. 14.)
(4) « Instantaneitatem non requiri necessario in miraculis primi et
secundi generis, sed omnino esse necessariam in miraculis tertii generis. » (C. 8, n. 15.)

« des guérisons où le mieux a commencé, d'après les
« témoignages médicaux, au moment précis de l'appli-
« cation du remède surnaturel, pour se continuer
« jusqu'à complète guérison : « *Modus enim sic loquendi*
« *subitam excludit sanationem* (1). »

Avec la disparition du mal, on doit aussi constater
immédiatement un retour *notable* des forces : « *Cum*
recuperatione virium. »

Cette instantanéité, soit absolue, soit relative, ne veut
pas dire que la guérison se fera à la première tentative
du malade qui use du remède divin, ou bien à la première immersion dans une piscine, ou encore à la
première neuvaine de prières. Non, ce sera peut-être
au dernier moment, à la dernière invocation que le mal
sera anéanti dans sa cause. Mais la doctrine théologique exclut le mieux progressif, coïncidant avec les
applications successives du remède surnaturel, quand
il s'agit du miracle de *troisième classe*, et de fait ce ne
serait ni la dernière immersion, ni la dernière invocation qui aurait coïncidé avec la guérison, réalisant
ainsi une instantanéité trompeuse, mais bien toute la
série des invocations et immersions dont le malade
aurait fait usage pendant le temps que durerait cette
cure prétendue miraculeuse (2). Disons, toutefois, que
même alors, le plus souvent une très grande faveur,
dans l'ordre des guérisons, aura été obtenue du Ciel,
grâce qui n'exige pas moins l'acte de reconnaissance,
et qui prouve encore, aux yeux de la piété, la surnaturelle intervention de Dieu. Mais la Curie romaine ne
classe pas ces faits parmi les preuves apologétiques.

5° — Il faut aussi que la guérison soit parfaite, sans

---

(1) Loc. cit., n. 16.
(2) Loc. cit., n. 18.

défectus ni amoindrissement : « *Sanatio sit perfecta,
non manca, non concisa* (1). » La parfaite et complète
guérison d'une plaie, incurable ou non, si la première
cicatrisation et le desséchement ont été constatés dans
l'intervalle de temps exigé d'après la nature du mal,
ne requiert pas que toute trace épidermique de la plaie
ait disparu. Il suffit que le siège du mal soit modifié
dans l'ordre de la guérison, et que l'anéantissement de
la cause morbide se manifeste par la cessation de tous
les symptômes précédemment constatés : douleurs,
suppuration, inflammations, et autres signes d'un mal
latent, prêt à exercer de nouveau ses ravages. Le
Dr d'Hombres a donc pu très légitimement écrire ces
notes d'une guérison observée : « Au lieu de la plaie
« hideuse que je venais de voir, je trouvai une surface
« encore rouge, à la vérité, mais sèche et comme
« recouverte d'un épiderme de nouvelle formation (2). »
Tout le miracle est dans cette disparition première du
mal. Après cela, la nature peut reprendre ses droits et,
selon les lois qui président à la formation des tissus
vivants, achever de faire disparaître le stigmate purement cutané ; aucune loi, du reste, n'exige la disparition de ce stigmate. Ceci soit dit pour les plaies.

Dans les guérisons de maladies de consomption, ou
d'autre nature, la guérison « parfaite » peut coïncider
avec la persistance de certaines conséquences morbides
assez « légères » qui achèveront de disparaître peu à
peu, comme la lassitude, un peu de faiblesse : « *Licet
« per aliquod tempus remanserunt nonnullae morbi
« consequentiae, puta : lassitudo virium, imbecillitas,
« cicatrix, si agatur de vulnere.* » Il y a plus, nous
avons dit que la nature pouvait reprendre ses droits ;

---

(1) Loc. cit., c. 8, n. 2.
(2) Cf. Boissarie, Conf. au Luxembourg, p. 29.

dès lors, les remèdes « naturels » eux-mêmes peuvent être prescrits et employés, sans nuire au miracle déjà complet, dans le seul but de faire disparaître cette faiblesse, d'ailleurs peu notable, ou cette cicatrice épidermique. Il n'y a pas d'injure faite au miracle, « *quamvis praedictae res subinde cessent opere naturae, vel ope medicamentorum* (1) ». Il n'en reste pas moins qu'un mal incurable a été guéri instantanément ou rapidement, ou qu'un mal guérissable par de longs traitements a été subitement anéanti dans sa cause et ses effets, par une vertu divine qui défie les procédés de la nature (2).

Ces règles, telles que nous venons de les décrire, furent spécialement appliquées dans les Causes de saint Raymond de Pennafort, de sainte Françoise Romaine, et de plusieurs autres serviteurs de Dieu (3).

6° — Aucune crise ou évacuation notable, naturellement produite, ne doit précéder la guérison ; autrement, elle serait attribuée, en tout ou en partie, à l'action de la nature : « *Tum vere miraculosa sanatio dicenda non erit, sed ex toto, vel ex parte naturalis* (4). »

L'imagination, nous le reconnaissons avec saint Thomas, peut amener ces crises salutaires, non pas assurément par un acte pur d'imagination, *non per nudum et simplicem actum imaginationis*, mais en excitant les humeurs, *movendo humores :* l'émotion peut jouer ici

---

(1) *De Can. Sanct.*, l. IV, 1 p., c. 8, n. 19.
(2) « Miraculum consistit in tollendà malitià morbi, quae naturaliter auferri non poterat.... quòd autem postea, successu temporis, claudantur labia vulnerum, obducantur cicatrices et imbecillitas depellatur, non facit cessare miraculum. » (C. 8, n. 20.)
(3) Cf. Loc. cit., numéros : 20, 21, 22, 23, 24, 25, cap. 8.
(4) Loc. cit., c 8, n. 2.

un rôle prépondérant. « Si l'émotion peut causer des troubles morbides, la conséquence est qu'elle peut aussi les guérir (1). »

Que dire d'une crise naturelle et salutaire produite surnaturellement? — Elle sera toujours surnaturelle par la grâce obtenue dans l'ordre de la guérison. Pour être qualifiée de miraculeuse, cette crise salutaire *ne devra pas se développer, tout au long, à la manière d'une crise naturelle*, quand bien même elle eût été obtenue, à n'en pas douter, par l'intercession d'un saint.

Assurément, c'est encore là un fait qui dépasse la nature laissée à ses propres forces, mais l'Eglise ne classera pas l'effet parmi les miracles. L'Eglise ne verra, en cette circonstance, que la marche *extérieure* de la guérison ; comme il y a retour à la santé par les voies apparentes que suit toujours la nature quand elle triomphe d'un pareil mal, elle voudra considérer uniquement l'effet qui lui apparaît proportionné à une cause naturelle, que rien n'empêche de croire probablement agissante. — Qui a produit cette émotion salutaire? Est-ce le saint pieusement invoqué, ou l'idée fixante? L'auteur du bienfait physique pourra être le serviteur de Dieu, mais cet ébranlement physique produit les effets de la manière que les crises savent les réaliser; il y a doute sur l'origine, la coïncidence n'étant pas une preuve quand elle ne révèle pas l'intention et la fin que poursuit une intelligence.

Pour l'intellect divin, c'est peut-être un miracle, et Dieu l'aura fait pour récompenser la foi de ceux qui prient ; mais pour nous — *quoad nos* — ce n'est pas un signe. L'Eglise juge d'après l'extérieur; elle voit une crise comme la nature en produit : dès lors, elle

_____

(1) *De Imaginatione*, n. 23.

suspend son jugement, ou elle se prononce pour le
naturel (1).

7° — Il n'y aura pas *récidive*, après guérison
déclarée : « *Ut recidiva, sublato morbo, non con-
tingat* (2). »

Il faut à certains faits, d'apparence miraculeuse.
l'épreuve du temps pour qu'il soit porté un jugement
suffisamment mûri sur la nature du phénomène. Cette
règle est d'autant plus aisément appliquée dans l'Eglise
que, d'ordinaire, les Causes, où l'on institue l'examen
solennel des guérisons réputées miraculeuses, ne sont
conduites à leur conclusion définitive que longtemps
après les évènements dont l'étude fait l'objet de ces
discussions scientifico-théologiques.

Cette question de la « récidive » a soulevé de longs
débats au sein de la Congrégation. La Cause de saint
Bonaventure en fut l'occasion.

Rejes et Zacchias maintiennent que la « récidive »
enlève à la guérison tout caractère miraculeux, car on
ignore, après cela, si le mal, qu'on croyait entièrement
disparu, n'a pas *couvé* dans un coin inexploré de l'organisme, — Le cardinal de Lauria veut bien admettre
qu'il y a peut-être miracle en pareils cas; mais il estime que l'Eglise ne peut l'approuver par un jugement
officiel, « *regulariter entm totaliter et perfecte fiunt a*

---

(1) « Aliud est quod miraculum in se, et coram Deo tale sit, aliud est
quod miraculum in se tale possit approbari ab Ecclesiâ quæ judicat
de externis; adeoque libenter admittimus quod sanationem mira-
culosam Deus eo modo efficere possit, et aliquando effecerit, sed
dicimus eam regulariter non posse uti talem approbari ab Ecclesiâ,
quæ judicium ferens de externis et videns crisim et causam ejus
ignorans, aut judicium suspendit, aut fert pro naturâ judicium. »
(*De Imagin.*, n 34.)

(2) L. IV, 1, p., c. 8, n. 2.

Deo sanationes ». — Ce théologien apporte à cette règle une restriction qui paraît fondée. Il veut que le fait d'une récidive soit un motif d'exclusion, « à moins que des circonstances non douteuses ne rendent cette récidive surnaturelle ». On apporte en exemple le cas de sainte Pétronille, fille adoptive ou spirituelle de saint Pierre (d'autres disent sa fille selon la nature). Saint Pierre, est-il raconté, recevait des convives dans sa maison. Interrogé pourquoi il laissait Pétronille paralytique, quand il guérissait les autres, il répondit : « C'est pour son bien. » Mais, pour bien établir que sa guérison était possible, il ordonna à Pétronille de se lever et de servir les convives. Après cela, Pétronille retourna à son grabat, et ne fut guérie que plus tard par les soins de l'apôtre (1).

En résumé, si l'on veut définir la *récidive :* « Une maladie née des reliquats d'un mal antérieur », il est clair que la rechute prouve une guérison incomplète, plutôt apparente que réelle. — L'opinion de Rejes, de Zacchias et de Lauria paraîtra donc la plus prudente, et par conséquent la meilleure.

∴

Le jugement que la théologie porte sur le miracle ne serait pas complet s'il n'existait des règles sûres permettant de discerner le fait surnaturel proprement dit de la contrefaçon diabolique.

---

(1) Bolland., *Vita Sta Petron.*, 31 Maii. — Encore une fois nous donnons ces pieuses légendes comme *exemples* d'états ou de phénomènes surnaturels toujours possibles, sans débattre la question au point de vue des exigences de la critique historique. Nous affirmons, néanmoins, notre respect pour ces récits que la science de nos grands et pieux hagiographes a conservés.

Dans la plupart des cas, le pouvoir démoniaque apparaît, à première vue, absolument dépassé.

Le caractère d' « instantanéité absolue », par exemple, est partout et toujours un signe aisément constatable, il est mis à la portée de toutes les intelligences, quand il s'agit de plaies ou de maladies qui exercent à l'extérieur leurs ravages ; il suffira d'avoir sûrement reconnu l'existence du mal immédiatement avant sa disparition subite et complète ; la guérison instantanée et certaine d'une simple coupure obtenue dans ces conditions prouverait l'intervention immédiate de Dieu : « Mon « Dieu ! (interrompt le héros incrédule d'un roman sur « Lourdes) il n'y a pas besoin de tant d'affaires ! Qu'on « me montre seulement un doigt entaillé d'un coup de « canif et qui sorte cicatrisé de l'eau : le miracle sera « aussi grand, je m'inclinerai (1). »

Il y a accord complet, sur ce point, entre les incrédules et les croyants.

Néanmoins, on comprendra que certains miracles, appartenant à la troisième classe, où la réalisation du phénomène réel — considéré sans les circonstances et la perfection entière du mode — est possible au démon, nécessitent l'étude et la prudence. — C'est là un des côtés ardus de la théologie mystique, comme le reconnaît saint Augustin : « Que peuvent les démons, ou que « ne peuvent-ils pas par nature ? Jusqu'à quel point « sont-ils liés par la prohibition ? Il est difficile à « l'homme de le savoir ; bien plus, cela lui est impos- « sible, à moins qu'il n'ait reçu le don surnaturel dont « parle l'apôtre : *Alii dijudicatio spirituum* (2). »

Le saint docteur exprime plutôt, ici, notre manque de science *positive* à ce sujet, que l'absence de science

---

(1) *Le roman de Lourdes*, p. 193.
(2) Lib. III, *de Trinit*, c. 9.

négative. Il faut dire de ces puissances occultes ce que nous confessons au sujet des forces naturelles : *Nous ne savons pas de façon positive* ce que ces forces peuvent réaliser dans l'ordre de l'intensité ; nous savons, du moins, ce qu'elles ne peuvent pas faire ; l'ordre *physique*, et l'ordre *moral* qui le touche intimement par plus d'un côté, font emprunter aux sciences expérimentales et à l'idée d'un Dieu créateur et ordonnateur les éléments d'une certitude qui se fonde ainsi sur la nature et la raison.

A défaut du don surnaturel infus, il est possible à l'homme de discerner l'œuvre divine de sa contrefaçon par l'application des principes que nous fournit la théologie mystique traditionnelle, telle que la formulent les auteurs approuvés dans l'Eglise tant par leur science que par leur sainteté. La certitude morale découle de ces principes, et, pour le fidèle, cette certitude s'élève encore plus haut et devient aussi ferme que la foi quand les vérités révélées se trouvent intéressées dans les conclusions.

D'après saint Thomas, les miracles se distinguent des phénomènes trompeurs au moins par deux caractères (1) :

« Le premier signe est *l'efficacité de la vertu thauma-*

---

(1) Signa facta per bonos possunt distingui ab illis quæ per malos fiunt, dupliciter ad minus : *Primo*, ex efficaciâ virtutis operantis. Quia signa facta per bonos virtute divinâ, fiunt in illis etiam ad quæ virtus activa naturæ se nullo modo extendit...; quæ dæmones secundum veritatem facere non possunt, sed in præstigiis tantum, quæ durare non possunt. — *Secundo*, ex utilitate signorum. Signa per malos facta sunt in rebus noscivis vel vanis.

Tertia differentia est quantum ad finem, quia signa bonorum ordinantur ad ædificationem fidei et bonorum morum. — Et quantum ad *modum* differunt, quia boni operantur miracula per invocationem divini nominis *pie et reverenter*, sed mali quibusdam deliramentis. (2 Sent. Disp. 7, q. 3, a. 1, ad 2.)

« *turgique*. Les effets réalisés par l'intermédiaire des
« bons anges, instruments ou occasions du miracle,
« s'étendent à des phénomènes que la nature créée ne
« peut produire et que les démons ne peuvent imiter
« quant à la vérité du fait ; ils ne peuvent que les
« contrefaire par des prestiges qui ne durent pas : ...*In*
« *praestigiis tantum quae durare non possunt.* »

Le second caractère concerne l'utilité du prodige.
« C'est dans un but nuisible, ou, le plus souvent, vain et
futile, qu' les esprits mauvais exercent leur vertu naturelle. » — Les expériences bien connues du spiritisme
sont remplies de ces effets inutiles, uniquement obtenus
pour amuser ou étonner les assistants, avec des inter-
mèdes de catéchèses d'une nature spéciale, où je ne sais
quel christianisme amoindri et mutilé est accepté par
les adeptes comme le dernier mot de la morale, — tout
cela mêlé aux doctrines les plus extravagantes et les
plus impies. On y lit, sans rire, des communications
signées d'Apollonius de Tyane, de Montesquieu, de
saint Jean-Baptiste, de Confucius et de Mahomet, le
tout dans le pêle-mêle le plus abracadabrant.

Aussi, le signe tiré de la « fin » et du but poursuivi a
une valeur certaine, puisque l'action divine seule tend
toujours et *totalement* au bien « surnaturel » et moral ;
le bien moral détaché du bien *surnaturel* n'est et ne
peut être qu'un mensonge et un leurre.

Ajoutons que le *mode* diffère aussi du procédé diabolique. Les moyens employés par le thaumaturge sont
dignes de la majesté divine : les opérateurs mauvais
emploient, au contraire, des procédés souvent ridicules
mais tout au moins suspects au point de vue de l'orthodoxie.

Une intention pieuse ou bienfaisante n'est pas, prise
isolément, un élément de certitude, pas plus que l'acte

religieux qui peut se glisser parmi les causes utilisées pour égarer le jugement ; on sait que le démon peut cacher son action passagère sous des formules empruntées à la piété.

Suarez enseigne qu'il y aura toujours, aux yeux du théologien attentif, un indice qui trahira l'action démoniaque, dans une série quelconque de phénomènes. Le tort serait de croire, avons-nous dit, que le démon soit tenu de se trahir à chaque instant, et à chaque sommation qui lui en est faite. Il suffit que jamais il ne puisse clôturer toute une série de phénomènes sans produire sa signature, à un moment donné et sur un point quelconque où se portera son activité. — Dieu n'a pas laissé au démon, ce semble, un jugement qui égale sa sublime intelligence ; s'il en était ainsi, l'homme serait toujours, et en toutes circonstances, sa victime, à moins de secours spéciaux continuellement surajoutés à la nature intellectuelle de l'homme. Ce qui semblerait le démontrer, c'est que les fautes de tactique, observées dans l'action démoniaque, sont parfois si grossières, si inhabiles même, qu'on demeure étonné de voir un esprit si délié tomber dans ces errements. On dirait que la précipitation l'entraîne parfois, et il devient imprudent et brouillon.

Ces défauts ne sont qu'apparents, sans doute, et ces signes, conformes à sa nature d'intelligence dévoyée, qui sont arrachés par les influences surnaturelles, et l'intervention des bons anges : le simple exorciste, agissant au nom de l'Eglise, exerce sur les esprits mauvais un pouvoir qui nous donne une idée de ce que peuvent eux-mêmes les célestes auxiliaires de l'homme.

Quoiqu'il en soit, il restera toujours un moyen de discerner le phénomène inférieur : « *Quando sunt falsa* « *miracula, semper relinquitur aliquis modus quo*

« *moraliter possint judicari, si homines* « *quod in se*
« *est* » *faciant ad cognoscendam veritatem* (1). »

Le phénomène « en lui-même », le « mode » et la
« circonstance », — la « personne » du thaumaturge,
sa « vie et ses mœurs », sont des éléments de discernement (2). — La doctrine que professe le thaumaturge
a été, de tout temps, le grand moyen de reconnaître
l'action divine dans les faits qui pouvaient prêter à
l'équivoque. Il est impossible qu'un fauteur d'hérésie
puisse ressusciter des morts, guérir des plaies incurables, ou une maladie grave avec l'instantanéité
requise pour le miracle, dans le but d'authentiquer
l'erreur ; Dieu serait rendu responsable d'une doctrine
au bas de laquelle il apposerait ainsi son cachet suprême
et indéniable. L'erreur religieuse ou morale, la doctrine
contraire au Décalogue et à l'Evangile, ou à l'enseignement qui découle de l'Evangile, fera examiner de plus
près le phénomène trompeur et manifestera l'imposture
cachée aux yeux du vulgaire.

Ce signe suffisait aux premiers fidèles, alors que
l'opération démoniaque se montrait si subtile et si
active. Nous voyons que saint Paul n'en trouvait pas de
meilleur à l'usage du fidèle : « *Licet nos aut angelus de*

---

(1) 1° « Ex operibus et circumstantiis ;
    2° « Ex personae operantis vitâ et moribus ;
    3° « Ex parte doctrinae, an contraria rationi, an opposita revela-
       tionibus certis ;
    4° « Orando et consulendo Scripturas. » (*De Myst. Christi*, Disp.
       31, sect. 2)

(2) Benoît XIV résume ainsi la doctrine : « Diximus miracula
falsa a veris discerni efficaciâ, utilitate, modo, fine, personâ et occa-
sione, et ex his bene conjici posse, an quaedam miracula a bono vel
malo angelo patrata sint. » (L. IV, I p., c. VII, n. 14). — « Deum
miracula non operari vilia, ridicula, et inutilia, juxta doctrinam sancti
Bonaventurae, Gersonis et Medinae... ; a Deo procedere non posse
prodigia indecentia, obcœna, vel in se vel in suis effectibus... ; num-
quam usum esse hominibus delirantibus ut ederet miracula (n. 15,
c. VII)... (vel) si res sit de homine, de cujus fide suspicio sit (n. 21). »

*cœlo evangelizaverit vobis praeterquam quod evange-
lizavimus vobis, anathema sit* (1). » — Il suffisait à ces
chrétiens de savoir leur *Credo*.

La personne du thaumaturge n'est pas indifférente
dans la reconnaissance du miracle ; mais il convient
d'ajouter qu'il ne répugne aucunement (2) qu'un infidèle,
ou un hérétique, soit l'instrument ou l'occasion d'un
miracle ; il n'en est pas moins vrai que les infidèles
n'ont pas la grâce des miracles. La vérité religieuse
ou l'ordre moral sont toujours intéressés à ces manifestations extraordinaires. Jamais, par conséquent,
l'infidèle ou l'hérétique n'auront cette force à leur
discrétion pour en user en faveur de l'erreur, à l'état de
preuve « directe ».

Ces réserves faites, on comprendra ce que nous
voulons ajouter à ces constatations :

Il ne répugnerait aucunement que la Sibylle eût pro-
phétisé sur la venue du Messie : théoriquement, la
chose n'est pas impossible. — Y a-t-il eu miracle ou
prestige dans le fait de cette Vestale qui, pour prouver
son innocence et échapper au supplice, puisa l'eau du
Tibre dans un crible ? — Nous ne discutons pas l'authenticité du phénomène ; nous voulons seulement en
préciser la valeur possible. — Benoît XIV se range à
l'opinion de saint Augustin et de saint Thomas qui accordent la probabilité à l'une et à l'autre hypothèse :
— Dieu a pu faire ce miracle, comme Protecteur de la

(1) *Ad. Galat.*, 1-8.
(2) « Infideles et haeretici assumi possunt a Deo tanquam instru-
menta in patratione miraculorum, in aliquo casu extraordinario, ut
per ea aliqua veritas ad fidem aut mores pertinens approbetur... Non
possunt assumi pro confirmando errore vel peccato. » (Ben. XIV,
l. IV, I p., c. III, n. 17-20). — Cf. Estius (in lib. 2 sent. Dist. 7.
§ 16. v. 5) ubi dicit : « Deum uti posse paganis... ut veritas ad fidem
et mores approbetur. »

virginité innocente, invoquant la Divinité comme elle la
connaissait, dans un aussi grave péril; — mais le démon a pu également réaliser un simple prestige. —
C'est par la malice de l'homme et sa corruption — malice dont Dieu peut permettre les effets — qu'il serait tiré
de cette circonstance un argument «indirect» en faveur
du culte païen. Dieu n'est pas tenu, en un cas extraordinaire, de refuser sa protection à l'innocence qui in
voque l'Auteur de toute vérité, pour éviter l'application
illégitime qui en sera faite, contrairement aux vérités
primitivement révélées et aux principes qui sont la
lumière naturelle de la raison.

« En faisant tout ce qu'il doit pour rechercher le vrai,
l'homme discernera toujours le miracle du simple prestige : « *Semper relinquitur modus, si homines quod in
se est faciant, ad cognoscendam veritatem.* »

.˙.

Il nous reste à définir, si c'est possible, une thaumaturgie toute moderne, mi-partie de surnaturel, mi-
partie de naturel, qui semble s'accréditer de plus en
plus; elle tend à créer une catégorie de phénomènes
qui relèveraient tout à la fois de la Mystique et des
Forces non définies, comme les entend une certaine
école.

On croit même servir la cause de la piété en nous révélant les étranges propriétés dont seraient également
gratifiés par la nature des hommes fort dissemblables
de sentiments, d'opinions, d'état et de religion.

Il est regrettable, selon nous, que des phénomènes
assez mêlés, si on considère les circonstances, soient présentés sous le couvert d'intentions religieuses, quand
les mêmes effets, selon toutes les apparences, sont réa-

lisés par les hommes les moins recommandables au point de vue de l'intention et de la doctrine.

Le seul résultat sera peut-être de mettre en honneur l'hypothèse si discutable d'un *od* guérisseur, de cette *Vis occulta*, que l'occultisme voudrait faire reconnaître de la science exacte : « Fluide universel, qui active la « végétation, et permet d'exécuter la célèbre expé- « rience des fakirs. Mais on peut aussi tuer les orga- « nismes, dans certaines conditions, en modifiant le « mode d'action du fluide. Ce fluide fait cicatriser les « plaies rapidement; comme les rayons X (?), il fait « renaître une souris noyée ! Ce fluide est la source de « la vie dans l'univers. Ce fluide exercerait sur les « substances organiques une action organisatrice et « plastique extraordinaire (1). » D'après M. de Rochas, — rappelons cette prétention — c'est par l'*od* polarisé que Jésus Christ opérait ses miracles. Aussi les occultistes s'appliquent avec énergie à découvrir l'*od*, ou un fluide quelconque qui portera ce nom. Il paraîtrait que les preuves tirées du magnétomètre et des plaques sont jugées assez insuffisantes, dans les milieux où l'*od* est en honneur, puisqu'un prix de 300 francs est toujours offert par le *Journal du Magnétisme* à quiconque in- ventera un appareil qui prouve l'existence du fameux fluide !

Ce fluide *odique*, qui serait, affirme-t-on, une modifi- cation de l'électricité, et qui fait si bon ménage avec elle que l'électricité *bien digérée* se fusionne avec lui (2), le R. Père X... ne serait-il pas en train de le poser dans le monde scientifico-religieux ? — Donnons place au récit des guérisons obtenues par le R. Père, et

---

(1) *Sciences occultes*, p. 29, 30.
(2) Baraduc, *L'Ame humaine*, p. 43.

faisons, après cela, mémoire des autres guérisseurs
ses frères :

« Il s'agit d'un homme de cinquante ans environ, bien portant
ne buvant que de l'eau mangeant peu de viande, *détails nécessaires*, nous le verrons, ayant généralement le pouls très lent,
les pieds et les mains froids. — Il est prêtre, ne s'occupe en
aucune façon de pratiques d'occultisme. C'est un excellent et
modeste pasteur d'âmes, occupé, n'ayant en vue que la gloire de
Dieu. — Sa famille, une des plus catholiques de France, a donné
plusieurs de ses membres à l'Eglise, etc... — Respectant sa
volonté de n'être pas nommé, nous le désignerons simplement
par le R. Père X...

« Depuis l'âge de dix-neuf à vingt ans, il est particulièrement
sensible à l'influence de l'électricité dont certains nuages sont
chargés et il en souffre. Il y était alors tellement sensible que,
se trouvant dans une chambre et ne regardant pas le ciel, il
pouvait, les jours d'orage indiquer la position des nuages,
souffrant davantage quand ils étaient au-dessus de la maison, et
si la pluie ne tombait pas, — ce qui lui arrive encore ; les coups
de tonnerre le soulagent.

« Les métaux n'ont aucune influence sur lui. — Par contre,
il sent l'eau sous terre et trouve naturellement les sources avec
une grande facilité, au moyen d'une baguette de n'importe quel
bois ou seulement d'une paille.

« Nous pourrions donc attribuer certains faits à une action
électrique de sa part ; mais d'autres paraissent échapper à cette
explication. »

— Voilà pour le côté naturel. — Entrons maintenant
dans le *merveilleux chrétien :*

« Lorsque le Père X... est en présence d'un malade, il a la
volonté de lui faire le plus de bien possible, et de le faire pour
Dieu, en vue de sa gloire et en son nom. » — Mais jamais il n'a
annoncé qu'il guérirait, jamais *il ne formule ni ne propose qu'on
fasse une invocation quelconque.* — La chose qu'il demande est
celle-ci : « Croyez vous que Dieu peut guérir comme il veut, par

le moyen qu'il veut ? Croyez-vous qu'un ministre de Jésus-Christ peut, en imposant les mains au nom du Rédempteur, guérir les malades ? » Et il ne présente pas la guérison comme résultant *d'un pouvoir à lui*, de ses mérites à lui, mais bien comme la récompense que Dieu peut donner à la foi du malade (1). »

On conviendra, tout d'abord, que la thèse ainsi posée est particulièrement flottante. Si vous dites à son auteur qu'il combat pour le naturel absolu des guérisons, il vous répondra en objectant sa seconde déclaration ; si vous opinez pour le sens du surnaturel, il vous représentera l'état électrique de son sujet. Le plus exact serait d'avouer que le Père X... opère en fusionnant les deux genres dans un tout qu'il est assez compliqué de démêler. — Heureusement que les Postulateurs des Causes de canonisation n'ont jamais rencontré ces aides naturelles dans la thaumaturgie de leurs saints, car les inflexibles Promoteurs auraient appliqué leur principe : « Il faut attribuer à la nature ce qui agit comme la nature. »

Nous disons que le Père X... opère en fusionnant les moyens, car nous verrons que c'est en donnant des secousses électriques que le guérisseur soulage ses malades et produit les effets qu'on refuse de mettre sur le compte de son état électrique. C'est par cette même électricité qu'il découvre les sources et correspond avec les nuages.

Pourquoi insister sur la récompense donnée à *la foi du malade,* et faire passer sous ses yeux le dévot questionnaire, imité de l'Évangile (d'où la prière cependant est systématiquement écartée)? puisqu'il est aussitôt ajouté :

« Cependant il lui est arrivé « souvent » de soulager et de

---

(1) *Revue du Monde invis.*, n° 1, Guérison par contact.

« guérir sans en avoir particulièrement la volonté à ce moment,
« et même sans savoir que la personne avec laquelle il se ren-
« contrait était malade, rien qu'en lui donnant une poignée de
« main »

Saint Pierre guérissait par son ombre, mais les malades se faisaient porter sur les chemins qu'il allait
suivre et « invoquaient le Dieu dont il était le ministre ».
— Aucune prière, aucune supplication dans la méthode
du R. Père X...; il y tient même beaucoup — : « *Jamais il ne formule ni ne propose une invocation quelconque* », explique son biographe.

En somme, puisque « souvent » des malades qui ne
demandaient rien, qui ne s'attendaient à rien, ont été
guéris par le Père, alors qu'il n'en avait pas conscience,
ni la volonté, nous pouvons écarter aussi, comme n'é-
tant pas requise, l'importante condition de *croire que
ce ministre de Jésus-Christ* peut guérir (par son électricité particulière).

Quoique la « volonté » ne soit pas essentielle à l'opérateur, il se propose, en disposition générale, « de vouloir faire à l'humanité le plus de bien possible ».

Nous ne trouvons point cette absence de prières
chez les saints. — En revanche, nous rencontrons ce
« vouloir général » et cette formule comme obliga-
toires chez les guérisseurs de l'occultisme spiritique. —
Nous nous contentons de signaler cette similitude, sans
trop presser la conclusion.

Le *Guide du Médium guérisseur* recommande, à
chaque page, la disposition de vouloir faire à tout malade en traitement magnétique le plus de bien possible.
En même temps, il « invoquera l'*Éternelle Activité* ». —
Le Père X..., encore une fois, n'invoque ni Dieu, ni
saint. — C'est absolument incompréhensible de la part

de quelqu'un qui prétend opérer « comme ministre de Jésus-Christ », au nom du *Maître*, et qui se propose de « récompenser la foi » du sollicitant — « *Jamais il ne formule ni ne propose une prière* »; et pourtant, lorsque Jésus envoya ses disciples à travers les bourgades, il était bien entendu que les guérisons se feraient avec l'invocation de son nom : « *In nómine meo daemonia ejicient.. , super aegros manus imponent* (1). » — Aussi l'apôtre Pierre n'oubliait pas de dire au paralytique étendu sur son grabat: « Au nom du Christ, lève-toi (2). »

La foi n'est pas davantage requise chez le malade, car il nous est raconté qu'un homme, vrai colosse de 6 pieds, tenu courbé en deux depuis six ans, par suite d'un mal de reins quelconque, vint trouver, non le « ministre de Jésus-Christ dont il a horreur, mais le guérisseur ». — Le Père X... tapote les reins du mécréant, et le voilà guéri. Il repart, mais non converti, car on aurait eu soin de nous en avertir. Jésus et ses disciples guérissaient l'âme en même temps que le corps : « Allez. votre foi vous a sauvé », et le bienfait surnaturel couronnait le bienfait matériel. C'est même là un des signes présentés par les théologiens comme marque de l'action divine (3). Ce fut donc sans recourir à la prière que fut guéri le colosse de 6 pieds ; on lui épargna le questionnaire. Il est vrai que le *fluide odique, ou électrique* est tout au moins un fluide « neutre ».

Le mode de guérison observé dans les expériences

---

(1) Marc., XVI, 17.
(2) Act., III, 16.
(3) Qu'on n'objecte pas les lépreux guéris qui s'attirèrent le reproche de Jésus-Christ. C'est un exemple symbolique, et de plus Jésus se contente de comparer les différents degrés de la ferveur reconnaissante. Ces lépreux reçurent la foi avec la guérison.

du Père X... est curieux à noter ; les Procés de Canonisation n'offriraient pas un exemple semblable, assurément :

« Quand il s'agit d'une douleur localisée dans un membre,
« l'abbé, sans qu'on-lui en indique la place précise, passe la
« main, élevée de 2 à 3 centimètres, au long du membre atteint
« et par-dessus les habits, — drap, soie, peu importe — jusqu'à
« l'endroit où il sent « comme le petit filet d'air passant par le
« trou d'une serrure ». C'est là qu'est le mal. Il pose le doigt
« à cet endroit, le retire et le mal a disparu »

« Aucune passe n'est utile », nous est-il affirmé ; mais le Père conduit la main, à 2 ou 3 centimètres, au long du membre atteint ; c'est bien un peu le même procédé magnétique. Continuons :

« Si au lieu de retirer la main de suite, le Père X... la dirige
« vers l'extrémité du membre (en l'espèce vers les doigts),
« le malade sent la douleur qui suit la main ; elle disparaît quand
« celle-ci a atteint l'extrémité du doigt. »

La douleur n'est pas un accident qui se sépare du point endolori, emporté par je ne sais quel courant fluidique. On le croirait presque à lire ces observations étranges. Non, la douleur n'est pas distincte de la partie endolorie, et la partie endolorie n'existe que là où siège le mal, et dans les prolongements soumis à l'action morbide. La douleur ne passe pas subitement d'une partie malade à une partie saine, se laissant ainsi mettre dehors sous forme d'accident volatilisé ! Une névralgie se déplace suivant la disposition morbide du filet nerveux : vous ne la ferez pas se déplacer en dehors de l'altération organique provoquée par le mal, en la menaçant du bout du doigt ; conduire (1) une douleur avec la main, c'est produire l'altération et la guérison successives sur tout le parcours décrit ; les tissus ne se prêtent pas à ces transformations aussi instantanées qu'inexplicables, car il faut du temps à la nature pour altérer ou guérir.

Il y a là une erreur insupportable en pathologie, comme en philosophie.

La « volonté de faire le plus de bien possible, jointe à l'action des doigts », voilà tous les éléments d'action mis en œuvre par le Père. Ceci nous remet en mémoire ces recommandations du *Guide du Médium guérisseur*, recueillies dans un groupe, avec M. Laurent comme médium :

« Toute personne qui, par un sentiment d'amour du
« prochain, est animée du désir de soulager ses frères
« souffrants, est par cela même un médium guérisseur.
« Cette faculté peut se développer, mais il faut chez le
« médium une grande concentration de volonté (2). » —
« Le fluide est répandu dans toute la nature, l'homme
« seul sait l'employer, par une vertu que sa volonté
« met en action. » — « Par le mouvement de ses mains,
« l'homme donne plus d'essor au fluide qui émane de
« lui : il y a action de l'opérateur sur le fluide de celui
« qu'il opère, auquel il communique une rapidité qu'il
« ne possède pas dans l'état naturel (3). »

Et maintenant, voici quelque chose de la rapidité déployée par le fluide du R. Père X... :

---

(1) Autre serait le cas si la douleur, sans être promenée à travers les tissus indemnes, était successivement enlevée des parties malades d'un membre endolori. — La douleur « fuirait » ainsi à l'attouchement du thaumaturge, mais non dans le sens indiqué plus haut.

(2) *Guide du Méd. guérisseur*, p. 40, 41.

(3) Loc. cit., p. 49, 50.

« Appelé auprès d'une dame considérée comme en danger par
« suite d'une fièvre violente, l'éruption de la rougeole ne se fai-
« sant pas au dehors, il s'approche de la malade et lui donne la
« main : cette personne ressent une vive commotion et l'éruption
« se manifeste. La crise est passée. — Ce fut un des faits qui
« révélèrent la faculté, le don du Père X... »

Quant à la « volonté d'être bienfaisant », elle fait
partie, avons-nous dit, des préceptes spiritiques. Un
exemple entre tous :

« Amis, disait l'esprit évoqué du défunt D' Demeure,
« par la médiumnité guérissante, vous devenez les
« dispensateurs du principe de vie et vous êtes les
« prêtres de la charité rationnelle.

« Lorsque vous opérerez avec calme, *volonté* et con-
« fiance, nous serons là pour soutenir vos efforts, pour
« vous donner la force des premiers apôtres qui gué-
« rissaient en touchant.

« Ah ! quelle foi ils avaient. Une seule pensée leur
« attirait de purs effluves et leur esprit de justice et
« de charité chrétienne leur permettait de les distribuer
« à pleines mains à l'âge du christianisme !

« Actuellement, les soi-disant serviteurs du Christ ne
« savent plus, ne guérissent plus : ils ont perdu la
« tradition ! prêtres catholiques, au lieu de prévenir le
« mal, vous attendez que le mal atteigne l'homme :
« alors vous apportez votre viatique ; vous êtes im-
« puissants. devenus marchands de prières tari
« fées (1). »

Il parlait bien ce désincarné ! Nous lui opposerons le
Père X... qui, lui aussi, « sature de vie » les organes
affaiblis, et cela, *sans formule ni invocation.* sans
l'ombre d'une prière tarifée !

(1) *Guide du Médium*, etc., p. 56, 57.

Mais nous ne connaissons pas encore toute la vertu du R. Père :

« Ce n'est pas seulement en touchant le malade que le Père X...
« le guérit. Il peut communiquer à une chose par elle même
« inefficace, particulièrement à l'eau, mais aussi à du papier, à
« des feuilles d'arbre la vertu de guérir ou de soulager La chose
« devient alors juste le remède qu'il fallait. »

C'est vraiment trop admirable. Pourquoi ? dira-t on, si c'est Dieu qui opère, s'il s'agit de la faveur divine. Il faut bien que la Providence s'en mêle, car il nous est dit de l'eau que le Père vient de remuer dans une tasse : « Nous sommes en présence d'un liquide qui, pour des « maladies «différentes», donne un résultat final iden- « tique, après avoir produit des effets divers : ici, il a « été vomitif, là il devient un puissant purgatif; ailleurs « il n'est ni ceci, ni cela, et ne donne lieu à aucun effet « extérieur, mais les accidents disparaissent. » En d'autres termes, la même potion d'eau claire devient le remède approprié à tous les cas ; c'est dire que l'eau reçoit de l' « intention » son efficacité variée ; donc, c'est par un acte de pure volonté, sans aucun remède approprié de près ou de loin, sans même ma- gnétiser l'eau, y plonger l'aimant ou un fer rouge — comme le font les magnétiseurs dont on imite cepen- dant les passes – que le Père X... pense modifier les corps extérieurs. C'est l'intention, la volonté qui fait tout. — Alors, c'est de la simple thérapeutique sugges- tive? — Mais on nous dit que des membres atrophiés ont repris leur volume en quelques jours! On veut ainsi nous donner à entendre qu'il s'agit bien d'une guérison sur- naturelle. Aussi le Père ne veut pas qu'on vienne le trouver comme un « simple guérisseur », mais comme « ministre de Jésus-Christ, en mémoire des paroles du

Sauveur ». Alors pourquoi ces paroles du début : « Il s'a-
git d'un homme ne buvant que de l'eau, mangeant
« peu » de viande (détails nécessaires, nous le verrons),
ayant généralement le *pouls très lent, les pieds et les
mains froids.* » Nous n'avons vu nulle part l'explication
de ces « détails nécessaires » chez un *ministre de Jésus-
Christ,* qui se réclame de l'*Infirmos curate* promulgué
dans l'Evangile.

Cette thèse est troublante, en vérité, et le trouble
s'accroît avec le dernier commentaire :

« Le Père ne veut plus qu'on vienne à lui comme à un guérisseur vulgaire » pour deux raisons : la première est qu'agissant
au nom de Dieu (mais sans l'invoquer !) il veut que le malade
soit récompensé de sa foi et selon sa foi. — Le second est qu'il
ne veut pas *tenter* Dieu en « risquant de prendre lui-même le
mal d'autrui sans profit pour la foi. Il est arrivé que des
malades ne sachant pas au juste quel est chez eux « l'organe
« réellement atteint, le Père X... imposa les mains un peu au
« hasard et sans qu'il résultât un effet sensible. Mais alors, le
« malade parti, le Père éprouva lui-même une douleur généra-
« lement vive et passagère dans une partie quelconque de son
« corps : c'est à l'endroit correspondant chez la personne malade
« que se trouve le siège du mal »

On remarquera que cette opération est beaucoup plus
étrange que le *transfert hypnotique* avec ou sans
aimant. Dans l'opération hypnotique on ne prétend pas
transférer l'accident de douleur qui est inséparable,
avons-nous fait observer, du membre endolori, comme
tout accident est métaphysiquement inséparable de la
substance ou de l'accident quantitatif ; on transporte,
en hypnose, une simple suggestion de douleur d'un
sujet à un autre. Or, dans la sensation attribuée au
Père X..., la suggestion ne saurait être produite comme
explication scientifique, car il est supposé ignorer lui-

même le siège du mal ; on ne « s'auto-suggestionne que dans l'ordre du connu ». Alors, c'est bien un « accident de douleur », un accident voyageur qui part du membre souffrant et va choisir, dans les profondeurs de l'organisme, le point correspondant pour renseigner le Père X... ! — Lui-même est persuadé que c'est le mal du prochain qui émigre chez lui. A quelle thaumaturgie appartiennent ces phénomènes !

Si ces effets sont déclarés naturels, si vous nous dites que le tempérament du Père X... vibre en union avec le tempérament de ce malade, comme deux cordes montées au même diapason vibrent sous la même onde sonore, nous vous demanderons pourquoi le R. Père ne vibre pas tant que souffrent ses malades? Comment il est au diapason de tous les états morbides, lui qu'on nous a déclaré « bien portant » ? Comment tous les tempéraments trouvent en sa personne l'écho de leurs sensations intimes? Ce naturel-là serait aussi miraculeux que le miracle lui-même !

Dieu nous garde de vouloir en tout ceci manquer au respect que nous devons au R. Père X..., mais lorsque de pareilles doctrines, téméraires dans leur formule, fâcheuses dans leurs conséquences, se produisent en public, la contradiction a le droit de se faire entendre. Nous avons usé de ce droit.

Une dernière constatation s'impose, c'est que le R. Père X... partage cette faculté de guérir par l'imposition des mains, ce don « de ministre de Jésus-Christ », avec d'autres guérisseurs non moins célèbres et non moins électriques. — A Paris, celui que l'on nomme le Père Jourdain fait des cures célèbres et nombreuses, et les objets qu'il a touchés mettent en danse l'aiguille aimantée. — A Harfleur, Madame de

Mondétour, toujours vêtue de blanc, la croix sur la poitrine, et sur les lèvres la devise : *Dieu et ma foi*, fait des merveilles, depuis deux ans, par « l'imposition des mains » et le « soufíle ». Nous avons sous les yeux de nombreuses attestations émanant de gens qui n'ont aucun intérêt à tromper.

La précieuse faculté ne s'est révélée qu'en 1896. — Cette très peu fervente catholique — à ce moment-là, du moins — eut préalablement des visions de la Vierge, et des apparitions d'anges « blancs avec la figure rubis ». Le don lui fut révélé par hasard, comme il arriva au Père X... Pendant qu'elle opère, Madame de Mondétour voit toujours ses anges-guides, à la figure rubis. — La vogue de cette guérisseuse est énorme dans toute la région.

Au moment où nous écrivons ces lignes, un Américain, qui se fait appeler le Dr Paul Edwars, vient d'arriver à Paris, et donne à la rue du Mont-Thabor l'illustration que connut seule naguère la rue de Paradis. C'est un guérisseur tout-puissant (1). Le Dr Edwars croit que son pouvoir est surnaturel, et il invoque « *les puissances métaphysiques !* »

Actuellement les guérisseurs sont légion; ils ont dû former un syndicat (2) pour grouper les éléments de la corporation !

Dernièrement, un théologien, revenant sur le cas du R. Père X..., allait chercher dans la *Mystique* de Görres un appui en faveur de ces guérisseurs qui opèrent, nous est-il assuré, sans aucun pacte avec le démon.

La question serait de savoir si le pacte formel est

---

(1) MM. Georges Thiébaud et Gaston Méry l'ont vu opérer pendant plusieurs heures sur des gens qui se déclaraient soulagés.
(2) Cf. *Echo du Merveill.*, n. 46.

requis pour qu'il y ait intervention démoniaque dans les événements humains. La témérité de se croire aussitôt investi d'un pouvoir surhumain, sans redouter outre mesure l'ingérence du malin, ou d'une *entité intelligente,* comme disent les spirites, est une attitude qui se confond aisément avec le pacte tacite ; on pose des « causes » en attendant des effets qui ne leur sont pas proportionnés, car, dans la nature, une tasse d'eau n'est pas le remède approprié à tous les maux.

Si Greatrakes, mentionné par Görres et mis au rang des guérisseurs célèbres, obtient ses guérisons sans formules magiques — ce que nous admettons expressément pour les confrères de Greatrakes —, et même s'il fait rendre gloire à Dieu, comme tant d'autres, on se demande si son pouvoir est *surnaturel,* ou s'il est un don de la nature. S'il est naturel, comme le croit notre théologien à l'exemple de Görres, pourquoi ce Greatrakes entend-il, au début, une voix secrète lui révéler sa faculté de guérisseur, comme Madame de Mondétour l'apprend par une vision ? Ce mélange constant de naturel et de préternaturel n'est pas fait pour simplifier le problème. Les effets sont aussi bien surprenants : « J'ai vu Greatrakes, dit un témoin, faire « descendre la douleur de l'épaule jusqu'aux pieds, « d'où elle sortait enfin par les orteils (1). »

Nous tenons le fait comme physiologiquement discutable ; c'est le moins qu'on puisse dire.

Voudrait-on accorder au théologien Görres de peser dans la discussion du poids de son autorité ? L'autorité de Görres, quand on le sort de son rôle d'historien, est très discutable (2).

_____

(1) *Forces non définies,* p. 40.

(2) Les opinions de Görres sont souvent « extravagantes », disait récemment une Revue de théologie mystique. Ribet se montre, en plus

Mentionnons aussi parmi les guérisseurs célèbres le fameux Père Gassner, qui obtenait ses cures par des procédés assez mélangés : il usait des exorcismes et imposait les mains ; pour ce, il promenait ses mains sur la tête, le cou, la nuque du patient, ou sur les parties affectées de douleurs, après les avoir vivement frottées à sa ceinture, à son étole ou à son mouchoir (1).

Deux solutions se présentent à l'esprit. La première est celle-ci : Ces hommes sont des médiums sans le savoir, et qui n'ont pas repoussé le don à la première apparition des phénomènes. La *Vis occulta* a besoin de ces gens bien intentionnés, parfois religieux, trop confiants en eux-mêmes, pour fomenter la crise de l'occultisme dont il serait téméraire de ne pas redouter les conséquences théologiques et morales. Cette hypothèse a le mérite de rendre adéquatement compte de tous les phénomènes. Ajoutons que plus d'un détail

---

d'un cas non moins sévère pour son confrère en Mystique, et personne ne voudra réclamer.

Le jugement que M. des Mousseaux *(Monde magique)* porte sur son œuvre est assez complet : « Görres est un créateur de dédales dans lesquelles il se perd avec ceux qu'il prétend guider. Il va chercher bien loin des explications scientifiques inacceptables. Si nul écrivain n'élève un trophée plus splendide à la gloire des puissances surnaturelles, nul sophiste non plus ne se perd en plus infatigables subtilités pour rattacher aux lois de la nature corporelle des phénomènes que la science et le bon sens déclarent inexplicables. Les doctrines de ce philosophe protestant, devenu catholique, ne sont que trop différentes de celles de l'Eglise et de la science. »

Le R. Père Pailloux, jésuite, dans son livre du *Magnétisme*, écrit : « J'ai lu cet ouvrage ; il ne m'a point semblé valoir sa réputation. J'ai trouvé d'abord, malgré les applaudissements dont il était accueilli, beaucoup de raisonnement et peu de clarté : une tendance singulière à naturaliser le surnaturel, avec une crédulité exagérée. J'ajouterai et une philosophie vague et incertaine. Cet illustre allemand ne portera que difficilement ombrage aux rationalistes »

Il faut reconnaître, par les textes que nous lui avons empruntés et que nous lui demanderons encore, que sa philosophie est déplorable, et légitime les plus expresses réserves.

(1) *Forces non définies*, p. 41.

extraordinaire : visions, paroles secrètes entendues de bouches invisibles, milite en sa faveur, en même temps que la foule trop mêlée des possesseurs de ces facultés étranges, qui n'invoquent trop souvent que les puissances métaphysiques et sont aussi guérisseurs que les autres, ne jette pas un grand lustre sur ce personnel de guérisseurs.

Peu importe qu'on ne fasse pas usage de formules magiques, ou qu'on ait recours même aux diverses formes de la prière. — La librairie spirite édite des livres de piété, d'où les pensées élevées ne sont pas toujours bannies. — Pour tomber dans le piège satanique, il suffit de ne pas se défier, de se croire trop aisément l'objet des faveurs extraordinaires du ciel, sans concevoir assez d'inquiétude au sujet de son indignité, comme savaient le faire les saints qu'illustrèrent les dons surnaturels.

Saint Pierre nous a avertis : *Circuit quaerens.* — La « force occulte » sollicite par des paroles, comme on le constate pour Madame de Mondétour, — par des coups frappés, comme il arriva aux demoiselles Fox, — et par d'autres phénomènes variés. Souvent, elle s'offre par des clartés ou des formes vagues qui ne demandent qu'à se préciser, par des impressions de présence invisible qui voudrait se trahir par des faits. Les uns s'abandonnent à l'attirance du mystérieux, les autres résistent et se détournent, par je ne sais quel instinct de préservation. Tel cet écrivain, qui en faisait récemment l'aveu : « J'ai senti autour de moi une influence « qui, si j'avais insisté, eût pris, j'en avais la perception « profonde, une forme indiscutable, mais j'ai eu peur, « je me suis soustrait au phénomène (1). »

L'invisible haineux nous entoure, et cherche à se

_____

(1) Léon Daudet, *Lettre au Direct. de l'Ech. du Merveilleux*, n. 48.

mêler plus intimement à la trame de notre vie. Il ne peut le faire qu' « attiré ou accepté » par nous.

L'autre *hypothèse* nous est fournie par le théologien déjà cité :

« Pourquoi Dieu ne pourrait-il pas faire, dans l'ordre
« physique qui comprend ces guérisons corporelles, ce
« qu'il fait, de loin en loin, dans l'ordre intellectuel ? A
« douze ans, Pascal avait déjà découvert la plus grande
« partie de la géométrie plane. Avant de savoir lire,
« Rembrandt dessinait comme un maître. Ces petits
« prodiges avaient reçu un don intellectuel, comme
« d'autres reçoivent un don physique, et les phéno-
« mènes dont ils nous donnent le spectacle appar-
« tiennent à cette zone vaste et mystérieuse qui s'étend
« entre le naturel et le préternaturel ; c'est la zone de
« l'extraordinaire et du merveilleux (1). »

Est-il indifférent à la gloire de Dieu, *autant que pour les dons intellectuels qui ont trait aux sciences*, que ces dons merveilleux soient donnés et conservés à n'importe quel exploiteur, qui en profite pour accréditer les *puissances métaphysiques?* — Il faudrait aussi expliquer ces *visions* et ces *communications extra-terrestres* qui accompagnent les susdites facultés.

Si, comme le R. Père X... a le pouvoir « naturel » de le faire, on restitue, en *huit jours*, son poids normal, sa force musculaire d'autrefois, à un bras d'adulte que la maladie avait rendu aussi mince que le bras d'un enfant de dix ans, — si on peut redresser presque instantané-ment, par médication naturelle, une jambe raccourcie par un rétrécissement des tendons brûlés, qui va nécessiter une opération, comme on nous le raconte du Père X...., qui n'est pas sans user en cela de ses pro-

_____

(1) *Revue du Monde invisible*, n° 2, 15 juillet 1898.

priétés électriques, — combien compliqué et hors la portée des foules devient le signe miraculeux proprement dit, pour le plus grand nombre des cas.

Le pouvoir démoniaque n'entraîne point un aussi difficile discernement, car les procédés et la doctrine redresseront le jugement des plus simples fidèles, pour la plupart des effets ainsi réalisés. Mais les signes tirés de la doctrine et des mœurs ne seront d'aucun effet, s'il s'agit du don naturel de guérir, d'une faculté que nous voyons départie indistinctement au digne et à l'indigne. Les signes miraculeux de IIIᵉ classe ne seront plus des preuves que pour les savants et les théologiens de profession. La zone que l'on veut étendre entre le naturel et le préternaturel n'est qu'un terrain vague où les « entités » auront beau jeu de tracer les sentiers d'erreur qui mènent à la superstition. La crainte et l'hésitation deviendraient le dernier mot de la sagesse et de la science, non pour un temps, mais pour toujours.

Les remèdes extraordinaires et quasi-superstitieux seraient le principal espoir du souffrant. La médecine céderait le pas à l'occultisme.

C'est à d'autres moyens naturels de guérison que nous convie l'Ecriture : « *Altissimus creavit de terra medicamenta, et vir prudens non abhorrebit illa. In his curans mitigabit dolorem, et unguentarius faciet pigmenta suavitatis* (1). »

_____

(1) Ecclesiasti., c. XXXVIII.

CHAPITRE II

La reproduction dans la chair des plaies ouvertes dans le corps du Sauveur est un phénomène mystique que l'Église a reconnu dans la personne de plusieurs saints.

La stigmatisation consiste en blessures aux mains, aux pieds, au côté, parfois à la couronne de la tête, qui apparaissent spontanément, et saignent périodiquement à certains jours qui intéressent la piété. Ces plaies ne guérissent pas sous l'application des compresses et par l'emploi des remèdes usités pour hâter la cicatrisation des plaies ordinaires; elles n'engendrent aucune corruption, n'exhalent aucune odeur suspecte; elles ne manifestent, en un mot, aucun symptôme d'infection. Parfois, des clous de chair apparaissent au milieu de la plaie, la tête du clou d'un côté, la pointe de chair recourbée à l'intérieur de la main, comme il fut constaté pour saint François; mais ce signe n'est pas essentiel au phénomène, et l'Église a donné son approbation à des stigmates qui étaient dépourvus de cette excroissance de chair. Le phénomène est tout entier dans la forme, le lieu des plaies, l'écoulement de sang pur, et l'absence complète des liquides infectieux.

D'une manière générale, la science rationaliste contemporaine n'a voulu voir dans la stigmatisation qu'un effet de l'innervation vaso-motrice.

Un théologien, Görres, auquel certains médecins catholiques, partisans de la *stigmatisation naturelle possible*, attribuent une trop grande autorité doctrinale, paraît se faire le défenseur de l'*innervation vaso-motrice* : « La stigmatisation, chez les extatiques, « écrit-il, est l'effet d'une plus grande plasticité du « système circulatoire, qui devient ainsi, par le moyen « de l'imagination, accessible à des impressions d'un « ordre plus élevé (1). » — Parlant de sainte Eustochie, ce théologien ajoute : « C'était une de ces femmes chez « qui la stigmatisation existant déjà dans l'esprit, n'a « plus besoin que d'une occasion favorable pour se pro- « duire dans le corps. La méditation de la Passion du « Sauveur est une de ces occasions... Chez les exta- « tiques ordinaires, la nature elle-même attendrie et « dissoute, en quelque sorte, par la part qu'elle prend « aux souffrances de Jésus, ouvre sur le corps les plaies « par où le sang s'échappe. » — Enregistrons toutefois ce correctif : « Une condition indispensable pour re- « cevoir les stigmates, c'est une immense compassion « pour les souffrances du Sauveur. . Lorsque l'âme a « conçu ce désir, elle obtient quelquefois par une faveur « spéciale de Dieu ce qu'elle demande, et elle reçoit « dans son corps l'empreinte des plaies sacrées du « Sauveur (2). » — L'opinion de ce théologien est passablement imprécise, car il nous a dit ailleurs que

---

(1) *Mystique*, III* p. *Effet de la possession sur le syst. nerveux.*
(2) *Mystique*, IV* partie (t. IV).

c'était la nature *attendrie et dissoute* qui préparait ces plaies, étant donné que « l'âme principe de la vie ne peut recevoir aucune empreinte sans que celle-ci se reproduise dans le corps qu'elle anime, car elle est éminemment plastique. » — Ribet déclare que ces explications se rapprochent des raisonnements rationalistes.

La pensée intime de Görres nous préoccupe médiocrement, mais il était assez intéressant de noter l'embarras assez visible de cet auteur, le plus naturalisant des théologiens mystiques.

Traçons en un rapide sommaire l'histoire des efforts tentés par les modernes pour rattacher le phénomène aux troubles de la circulation du sang, occasionnés par les dispositions morbides et l'influence prépondérante de l'imagination.

MM. Liébault et Beaunis auraient obtenu par suggestion des ralentissements assez notables du cœur : l'appareil enregistreur de Marey, mis en rapport avec le cœur, de telle sorte que chaque battement de l'organe s'inscrivait sur le tambour mobile de l'instrument, donnait le tracé de ces mouvements. La moyenne des pulsations était de 96 à la minute. On met le malade en somnambulisme ; aussitôt le tracé du pouls change de caractère, et au lieu de la ligne ondulée, avec des zigzags uniformes, que le sujet présentait tout à l'heure, il donne une figure à peine accidentée de légères encoches et presque rectiligne ; le nombre des pulsations est monté à 98,5 par minute ; ce qui n'est après tout qu'une légère modification. Mais voilà qu'on dit au somnambule : Faites bien attention, votre cœur bat moins vite, et le nombre des pulsations tombe à 92,4 réalisant une petite diminution. On soumet ensuite le sujet à la suggestion de l'accélération ; on arrive au chiffre de 115 pulsations qui n'est pas dépassé.

M. Beaunis veut que la suggestion soit seule en cause.
Le D¹ Morand, tout gagné à la cause, ajoute cependant,
par souci de l'exactitude : « En admettant, contre toute
« *vraisemblance*, qu'un sujet si exercé qu'on le suppose,
« c'est-à-dire blasé, puisse être l'objet d'une expéri-
« mentation quelconque sans en éprouver une certaine
« préoccupation capable d'influencer l'action du cœur,
« les résultats obtenus sont, en som..1e, si peu marqués
« qu'ils ne jugent pas péremptoirement la question
« autant que le croit M. Beaunis (1). »

« La concentration prolongée et puissante de l'atten-
« tion, écrit M. l'abbé Méric, peut aussi produire le
« même résultat et tantôt accélérer, tantôt ralentir
« d'une manière très sensible les battements du cœur.
« Tarchanoff cite le cas d'un jeune homme qui faisait
« monter son pouls de 84 à 130 pulsations, par minute.
« Après des exercices gradués, le docteur Schlesinger
« obtint un résultat plus surprenant, et fit monter son
« pouls de 85 à 160 par minute (2). » En exemple de
« l'action directe de la volonté sur les battements du
cœur, M. l'abbé Méric cite, après plusieurs auteurs —
on retrouve ce fait raconté chez tous, tout au long —
le cas du colonel Townshend, qui se faisait mourir et
vivre à volonté. Mais il ne convient pas d'arrêter le
récit juste avant cette phrase terminale qui donne au
phénomène toute sa valeur : « Peu après — dans la
« même journée — le colonel fit venir un notaire,
« ajouta un codicile à son testament, reçut les sa-
« crements de l'Eglise, et mourut entre cinq et six
« heures. » Il est imprudent de baser semblable théorie
« sur des expériences faites à l'heure même de la mort,

---

(1) *Magnétisme animal*, p. 303.
(2) *Le Merveilleux et la science*, p. 101.

où les troubles étudiés peuvent tenir à des causes
cachées et très diverses.

Tous ces phénomènes ne prouvent pas, du reste,
l'action directe de la volonté sur les mouvements du
cœur, car il faut toujours recourir à des moyens physiques pour atteindre cet organe : position couchée,
respiration contenue, contraction des muscles après
aspiration. Les émotions provoquent ces mouvements
physiques et peuvent ainsi réagir sur l'organe.

C'est à la contractilité musculaire qu'est due la circulation du sang dans les vaisseaux les plus ténus. « Ces
mouvements, dit Richet, ne sont pas dus au système
nerveux, mais à la contractilité musculaire. » Cette
contractilité n'est pas un signe de sensibilité (1).

Il est donc assez douteux que le mode de l'irrigation
sanguine puisse favoriser nos adversaires ; on ne voit
pas comment la volonté pourra diriger l'effort imaginatif en vue de produire à « tel endroit », en « telle
forme », par la seule « intention », dont ne dépend en
rien une contractilité qui n'est pas directement tribu-
taire du système nerveux, l'afflux sanguin qui déchirera
la tunique des capillaires.

Ceux qui veulent naturaliser le phénomène exigent
simultanément, avec Görres, le concours de ces trois
facteurs du phénomène : la disposition morbide, l'effort
imaginatif, la volonté qui le met en œuvre avec intensité et persévérance. — Or, ces éléments font défaut
chez les extatiques.

C'est, en effet, bien à tort que Görres a écrit : « Lorsque
l'âme a conçu ce désir, elle obtient de Dieu ce qu'elle
demande. » — Cette observation n'est pas conforme à la
réalité. — Les extatiques saints ne « désirent » pas les

---

(1) *Physiologie des muscles et des nerfs*, p. 22-27.

stigmates, ne les demandent pas à Dieu; bien plus, ils se montrent confus, quand ils les reçoivent; ils en réclament même la disparition au dehors. — Ce n'est pas, de toute évidence, leur volonté qui a lancé l'imagination dans cette voie de l'effort reproductif; — loin de là !

Ce serait donc la seule imagination, par une activité inconsciente, qui produirait les plaies sacrées, grâce à l'intensité de la contemplation opérant dans un milieu bien préparé. Mais l'intensité des passions humaines d'amour, d'admiration, peuvent-elles *localiser* le trouble circulatoire sur un point étroit et précis du corps, réservant pour quelques canaux sanguins, très opportunément choisis par l'imagination directrice, l'afflux de sang qui causera la déchirure à cet endroit, sans erreur possible?

On peut obtenir, paraît-il, sur un point donné du corps une sensation plus ou moins précise, une impression quelconque par le seul effort imaginatif; quelques-uns, du moins, croient provoquer ces résultats. Mais nous ne voulons point confondre ces effets qui relèvent du système nerveux, directement, avec les phénomènes qui ont trait à la circulation du sang, et qui ne dépendent immédiatement que de la contractilité inconsciente et aveugle; l'imagination ne produit ici que des troubles généraux, des altérations totales ou partielles sans place déterminée, par le moyen des passions qui mettent le désordre dans l'économie organique. Mais « localiser » le désordre juste au point précis d'un étroit espace aux pieds, aux mains, au côté, à la tête, sans qu'une autre plaie réponde, ailleurs, à l'intensité de l'effort imaginatif, c'est une merveille *naturelle* qui paraît, à première vue, aussi prodigieuse que le miracle.

Qu'on n'objecte pas l'afflux de sang projeté au visage,

dans un moment d'émotion: le sang est agité au hasard
par l'ébranlement général de tout l'être, et il porte le
signe de l'émotion au lieu qui a été préparé par la nature pour la manifester au dehors. — Qu'on n'objecte pas
non plus les rougeurs subites qui s'accusent aux parties du corps qu'on vient de découvrir brusquement :
les érythèmes pudiques existent chez les moins accessibles à la honte ; l'air agit sur la peau comme un excitant physique ; ce n'est qu'un phénomène dermographique.

Nous avons concédé à l'imagination ce phénomène
nerveux : Quand on concentre fortement et longtemps
l'attention sur un point du corps, on peut y provoquer
des picotements aigus, une véritable douleur.   Est-ce
en dehors de l'auto-suggestion qu'on obtient ce résultat ? Qui voudrait affirmer qu'elle n'y est pour rien !
Est-ce par une émotion réelle du système nerveux qui
obéit à l'intention ? La chose est possible. — « Tout le
« monde n'arrive pas à le vérifier, dit sagement le
« Dr Surbled, mais il nous suffit que plusieurs l'aient
« expérimenté. Peut-on obtenir davantage, et provo-
« quer à volonté sur un point déterminé de la peau des
« plaies, des hémorragies ? *Assurément non;* et aucune
« relation, aucune proportion n'existe entre ce second
« phénomène et le premier. Il suffit, dit le Dr Beaunis,
« de regarder avec attention une partie de son corps.
« d'y penser fortement pendant quelque temps pour y
« éprouver des sensations indéfinissables, des ardeurs,
« des battements; donc c'est à l'imagination des mys-
« tiques que sont dues les sueurs de sang et les plaies
« dont le front, les mains, les pieds étaient le siège aux
« heures d'extases. Ce raisonnement du professeur de
« Nancy n'est pas acceptable et justifie la proposition
« du Dr Imbert-Gourbeyre : « Que M. Beaunis regarde

« avec attention son côté gauche et surtout qu'il y
« pense fortement, très fortement, et il verra s'il y fait
« surgir une plaie profonde avec hémorragie pro-
« fuse (1). »

« On a invoqué, continue le Dr Surbled, comme
« preuve indirecte, les envies des femmes grosses, mais
« nul savant sérieux ne s'arrêtera à cet argument. Les
« envies ou *nævi* et autres difformités cutanées ne sont
« pas imputables à l'imagination ; elles relèvent de la
« pathologie fœtale (2). »

L'influence de l'imagination se fait cependant sentir
pendant la formation du fœtus, et sur l'action végétative. Cette influence a été particulièrement étudiée
chez les animaux où l'influence de l'image sensible se
manifeste par des modifications remarquables,

On se rappelle le moyen employé par Jacob pour obtenir des brebis tachetées : « Prenant des branches
« vertes de peuplier, d'amandier et de platane, il ôta
« une partie de l'écorce, en sorte que les branches pa-
« rurent de diverses couleurs. Il les mit dans les ca-
« naux qu'on remplissait d'eau, afin que les brebis ve-
« nant boire eussent ces branches devant les yeux, et
« conçussent en les regardant. Ainsi il arriva que les
« brebis eurent des agneaux tachetés de diverses
« couleurs. »

Voltaire traitait cette expérience de « préjugé imper-
tinent ». — C'est pourtant aujourd'hui une chose scientifiquement démontrée. Dans le *Bulletin de la Société
nationale d'Agriculture* (3). M. Barral, analysant les
travaux et les expériences de M. de la Tréhonnais,
écrit : « Il est à remarquer que l'impression fixée et

---

(1) Cf. *Science catholique*, 15 déc. 1894.
(2) Loc. cit., 15 déc. 1894.
(3) *Livraisons* des 7 et 28 sept. 1872.

« reçue‑ par les animaux, placés dans les conditions
« favorables à la manifestation du phénomène men‑
« tionné, est d'autant plus caractérisée que la couleur
« qui frappe leur.appareil optique est plus tranchée et
« plus saillante, ou bien offre un contraste plus accen‑
« tué, comme des intervalles « blancs et noirs », clair
« et brun foncé, blanc et vert foncé. »

Mais, en de tels phénomènes, l'imagination de l'a‑
nimal ne crée pas un courant de formation; le fœtus
seul par sa présence dans l'organisme aspire l'élément
nutritif; la couleur est une des oscillations du type vers
lequel tend comme forcément la nature, par une alter‑
native qui fait triompher fatalement telle ou telle va‑
riété qui s'impose, quand l'autre forme a subi le
moindre arrêt initial. Les monstres humains sont
surtout le produit d'accidents physiologiques (1) et
d'une dispensation défectueuse de la nutrition: s'ils
étaient le fruit de l'imagination vagabonde qui crée des
chimères et les fixe par des préoccupations exagérées
et la crainte, on ne rencontrerait pas ces monstres
chez les animaux; les animaux n'ont pas ces craintes,
ne ressentent pas ces aversions et surtout ne créent
pas des images composées de traits empruntés à
des types différents, comme nous l'avons reconnu
avec saint Thomas. Ce qui ne veut pas dire que l'ima‑
gination de la mère demeure sans effet sur le phéno‑
mène de la nutrition; du moins, elle n'apporte que des
modifications légères et superficielles dans le type gé‑
néral.

« On en a appelé, dit le Dr Imbert‑Gourbeyre, aux
« malades imaginaires, et l'on a prétendu que sous
« l'influence de leur imagination, constamment appli‑

---

(1) Il est démontré actuellement que les monstruosités sont d'origine
blastodermique et proviennent de troubles dans le développement de
l'embryon.

« quée à une maladie qu'ils croient avoir, ils finissaient
«. quelquefois par se donner, en réalité, cette maladie
« même. Seulement, on n'a cité aucun fait probant : si
« la cause était réelle, nous en serions inondés. Les
« faits rarissimes invoqués dans l'espèce s'interprètent
« scientifiquement par la coïncidence.

« Il est permis à un hypocondriaque de rencontrer
« juste une fois sur mille ou cent mille, en vertu de la
« loterie humaine des maladies où l'on peut tomber,
« par hasard, sur le numéro longtemps rêvé. Du reste,
« les aliénistes le disent, on observe l'hypocondrie men-
« tale ou maladie imaginaire chez des gens qui n'ont
« aucune affection corporelle, qui ont même une santé
« des plus florissantes. L'hypocondrie se rencontre en-
« core chez d'autres sujets qui n'ont pas des troubles
« nerveux, ou qui, atteints d'une maladie organique
« avancée, ont un délire hypocondriaque non conco-
« mitant, c'est-à-dire ne s'appliquant pas à la maladie
« réelle. Enfin, l'hypocondrie peut-elle à la longue dé-
« terminer la maladie primitivement imaginaire ?
« Cette thèse n'est pas *soutenable* au jugement de
« Foville (1). »

Le Dr Surbled donne sur ce point raison à son
collègue (2).

Personne ne voudra nier, toutefois, que le moral ait
une grande influence sur le physique.

« Lorsque les émotions sont vives, les troubles
« physiques qu'elles provoquent se traduisent aux
« yeux les moins exercés. Il n'est pas jusqu'à votre
« chien qui ne s'aperçoive, à votre manière d'être, si
« vous êtes de bonne humeur, ou si vous vous apprêtez

(1) Imbert-Gourbeyre, *La Stigmatisation*, t. 2, p. 122.
(2) *Science cathol.*, 15 déc. 1894.

« à le corriger (1). » Les expressions métaphoriques :
avoir un regard de feu, des yeux ardents, n'avoir pas
froid aux yeux, constate M. Féré (2), ont toutes une
base physiologique. « L'accélération des mouvements
« du cœur, l'excès de tension qui se produit dans les
« petits vaisseaux peuvent, quand ces vaisseaux sont
« altérés et friables, amener des ruptures et des hémor-
« ragies graves, parfois mortelles (3). » Mais il est
probable que les vaisseaux ne seront pas altérés et
friables juste aux points stigmatiques, et nullement
ailleurs ; l'hémorragie ne sera pas « périodique », les
plaies ne seront point « inaltérables ».

En somme, des troubles morbides, des maladies
peuvent naître du bouleversement de l'état moral ; ce
n'est pas impunément que le système nerveux serait
secoué par des secousses morales trop violentes et trop
persistantes : le corps en recevrait le contre coup, sous
des formes variées et selon les dispositions physiologiques de chaque tempérament. — Autre serait le
phénomène qui consisterait à produire, par la préoccupation et l'attention, une maladie déterminée : ici
l'impossibilité d'ordre physiologique est mise en avant
par les médecins précités.

C'est pourtant dans ce sens qu'on a coutume d'exagérer la doctrine de saint Thomas touchant l'influence
du moral sur le physique.

Il y a d'abord ce texte à citer : « A l'imagination, si
« elle est forte, le corps obéit naturellement en plusieurs
« choses, par exemple, dans les altérations organiques
« qui se font par la chaleur et le froid et tout ce qui
« s'ensuit. C'est qu'en effet de l'imagination naissent

---

(1) *Influence du moral sur le physique*, Dr Ménard. — *Rev. du Mond. mens.*, nº 15 oct. 1898.

(2) *Pathologie des émotions*, p. 177.

3. Dr Ménard, loc. cit.

« les passions de l'âme qui ont leur retentissement
« dans le cœur; d'où il résulte que par l'agitation des
« esprits tout le corps est altéré : *Et sic per commotio-*
« *nem spirituum totum corpus alteratur* (1). »

« Je m'étonne, dit un médecin, de voir ce que l'imagination peut produire sur le sang, et avec quelle rapidité une préoccupation violente, une terreur, une
anxiété, cause l'anémie, par exemple (2). » — D'une manière générale, saint Thomas peut dire : « Lorsque l'âme
« imagine quelque chose et en est vivement frappée,
« il s'ensuit quelquefois une modification dans le corps,
« d'où résulte la santé et la maladie, sans l'action des
« agents matériels capables de procurer cette maladie
« ou cette santé (3). »

Il ne s'agit point, en tout ceci, d'action morbide
« localisée » selon les désignations de la volonté, mais
de troubles généraux se manifestant par la commotion
due aux passions, selon les dispositions antérieures du
tempérament.

Saint Thomas pense, il est vrai, que certaines altérations générales peuvent affecter une forme spéciale
dans tout l'organisme. Quelques théologiens, portés à
naturaliser la stigmatisation, ont voulu tirer un argument de ce passage célèbre : « *Corpus autem transmu-*
« *tatur praecipue per aliquam imaginationem fixam,*
« *ea quà corpus calefacit per concupiscentiam vel*
« *iram, aut etiam immutatur ad febrem vel lepram* (4). »
Et le R. Père Coconnier de conclure aussitôt : « La
« lèpre est une maladie squameuse, etc. Dites un peu
« si nous allons plus loin que saint Thomas en attri-

<hr>

(1) III p., q. 13, a. 3, ad 3.
(2) Hack Tuke, *Le Corps et l'Esprit*, p. 168.
(3) « Ex hoc quod anima imaginatur, sequitur aliquando immutatio
in corpore ad sanitatem vel aegritudinem, absque actione principiorum
corporalium. » (Contr. Gent., l. III, c. 99.)
(4 Quaest. disp. *De Potent.*, VI, a. 9.

« buant à la redoutable *fantaisie* le pouvoir de produire
« sur la peau des exsudations et des gouttelettes de
« sang (1. » — Nous admettons, avec saint Thomas,
« des troubles généraux résultant de l'altération du
sang et troublant ainsi l'économie organique, suivant
les dispositions propres à chaque tempérament » ; mais
nous devons rappeler, sur ce point important, que les
textes allégués ne disent pas autre chose ; il ne s'agit
pas d'altérations partielles produites selon la volonté et
le désir dans telle ou telle partie du corps, à l'exclusion
de telle autre ; de plus, l'exsudation stigmatique n'est
pas un écoulement d'humeur ou de sérosité plus ou
moins infectieuse ; ce que semble perdre de vue le
R. Père Coconnier.

Mais donnons place à la réponse que le Dr Imbert-
Gourbeyre adresse, dans l'*Univers,* au R. Père, à propos
de ce texte, dont il abuse, et aussi au sujet des exemples
d'exsudations qu'il apporte à l'appui de la thèse naturalisante.

Saint Thomas, répond en substance le Dr Imbert, n'a
jamais fait mention d'exsudation sanguine due à l'effort
imaginatif ; vous allez beaucoup plus loin que lui en
faisant découler cette conséquence de principes assez
vagues concernant les altérations possibles du sang
par l'imagination. — De plus, observe justement le
docteur, en donnant à entendre que l'imagination peut
produire la *lèpre*, le saint docteur a fait une erreur
d'étiologie, fort excusable d'après les idées ayant cours
de son temps : l'erreur de saint Thomas n'a aucune
gravité, mais la conséquence erronée qu'on en veut tirer
va plus loin. Au reste, le Congrès de Berlin a démontré
que la lèpre vient d'un bacille, et qu'elle se propage

par le mucus nasal et l'air expiré; donc on devenait
lépreux *à distance;* de là, l'opinion, en ces temps
d'expérimentations assez imparfaites, que l'imagination, ou la crainte du mal, pouvait la communiquer (1).

Il est clair que saint Thomas est resté dans son
rôle de philosophe en constatant des troubles circulatoires et des altérations corporelles qui seraient le fait
de l'imagination. M. Bosquillon n'a fait que résumer
ces données en disant « que l'imagination est une sorte
de *virus* qui peut tuer et tue souvent ». De là, à faire
des classifications de ces troubles pathologiques, d'a-
près saint Thomas, il y a une marge. Saint Thomas
enseigne aussi que l'imagination peut causer la fièvre.
Autrefois, la désignation de fièvre n'était pas exclusivement réservée aux fièvres essentielles, mais s'appliquait à tout état brûlant qui accompagne généralement
toute espèce d'intoxication du sang.

En définitive, l'imagination peut « altérer » la santé,
en un temps et en un mode qui varient avec la constitution physique de chacun; ce point est sûr, et c'est
assez pour légitimer tous les textes de saint Thomas à
condition de bien discerner sa doctrine physiologique
de celle qu'il expose d'après Avicenne, non sans y
joindre une courte réfutation de ce philosophe. On aura
donc la fièvre en se rendant malade par les troubles
qui naîtront d'un état nerveux surexcité; mais la crainte
seule, sans le germe, ne communiquera pas telle ou
telle variété de fièvre pernicieuse, dont l'organisme ne
serait pas le milieu favorable et suffisamment préparé.

Il existe de rares exemples, plus ou moins probants,
de ces exsudations sanguines, exemples laborieusement

(1) Cf. N° de l'*Univers*, 6, 8, 9 juin 1898.

recueillis par quelques médecins, et que certains théologiens se transmettent fidèlement, sans leur communiquer pour cela une valeur plus grande ; car, enfin, il
y a exsudation et exsudation ; éliminer par les pores de
la peau une sérosité plus ou moins teintée, est l'accident
que manifestent plusieurs maladies connues ; mais c'est
un sang pur qu'il faudrait mettre en comparaison avec
le liquide stigmatique.

Le R Père Coconnier, pour étayer sa thèse, donne
place dans son livre à six de ces exemples, choisis
parmi les plus probants, cela va sans dire. Quatre de
ces phénomènes ont trait à des ecchymoses spontanées.
Nous pourrions les écarter à priori, dans cette question
des stigmates, puisqu'il n'y eut aucune exsudation,
malgré l'état nerveux de la personne et la vivacité de
son imagination : le fait se retourne, en partie, contre
la thèse du Père, s'il prouve quelque chose contre nous.
Voici le plus remarquable de ces exemples :

« Comme preuve de l'influence de la crainte ou appré-
« hension sur le système vasculaire, nous citerons tout
« d'abord le fait suivant : Une dame se promenait
« autour d'un établissement public ; elle vit un enfant,
« auquel elle s'intéressait particulièrement, sortir par
« une porte de fer. Elle vit qu'après avoir ouvert la
« porte, il la laissait aller, et qu'elle était sur le point
« de se refermer sur lui : elle crut même que cela se
« ferait avec assez de force pour lui écraser le pied ;
« néanmoins il n'en fut rien. Il m'était impossible,
« dit elle, de parler et d'agir assez promptement pour
« empêcher ce que je redoutais ; du reste, je m'aperçus
« que je ne pouvais plus remuer ; une douleur si intense
« se développa dans mon pied, là même où j'avais cru
« que l'enfant serait blessé, que je pus seulement y
« porter la main pour en soulager l'extrême sensibilité.
« *Je suis certaine de n'avoir fait aucun mouvement*

« qui pût me donner une foulure ou une entorse (1). »
Bref, cette dame constata un *cercle enflammé autour*
de la cheville, et dut garder le lit pendant un certain
nombre de jours. — On avouera que c'est tout à fait
ainsi que se comporte une *foulure*.

Préoccupée par l'accident redouté, cette dame n'a-t-
elle pu faire un de ces faux mouvements, qui, en pareil
cas, sont surtout « inconscients ». — Comment ose-t-on
nous apporter un tel exemple — qui est pourtant un
des rarissimes — comme preuve certaine de l'influence
imaginative ! — Si nous avions le tort d'étayer le surnaturel sur des observations aussi douteuses, il y aurait
de beaux cris dans le clan rationaliste, et nous serions
mal venus de nous en indigner; nos adversaires auraient grandement raison.

Puisqu'il s'agit d'un sujet éminemment nerveux,
dans le cas décrit par Tuke, il n'est pas nécessaire de
recourir à un mouvement notablement violent du pied
mis en défaut; la *moindre excitation physique*, chez
les « dermographiques », détermine des phénomènes
d'ecchymoses.

Cette observation suffirait pour donner la raison de
cette *rougeur spontanée*, mais nous tenons pour la
foulure, étant données l'intensité de la douleur et la
durée de cette guérison.

M. Toussaint-Barthélemy rapporte cet autre fait
qu'il attribue au dermographisme :

« Une jeune mère est occupée à ranger dans une ar-
« moire des porcelaines. Son enfant, qui joue à côté
« d'elle, réussit à décrocher une crémaillère, et le ri-
« deau de la cheminée menace de tomber sur le cou de
« l'enfant qui se trouve à genoux dans la position du

(1) *Corps et Esprit*, Hack Tuke. p. 209.

« guillotiné... La mère se retourne, entrevoit le
« danger. Sous l'influence du saisissement, son sang,
« selon l'expression consacrée, ne fait qu'un tour.
« Cette femme est très impressionnable et nerveuse :
« il se forma, sur le champ, un cercle érythémateux et
« saillant autour du cou, dans le point même où l'enfant
« allait être frappé. Cette empreinte persista assez in-
« tense et assez durable pour qu'un médecin, venu
« quelques heures après, pût encore la constater (1). »

L'état dermographique est ici bien notoire, puisque
le Dr Barthélemy n'hésite pas à le définir tel. Dans cette
disposition, étant donnés, d'une part, le mouvement
violent du sang projeté à la périphérie, et, d'autre part,
la disposition extraordinaire à rougir qu'accuse la peau
du dermographique, sous la plus légère excitation physique, le phénomène aura pu se produire par suite d'un
minime frottement dû au vêtement et à la brusquerie
du mouvement. Ce phénomène, du reste, le Dr Barthélemy ne l'a pas observé lui-même, il ne le connaît
que par ouï-dire, et il le déclare *unique* dans son genre.
Le moindre détail oublié aurait pourtant son importance. De plus, l'effet obtenu est peu notable, si on le
compare aux hémorragies, — surtout abondantes et
périodiques —, qu'il faudrait expliquer.
Aussi le Dr Imbert-Gourbeyre, dans sa réponse au
R. P. Coconnier, demande la permission de retrancher
les quatre premiers des exemples apportés, précisément
parce qu'il n'y eut pas ombre d'exsudation sanguine.—
Il écarte le cinquième, parce qu'il y eut simple production de sueur légèrement teintée de brun: de
telles sueurs sont produites par des maladies spéciales.

(1) *Etude sur le Dermographisme*, p. 82.

bien déterminées; c'est un sang pur et limpide, non une
sérosité colorée, qui s'échappe des stigmates.

La comparaison entre les deux phénomènes est d'autant moins justifiée qu'il serait bien impossible à l'imagination de diriger « exclusivement » sur tel point du
corps, et sur un point étroit et précis, une telle
projection de matières séreuses. Ces exsudations se
produisent *au hasard* de l'état morbide, à n'importe
quel endroit du corps.

Reste le sixième exemple, qui a trait à une transpiration *vraiment sanguinolente :*

« Un matelot, âgé de trente ans, s'étant laissé en-
« vahir par la peur au milieu d'une tempête horrible,
« tomba sans parole sur le pont, mais présenta de plus
« sur le visage de larges gouttes de sueur d'une bril-
« lante couleur rouge. On crut d'abord que le sang
« venait du nez, ou que le matelot s'était blessé en
« tombant; mais en essuyant ces gouttes rutilantes, le
« chirurgien fut étonné d'en voir de nouvelles prendre
« leur place. Cette sueur colorée coulait de différentes
« parties du front, des joues et du menton. En essuyant
« et en examinant attentivement la peau, le chirurgien
« vit nettement que le liquide sortait par les glandes
« sudorifiques ,1). »

Ces faits sont rarissimes, remarque le Dr Imbert; la
plupart des médecins passent leur vie entière sans en
rencontrer un exemple; le phénomène des stigmates,
qui dépasse de si loin ces cas d'exsudation, est beaucoup
plus fréquent, puisque c'est par centaines qu'on signale les stigmatisations, — quelle qu'en soit la cause.

Le Dr Imbert en énumère 321 cas, tout en déclarant
qu'il n'a pu consulter toutes les grandes bibliothèques

---

(1) Hack Tuke, *Le Corps et l'Esprit*, p. 221.

d'Allemagne, d'Espagne, d'Italie, et surtout les Archives des ordres religieux. Il y a là une opposition intéressante, car enfin, il est étonnant, si on veut que le phénomène soit naturel, que toute exsudation violente et périodique affecte toujours la forme des plaies de la Passion, et se localise à des endroits précis, toujours les mêmes, avec les mêmes circonstances, au moins apparentes, de piété et de religion. — Il n'y a pas que le sentiment religieux qui soit profond ; les passions humaines laissent aussi des traces bien intimes dans l'organisme ; comment n'a-t-on pas rencontré des névropathes qui, en dehors de toute circonstance religieuse, offrent à quelque endroit du corps, sur un bras, dans le dos, n'importe où, une ou deux plaies par où s'échappe périodiquement, ou de temps en temps, le sang très pur qui coule des plaies sacrées ? — On a pourtant expérimenté sur des sujets de choix, à la Salpêtrière.

Eh bien ! non ; les exsudations sanguines sont beaucoup plus rares que les stigmates proprement dits, même si on veut bien admettre les quelques exemples que nous a transmis Benoît XIV, sur la foi de dom Calmet, qui les tient d'un médecin, lequel déclare les avoir reçus de divers narrateurs.

Mais nous ne demandons pas mieux que de les proclamer plus nombreux et tous authentiques. Nous suivrons encore en tout ceci notre guide théologique, Benoît XIV. Cet illustre théologien croyait à la possibilité de tous ces cas pathologiques ; mais cette opinion ne l'a guère impressionné dans la question des stigmates, comme nous le dirons plus loin, en proposant au R. P. Coconnier ce grand exemple de bonne logique.

Le R. P. Coconnier a pris une peine bien inutile, en consacrant le plus important chapitre de son ouvrage aux exsudations sanguines ou colorées. Les questions paraissent identiques, au premier aspect, et, en réalité, elles diffèrent du tout au tout. D'un côté, vous avez, comme dans l'hématidrose, une affection générale, un état morbide bien caractérisé, avec hémorragies dues aux lésions des glandes sudorifiques; de l'autre, vous constatez que les glandes sudorifiques fonctionnent normalement, mais il y a *déchirure des tissus, écoulement de sang pur, écoulement périodique et abondant, aux seuls endroits désignés par la piété, et sans troubles pathologiques intéressant la circulation du sang.* — Voilà pourquoi Benoît XIV et tous les théologiens des Congrégations ont parlé des exsudations sanguines, sans essayer le moindre rapprochement avec le phénomène de la stigmatisation. — Le R. P. Coconnier, qui a consulté Benoît XIV sur ce point, aurait dû être frappé de ce silence assez suggestif.

Le grand argument produit par le R. Père Coconnier, c'est la *sueur de sang* observée dans le mystère de Gethsémani. Appuyé sur l'autorité de dom Calmet, de Suarez, et de plusieurs auteurs, le Père entend prouver que la *sueur de sang* émise par le Christ à l'agonie fut naturelle. — Suivons un instant nos contradicteurs sur ce terrain.

Le Christ agonisant a-t-il réellement sué du sang ? Plusieurs théologiens, cités par Benoît XIV, se posent la question et répondent : « *Quod S. Lucas per hyperbolum est locutus, cum non dixerit Christum sudasse sanguinem, sed « sicut » guttas sanguinis sudasse* (1). » On pourrait répliquer que le texte grec explique ce « *sicut* » et n'affecte pas, au sens diminutif, le mot *gutta;* mais contentons-nous de préférer la Tradition

----

(1) Cf. l. IV, I p., c. 26, n 4.

sans vouloir tirer un argument du phénomène systématiquement amoindri.

Suarez pense que cette sueur eut une cause « naturelle » (1). — Saint Bernardin de Sienne se prononce également pour le *naturel*, mais avec des restrictions notables : « *Licet « plena » ratio naturalis non possit « reddi de tam « stupendo » doloris signo..., nihilo- « minus dici potest quod aliqualiter dispositive timor « et amor debellantes in corde Jesu... in causâ exsti- « terunt* (2). » Cet amour constituait manifestement un cas *spécial* pour le Christ, car cette passion d'amour fut en Lui à un degré surhumain. — Cajetan, autre tenant de cette opinion, amoindrit tellement le phénomène qu'il le change, afin de pouvoir l'expliquer : « *Deficiente « aquositate sanguinis, quæ est materia sudoris, « nonnihil » quoque sanguinis emisit.* » Suarez s'appuie sur Cajetan pour déterminer les raisons du phénomène ; il ajoute cet argument théologique qui ne convaincra personne : « *Si sanguis ille miraculose fuisset emissus, « non fuisset signum « certum » et « evidens » maximi « angoris.* » Maldonat juge que le fait peut être naturel, parce qu'il a entendu dire *qu'un condamné à mort sua du sang*, quand on le conduisit au lieu du supplice ! L'argumentation laisse un peu à désirer.

Rejes (3) nous semble avoir parfaitement mis au point la question débattue. Cet auteur, plus versé que les autres dans la matière en litige, indique plusieurs causes qui peuvent concourir au phénomène naturel de l'exsudation sanguinolente.

Il donne ensuite comme des causes naturelles suffisantes l'anxiété et la tristesse, mais uniquement dans

---

(1) *De Myst. Christi*, Disp. XXXIV, sect 2.
(2) *Sermon 51 sur la Passion*.
(3) *Quæst. médico-leg.* 86, n. 25.

le cas où « *des dispositions morbides auraient préparé
le terrain* » — : « *Sed eam excludit, cum mœror, tristia
« et metus sanguinei sudoris causa esse non potest nisi
« morborum dispositionem in corpore inveniant, quod
« de « corpore Christi » dici non potest.* »

L'argumentation de Rejes concilie admirablement ce
que contiennent de juste et de fondé les diverses
opinions — : Oui, la violence des passions, déchaînées
par les vives représentations de la faculté imaginative,
pourra provoquer ces désordres, mais lorsque l'état
morbide aura *préparé ces phénomènes.*

Or l'état morbide n'exista à aucun moment pour le
corps parfait de Jésus-Christ, comme l'enseigne saint
Thomas (1) avec la Tradition ; et cependant il sua du
sang, et en abondance car le sol en garda la trace : « *Sicut
guttæ sanguinis « decurrentis,» in terram.*» — Comment
comparer un tel phénomène aux cas d'hématidrose !
C'est précisément parce que le corps du Christ ne fut
jamais disposé par la maladie à la production de cette
sueur mystérieuse, que l'anxiété n'a pu réaliser la sueur
de sang *naturellement* : « *Nemo sudorem hunc infirmi-
tati deputet* », conclut le vénérable Bède (2).

« La sueur de sang n'est observée que rarement, et
chez des sujets hémophiliques », observent le Dr Surbled
et le Dr Imbert-Gourbeyre.— En dehors de quelques cas
déterminés, où l'imagination n'a, du reste. point de
part, on ne constate pas l'exsudation sanguine véritable,
même chez des malades d'une intense nervosité. — Le
Dr Surbled confirme l'opinion du Dr Imbert par cette
déclaration importante : « La sueur de sang n'est pas
« démontrée, et ce n'est certes pas l'observation de

---

(1) S. Th., III p., q. 15, a. 4.
(2) *In Lucam*, cap. 22.

« Parrot, vieille de quarante ans et rééditée partout,
« qui pourrait aujourd'hui asseoir une conviction. La
« gynécologie a fait du chemin depuis lors et si la
« douleur suffisait réellement à produire des hémor-
« ragies, aurait-on besoin de remonter à une obser-
« vation vieille de quarante ans ? Ce n'est guère
« probable (1). » —

Il ne serait point anti-scientifique — loin de là — de
nier à l'excitation morale « seule » le pouvoir de
produire une véritable exsudation, même sans déchirure des tissus, ailleurs que chez les hémophiliques.
Quoi qu'il en soit, les théologiens de la Congrégation,
émus par les exemples fournis par dom Calmet et
plusieurs autres, jugèrent prudent d'écarter les sueurs
de sang de la classe des miracles, si le phénomène
venait à se présenter chez les saints (2).

La décision est prudente ; mais il est toujours permis
d'excepter la *sueur* extraordinaire que répandit le
Christ agonisant. Il est encore très scientifique d'en
penser ce qu'en croyait saint Hilaire : « *Contra naturam
est sudare sanguinem, nec infirmitas est* (3). »

Qu'on veuille bien s'en souvenir, c'est uniquement
pour dire au R. Père Coconnier que son grand argument est tout au moins douteux que nous avons abordé
cette discussion.

Le sentiment du Père, à ce sujet, serait-il vrai de
tout point, que sa thèse de la « stigmatisation naturelle », insinuée par les intentions évidentes du chapitre, n'en recevrait aucun appoint.

Il s'agit d'expliquer une *hémorragie*, produite par la
déchirure des tissus, localisée, persistante.

---

(1) *Revue du Mond. invis.*, 15 juillet 1898.
(2) *De Can. Sanct.*, l. IV, 1 p., c. 26, n 7.
(3) *De Trinit.*, l. X, c. 41.

C'est là un phénomène bien différent, on en conviendra. C'est pourtant avec la conviction qu'il montrait la genèse de la *stigmatisation*, que le Père a produit tous ces exemples d'exsudations, et aussi d'ecchymoses, d'où l'exsudation est totalement absente. Il y a bien, dans ce dernier cas, le phénomène de *localisation ;* mais l'effet obtenu est sans aucune portée, comparativement à l'hémorragie stigmatique, et de plus, il relève, à n'en pas douter, du dermographisme, dont nous aurons à préciser les conséquences physiologiques.

.·.

L'objection tirée de ce qu'on a appelé les *stigmates hypnotiques* est autrement « directe », et doit fixer toute notre attention.

Le Dr Imbert-Gourbeyre, qui a fait de la stigmatisation une étude spéciale, et s'est appliqué à définir les conséquences qui peuvent résulter des troubles de la circulation du sang, se demande à quel ordre de phénomènes appartient la stigmatisation hypnotique, et répond résolument : « La stigmatisation hypnotique « n'est pas *naturelle*. La stigmatisation hypnotique est « deux fois anti-physiologique ; la première, parce qu'il « n'y a pas d'imagination « hémorragigène » ; la seconde « parce que c'est un fruit d'hypnose (1). » — Nous laissons au docteur Imbert-Gourbeyre le souci de lever tous les scrupules de ses collègues, et la responsabilité de son affirmation. Mais les stigmates hypnotiques n'ont peut-être pas une origine si mystérieuse si on veut tenir compte des récentes études auxquelles ont donné lieu les phénomènes *dermographiques*.

_____

(1) Cf. *Univers*, n. 8 juin 1898.

La première réflexion qui s'impose, relativement aux stigmates hypnotiques, c'est leur extrême rareté ; nous prenons le phénomène au degré d'intensité qui permette un rapprochement sérieux avec les stigmates d'ordre théologique.

Comme exemple de stigmates, ou de brûlures hypnotiques, il faut citer en première ligne les effets obtenus sur Elisa F., par M. Focachon ; les voici tels que les expose le procès-verbal dressé par M. Beaunis :

« Le 12 Mai 1885, à onze heures du matin, M. Focachon
« endort Mlle Elisa en présence de MM., Bernheim,
« Liébault, Beaunis et quelques autres personnes.
« Pendant son sommeil, on lui applique sur l'épaule
« gauche huit timbres-poste, en lui suggérant qu'on
« lui pose un vésicatoire ; les timbres-poste sont main-
« tenus par du diachylon et par une compresse.

« Puis le sujet est laissé dans cet état toute la journée
« après avoir été réveillé deux fois, pour le repas du
« midi et pour celui du soir ; mais on la surveille et on
« ne la perd pas de vue Pour la nuit, M. Focachon
« l'endort, en lui suggérant qu'elle ne s'éveillera que
« le lendemain matin, à sept heures, ce qui eut lieu.
« Ce jour-là même, à huit heures un quart, M. Foca-
« chon enlève le pansement, en présence de MM. Ber-
« nheim, Liégeois, Beaunis, Liébault, etc. Nous consta-
« tons, d'abord, que les timbres-poste n'ont pas été
« dérangés ; ceux-ci enlevés, le lieu de leur application
« présente l'aspect suivant : dans l'étendue de quatre
« centimètres, on voit l'épiderme grossi, épaissi et
« mortifié, d'une couleur blanc-jaunâtre, seulement
« l'épiderme n'est pas soulevé et ne forme pas de
« cloches ; il est épaissi, un peu plissé, et présente, en
« un mot, l'aspect et les caractères de la période qui
« précède immédiatement la vésication proprement
« dite, avec production de liquide. Cette région de la

« peau est entourée d'une zone de rougeur intense
« avec gonflement. Ces faits constatés, on replace une
« compresse sèche par-dessus, pour examiner la peau
« un peu plus tard. Le même jour, à onze heures et
« demie, la peau présente le même aspect que le matin. »
De retour à Charmes. Elisa présente des phlyctènes
(boursouflures) que M. Focachon photographia et envoya à M. Beaunis.

Le Rédacteur en chef de la *Gazette médicale d'Algérie*
apprécie le fait en ces termes : « En vérité, il faut une
« foi bien robuste pour considérer cette expérience
« comme décisive. Outre la méfiance que commande
« toujours le caractère des hystériques, lesquelles sont,
« par nature, menteuses et par-dessus tout vaniteuses,
« ce qui les pousse à s'efforcer de réaliser les effets
« extraordinaires qu'on attend d'elles, le sujet n'a-t-il
« pas eu mille moyens à sa disposition pour soulever
« le pansement et irriter la peau (1). »

Et notre auteur cite, en le soulignant, ce passage de
M. Bernheim : « Les phénomènes de cet ordre sont
« exceptionnels, se réalisent rarement : ils s'obtiennent
« chez certains sujets seulement. J'ai essayé inuti-
« lement chez beaucoup de les reproduire. »

L'exemple suivant serre de plus près la question :
MM. Bourru et Burot disent à un jeune soldat de
marine, manifestement hystéro-épileptique, après l'a-
voir mis en somnambulisme: « Ce soir, à quatre heures,
après avoir été endormi, tu pénétreras dans ce cabinet,
tu t'assoieras dans ce fauteuil, tu te croiseras les bras
sur la poitrine et tu saigneras du nez. » A l'heure dite,
les choses se passèrent ainsi et on vit suinter de la na-
rine quelques gouttes de sang. Un autre jour, M. Burot

---

(1) *Magnét. animal*, p. 308.

trace le nom du sujet sur ses deux avant-bras avec la pointe mousse d'un stylet de trousse, puis, il lui dit, après l'avoir plongé en somnambulisme : « Ce soir, tu t'endormiras à quatre heures, et tu saigneras sur les lignes que je viens de tracer. A quatre heures, au bras gauche, les caractères se dessinent d'un rouge vif, et quelques gouttelettes de sang perlent en plusieurs endroits. »

Les expériences de Rochefort furent renouvelées à l'asile de Laffond, près de la Rochelle, par le D\[r\] Mabile, le succès fut complet. Bien plus, le sujet fut pris, un jour, d'un accès de somnambulisme spontané, au cours duquel le malade se suggéra à lui-même l'idée, qui se réalisa, de stigmates aux pieds et aux mains.

Nous voici, avec ce sujet, en plein dans les faits qui paraissent doublement louches au D\[r\] Imbert.

Contentons-nous de reproduire les appréciations des médecins intéressés :

« C'est un type fort curieux, et peut-être unique dans
« l'espèce. — Disons cependant que tous les phé-
« nomènes présentés par lui doivent particulièrement
« être tenus en suspicion. Cet homme était un fourbe,
« un *simulateur* de premier ordre, ainsi qu'a eu l'oc-
« casion de s'en assurer tout dernièrement, à l'hôpital
« Necker, M. le professeur Peter, dans le service du-
« quel il était entré (1). »

Ces effets sont rares, car on les retrouve, eux aussi, réédités partout. — Le R. Père Coconnier en fait mémoire, sans compléter la liste.

Eh bien, ces faits, nous les admettons encore. — Nous disons seulement qu'ils relèvent d'un état nerveux spécial, du *dermographisme*, enfin, qu'il est temps de

---

(1) *Magnét. animal*, p. 310.

mettre en scène, car c'est la raison dernière de ces phénomènes. L'imagination n'est pour rien dans l'autographisme, et ces effets ne sont point le retentissement des images mentales sur les organes de la périphérie.

Il faut le reconnaître, M. Toussaint-Barthélemy, qui a spécialement étudié les causes de l'autographisme, a rendu, — bien involontairement peut-être — un éminent service à la science théologique. Combien de phénomènes, attribués jusqu'ici à l'imagination, trouvent là leur explication. — Les ecchymoses spontanées, par exemple, ne paraissent pas être autre chose que des rougeurs dermographiques, consciemment ou inconsciemment provoquées par une excitation physique, si minime soit-elle.

« Le dermographisme consiste dans l'apparition de saillies œdémateuses, entourées de rougeurs, comparables aux plaques ortiées, formant les figures les plus variées, *sous l'excitation du tégument*. — Cette susceptibilité de l'épiderme, qu'on décore d'un nom nouveau, est connue depuis longtemps : « William l'a appelée urticaire passagère, et Gull l'a décrite sous le nom d'urticaire factice. Le Dr Mesnet, qui, de nos jours, a repris son étude, la définit très exactement — : « C'est la reproduction, en reliefs saillants et teintés, des emblèmes, figures et mots qu'il a plu à l'expérimentateur de tracer sur la peau (1). »

Une observation admise par tous, c'est que le phénomène du *dermographisme* n'est pas dû à l'*imagination*, que cette faculté n'entre pour rien dans les effets obtenus ; tout l'effet produit est réductible à ces deux facteurs : une *sensibilité spéciale de la peau*, *une exci-*

---

(1) Dr Surbled, *Science cath.*, 15 déc. 1894.

lation physique, fût-ce un léger attouchement, ou même une *simple impression physique* provoquée par le froid.

« Lorsque, avec l'ongle ou une tête d'épingle, écrit le Dr Servet de Bonnières, on trace une ligne invisible sur la peau de certains névropathes, une raie d'un rouge vif, souvent bordée de deux autres raies blanches, apparaît bientôt formant un relief appréciable. Cet état peut persister plusieurs heures, et si, au lieu d'une ligne, on trace des lettres, des figures, ou si simplement on applique fortement la main sur la peau, les lettres, les figures, la main ne tardent pas à se reproduire avec une parfaite netteté. Le phénomène peut même atteindre un degré bien plus intense, le sang sort de la marque imprimée. » -- Il faut remarquer, toutefois, qu'en dehors des états hypnotiques, on n'obtient point cette lésion des glandes sudorifiques, et surtout une lésion quelconque de la peau, résultat qui constitue un phénomène autrement difficile à expliquer.

« Il y a encore d'autres phénomènes nerveux qui amènent des éruptions sur la peau, continue le Dr Servet ; un phénomène bien connu des médecins est celui qui se produit quand on découvre brusquement une partie du corps cachée sous les vêtements. On voit apparaître des placards rouges irréguliers, principalement sur la poitrine. — Le brusque changement de température en est la cause principale.

Le froid agit comme excitant physique, de même que le frottement comme excitant mécanique. — On sait que les personnes hystériques sont particulièrement sujettes à ces troubles de l'innervation vaso-motrice.

L'imagination est si peu intéressée à ces phénomènes, quant à leur production et à leur localisation, qu'on réussit à les reproduire sur des animaux, notamment sur le cheval, comme en témoigne le Dr Barthélemy.

L' « excitation physique » est nécessaire pour obtenir ces curieux effets, avons-nous dit. — Aussi le cas
spécial rapporté par M. Richet, et inséré par le Dr Barthélemy dans son étude, — où il est fait mention d'une
jeune mère, très nerveuse, qui présente au cou une rougeur dermographique à la seule vue de son fils qu'une
crémaillère va guillotiner, — est-il rapporté comme
unique dans les annales de la science. — Le Dr Barthélemy déclare même ne point garantir le fait (1), ce qui
confirme les réserves que nous avons déjà faites à ce
sujet. — En vérité, si le seul *frottement* d'une tête
d'épingle, le simple passage de l'ongle sur la peau, suffisent à provoquer la congestion du tissu, chez les
dermographiques, qui osera soutenir que le frottement du vêtement, dans un brusque mouvement du
corps, n'est pas une cause adéquate du phénomène
signalé, étant donné l'état nerveux du sujet ?

Le Dr Goix, cependant, pense nous donner un exemple d'ecchymose spontanée obtenue par l'idée pure.
« Si vous ne voulez pas manger, dit-il à une jeune fille
« en état hypnotique, je vous pincerai là ce soir si
« fortement que la marque de mes doigts y restera. »
— Le soir, rapporte le docteur, le phénomène se produisit comme il avait été prescrit; ce serait là, pense-
t-il, un cas d'ecchymose par imagination.— « Vous ou-
bliez le dermographisme », reprend le Dr Surbled (2).

Plus d'une cause peut être invoquée, et chacune
donne suffisamment la raison de l'effet produit.

Le sujet est une hystérique avérée ; le soir elle eut,
est-il raconté, une hallucination au cours de laquelle
elle crut voir le docteur s'approcher d'elle et la pincer.
Qui nous assure qu'elle ne s'est fait, en cet état in-

(1) *Etude sur le Dermograp.*, p. 40.
(2) *Revue du Mond. invis.*, 15 juillet 1898.

conscient, aucune pression à l'endroit indiqué, ne fût-ce
qu'en portant machinalement les doigts à l'endroit
même où elle ressentait, en rêve, ce pincement douloureux ? Le Dr Goix n'a pu que constater l'ecchymose
à son arrivée; il ne saurait se porter garant de tous les
détails qui ont marqué le phénomène pendant son
absence. Cette explication est déjà suffisante : celle que
nous donnerons plus loin, d'après un exemple très
probant, classe le fait parmi les effets dus au dermographisme.

Les célèbres expériences de MM. Focachon, d'une
part, Bourru et Burot, de l'autre, trouvent dans le dermographisme leur explication satisfaisante ; on le comprendra mieux, si l'on veut bien se remémorer qu'E-
lisa F... laissée seule la nuit entière, — et qui eut *mille
moyens* d'exciter la peau, constate le Dr Morand, cependant tout gagné à la cause, — a pu certainement
presser tout à loisir, sans les déranger aucunement,
les timbres-poste apposés. On nous a tant prévenus, de
tous les côtés, que les hystériques sont portées comme
invinciblement à tromper, à vouloir réaliser les effets
merveilleux qu'on attend des expériences, et qu'on leur
fait connaître en les leur suggérant, qu'il nous est bien
permis de croire à cette petite supercherie.

Quant au soldat d'infanterie de marine qui se donna
de légers stigmates aux pieds et aux mains, c'était un
sujet entraîné par nombre d'expériences; lui aussi, il
savait ce qu'on attendait de lui, puisqu'il *voulut* reproduire en lui les stigmates de la Passion ; il eut donc,
avec le désir, tout le temps voulu pour exciter la
peau aux points désignés, d'autant mieux qu'il ne fut
surveillé par personne. De plus, il connaissait ses
propriétés dermographiques, sa grande sensibilité épidermique ; en outre, il était fourbe et dissimulateur,
se faisant un jeu de tromper son entourage médical.

Voici, en effet, ce qu'on nous raconte de ce sujet unique dans son genre : « M. le professeur Péter mentionne « chez cet homme, qu'il qualifie de misérable, une *sin-* « *gulière sensibilité* de la peau, et telle que le *simple* « *contact de l'or suffit à déterminer une impression de* « *douleur* à laquelle succède *dans les vingt-quatre* « *heures*, une véritable brûlure (1). » — Connaissant les propriétés étonnantes de son épiderme, ce « misérable », ce « fourbe » pouvait, le matin, exciter ses téguments, et prédire pour le soir des *stigmates* que les médecins stupéfaits — parce que non prévenus — auraient pu voir se former lentement sous leurs yeux, sans nouvelle excitation physique, et, en apparence, par le simple effort imaginatif.

Le Dʳ Goix verra dans ce fait la preuve qu'une excitation du tégument peut mettre *vingt-quatre heures* avant de réaliser la forme et l'aspect de l'*ecchymose dermographique*. Peut-il affirmer, dès lors, que son *pincement* du matin n'est pas la seule cause physique de l'ecchymose constatée le soir ? N'est-ce pas, même, le phénomène en formation latente, avec douleur plus ou moins *sourde* et persistante, qui a déterminé cette hallucination au cours de laquelle la malade a vu le docteur exécuter la petite opération du *pince-ment* douloureux ? L'effet dermographique peut ne pas être « instantané », comme l'a prouvé le Dʳ Peter, à l'aide de son hystérique. — Le Dʳ Goix n'a pas démontré autre chose.

∗
∗ ∗

C'est uniquement pour parler le langage médical que nous avons appelé *stigmates* ces légères *mortifications*

---

(1) *Magnét. animal* (Dʳ Morand), p. 310.

épidermiques, qui sont parfaitement insignifiantes si
on les compare aux plaies sacrées. On n'est pas encore
parvenu à prouver que l'imagination « seule » peut
déterminer une simple ecchymose localisée. On est donc
bien loin d'*avoir systématisé l'hémorragie stigmatique,
même si ce n'était qu'une hémorragie d'aspect ordinaire,
entraînant les conséquences communes à toute plaie :*
inflammation, suppuration, fétidité et autres symptômes de corruption dans les tissus.

Plusieurs, avec Maury (1), ont voulu trouver la raison des stigmates dans une déviation des fonctions
périodiques chez la femme. — Le Dr Imbert-Gourbeyre
répond par cette victorieuse statistique : « Madeleine
« Morice fut stigmatisée à 8 ans ; — la Mère Agnès de
« Jésus, à 12 ; — Louise Lateau, à 18 ; — sainte Cathe-
« rine de Ricci, à 20 ; — sainte Catherine de Sienne, à
« 28 ; — saint François d'Assise, à 43 ; — sainte Thé-
« rèse, à 44. — On compte six cas de stigmatisation
« entre 50 et 69 ans. La première stigmatisation de
« Delicia di Giovanni eut lieu à 79 ans ; la seconde,
« dans sa quatre-vingt-deuxième année. Il y a donc eu
« des stigmates à tout âge (2). » — Nous ne produisons
pas tous ces exemples comme autant de faits divins.

S'il y eut des stigmatifères à tout âge, il n'y en eut
point *dans tous les temps,* et c'est là une constatation
gênante pour les partisans du *tout à l'imagination.*

« Les ulcérations persistantes de la peau ne sont pas
« rares dans les dérangements du système nerveux,
« écrit M. Charcot, comme en témoignent les stigmates
« de saint François et les ulcérations de Louise
« Lateau (3). »

---

(1) *Magie et Astrol.,* ch. 3, p. 394.
(2) Imbert-Gourbeyre, *La Stigmatisation,* t. II, p. 21.
(3) *La Guérison par la Foi,* New Review, 1893.

M. Charcot ne se met guère en peine de faire un bon syllogisme, et le cercle *vicieux* ne l'effraye pas outre mesure ; mais il pourrait être historien. Il aurait pu remonter une période allant du XIIIᵉ au Iᵉʳ siècle chrétien. On a dû constater, ce nous semble, pendant ces 1200 ans, des dérangements notables du système nerveux ; ainsi, pendant les siècles de grandes persécutions, il y eut tant de gens frappés d'anesthésie ! Ils allaient, n'est-ce pas ? jusqu'à ne pas sentir les tourments les plus effroyables ! Quels troubles du système nerveux et combien fréquents ! Comment donc, en ces douze premiers siècles, où la ferveur était si grande, la passion du Calvaire si impulsive, n'a-t-on pas relevé *un seul cas de stigmatisation !* Il n'y a pas à le nier, le phénomène mystique commence avec saint François, le 17 septembre de l'an 1222. C'était un prodige inconnu dans l'Eglise et dont la nouveauté faisait l'admiration de saint Bonaventure : « *Novo et stupendo miraculo claruit, prodigio* « *retroactis* » *sæculis non concesso insignitr. apparuit* (1). » — « Est-ce que ce silence de douze siècles, insiste ie Dʳ Imbert, ne prouve pas que l'imagination n'a jamais fait de stigmates ? »

Il est assez évident que M. Charcot aurait dû nous expliquer ce manque d'ulcères dans les siècles passés. Si l'ardente méditation des mystères douloureux — comme le pense Görres —, si l'état du système nerveux — comme le veut Charcot et son école — sont la raison des stigmates, comment ne les retrouve-t-on pas en ces siècles de foi ardente, d'exaltation mystique — comme parlent les rationalistes ? — Les martyrs connurent les ravissements, les visions, l'insensibilité et même l'invulnerabilité ; comment des gens si

---

(¹) St Bonavent., *In legendâ s. Francisci*, c. XIII.

éprouvés dans leurs nerfs n'ont-ils pas fait l'expérience des « ulcères » ? — Mystère !

.˙.

Venons-en aux caractères particuliers que présentent les stigmates, caractères qu'on ne retrouve que là, que n'offrent jamais les *sueurs de sang* et les *empreintes dermographiques*.

1° La sueur de sang n'est pour ainsi dire jamais une émission de sang quelque peu limpide et pur, comme on le voit couler dans l'*hémorragie stigmatique;* c'est une sueur plus ou moins colorée, se diffusant au hasard et indifféremment par toutes les parties du corps.

Les stigmates se présentent en des lieux choisis, déterminés, sous forme de plaies peu étendues ; l'écoulement du sang pur n'a lieu que là et pas ailleurs.

2° La sueur de sang n'accuse aucune lésion de la peau, mais s'échappe, parfois sans lésion des glandes, par l'issue naturelle ouverte au liquide sudorifique.

L'écoulement stigmatique se fait par des plaies plus ou moins profondes, mais il y a ouverture dans le tissu épidermique, déchirure des téguments. « Le plus souvent, ajoute le théologien Ribet, la blessure du cœur, si elle était naturelle, entraînerait la mort. » Disons, tout au moins, qu'elle occasionnerait des désordres profonds dans l'économie générale.

3° L'écoulement du sang est abondant, et l'excitation des plaies n'y est pour rien, comme l'a reconnu, à propos de Louise Lateau, le Dr Warlomont (1). Ce

---

(1) Le Dr Lefevre, dans une réponse au rapport, — le Dr Jorez (*La Méd. et la quest. des stigmates*) ont relevé les erreurs du Dr Warlomont et le peu de sérieux de son diagnostic : « C'est une fable », déclare le Dr Jorez.

médecin construisit un appareil dans lequel il tint enfermée la main droite de la stigmatisée vingt heures avant la production de l'hémorragie ; il avait eu soin même de lui couper les ongles. Le phénomène ne fut en rien modifié et le sang fut reconnu de constitution normale (1).

Cette abondance du *sang* répandu est très notable comparativement aux exsudations dermographiques, cependant si rarement observées.

4° L'hémorragie stigmatique est d'autant plus abondante qu'elle se reproduit périodiquement, et quelquefois à des intervalles très rapprochés. — Rien de semblable ou d'approchant n'est observé dans les marques dermographiques et les sueurs.

5° Le phénomène persiste ; il est inguérissable par les remèdes naturels dont l'emploi a été reconnu efficace pour la dessiccation des plaies communes. Ce fut en vain, par exemple, que l'évêque enquêteur chargea plusieurs médecins de guérir les stigmates de Véronique Giulani ; on lui enfermait les mains dans des gants que l'on scellait ensuite pour éviter la fraude ; mais ce fut en pure perte. — Les marques dermographiques se guérissent en peu de temps, les plus tenaces disparaissent, comme tous les érythèmes, soit par résolution, soit par exsudation superficielle, soit par exfoliation épidermique.

6° Les plaies sacrées, inexplicables dans leur origine, ne le sont pas moins dans leur état de conservation. Les stigmates n'accusent aucune odeur fétide, aucune suppuration, aucune altération morbide des tissus. Le Dr Goix, que nous avons vu assez favorable à la thèse adverse — du moins quant au rôle possible de l'imagi-

(1) *Bulletin de l'Académ. roy. de Médec. de Belg.*, t. IX, 1875. — Nous ne tirons pas de là la conséquence que le phénomène fut d'ordre divin.

nation dans la production des congestions localisées
sur un point de la peau, au gré de la volonté — signale
très justement ce côté merveilleux des plaies stigmatiques : « Il est difficile d'attribuer à l'imagination de
« semblables stigmates. Mais à supposer qu'elle ait pu
« les produire, il resterait *encore à expliquer leur*
« *évolution.* N'est-ce pas une loi pathologique qu'aucune
« partie morte ne peut subsister dans l'organisme
« vivant sans provoquer autour d'elle un travail d'éli-
« mination (rougeur inflammatoire, suppuration, etc.),
« que les mains et les pieds de saint François ne pré-
« sentèrent jamais (1). »

M. le D*r* Goix combat pour la thèse étroite des stigmates de saint François. Or, il s'agit, ici, d'un caractère
commun à toute stigmatisation. Lorsque le démon
provoque le phénomène, il imite en même temps, dans
une certaine mesure, cette conservation de la plaie par
de mystérieux procédés : mais s'il peut faire disparaître
les traces « apparentes » de suppuration par l'élimina-
tion successive invisiblement pratiquée, il lui serait,
sans doute, bien impossible d'empêcher toujours l'élar-
gissement démesuré de la plaie ; aussi certaines stigmatisées modernes ont-elles présenté des plaies repous-
santes, quoique exemptes de suppuration apparente.

La conservation de la plaie est de rigueur. Les
stigmates de Catherine Emmerich, au commencement
de ce siècle, persistèrent des années : elles étaient, à la
fin, aussi nettes, aussi fraîches que le premier jour.
Jamais on n'y pouvait découvrir de suppuration, tandis
que la plus petite lésion *naturelle* avait, chez elle, *immédiatement* ce résultat. Le cas de Catherine fut étudié très

(1) *Bulletin de la Société Médic. de saint Luc*, n. 2, mai 1898.

scientifiquement par les médecins les plus célèbres d'Allemagne. — Marie de Moerl, stigmatisée en 1834, fut également l'objet d'une étude approfondie ; jamais les médecins ne découvrirent le moindre signe d'inflammation et d'ulcération, ni même, au bord de la croûte, la plus légère trace de lymphe et de sérosité.

Non seulement ces plaies n'accusent aucune marque d'infection, mais parfois elles exhalent un parfum qui achève d'en manifester l'origine préternaturelle. On constata ce prodige pour sainte Jeanne de la Croix (1), pour la bienheureuse Lucie de Narni (2).

Pourquoi des médecins catholiques qui constatent courageusement l'insuffisance, le néant des efforts tentés par les savants dans le but d'expliquer naturellement le phénomène des stigmates sacrés, — qui défendent le caractère surnaturel des stigmates de saint François, pourquoi ces médecins hésitent-ils autant à reconnaître le *préternaturel* de toute stigmatisation véritable ?

Comment concilier ces textes :

« Peut-on provoquer à volonté, sur un point déter-« miné de la peau, des hémorragies ? Assurément « non ». — Et ailleurs : « Incapable de faire un stigmate « l'imagination n'en est pas moins puissante, etc. » Et « encore : « Non seulement l'hypothèse qui met les « stigmates au compte de l'*imagination* ne saurait « s'appuyer sur aucun fait scientifique, mais elle trouve « dans l'histoire une contradiction « décisive » (3). — « Nous venons de passer en revue les différentes

(1) *Vie* par Antoine d'Aça, ch. XIV, p. 148.
(2) *Vies et actions des saintes Filles de saint Domin.* p. Jean de Sainte Marie, t. II, l. I, ch. 5.)
(3) Surbled, *Science catholique*, 15 déc. 1894, et 15 nov.

« hypothèses que la science a mises en avant pour
« rendre raison des stigmates. Ni l'autographisme, ni
« l'hystérie, ni l'imagination n'expliquent la formation,
« le siège, *l'écoulement sanguin périodique* des plaies
« sacrées. »

Et ces autres conclusions du même auteur : « Nous
« sommes d'accord avec le Dr Imbert - Gourbeyre
« pour déclarer que de telles explications ne sont pas
« acceptables » ; mais nous ne pouvons suivre notre
« vénéré confrère quand il tire de cette constatation
« imposée par l'*évidence* la conclusion que les *stigmates*
« *sont d'origine surnaturelle*... Le mécanisme des
« stigmates n'a pu encore être révélé ; mais de ce qu'il
« nous échappe actuellement, il ne s'ensuit nullement
« qu'il nous échappera toujours. On ne saurait douter
« du génie de l'homme après toutes les découvertes
« qu'il a provoquées, en face de toutes les merveilles
« de notre civilisation (1). »

M. le Dr Surbled n'a certainement pas préparé ses
lecteurs à cette conclusion.

En tout cas, il nous paraît mériter lui-même le reproche qu'il adresse à son confrère, le Dr Bournet — :
« Le Dr Bournet déclare n'avoir pas à admettre ou à
« rejeter le surnaturel. En face d'une opinion qui at-
« tribue une cause surnaturelle aux stigmates de
« saint François, et qui est la nôtre, se dresse celle qui
« leur cherche une cause pathologique. Il faut déci-
« dément « choisir entre elles » ; et nous ne concevons
« pas comment un esprit positif et savant peut prendre
« position entre les deux, et s'ériger en pontife, nous
« allions dire en *équilibriste suprême* (2). » -- Le
Dr Surbled, lui, prend position entre le cas particulier

_____

(1) *Science cath.*, n. 15 déc. 1894.
(2) *Loc. cit.*, n. 15 déc. 1894.

de saint François et la stigmatisation en général ; c'est
encore de l'équilibrisme.

Mais si le fait de la stigmatisation, considérée sous
son aspect général, est un phénomène probablement
réductible à une force naturelle que nous connaîtrons dans un avenir plus ou moins lointain, de
quel droit blâmer le Dr Bournet de réserver le cas de
saint François tout comme les autres, puisque la circonstance des clous de chair n'est pas essentielle au
phénomène divin, le docteur en convient, contrairement
à l'opinion du Dr Goix ! — C'est donc l'acceptation et
l'approbation de l'Eglise qui motive son assentiment ?
Assurément, c'est là un sentiment qui fait honneur au
Dr Surbled; mais il doit croire, alors, aux stigmates de
sainte Lucie, car l'Eglise les a reconnus et approuvés
tout spécialement : « *Cum mentio fiat in Brevi Aposto-*
« *lico stigmatum Beatæ Luciæ, de eorum veritate non*
« *videtur esse dubitandum, quemadmodum nec de eorum*
« *qualitate supra naturam* (1). »

Il faudra nous dire, maintenant, pour rester logique,
par quels caractères « essentiels » les stigmates de
sainte Lucie se distinguent des stigmates d'une sainte
Catherine de Ricci, d'une sainte Thérèse, d'une Agnès
de Jésus, etc. — Voilà une tâche embarrassante.

« Le passé, écrit le Dr Surbled, est garant de l'avenir.
« Qui aurait pu prévoir, il y a un siècle, les fécondes
« applications de la vapeur et de l'électricité. » — Ce
dithyrambe est vraiment en pure perte, car il s'agit
de tout autre chose. — Il s'agit de nous ouvrir un horizon quelconque sur les futures causes à découvrir, et
de nous donner des raisons plausibles qui permettent
de tenir en échec la tradition, en vertu de probabilités

(1) *De Can. Sanct.*, l. II, c. 24, n. 114.

scientifiques que nous n'apercevons pas, de l'avis du
Dr Surbled. — Car enfin, si l'imagination est bien « incapable de *produire jamais* un stigmate », d'après vos
dires; si le dermographisme, si l'hystérie sont des
explications « inacceptables » de « toute évidence », on
vous demande de nous indiquer une ombre quelconque
de future explication. Sinon, votre réserve « naturalisante » nous met l'esprit à la torture et vous nous
posez une devinette qui n'est pas du goût de tout le
monde.

Un de vos lecteurs vous le dit en ces termes —: « De
« deux choses l'une, ou le docteur pense, au fond, sans
« le dire, que le « *vulnus amoris* » des mystiques pro-
« cède d'une cause surnaturelle ou extra-naturelle,
« comme on voudra, et alors pourquoi réprouve-t-il
« l'opinion simpliste, si l'on veut, mais à coup sûr
« pleine de sens commun du témoin qui conclut au
« miracle (il eût fallu dire : au préternaturel)? Ou bien
« il est naturaliste dans l'espèce, et alors pourquoi dé-
« clarer que ni l'autographisme, ni l'hystérie, ni l'ima-
« gination n'expliquent la formation, le siège, l'écou-
« lement périodique des plaies sacrées. — Oui, pour-
« quoi? (1) »

Le Dr Surbled a bien inséré la question, mais au
moment où nous écrivons ces lignes, la réponse se fait
encore attendre.

Eh bien, nous disons ceci : — Quiconque a rejeté comme
cause possible des phénomènes de stigmatisation, non
seulement les *états nerveux* que résument les termes
d'hypnose et d'hystérie, mais encore et surtout l'*imagination*, celui-là peut se considérer comme ayant perdu
tout droit à en appeler à la science de l'avenir. — Ce que

_____

(1) *Monde invisible*, Lettre de M. de Loubens, n. 15 sept. 1898.

l'*imagination* ne peut faire, *aucune autre puissance
sensible* ne le pourra, car elle seule peut agir par la représentation et relier la connaissance avec la sensibilité
en vue de susciter l'émotion. — C'est là une vérité que
professeront toutes les philosophies. En rejetant une
telle cause comme insuffisante, le Dr Surbled a renoncé
pour toujours à produire une *cause intérieure du phénomène.* — Il ne lui reste plus que la ressource des
causes externes.

Nous ignorons si c'est de ce côté que le Dr Surbled
fait porter ses espérances, mais cette phrase le donnerait à entendre : « Dans l'art médical, en dépit de la
« tradition, que de progrès depuis cinquante ans !
« Quel avenir splendide nous ouvrent les admirables
« travaux de Pasteur, la découverte des microbes et la
« théorie des virus (1). »

Quoi ! on expliquera par ces découvertes, ou d'autres
analogues, la formation, le siège, l'écoulement périodique des stigmates ! On expliquera, par la future
théorie des virus, comment des plaies, des années
durant, demeurent indemnes de toute suppuration ou
inflammation, quand sur le même membre, mais à côté,
ou partout ailleurs, toute plaie s'envenime, s'enflamme,
devient fétide et suppurante, comme on l'a scientifiquement constaté chez Catherine Emmerich ?

Vous avez renoncé aux causes pathologiques internes,
les seules que la science veuille reconnaître, les seules,
il faut l'avouer, qui soient mises en avant par les adversaires du surnaturel.

N'espérez pas remplacer ces causes par des forces
externes dont l'étude des germes et des *virus* révélera
la nature et l'invisible travail — : Nous ne croirons pas
au microbe de la stigmatisation !

_____

(1) *Science cathol.*, 15 déc. 1891.

Quelle valeur théologique donner au phénomène de la stigmatisation ? La manière dont se comportent les tribunaux ecclésiastiques qui ont à statuer sur ces états mystérieux nous fournira les éléments de notre appréciation.

On n'a pas compris, dans certains milieux scientifiques, le sens exact et la portée des prudentes inquisitions de l'Eglise. On semble croire que les juges ecclésiastiques, en plus d'un cas, se sont prononcés pour le *naturel* des plaies stigmatiques véritables, et qu'aucun argument ne milite en faveur de la stigmatisation, considérée comme phénomène général.

La stigmatisation, d'après ces médecins, et plusieurs théologiens de la même école, relèverait tout aussi bien du naturel que du surnaturel. On oublie que pour l'Eglise rejeter une stigmatisation bien constatée, ce n'est pas conséquemment la tenir pour naturelle et la donner pour telle ; c'est dire seulement que la cause n'en paraît pas divine. On nous cite les appréciations de saints personnages ; mais ils n'ont pas voulu parler au sens étroit qui est donné pour commentaire à leur pensée.

Saint Ignace, écrit Ribadeneira (1), dit un jour, à propos d'une religieuse stigmatisée : « Il n'y a qu'une « seule et vraie pierre de touche, la vertu d'obéissance, « et il déclara que les stigmates, par eux-mêmes, n'a- « vaient pas de valeur et n'étaient pas une marque sûre « de l'intervention divine. » — Assurément, les stigmates ne sont pas une marque sûre de l'intervention divine, tant qu'on n'aura pas démontré la « qualité » de ce préternaturel. Aussi, le premier soin des enquêteurs est de

---

(1) *Vie de saint Ignace*, l. IV, ch. X.

constater la *réalité* du phénomène, et cela fait, on étudie la *qualité* du phénomène par les signes moraux et spirituels dont saint Ignace rappelle le plus important : l'*o-
béissance*, c'est-à-dire l'*humilité*. Le texte de saint Ignace
suppose clairement qu'il s'agissait de cette seconde
étude, dans le fait de cette religieuse stigmatisée; il
fallait prouver la *sainteté*, pour reconnaître la *cause*

Benoît XIV, dans la mention qu'il fait des stigmates
de sainte Lucie, nous trace nettement cette division du
travail, qui sera le double côté de l'enquête — : « *De eorum* « *veritate* » *non videtur esse dubitantum* », voilà
pour la *réalité* du fait; « *quemadmodum nec de eorum*
« *qualitate* » *supra naturam* », voilà pour la qualité,
pour la *valeur* de ce préternaturel.

Le rejet du second élément, qui constitue avec le premier l'approbation complète, n'entraîne pas le rejet du
premier ou sa méconnaissance. La réalité du phénomène stigmatique subsiste, mais le phénomène est
découronné du caractère religieux qui faisait sa gloire.

Le Dr Surbled ne semble pas tenir assez compte de
ce double élément d'information et de sa valeur précise :

« C'est une faute, et une faute grave pour les savants
« qui veulent être les nobles champions de la vérité,
« de sacrifier les droits de la raison et de la science à
« une prétendue orthodoxie et d'outrepasser les ensei-
« gnements de l'Église en déclarant la stigmatisation
« *article de foi*. Le Dr Imbert Gourbeyre, sans le vou-
« loir, a commis cette faute : il n'a pas vu qu'en exagé-
« rant la portée du surnaturel, il donnait à ses adver-
« saires la meilleure des armes et enlevait à son œuvre
« une partie de sa valeur scientifique et apologé-
« tique (1). »

Nous le reconnaissons, des stigmates, même ceux de

_____

(1) Dr Surbled, loc. cit.

saint François, ne sauraient devenir « article de foi ».
— Le Dr Imbert n'a pas eu d'autre pensée que de dire :
rien, dans l'attitude de l'Église ne permet de naturaliser, en thèse générale, le phénomène de la *vraie
stigmatisation.*

Nous répondrons maintenant au Dr Surbled que l'Église
consacre, par son approbation, le caractère *miraculeux*
d'un fait, mais elle ne le *crée pas ;* le fait, en lui-même,
est ou n'est pas miraculeux. Si donc l'Église a *reconnu
le miracle* dans la stigmatisation de saint François,
c'est que la nature n'a pu réaliser ce phénomène. Dès
lors, en quoi le Dr Surbled se montrera-t-il l'intelligent
champion de la vérité religieuse, en affirmant la doctrine qui *naturalise le phénomène en lui-même.* Que sa
thèse triomphe, et il sera démontré que l'Église choisit,
selon son gré, parmi les phénomènes *naturels,* des faits
en tout point semblables aux autres, — puisque la
sainteté était constatée chez Catherine de Sienne, et
les autres — pour y apposer l'estampille du surnaturel,
qui, dès lors, ne devient tel que par définition, *sine
fundamento in re.* En cela, le Dr Surbled fournit aux
« adversaires du surnaturel la meilleure des armes ».
car le *rationabile obsequium* n'est plus possible. Une
pareille exception, faite au nom de la science, est
d'autant plus inattendue que le docteur a eu soin de
nous avertir, au préalable, *qu'aucune raison scientifique acceptable* n'a pu être donnée jusqu'ici de la
stigmatisation. Or les observations, à tout bien compter,
portent sur 4,000 ans de l'histoire morbide de l'humanité. Encore qu'on n'ait connu que depuis peu les
grandes découvertes qui concernent les microbes et les
virus, il est clair que les microbes, les virus et l'électricité n'ont pas attendu de nous être « présentés »
pour entrer en fonction.

Nous pensons que le Dr Imbert-Gourbeyre, par son attitude générale, en face de la thèse naturalisante, est plus logique que son confrère ; mais il ne paraît pas se défier suffisamment de la *qualité* de ce préternaturel. Plus d'une stigmatisée moderne, qu'il classe assez promptement parmi les favorisées du ciel, aurait de la peine à justifier ce titre, après un examen théologique approfondi.

Oui, selon le mot de saint Vincent de Paul, — dont abusent les naturalisants —, il a existé des stigmatisés dont on reconnut plus tard la *supercherie*. Les extatiques ont trompé sur la « valeur » du phénomène, en simulant une *sainteté* qu'elles n'avaient pas et dont l'examen théologique démontra la fausseté et l'hypocrisie. Quant à l'existence même des *plaies*, il a toujours été facile de l'établir, car jamais un sujet hystérique ou dermographique *ne réalisera*, même en les provoquant, des *stigmates qui se comportent* comme les plaies sacrées d'origine préternaturelle : *l'absence de suppuration*, l'écoulement spontané et périodique, sont des caractères d'une observation aussi aisée que décisive.

La stigmatisation ne prouve pas la sainteté ; c'est un principe également certain. Mais les miracles eux-mêmes ne sont pas, isolément, une preuve de vie sainte : « *Nunquam diximus ex solis miraculis sanctitatem inferri* ». déclare Benoît XIV. Mais de ce que l'absence des vertus qui font les saints nous porte légitimement à suspecter la *stigmatisée*, et la fasse tenir pour *fausse*, il ne s'ensuit pas qu'une *fausse stigmatisée* soit une *stigmatisée naturelle*.

Toute stigmatisation, quand elle vient de Dieu, peut être appelée un *miracle étonnant, stupendum miraculum*, comme il est dit dans l'office des stigmates de saint François. — Avant toute déclaration de l'E glise, le fait *miraculeux est tel par sa nature*, et la décision portée à la connaissance des fidèles ne change pas le fait *in se*, mais le précise *quoad nos*.

Pour bien connaître le sentiment traditionnel des théologiens, il faut se reporter aux discussions que souleva l'étude du phénomène de stigmatisation, à sa première apparition dans l'Église. Il se trouva, nous dit Benoît XIV, des savants, imbus des idées de Pomponace et d'Avicenne sur le rôle que peut jouer l'imagination, pour écrire que « cette impression des stigmates, ou plaies du Sauveur, pouvait venir de l'imagination ». Petrarca écrivait à un médecin de Florence : « *Profecto Francisci stigmata hinc principium habuere,* « *Christi mortem tam jugi et valida meditatione com-* « *plexus, et cum eam in se jamdudum animo translu-* « *lisset, et cruci affixus ipse sibi cum Domino videretur.* « *tandem ab animo in corpus veram rei effigiem pia* « *transferret opinio.* » — Comme on le voit, réplique Benoît XIV, il attribuait la formation des plaies sacrées à l'imagination : « *Eorum impressionem adscribit opinioni* », mais Fortunius Licetus a parfaitement démontré la fausseté de cette interprétation : « *Id tanquam erroneum fuisse « convincitur » a Fortu-nio Liceto et aliis* (1). » — Voilà l'accueil qui fut fait à la thèse médicale présentée par l'opposition. Il s'agissait de savoir si la nature peut causer la stigmatisation, et ces théologiens, tous philosophes, sachant très bien que l'imagination seule pouvait être produite — et de fait, était seule produite — comme facteur supposé des effets physiologiques soumis à l'étude, s'appliquèrent à déterminer et à préciser, avec l'expérience des siècles passés, le rôle possible de l'imagination. Aucun des opposants n'aurait voulu renoncer au *pou-*

---

(1) Bened. XIV, *De Imaginatione*, n. 19.

voir imaginatif, à la faculté *toute-puissante*, ou aux *états nerveux*, pour expliquer le phénomène ; ils savaient que c'eût été anéantir d'avance toute démonstration possible ; aussi la psycho-physiologie fut seule mise à contribution ; ils ne songèrent pas à faire des réserves pour l'avenir, étant donné que les découvertes ne modifient pas l'action naturelle des agents, et que les stigmatisés ne peuvent combiner inconsciemment je ne sais quelles forces pathologiques inconnues.

En somme, les opposants raisonnaient un peu comme nos modernes ; ils combattirent finalement la *stigmatisation*, tout en offrant de faire exception pour saint François : « *Posse ad vim naturalem revocari, et ita esse affirmandum, nisi Ecclesia aliud statuerit.* » La thèse ainsi posée ne trouva pas grâce devant l'opinion.

Barthélemy de Pise, dans sa riposte, procède par arguments généraux qui valent pour toutes les causes de stigmatisation, si, par ailleurs, la « qualité » de cet extranaturel est démontrée. Qu'on en juge : « *Vehe-* « *mens imaginatio Passionis Jesu, si haberet stigmata* « *naturaliter* » *imprimere, hoc prae omnibus in Beata* « *fuisset Mariâ Matre ipsius Domini Redemptoris, et in* « *ejus corpus, quae prae cunctis Christum amavit et de* « *ejus passione condoluit.* (1) »

C'est encore un caractère qui n'est pas exclusivement présenté par les stigmates de saint François, que le suivant, également produit par Barthélemy de Pise : « *Nec vi imaginationis, nec* « *virtutis naturæ* « *tanto tempore imputrebile potuisset conservari* ». — Voilà, cette fois, positivement écartés tous les virus de l'avenir, car il est fait distinction de la puissance imaginative et des forces inconnues dont peut disposer la

_____

(1) Loc. cit., cap. ultim., lib. IV.

nature : « *Nec vi imaginationis, nec virtutis naturæ* ».
Or, cette absence de putréfaction dans les plaies sacrées
est la marque spéciale de toute stigmatisation, telle
qu'on l'a constatée dans les centaines de cas qui furent
soumis à une observation attentive ; dès lors, ce sont
là autant de phénomènes que « ni l'imagination, ni une
force naturelle » quelconque ne saurait prendre à son
compte.

Aussi Benoît XIV se rattache énergiquement à cette
thèse, aussi bien pour le fait de saint François que
pour celui de sainte Lucie : « *Omissis fictitiis et falsis
imaginationis et phantasiæ effectibus* (1). » — Ce qui
prouve au R. P. Coconnier que l'opinion particulière
de Benoît XIV touchant les sueurs de sang ne l'a point
incliné, tant s'en faut, à naturaliser le phénomène de la
stigmatisation.

Saint François de Sales résumait bien la tradition
théologique et philosophique quand il écrivait : « L'a-
« mour donc fit passer les tourments intérieurs de ce
« grand sainct François jusques à l'extérieur, et blessa
« le corps d'un dard de douleur... Mais de faire les
« ouvertures en les chairs par dehors, l'amour qui était
« au dedans ne le pouvait pas bonnement faire ; c'est
« pourquoi l'ardent Séraphin, venant au secours, darda
« des rayons d'une clarté si pénétrante qu'elle fit réel-
« lement les plaies extérieures du crucifix en la chair,
« que l'amour avait imprimées antérieurement en
« l'âme (2). »

Il existe une catégorie spéciale de stigmatifères ; on
les appelle *les compatients*. Le Dr Imbert-Gourbeyre en
signale l'existence, et il se montre en cela respectueux

(1) Bened. XIV, l. IV, I p., cap. ultim., n. 19.
(2) *Traité de l'Am. de Dieu*, liv. VI, ch. 15.

des observations recueillies par tous les théologiens mystiques. Pourquoi le Dr Surbled se laisse-t-il aller à formuler ce blâme — : « Les stigmates visibles sont « déjà très difficiles à comprendre, et des stigmates « invisibles et intangibles seraient problématiques et « vraiment trop surnaturels pour notre faible intelli- « gence (1). » C'est en prendre trop à son aise avec les *Actes des Saints* et l'histoire de la Mystique. C'est pas- ser un trait de plume un peu trop dédaigneux sur des faits qui relèvent beaucoup plus de la théologie que de la médecine, bien que celle-ci ait toujours, ici, son droit de contrôle, qui ne se confond pas avec le droit de négation *a priori*. Qu'un médecin catholique exhorte, en ces cas ardus où l'illusion est plus facile, à une extrême prudence, et nous cite, à l'appui de ses con- seils, certains phénomènes pathologiques où des dou- leurs imaginées ont un retentissement sur les organes, nous le trouvons infiniment dans son rôle. Nous avons nous-même signalé, chez les auto-persécutés de MM. Séglas et Brouardel (2), « les sensations douloureuses » et les « tiraillements hallucinatoires » dont ces états sont la cause intime et le théâtre. Qu'on fasse la part, même très large, à l'hallucination, c'est prudent ; qu'on nie la souffrance mystique, quand la peau n'en portera pas actuellement les traces sanglantes, c'est limiter arbitrairement, et non moins témérairement, le champ du surnaturel.

Les évanouissements de saint Stanislas Koska et de sainte Oringe (3) sont des exemples de ces souffrances mystiques. La vénérable Marie Magnesia souffrait des maux en rapport avec les fêtes qu'on allait célébrer (4).

---

(1) *Science cathol.*, 15 déc. 1894.
(2) Archives de Neurologie, n. 82.
(3) *Acta SS.*, 10 janv.
(4) *Acta SS.*, t. 19, in Coroll. ad 28 Maji, c. 3, n. 24.

Sainte Colette (1), sainte Catherine de Sienne (2), sainte Françoise Romaine (3), éprouvèrent les tourments mystiques. « *Dum vulnera pedum Christi contemplatur,* » est-il dit de sainte Françoise Romaine, « *ipsa claudicabat prae dolore pedum, etc.* »

Il faut aussi conserver, dans l'histoire de la Mystique, en dépit des dénégations téméraires, le souvenir des *blessures mystiques*. — Ces blessures ont parfois un sens prophétique, et l'accomplissement des prédictions montre clairement que ces lésions internes ou externes ont une origine surnaturelle. Tantôt c'est l'avenir de l'Église, ou d'une église particulière, qui est annoncé par le phénomène ; tantôt c'est l'intérêt d'un peuple ou même d'un simple particulier que Dieu veut amender par le miracle. — Colombe de Riéti, nous disent les *Actes des Saints,* symbolisa par de mystérieux vomissements de sang, successifs et de nature différente, les maux qui allaient fondre sur l'Église et dont elle avait en même temps révélation : « *Optime magister, tu facis me*
« *ancillam tuam per rara signa mei sanguinis demons-*
« *trare illa signa quae in cœlo, i. e. in Ecclesiâ ventura*
« *sunt. Ipsa differentia sanguinis designat diversa*
« *flagella quae in Ecclesiâ tuâ in brevi ventura sunt,*
« *videlicet, necem atque sanguinolentam multorum*
« *christianorum luem, contagionem et ruinam plu-*
« *rium populorum* (4). »

L'enquête sur la réalisation de la prophétie et sur les vertus héroïques donne à ces phénomènes leur valeur théologique.

Lidwine nous offre un saisissant exemple de ces

---

(1) *Acta SS.*, 5 mart.
(2) *Acta SS.*, t. 12, 30 apr., c. 5 , n. 171.
(3) *Acta SS.*, 19 mart.
(4) *Acta SS.*, t. 18, in vit. B. Columbæ, c. 80, n. 192.

états mystérieux. C'était aux temps où l'Église était déchirée par des divisions, où de faux Pontifes troublaient la paix religieuse. Lidwine ressentait mystiquement le contre-coup de ces maux. Son corps, par un phénomène inouï, se séparait en deux ; le front était aussi fendu verticalement ; il fallait soutenir ses membres par des bandelettes (1).

Citons enfin la bienheureuse Stéphanie Quinzani, dont le culte fut approuvé par un décret de Benoît XIV. Elle fut une « compatiente » célèbre. Elle reçut en vision l'annonce que dans son corps et dans son âme elle participerait à la passion du Sauveur. Tous les vendredis, elle entrait en agonie, et une sueur sanglante s'échappait des pores par tout le corps. Encore que l'Église, par excès de prudence, écarte les sueurs de sang de la classe des miracles, voilà une agonie *naturelle* qu'il serait bien difficile de classer parmi les troubles hallucinatoires, et *une sueur de sang* périodique qu'il serait non moins embarrassant de ranger parmi les variétés de l'hématidrose !

Il est souverainement imprudent de déclarer qu'on « ne veut point de la catégorie singulière des stigmatisés sans stigmates », car être invisible n'a point pour synonyme *« ne pas être »*. Il est arrivé à de saints personnages, stigmatisés à l'extérieur, de passer dans la catégorie des stigmatisés par plaies invisibles, et cela, sur leur demande, à la suite d'instances que leur suggérait une extrême crainte des louanges et des honneurs.

Que dire, lorsque des saints invisiblement stigmatisés, et ressentant toutes les douleurs que les plaies visibles ont coutume de causer, sont devenus subi-

(1) *Act. SS.*, t. II, vita prior, c. 3, n. 27.

tement, après leur mort, des stigmatifères à plaies
visibles : le corps du saint était alors marqué par des
cicatrices visibles et persistantes. Ainsi furent invisibles, pendant sa vie, les stigmates de sainte Catherine
de Sienne ; ils apparurent à sa mort.

Non moins réalisable est le phénomène des inscriptions, ou stigmates épigraphiques. Ces figures mystiques gravées à l'intérieur par une main invisible,
sont-elles explicables par l'imagination ? L'autographisme peut-il être invoqué ? Evidemment non.

L'étude de la *Dermoneurose toxivasomotrice* nous
laisse bien tranquille sur l'article de ces découvertes
futures, et l'explication promise de la stigmatisation
n'y est pas plus en germe que dans les recherches de
la psycho-physiologie. Les stigmates — les « ulcères »
de M. Charcot — renferment un si singulier *virus!*

CINQUIÈME PARTIE

L'Action imaginative à distance et les Phénomènes préternaturels

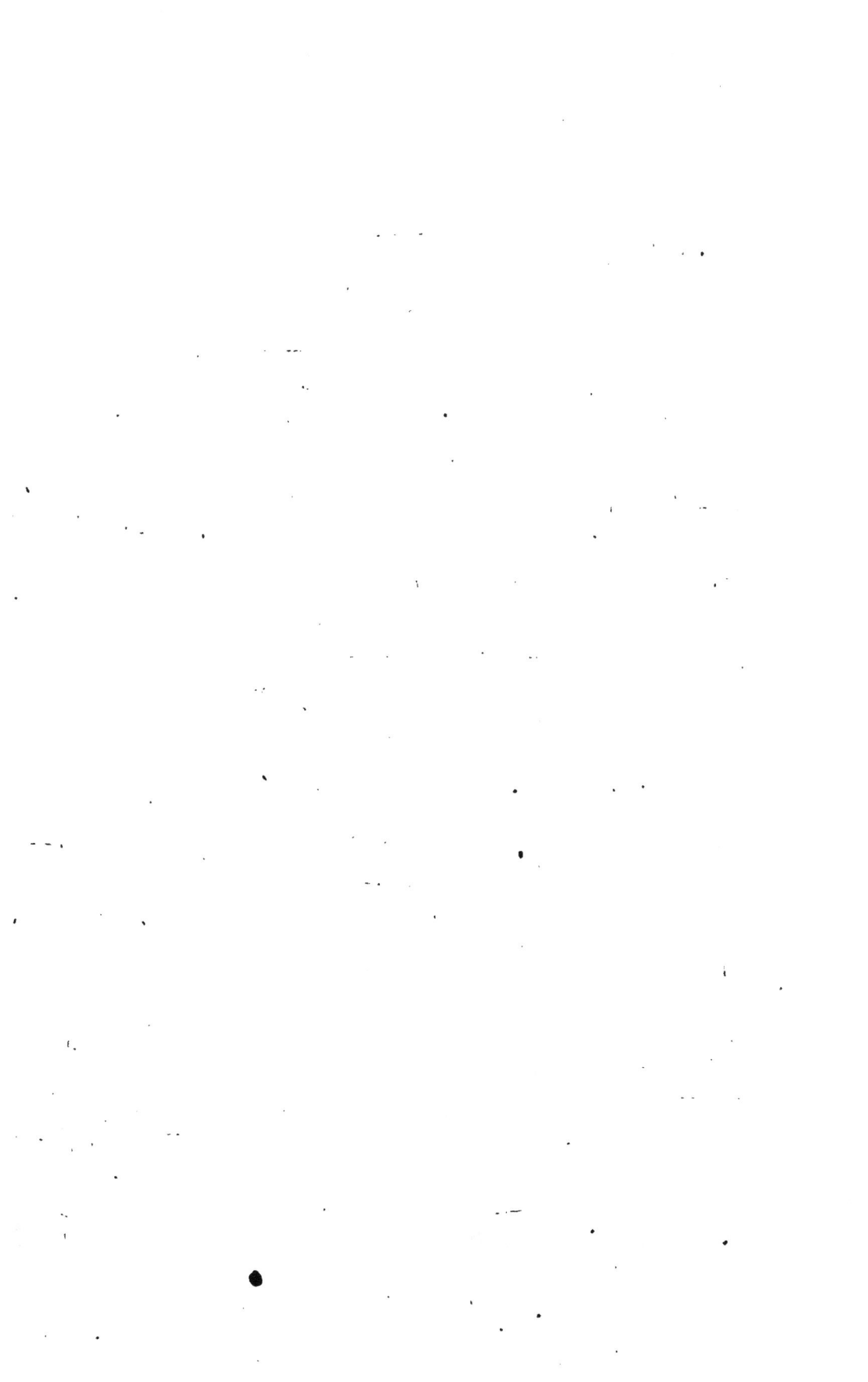

L'Action imaginative à distance
et les Phénomènes préternaturels

CHAPITRE Iᵉʳ

PHÉNOMÈNES TÉLÉPATHIQUES. — BILOCATION

Nous avons reconnu le pouvoir de l'imagination sur le corps, l'influence du moral sur le physique, et admis des effets physiologiques certains ou possibles, nous refusant seulement à franchir les frontières de l'arbitraire et de la témérité. - Partant de ce principe que « tout ce qui est arrivé est naturel » et doit être expliqué par une loi de la nature, on ne recule devant aucune improbabilité scientifique, devant aucune énormité dans l'ordre philosophique, pour le seul motif de contredire les solutions que présente la doctrine traditionnelle.

· Par suite de cet état d'âme, nombre d'esprits cultivés se sont laissé entraîner dans les régions de l'inconnu où les plus claires notions de la spiritualité vraie sont

sacrifiées aux nécessités bizarres de l'occultisme philosophique. Sous le prétexte de réagir contre le scepticisme exagéré, on est tombé trop souvent dans les excès
d'une crédulité extraordinaire. Et si l'esprit se révolte,
à ce premier contact avec l'étrange, on lui murmure
que c'est « le mystère », que c'est la « zone du merveilleux », et l'on finit par croire au « monde renversé »,
car les expériences sont là, aussi réelles que déconcertantes. « Dans vingt ans, aurait dit Charcot, le monde
sera livré à l'occultisme. » - La prophétie commence à
se réaliser. Le nombre de ceux qui sentent autrement
que par leurs organes va s'augmentant tous les jours ;
ceux qui « se dédoublent » et s'en vont au loin communiquer avec leurs proches, deviennent foule. — La
thérapeutique est en partie modifiée. Les Revues psychiques de toute doctrine pullulent et sont prospères.

Une génération inquiète, curieuse, tourmentée se
prépare dans un certain déséquilibrement des esprits.
On sent le besoin de réagir. On réagit même, mais on
déplace le mal sans le conjurer. « Non ! disent-ils, ce
ne sont pas les esprits qui remuent ces objets, qui
nous frôlent de ces impressions, qui provoquent ces
phénomènes, mais, sans doute, des forces cachées dont
il faut surprendre le secret ; attendons l'avenir. — Le
problème ainsi posé, sans base scientifique réelle, laisse
les esprits tout aussi troublés, car c'est la nature qui
devient le rébus affolant.

Tout cela, parce qu'on a oublié ou refusé d'éclairer
ces arcanes nous ne disons pas par l'enseignement
traditionnel — il est bien entendu qu'on revise la tradition par une critique scientifique plus indépendante
des préjugés — mais à la lumière des principes fournis
par la philosophie. A-t-on remarqué que tous ces ini-
tiateurs de sciences occultes, à notre époque, se re-
crutent à peu près dans tous les milieux scientifiques,

excepté dans le monde des philosophes. — La psychologie est pourtant intéressée à tous ces problèmes.

S'il est une question où les données de la plus élémentaire philosophie sont altérées comme à plaisir, c'est à coup sûr celle qui a trait à la « *transmission des pensées à distance* » et aux phénomènes télépathiques. — Voici les faits et la doctrine.

Les expériences de MM. Gurney, Myers et Podmore, ont eu pour but d'établir que la télépathie, c'est-à-dire la *transmission des pensées et des sentiments d'un esprit à un autre* sans « l'intermédiaire des sens », est un fait démontré ; ou encore que des personnes qui traversent quelque crise grave, ou qui vont mourir, apparaissent à leurs amis ou à leurs parents, et se font entendre à eux avec une fréquence telle que le hasard seul ne peut expliquer les faits.

D'une manière plus concise et plus complète, dans sa généralité, la *télépathie* peut être définie : « *Une communication à distance, entre personnes vivantes à l'état de transe* (1). »

La télépathie se distingue de la simple lucidité. « La lucidité est la connaissance directe, acquise par un esprit, d'un fait qui se passe au loin, et qui *n'est reflété* par aucun autre esprit. » Dans la télépathie, le fait qui impressionne un esprit se manifeste sous l'influence d'un autre esprit. En d'autres termes, dans la lucidité le sujet est seul ; dans la télépathie, il y a un agent et un sujet ; l'agent, c'est le corps psychique extériorisé et qui vient impressionner le sujet (2). On nous recommande cette définition :

« La télépathie, ou télepsychie, est un phénomène

---

(1) *The spiritualist*, 1875.
(2) Cf. *Scienc. occultes*, p. 143.

« qui consiste, comme l'a dit M. Ch. Richet, dans la
« transmission à distance et sans intermédiaire appré-
« ciable, d'une impression ressentie par un organisme
« A à un autre organisme B, sans que cet organisme B
« soit en rien averti (1). » — « Sous le nom d'impression,
note le Dr Dupouy, il faut comprendre non seulement
la pensée et la volonté, mais les sentiments et les sensations. »

Les exemples abondent, si nous en croyons les expérimentateurs — : « Si ma mère pouvait me voir », dit un
jour un excursionniste tombant épuisé sur le bord d'un
glacier. Et la mère vit son enfant. — Souvent aussi, le
corps psychique s'en vient donner des nouvelles de sa
propriétaire : « Miss Laure pouvait extérioriser son
« esprit et délivrer des messages aux personnes qui
« lui étaient sympathiques (2). »

Comment s'opère cette action à distance ? Par l'extériorisation de *son double*, comme on le voit. Le cas
d'Emilie Sagée est devenu célèbre : « Un jour, nous
« est-il affirmé, des élèves aperçurent leur profes-
« seur au tableau noir, et près d'elle *son double*, faisant
« les mêmes gestes et les mêmes mouvements qu'elle.
« Une autre fois, quarante-deux élèves de l'établis-
« sement furent témoins du phénomène suivant :
« Réunies dans une salle, elles avaient devant elles le
« double d'Emilie, assis dans le fauteuil de la surveil-
« lante, pendant que dans le jardin elles pouvaient voir
« la véritable Emilie cueillant des fleurs avec des mou-
« vements lents et lourds, comme il arrive à une per-
« sonne fatiguée. » — On se demande, ici, comment le
double ne fait plus les mêmes gestes ? Continuons le

----

(1) Loc. cit.
(2) *Sciences occultes*, p. 146.

récit : « Une des pensionnaires s'étant approchée put
« toucher l'apparition en éprouvant une sensation ana-
« logue à celle que donnerait un tissu léger de mousse-
« line. Elle traverse ensuite le fantôme qui disparaît
« progressivement. Immédiatement, Emilie fut aperçue
« continuant sa cueillette de fleurs, mais alors avec sa
« vivacité ordinaire (1). »

Il paraît qu'on photographie parfois ce « double »
persistant à la place où le sujet vient de poser ! Nous
n'avons pas à discuter, ici, la réalité des phénomènes
publiés dans *The Phanthasm of the living ;* pas plus
que nous ne voulons nier les expériences de Crookes
et d'Aksakof ; il est nécessaire de se poser les questions, et d'y répondre en opposant doctrine à doctrine ;
il ne convient pas de se dérober par une négation
systématique, toujours facile.

Quel commentaire donner à ces phénomènes ?

I. — Demandons, tout d'abord, aux philosophes si
cette transmission de pensées entre deux esprits, « directement » obtenue, sans le concours des signes naturels ou conventionnels, est réalisable d'après un mode
de connaissance naturelle.

Un philosophe scolastique a tenté l'explication (2) :

« La loi invoquée par les théologiens pour démontrer le
caractère surnaturel de la suggestion mentale et des phénomènes
télépathiques, à savoir que nous ne pouvons découvrir ce qui se
passe en dehors de nous qu'à l'aide de nos sens, ni surtout la
pensée et la volonté d'autrui que par des signes extérieurs qui
les manifestent, cette loi n'est pas absolue, mais conditionnelle :
elle ne régit que les cas ordinaires de la connaissance et ne
s'applique pas à certains cas exceptionnels, tels que ceux de la
divination et de la *prophétie naturelle.* N'est ce pas exactement
la pensée de saint Thomas ?

---

(1) *The Phantasm of the living.*
(2) Abbé Gayraud, *Questions du jour*, c. XV.

Il me paraît clair que dans les faits de prévision de l'avenir, sous l'influence des corps célestes, la loi qui règle la connaissance ordinaire n'est pas appliquée. L'avenir, en effet, est inconnaissable à nos sens... Par conséquent, il reste à examiner si, parmi les cas exceptionnels, où la connaissance de ce qui se passe en dehors de nous se produit sans l'intermédiaire des sens externes, on ne peut compter les phénomènes de suggestion mentale et de télépathie.

Je remarque, d'abord, que les cas de divination, dans lesquels on prévoit l'avenir, paraissent, en eux-mêmes, plus difficiles à admettre et à expliquer naturellement que la suggestion mentale, qui consiste à percevoir un fait actuellement réalisé, à savoir la volonté de l'hypnotiseur, et même que la télépathie, où il ne s'agit d'ordinaire que de connaître des événements présents ou passés D'où je conclus que si l'on admet, avec saint Thomas, une explication naturelle des premiers, il serait logique de ne pas repousser à *priori* tout essai d'explication naturelle des seconds ; le passé et le présent étant par eux-mêmes plus faciles à connaître que le futur. »

Pour rester dans la même forme de rigueur scolastique, nous répondrons à ce philosophe, un des rares que possède ici la thèse de l'occultisme : Or, saint Thomas n'admet pas une manière naturelle de connaître l'avenir par la divination, sous l'influence des corps célestes ; donc, il est logique de ne pas fonder un « *a fortiori* » sur cette donnée croulante.

Que pense saint Thomas de la divination, et de l'influence des astres en matière d'information intellectuelle ? — La divination est la connaissance et la prédiction des choses futures. On connaît les choses futures, dit saint Thomas, ou dans leurs causes ou en elles-mêmes.

« Les causes des événements sont de trois sortes :
« Il y a des causes qui produisent toujours et nécessairement leurs effets ; dans ce cas, les phénomènes

« peuvent être connus et annoncés à l'avance avec
« certitude, d'après l'observation même des causes ;
« c'est ainsi que les astronomes prédisent les
« éclipses (1). »

Ce n'est point là un élément qui puisse servir à la
thèse télépathique. — Passons au second ordre de
causes :

« Il y a des causes qui ne produisent pas toujours et
« nécessairement leurs effets, mais qui les produisent
« le plus souvent et qui manquent rarement Les effets
« qui naissent de ces causes ne peuvent pas être
« annoncés avec certitude, mais seulement par con-
« jectures. Ainsi les médecins prévoient la guérison
« ou la mort de leurs malades (2). »

Ici, encore, c'est le mode ordinaire de connaître ; les
sens y remplissent leur rôle normal, bien que la
science, une science toute expérimentale, soit requise
chez le sujet du pressentiment. De mystère, il n'y a
pas l'ombre.

« Enfin, il y a des causes qui, considérées en elles-
« mêmes, peuvent également se porter vers des
« objets contraires. Ces effets, comme tous ceux qui
« résultent rarement ne peuvent être connus *naturel-
« lement* d'après leurs causes (3. » — Saint Thomas parle
de la *vraie connaissance*, non de celle qui s'obtient au
hasard des pressentiments et des conjectures ; ce ne
serait point là une divination, ni une connaissance
certaine.

« Les hommes ne peuvent considérer les actions des
« causes libres qu'autant que ces actions sont présentes,
« comme lorsqu'on voit tel homme courir ou se pro-

(1) St Th., 2. 2, q. 95, a. 1, c.
(2) Loc. cit.
(3) Loc. cit.

« mener. Il n'y a que Dieu qui puisse les considérer
« dans leurs causes, avant qu'elles existent; il n'y
« a que lui qui voit les choses futures. » — « Ainsi
« donc, continue-t-il, celui qui a la présomption de
« connaître et d'annoncer à l'avance des futurs de ce
« genre, en employant un moyen quelconque — *quo-*
« *cumque modo præsumpserit*, — sans que Dieu le lui
« *révèle*, *usurpe manifestement* ce qui n'appartient
« qu'à Dieu, et c'est pour ce motif qu'on leur donne le
« nom de *devins* (divinus). Aussi, saint Isidore dit
« qu'on les appelle devins — *divini* — comme s'ils
« étaient remplis de la Divinité. Car, ajoute-t-il, ils
« *feignent* ce rôle et cherchent par leur *astuce* à
« tromper les hommes, en conjecturant l'avenir (1). »

Voilà un texte qui n'est guère favorable à l'hypothèse
d'une *divination naturelle*, entendue au véritable sens
du mot ; sans cela, l'argument d'analogie invoqué par
notre philosophe tomberait de lui-même.

« Pour connaître à l'avance les événements futurs
« qui *arrivent nécessairement* ou *le plus souvent*, il y
« a des sciences et des arts qui n'appartiennent pas à la
« *divination;* mais il n'y a *point d'arts ni de sciences*
« *véritables — veræ artes seu disciplinæ —* qui puissent
« nous faire connaître les autres futurs ; ce sont des
« *sciences vaines et trompeuses — fallaces et vanæ*
« *— introduites* par les démons pour se jouer des
« hommes, comme le remarque saint Augustin (*De*
« *civit. Dei,* l. XXI, c 6 et 7) (2). » C'est par curiosité
malsaine, par un penchant naturel vicié (3), que
l'homme fait usage de ces modes illégitimes de
connaître.

(1) S. Th., 2. 2, q. 95, a. I, c.
(2) Loc. cit. a. 1, ad 2.
(3) Loc. cit. a. 1, ad 2.

« *Omnis autem divinatio ex opere daemonum prove-nit* », voilà ce que saint Thomas pense de la divination. — Où M. l'abbé Gayraud a-t-il lu que saint Thomas professe qu'il est donné à l'homme de pouvoir connaître l'avenir par la *divination naturelle ?*

D'après saint Thomas, tout véritable phénomène de *divination* est attribuable à des « entités intellectuelles » qui sont, à nos yeux, de la famille des « entités » qui fréquentent si volontiers les occultistes. Les animistes-occultistes repoussent, il est vrai, toute immixtion du démon. M. l'abbé Gayraud sait très bien que le seul fait de poser un acte de curiosité malsaine, en recourant à des moyens extraordinaires — *Ad cognoscendum futura non secundum humanum modum* (1) —, surtout en dédaignant la direction des sciences sacrées, n'est pas autre chose qu'une évocation tacite : « *Vel quia expresse dæmones invocantur ad futura manifestanda, vel quia dæmones « ingerunt se vanis inquisitionibus » futu-rorum* (2). »

Peu importe la bonne intention, la piété même de l'expérimentateur. Le seul fait de poser l'acte impru-dent attire l'influence mauvaise : « *Quando aliquis futurum praenoscere « tentat » unde praenosci non potest* (3). » Donc, l'évocation expresse n'est pas requise et les démons peuvent se mêler aux opérations « en dehors de la volonté » des assistants : « *Vel expresse imploratur, vel praeter intentionem hominis se « occulte » daemon ingerit* (4). »

La seule tentative de vouloir apprendre les choses ca-chées par un mode inconnu à la nature, et opposé aux lois générales, dit équivalemment qu'on attend la ré-

---

(1) Loc. cit.
(2) 2. 2. q. 95, a. II, c.
(3) Loc. cit., a. II, c.
(4) 2. 2. q. 95, a III, c.

ponse de Dieu ou du démon : « *Consequens est quod iste
effectus vel expectatur a Deo, vel a daemonibus (1).* »

Dans l'article III⁰ de la *Question* 95⁰, saint Thomas
passe en revue tous les genres de divination. De tous
il redit ce que nous avons précédemment noté : « *Omnis
divinatio utitur ad praecognitionem futuri eventus
aliquo daemonum consilio vel auxilio* (2). »

Notre contradicteur base peut-être toute son argumentation sur ces mots : « Dans les faits de prévision
« de l'avenir sous l'influence des astres ». — Le texte
du saint docteur est formel : « *Omnis divinatio* ». Et aussi,
à l'article V, saint Thomas condamne expressément la
divination par les astres.

Nous touchons au texte qui semble étayer l'erreur
que nous voulons signaler à l'attention du lecteur.
Nous lisons au corps de l'article :

« On ne peut connaître à l'avance les choses futures
« d'après l'inspection des astres que seulement de la ma-
« nière dont on connaît les effets dans leurs causes. Or, il
« y a deux sortes d'effets qui échappent à la *causalité*
« *des corps célestes.* Ce sont : 1⁰ tous les effets qui ar-
« rivent par accident, soit dans l'ordre des choses hu-
« maines, soit dans l'ordre de la nature ; 2⁰ les effets qui
« échappent encore à la causalité des corps célestes
« sont les actes *du libre arbitre,* qui est une faculté de
« la volonté et de la raison. *Il n'y a pas de corps qui
« puisse influencer une chose immatérielle;* d'où il est
« impossible que les corps célestes agissent « directe-
« ment » sur l'intellect et la volonté (3). »

Après avoir condamné l'astrologie, sous toutes ses
formes, le grand philosophe n'attribue à l'influence des

---

(1) 2. 2. q. 96, a. I, c.
(2) 2. 2. q. 95, a. V, c.
(3) Loc. cit., a. V, c.

astres que les effets nécessaires, comme tous les effets
astronomiques ou se référant à la physique du globe,
mais il leur dénie le pouvoir d'influencer les facultés
supérieures par *action directe*. Insistons sur ce dernier
mot :

« D'où il résulte que les corps célestes ne peuvent
« être par eux-mêmes cause des opérations du libre
« arbitre. Mais ils peuvent agir sur les dispositions de
« l'âme et influer sur ses penchants, parce qu'ils ont
« *action sur le corps humain*, et par conséquent sur les
« *facultés sensitives*, qui sont des actes d'organes *cor-*
« *porels* qui contribuent aux déterminations que
« l'homme prend. Cependant les facultés sensibles
« obéissent à la raison ; dès lors, le libre arbitre n'est
« pas nécessité, et l'homme peut agir par raison con-
« trairement aux inclinations que lui impriment les
« corps célestes. En conséquence, quand on a recours
« à l'observation des astres pour connaître à l'avance
« des événements futurs qui sont éventuels ou fortuits,
« ou pour connaître avec certitude les actions futures
« des hommes, on part d'*une opinion fausse et vaine*.
« Mais si on observe les astres pour connaître à l'avance
« les effets que ces corps célestes peuvent naturelle-
« ment produire, comme la sécheresse, la pluie et les
« autres phénomènes de la nature, il n'y a plus ni faute
« ni superstition (1). »

La conclusion est donc : « Les corps célestes n'in-
fluencent pas « directement » la nature psychique de
l'homme, mais ils produisent des *sensations* et dès lors
des sentiments en agissant sur le corps pour le modifier *physiquement*. » Il est clair que je ne souffre
moralement de la température, ou que le cœur ne se

---

(1) 2. 2. q. 95, a. V, c.

dilate aux effluves du printemps qu'après des impressions *corporelles* reçues et interprétées. Comment, dès lors, M. l'abbé Gayraud s'appuie-t-il sur cette divination — qui, de fait, n'en est que l'aspect incertain et grossier — par l'influence des corps célestes, pour nous rendre *plus probable une connaissance directe, sans l'intermédiaire des sens externes ?* La seule divination par les astres que décrit saint Thomas est celle qui *s'obtient par l'interprétation des impressions reçues dans les sens.* Toute autre *prévision* par les astres est qualifiée de *vaine et de fausse.* — Voilà exactement, ce nous semble, la pensée de saint Thomas d'Aquin.

Disons brièvement que la *prophétie naturelle*, dont l'abbé Gayraud fait mémoire, ne sert pas davantage la cause de la télépathie.

« La connaissance des choses futures est le propre « de l'entendement divin (1 p. q. XIV, a. 13) ; c'est « pourquoi cette connaissance ne peut venir de la « nature...

« Mais l'homme peut connaître à l'avance les choses « futures dans leurs causes, étant donné qu'il connaît « par expérience le rapport des causes à leurs effets. « Cette connaissance existe naturellement dans l'homme « de deux manières : 1° D'après ce que l'âme a en elle-« même. Ainsi, rapporte saint Augustin, il y en a qui « ont prétendu que l'âme avait en elle-même une cer-« taine *puissance divinatoire.* Ce sentiment paraît con-« forme à l'*opinion de Platon*, qui suppose que les « âmes connaissent toutes choses par la participation « des idées, mais que cette connaissance est avilie en « eux par l'union avec le corps. »

Qu'on ne l'oublie pas, ni saint Augustin, ni saint Thomas ne sanctionnent cette doctrine : « *Contra hoc objicit Augustinus...* », continue saint Thomas. Il faut dire, insiste le saint docteur, que les hommes n'ont point cette connaissance immédiate : « *Praecogni-* « *tionem talium futurorum homines non habent...,* », « mais ils peuvent en acquérir quelque chose, aidés « en cela par les dispositions naturelles, par l'ima- « gination et une vive intelligence : « *Sed acquirere* « *possunt per viam experimentalem* (1). »

Nous voici encore bien éloignés de la *connaissance sans l'intermédiaire des sens externes*, dont saint Thomas fournirait l'exemple *dans le fait de la pro- phétie naturelle.*

Qu'on n'objecte pas avec saint Grégoire que l'âme, quand elle est plus dégagée des sens, comme à l'approche de la mort, prévoit les choses par sa subtilité. Cette doctrine est parfaitement mise au point par saint Augustin, et surtout par saint Thomas qui explique en ces termes cette faculté divinatoire, si elle existe : « Plus l'âme s'abstrait des choses corporelles, plus elle « est sensible à l'influence *des anges* », et plus aussi elle perçoit les nuances subtiles qui relient les causes aux effets. Mais saint Augustin et saint Thomas le déclarent formellement : Ce n'est pas de son propre fonds qu'elle tire la connaissance de l'avenir : « *Non autem propriâ virtute* ». L'âme subit l'influence angélique avec plus de délicatesse, et y apporte une coopération plus parfaite ; elle comprend mieux aussi, parce qu'elle est plus subtile et plus vibrante dans ses facultés sensitives : « *Prout scilicet percipit etiam modicas impressiones* (2). »

Il n'y a pas de « divination par les astres, ni de prophétie naturelle » qui autorisent l'argument par analogie « d'une connaissance naturelle des futurs

(1) 2. 2. q. 172, a. 1, c.
(2) 2. 2. q. 172, a. 1, ad 1.

libres », et encore moins « d'une connaissance sans l'intermédiaire des sens externes ». La majeure de l'argument proposé par M. l'abbé Gayraud repose sur une méprise.

Il nous était dit encore, en confirmation de cette prémisse :

« Je remarque d'abord que.les cas de divination pa-
« raissent eux-mêmes plus difficiles à expliquer natu-
« rellement que la suggestion mentale..., même que
« la télépathie, où il ne s'agit d'ordinaire que de con-
« naître des événements présents et passés... » La télépathie serait d'autant plus acceptable qu'elle ne se heurte pas à la difficulté de prédire l'avenir ; elle ne vise que le présent ou le passé.

C'est une erreur. Les exemples contraires sont déjà plus nombreux qu'on ne le suppose, et surtout peuvent le devenir, car ce qui *s'est fait, se fera.* L'expérimen- tation plus moderne se chargera de contredire les vieilles théories. Citons cette « Communication d'un Professeur à l'École commerciale supérieure de l'État » :

« Je demande si la science a enregistré des phéno-
« mènes de télépathie « antécédente et de télépathie
« subséquente ». Je m'explique : A) Un prêtre m'a
« conté que se trouvant à un banquet, il vit tout d'un
« coup la figure d'un des convives, qui était en bonne
« santé à ce moment, se changer pour un court instant
« en tête de mort. Le lendemain, ce convive était
« frappé de mort subite. J'ai entendu parler d'un mé-
« decin qui avait la faculté de sentir la mort à bref
« délai. Ainsi, en passant dans la rue il désignait telle
« ou telle personne, qui lui était parfaitement inconnue.
« et disait : « En voilà un, ou en voilà une qui va
« mourir. » La prédiction se réalisait, chaque fois, en
« un ou deux jours. B) J'ai lu qu'un industriel, en ap-

« prenant par le journal le naufrage du navire qui
« transportait sa famille, tomba en syncope, et qu'en
« cet état de prostration, il vit se dérouler le drame du
« naufrage. Il vit sa femme périr faute de secours, un
« de ses enfants voulait la suivre dans la mort, et
« l'autre, sa fille aînée, implorait l'assistance d'un ma-
« telot afin d'échapper et de revoir son père. Or, le
« malheureux père revit sa fille qui ratifia de point en
« point la vision qu'il avait eue *deux jours* après le
« sinistre (1). »

En d'autres termes : Ce qui n'était pas encore, pouvait agir avec sa réalité d'être; ce qui n'était plus,
agissait encore, conservant son action, sans conserver
l'être, racine de l'action. — A moins de se réfugier, avec
les occultistes, dans les propriétés du sixième sens et
les merveilles du plan astral, il faut reconnaître que la
télépathie devient de plus en plus incompréhensible. —
En tous les cas, elle déborde du cadre étroit dans lequel
on voudrait l'enfermer, en vue d'une explication plus
facile.

Pénétrons à la suite de M. l'abbé Gayraud dans l'argumentation plus directe (2).

« Où serait la contradiction dans la possibilité d'une
« explication naturelle de la suggestion mentale !
« Toute la difficulté se réduit à ceci : une image céré-
« brale peut-elle être transmise directement à un autre
« cerveau ? Que faut il pour cela ? Un milieu propor-
« tionné entre les deux cerveaux, et une action suffi-
« sante de l'un sur l'autre, voilà tout; une action *sui*
« *generis*, telle que l'action psycho-physiologique qui
« produit les images sous l'influence des sensations; et
« un milieu qui relie l'agent au patient, le cerveau

---

(1) *Revue du Monde invis.*
(2) Abbé Gayraud, *Questions du jour*, loc. cit

« excitateur au cerveau récepteur, car l'action à dis-
« tance est une impossibilité métaphysique. Eh bien,
« quel savant ou quel philosophe a le droit d'affirmer
« qu'il n'existe aucun milieu *matériel* propre à trans-
« mettre les actions psycho-physiologiques? A celui
« qui nierait *a priori* l'existence possible d'un tel
« milieu, je demanderais : Quel est donc le milieu qui,
« d'après la théorie scolastique de la sensation, porte à
« l'œil la qualité sensible des objets que l'œil perçoit ?
« N'y a-t-il pas un milieu matériel par lequel l'image
« visuelle passe pour devenir image cérébrale et fan-
« tôme de l'imagination ? Pourquoi n'existerait-il pas
« un milieu plus subtil capable de transmettre *direc-*
« *tement au dehors* les actions psycho-physiologiques
« exercées dans le cerveau par des images d'une
« grande intensité? Il ne répugne pas d'admettre l'exis-
« tence d'un milieu matériel propre à transmettre
« *hors du cerveau* les actions exercées par les images
« dans l'organe cérébral. »

M. l'abbé Gayraud doit pourtant savoir qu'il soulève,
ici, une de ces impossibilités métaphysiques dont il
reconnaît l'existence

« *N'y a-t-il pas, dit-il, un milieu matériel par lequel
l'image visuelle passe pour devenir image cérébrale et
fantôme d'imagination ?* » Ainsi, d'après saint Thomas,
il y aurait un milieu matériel par où passe la qualité
« sensible » des objets. — Toute la malice de l'argumentation est dans ce mot *sensible*, sur le sens multiple
duquel on semble jouer, comme il arrive dans les so-
phismes. — Oui, dans la théorie scolastique, il y a un
milieu « matériel » par lequel passent les qualités physiques des corps, qualités qui affectent alors les organes
matériels, tels que l'appareil de l'œil, du toucher, de
l'ouïe, etc. — Ce « sensible objectif » qui est synonyme
de qualité physique, matérielle, provoque ainsi la sen-

sation, et produit le « sensible » subjectif qui est l'impression reçue vitalement dans l'organe. — Ce « sensible subjectif » exprime seul un état psycho-physiologique, et ce « sensible-là » n'a pas voyagé à travers le « milieu matériel ». — Ce qui a passé par le « milieu matériel », c'est la matérielle vibration agitant les molécules d'éther, c'est la vibration sonore se communiquant des molécules d'air voisines de la source sonore aux autres, et ainsi de suite jusqu'aux fibres nerveuses de l'appareil acoustique. — C'est toujours le *matériel*, et le *physique,* traversant le milieu matériel, pour se heurter, en l'impressionnant, à l'organe matériel. — À l'occasion et par le fait de ce choc tout matériel, un acte supérieur sera produit par l'organe vivant qui se conforme à la vérité exacte de l'impression physique, et répond finalement par la connaissance et la perception à cet objet éclairé ou sonore.

Donc, des qualités physiques, matérielles, ont pu communiquer leur propriété physique dans un milieu de même nature, qui leur est essentiellement proportionné. Et cela prouverait que des qualités d'essence spirituelle peuvent informer un sujet en traversant un milieu identique (car il sera toujours matériel, ce milieu subtil)? — Parce que la vibration calorique s'est propagée de molécule en molécule, la « sensation » de chaleur, la « connaissance sensible » de cette vibration calorique pourra suivre le même chemin? — Mais entre un acte vital de connaissance, simple comme la puissance d'où il émane, et une *modification matérielle* de l'air ou de l'éther il y a un abîme que le métaphysicien n'essaie pas de combler !

Ce n'est que par une inconcevable confusion d'idées qu'on peut comparer le transfert d'un acte psycho-physiologique avec la transmission d'une vibration purement matérielle.

Cette image « visuelle » que l'on nous montre traversant le milieu subtil n'est pas encore l'image reçue
et sentie; ce n'est que l'image qui sera « vue »; c'est
un ébranlement parti de tous les points éclairés de
l'objet, et destiné à impressionner la rétine dans un
ordre donné.

En regard de cette impossibilité de nature, se place
encore l'impossibilité métaphysique tirée de la notion
même de l'accident. — Les accidents ne voyagent pas;
c'est là une vérité première. — Quand une sensation de
chaleur est élaborée par l'organe impressionné, c'est
que l'objet qui possède cette qualité accidentelle de
chaleur a informé les portions voisines de l'air ambiant;
puis ces molécules ont informé les suivantes, et ainsi
successivement jusqu'à l'organe dont les tissus matériels passent de la puissance à l'acte accidentel de
chaleur, comme condition première de l'impression
organique sous laquelle réagira l'organe vivant. Ces
informations successives des portions infinies qui
forment le milieu matériel sont proportionnées à la qualité physique qui transmet sa vertu. — L'image cérébrale est l'acte vital accidentel de la puissance imaginative; cet acte vital est inséparable de l'activité
organique; par cette vertu accidentelle, la molécule
d'éther subtil sera-t-elle informée dans l'ordre de la
représentation imagée ? — Cette hypothèse serait
absurde.

Dès lors, comment l'image cérébrale pourra-t-elle,
hors du cerveau, hors de l'organe, hors de la substance
qui lui sert de support, de substratum nécessaire.
atteindre un cerveau situé à vingt lieues de là, ou même
simplement à vingt millimètres de distance ?

Pareil transfert ne serait concevable que si un acte
vital de sensation avait son *équivalent* de nature dans
les vibrations caloriques, électriques, etc., qui sont

inhérentes au fonctionnément matériel de l'organe
vivant. Quand l'organe entre en activité, il se fait dans
la trame des tissus vivants des dégagements de chaleur
et d'électricité ; on constate des phénomènes physico-
chimiques. Mais à moins de verser dans le plus épais
matérialisme, on ne soutiendra jamais que ces accidents
physiques et chimiques soient la sensation ; dès lors,
ils ne la traduisent pas, ils n'en sont pas le signe ; on
ne reconnaîtra jamais un acte d'amour parmi des actes
de haine à la quantité ou à l'intensité des effets physico-
chimiques. En conséquence, ces vibrations matérielles
qui pourront traverser le milieu subtil et relier, par
impossible, deux cerveaux, ne transmettront pas les
images cérébrales.

On appréciera cette phrase à sa juste valeur : « Où est
« l'impossibilité de concevoir un milieu qui soit le
« conducteur pour ainsi dire en sens inverse des
« images ? » — Il est aussi métaphysiquement impossible à un acte vital de se convertir en pures vibrations
physiques, par une sorte de renversement, qu'aux
vibrations physiques de se convertir en sensations.
M. l'abbé Gayraud pense-t-il que lorsque j'éprouve
une sensation de chaleur, c'est l'ensemble des vibrations caloriques qui s'est élevé — identiquement le
même, mais transformé - à la dignité d'acte vital
de sensation ? Évidemment non.

Mais à propos d'une vibration physique, un être
vivant a senti et connu l'effet de chaleur. Cet être
vivant ne peut restituer au milieu matériel que ce qu'il
en a reçu : *un peu de chaleur, mais non pas son
émotion et sa perception.*

Ajoutons que ce serait faire une trop grande concession à nos contradicteurs que de laisser dire qu'une

vibration physique, partie d'un cerveau excitateur, ira impressionner un cerveau récepteur à dix, vingt, deux cents kilomètres — puisque M. Liébault a fait de la suggestion mentale à pareille distance. Voyez-vous ces atomes de chaleur et d'électricité, — qui seraient, supposons-le, l'équivalent significatif de l'image cérébrale — perdus dans l'Océan immense des ondes caloriques. électriques que renferme l'atmosphère, et dirigeant leur activité vers un cerveau désigné qui devra les interpréter !

Ce point embarrasse M. l'abbé Gayraud : « Reste, il « est vrai, la direction volontaire de l'action et de « l'image vers tel cerveau déterminé ; et ce point. je le « reconnais, n'est pas facile à éclaircir. » — Assurément, mais plus inexplicable encore serait l'action de l'image en dehors du cerveau, puisqu'elle ne possède aucun moyen d'informer successivement le milieu subtil, étant donné que les vibrations physico-chimiques — les seules qui pourraient se propager dans ce milieu — sont d'une autre nature que la sensation.

M. l'abbé Gayraud n'explique rien, ou il retombe dans la théorie émise par M. Liébault (1), celle des vibrations transmises, et que nous venons de redresser. M. Liébault la formule par ces données :

« Si l'on admet, avec quelques esprits non prévenus. « que des vibrations transmises par contact entre en- « dormeurs et somnambules, sont non seulement saisies « mais comprises par ces derniers, on ne doit pas être « éloigné de croire que, comme pour un grand nombre « de phénomènes acceptés de tous, des ondulations, « vrais prolongements de ces vibrations, ne puissent « se transmettre par l'air, puis être ensuite ressenties

---

(1) Liébault, *Thérapeut. suggestive*, p. 279 et suiv.

« et interprétées à de grandes distances par des sujets
« éminemment nerveux. »

Partant de cette idée que l'électricité se communique
au loin, M. Liébault s'indigne presque que la pensée
soit moins favorisée que l'une quelconque de ces forces
physiques : « C'est bien le moins que la pensée humaine
« puisse, par certaines ondulations à travers l'atmos-
« phère, se transmettre d'une personne à une autre
« qui, à son tour, sympathiquement en ressent les
« signes transmis et interprétés. » — Cette preuve
tirée de la dignité de la pensée humaine est assez
plaisante, car une pensée est grande comme le monde
qu'elle conçoit et exprime, et le privilège de pouvoir
canaliser son influence dans un fil, comme l'électricité,
est médiocre en comparaison de la toute-puissance
morale de l'idée ; cela suffit à la gloire de la pensée ;
elle n'a pas besoin des privilèges que possède la matière.

Du moins, le Dr Liébault n'admet pas l'absurde hypothèse d'une pensée qui ondule elle-même à travers
l'atmosphère ; il réserve cet emploi aux vibrations.

Nous avons dit en quoi cette théorie manquait de
base : *des vibrations physiques ou chimiques ne peuvent traduire une idée au point d'en être l'équivalent ;*
ces vibrations n'en sont pas non plus le signe naturel,
car elles ne révèlent pas directement l'image. — De
plus, cette transmission à travers l'espace jusqu'à un
cerveau donné, est incompréhensible, et expérimentalement démontrée absurde : ces vibrations ne sauraient
se conserver, ne sauraient se diriger ; tous les sujets
éminemment nerveux qui se trouveraient dans un
rayon de 200 kilomètres, sur le trajet hypothétique,
devraient être impressionnés par la suggestion mentale dont M. Liébault raconte l'expérience (1). Pourquoi

_____

(1) L'électricité hertzienne -- dont nous parlons plus loin,-- avec

un seul cerveau est-il influencé, comme si le sujet visé était toujours à l'état nerveux le plus intensif parmi tous les autres ?

M. Liébault tire un argument d'analogie de la transmission par contact entre endormeur et somnambule. Mais c'est démontrer le même par le même; car nous n'admettrons jamais cette erreur matérialiste qui fait cheminer la pensée, sous forme de vibration physique, à travers les tissus de la chair. La transmission mentionnée n'est pas autre chose que la suggestion mentale, à moins que la pression exercée n'ait par elle-même une signification dont l'opérateur est inconscient, et que le sujet réussit à interpréter une fois sur dix ou plus rarement.

Sans cette propriété de transmettre au loin ses impressions, M. Liébault, avons-nous dit, voit l'homme inférieur à l'animal : « Il est reconnu que les pigeons « voyageurs, transportés au loin, retrouvent leur « demeure sans qu'on sache bien comment..., et on « refuserait à l'homme, dont on sait combien les sens « et l'intelligence arrivent parfois à un grand degré

---

laquelle on voudrait comparer ce prétendu fluide, est autrement exigeante. Les ondes cheminent à travers l'espace, dispersées dans toutes les directions. Pour avoir un *principal* faisceau, un plan de propagation *optima*, il faut dresser un mât et en incliner l'antenne vers le poste d'arrivée; il faut, en un mot, éviter les étouffoirs constitués par le relief du sol ou par la convexité des eaux — L'onde télépathique, elle, vagabonde à travers le monde à la recherche du cerveau récepteur.

De plus, l'onde électrique, dans la télégraphie sans fil, peut être aussi recueillie par tous les radio-conducteurs situés sur son trajet; les troubles atmosphériques lui sont dangereux — L'onde télépathique, elle, ne connaît pas ces déboires ; elle cherche son homme et le trouve.

Mais, encore une fois, l'impossibilité d'ordre philosophique, tirée de la nature même de l'acte intellectuel, ne permet pas de faire une fortune à ce prétendu fluide.

« d'exaltation et de pénétration, on lui refuserait la
« faculté élevée d'être apte à recevoir des communica-
« tions suggestives venues de lieux éloignés et provo-
« quées tacitement par action mentale ? »

Ainsi, c'est une faculté élevée pour l'homme de voir
le *sanctuaire réservé* de son intelligence et de sa volonté violé par les volontés et les ingérences d'autrui,
et cela à toute distance! Ce serait là, bien plutôt, un
argument moral en faveur de la thèse opposée.

Et puis, où s'arrêtera-t-on dans ces prétentions et ces
regrets? Nous ne sentons pas comme le chien de
chasse; nous ne voyons pas comme le milan; les
grands fauves surpassent l'homme par la force matérielle; en sommes-nous moins les rois de la nature,
par la perfection de notre être?

Au point de vue strictement philosophique, à quoi
sert la comparaison mise en avant par M. Liébault.
Est-ce sous l'action à distance du colombier que le
pigeon voyageur se dirige vers lui à tire d'aile?
N'est-ce pas plutôt par l'image sensible et le souvenir
de son lieu d'origine, c'est-à-dire du colombier où il
est né, et aussi des petits dont on l'a séparé, que le
pigeon hâte son vol et recherche sa voie? C'est le
souvenir, l'image sensible qui le presse. — Comment
retrouve-t-il sa route? Sans nul doute, comme les
autres animaux: c'est par le mécanisme instinctif de
la mémoire sensible: un lieu en rappelle un autre:
une impression emmagasinée dans la mémoire, et
dans un ordre fatal, sert de transition à une autre; les
images se déroulent automatiquement dans l'ordre de
leur enregistrement, c'est ainsi que la mémoire
instinctive conduit l'animal: *per loca nota pergunt.*
Comment se sont insérées les sensations successives
dans la mémoire spécialement délicate du pigeon, et

des oiseaux migrateurs ? Peu nous importe ; il suffit
que ce soit par un des sens externes ou par plusieurs à
la fois : par la vue, et surtout, peut-être, par un très
délicat toucher, sensible aux impressions qui viennent
des différents milieux atmosphériques, dont les variations, dans les couches inférieures, tiennent à la
configuration du sol pour une notable partie.

Les densités de l'air varient par plusieurs causes :
l'altitude, la latitude, la température, l'état hygromé-
trique ont leur action. En définitive, si nous ignorons
quel sens externe est surtout en activité dans l'enregistrement des impressions successives, nous avons, du
moins, le droit d'assimiler le pigeon à tous les oiseaux
sous le rapport de la mémoire instinctive et du rôle
qu'elle remplit dans la direction de l'animal, qui ne
possède pas d'autre lumière que cette connaissance
instinctive et automatique. Cette connaissance du
pigeon n'est pas imputable à une action télépathique
quelconque. Il n'y a pas là d'action à distance.

Le pigeon ne sent pas plus le colombier, que le
cheval ne sent l'écurie, à proprement parler. Seulement
le cheval, comme le pigeon, reconnaît qu'il est en voie
de retour, et le souvenir lui révèle, au seul aspect des
lieux, que l'écurie n'est plus si loin et il accélère la
course.

Plus intéressant, à notre avis, est le cas suivant, car
il ne relève pas du mécanisme de la mémoire sensible,
et il fait croire, à première vue, à une action vraiment
télépathique.

« On sait depuis longtemps que certains papillons
« mâles peuvent découvrir les femelles à des distances
« considérables. Riley a soumis le fait à une vérification
« précise, et constaté qu'un mâle de Bombyx de l'Ai-
« lante a su retrouver sa femelle placée à un mille et
« demi de distance. Riley ne croit pas que des sen-

« sations olfactives puissent atteindre une acuité suffi-
« sante pour expliquer un pareil fait, et l'attribue à la
« perception de vibrations spéciales, qui pourraient être
« l'agent des communications télépathiques. Est-il
« besoin de dire que nous ne souscrivons pas à cette
« conclusion (1). » — S'il était seulement question de vibrations physiques quelconques, nous n'aurions rien à
objecter ; un bruit imperceptible pour notre oreille peut
ne pas l'être pour un merveilleux appareil acoustique.

Mais pourquoi trouver des mystères là où l'instinct
le plus vulgaire peut être en jeu. La femelle du papillon,
quand vient le moment de la reproduction, sait trouver
la plante, ou l'arbre utile à l'espèce ; elle y demeure
collée aux branches ou ne s'en éloigne guère. C'est
sans doute sur l'Ailante que ce bombyx a retrouvé sa
femelle ; or, moins abonde dans une région l'arbre préféré de l'espèce, plus la recherche du mâle est rapide
et sûre ; le temps — ce bombyx y a mis toute une nuit
— et le hasard feront le reste. Pourquoi recourir à
d'aussi hypothétiques transmissions, quand, dans le
cas proposé, l'attrait d'un simple *vernis du Japon* donne
suffisamment la clef du mystère.

Une découverte retentissante, celle de la télégraphie
sans fil, semble avoir été accueillie avec de particulières espérances dans les milieux où se poursuivent les
expériences de télépathie.

On sait que M. Branly (2), par l'invention de son
radio-conducteur, a été le père de cette découverte que
l'ingénieur italien Marconi est en train d'industrialiser.

(1) *Année biologique*, vol. I, p. 563.
(2) En 1887, le physicien allemand Heinrich Hertz avait appris à
produire ces ondes ; M. Branly, en 1890, apprit à capter cette électricité
dite hertzienne.

comme ont déjà tenté de le faire l'anglais Lodge et le russe Popoff. — Voici le principe de cette découverte :

Qu'une décharge électrique se produise, le phénomène ne s'arrête pas là. Autour du point de jaillissement de l'éclair, il se fait un « champ électrique », dans lequel l'éther se met à vibrer à la ronde, sous forme d'ondulations concentriques, semblables aux petites vagues qui s'étalent à la surface de l'eau à la chute d'une pierre, semblables à l'ébranlement rythmé des ondes sonores. Ces rayons électriques se propagent aussi vite que les rayons lumineux se réfléchissent, se réfractent, se polarisent, s'interfèrent dans les mêmes conditions et de la même manière.

Elles sont invisibles ces vibrations. Il s'agissait de trouver un moyen de recueillir au vol et d'interpréter ces ondes électriques, et cela sans fil qui les canalise. La rétine ou la plaque photographique recueillent l'image. Nous recueillons les ondes sonores par le tympan. Pour recueillir ces ondes électriques perdues. M. Branly inventa un appareil qui pût jouer, à l'égard de ces ondes, le rôle du tympan pour les ondes sonores. le rôle de la rétine pour les ondes lumineuses. Cet appareil est un petit tube d'ivoire, ou de cristal, rempli de limaille d'argent. Si d'aventure une onde électrique venant des lointains de l'espace, passe par là, et que le tube en soit atteint, la limaille devient conductrice au choc de cette radiation invisible, et la révèle, comme la plaque révèle l'infiltration lumineuse.

Telle est cette découverte dont la portée est immense dans l'ordre des applications physiques.

On conçoit que certains occultistes aient songé à faire recueillir les ondes invisibles de leur « force vitale » par l'appareil cérébral de leurs sensitifs.

Que révèle l'appareil de Branly ? L'existence d'ondes électriques invisibles depuis le temps où une première étincelle jaillit, un jour, des premiers nuages chaotiques. Ces ondes existaient depuis ce moment, mais pour trahir leur présence il manquait l'appareil enregistreur. Une fois le radio-conducteur inventé, le phénomène s'est trahi et se trahira tant qu'il y aura en ce monde, à portée de l'onde électrique, un radio-conducteur fonctionnant dans les conditions requises.

Ainsi doit-il en être des ondulations invisibles de la force vitale, du zo-éther, comme parle le Dr Baraduc. Tout cerveau extra-sensible devra enregistrer la vibration animique qui passe à sa portée, comme tout radio-conducteur, qui est sur le parcours de l'onde électrique, doit en signaler la présence par une modification passagère. Pourquoi n'en est-il pas ainsi ? C'est une question que nous posons aux animistes de l'occultisme.

On conçoit que les vibrations de ces ondes électriques n'aient pas été perçues auparavant, puisque l'instrument récepteur est d'invention moderne. Ici, non seulement la faculté d'émettre des *pensées vibratoires* doit manifestement dater du jour où fonctionna le premier cerveau humain, mais encore, il faut reconnaître que le cerveau récepteur peut dater des mêmes temps ; il y eut des *sensitifs*, des extra-sensibles à toutes les époques, peut-on affirmer sans crainte. De tout temps, des êtres humains, unis par les liens du sang ou de l'amitié, ont connu les occasions d'où naissent les crises et les transes, milieu favorable aux phénomènes télépathiques. Et pourtant, les phénomènes télépathiques, qui sont, *de nos jours, d'observation courante et se multiplient dans une proportion qui va toujours s'augmentant*, étaient d'une rareté qui doit nous étonner, puisqu'il s'agit de la manifestation d'une force naturelle. Pourrait-on même en apporter un seul exemple, dûment contrôlé par la critique historique, en confirmation d'une télépathie « naturelle » : on devra, dans cette thèse du *naturel*.

s'abstenir de produire certains faits tirés de la *Vie des Saints*.

On insistera, en déclarant que les radio-conducteurs du fluide vital ne se trouvent en état de fonctionner que dans la boîte cranienne des extra-sensitifs. Mais les sensitifs pullulent, témoin M. Liébault qui range plus de la moitié des hommes parmi les névropathes ou les hypnotisables. Dès lors, pourquoi les phénomènes télépathiques, déjà si fréquents, ne le sont-ils pas encore plus ? Pourquoi ces phénomènes ne furent-ils pas plus nombreux dans le passé ? D'autant que la *Vie des Saints* est remplie de phénomènes de toute espèce : *extase, visions, etc.*, que vous prétendez expliquer par des désordres nerveux ou une exquise sensibilité ; ce qui vous contraint, tout au moins, de supposer très nombreux les extra-sensibles des siècles écoulés, étant donné qu'il y eut des sensitifs encore plus nombreux qui ne furent pas des saints. Ici encore, comme ailleurs, pour d'autres phénomènes que vous entendez naturaliser, nous vous demandons pourquoi cette rareté des faits télépathiques ? Les hommes étaient aussi curieux, sinon plus, que maintenant. Or, c'est à peine si quelques docteurs, aussi discutés que rares, voulurent prôner l'action imaginative à distance. Il devait y avoir, cependant, de nombreux cerveaux récepteurs, et les pensées devaient, en ces temps, *vibrer* tout autant par suite de la *surcharge* psychique inconsciente.

Si donc on compare les époques, on constate que les doubles fluidiques n'apparaissent bien que de nos jours ; on s'aperçoit que les appareils télépathiques n'ont commencé à bien fonctionner qu'en cette fin de siècle ! — Pourquoi ?

En second lieu, on fera toutes les découvertes de télégraphie sans fil que l'on voudra, l'argument d'ana-

logie est sans valeur, parce qu'il n'est qu'apparent. —
Ces inventions n'ont trait qu'à des vibrations physiques
affectant des enregistreurs de même nature physique
et matérielle, dans le même plan d'activité, dans la
même sphère des transformations. C'est toujours un
agent matériel traversant un milieu de même nature
pour impressionner physiquement un appareil récepteur proportionné à cet agent par sa matérialité. —
Dans la télépathie, c'est une pensée, un jugement, une
sensation qu'on a la prétention de véhiculer à travers
un milieu matériel, immédiatement, ou sous forme de
vibrations physiques interprétées par le cerveau récepteur, comme si l'acte vital de sensation, et surtout
l'acte de l'intellect ou de la volonté, était essentiellement réductible à des vibrations, tant subtiles qu'on
les invente.

II. — Le véritable agent des transmissions télépathiques, selon les vrais occultistes, — ceux que ne
tourmente guère la solution philosophique, et la concordance avec les sciences déjà acquises, c'est-à-dire
ayant droit de cité dans le domaine du certain, — c'est le
corps psychique qui s'extériorise, soit qu'il apparaisse,
soit qu'il agisse invisiblement. Et, de fait, la plupart
des phénomènes télépathiques, suggestions ou apparitions, seraient dus, d'après l'école, à l'action du *double*
fluidique. — Ici, du moins, il y a un agent qui suggère
l'idée par des signes ou par la parole interne, ou qui
impressionne normalement les sens par une forme
sensible.

Mais y a-t-il un fluide ? — On ne l'a pas démontré. —
Ce fluide pourrait-il remplir le rôle qu'on lui assigne,
dans la théorie occulte, et nous servir de double ? —
C'est à la philosophie de répondre, car elle est ici
compétente.

C'est l'état de transe qui, chez le médium, ou chez le sensitif des cas télépathiques, développe l'émission fluidique.

Ce fluide serait si bien le double du sujet, nous est-il raconté, qu'il en reproduit la forme et aussi les sentiments ; à moins qu'un désincarné ne s'en empare pour le modeler d'après son tempérament et sa forme d'autrefois. Autrement, comment expliquer que le « double fluidique » d'un gros monsieur présente des mains d'enfant, et en produise les puérilités joyeuses, ou encore qu'une femme médium vous enserre le poignet avec une rude main d'homme ? — Crookes, dans sa 9e classe des phénomènes spiritiques, a décrit les apparitions de mains — : « Une charmante main d'enfant « s'éleva d'une table et me donna une fleur ; cette « main apparut et disparut trois fois, me permettant de « me convaincre qu'elle était aussi réelle que la mienne. « Cela eut lieu avec de la lumière, dans ma propre « chambre, alors que je tenais les pieds et les mains « du médium. Une autre fois, une petite main et un « petit bras, qui semblaient appartenir à un enfant, « apparurent, se jouant sur une dame, ils vinrent ensuite « suite frapper mon bras, puis tirer mon habit à « plusieurs reprises. »

Ces doubles, être *collectif* composé du corps psychique du médium, d'une part, et de celui du désincarné, de l'autre, exercent, dans l'intimité des groupes, leurs talents de société : ils jouent de l'accordéon, du piano, et font des tours de prestidigitation. — Lisez plutôt — : « Après avoir obtenu diverses manifestations, « festations, continue M. Crookes, la conversation « tomba sur un point qui nous semblait inexplicable : « la présomption que la matière peut traverser un « corps solide. Là-dessus, le message suivant nous fut « donné : « Il est impossible à la matière de passer au

« travers de la matière, mais nous montrerons ce que
« nous savons faire. Nous attendîmes en silence, et
« bientôt une apparition lumineuse se montra, planant
« au-dessus du bouquet qui était au milieu de la table;
« à la vue de tout le monde, un brin d'herbe de Chine,
« long de vingt pouces, et qui faisait l'ornement du
« bouquet, s'éleva doucement d'entre les fleurs et des-
« cendit sur la table. L'herbe ne s'arrêta pas à la table
« mais passa au travers. Après la disparition de l'herbe,
« ma femme qui était assise auprès de M. Home vit
« une main qui, sortant entre eux de dessous la table,
« tenait le brin d'herbe dont elle frappa sur son épaule.
« Deux personnes seulement virent cette main, mais
« toutes les autres aperçurent le mouvement de l'herbe.»

Le double fluidique de la télépathie veut être plus
sérieux, il agit en tout et toujours comme la personne
représentée et ne s'extériorise que dans les grandes
circonstances d'émotion ou de danger, rarement pour
de menus motifs. — Si ce fluide exerce des taquineries
sur quelqu'un, c'est pour troubler des coupables et
provoquer de salutaires remords !

Y a-t il identité entre ces phénomènes de l'animisme
occulte et du spiritisme? — Il est bien probable que
nous n'avons pas plusieurs *doubles* à notre disposition !

Dans un article remarqué, M. le Dr Crocq, agrégé de
la Faculté de Médecine de Bruxelles et chef du service
des maladies nerveuses, à l'hôpital de Molenbeek-Saint-
Jean, se pose la question :

« La plupart des auteurs sérieux qui se sont occupés
« du merveilleux scientifique ont affirmé avec véhé-
« mence qu'il n'y a aucun rapport entre l'occultisme et
« le spiritisme ; ils considèrent le spiritisme comme
« absolument extra-scientifique, et facilement expli-
« cable ; ils envisagent au contraire très sérieusement

« les phénomènes occultes. Trouvant ces derniers inex-
« plicables d'après les données actuelles de la science
« officielle, ils n'hésitent pas à bouleverser cette science
« dont l'édification a exigé plusieurs siècles !

« L'occultisme est-il donc si foncièrement distinct du
« spiritisme ? Est-il bien vrai que les phénomènes pro-
« duits par Eusapia Paladino sont absolument distincts
« de ceux que provoquent-les vulgaires spirites ?

« J'avoue que je n'en suis pas convaincu. Certes,
« l'hypothèse est différente, puisque les spirites croient
« à l'intervention des esprits alors que les occultistes
« admettent une transformation de la force neurique :
« mais *les faits en eux-mêmes sont-ils différents ?* Les
« spirites font tourner et parler des tables, ils font
« mouvoir des objets inertes en faisant appel aux
« esprits ; les occultistes, par l'intermédiaire des mé-
« diums, ne produisent-ils pas des phénomènes ana-
« logues ? Eusapia Paladino ne fit-elle pas tourner et
« parler une table devant MM. Lombroso, Tamburini,
« Virgilio, Bianchi et Vizioli ? Certes, Eusapia, comme
« Home, Slade et d'autres, produit des phénomènes
« bien plus complexes et bien plus extraordinaires que
« les spirites, mais ce n'est peut-être là qu'une diffé-
« rence quantitative et non une différence qualitative.

« Je crois donc *qu'on ne peut affirmer* — et la suite
« de cet article le prouvera — qu'il n'y a aucun rapport
« entre les phénomènes vulgaires du spiritisme et les
« phénomènes de l'occultisme. Aussi je pense qu'une
« étude sérieuse des phénomènes occultes ne peut se
« faire qu'en procédant du simple au complexe, c'est-à-
« dire qu'il ne faut aborder l'étude des faits compliqués
« de l'occultisme qu'après avoir bien compris le *méca-
« nisme* des faits relativement simples du spiritisme (1). »

(1) *Revue encyclopédique*, 20 février 1897.

Les expériences de Crookes, dont nous avons fait mention, et celles des autres expérimentateurs, ont assez démontré l'identité des phénomènes. C'est avec Home comme médium que M. Crookes obtenait ces apparitions de petites mains et de petits bras, qui certes n'étaient pas ceux du médium, même à l'état de double fluidique, comme en conviennent les expérimentateurs; c'est avec Eusapia qu'on obtient ces frôlements, ces serrements de mains étranges, comme on le constate dans une récente expérience, faite chez C. Flammarion, et d'où M. Gaston Mery est revenu si troublé. Il n'y a aucune différence entre les phénomènes observés par M. Crookes et ceux que relève M. de Rochas. Aussi, la plupart des occultistes font indifféremment du spiritisme; ils reconnaissent que des entités se mêlent à leurs séances, alors qu'ils ne veulent qu'expérimenter la force neurique. M. de Rochas reconnaît lui-même l'action des esprits dans certains phénomènes de lévitation.

M. le Dr Crocq nous semble dans le vrai en assimilant les phénomènes. Mais il se trompe, en jugeant les phénomènes spiritiques plus simples, moins merveilleux; c'est plutôt le contraire qu'il faudrait dire. Dans l'animisme pur, on pense n'avoir mis en jeu que la force neurique ou le fluide vital; dans le spiritisme, c'est le désincarné qui unit sa force au périsprit extériorisé du médium (1), pour renforcer les effets, et y joindre des communications d'outre-tombe: ce qui est loin de simplifier le phénomène.

En tous les cas, occultistes et spirites, unis ou isolés dans leurs théories, professent tous l'existence d'un

_____

(1) Papus, Dupouy, Gibier, Crookes, et tous les occultistes en vue, professent cette doctrine. Nous avons cité les textes en maints endroits de ce travail.

« double fluidique », du corps psychique, avec lequel nous devons achever de faire connaissance.

Le Dr Encausse distingue dans l'homme : *le corps, la vie, la volonté*, « trois entités ayant un domaine bien spécial ». — La vie peut, dans certaines conditions, « sortir de l'être humain et agir à distance ». — « Un « médium n'est pas autre chose qu'une machine à « dégager du périsprit et ce périsprit sert d'intermé-« diaire à toutes les volontés. » — « Au moment du « phénomène, tous les médiums sentent une douleur « aiguë au niveau du cœur et aussitôt après ils perdent « conscience (1). »

« Cette force vitale, nous est-il encore enseigné, est charriée par le sang. » Et pour preuve, le Dr Encausse nous fournit cette raison : « Est-il vrai que la vie soit « contenue dans le sang ? Une expérience élémentaire « le prouve : empêchez le sang d'arriver à un organe, « vous savez tous que cet organe mourra (2). » — Cela prouve que le sang est une condition nécessaire de la vie, que la cellule vivante qui ne reçoit pas l'irrigation sanguine mourra, comme la plante qui plongerait ses racines dans un sol desséché, mais rien autre chose ; conclure que la vie est charriée par le sang, c'est confondre une condition avec la cause, une circonstance avec le fait.

Plus philosophique est l'opinion scolastique qui définit le sang : un aliment supérieur, prêt à l'assimilation par l'intus-susception vivante ; c'est pour cela que saint Thomas appelle le sang de la « chair en puissance » : « *Sanguis, qui est potentia caro* », et affirme qu'il n'est pas encore une partie *actuelle* du corps : « *Qui nondum est actu pars.* » C'est aussi la doctrine

---

(1) *Considérations sur les phénomènes du spiritisme*, p. 7
(2) *Loc. cit.*

d'Aristote, et tout philosophe voudra se ranger à cette
opinion si fondée, en dépit de l'autorité de plusieurs qui
s'épuisent en subtilités (1) pour démontrer ce qui n'est
guère démontrable.

« Il est assez clair, remarque Silvestre Maurus (2),
« que le flot mobile du sang ne fait pas partie du con-
« tinu, et que le continu seul est sous l'action directe
« du principe d'unité qui informe le corps (3 . »

Le Dr Encausse fait ainsi reposer tout son système
sur une donnée qui a bien des chances d'être philoso-
phiquement fausse. — C'est donc, rien que de ce chef,
une hypothèse fort douteuse.

Cette « vie », dont fait mention le Directeur de l'*Initiation*, serait emmagasinée par les plexus et mise au
service de la volonté qui pourra la projeter selon ses
intentions. Ce n'est pas seulement une vie végétative :
elle sent, elle agit, elle pense.

C'est une doctrine similaire que professe M. Durand
de Gros. Il veut démontrer que « l'énergie nerveuse est
« gouvernée par les cellules grises du cerveau, ou par
« les ganglions ». — « Ces cellules sont des monades
« animiques, douées de facultés vitales spécifiques dont
« l'ensemble synthétique constitue l'âme, en grec
« *psyché.* » — « C'est la substance nerveuse, explique
« Liébault, qui préside à la formation des impressions
« dans les sens, à la transformation de ces impressions
« en sensations, puis en idées. Elle crée toutes ces
« opérations de l'esprit dont elle est le moteur. C'est ce
« principe qui constitue la base du poly-psychisme de

---

(1) Cajetan pense que le sang fait partie actuelle du corps. Ses
preuves ne sont guère acceptables, et il faut prendre cette opinion
dans le sens très large de préparation *actuelle* et *immédiate*.

(2 *Quaest. philos.*, vol. III, p. 28.

(3) Cf. St Th., III p., q. 31, a. 5, ad 1. — I p., q. 119, ad 1. — Quodl
lib. 5, a. 5, — 2 Sent. Dist. 30, q. 2, a. 1, ad 6.

« M. Durand de Gros, suivant lequel les centres ré-
« flexes et ganglionnaires sont autant de cerveaux se-
« condaires, des hiérarchies de sous-moi, doués de sen-
« sation, d'intellectualité et de volonté, groupés autour
« du moi, capital central (1). »

La philosophie scolastique admet le rôle secondaire
des centres nerveux qui possèdent leur activité propre,
sous l'influence directive du cerveau, et une perception
rudimentaire de l'impression reçue dans les organes ;
les actes réflexes dérivent de ces centres nerveux ; c'est
l' « *unum actu et multiplex in potentia* » des scolastiques. — Mais la sensation complète, mais l'exercice
de l'intelligence et de la volonté n'est attribué à ces
centres multiples que pour les besoins du *dédoublement*,
sans avoir souci de l'unité de l'être sentant et pensant.
Une simple unité de *hiérarchie* ne répond pas à l'idée
nécessaire de l'unité révélée par l'être pensant, qui ne
saurait éparpiller sa connaissance et son vouloir parmi
tant de cerveaux. Quelqu'un, M. Jules Bois, parlait récemment des « caves de l'âme » ; c'est sans doute là que
logent tous les *sous-moi;* une âme qui posséderait une
unité si douteuse peut bien avoir des caves et des
terrains vagues.

Cette psychologie amusante est aussi celle de M. Baraduc : chacune de ces cellules possède une petite
âme. Il y a en nous un « capital-vie » qui est le double
fluidique.

Jusque dans le *Journal du Magnétisme*, dont MM. Papus, Dupouy, Durville, Iodko, etc., sont membres d'honneur, on plaisante ce poly-psychisme, véritablement
outré, dans un dialogue plein d'humour, où M. Baraduc,

---

(1) *Force psychique*, par Quaestor vitae (pseudonyme d'une haute
personnalité de l'occultisme anglais).

questionné, vient d'exposer sa doctrine des petites
âmes et du capital-vie :

« Me voici bien perplexe, à présent — écrit Georges
« de Massüe — cet homme est vraiment ahurissant,
« tant de mauvaises plaisanteries en si peu de mots.
« Si seulement une de mes petites âmes pouvait venir
« au secours de ma grande !

« On n'en finira donc jamais de martyriser la notion
« de l'âme. On tend de nos jours, par un spiritualisme
« en dehors de toute tradition, à distinguer l'âme de
« l'esprit et à en faire une sorte de corps matériel dans
« un autre corps matériel.

« Mais si l'âme existe, que peut-elle être sinon un
« principe intellectif et en même temps la puissance
« formelle du corps ! La force qui gouverne le corps
« doit être pourvue d'une lumière pour le gouverner,
« et diviser ces deux facultés pour les attribuer à deux
« êtres différents (1), c'est multiplier sans nécessité

---

(1) M. Paul Adam, reprenant à sa manière le dédoublement de la
personnalité inventé par J. Janet, écrit cette page de folle psychologie, fortement teintée de *traducianisme :*

« En moi-même vivent deux esprits, deux volontés : l'une ordinaire,
que ma conscience sait bien, qu'elle explique, qu'elle accueille, qu'elle
extériorise, qui dirige l'existence coutumière et rationnelle ; l'autre extraordinaire, rare, surprenante ; elle n'apparaît qu'à des moments de
sensibilité exaspérée, de folie. Certainement, la chaîne des mains formée entre spirites, très désireux de ces manifestations, favorise la
naissance de cette énergie seconde. Les figures du jeu de cartes appelé
tarot excitent la sensibilité par l'influence scientifiquement admise
des formes objectives et des couleurs sur les émois de l'esprit : par
exemple : le rouge tonifie, suscite l'érotisme et la colère, pousse à l'action, tandis que le violet, le vert calment, apaisent, convient au repos.
De même, dans les cérémonies magiques, les courbes des cercles, les
teintes rituelles des tentures, des fleurs, le choix des parfums, des mu-
siques, des chants, des vocables sonores, invitent la sensibilité à une
croissance rapide et anormale, très puissante, aidée par la faiblesse
des corps que le jeûne de quarante jours et les veilles préparèrent.
L'Inconscient se manifeste alors. La volonté latente, sourde, ignorée, domine la volonté commune, agissante, ordinaire individuelle. Car
l'Inconscient semble plus *général* que l'individu. On dirait volontiers
qu'il dépend mieux de la race que de l'être. Ses révélations, ses pré-

« des états de conscience dont nous n'avons pas
« conscience.

« Supposez que l'âme soit intermédiaire entre le
« corps et l'esprit, il faudra accorder à sa nature quelque
« chose de matériel, comme le corps, et quelque chose
« de la nature attribuée à la substance pensante, comme

---

dictions, à les bien analyser, sont *antérieures* et *postérieures* au présent.

Là-dessus, je construis une hypothèse. Beaucoup de critiques s'étonnent d'une certaine facilité évocatoire mise en usage par moi dans des livres où je raconte les guerres du premier et du second Empire. Je n'ai point assisté à la guerre. Mais mon bisaïeul et mon aïeul suivirent les armées de la République, de Napoléon. Or, je crois à la mémoire atavique. Je pense que le sang de mes ancêtres revit en moi, avec certaines particules mnémoniques de leurs existences. L'Inconscient garde, nourrit ces particules, les développe et, sous l'influence d'une excitation cérébrale continue, les produit.

Si je décris une bataille, j'ai, devant les yeux de l'esprit, l'action de cette bataille, son paysage, les mille détails du terrain, les gestes des hommes. Véritable évocation que je transcris simplement, très rapidement même. La besogne finie, j'éprouve les mêmes symptômes de fatigue douloureuse consécutifs de l'expérience spirite. Le travail évocatoire peut être de même origine, puisqu'il vaut une identité de malaises physiques. Mes aïeux me dictent la relation de leurs combats sans doute.

L'Inconscient serait donc la mémoire atavique de la race dans l'individu. D'autre part, cette sensation est connue : en un paysage abordé certainement pour la première fois, en une circonstance sans précédent, croire retrouver le décor déjà vu, le geste déjà remarqué, la parole déjà entendue. On cherche en vain parmi le passé de notre vie propre. Rien n'autorise la supposition. On demeure étonné. Savons-nous si l'ancêtre n'a point, une fois déjà, visité ce décor, remarqué ce geste, entendu cette parole ? Sa mémoire passée en la descendance, brusquement, nous avertit d'un souvenir qui lui fut propre.

Antérieur, l'Inconscient pourrait être postérieur aussi. Nous désirons le progrès, l'avenir heureux de la société, de la famille. L'État, l'ensemble des citoyens, sacrifie l'aise présente au souci de l'avenir social. Quel mobile nous conseille ce dévouement à l'égard d'hommes que nous ne connaîtrons pas ? — La force de l'Inconscient, âme de la race entière, qui agit dans l'individu momentané et l'écarte des égoïsmes, au bénéfice de l'évolution humaine.

Ce serait la seconde âme, l'âme atavique de la race, accolée à l'esprit individuel et périssable, pour le diriger obscurément vers les fins de la race.

Le spiritisme nous mène peut-être à de grandes découvertes psychiques. »

C'est bien la philosophie de l'Inconscient !

« l'esprit. Et nous voilà nantis d'un être hybride dont
« la constitution est faite d'éléments contraires (1). »
Nous avons été agréablement surpris de trouver ces
données dans le Journal de M. Durville.

L'erreur de tous ces animistes occultistes, c'est de se
persuader que les facultés sensitives n'ont pas leurs
racines dans l'âme, principe des facultés supérieures.
L'âme est un tout potentiel, et non pas un tout intégral.
Comme le remarque fort bien notre philosophe, dans
le *Journal du Magnétisme*, elle est un principe multiple dans ses opérations, mais un dans sa cause. C'est
aussi une doctrine évidente, qu'une forme supérieure,
dans la même sphère de causalité, possède éminemment les qualités de la forme inférieure. L'âme intellectuelle peut être la racine de la sensibilité.

En résumé, c'est une conception aussi arbitraire
qu'erronée que de voir dans l'âme la grande conscience
d'une infinité de petites consciences. Une chose possède l'être comme elle possède l'unité, car tout être est
indivisible. Cette conception des *sous-moi* qui divisent
l'essence n'est pas tolérable, car l'unité de l'âme, principe supérieur de tout l'être, n'est pas une unité de
hiérarchie, une unité d'ordre, une simple unité morale,
mais une unité substantielle.

Donc l'énergie nerveuse, à supposer qu'elle voyage,
ne saurait emporter avec elle — comme on nous le
raconte — une partie de l' « être intellectuel » et de
l' « être voulant » dans ses pérégrinations à travers
l'espace.

Quant à cette doctrine qui fait jaillir la *pensée* de la
sensation par l'influence informante de l'énergie nerveuse, c'est une des plaisantes hypothèses écloses dans

_____

(1) *Journal du Magnétisme*, n. 15, 1er trim. 1897.

le cerveau de ces étonnants défenseurs du spiritualisme.

On trouvera qu'il est fâcheux pour le bon renom du
double fluidique, ou corps psychique, qu'il faille recourir
à de pareilles doctrines philosophiques pour insinuer
son existence.

Le *double* ne se tirera jamais du discrédit que lui
causent ces tares originelles.

De plus, la nature ne fait rien d'inutile ; elle ne multiplie pas les rouages du mécanisme vital sans nécessité ou utilité. — Quel serait le rôle du corps psychique
dans la constitution du composé humain ?

Le Dr Encausse, dans un rapport à la *Société des
sciences psychiques* (1), est sur ce point fort instructif.
Qu'on en juge :

« De tous temps les antiques initiations égyptiennes,
« grecques, etc., ont admis dans l'homme l'existence
« de trois principes correspondant analogiquement aux
« trois segments : *ventre, poitrine et tête de l'être
« humain.*

« Ces trois principes sont :

« 1º Le corps physique (Khou égyptien) ;

« 2º L'esprit immortel (Ba-Baï égyptien) ;

« 3º Et, entre ces deux principes, un troisième,
« chargé » de les unir pendant la vie terrestre. Ce
« principe intermédiaire avait reçu des égyptiens le
« nom de *Double-lumineux.*

« Les philosophes n'ont voulu voir dans ce *médiateur*
« plastique, chargé d'unir l'âme au corps, qu'une
« théorie, une hypothèse ingénieuse (?), et ils n'ont pas
« pris la peine de constater l'unité d'enseignement, à
« ce sujet, des platoniciens, des néo-platoniciens, des

---

(1) 1er déc. 1897.

« alchimistes, sans parler de saint Paul (1), ni des
« Indous. »

Cette nécessité d'un médiateur plastique est une doctrine nécessaire de l'occultisme. — Avant Reichenbach,
Maxwel, dans ses *Recherches sur le Magnétisme animal*, avait déjà formulé ces conclusions : « Les rayons
« corporels ont de l'affinité avec l'esprit vital par lequel
« s'effectuent les opérations de l'âme. L'esprit vital est
« le lien qui unit plus intimement l'âme au corps et au
« moyen duquel se répartissent toutes choses naturelles.
« C'est le milieu entre les deux. »

---

(1) On ne s'attendait guère à voir saint Paul en cette affaire. —
Tout cela, sans doute, à cause de ce fameux texte : « *Psallam spiritu,
psallam et mente* (1 Cor., c. XIV, 15. Or saint Paul distingue ici
l'âme et sa faculté de connaître, et pas autre chose. Il vient de parler
du don des langues. A quoi bon, insinue-t-il, parler une langue que
l'on ne comprendrait pas ; ce prodige profitera à celui qui comprend,
mais pas aux autres. Souhaitez donc de connaître ce que vous direz,
afin de prier en une langue que vous comprendrez. Pour moi, je
prierai de cœur et d'intelligence : *Psallam spiritu, psallam et mente.*
— Donc, conclut Papus, saint Paul a distingué l'esprit de l'âme. —
Disting. : comme faculté réellement distincte des autres, mais décou-
lant de l'essence, oui ; — comme substance distincte de l'âme ? en
aucune façon.

A ce propos, Papus, qui aime à citer les auteurs sacrés, sera heureux de faire connaissance avec ce texte du *Livre des Rois* (IV, c. II-9) :
« Je vous prie (dit Élisée à Élie) que votre *double esprit* repose en
moi..: *Obsecro ut fiat in me duplex spiritus tuus* »

Malheureusement pour la thèse occulte, il y a trop de facilités à
donner un sens normal à ce texte. — Outre que le terme *double*
signifie souvent abondance chez les auteurs (tels que Virgile, lib. 1,
v. 172. *Géorg.*, — Pindare, ode 6 Olymp., où il est dit que Neptune
donna à son fils un *double trésor* de divination), on comprend par ces
mots qu'Élisée a demandé à son maître son double esprit, sa double
vertu de *prophétie* et de *miracle*; ou encore, ce qui revient au
même, qu'il lui a demandé d'être son *fils spirituel* premier-né, ayant
droit au privilège de primogéniture, à *deux parts* d'héritage. — Chez
les Hébreux, recevoir *double part*, c'était être proclamé *premier-né.*

Élisée, qui n'est pas sûr d'avoir été exaucé, veut s'en assurer, et
prenant le manteau d'Élie, il essaye de diviser *miraculeusement* les
eaux du Jourdain; devant l'inutilité de son premier essai, Élisée s'im-
patiente et dit : « *Où est maintenant le Dieu d'Élie ?* »

Aux yeux d'Élisée, tout était donc ici *surnaturel*, car il attendait de
Dieu seul le *transfert* de la vertu d'Élie.

Les occultistes doivent penser, tout comme nous, que leur médiateur plastique ne vaut pas mieux que celui des anciens, auquel la philosophie a fait un si méchant accueil.

Car enfin, s'il est spirituel, ce médiateur, il éprouvera pour s'unir à la matière les mêmes difficultés et impossibilités que l'âme, principe spirituel. — S'il est matériel, on voit bien comment il s'unira au corps, mais personne ne sait comment il consommera son union avec l'âme.

Les occultistes auraient-ils inventé le médiateur spirituel autant que matériel ?

Le Dr Encausse, dans le *Rapport* déjà cité, nous tire d'incertitude :

« La substance du médiateur plastique est lumière en partie « volatile », et en partie « fixée ».

« Partie volatile = fluide magnétique.

« Partie fixée = corps fluidique ou aromal.

« Le médiateur plastique est formé de lumière as-
« trale ou terrestre, et il en transmet au corps humain
« la double aimantation. » — Appelez cet intermédiaire
« corps astral, périsprit, force vitale, force psychique,
« force neurique, c'est à son influence qu'il faut rap-
« porter les mouvements d'objets à distance, les appa-
« ritions et la plupart des matérialisations des séances
« spirites (1). » — Voilà qui nous donne raison contre le sentiment de ceux qui ne voudraient pas identifier les phénomènes ; la cause est la même, quoique renforcée par l'appoint qui lui vient d'outre-tombe.

Comment opère cet intermédiaire, pour réaliser cette action à distance ? — « Cette lumière peut se dilater in-
« définiment et communiquer son image à des distances

---

(1) Rapport du 1er déc. à la Société des Sciences psychiques.

« considérables. Elle aimante les corps soumis à l'ac-
« tion de l'homme. Elle peut prendre toutes les formes
« évoquées par la pensée, et dans les coagulations pas-
« sagères de sa partie rayonnante, apparaître aux yeux
« et offrir même une sorte de résistance au contact. »

Ces allures de substance *volatile* ou *aromate* sont
bien un peu grossières. Mais c'est pourtant une force
neurique, une force vitale qui *se coagule* ainsi et produit un choc en tombant. « J'ai vu, dit Crookes, des
« étincelles de lumière s'élever de la table au plafond
« et retomber sur la table, en la frappant avec un
« bruit qu'on pouvait entendre distinctement. » — « En
« pleine lumière, j'ai vu un nuage lumineux voltiger
« au-dessus d'un héliotrope placé sur une console,
« casser une petite branche et la porter à une dame (1). »

Ce médiateur plastique est bien élevé, mais il est
vraiment d'une contexture dont la volatilité laisse un
peu à désirer. Lucrèce lui-même en conviendrait, lui
qui a dit :

Tangere enim et tangi nisi corpus, nulla potest res (2).

Ajoutons que ce médiateur actionne beaucoup trop
les bascules, pour un fluide volatil et aromal, tant coa-
gulé qu'on le suppose :

« M. Amstrong pèse avec la balance de M. Blackburn
« son médium miss Wood. — P. = 176 livres. — Il en-
« ferme le médium, et son double apparaît. On le pèse :
« P. = 84 livres. Dans une autre séance, on trouve
« encore pour celui-ci : P. = 84 livres.

« A une séance de contrôle, miss Fairland, le médium,
« est cousue dans un hamac dont les supports étaient
« pourvus d'enregistreurs marquant les oscillations du

---

(1) Crookes, classe VIII° des phénomènes.
(2) *De nat. rerum*, l. I, v. 305.

« poids aux yeux des assistants. Le double du médium
« apparaît et on constate une diminution graduelle du
« poids. L'enregistreur indique finalement une perte
« de 60 livres dans le poids du médium, soit la moitié
« du poids normal (1). »

Voilà le très subtil médiateur qui unira la grossière
matière à l'âme spirituelle !

L'antique médiateur était décidément plus « ingénieux ».

Platon répudie l'union substantielle de l'âme et du
corps : il la veut dynamique, grâce au contact direct de
sa vertu sur le corps. Il est clair que, dans cette hypothèse, les actions de l'âme procèdent d'un principe
différent du principe des actions corporelles ; il n'y a
aucune action commune aux deux principes, aucune
action du composé.

C'est l'union accidentelle de l'âme et du corps.

Avec le médiateur plastique des occultistes, cette
désunion est deux fois préparée : une première union
accidentelle existerait entre l'âme et le médiateur ; une
seconde entre le médiateur et le corps : il y aurait
simple soudure du côté volatil, et simple soudure du
côté de la partie fixée. Quelle confusion !

C'est tout simplement, ici, la négation de la doctrine
catholique sur l'union substantielle de l'âme et du
corps. La doctrine définie proclame que l'âme est la
forme du corps ; et il s'agit de l'âme rationnelle. Le
Concile de Vienne insiste sur ce point et spécifie que
cette âme intellective est vraiment, et par elle-même,
— *vere et per se* — la forme du corps, et il porte l'anathème contre ceux qui nient cette vérité philosophique
qui intéresse de si près le dogme (2). — Le IVᵉ Concile

---

(1) *Sciences occultes*, p. 133.
(2) Doctrinam omnem seu propositionem temere asserentem, aut ver-
tentem in dubium, quod substantia animae rationalis seu intellectivae

de Latran renouvelle l'anathème. — Pie IX, dans sa Lettre à l'archevêque de Cologne, rappelle ces définitions et cette doctrine (1857, et affirme de nouveau que l'âme rationnelle est par elle-même, et *immédiatement*, la forme du corps. On est hérétique en niant opiniâtrement cette vérité. Ceci soit dit aux catholiques — il y en a — qui regardent les doctrines occultes comme le catéchisme scientifique de l'avenir.

II

Il est encore un genre d'action à distance, c'est celle qui consiste à impressionner un sujet *physiquement* sans contact aucun, si on excepte la pression exercée sur la sensibilité « extériorisée » du sujet. C'est là une variété de la télépathie, prise dans son sens étymologique, puisque c'est toujours une sensation éprouvée à distance ; mais ici le seul sujet est à l'état télépathique, l'agent n'est que mécanique ; le patient est un extra-sensible impressionné passivement en dehors des limites de son corps. Il y aurait transmission d'une sensation à travers un milieu de force neurique qui relie l'agent au patient, et grâce à ce milieu, l'âme va recevoir, en dehors des sens externes, une impression qui affecte ces mêmes sens.

Ici, du moins, on déclare nécessaire à la production du phénomène un milieu nerveux, continu, ou presque, dont se soucie fort peu le phénomène télépathique

---

vere ac per se humani corporis non sit forma, velut erroneum ac veritati catholicae inimicam fidei, praedicto sacro approbante concilio, reprobamus ; ut cunctis nota sit fidei sincera veritas, ac praecludatur universis erroribus aditus, ne subintrent, quod quisque deinceps asserere, defendere, seu tenere pertinaciter praesumpserit, quod anima rationalis seu intellectiva non sit forma corporis humani per se, essentialiter, tanquam haereticus censendus est.

proprement dit, qui se contente de faire onduler à travers l'espace des vibrations de force neurique, ou de fluide vital.

M. de Rochas, qui s'est fait une spécialité de cette extériorisation de la sensibilité, ne suppose point qu'une sensation puisse être transmise s'il y a séparation des sphères.

Il existe, selon M. de Rochas, un influx nerveux spécial « qui normalement ne dépasse pas la peau, « c'est-à-dire l'extrémité des filets nerveux, et qui peut, « chez certaines personnes et sous l'influence de cer- « taines manœuvres, être projeté au dehors sur toute la « périphérie du corps, et vraisemblablement par les « pores de la peau, comme serait le liquide contenu « dans un tuyau de pompe à incendie en toile per- « méable si on fermait la lance qui le termine..

« Il se forme autour du *sujet* une atmosphère, un « champ de cet agent propre à transmettre au cerveau « les vibrations spécialement perçues par le sens du « tact (1). »

Comme on le voit, la perception sensorielle se con- somme en dehors du corps; la conscience sensible parfaite est seule ramenée à l'organe central par le fluide nerveux qui lui communique télégraphiquement l'im- pression perçue au contact de l'objet extérieur.

Si maintenant, explique notre auteur, on place un objet près de ce sujet extériorisé, l'objet se charge de cette sensibilité; il rayonne lui-même, et l'action mé- canique exercée sur un point quelconque de cette sphère de sensibilité a son contre-coup dans les organes du sujet, où la conscience supérieure apprécie la sensation comme si elle était provoquée à cet endroit du corps. — Seulement, si l'objet chargé de la sensibilité par contact

_____

(1) De Rochas, *L'Envoûtement*, p. 28.

ou voisinage était tenu à une trop grande distance, les molécules de l'agent nerveux ne remplissant plus l'intervalle, cette raréfaction entraîne la diminution ou l'arrêt complet de la transmission sensible ; tandis que si l'atmosphère sensible de l'objet touche ou pénètre la sphère sensible du sujet, une impression exercée sur un point de l'objet ou de sa sphère sera répercutée sur le sujet, à l'endroit correspondant (1).

Conséquemment, une impression, une sensation n'est pas transmise, même à courte distance, à travers l'air libre que ne rempliraient pas suffisamment les molécules du fluide nerveux. — C'est une contradiction à opposer aux phénomènes télépathiques. — Car, enfin, cette force neurique de M. de Rochas, nous savons par le D[f] Encausse et tous les occultistes que c'est le fluide vital, le corps psychique, le corps astral, et qu'il n'y a pas d'autre agent des actions à distance (2). — Pourquoi la formule : *Sensation* = *Distance inférieure ou égale à r + r'* (3), si la télépathie est vraie ? — Il n'y a pas deux *forces neuriques*. Une fois extériorisé, ce fluide aurait-il des exigences variées ? — Ici, il n'opère plus à quelques mètres, parce qu'il y a raréfaction, et la sensation n'est plus transmise ; là, une sensation est prête à être transmise vers un point quelconque d'une sphère qui aurait 200 kilomètres de rayon (expérience Liébault), *sans une couche continue du prétendu fluide.*

Ici encore, on fait bon marché des données les plus élémentaires de la philosophie. Un acte vital ne se consomme que dans l'organe vivant ; on ne sent pas en dehors de l'organe sentant. L'âme n'informe pas des corps séparés, elle n'informe que le continu vivant qu'elle pénètre dans l'union immédiate et substantielle.

---

(1) Loc. cit., p. 29.
(2) Rapport du 1er déc. 1897 à la Société des Sciences psych.
(3) *L'Envoûtement*, loc. cit.

Dire avec Maxwell, Reichenbach, et les expérimentateurs modernes (1), que la vertu informante de l'âme n'est pas circonscrite par le corps, c'est dire une énormité dans l'ordre philosophique. « De tout le corps, « est-il affirmé, s'échappent des rayons corporels dans « lesquels l'âme opère par « sa présence » et auxquels « elle donne l'énergie et la puissance d'agir (2). » Ainsi donc celui qui emporte ma photographie, emporte conséquemment ma sensibilité si par hasard ma photographie en est chargée; il emporte mon âme *qui y opère par sa présence !*

Même si l'âme n'avait qu'à animer l'atmosphère fluidique attenant à mon corps, mon âme serait toujours contrainte d'opérer dans un corps séparé et distinct. « C'est là un fait établi depuis longtemps, déclare le « Dr Dupouy, cette sensibilité s'extériorise; il se forme « autour du corps une couche sensible « séparée » de la « peau par quelques centimètres. » Et c'est ainsi qu'entre la *peau* et la *couche sensible* le sujet n'est pas impressionné. — Ce n'est pas tout. Plus il y a de fluide extériorisé, plus les couches se superposent, en laissant entre elle des espaces « équidistants (3) ». — On ne veut pas nous ménager les étonnements.

Eh bien, admettons-le : — Une plaque chargée de ma sensibilité, mise dans le châssis, a reproduit, après fixage, une image qu'on ne peut léser sans exciter chez moi une impression correspondante. — Mais quoi! si quelqu'un, un nerveux quelconque, se méprenant sur la ressemblance, vient à s'imaginer que c'est là son portrait et non le mien, il éprouvera désormais, quand on lardera de piqûres *ma* photographie, les

---

(1) *Sciences occultes*, p. 66.
(2) Loc. cit.
(3) Loc. cit., p. 79, 80.

sensations douloureuses qui m'étaient dues? Il lui
aura suffi d'adopter par erreur, ou par ordre suggestif,
— ne trahissant en rien ce qui va se passer — ma
propre sensibilité, une sensibilité qui est moi-même
puisque c'est ma vie sentante qui en dépend, pour
éprouver une impression qui m'est destinée, subtili-
sant ainsi mon fluide vital pour sa vie, c'est-à-dire
« les rayons corporels où mon âme opère par sa présence (1) ». Et pourtant, c'est le résultat obtenu par le
Dr Luys : « Louis W... est endormi, puis amené à
« l'état somnambulique, et M. Luys lui donne la sug-
« gestion qu'il n'est plus Louis W..., mais qu'il est
« M. Luys. Une photographie de M. Luys lui est alors
« présentée, et il la reconnaît pour sienne. M. Luys
« passe dans une pièce voisine et pique sa photogra-
« phie au bras, à la joue. W... s'agite, porte la main
« aux mêmes endroits et déclare qu'on le pique (2). »

M. de Rochas n'est pas moins réjouissant. Il se
charge de la sensibilité du sujet qui fait alors excellent
ménage avec la sienne. Cela fait, il s'en va, en cachette,
déguster des liqueurs. Non seulement il boit, mais le
sujet extériorisé boit avec lui, énumère les variétés
de liquides qui passent par le gosier de M. de Rochas :
et il les apprécie sûrement. C'est la vraie jouissance en
commun : *cor unum et anima una.*

La conclusion, très scientifique, ose-t-on nous dire,
est qu'il faut surveiller sa sensibilité. On peut vous la
voler et vous faire endurer mille maux. Vous entrez
chez l'opérateur avec votre sensibilité, et vous vous re-
tirez sans elle, ou avec un faible reste de la susdite.
« Les mêmes phénomènes se reproduiraient-ils, se
« demande le Dr Dupouy, si le sujet au lieu d'être dans

(1) Dupouy, *Sciences occultes*, p. 68.
(2) Loc. cit., p. 85.

« une pièce voisine et encore sous l'influence hypno-
« tique, se trouvait loin de l'expérience et dans son état
« ordinaire (1) ? » — Pourquoi M. de Rochas ne le pense-t-il pas, puisqu'il nous raconte cette expérience dont
il fut le manipulateur : « Lors de mes premières expé-
« riences, dit-il, faites pendant l'hiver de 1891, je
« jetais, après chaque séance, les liquides sensibilisés
« par la fenêtre de mon cabinet. C'est ce que je fis no-
« tamment un soir où il gelait et où j'avais opéré sur
« deux sujets qui devaient revenir le lendemain. Le
« lendemain, pas de sujets. Le surlendemain, j'en vois
« apparaître un, se traînant à peine, et ayant l'air à
« moitié mort : il me raconte que son compagnon et lui
« ont été pris tous deux de coliques violentes pendant
« la nuit qui avait suivi l'expérience, qu'ils ne pou-
« vaient se réchauffer et qu'ils étaient glacés jusqu'à
« la moelle ! »

Le Dr Crocq, de la Faculté de Bruxelles, estime que
M. de Rochas est dans un état d'esprit surprenant.
C'est un peu notre avis.

M. de Rochas n'est cependant pas d'une audace tout
à fait inconsciente. « Je ne me dissimule point, écrit-
« il, que je *m'éloigne* de plus en plus du domaine dans
« lequel un esprit positif devrait se renfermer, d'après
« les scolastiques qui ont la prétention de limiter la
« science aux faits qu'ils étudient et aux méthodes
« qu'ils emploient. Mais n'est-elle pas la science vers
« laquelle tendent tous ceux qui, osant porter leurs
« investigations sur des forces plus subtiles, com-
« mencent à entrevoir le moment où l'homme, assuré
« par des preuves expérimentales que de son corps
« peut se détacher pendant la vie quelque chose qui
« pense et qui sent, en conclura que quelque chose

---

(1) *Sciences occultes*, 82.

« peut survivre à la destruction de la chair, et rem-
« placera alors par un acte de foi inébranlable l'acte de
« foi chancelant que lui demandent toutes les religions
« pour régler sa vie présente en vue d'une vie
« future (1). »

Les matérialistes répondront à M. de Rochas qu'il est
le plus utile défenseur de leurs doctrines. Une âme qui
se morcelle en parties sentantes et pensantes ne serait
pas un principe simple et spirituel, mais plutôt une résultante de forces quelconques : d'autant mieux que
cette force sentante et pensante se comporte absolument
comme toute force physique ; plus elle s'éloigne de son
foyer animique, plus elle est faible : « Il se forme une
« série de couches analogues à peu près équidistantes,
« *dont la sensibilité décroit proportionnellement à leur*
« *éloignement du corps* (2). »

La nature nous a dotés de nerfs sensitifs et de nerfs
moteurs. C'est en vain qu'à l'intérieur du corps notre
fluide vital, s'il existe, voudrait demander aux nerfs
sensitifs de présider au mouvement, ou aux nerfs moteurs de sentir ; chaque nerf remplit son rôle, suivant
sa destination, et les fonctions ne sont point usurpées.
Les occultistes expriment cette même vérité dans leur
théorie : « Une femme adulte, appartenant au service
« du Dr Voisin, était anesthésique bilatérale, privée de
« toutes les sensibilités ; je lui ai fait appliquer les
« doigts sur une plaque photographique, et j'ai pu
« constater que les mains de cette femme n'ont fourni

---

(1) *Extériorisation de la motricité*. Conclus.
(2) *Sciences occultes*, p. 80.

« aucune empreinte digitale ; cette femme n'émettait
« point de fluide (1). »

Nous devons en conclure que le fluide de sensibilité,
s'il existe, est physiologiquement dépendant des nerfs
sensibles, au point de ne plus exister si la sensibilité
est anéantie ; même raisonnement pour le fluide de la
motricité, en nous en tenant toujours à l'hypothèse des
occultistes.

Qu'on nous dise pourquoi le *corps psychique* une fois
extériorisé se passe si merveilleusement de ces exigences physiologiques. Sans nerfs différents qui divisent son action physiologique, il répond à tout ; il
suffit à tout : il sent, il agit, il pense, et c'est le même
fluide : « Le Dr Durand de Gros a démontré dans son
« *Electro-Dynamisme vital,* que l'énergie nerveuse
« est électro-motrice... C'est l'énergie vitale ou ner-
« veuse qui est la force psychique, et par conséquent
« la base *unique et identique* de tous les phénomènes
« psychiques, hypnotiques, magnétiques, spirites, té-
« lépathiques, théurgiques, mystiques, magiques,
« neuro-pathiques ». — « Il suit de là qu'il n'y a qu'une
« base unique pour les phénomènes qui occupent les
« chercheurs dans tant d'écoles différentes qui pour-
« suivent leurs études séparément, et qui, par ce fait,
« ont créé des noms distincts *pour la même énergie* (2). »

Extériorisé, le fluide vital est donc un fluide à tout
faire : il sent, il agit, il pense, il *remue les objets,* etc...
A ce propos, pourquoi ce fluide ne sent-il pas quand il
devrait le plus sentir ? Si vous donnez un coup de canif
dans le double, le sujet en est cruellement blessé ; si
vous le pincez, il se plaint, il ressent la fine pointe de
l'aiguille, et cependant nous avons vu les élèves d'E-

(1) Dr Luys, *Communic. à la Société de biologie.*
(2) *Journal du Magnét.,* 15 déc 1898. *Quaestor Vitæ.*

milie Sagée tourmenter la « mousseline fine » de son double, pour le plus grand bien de sa santé !

Dans son livre de l'*Extériorisation de la Motricité,* M. de Rochas entend prouver que l'âme opère à distance par le fluide de la motricité. Dans la première partie de son livre, il en appelle aux expérimentateurs Lombroso, Richet, Ochorowicz, qui tous constatèrent la motricité d'Eusapia Paladino.

Ce qui nous étonnera davantage, c'est que la théorie des *fluides* à extériorisations ait pour patrons les « Pères de l'Eglise », et parmi les Docteurs, saint Thomas, dont M. de Rochas aime à produire les textes. Un des textes préférés est celui-ci :

« L'imagination, si elle est vive, force le corps à lui « obéir, parce que, selon la doctrine d'Aristote, elle est « dans l'âme un principe naturel de mouvement. L'ima- « gination, en effet, commande les forces de la sensi- « bilité ; celle-ci à son tour gouverne les battements du « cœur et par lui met en mouvement les esprits vitaux ; « ainsi tout l'organisme est bientôt modifié ; elle ne « pourrait pas, cependant, quelque vivacité qu'on lui « prête, changer la forme de la main, du pied et d'un « autre membre (1). » — On peut en tirer une preuve

---

(1) Nous ne disons pas que le texte de M. Rochas est tout à fait inexact ; mais il a omis très à propos quelques petits membres de phrases qui donnent au texte susdit sa vraie physionomie : soulignons les passages omis : « Le corps obéit naturellement à l'imagination quand elle est vive, *relativement à certaines choses,* comme par exemple *quand on tombe du haut d'une poutre qui se trouve très élevée,* parce que l'imagination est faite pour être le principe du mouvement local, comme le remarque Aristote. Il en est de même quant à l'altération qui résulte du chaud et du froid *et quant aux autres conséquences semblables* ; les passions de l'âme qui agitent le cœur sont naturellement produites par l'imagination, et c'est ainsi que le corps tout entier est altéré par l'ébranlement des esprit. Quant aux autres dispositions corporelles qui n'ont pas naturellement de rapports avec l'imagination, elles ne sont pas modifiées par cette faculté, quelque puissante qu'elle soit, comme la forme du pied ou de la main, *ou toute autre chose sensible.* » (III p., q. XIII, a. 3, ad. 3).

de l'influence du moral sur le physique, et rien autre chose.

Le texte décisif serait celui-ci : « Non seulement une « forte imagination peut causer au corps la fièvre et la « lèpre, mais, d'après Avicenne, si elle est bien pure, « affranchie des passions charnelles, les corps exté- « rieurs eux-mêmes lui obéissent, à tel point que, par « une vive représentation intérieure, elle peut rendre « la santé aux malades (1). »

M. de Rochas n'a pas vu que saint Thomas ne rapporte l'opinion d'Avicenne que pour la réfuter. Oui, comme nous l'avons déjà reconnu dans un autre endroit, saint Thomas a écrit que l'imagination peut altérer le corps, en surexcitant les passions dont les mouvements impé- tueux corrompent la pureté des humeurs et troublent la circulation ; mais que sa puissance aille jusqu'à altérer le sang des autres hommes par le simple effort imaginatif, c'est là une doctrine que M. de Rochas attribue sans raison au docteur angélique.

A plusieurs reprises, saint Thomas rappelle la doctrine admise de son temps, qui a trait à l'influence de l'ima- gination sur le corps, dans les effets de maladies ou de guérisons, et il lui arrive, à la suite de son texte, de faire mention des doctrines exorbitantes produites par Avicenne sur le rôle de l'imagination et sa puissance ; mais il ne cite jamais Avicenne, sur ce point doctrinal, sans faire suivre la citation d'une courte réfutation ; au préalable, il a séparé son texte de la citation empruntée par ces mots : « Non seulement l'imagination peut, etc., (suit le texte de saint Thomas...) mais encore, selon Avicenne, etc. » — Du reste, au passage même où nous renvoie M. de Rochas, saint Thomas blâme Avicenne d'avoir cru que de l'influence du moral sur le physique,

---

(1) Contr. Gentes. l. III, c. 93.

dans l'ordre de la maladie ou de la santé, on pouvait conclure en faveur de l'action imaginative à distance : « *Exemplum etiam quod sumitur de impressione animæ in corpus non multum adjuvat ejus intentionem* (1). »

Ailleurs, saint Thomas enseigne positivement que l'âme ne peut modifier les corps extérieurs par ses seules affections internes : « *Ad exteriora vero corpora immutanda apprehensio animae humanae non sufficit* (2). »

Dans la question 117e, le saint docteur se demande si l'homme peut changer les corps par les seules puissances de son âme. Voilà bien la thèse qui intéresse M. de Rochas, s'il veut connaître l'opinion de saint Thomas, — Voici la réponse : « Nous avons dit que les « anges ne peuvent altérer les corps qu'en mettant en « jeu les activités naturelles destinées à produire ces « changements. Or si l'ange ne peut agir sans recou- « rir à ce moyen, à plus forte raison l'âme ne peut agir « autrement par sa vertu naturelle: elle doit se servir « des agents naturels, *nisi mediantibus aliquibus corpo- « ribus* (3). »

Benoît XIV vient commenter cette doctrine. Il établit d'abord que l'imagination n'altère pas *immédiatement* le corps où elle exerce son action naturelle: l'imagination ne lui apparaît que comme la cause éloignée de l'altération corporelle (4).

Ceci établi, Benoît XIV fait en ces termes mémoire des prétentions d'Avicenne :

« Avicenne veut nous persuader que l'âme peut. « grâce aux fortes représentations de l'imagination.

---

(1) Cont. Gentes, l. III, c. 99.
(2) I p., q. 117, a. 3, ad 3.
(3) I p., q. 117, a. 3.
(4) L. IV, I p., *De Imagin.*, n. 2.

« transformer également les corps qui lui sont exté-
« rieurs. Ainsi, par exemple, un homme, par une vive
« imagination, pourrait rendre le corps de son prochain
« malade ou bien portant, à son gré ; et selon sa fan-
« taisie remettre les choses en état ; bien plus, par la
« force de son imagination il pourrait condenser les
« nuages et faire tomber la pluie (1). »

C'était aussi la doctrine du persan Gazzali, contem-
porain d'Avicenne.

Théophyle Raynaud s'indignait d'entendre débiter de
pareilles doctrines : « Quoi ! l'imagination agirait sur
« les corps séparés d'elle, et cela par la seule force de
« ses représentations ? Mais pour tout homme sensé,
« c'est insupportable à entendre, — *tam* « *nugatorium*
« *est ut ferri ab homine sano non possit.* » — « Tous ces
« facétieux qui attribuent un tel pouvoir à l'imagination
« seraient vraiment dignes de la fourche et du fouet. —
« *digna sunt scutica, vel etiam furca quae alii bla-*
« *terones efficaciae imaginationis attributa volunt* (2). »

Et Benoît XIV, souriant à cette boutade, approuve le
fond de cette appréciation : « *De hac sententia acre sed*
justum profertur a Theophilo Raynaudo judicium. » —
Il est inutile de s'attarder à une réfutation, ajoute-t-il,
car pour juger cette opinion, il suffit de l'énoncer :
« *Retulisse et confutasse memoratam sententiam unum*
et idem prorsus esse videtur (3). »

_____

(1) Avicenna (4 et 6 naturalium) suadere contendit posse animam,
per fortem imaginationem, alienum corpus et extra ipsam positum,
realiter transmutare, ita ut, ex. gr. Socratis fortis imaginatio Plato-
nis corpus sanum, quo voluerit, languore perficere aut contra aegrum
ad sanitatem reducere possit, et eadem imaginationis intensa virtute
credit pluvias e coelo posse deduci. » (L. IV, I p., *De Imagin.*, n. 12.)

(2) Digna sunt scutica, vel etiam furca, quae alii blaterones efficacia
imaginationis attributa volunt, ut fascinare vel sanare procul positos, res
disjunctas loco movere, ciere fulgura..., imbresque de coelo devocare. »
(Loc. cit., n. 13.)

(3) Benoît XIV, loc. cit., *De Imaginat.*, n. 12.

Les continuateurs d'Avicenne voulurent soutenir
cette théorie de l'action imaginative à distance au sein
des Académies philosophiques et théologiques. Pomponace se signala par son zèle dans cette œuvre de vul-
garisation; mais il rencontra de vigoureux opposants
qui, plus d'une fois, prouvèrent le néant de ses doctrines. Pomponace, quand son argumentation tournait
à mal, avait l'habitude de se tirer d'affaire par une
plaisanterie : « *Proposita facetia, ab eis evadere consue-
visse* (1). »

M. de Rochas aurait grand tort de croire les théologiens, qu'il cite de travers, gagnés à sa cause, encore
moins les Pères de l'Église (2), qui n'ont point traité
cette question, ou qui l'ont, comme Augustin et saint
Fulgence, résolue dans le sens traditionnel.

Mais saint Thomas, ajoutera-t-on, n'aurait-il pas, dans
cette question 117e, émis l'hypothèse d'effluves qui
permettent à l'imagination d'agir à distance? — On l'a
prétendu, mais en faisant bon marché du texte et de
l'esprit qui précise la doctrine.

Il s'agit d'expliquer la *fascination*. (Nous supposons
que *la terreur*, *l'effroi*, *l'imminence du danger* ne suffisent pas à rendre compte de ce phénomène d'inertie
dans la fuite, et d'attirance, par étourdissement, que
produit, par exemple, un abîme ouvert sous nos pas,
si l'état nerveux nous y prédispose.)

Saint Thomas commence par rejeter l'explication
fournie par Avicenne, uniquement parce qu'il fait agir

---

(1) Benoît XIV, loc. cit.

(2) Saint Irénée n'est pas très clair quand il parle de la nature spirituelle de l'âme et des anges. (De haer., l. V, c. VII, n. 1; — l. II,
c. 34, n. 2, 4; — l. V, c. XIX; — l III, c. XX, n. 4), mais il a adopté
l'opinion dichotomique : « Le corps n'est pas plus que l'âme, écrit-il,
c'est l'âme qui anime le corps et le gouverne; le corps ressemble à
un instrument, tandis que l'âme possède l'intelligence de l'artiste. »
(De haer., l. V, c. VI, n. 1.)

à distance l'imagination : *sine mediantibus aliquibus corporibus.* — Mais, dira t-on. les effluves vont justement combler cette lacune ?— Ecoutons saint Thomas :

« Il vaut donc mieux dire que par la puissance de l'ima« gination les esprits unis au corps sont changés, et que « ce changement se manifeste surtout dans les yeux, « où se portent les esprits les plus subtils ; les yeux « corrompent ensuite les parties continues de l'air « jusqu'à une certaine distance, — *inficiunt autem « aerem continuum* · ; ainsi quand l'âme d'une per« sonne a été violemment portée à la malice, son as· « pect peut être nuisible à l'enfant dont le corps tendre « est plus capable de recevoir ses impressions. »

On fera ce qu'on voudra de cette théorie de la fascination. Du moins est-il impossible d'y voir consacrée l'hypothèse des effluves au sens des occultistes. — Les « effluves » sont ici pris avec la signification que l'on donne à l'expression : « Effluves de chaleur », et désignent une information successive des molécules de l'air par la forme accidentelle de chaleur. — Saint Thomas applique ici sa théorie fondamentale de l'*acte* et de la *puissance*. — Les esprits mauvais du corps, les esprits corrompus par la passion parviennent aux yeux, et altèrent les molécules intra-organiques ou en contact immédiat avec ces esprits. La molécule la plus rapprochée est viciée à son tour par l'adduction, la production en elle de cet accident de corruption, et la communique, par information, à la molécule contiguë, et ainsi de proche en proche, jusqu'à une certaine distance : « *Inficiunt aerem continuum usque ad determinatum spatium.* » — Chaque molécule viciée informe — comme tout moteur le mobile — la molécule contiguë, tout est là.

Il n'est pas inutile de rappeler que c'est la pure interprétation scolastique ; c'est la seule qui cadre avec la métaphysique bien connue de saint Thomas. Aussi, Benoît XIV, commentant ce même texte, à propos de la fascination, le fait avec une clarté qui ne permet aucune confusion : « *Ita ut furor ascendat ad oculos, et ex* « *oculis* « *aer proximus* » *inficiatur, et ex eo partes* « *aeris contiguae* » ; et il ajoute : « *Juxta ea quæ supra* « *a divo Thoma dicta sunt* (1). »

D'effluves, il n'y a pas l'ombre, si l'on veut prendre ce mot au sens animiste et occulte.

L'extériorisation de la motricité, tout comme l'extériorisation de la sensibilité, est une hypothèse gratuite que ne démontrent pas davantage les expériences, non moins sujettes à caution, que nous décrivent les spirites et les occultistes. Un fluide qui emporte la sensibilité et la pensée, est un non-sens absolu. Toutes ces théories soulèvent à chaque pas des impossibilités métaphysiques que saisit l'intelligence la moins subtile, à la simple lumière des principes élémentaires de la philosophie.

Non moins chimériques et contraires aux notions certaines que nous possédons sur la nature de l'âme et ses facultés, sur sa destinée et son état particulier après la mort, sont les théories spirites touchant les rapports naturels qu'entretiendraient les âmes séparées avec les vivants, dans les conditions qui nous sont exposées par la science occulte. Une immixtion de ce genre est réprouvée par la raison, par le sens commun et par le sentiment religieux. Les faits qui sont constatés dans cet ordre de phénomènes doivent être attribués aux causes que désigne la théologie. « Simon le Mage, dit « saint Thomas, retenait, assure-t-on, l'âme d'un enfant « qu'il avait fait mourir par son art, et c'était par ce

_____

(1) *De Can. Sanct.*, l. IV, 1 p. *De Imag.*, n. 13.

« moyen qu'il opérait ces merveilles. » Or, l'âme séparée ne peut mouvoir aucun corps (1).

« Il faut donc croire, ajoute saint Thomas, que Simon « le Mage était trompé par un démon qui se donnait « pour l'âme de cet enfant (2). »

Nous engageons M. de Rochas à chercher ailleurs que dans saint Thomas des textes qui viennent à l'appui de ses téméraires doctrines.

III

Il est temps de rapprocher ces phénomènes et ces théories du fait miraculeux de la *Bilocation*, telle qu'on l'observe, assez fréquemment, dans la vie de saints personnages.

La Bilocation serait, disent quelques uns, la présence réelle d'une même personne extatique en deux lieux différents. — Nous expliquons, sans approuver.

Le phénomène renferme plusieurs éléments constitutifs : la visite faite au loin, sans quitter complétement le lieu où l'on est, c'est la double présence réelle simultanée ; et aussi l'extase accompagnée de vision. La double présence réelle se ferait « en âme » d'un côté, et en corps et en âme de l'autre. Nous dirons plus loin ce que nous en pensons.

Là où le corps est présent, soit au *lieu visité*, soit à l'endroit où le phénomène a pris naissance, la présence de l'extatique est dite physique, c'est-à-dire en corps et en âme : dans le lieu où l'âme a été transportée, ou dans l'endroit où elle est restée seule, la présence de l'extatique est *représentative* et non physique au sens déjà

---

(1) I p., q. 117, a. 4, c.
(2) « Illudebatur ab aliquo daemone qui simulabat se esse animam pueri quem ipse occiderat. » (I p., q. 117, a. IV, ad 2.)

fixé; c'est alors par une forme miraculeusement empruntée à la matière subtile que l'âme biloquée se rend visible, comme le peuvent faire les substances séparées qui ont, par nature, une puissance sur la matière, c'est-à-dire sur les forces dont elle dispose : si l'âme biloquée reste invisible au lieu qu'elle visite, il y a bilocation sans représentation.

Le plus souvent, admettent les auteurs mystiques, il n'y a pas véritable bilocation : elle n'est qu'apparente ; il n'y a pas la double présence réelle. Deux cas sont alors possibles : ou bien l'extatique a été transporté miraculeusement dans un lieu donné, et alors la forme représentative est uniquement attribuable à l'ange, qui prend les traits de l'extatique, comme l'ange de Tobie simula être Azarias : ou bien l'ange opère au loin, pendant que l'imagination et l'intellect de l'extatique immobilisé dans son extase reçoivent des impressions conformes aux missions lointaines réalisées par l'ange : l'âme y est intéressée parce que souvent c'est par l'ardeur de ses prières que le secours divin est venu à certaines âmes abandonnées, qui reçoivent miraculeusement la *Bonne Nouvelle* de l'Évangile.

En ces derniers phénomènes il y aurait miracle, mais ce ne serait pas le miracle de bilocation.

Les auteurs regardent comme très difficile de discerner la présence physique de ce second phénomène : mais comme il y a toujours miracle, le surnaturel n'en éclate pas moins, malgré l'incertitude secondaire qui n'affecte que le discernement entre deux variétés de miracles.

Les saints eux-mêmes, qui furent les sujets de ce phénomène, ne savent guère nous renseigner sur ce point : « *Sive in corpore, sive extra corpus, nescio, Deus scit.* » disait saint Paul.

Les extatiques connaissent bien cette difficulté Sou-

vent, ils ne peuvent même pas dire s'ils ont été transportés dans le lieu visité, ou si un ange n'a pas agi à
leur place, pendant que son action leur était révélée ;
ce que sait parfaitement l'extatique, c'est que par lui,
c'est-à-dire en son nom, et par son influence, une action
utile au salut des âmes s'est exercée dans un lieu déterminé. Il arrive, toutefois, que l'extatique est renseigné sur ce point par une révélation particulière.

Le mystère qui enveloppe ce phénomène est parfois
si insondable que Marie d'Agréda, après les 500 bilocations, ou phénomènes similaires, qui furent constatées
pendant sa vie, ne pouvait pas dire s'il y avait eu bilocation véritable ; elle opinait pour le contraire : « Ce
« que je crois de *plus certain*, dit-elle, quant à la façon
« dont se passaient les choses, c'est qu'un *ange appa-*
« *raissait sous ma figure* dans ce pays, prêchait et caté-
« chisait les Indiens, et que le Seigneur me montrait
« ici, dans l'oraison, ce qui se passait. »

D'après les théologiens, certaines circonstances paraissent indiquer si la présence au lieu visité a été
physique. Ainsi Marie d'Agréda sentait parfois l'impression des corps environnants, et les variations cli-
matériques des lieux très lointains qui étaient visités.

On écrit de sainte Lidwine qu'elle avait souvent des
bilocations en *esprit* : « *Et cum spiritus ejus ad prædi-
dicta loca raperetur, corpus ejus quasi mortuum et exa-
nime remanebat in lectulo* (1). »

Sa présence *physique* aux lieux visités semble, en
plusieurs cas, assez bien démontrée par les accidents
qui lui survinrent dans ces lointaines contrées et dont
son corps gardait la trace : elle connut, par révélation,
que ces accidents étaient une preuve de sa présence
en corps et en âme dans ces lieux (2).

---

(1) *Act. Sanct.*, t. IX, sub. die 14 Apr. Prior vita, c. 5, n. 51.
(2) *Act. Sanct.*, loc. cit., n. 51, 52.

La Bilocation, ou tout au moins le transfert miraculeux des saints extatiques en divers lieux, est un phé-
noméne *surnaturel* admis dans l'Eglise.

C'est un miracle qui a toujours pour but — comme
tout miracle — la gloire de Dieu et l'utilité du prochain :
c'est là, en premier lieu, un signe spirituel qui qualifie
le phénomène.

La sainteté publiquement reconnue de l'extatique
en est un autre. Ce n'est que dans les vies de saints
personnages que l'Eglise constate ces phénomènes ; les
contemporains ne se trompent guère sur les notes de
sainteté que présentent ces extatiques ; aussi le phénomène bien constaté ne laisse pas d'exciter la foi et la
piété.

Qu'on n'invoque pas, ici, l'illusion possible et l'hallucination. Des circonstances extraordinaires indiqueront
le diagnostic théologique qu'il faudra porter, sinon
toujours, du moins en maintes occasions. Au reste, la
connaissance certaine du phénomène est ici d'une utilité
secondaire, le but premier étant le salut de ces peu-
plades abandonnées qui auront été l'objet du miracle ;
l'édification qui sera retirée du phénomène miraculeux,
s'il est bien constaté par les témoins de la présence au
lieu visité, n'est évidemment que secondaire ; cette
utilité secondaire paraîtra souvent amoindrie par ce
fait que l'un des côtés du phénomène n'aura pu être
contrôlé — comme pour la présence en de lointaines
régions —, sans que pour cela le miracle ait perdu sa
raison d'être.

En bien des cas, où le contrôle aura été possible des
deux côtés à la fois, le miracle obtiendra son double
but : le salut des âmes visitées et l'édification des
témoins appelés à vérifier le phénomène. Des éléments
de preuve matérielle écarteront aussi, chez le témoin

isolé. la crainte de l'illusion. Ainsi M. Olier vit un jour
la mère Agnès lui apparaître ; elle portait un crucifix
qui resta entre les mains de M. Olier.

Dans notre description. nous n'avons point affirmé
comme possible la présence *réelle et simultanée* du
corps en deux *endroits séparés*.

Cette bilocation des corps est métaphysiquement impossible, déclare saint Thomas. Ce n'est pas seulement
par sa très grande autorité et sa très nette affirmation
que saint Thomas gagne les esprits à cette opinion,
c'est par des raisons impressionnantes, par des principes métaphysiques qui pénètrent tout son enseignement théologique.

Un corps matériel, nécessairement compris sous les
trois dimensions, ne peut pas exister en deux endroits
distincts, par une présence simultanée. Le corps glorieux de Jésus-Christ lui-même ne saurait, sous les
trois dimensions corporelles, être en deux endroits à la
fois. C'est par un autre mode d'existence que Jésus-
Christ est présent dans toutes les hosties consacrées.
« La substance du corps et du sang du Christ est dans
« l'Eucharistie par la force sacramentelle, mais les
dimensions du corps et du sang de Jésus-Christ n'y
« sont pas. D'où il est évident que le corps du Christ
« est dans ce sacrement par le mode de la substance,
« et non sous le mode de l'étendue (1). » « *Le corps
du Christ ne peut être vu sous sa propre espèce que
dans un seul lieu qui le renferme d'une manière
définie (2).* » C'est par les exigences de la quantité extensive que les corps ne peuvent être présents en deux
endroits à la fois. « Être localement dans un lieu.

(1) III p., q. 76, a. 1, ad 3.
(2) III p., q. 76, a. 8, c.

« explique saint Thomas, c'est pour un corps être cir-
« conscrit et compris dans ce lieu selon la mesure de
« ses propres dimensions. Or, ce qui est compris dans
« un lieu, s'y trouve de telle sorte qu'aucune de ses
« parties n'est *en dehors de ce lieu;* c'est pourquoi,
« dire d'un corps qu'il peut être *localement* dans un
« endroit, et de la même manière dans un autre, c'est
« poser simultanément deux contradictoires (1). » Cette
bi-présence, en effet, ne pourrait se réaliser pour un
corps que par une multiplication des dimensions qui
l'affectent actuellement : il y aurait alors plusieurs
corps, non plus un seul.

L'impossibilité qui naît des dimensions n'existe pas
pour l'âme simple et spirituelle.

Aussi, plusieurs ne voient aucune impossibilité métaphysique à sa bilocation. Ce n'est pas notre opinion,
pour une raison métaphysique que nous signalerons
en son lieu.

Que les occultistes ne se hâtent pas d'instituer une
comparaison plus ou moins complète entre cette doctrine admise par plusieurs et la leur. Car :

1° Nous y déclarons que toute matière soumise aux
lois de l'étendue, que le corps de l'homme, par conséquent, ne peut exister en deux endroits, sous les
dimensions qui la circonscrivent dans l'espace, sans
constituer deux corps différents. Si donc le corps du
médium, dans le phénomène du dédoublement spirite,
peut se « vider » d'un fluide qui est sa forme animée,

---

(1) Aliquod corpus esse localiter in aliquo loco, nihil aliud est quam
corpus circumscribi et comprehendi a loco secundum commensura-
tionem propriarum dimensionum. Quod autem comprehenditur a loco,
ita est in ipso loco, quod nihil ejus est extra locum illum ; unde ponere
quod est localiter in hoc loco, et tamen sit in alio loco, est ponere
contradictoria esse simul. (Quodlib. 3, a. 2.)

constituant un *double* vivant en un lieu séparé, sous d'autres dimensions, il y aura deux êtres, et non un seul ; l'âme unique informera deux corps séparés, existant sous des dimensions différentes.

2° La *bilocation* de la seule âme, si elle est réalisable, est déclarée par ces théologiens *surnaturelle, contraire à l'état naturel*, c'est-à-dire *miraculeuse*, en d'autres termes, réalisable à la seule puissance divine.— L'irréalisable dédoublement des *phénomènes* occultes est, au contraire, déclaré *naturel* par ses inventeurs, et l'effet d'un simple état nerveux ; c'est une nouvelle et essentielle différence.

L'analogie n'est donc pas justifiée.

Mais il y a plus, et nous voulons dire le fond de notre opinion, qui est, en réalité, celle que défend saint Thomas, dans son exposition des principes métaphysiques.

Non seulement il répugne métaphysiquement qu'un corps soit simultanément en deux endroits, mais il répugne également, pour une autre raison de délimitation, qu'une âme soit présente simultanément en deux endroits séparés, ou même qu'un ange occupe pleinement deux lieux distincts, simultanément.

Être dans un lieu, c'est occuper ce lieu de telle sorte qu'il soit mesuré à la quantité de cet être, ou à sa vertu. Si une substance pouvait, en même temps, exister ailleurs, dans un lieu différent, ce serait donc qu'un lieu est absolument mesuré à la quantité ou à la vertu de cet être, et qu'en même temps il ne lui est pas mesuré ; ce qui est contradictoire.

L'ange, par exemple, existe définitivement dans un lieu ; sa vertu y est « définie » ; s'il pouvait exister pleinement et simultanément dans un endroit différent, ou occuper un lieu qui dépasserait la sphère d'activité jusqu'où s'étend sa vertu naturelle, il serait en même temps défini et indéfini ; ce qui répugne tout aussi bien

On arrive à cette conclusion, quand on laisse à cette expression : présence définitive dans un lieu (et qui s'applique à l'ange, dans un espace donné, — à l'âme, dans tout le corps), tout le sens naturel qu'elle comporte ; cette présence définitive ne suppose pas plus que la présence *dimensive* dans le lieu la possibilité d'excéder la capacité du lieu qui lui est adéquat

La *multilocation définitive* répugne tout autant que la *multilocation dimensive*. Ni le corps, ni l'âme, ni l'ange ne peuvent simultanément se trouver ailleurs que dans l'endroit où les dimensions matérielles les circonscrivent, où leur vertu les définit adéquatement (1). Le miracle ne peut changer cette impossibilité métaphysique.

Aussi saint Thomas se garde bien de dire que le corps du Christ existe *définitivement* dans le sacrement de l'Eucharistie (2). S'il y était *définitivement*, il ne serait que sur un seul autel à la fois. C'est pourquoi la manière d'être du Christ dans l'Eucharistie diffère essentiellement du *mode dimensif et défini ;* le corps du Christ s'y trouve à la manière de la « substance » ; mais il n'est pas dans l'Eucharistie comme dans un « lieu », car il n'y est pas *localement* en raison des dimensions, comme était la substance du pain, étant donné que la

---

(1) Ita est in uno loco, quod non in alio (Quaest. 52, 1 p. a. 11). — « Totum illud, cui immediate applicatur virtus angeli, reputatur ut unus locus ejus ; licet non sit continuum. » (L. cit. ad objecta.) — L'âme est *strictement* définie dans le corps vivant dont elle est la forme : elle ne peut, certainement, animer que le *continu*.

(2) Corpus Christi non est in hoc sacramento « definitive », quia sic non esset alibi quam in hoc altari. » (III p., q. 76, a. 3, ad 1.) (Cf. 4 Sent. Dist. 10, q. 1, a. 3, solut. 2.)

substance du Christ n'est pas le *sujet* de ces dimensions (1).

La présence sacramentelle n'est donc en rien altérée par la doctrine que nous venons d'exposer touchant l'impossibilité de la *bilocation* des corps et des esprits.

Silvestre Maurus 2), qui a bien mis en lumière cette doctrine de saint Thomas, répond à l'objection que plusieurs vont chercher dans les pieuses biographies, où il est dit que de saints personnages furent vus en plusieurs endroits à la fois. En distinguant, comme nous l'avons fait, la présence physique de la présence *représentative*, on explique tous ces faits. Tantôt les saints ont été invisiblement transportés dans les lointaines régions, tantôt un ange opérait en leur nom, réalisant ainsi la charité de leur cœur, comme l'expliquait pour elle-même Marie d'Agréda. Les *bilocations* en esprit seraient des visions intellectuelles ou imaginaires, comme nous les avons définies ; c'est ainsi que Lidwine était conduite en esprit dans les enfers, au purgatoire, pour concevoir une sainte épouvante de ces maux, ou compatir au sort de ces âmes tant éprouvées.

Cette doctrine de l'impossibilité métaphysique de la bilocation dimensive et définitive est enseignée, au nom de saint Thomas, dans les grandes Universités

---

1) III p., q. 76, a. V c.

2) « Quæst. phil., vol. II, q. 28, ad 4. »

Silvestre Maurus, après avoir rappelé la doctrine de saint Thomas et de saint Bonaventure, et des thomistes, répond à l'objection tirée de la *Vie des Saints* (Cf. 28, ad 4 : « Dico miraculum potuisse con-
« tingere multipliciter sine reali multiplicatione. Primo, ut in altero
« locorum viderentur visione quâdam phantasticâ et imaginariâ cau-
« satâ ab angelis per motum phantasticum, sicut contingit in somniis.
« Secundo, ut in altero locorum videretur visione reali corpus aereum
« formatum ab angelis et simile corpori reali illius sancti, et utrum-
« que eorum sæpe accidit in visionibus et apparitionibus, etc. »

théologiques, notamment à l'Université des Papes (1).
Elle satisfait particuliérement l'intelligence.

Que les occultistes cessent donc de nous' parler bilocation. Ce n'était point le double des saints qui apparaissait dans les faits que nous rapportent les *Actes*;
il y avait présence en corps et en âme, par un miracle
évident; ou bien le saint, immobilisé par l'extase, avait
révélation de ce que l'ange opérait en son nom et sous
le voile de ses traits reproduits.

M. de Rochas se consolera aisément auprés du théologien Görres, dont la métaphysique est des plus ac-
commodante :
« Le corps est composé de deux corps réunis à un
« troisiéme, et dont le premier réside dans le systéme
« et agit par un fluide nerveux, tandis que l'autre qui
« vient principalement du sang, se loge dans le sys-
« téme circulatoire ; le lien qui les unit tous les deux
« se produit dans le systéme musculaire.
« La premiére construction de l'édifice est le type et
« donne le plan de l'autre, et toutes les deux sont
« l'image de l'âme qui réside en elles ; de sorte que
« l'on pourrait appeler la premiére le *spectre de l'âme*,
« et la seconde son enveloppe plastique. Tant que ces
« deux corps sont unis par le lien de la personnalité,
« ils se pénétrent et se lient réciproquement. Mais si
« ce lien est dissous par la mort, ils se séparent; l'un,
« celui qui a le plus d'affinité avec l'âme, la suit;
« tandis que l'autre, plus rapproché de la nature ter-
« restre, est absorbé par elle.
« Dans les états extraordinaires, par un surcroît
« d'énergie, la meilleure enveloppe se soulève, alors

---

(1) De Maria. *Phil. nat.* (Cosmologia), tract. 1, q. III, a V, prop. II.

« le spectre apparaît. Ainsi délivré, il acquiert une
« unité plus élevée et une action plus puissante et plus
« centrale. Plus concentré, il devient présent, non
« partout, ce qui ne convient qu'à Dieu, mais en
« plusieurs lieux, selon la mesure qui s'est opérée en
« lui. »

Et Görres ajoute :

« On voit par là que la catalepsie et le somnambu-
« lisme, en opérant une séparation de cette sorte dans
« les éléments dont se compose la personnalité hu-
« maine, permettent quelquefois à celle-ci d'être vūe
« en plusieurs lieux à la fois. Mais cet état est peut-
« être aussi l'effet d'une *disposition naturelle* (1). »

Par une heureuse contradiction, Görres paraît se ressaisir dans cet autre passage : « Dans l'extase divine
« des saints, comme ces phénomènes se produisent en
« Dieu et pour Dieu, ils sont radicalement vrais, tandis
« que dans l'extase diabolique ils n'ont que l'apparence
« de la vérité, parce qu'ils sont les effets de l'esprit de
« mensonge (2). » — C'est ainsi qu'on trouve dans cet
auteur de quoi satisfaire tous les goûts.

Ce dernier texte, du moins, se concilie mieux avec
cette appréciation de Benoît XIV, à l'adresse de ces prétendus biloqués : « *Qui dum certo loco manerent, modo*
« *prædicto soporati, vana tamen se peragrasse falso*
« *arbitrabantur, ac multa a dæmone magistro enarra-*
« *bant quae eodem tempore, longinquioribus in locis*
« *contingebant, stupentibus interea indoctis et aulu-*
« *mantibus animam a corpore separatam ad corpus*
« *rediisse (3).* »

---

(1) *Mystique*, ch. XVII, III⁰ partie. (T. 3, p. 317-318.)
(2) *Mystique*, ch. XVII, III⁰ partie.
(3) *De Can. Sanct.*, l. III, c. 49, n. 2.

Concluons que ces prétendus dédoublements sont des fables, ou des jeux auxquels se livrent les *entités intelligentes*, dont nous parlent les spirites : « *Haec quippe fabulae sunt et ludibria daemonum* (1). »

_____

(1) Loc. cit., n. 2.

CHAPITRE II

LUCIDITÉ. — CLAIRVOYANCE INTÉRIEURE

Nous avons distingué, avec les occultistes, la lucidité de la télépathie, et admis avec eux, pour rester sur le même terrain, que dans la télépathie il y a influence d'un sujet sur un autre, un agent moteur et un appareil récepteur; dans le phénomène de lucidité, il n'y a qu'un sujet, qui ne reçoit l'influence de personne; la lucidité diffère de la suggestion mentale.

Faute de cette distinction, M. Henri Joly ne réfute que très imparfaitement ses adversaires dans ce passage qui plaît à première vue, mais ne répond pas à la thèse occulte.

« La pénétration des sentiments, écrit-il, et ce qu'on « appelle la seconde vue, voilà un phénomène qui est « loin d'être rare chez nos héros. Chez sainte Catherine « de Sienne, il est presque continuel. Très fréquent « chez saint Vincent Ferrier, on le voit souvent aussi « chez sainte Thérèse, qui, d'après les témoignages les « plus précis de ses religieuses, n'avait souvent qu'à « passer auprès de l'une d'elles pour deviner ses désirs « et ses tentations. »

Voilà le fait. — Comparant ce phénomène surnaturel à la double vue hypnotique, à la suggestion mentale,

l'auteur écarte en ces mots l'assimilation : « Ici, est-ce
« le cas ? Non ! puisque les divinateurs, sainte Catherine
« de Sienne, saint Vincent Ferrier, sainte Thérèse,
« pénètrent les pensées, non de ceux dont ils subissent
« l'ascendant, mais de ceux qui subissent le leur (1). »

L'argumentation est séduisante ; mais à la réflexion
elle perd toute sa valeur, et les occultistes se feraient
un jeu d'en éluder les conclusions.

Tout d'abord, ils pourraient répondre que rien ne répugne à ce que les saints subissent une première phase
passive, la phase de l'impression télépathique, sous laquelle ils réagissent par la connaissance ; ils devraient
ce privilège à l'exquise délicatesse de leur nature
psycho-physiologique ; absolument comme l'organe
vivant de la vue, par exemple, doit à sa noblesse de
structure de pouvoir être impressionné par l'objet qui
lui est inférieur en dignité et excellence ; mais l'organe
vivant passe immédiatement de cette phase passive à
la phase active ; c'est donc à cause de son excellence
et de sa supériorité que l'organe vivant est affecté,
sans être dépassé ni abaissé par l'agent. Ainsi en serait-il
des saints ; d'autant que le sommeil provoqué n'est point
nécessaire, comme l'ont prouvé Bernheim, Dumontpallier, et les autres, à ces manifestations hypnotiques.

A cette première réponse, les occultistes ajouteraient
cette autre : — Nous n'assimilons pas la clairvoyance
que vous défendez chez les saints à un phénomène de
suggestion mentale, à un phénomène quelconque exigeant l'état passif du voyant, et l'action suggérante
d'une volonté qui s'impose, mais au phénomène de
« lucidité », tel qu'on l'entend en occultisme, c'est-à-
dire sans suggestion d'aucune sorte. — Ces *lucides* ne
sont impressionnés par aucune influence de l'entou-

---

(1) *Psychologie des Saints*, p. 74.

rage, puisque justement ils *volent* ce que les expérimentateurs ignorent, ce que personne souvent n'a
l'intention de leur communiquer.

Exemple : — Dans les Ardennes, une vieille pay-
sanne à l'agonie s'écrie brusquement, en présence
d'une dizaine de personnes, parmi lesquelles le Dr Guel-
liot qui l'assiste : « *Oh ! mon Dieu, voilà le feu... c'est le*
« *feu... mais ils ne voient pas que ça brûle... Les pauvres*
« *femmes ! elles se bousculent vers la porte. Pas par là...*
« *pas par là... Les pauvres jeunes filles, toutes si bien*
« *habillées... Sauvez les, sauvez-les, les voilà qui pren-*
« *nent feu... Oh ! toutes les jupes qui flambent ! quels*
« *cris ! et toutes celles-là qui tombent l'une sur l'autre..*
« *Oh ! celles qui sont dans le champ derrière : elles ne*
« *voient pas la sortie, elles roulent, elles s'entassent* (1). »
C'était le 4 mai 1897...

Nous ne garantissons point le fait, nous n'entendons
que donner un exemple. — Ici il n'y a point de suggestion possible. — C'est ainsi que le *lucide* voit le mal
caché dans l'organisme et dont tous ignorent la nature
et le lieu.

L'argument que M. Henry Joly tire de ce fait que les
saints ne sont suggestionnés par personne, mais que plutôt ce sont les autres, ceux dont ils lisent les pensées, qui
sont soumis à leur *imperium*, n'est aucunement profitable
à la cause du surnaturel. La lucidité est, en effet, définie :
« *La connaissance par un individu A d'un phénomène*
« *quelconque, non percevable et connaissable par les*
« *sens normaux, en dehors de toute transmission men-*
« *tale consciente ou inconsciente* (2). » Il est vrai que
certains phénomènes sont assez arbitrairement rangés
parmi cette classe des effets de lucidité, comme celui

---

(1) *Sciences occultes*, p. 142.
(2) Richet. Cf. *Sciences occultes*, p. 115.

qui consiste à faire lire des écrits enfermés sous enveloppe cachetée; logiquement, on devrait appeler ces
phénomènes des cas de suggestion inconsciente ou
consciente ; mais les occultistes ne se piquent pas toujours de précision.

D'après Dupouy, les pythonisses et les sibylles ne
furent pas autre chose que des lucides somnambuliques ;
à moins qu'elles n'aient été des escrocs et des attrape-
b......ls, — comme l'a assez bien démontré le prophète
Daniel en semant de la cendre dans le temple de Bel ;
— soit dit sans exclure les « entités » chères aux occultistes. — Mais nous admettons que le somnambulisme
ait été pratiqué à ces époques lointaines, et nous en
croyons Coelius Aurelianus décrivant les passes : « *Atque ita, si ante oculos eorum quispiam digitos circum-
moveat* (1). » Ne sait-on pas que la Bible défend de
faire parler le bois : « *Vae qui dicit ligno : Expergis-
cere* (2). » L'antiquité aurait connu ces faits de lucidité.
Seulement, le Dr Dupouy a tort de comparer plusieurs
faits de la vie des saints à certains faits de l'histoire antique dont l'authenticité est plus que douteuse, quoique
possible ; on se demande alors si l'esprit critique de
l'auteur est à la hauteur de son zèle d'occultiste : « C'est
« Apollonius de Tyane (3), faisant une leçon de philoso-
« phie à Ephèse, s'arrêtant tout à coup pour crier au
« meurtrier qui, au moment même, assassinait Domi-
« tien à Rome : « Courage, Stephanus, tue le tyran » ;

---

(1) *Sciences occultes*, p. 119.
(2) Habac. II, v. 19.
(3) « Il y a légende et légende, écrit Renan. Personne ne doute des
principaux traits de la vie de François d'Assise. Personne, au contraire,
n'accorde créance à la vie d'Apollonius de Tyane, écrite longtemps
après le héros, et dans les conditions d'un pur roman. » (*Vie de Jésus*,
Introd. p. XV.)

« c'est saint Ambroise averti à Rome de la mort de
« saint Martin, à Tours. »

Le Dr Dupouy, pour établir sa thèse du merveilleux,
sort de son cadre, et va jusqu'à nous citer la prophétie
de Cazotte, qui serait une prédiction de futurs libres.

Dieu, qui s'est servi de Caïphe et de Balaam, pouvait
assurément se servir de l'occultiste Cazotte ; mais, au
nom de la critique historique, il faudrait bien renoncer à
cette prophétie. Il suffirait de lire jusqu'au bout le récit
de Laharpe, qui déclare avoir fait une figure de rhétorique, en *supposant* cette scène émouvante (1).

Acceptons, nous aussi, les faits occultes comme parfaitement authentiques, et cherchons l'interprétation
naturelle, si elle existe.

Le Dr Dupouy ne voit là que l'extériorisation du
corps psychique (2). L'explication vaut ce que vaut le
corps psychique. Nous avons dit ce qu'il faut en
retenir.

M. Henry Joly veut expliquer le phénomène comme
on explique la suggestion mentale, car il admet aisément les théories modernes, tout en ne préservant pas
toujours contre ces doctrines le surnaturel qui éclate
dans les vies saintes, qu'il raconte, d'ailleurs, si bien.

« Le sujet hypnotisé, écrit-il, est, comme le som-
« nambule naturel, doué momentanément d'une sensi-
« bilité et d'une délicatesse de réaction tout à fait
« exquises. Il est donc affecté même à distance : il est
« donc ému et modifié par ces effluves infiniment
« petits, comme un rhumatisant d'Europe est affecté
« par les symptômes naissants d'un changement de

(1) Le mot: *supposé* est de Laharpe lui-même (Edit. Didot, 1829,
t. I, p. XC.)
(2) *Sciences occultes*, p. 117.

« température, dont les débuts se passent peut être en
« Amérique .. (1). »

Nous pensons que si l'atmosphère, qui entoure ce
rhumatisant, ne renfermait à ce moment aucune trace
de ce changement de température et de symptômes
naissants, le rhumatisant aurait bien des chances de
subir surtout les symptômes plus proches de lui ; autrement, s'il n'y a aucune modification atmosphérique,
absolument aucune, ce serait l'action à distance dans
toute sa beauté ; ce qui répugne en philosophie ; l'organisme le plus délicat ne saurait vibrer sans un
contact immédiat avec le moteur.

De plus, la raison d'analogie n'existe pas. Car, d'une
part, ce sont des vibrations physiques qui traverse-
raient un milieu matériel, pour impressionner physiquement un organe sensible et matériel par un côté ;
de l'autre, il faudrait prouver que des vibrations physiques traduisent une pensée, ou qu'une pensée peut
« onduler » à travers un milieu matériel; ce qu'un
spiritualiste tel que M. Henri Joly ne saurait admettre.

Le Dr Crocq pense nous apporter une explication
naturelle du phénomène de la *lucidité*, en nous donnant la théorie suivante : une sorte d'information
inconsciente proviendrait de la personne dont l'âme
est ainsi mise à nu par la clairvoyance du sujet, et im-
pressionnerait le voyant ou liseur de pensées, sans que
l'un et l'autre en prennent bien nettement conscience.
On sait, en effet, que dans la suggestion mentale, il
faut que le sujet soit attentif et que l'expérimentateur
fixe fortement son idée pour la communiquer.

Pour rendre plus sensible sa démonstration, le

_____

(1) *L'Hypnotisme et la Suggestion, Correspondant* du 10 mai 1891.

Dr Crocq emprunte au Dr Grasset (1) ce schéma général des centres automatiques :

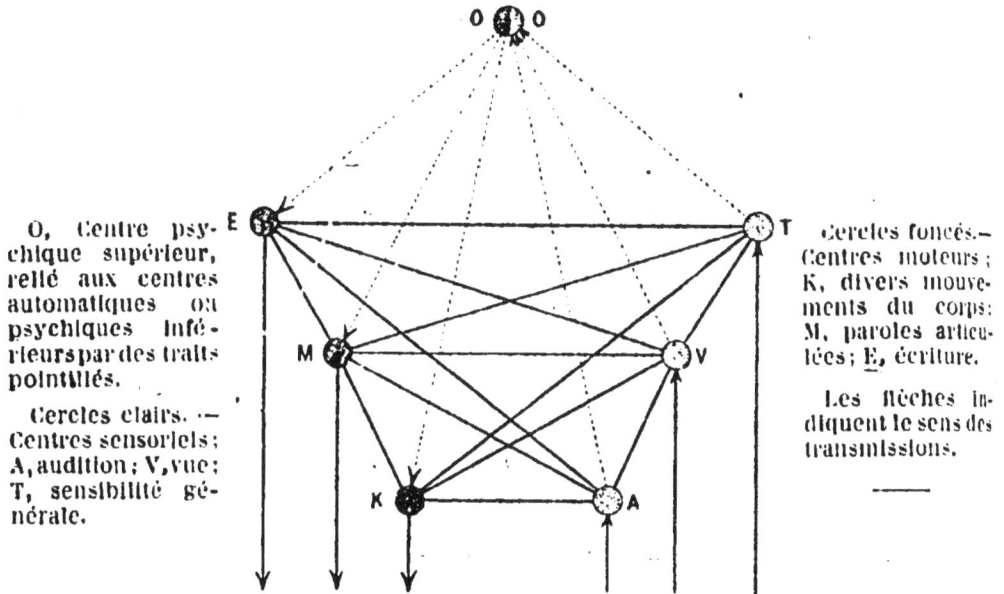

O, Centre psy-
chique supérieur,
relié aux centres
automatiques ou
psychiques infé-
rieurs par des traits
pointillés.

Cercles clairs. —
Centres sensoriels ;
A, audition ; V, vue ;
T, sensibilité gé-
nérale.

Cercles foncés.—
Centres moteurs ;
K, divers mouve-
ments du corps;
M, paroles articu-
lées; E, écriture.

Les flèches in-
diquent le sens des
transmissions.

**Schéma général des Centres
automatiques**
(D'après le professeur Grasset, de Montpellier)

« Les centres inférieurs sont reliés entre eux par
« des fibres transcorticales, intrapolygonales ; ils sont
« également reliés au centre supérieur O par des
« fibres suscorticales, suspolygonales. Lorsque les
« actes restent cantonnés dans le polygone AVTEMK,
« ils sont purement automatiques ; ils ne deviennent
« volontaires et libres que lorsqu'ils arrivent jusqu'au
« centre supérieur O et que ce centre réagit sur les
« centres automatiques. »

Après avoir expliqué, par cet automatisme, comment
les expérimentateurs inspirent, sans y prendre garde,
et comment les sujets réalisent,. inconsciemment, les

---

(1) *Leçons de clinique médic.* faites à Montpellier, 3e série, 1er fasci-
cule.

effets attendus, dans les communications spirites qui seraient ainsi l'œuvre des assistants, l'auteur ajoute :

« C'est encore l'automatisme psychologique qui
« explique la divination de la pensée que Cumberland
« et d'autres réalisent si bien : le sujet qui dirige le
« devin pense fortement à l'acte qu'il désire voir
« exécuter ; toutes les facultés de son centre su-
« périeur O sont concentrées sur cet acte, immédiate-
« ment le polygone des centres inférieurs, automatiques,
« entre en vibration à l'insu du sujet et dirige l'expé-
« rimentateur. Dès que le directeur ne pense plus
« assez fortement à l'acte qui doit être exécuté, le devin
« s'arrête, indécis, il ne peut plus continuer ; c'est que
« le centre psychique O du sujet, n'étant plus distrait,
« empêche les centres inférieurs de diriger le prestidi-
« gitateur (1). »

Nous admettons, bien certainement, les mouvements automatiques et les états inconscients ; aussi le schéma du Dr Grasset ne nous cause aucune gêne. Mais à supposer que ce schéma rende compte de la suggestion mentale inconsciente, il n'expliquerait pas la lucidité, au sens strict du mot, puisque le lucide voit même ce que le *directeur de l'opération ignore du tout au tout.* — Le centre supérieur O n'a pas été trahi par les centres inférieurs ; il n'a même pas à surveiller leur indiscrétion puisque, dans l'hypothèse, il ne leur a rien communiqué.

Cette théorie n'explique donc pas la *lucidité des sujets,* ni à plus forte raison la clairvoyance intérieure dont les saints furent coutumiers.

La suggestion mentale inconsciente n'est pas davantage expliquée, par exemple, dans un cas comme le suivant, dont nous entretient avec enthousiasme le Dr Quintard :

---

(1) Dr Crocq, *Revue encyclopédique, Les Marges de la Science.*

« Madame X... ayant observé que son fils (âgé de
« 7 ans) n'émaillait d'aucune faute ses plus longues
« dictées quand elle était à ses côtés, elle eut l'idée
« d'aller se placer derrière un paravent. Alors, le de-
« voir de l'écolier devint à souhait rempli d'injures
« contre la grammaire. Madame X... interrompait le
« courant comme un écran intercepte le faisceau de
« lumière!... Eh bien! ce courant, cette ondulation,
« cette irradiation dont on continuera à discuter la na-
« ture, mais dont on ne peut nier l'existence, jette, se-
« lon moi, sur le chaos, une clarté, et c'est avec cette
« lumière qu'on trouvera, je l'espère, la solution du
« problème que je livre à vos méditations (1). »

Toute révérence gardée, on pense malgré soi au héros de la fable qui avait oublié d'allumer sa lanterne. —
La lumière dont parle le Dr Quintard et qu'il croit projeter à flots sur le mystère, est justement la question à
l'étude. Le paravent n'apprend rien de nouveau, puisqu'il suffisait aux autres de ne plus penser fortement
pour arrêter le phénomène.

Nous voudrions bien savoir, à ce propos, si les sujets
qui lisent la pensée ou voient les événements à 100,
200 kilomètres, comme on nous le raconte, n'ont pas
entre eux et les objets devinés l'équivalent, comme
obstacle, de ce modeste paravent.

Admettons que ce fait ne relève point de la suggestion à l'état de veille, parce que la volonté n'y est point
complice, pas plus que les centres inférieurs des
Drs Crocq et Grasset.

Lucidité ou suggestion mentale pure, le problème
est le même sous un rapport : la *communication d'une
pensée sans signe intermédiaire*. Nous disons que la

(1) Dr Quintard, *Observations sur le cas de Ludovic X*, 1895.
Cf. *Sciences occult.*, p. 106-110.

suggestion mentale, tout comme l'autre phénomène de clairvoyance, n'est pas expliquée par l'action et l'influence des centres inférieurs automatiques, tant que des signes naturels ou conventionnels de l'idée ne sont pas inconsciemment mis en jeu pour avertir le cerveau du devin, par le moyen des sens externes, récepteurs inconscients. Le signe le plus léger pourra suffire, en certains cas extraordinaires ; mais encore ce signe doit-il exister. Autrement, tant que la pensée n'est pas trahie par le signe, elle reste cachée à toute autre créature.

Ecoutons à ce sujet saint Thomas, dont la psychologie est si profonde :

« Il faut répondre qu'on peut connaître de diverses
« manières les pensées du cœur. 1° Dans leurs effets.
« Il n'y a pas que les anges qui puissent ainsi con-
« naître, l'homme le peut également, mais il lui faut
« d'autant plus de pénétration que l'effet est plus caché.
« On connaît, en effet, la pensée de quelqu'un, non seu-
« lement par ses actes, *mais encore par le changement*
« *que son visage subit.* Ainsi les médecins peuvent con-
« naître par le pouls certaines affections de l'esprit. A
« plus forte raison, les anges et les démons peuvent-ils
« connaître de la sorte, puisqu'ils connaissent avec plus
« de pénétration les modifications cachées que les corps
« subissent.

« A ce propos, saint Augustin *(De div. dœm., c. 5)* dit
« que les démons connaissent avec la plus grande fa-
« cilité les dispositions des hommes, non seulement
« celles qu'ils expriment par la parole, mais encore
« celles qu'ils conçoivent au fond de leur cœur et qu'ils
« *manifestent extérieurement par quelque signe dont les*
« *traces sont visibles sur le corps* (1). » — Saint Fulgence
est donc trop sévère pour saint Augustin quand il lui

---

(1) St Th., I p., q. 57, a. 4, c.

reproche d'avoir dit que les démons lisent nos pensées ;
saint Augustin ne parle que des pensées qu'une modification corporelle peut trahir au dehors, étant donné
que les démons possèdent une grande science d'interprétation : ils savent, par exemple, que telle émotion
physique correspond à telle ou telle pensée ; l'expérience de tel ou tel tempérament les aide puissamment
dans cette science conjecturale ; ils devinent l'image
cérébrale à l'émotion de telle cellule qu'ils voient en
activité, ou qu'ils excitent eux-mêmes par l'affluence du
sang, ou par d'autres moyens qui sont en leur pouvoir,
mais ils ne savent pas si la volonté s'est complue dans
cette pensée automatiquement formée : c'est là cette
pensée du cœur qu'un signe extérieur quelconque peut
seul trahir et livrer à la connaissance naturelle du démon ou de l'ange ; mais l'ange ou l'homme peuvent
en avoir révélation, et c'est pour eux un mode extraordinaire de connaissance.

Saint Thomas précise cette doctrine dans la seconde
partie du texte que nous venons de commenter :

« En second lieu, on peut connaître les pensées telles
« qu'elles sont dans l'entendement, et les affections
« telles qu'elles sont dans la volonté. Il n'y a que Dieu
« qui puisse ainsi les connaître (1). La raison en est
« que la volonté d'une créature raisonnable n'est sou-
« mise qu'à lui, et que lui seul peut agir sur elle, lui
« qui est son objet principal comme fin dernière. C'est
« pourquoi les choses qui ne dépendent que de la
« volonté ou qui n'existent qu'en elle, ne sont connues
« que de Dieu. Or, il est évident que c'est le fait seul
« de la volonté qu'une personne pense actuellement à

---

(1) C'est la tradition unanime : Clément d'Alex., *Strom.* V. —
Fulgence, l. II, *Ad Thrasim.* c. XVI, — Cyprien, *De orat. Dom.*,
— Chrysostome, *Homil.* XXIV in *Joan.*, — Anastase, l. IX in *Hexa-
mer.*, — Ambroise, in cap. V Luc., — Augustin, loc. cit.

« une chose, car lorsque quelqu'un possède en lui la
« science habituelle ou des espèces intelligibles, il est
« libre de s'en servir comme il veut. C'est ce qui fait
« dire à saint Paul : « Personne ne sait ce qui est dans
« l'homme, sinon l'esprit de l'homme qui est en
« lui (1). »

C'est ainsi que l'ordre moral est sauvegardé ; Dieu
seul peut franchir, sans en violer le secret, le mystérieux sanctuaire de la conscience

Cette préoccupation de l'ordre moral n'est pas sans
troubler certains occultistes plus prévoyants que les
autres des conséquences morales qui découlent du
système occulte. Ainsi M. A. Jounet explique, il est
vrai, la *lucidité*, grâce aux facultés de divination que
le rêve et l'imagination exaltée contiennent, grâce à la
« concentration de pensée » qui amène la « surcharge
de force psychique » ou « surcharge mentale », dont la
distribution s'effectue par les « relations polaristiques »,
aussi bien entre une « foule et un territoire qu'entre un
médium et une table », M. Jounet, néanmoins, se pose
le problème moral : « La force psychique libre baigne
« tous les cerveaux. Un magnétiseur ou médium idéa-
« lement puissant pourrait donc exercer la suggestion
« mentale (et la clairvoyance), par l'intermédiaire de
« la force psychique, *sur toute personne et à toute
« distance. Mais quand ce magnétiseur existerait, il ne
« faut pas oublier que rien n'arrive sans la volonté et
« la permission de Dieu, et que la liberté humaine est
« préservée par la Providence. Ce magnétiseur ne pour-
« rait donc agir sur la liberté que dans le sens où agit
« la Providence, et en respectant comme elle le centre
« essentiel de la liberté. Ou sinon, au bout d'un temps*

_____

(1, St Th., loc. cit. q. 57, a. 4, c.

« *donné, le magnétiseur se briserait sur la barrière pro-*
« *videntielle et mourrait d'épuisement inattendu et*
« *incurable* (1). »

Voyez-vous la Providence sans cesse attentive à arrêter les effets que des causes naturelles tendent à produire en vertu des lois créées par elle, occupée à pré-
server la liberté humaine par le miracle à jet continu,
car toute intervention divine qui se fait en dehors des
lois naturelles, ou contrairement à ces lois, est un miracle. Oui, ce serait le miracle permanent que d'écarter
à chaque instant du seuil de l'âme les extra-lucides trop
indiscrets, que d'opposer à tout moment ce *veto* providentiel aux « relations polaristiques » !

Saint Thomas nous donne deux raisons de cette impuissance de l'âme humaine à pénétrer les secrets d'un
autre intellect : la grossièreté du corps, et la volonté
qui garde ses secrets.

« Aucun obstacle ne s'oppose, en effet, à ce qu'un ange
« voie les espèces intelligibles d'un autre ange, mais il
« ignore, *naturellement*, de quelle façon cet autre ange
« utilisera ces espèces intelligibles 2), ni comment il
« les utilise actuellement. *Mais l'âme unie à son corps*
« *ne présente pas à une autre âme le trésor des espèces*
« *acquises ; ce n'est que séparées de leurs corps que les*
« *âmes participeront à cette manière d'être angélique.*
« Toujours, cependant, l'usage que l'âme fera actuelle-
« ment de ses espèces intelligibles sera caché à une
« autre âme, si telle est sa volonté : l'âme, par sa vo-
« lonté, se fermera au dehors, selon son gré. A la mort,
« le premier empêchement qui s'oppose à la lecture des

<hr />

(1) *Principes généraux de Sciences psychiques.* — Cf. *Écho du
Merveill.*, 1er févr. 1898.

(2) « Non tamen sequitur quod unus cognoscat quomodo alius illis
intelligibilibus speciebus utitur actualiter considerando. »

« pensées, c'est à-dire le corps, sera anéanti : mais le
« second empêchement, la volonté, demeurera après la
« résurrection, comme il existe actuellement dans les
« anges : *Sed secundum impedimentum manebit post*
« *resurrectionem, et est modo in angelis* (1). »

A plus forte raison il faut nier à l'intellect humain,
quel qu'il soit, la propriété de pénétrer dans le sanctuaire
de l'âme informant la chair, *propter grossitiem corporis*,
comme parle saint Thomas.

Ce n'est pas l'avis de M. Ninoff (2), qui fait de la lecture de pensées, ou de la suggestion mentale, dans des
expériences où les deux genres semblent se com-
pénétrer.

« Madame, disait-il dernièrement, en séance de lec-
« ture mentale, vous pensez en ce moment au contenu
« d'une lettre signée Victor Napoléon, que vous tenez
« cachée dans votre corsage ». Et c'était vrai, nous
est-il affirmé. — L'amiral Salandrouze de la Mornais,
une autre fois, invita « mentalement » Ninoff à s'agenouiller ; ce qu'il fit sans hésiter. En apparence, ce
sont là des suggestions mentales — d'ailleurs tout aussi
difficiles à légitimer —, mais par l'explication que
M. Ninoff nous donne de sa manière de faire, c'est de
la lucidité. Il lit mentalement, déclare-t-il, en s'impressionnant le cerveau des images cérébrales des
autres cerveaux !

Il faut citer ce lambeau d'interview :

« Il ne faut pas croire que je puisse à toute heure du
« jour, et sans aucune préparation, lire dans la pensée
« du premier venu. Non. — Avant de tenter une expé-
« rience, il faut en quelque sorte que je me vide, que

---

(1) I. p., q. 57, a. 4, ad 1.
(2) Cf. *Echo du Merc.*, n. 58, Ninoff.

« je fasse table rase dans mon esprit, dans ma volonté.
« Ce jour-là, je ne mange ni ne bois. La digestion
« troublerait tout. De plus, je m'isole, je m'annihile,
« je m'efforce -- l'expression est bizarre, mais la chose est
« réelle — de *tuer ma volonté* à force de volonté (!) Mon
« cerveau devient ainsi une chose inerte et malléable
« sur laquelle s'impriment les volontés étrangères. »

     - « Vous rendez-vous compte de ce qui se passe en
« vous? Je suppose que je pense le mot *chapeau*. Com-
« ment l'idée de chapeau se transmet-elle en vous?

     « — Cela dépend. Si au moment où vous pensez cha-
« peau, c'est l'image d'un chapeau que vous avez dans
« l'esprit, c'est cette image-là qui se reflète dans le
« mien. Mais il pourrait se faire que dans ce cas-là je
« vous dise : vous pensez coiffure, panama, gibus,
« parce que je suis obligé d'interpréter l'image. Si, au
« contraire, vous pensez chapeau, et que c'est l'image
« du mot écrit que vous avez dans l'esprit, c'est sans
« hésitation que je vous dis : vous pensez *chapeau*.

     « — Mais alors pour lire une lettre contenue dans
« un portefeuille ?

     « — Le problème est le même au fond, car la per-
« sonne doit « penser » sa lettre.

     « — Est-il nécessaire qu'on ait présente à l'esprit
« l'image que l'on veut vous transmettre, au moment où
« l'on vous interroge ?

     « — Quand il s'agit de personnes que je vois pour la
« première fois, oui ; quand il s'agit de personnes que
« je connais, ce n'est pas nécessaire. *Je recherche dans
« la mémoire des autres, comme je rechercherais dans
« la mienne.* »

M. Ninoff se figure, apparemment, que les images
cérébrales ont, dans la cellule nerveuse, l'étendue que
possède l'image rétinienne ; il croit à une sorte d'écran
mystérieux, intra-cérébral, où viennent se refléter les

images de la Fantaisie ! — Voilà pourquoi, si vous pensez le mot chapeau, en ayant l'image cérébrale de l'objet, sans l'image écrite, il voit le chapeau, mais ignore si vous l'appellerez coiffure ou gibus; mais qu'apparaisse non plus la forme d'un chapeau, mais les lettres qui le désignent; le voilà fixé. - Cette conception de l'image cérébrale est réjouissante. — Non seulement c'est par un acte vital simple qu'on conçoit l'image cérébrale de chapeau ou les lettres qui désignent cet objet, mais c'est encore par un acte simple de la puissance imaginative qu'on se forme l'étendue et les dimensions de l'objet ou des lettres. — Il faudrait que l'âme, que la puissance organique de M. Ninoff vînt informer l'organe imaginatif du cerveau dont il prétend surprendre les perceptions, pour qu'il lui fût donné de pénétrer l'acte vital d'autrui. Il pourrait alors saisir en pleine activité la cellule vibrant dans la sphère des images qui ne sont contemplées que par l'âme informant l'organe.

La puissance imaginative se représente l'objet, sa forme, ses dimensions, mais n'en fait pas le tracé. Il n'y a pas d'image visible, saisissable du dehors par une puissance étrangère à l'organe émotionné. - Si M. Ninoff venait nous dire qu'il interprète l'émotion organique, nous lui répondrions qu'il n'a point l'acuité des purs esprits : *propter grossitiem corporis*, et qu'il ne voit pas immédiatement et intérieurement ces frémissements de l'organe qui dénotent, d'après le centre nerveux, le genre et la nature de l'image cérébrale probablement élaborée, — Mais l'ange lui-même ignore absolument l'usage que j'en veux faire; je puis me représenter un objet, une idée, pour l'aimer, la détester, pour en vouloir tel ou tel usage, m'arrêter à ce sentiment ou le repousser. En conséquence, quand bien même M. Ninoff serait perspicace comme un ange, et

verrait ce qui est dans l'appétit sensitif, dans l'imagination, il lui serait encore bien impossible de dire à quoi
l'on pense, puisque l'on peut avoir une image cérébrale
et la repousser sans attacher l'attention à cette idée,
sans en tirer une suite logique : puisqu'on peut user de
l'image dans un sens qui tiendrait suspendu ce *lucide*.
Si je pense que mon chapeau est digne de la réforme,
et me décide à le remplacer, M. Ninoff verra le chapeau
imaginé : verra-t-il l'usage que la décision définitive
de la volonté aura fixé ? Assurément non. — Alors, il
ne lirait pas la pensée ; il interpréterait les images au
petit bonheur (1).

Mais encore une fois, la puissance organique connaît
seule son acte immanent ; il n'y a pas d'étendue physique, ni de forme appréciable du dehors dans l'image
cérébrale : tout cela est imaginé, dans l'intime nature
de la cellule microscopique, par la puissance simple
qui est le support de cet acte simple et immanent
de la sensibilité.

Que dire de cette prétention : « Je cherche dans la
mémoire des autres comme dans la mienne » ? Ce n'est
plus l'image cérébrale actuelle qu'il faut maintenir
fortement en activité pour impressionner M. Ninoff,
c'est l'image disparue, l'image que nul organe émotionné ne trahit plus. Cette fois, M. Ninoff est impressionné par un souvenir qui n'est même plus, à ce
moment, dans le champ de la mémoire — Ce lucide est
un mauvais plaisant !

----

(1) « Quia igitur angeli cognoscunt res corporales et dispositiones
earum, possunt per hæc cognoscere quod est in appetitu, et in appre-
hensione phantastica brutorum animalium, etiam hominum, secundum quod in eis quandoque appetitus sensitivus procedit in
actum, sequens aliquam impressionem corporalem, sicut in brutis
semper est... Nec tamen sequitur, si angelus cognoscit quod est in
appetitu sensitivo, vel phantasia hominis, quod cognoscat id quod est
in cogitatione et voluntate : quia intellectus et voluntas non subjacent
appetitui sensitivo et phantasiæ. » (I p., q. 57, a. 4, ad 3).

M. Edison fils veut dépasser la gloire paternelle. Pour ce, il a inventé un appareil à photographier la pensée, c'est-à-dire cette image cérébrale qui n'a pas d'étendue autrement qu'imaginée. M. Edison fils entend projeter ce tracé de lignes, qui n'existe pas, sur une plaque ; il projette l'ombre de l'image cérébrale ! Pour obtenir ce mirifique résultat, que plusieurs trouvent merveilleux, il place son sujet devant un appareil, après lui avoir recommandé de fixer pendant un temps une pièce de monnaie ; les rayons X inondent l'occiput du sujet. Il obtient ainsi, ou plutôt il a obtenu une fois, l'image d'une pièce de monnaie « sous l'aspect d'une tache obscure et ronde, assez vague, d'aspect un peu flou et indéterminé (1) ». M. Edison fera bien de se défier d'une reproduction aussi *vague* et *indéterminée*... N'a-t-il point photographié, grâce à ses loupes grossissantes, un de ces aspects congestifs de la rétine fatiguée que révèle l'ophtalmoscope, surtout chez certains névropathes : « Lorsqu'on examine, à l'ophtalmoscope, le fond de l'œil d'un sensitif à l'état hypnotique, on constate un phénomène d'éréthisme vasculaire », nous dit le docteur Luys (2).

Il existe une « rétinite congestive », en pathologie. N'est-il pas assez évident qu'on fatigue l'organe, en concentrant longtemps, sur le même point de la rétine, les rayons qui émanent d'un même objet fortement éclairé.

De plus, le jeune Edison n'est-il pas, lui aussi, victime de la « *cuisine photographique* », comme le prétend bien, avec preuves à l'appui, le Dr Guébhard, dans les appréciations que motivèrent les expériences de

---

(1) *Science française*, n° du 18 mars 1898
(2) *Communication à l'Académie des Sciences*, 1889.

MM. Luys, David et Baraduc ? — Sans avoir jamais fait contempler à ses sujets, ni contemplé lui-même, jusqu'à la fatigue de la rétine, des pièces de monnaie quelconques, le Dr Baraduc nous présente la photographie de *ronds* encore moins « *vagues et indéterminés* » que les épreuves obtenues par Edison fils. — Baraduc appelle ces ronds : *psychicones* non achevés (épreuve XVII) — c'est un joli rond éclatant sur fond noir, — ou encore *boulets-électro-vitaux* (épr. XII). — ou *parcelles animiques globulinées* (épr. XI), ou *nuée odique*, etc. — Edison fils aura fait un *boulet* sans le savoir.

Très nette et caractéristique est l'expérience du commandant Tegrad :

« Un soir, M. Tegrad se trouvait chez M. Avir, peintre et
« photographe, à Tours. Il venait de boire un verre de vieille
« eau-de-vie, et comme il en redemandait, sous prétexte que
« cela lui donnerait du fluide, mais en réalité par simple gour-
« mandise, M. Avir lui dit : « Il faudrait tenter de représenter
« la bouteille par la pensée. » Ni l'un ni l'autre ne croyaient
« beaucoup à la possibilité de réussir l'expérience. M. Tegrad
« monta au cabinet noir du photographe, et en pleine obscurité,
« après cinq minutes de pose, les cinq doigts de la main droite
« placés sur le verre dans le bain révélateur, il obtint le cliché
« n° 1. (Nous avons sous les yeux la reproduction de l'épreuve ;
« on aperçoit une silhouette de bouteille). — Un savant de Paris,
« à qui une épreuve fut envoyée, déclare que l'expérience ne
« serait concluante que si on obtenait un second cliché dans les
« mêmes conditions. Le commandant Tegrad obtint alors le
« cliché n° 2. »

Cette fois, nous ne distinguons plus la bouteille ; mais ce qui suit nous dédommage :

« Après lavage de la plaque, quelle ne fut pas notre surprise

« de voir, à côté de l'image renversée de la bouteille, l'image
« d'une vieille femme.

« Quelques jours après, me trouvant à une séance spirite, chez
« le grand conférencier Léon D..., rue de l'Alma, à Tours, un
« médium à incarnation s'endormit et un « esprit », par sa
« bouche, vint s'exprimer ainsi : « Pendant que vous faisiez la
« petite bouteille, je suis venue devant votre cliché, espérant
« que mon portrait pourrait être fait. Je n'ai pas pu me faire
« mieux, mais envoyez-le à Mmes R..., à Paris, qui le reconnaî-
« tront.

« Mmes R... ont parfaitement reconnu une femme Sophie,
« avec la coiffe qu'elle avait de son vivant, lorsqu'elle vendait
« des légumes à Amiens, où M. R..., officier, tenait garnison.

« Je demandai alors à Sophie de venir faire, sur une plaque
« que je tiendrais au-dessus du front, la première lettre de son
« nom, ce qu'elle me promit pour le lendemain, et ce qu'elle fit.
« Plus tard, elle m'a fait l'O de Sophie. Il y a une trentaine
« d'années qu'elle est morte. »

Si les esprits s'en mêlent !

Concluons avec les théologiens que Dieu seul connaît
le secret des cœurs. C'est par un miracle que sainte
Thérèse — sans se « vider le cerveau », sans « tuer sa
volonté à force de volonté » — lisait la tentation dans
les consciences troublées de ses filles spirituelles, ou
qu'un curé d'Ars venait surnaturellement compléter
les confessions indécises et tronquées, par suite des
épouvantes semées dans l'âme des pécheurs repentants.

Par la dignité de l'acte, par l'utilité surnaturelle
qu'il procure toujours, par le mode et les circonstances,
la clairvoyance des saints porte la marque de l'authenticité divine, autant que par le caractère *absolument
secret* des choses révélées.

C'est appuyé sur de tels signes du divin que le pape
Calixte III rejeta l'accusation de magie portée contre

notre pure et noble Jeanne d'Arc, et ce fut à l'esprit de Dieu, dit Benoît XIV, qu'on attribua le don qu'elle avait de lire les secrètes pensées des cœurs : « *Viderunt enim* (theologi parisienses) *quod occultas cordium cogitationes introspexerat* (1). »

(1) *De Can. Sanct.*, l. III, c. 45, n. 9.

CONCLUSION

Au cours de cette étude, nous ne nous sommes point heurtés à la science, à la vraie science, — celle qui marche lentement, appuyée sur l'expérience du passé, mais guidée par des méthodes rationnelles, vraiment empruntées à l'étude des faits positifs, toujours en accord avec les vérités acquises. La vraie science psycho-physiologique a pénétré et pénètre chaque jour davantage dans le mystère de la vie sensible ; elle s'applique à l'examen approfondi des organes, de leur structure intime et de leurs actes ; elle se demande le pourquoi des choses, dans cette œuvre admirable où rien n'a été laissé à l'imprévoyance et au hasard. Cette science-là étudie vraiment l'homme, celui que la nature a façonné ; elle se refuse à reconnaître un homme insoupçonné, qui, sous prétexte d'états extraordinaires, sera parfois le contraire de ce que proclame son intime organisation, c'est-à-dire un homme qui a des sens admirablement adaptés au rôle que la nature leur assigne, et qui exercerait mieux ces actes par toute autre voie que par les organes dont c'est l'unique fonction.

Une science troublante, téméraire dans ses conclusions, appuyée sur des principes qui sont le plus souvent ou de pures hypothèses sans preuves, ou des assertions que contredit l'expérience universelle et commune, se dresse en face de l'autre et prétend nous amener à des conclusions opposées, dangereuses, aussi pleines de superstition que d'incrédulité. Nous n'avons rencontré que celle-là qui soit en opposition irréductible avec la religion, la morale, avec le dogme et la philosophie. Sous l'aspect trompeur de tendances spiritualistes, c'est un animisme grossier, frère du matérialisme. A quoi sert de prouver expérimentalement que l'âme survit à la mort, si cette âme doit se morceler pour survivre. Les logiques seront du côté des matérialistes sceptiques. Ils expliqueront les faits plus ou moins contrôlés sur lesquels se base ce spiritualisme sans portée, et il restera que l'âme est faite de parties qui s'éparpillent dans les sous-moi, et dont l'association, dont l'unité imparfaite se désagrége dans la mort. Les sceptiques auront, du reste, assez beau jeu dans ce travail qui consiste à nier certains faits, et à expliquer les autres ; les occultistes leur viennent en aide en jetant eux-mêmes la suspicion sur leurs propres expériences. Pour une partie des faits, il y a les plus légitimes défiances à concevoir. — « Si les partisans de ces doctrines
« veulent considérer ces manifestations étranges et
« bizarres comme soumises à des lois, ce sont des lois
« indémontrables et invérifiables, des lois contraires à
« la vraie science, et que les vrais savants répudient.
« Quelquefois, il est vrai, certains savants, pour combattre l'autorité démonstrative des miracles évangéliques, ont montré à l'égard de ces phénomènes une
« étrange complaisance.
     « A une incrédulité systématique, ils ont fait succéder
« une crédulité exagérée. Mais ce ne sont là que des

« déviations passagères. L'esprit vraiment scientifique
ⁱ reprend bientôt le dessus, et la séparation entre les
« vrais résultats scientifiques et les hypothèses sans
« preuves certaines se produit de nouveau.

« La science, quand elle suit ses vraies méthodes,
« contredit les théories de l'occultisme, du théoso-
« phisme et du spiritisme (1). »

La science reprend d'autant plus aisément ses droits
que les puissances occultes, quand elles opèrent, ne
peuvent produire des effets avec la régularité, la constance des forces physiques.

La force occulte se dérobe, et c'est peut-être là — il
est bien légitime de le supposer — l'explication de tant
d'expériences retentissantes et qu'un malin génie, au
moment solennel du grand contrôle, faisait toujours
piteusement avorter. D'Eslon, Arago, Luys, Grasset, et
d'autres encore, ont connu ces mésaventures que peut
causer la *Vis occulta* ; subitement, elle refusait de renverser un fétu de paille, ou de réaliser tout autre phénomène attendu, lorsqu'il lui fallait agir en séance publique, devant les Corps savants solennellement assem-
blés, et par devant ces mêmes savants isolés, ou réunis
en séance intime, elle épuisait son répertoire de phénomènes de lévitation, d'actions à distance et de lecture
de pensées.

Ces inerties déconcertantes de la Force occulte ont
fait douter des phénomènes, en même temps qu'elles
ont fait soupçonner la perspicacité des expérimentateurs. Ajoutez à cela le caractère d'opposition aux lois
naturelles que renferment à première vue, par l'aspect
extérieur, les phénomènes de l'occultisme, et l'on comprendra que des savants, sans hostilité conçue à priori,
écrivent, comme le Dʳ Crocq : « La preuve scientifique

(1) Abbé de Broglie, *Réact. contre le Positiv.*, p. 72-73.

« de la nature occulte des phénomènes médianiques
« n'est pas faite. Or, ces phénomènes, s'ils étaient prou-
« vés, renverseraient complétement les données de la
« science actuelle ; il est donc nécessaire d'être scep-
« tique et d'exiger des preuves certaines. Tant que la
« démonstration ne sera pas claire — et je crois qu'elle
« ne le sera jamais — il est du devoir de tout homme
« de science de nier l'existence de forces occultes (1). »

Il est certain que des forces occultes *naturelles* ne
devraient pas se trouver en désaccord avec toutes les
lois connues ; l'animisme de ces psycho-physiologistes ne repose pas sur la vraie biologie.

Ce n'est pas établir la possibilité de ces lois indémontrables que de citer certaines découvertes dont s'est
enrichie la science moderne. — « On parle des rayons
« Rœntgen, continue le Dr Crocq, qui ont modifié si
« extraordinairement nos connaissances, mais ici en-
« core on peut reproduire le phénomène chaque fois
« qu'on le veut. » C'est, en effet, par l'inconstance et
la bizarrerie des effets obtenus, où souvent se trahit la
raillerie de l'agent occulte, comme l'avouent ingénu-
ment les expérimentateurs, que ces causes cachées
apparaissent irréductibles à une loi de nature.

Avec une ardeur qu'aucune déception n'a pu décou-
rager, les savants de l'occultisme ont cherché à systé-
matiser les phénomènes, à dresser les formules. De
tous côtés, à Rome, en 1893 et 1894, — à Milan, en 1892,
— à Naples, en 1893, — à Varsovie, en 1893-1894, des
savants, tels que MM. Ochorowicz, Charles Richet,
Von Schrenck-Notzing, Lodge, Myers, Lombroso, et
tous nos occultistes, ont renouvelé les expériences,
contrôlé les phénomènes : la science des lois occultes
n'avance en rien ; les phénomènes même s'éteignent à

_____

(1) Dr Crocq, *L'Occultisme scientifique.*

mesure que se précise l'étude des faits. « A mesure, dit
« Charles Richet (1), que les conditions devenaient plus
« précises, les résultats devenaient plus médiocres. »
— Quoi de plus grave que cette constatation.

Combien d'expérimentateurs moins consciencieux,
plus complaisants dans leur témoignage scientifique,
méritent de voir leur appréciation frappée d'un certain
discrédit.

Ajoutons que le côté défectueux de toutes ces expériences, c'est qu'il faut opérer avec des sujets dont la
manie de tromper, dans le but de réaliser les effets obtenus, est reconnue par tous. A la fraude *consciente*, se
mêle la fraude *inconsciente*, dont l'influence dans la production de certains phénomènes n'est mise en doute par
personne. — Nous pensons, avec le Dr Crocq, sans vouloir
exagérer sa théorie des centres inférieurs automatiques, que l'automatisme psychologique des expérimentateurs n'est pas à dédaigner dans l'étude des causes.

Parmi les grandes expériences faites avec Eusapia
Paladino, celle de Cambridge est notable entre toutes.
Or, les expérimentateurs ont *tout attribué à la fraude
consciente*. M. Ochorowicz, un des plus savants champions de l'occultisme scientifique, a répondu, mais
sans nier ces causes d'erreur, comme on le voit dans
ce tableau où M. Ochorowicz lui-même distingue :

A) La fraude consciente ;

B) La fraude inconsciente { à l'état de veille, { Médianisme
{ à l'état de sommeil, { inférieur.

c) Fraude partielle automatique ; {
d) Le phénomène pur. { Médianisme supérieur.

---

(1) *Annales des sciences psychiques*, février 1898. Plusieurs, à
la suite de M. Flammarion, ont donné trop de corps à leur déconvenue, en semblant *tout* nier après des insuccès retentissants. Le tort
de ces chercheurs est de croire que les forces occultes agissent avec la
nécessité des agents naturels.

Les occultistes font là d'importantes concessions.
M. le Dr Crocq exagère, sans nul doute, en opposant sa
formule qui tend à nier les entités intelligentes que
certains phénomènes démontrent catégoriquement.

Du côté du Médium	A) La fraude consciente ; B) La fraude inconsciente (automatisme psychologique et pathologique) ;	Fraude et automatisme psychologique. pathologique.
Du côté des Assistants	c) L'automatisme psychologique.	

Aux occultistes scientifiques, le Dr Crocq adresse cet
argument qui n'est pas sans leur causer quelque embarras : « Vous faites tourner des tables sans médium, dites-
vous ; comment obtenez-vous ce résultat? C'est grâce à
l'automatisme psychologique que le phénomène des
communications s'obtient. » Soit dit sans exclure le
fluide; sans lui, les occultistes ne prétendent rien
mener à bien. « Pourquoi, dès lors, continue le docteur
Crocq, exclure l'automatisme psychologique (chez les
expérimentateurs) du nombre des causes, quand vous
opérez autour d'Eusapia (1) ? »

Devant tant de contradicteurs, les occultistes sont
devenus plus circonspects, et se contentent de dire :
« Il y a des résultats *presque* surprenants. »

« Mais, répondent des adversaires impitoyables, les
« Alchimistes aussi étaient « presque » arrivés à réa-
« liser leur fameux *experimentum crucis!* »

Ces désaccords nous laissent assez indifférents, car
nous n'avons pas voulu finir le débat en niant purement

---

(1) Dr Crocq. loc. cit.

et simplement les faits ; ce ne serait point résoudre
une difficulté doctrinale, mais simplement reculer
l'heure des explications. Nous ne sommes pourtant
point tenu d'avoir en ces expériences plus de confiance que leurs auteurs ou les témoins.

« Les longues discussions sur le contrôle des pieds
« et des mains auxquelles ont donné lieu les expé-
« riences de Milan, de Carqueiranne, de Varsovie et
« de Cambridge, écrit M. de Rochas, n'ont *certaine-*
« *ment changé les opinions de personne*, puisque, de
« *part et d'autre, elles reposent sur des affirmations*
« *dont on ne saurait donner la preuve absolue* (1). »
Voilà pour certaines expériences faites en Angleterre,
en Italie, en Russie, en France.

M. Aksakof, de son côté, récuse l'Amérique : « En
« règle générale, j'admets bien que les rapports qui
« nous viennent d'Amérique sont fréquemment exagé-
« rés ou inexacts ; aussi me tiens-je dans mes recher-
« ches spiritiques de préférence aux sources anglaises,
« comme on peut le constater (2). »

Les spirites, qui fréquentent les esprits, devraient
bien trouver un moyen de faire cesser les fraudes et
de convaincre les sceptiques. Seraient-ils impuissants,
ou négligeraient-ils habituellement les moyens de
s'instruire ? On le croirait presque en entendant ce reproche fait au comte de Bodisco, par un esprit, en
pleine séance : « Nabuchodonosor se tenait près de toi,
dommage que tu n'as pas su profiter de sa haute
science (3). »

Cette science ténébreuse — puisqu'elle échappe aux
lois scientifiques — s'entoure d'assez d'ombres pour ne
pas asseoir la doctrine d'un extra-terrestre quelconque

---

(1) *Extériorisation de la Motricité*, ch. IX.
(2) *Animisme et Spiritisme*, p. 130.
(3) *Traits de lumière*, p. 42.

sur des bases scientifiques inébranlables, et suppose assez de réalité, au point de vue des phénomènes, pour tenir en échec le surnaturel chrétien. C'est le plan très habile de la *Vis occulta*, puisqu'elle est parfois si intelligente, qu'on est tenté de la confondre avec l'Esprit malin; ce qui ne serait point anti-scientifique, M. de Rochas en convient (1).

L'incertitude qui a trait, le plus souvent, aux phénomènes de l'occultisme, étant donnée l'inconstance des effets, n'est pas le caractère du phénomène surnaturel, dont le contrôle ne se fait point dans la demi obscurité si favorable à la lumière astrale. Le surnaturel chrétien n'a pas plus crainte de la critique scientifique que des rayons jaunes si désastreux pour le périsprit. C'est donc aux seuls phénomènes spiritiques que peut s'appliquer cette assertion que M. de Gasparin, découragé par ce préternaturel de chambre obscure, voudrait rendre terrible pour la vérité religieuse : « La preuve par voie de témoins est inadmissible en matière de surnaturel (2). » La critique historique n'est cependant pas changée de ce qu'un fait matériel, physique, comme une lévitation, par exemple, naisse d'une cause surnaturelle, au lieu d'une cause naturelle. Aussi les chrétiens, qui ont un cerveau aussi sain que les autres, croient, avec toute la certitude morale désirable, aux faits miraculeux qui font éclater l'amour autant que la puissance de Dieu dans le gouvernement des choses de ce monde.

Finissons en exprimant le regret que des savants

---

(1) *Forces non définies,* p. 415.
(2) *Tables tournantes,* p. 272.

chrétiens mettent tant d'ardeur et de science à faire
rentrer dans le merveilleux scientifique des phénomènes occultes qui, « s'ils étaient constatés, dit très
justement le Dr Crocq déjà cité, renverseraient les lois
connues, acquises par le labeur de tant de siècles ». —
La circonstance d'être admises depuis longtemps n'est
pas une preuve apodictique en faveur de ces lois, assurément ; mais il faut penser différemment de l'expérience universelle sur laquelle ces lois appuient leurs
conclusions.

C'est par l'union et l'entente parfaite que le savant
catholique et le théologien mèneront, contre l'erreur
envahissante des superstitions, le combat profitable à
la vérité.

Appuyé fortement sur les principes de la philosophie
traditionnelle, le théologien pourrait, il est vrai, sans
le spécial concours des autres sciences, se garder de
l'erreur dogmatique, et se cantonner dans les formules
protectrices. Mais ce n'est là qu'un rôle négatif : il doit
remplir aussi une mission d'apologiste. A ce titre, le
concours des sciences expérimentales lui est nécessaire.
Il doit tendre la main au savant.

Mais que le physicien, le biologiste, ne se dise pas
indépendant dans la part qui lui revient, en ce combat
pour le surnaturel. Qu'il se garde de vouloir poser les
bornes qui définissent le territoire de la mystique ; il
ne le pourrait faire qu'au nom de la philosophie et des
sciences théologiques ; c'est dire que, dans cette question
du surnaturel, le dernier mot appartient au philosophe
et au théologien.

Sous prétexte de science plus exacte, le physiologiste
serait porté à tenir pour suspects des phénomènes que
ne rencontre pas l'expérimentation scientifique cou-

rante ; il en arriverait à méconnaître l'histoire mystique de nos grands saints ; et ce ne serait pas sans péril qu'on remettrait ainsi en question des faits surnaturels qui reposent sur les enquêtes canoniques, pour en discuter à nouveau la valeur théologique ; une pareille attitude serait téméraire.

Aussi nous faisons nôtres ces plaintes et ces conseils : « Si pour battre en brèche les spirites et les occultistes, « une science bien intentionnée, laborieuse, infatigable, « se targue de limiter le surnaturel et de justifier ses « concessions par le progrès des connaissances physi- « ques et physiologiques, elle a certes des prétentions « exagérées, et penche visiblement vers un libéralisme « présomptueux.

« Elle pourra même produire bien des blessures, ou- « vrir bien des plaies qui ne se guériront que lorsque « la théologie reprendra la première place au sommet « de l'étude du monde invisible, car, après tout, la « science psychique, pour être à la hauteur de toutes « les vérités, a plus besoin de la théologie que la théo- « logie n'a besoin de cette science. Pour résoudre les « problèmes du monde invisible, il faut autre chose que « la science acquise à la faculté de médecine, si sou- « mise qu'elle veuille être à la doctrine de saint Thomas « et aux enseignements de Benoît XIV ; et si la science « peut venir en aide à la théologie, c'est la théologie « seule qui doit rester l'arbitre et prononcer en dernier « ressort. »

C'est dans le but de rechercher cette entente sur le terrain scientifique que nous avons entrepris ce travail d'apologétique — : « *Ut habeatis scientiam discer- nendi* (1). »

Nous voudrions que ce travail pût mériter, à son tour,

_____

(1) Levit. X-10.

ce compliment que la *Cirilla callolica* adressait naguère à un autre ouvrage : « Tous acquerront, en le lisant, de
« nouvelles ou, au moins, de plus justes connaissances
« touchant les périls des soi-disant nouveautés : les-
« quelles, au bout du compte, se réduisent à un *libé-*
« *ralisme qui s'infiltre dans la théologie dogmatique..*,
« *et jusque dans l'ascétisme et la Mystique...* Il ser-
« vira à mieux former et perfectionner ce critérium
« chrétien, ce *Sensum Christi*, qui, aujourd'hui plus
« que jamais est nécessaire à tous pour discerner ce
« qui vient de Dieu, d'avec ce qui est suggéré par
« l'esprit de Satan. »

TABLE DES MATIÈRES

TROISIÈME PARTIE

Certains phénomènes complémentaires de l'Extase

QUATRIÈME PARTIE

L'Imagination et les Modifications corporelles

www.ingramcontent.com/pod-product-compliance
Lightning Source LLC
Chambersburg PA
CBHW071137270326
41929CB00012B/1775